Andrea Bambi, Axel Drecoll (Hrsg.)
Alfred Flechtheim

Schriftenreihe der Vierteljahrshefte für Zeitgeschichte
Band 110

Im Auftrag des
Instituts für Zeitgeschichte München – Berlin
herausgegeben von
Helmut Altrichter   Horst Möller
Andreas Wirsching

Redaktion:
Johannes Hürter und Thomas Raithel

Alfred Flechtheim

Raubkunst und Restitution

Herausgegeben von

Andrea Bambi und Axel Drecoll

in Zusammenarbeit mit Andrea Baresel-Brand

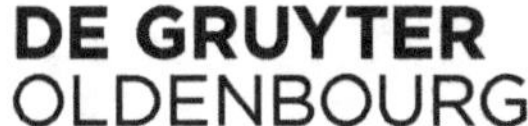

DE GRUYTER
OLDENBOURG

Eine Kooperation des Instituts für Zeitgeschichte München – Berlin mit dem Deutschen Zentrum Kulturgutverluste (vormals Koordinierungsstelle Magdeburg)

Übersetzungen ins Englische von:
Sprachwerkstatt Berlin sowie Stuart James Bennett und Giles Wesley Bennett

ISBN 978-3-11-040484-5
e-ISBN (PDF) 978-3-11-040497-5
e-ISBN (EPUB) 978-3-11-040508-8
ISSN 0506-9408

Bibliografische Information der Deutschen Nationalbibliothek
Die Deutsche Nationalbibliothek verzeichnet diese Publikation in der Deutschen Nationalbibliografie; detaillierte bibliografische Daten sind im Internet über http://dnb.dnb.de abrufbar.

Library of Congress Cataloging-in-Publication Data
A CIP catalog record for this book has been applied for at the Library of Congress.

Inhalt

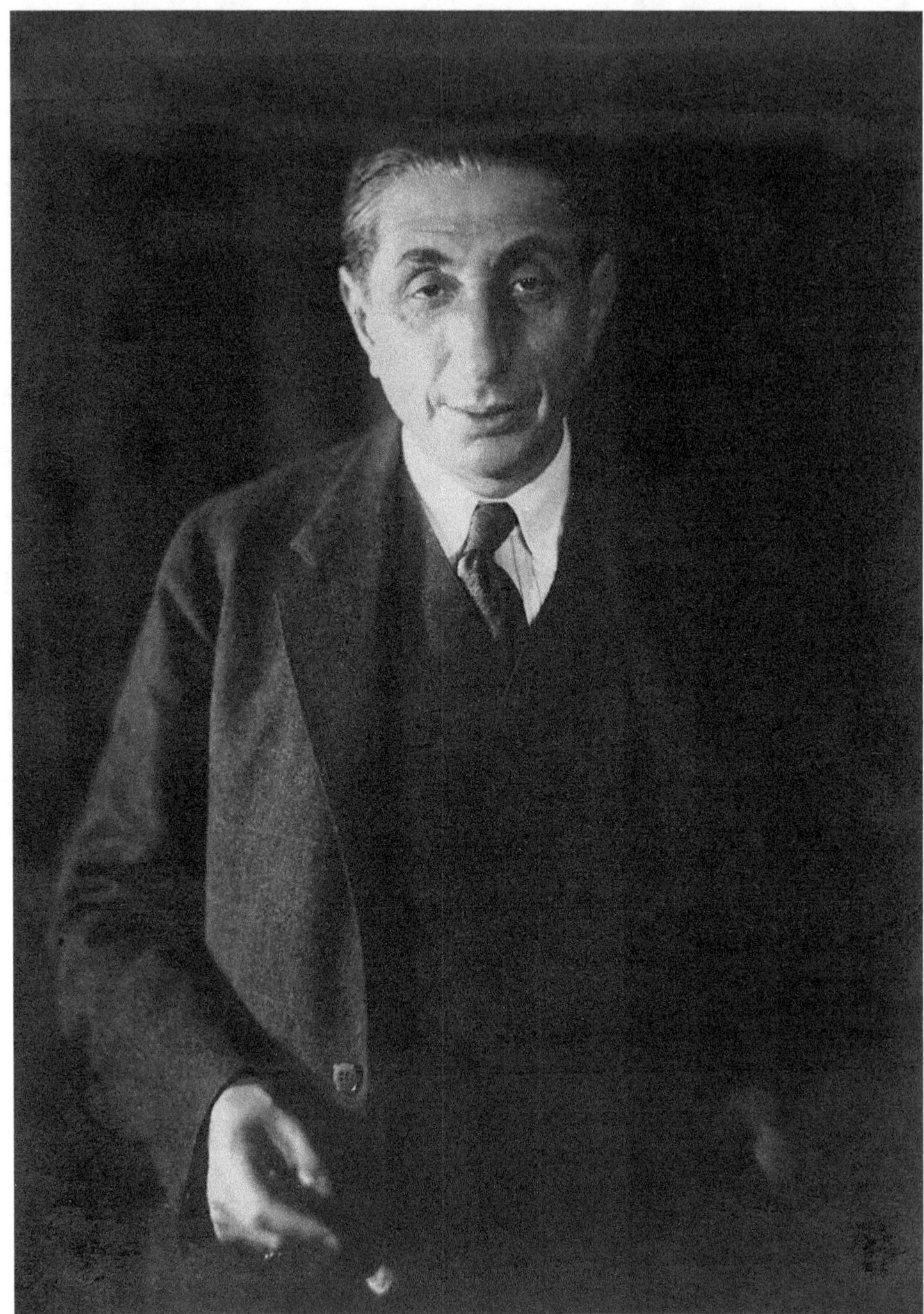

Alfred Flechtheim, Foto von Lili Baruch, o.D.; © Königliche Bibliothek Kopenhagen, Nachlass von Inge Robertson

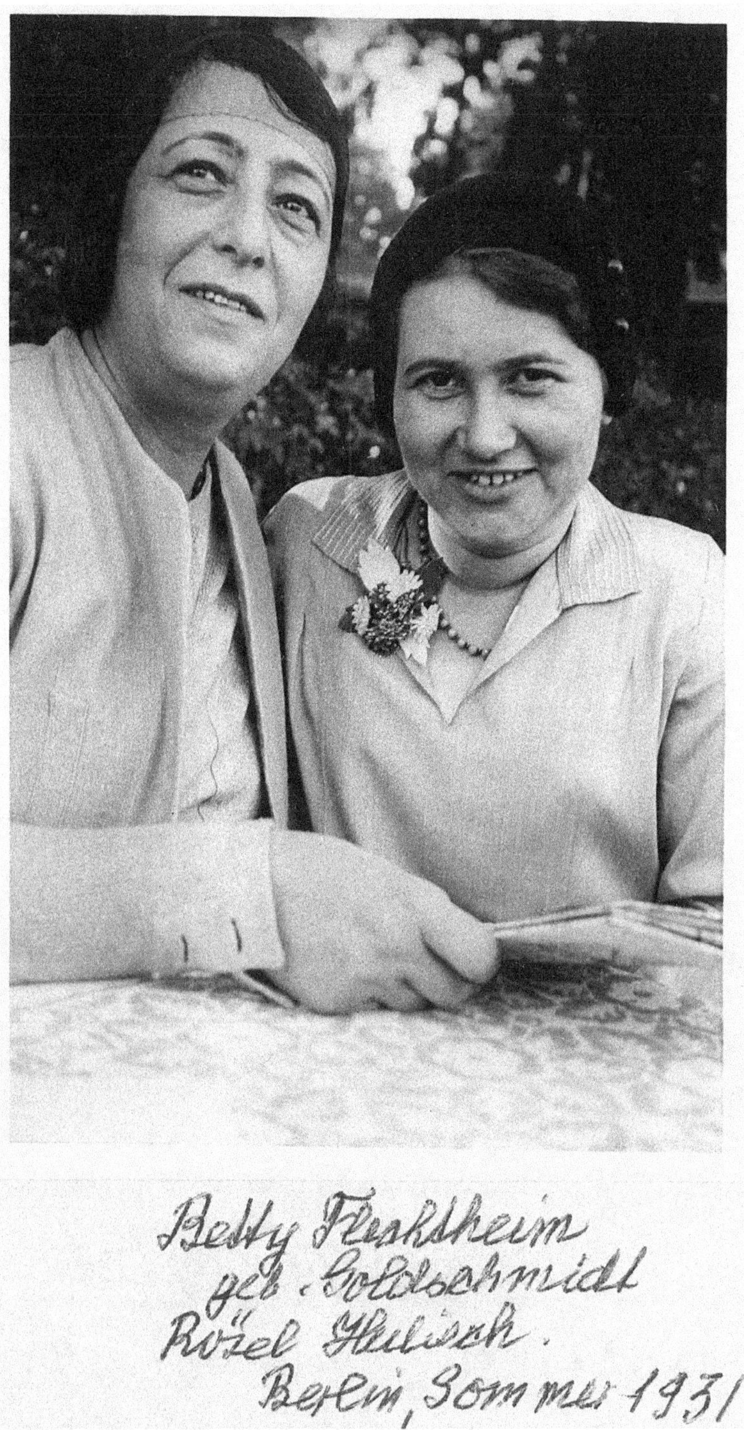

Betti Flechtheim und Rosi Hulisch, Foto von Thea Sternheim, 1931; © Deutsches Literaturarchiv, Marbach a. N., Heinrich Enrique Beck-Stiftung, Basel

Vorwort von Adalbert Weiß

Am 25. Oktober 2011 veranstalteten das Institut für Zeitgeschichte München – Berlin und die Bayerischen Staatsgemäldesammlungen einen Workshop zum Thema „Kunstraub und Restitution" und lenkten einen besonderen Schwerpunkt auf den Kunstbestand des verfolgten jüdischen Kunsthändlers Alfred Flechtheim, der 1937 in der Emigration in England verstarb.

Beide Institutionen haben damit ein besonders wichtiges Thema aufgegriffen. An der beispiellosen Ausplünderung der jüdischen Bevölkerung während der NS-Schreckensherrschaft haben sich zahlreiche Institutionen und Personen beteiligt, darunter auch Museen und deren Personal. Der Verbleib geraubter Kunst- und Kulturgüter war lange Zeit ungeklärt, die Herkunft von Kunstwerken nicht bekannt oder verschleiert worden. Seit der Washingtoner Konferenz von 1998, die Kunstwerke betraf, die von den Nationalsozialisten beschlagnahmt wurden, sind Museen und öffentliche Einrichtungen in Deutschland aufgefordert, ihre Bestände erneut auf NS-Raubkunst zu überprüfen. Auf Grundlage der Erklärung der Bundesregierung, der Länder und der kommunalen Spitzenverbände zur Auffindung und zur Rückgabe verfolgungsbedingt entzogenen Kulturgutes, insbesondere aus jüdischem Besitz, werden Bestände von Museen aktiv nach Raubkunst durchsucht. Dabei bietet die sogenannte Handreichung eine „rechtlich nicht verbindliche Orientierungshilfe" zur Umsetzung der „Grundsätze der Washingtoner Konferenz".

Die Bayerische Staatsregierung als Träger der staatlichen Museen im Freistaat unterstützt dieses Anliegen nachdrücklich. Sie tut das im Wissen um die generelle Verantwortung der Bundesrepublik für die NS-Massenverbrechen. Die Pflicht, Verantwortung zu übernehmen, resultiert zudem auch aus der Beteiligung bayerischer Museen und deren Mitarbeiter an den NS-Plünderungsaktionen. Aus diesem Grunde haben die Bayerischen Staatsgemäldesammlungen im Jahre 2008 ein eigenes Referat für Provenienzforschung eingerichtet, das sich der Umsetzung der Washingtoner Erklärung widmet. Freie und fest angestellte Kunsthistorikerinnen und Kunsthistoriker mit entsprechendem Fachwissen leisten die Provenienzforschung an deutschen und bayerischen Museen und bearbeiten die in Frage kommenden Bestände von mehreren hundert bis tausend Objekten, je nach Sammlung. Diese Recherchen führten unter anderem dazu, dass seit 1998 knapp 100 Restitutionen aus jüdischem Besitz mit deutlich über 1500 Objekten bei der Koordinierungsstelle Magdeburg registriert wurden. Die Bayerischen Staatsgemäldesammlungen restituierten seit der gemeinsamen Erklärung von 1999 12 Werke und haben auf der Seite www. lostart.de aktuell über 200 Werke als Fundmeldungen gelistet.

Auf der Grundlage des Workshops vereint der vorliegende Sammelband nun erstmalig die neuen Forschungsergebnisse über den renommierten jüdischen Kunsthändler Alfred Flechtheim, einer der führenden Sammler, Händler und Mäzene vor allem französischer Gegenwartskunst der damaligen Zeit. Über dessen Verfolgungs- und Emigrationsschicksal lagen lange Zeit so gut wie keine Erkenntnisse vor. Mit einem interdisziplinären Ansatz will die Gruppe der Forscherinnen und Forscher möglichst viele Kompetenzen bündeln, um der schwierigen Frage nach der Provenienz der Werke Flechtheims nachgehen und Art und Umfang seines Verlustes so präzise wie möglich eruieren zu können. Wie der

Workshop und der vorliegende Sammelband zeigen, geht es den Wissenschaftlerinnen und Wissenschaftlern auch darum, mit größtmöglicher Transparenz zu arbeiten und ihre Ergebnisse vor einem Fachpublikum und vor einer breiten Öffentlichkeit zur Diskussion zu stellen. Das Bayerische Staatsministerium für Bildung und Kultus, Wissenschaft und Kunst hält den auf Kooperation und Transparenz ausgerichteten Ansatz bei diesem wichtigen Thema für richtig und wichtig. Es unterstützt das Anliegen nachdrücklich, auf der Basis breit aufgestellter Forschung der Verantwortung für die Aufarbeitung der NS-Verbrechen gerecht zu werden und unrechtmäßig entzogene Kunst und Kulturgüter an die Erben der Opfer zurückzuerstatten.

Dr. Adalbert Weiß
Ministerialdirektor
Bayerisches Staatsministerium für Bildung und Kultus, Wissenschaft und Kunst

Foreword by Adalbert Weiß

On the 25th of October 2011, the Institute for Contemporary History Munich – Berlin and the Bayerische Staatsgemäldesammlungen (Bavarian State Painting Collections) held a workshop on the topic of "Stolen Art and Restitution", which focused in particular on the inventory of paintings owned by the persecuted Jewish art dealer Alfred Flechtheim, who died as an emigrant in London in 1937.

Both institutions thereby addressed a particularly important topic. Many institutions and people had taken part in the unprecedented looting of the Jewish population during the Nazi reign of terror, including museums and their staff. The whereabouts of stolen art and cultural artefacts remained unexplained for a long time and the provenance of works of art was unknown or obscured. Since the Washington Conference in 1998, which addressed works of art seized by the National Socialists, museums and public institutions in Germany were asked to re-examine their inventories for Nazi-stolen art. On the basis of the "Declaration of the Federal Government, the Länder and the National Associations of Local Authorities on the Tracing and Return of Nazi-Confiscated Art, especially from Jewish Property", museum collections are actively searched for stolen art. For this purpose, the so-called Guidelines ("Handreichung") offers "legally non-binding guidance" on implementing the "Washington Conference Principles".

The Bavarian state government, which is responsible for the State museums within the Free State, strongly supports this effort. It does so in full awareness of the general responsibility of the Federal Republic of Germany for mass crimes committed by the Nazis. In addition to this, the duty to take responsibility results from the participation of Bavarian museums and their staff in Nazi plundering. For this reason, the Bavarian State Painting Collections set up its own department for provenance research in 2008, which is dedicated to implementing the Washington Declaration. Freelance and permanently employed art historians with the corresponding subject knowledge carry out provenance research at German and Bavarian museums and process the relevant inventories of between several hundred and thousands of objects, depending on the collection. Since 1998, these investigations have, among other things, led to almost 100 restitutions of Jewish-owned property with considerably more than 1500 objects having been registered with the Koordinierungsstelle Magdeburg (Coordination Office for Lost Cultural Assets in Magdeburg). Since the Joint Declaration of 1999, the Bavarian State Painting Collections have restituted 12 works and currently list over 200 works on www.lostart.de as found-object reports.

On the basis of the workshop, this collection of essays now brings together the latest research findings on the renowned Jewish art dealer Alfred Flechtheim, one of the leading collectors, dealers and patrons of predominantly French contemporary art of that time. For a very long time, almost no information was available on his history of persecution and emigration. Using an interdisciplinary approach, the group of researchers wishes to combine as many competencies as possible, in order to be able to examine the difficult questions pertaining to the provenance of Flechtheim's paintings and to determine as accurately as possible the type and scope of his loss of property. As both the workshop and this collection show, it is also of importance to the researchers to work using the highest possible level of transparency and to present their findings to both an expert audience and a broad public for discussion. With regard to the importance of the topic, the Bavarian State Ministry of Education, Sciences and the Arts supports this approach, which focuses on cooperation and transparency. It strongly supports this commitment to meeting the responsibility for re-examining and coming to terms with Nazi crimes on the basis of wide-ranging research and returning unlawfully confiscated art and cultural artefacts to the descendants of the victims.

Dr. Adalbert Weiß
Director-General
Bavarian State Ministry of Education, Sciences and the Arts

Vorwort von Andrea Baresel-Brand

Seitdem die Gremien der vormaligen Koordinierungsstelle Magdeburg den Beschluss fassten, eine Publikation zu Alfred Flechtheim in ihre wissenschaftliche Schriftenreihe aufzunehmen, ist viel geschehen. Der „Fall Gurlitt" hat seit 2013 Gesellschaft und Politik bewegt, und es kam zur erfolgreichen Gründung des Deutschen Zentrums Kulturgutverluste, in das sowohl die Koordinierungsstelle Magdeburg als auch die Arbeitsstelle für Provenienzforschung, erstere nach 20-jährigem Bestehen (1994 bis 2014), aufgegangen sind. Im Zuge dieser weitgehenden Veränderungen erklärte sich das Institut für Zeitgeschichte München-Berlin kurzfristig bereit, diese von Fachkreisen lang erwartete Publikation in die Schriftenreihe der Vierteljahrshefte für Zeitgeschichte aufzunehmen, wofür ihm großer Dank gebührt.

Vor dem Hintergrund ihrer vielfältigen Aufgaben im Bereich der Dokumentation von Meldungen zu NS-verfolgungsbedingt entzogenen bzw. kriegsbedingt erbrachten Kulturgütern über die Internet-Datenbank www.lostart.de, insbesondere aber auch vor dem Hintergrund des Auftrages der umfassenden Information zu diesen sensiblen Themengebieten, hat die Koordinierungsstelle sehr gerne das Publikationsvorhaben zu dem herausragenden Kunsthändler Alfred Flechtheim intensiv unterstützt. So wurde die hier vorliegende Publikation von der Unterzeichnerin gemeinsam mit Axel Drecoll und Andrea Bambi konzipiert, lektoriert und in allen Sach- und Fachfragen begleitet. Darüber hinaus wirkte die Koordinierungsstelle bereits an dem bemerkenswerten Online- und Ausstellungsprojekt www.alfredflechtheim.com mit, das ab Oktober 2013 von 15 Museen mithilfe zahlreicher Provenienzforscherinnen und -forscher realisiert wurde.

Die vorliegende Studie beleuchtet die tragische und komplizierte Geschichte Alfred Flechtheims, seine ideologisch basierte Diffamierung und den Verlust seiner Kunstwerke aus vielfältigen Perspektiven. Damit einher geht eine wissenschaftlich fundierte und differenzierende Betrachtung, die einen wichtigen Beitrag zu dem so vielschichtigen Thema NS-Raubkunst und Restitution leisten soll. Dabei bleibt sie stets eine Würdigung des einmaligen Alfred Flechtheim, dessen rastlosem Wirken die Kunstwelt bis heute den Zugang zu vielen herausragenden Kunstwerken der Moderne zu verdanken hat.

Mein Dank gilt allen beteiligten Autorinnen und Autoren, ohne die diese Publikation nicht zustande gekommen wäre.

Dr. Andrea Baresel-Brand
Deutsches Zentrum Kulturgutverluste
vormals Koordinierungsstelle Magdeburg

Foreword by Andrea Baresel-Brand

A lot has taken place since the committees of the former Koordinierungsstelle Magdeburg (Coordination Office for Lost Cultural Assets in Magdeburg) made the decision to include a publication about Alfred Flechtheim in their academic publication series. Since 2013 "the Gurlitt case" has altered social and political opinion and coincided with the successful founding of the Deutsches Zentrum Kulturgutverluste (The German Centre for Lost Cultural Property) in which both the Coordination Office as well as the Office for Provenance Research have merged, the former after 20 years of existence (1994 to 2014). In the course of these extensive changes, the Institute for Contemporary History Munich – Berlin declared, at short notice, its willingness to include this, in professional circles long overdue, publication in their publication series "Schriftenreihe der Vierteljahrshefte für Zeitgeschichte", which earns our special thanks.

Against the backdrop of their multifaceted mandate in the field of documenting reports regarding Nazi persecution related dispossession and (respectively) the war related abduction of cultural assets via the internet database www.lostart.de, but also its mission to provide comprehensive information on these sensitive topics, the Coordination Office very gladly supported the publication project on the larger-than-life art dealer Alfred Flechtheim. The publication at hand was drafted, proofread and supervised in all factual and subject-related issues by the undersigned together with Axel Drecoll and Andrea Bambi. Over and above this the Coordination Office was already collaborating on the remarkable online and exposition project www.alfredflechtheim.com which since October 2013 has been set up by 15 museums with the help of numerous provenance researchers.

The study at hand illuminates the tragic and complicated story of Alfred Flechtheim, his ideologically based defamation and the loss of his works of art from many different perspectives. This results in an academically substantiated and differentiated examination, providing an important contribution on the complex topic of Nazi looted art and its restitution. At the same time it also always remains an appreciation of Alfred Flechtheim: To this day the art world owes him for his untiring efforts, which have provided access to so many outstanding works of modern art.

I would like to take the opportunity to express my gratitude to the various authors for their collaboration in this publication.

Dr. Andrea Baresel-Brand
The German Centre for Lost Cultural Property
previously The Coordination Office for Lost Cultural Assets in Magdeburg

Vorwort von Magnus Brechtken

Interdisziplinarität ist seit vielen Jahren ein Modebegriff der Wissenschaft, bei dem Anspruch und Umsetzung immer noch weit auseinander liegen. Das gilt auch für die Verknüpfung von Disziplinen der zeithistorischen Forschung in ihrem Verhältnis zur Kunstgeschichte. Namentlich auf dem Gebiet der Provenienzforschung, das zeigen Erfahrungen der jüngeren Vergangenheit, sind die Potentiale einer interdisziplinären Forschungsstrategie eher in den Anfängen sichtbar als wirklich entwickelt. Die öffentlichen Debatten der vergangenen Jahre über die Gründe jahrzehntelanger Säumigkeit, namentlich angefacht durch den sogenannten Schwabinger Kunstfund, sind auch eine zeitgeschichtliche Herausforderung. Die Diskussionen und der identifizierbare Wissensmangel haben die Notwendigkeit einer engeren methodischen Verzahnung zwischen der Recherche zu Einzelwerken und der zeithistorischen Grundlagenforschung zur Wirkungsgeschichte der NS-Herrschaft plastisch vor Augen geführt. Trotz aller Bemühungen in der unmittelbaren Nachkriegszeit, trotz mancher individuellen Forschungsanstrengungen, die aus den vergangenen sieben Jahrzehnten überliefert sind, wurde bei Bilanzierungen des Wissensstandes immer wieder ernüchternd deutlich, wie komplex die Überlieferungsgeschichten, wie kompliziert im Detail einzelne Quellenfragen sich darstellen. Nicht zuletzt durch den Zeitabstand sind viele Sachverhalte nur mit aufwendigen Recherchen zu klären, bisweilen ohne eindeutige Ergebnisse. Mit einigem Anlass mag man diesen Befund moralisch beklagen, rückwirkend ändern lässt er sich nicht. Aufklärung ist nötig, nicht nur über Kunstwerke, ihre Eigentümer und beider Schicksal. Zugleich lassen sich die Fehler der Vergangenheit nicht dadurch kompensieren, dass nun womöglich vorschnelle Schlüsse und mangelhafte Sorgfalt neue Fehler erzeugen. Recherchen benötigen Zeit und Geld. Verlorene Zeit, so sehr man das bedauern mag, ist nicht zurückzuholen.

Der vorliegende Band zeigt, wie Interdisziplinarität von Zeit- und Kunstgeschichte, wie wissenschaftliche Recherche und kommunikative Aufklärung zusammenwirken können, um historisch-gesellschaftlichen Nutzen zu ermöglichen. Es ist durchaus programmatisch zu verstehen, dass die Beiträge auf einen Workshop am Institut für Zeitgeschichte zurückgehen, der gemeinsam mit den Bayerischen Staatsgemäldesammlungen konzipiert wurde. Neben der Leistung der beiden Organisatoren Andrea Bambi und Axel Drecoll, die den Band herausgeben, ist das Engagement von Andrea Baresel-Brand sowie der Redaktion der Schriftenreihe der Vierteljahrshefte, namentlich von Thomas Raithel und Angelika Reizle, hervorzuheben, deren allseitiger Einsatz diese Publikation erst möglich gemacht hat.

Der Band illustriert in seiner Vielfalt, dass wissenschaftliche Forschung keine einfachen Antworten auf historisch komplexe Sachverhalte zu liefern vermag. Wenn die Texte und die darin reflektierten Forschungsthemen ihren Beitrag zur Aufklärung über die Notwendigkeit weiterer Recherche-Anstrengungen und sachorientierter Diskussion leisten, ist schon einiges gewonnen. Bleibt zu hoffen, dass neue und konzentrierte Forschungsressourcen in den kommenden Jahren manche Wissenslücke schließen, die in den vergangenen Jahrzehnten bisweilen nicht einmal als solche akzeptiert wurde.

PD Dr. Magnus Brechtken
Stv. Direktor des Instituts für Zeitgeschichte München – Berlin

Foreword by Magnus Brechtken

Interdisciplinarity has for some time been an academic catch word whose theory and practice often enough are still oceans apart. This also rings true about the relationship of Contemporary History and Art History. As demonstrated in the recent past, especially in the field of provenance research, the potentials of an interdisciplinary strategy are to be regarded as being in their infancy rather than well developed.

The so-called Schwabing Art trove has recently fanned the public debate over the reasons for decades of tardiness, which are a research topic in their own right. The discourse and the identifiable lack of knowledge have vividly demonstrated the necessity for a tighter methodological interconnection between research on individual pieces of art on the one hand and fundamental research on the long term repercussions of the Nazi regime on the other.

Despite all immediate post-war endeavours and many individual research exertions of the past seven decades, any account of the current state of knowledge is invariably sobering, revealing how complex specific ownership history and how complicated individual sources in their small details can be. Not least due to the time passed, many facts can only be clarified via elaborate research, at times with only ambiguous results. One might deplore this, but it cannot be retroactively changed.

Enlightenment and communication is necessary, not just about works of art, their owners and the fates of both. Mistakes of the past cannot be compensated for by jumping to premature conclusions and thus creating new mistakes through negligence. Research requires time and money. Lost time, regrettable as it may be, cannot be regained.

The publication on hand shows how interdisciplinarity of Contemporary History and Art History, how academic research and communicative enlightenment can work together for the benefit of both historiography and society. It should be understood as programmatic that the contributions were initially presented at a workshop at the Institute for Contemporary History (IfZ) in cooperation with the Bavarian State Painting Collections (Bayerische Staatsgemäldesammlungen). Alongside the two organisers and editors of this volume, Andrea Bambi und Axel Drecoll, we would like to particularly mention Andrea Baresel-Brand, who contributed considerably to the preparation of this volume, and the editorial staff of the "Schriftenreihe der Vierteljahrshefte", namely Thomas Raithel and Angelika Reizle, whose all-round commitment made this publication possible.

This volume in its multiplicity of approaches illustrates that academic research cannot provide easy answers to complex historical issues. If the texts and their respective research subjects contribute to a rising awareness that further research and unbiased discussion are required, we will have come a long way. One would hope that thanks to new and concentrated research resources we will soon be able to close some major knowledge gaps which over the past decades had not even been accepted as such.

PD Dr. Magnus Brechtken
Deputy Director of the Institute for Contemporary History Munich – Berlin

Andrea Bambi und Axel Drecoll
Einleitung: Zur Debatte um Provenienzforschung und Restitution

Alfred Flechtheim gehörte zu den faszinierendsten und einflussreichsten Figuren der Kunstszene seiner Zeit. Pablo Picasso, Juan Gris, Vincent van Gogh, Paul Klee, Max Beckmann oder George Grosz – der Kunsthändler sammelte oder vertrat die bedeutendsten Vertreter der Avantgarde. Seine Ausstellungen und Soireen in Düsseldorf oder Berlin waren legendär, sein Ruf als Kunstkenner und Lebenskünstler reichte weit über die deutschen Grenzen hinaus.

Die Herrschaft des Nationalsozialismus veränderte sein Leben und das seiner Familie drastisch. Als Jude sah sich Alfred Flechtheim bereits 1933 zahlreichen Stigmatisierungen und Attacken ausgesetzt. Unter dem Druck der heftigen antisemitischen Übergriffe entschloss er sich noch im selben Jahr, Deutschland zu verlassen. Die Galerien der Alfred Flechtheim GmbH in Düsseldorf und Berlin musste er schließen. Teile des vorhandenen Kunstbesitzes transferierte er ins Ausland, vor allem nach London. In der englischen Hauptstadt versuchte er von der Mayor Gallery aus und im Netzwerk seiner Kunstagenten in Deutschland, der Schweiz, in Frankreich und in den USA weiter seiner Tätigkeit als Kunsthändler nachzugehen. Im Oktober 1936 gelang ihm dort mit der Ausstellung „French Nineteenth-Century Painting" ein Erfolg versprechender Neustart seiner Karriere. Flechtheims zweite berufliche Laufbahn in London endete jäh, als er im Winter 1936/37 bei Glatteis stürzte. Im März 1937 starb er im Alter von nur 59 Jahren im Londoner St. Pancras Hospital.

Wesentliche Aspekte seines Verfolgungsschicksals teilte Alfred Flechtheim mit zahlreichen anderen entrechteten und beraubten Juden aus Deutschland. Sie mussten einen tiefen Schnitt in ihrer Lebenslinie verkraften, wurden Opfer von Diffamierungen und physischer Gewalt, waren zur Auswanderung gezwungen, verloren ihren Besitz und hatten erhebliche Schwierigkeiten, in der Emigration Fuß zu fassen. Dank einer Vielzahl von Publikationen sind wir über die Lebenswege von Betroffenen der NS-Gewaltherrschaft mittlerweile recht gut informiert. Dennoch hat gerade der Name Flechtheim in den letzten Jahren sowohl in der Forschung als auch in der breiten Öffentlichkeit für viel Wirbel gesorgt. Neben einigen wissenschaftlichen und populärwissenschaftlichen Publikationen widmete beispielsweise der „Spiegel" mit Titeln wie „Braune Beute", „Die Schatz-Erben", oder „Nazi-Raubkunst" allein im ersten Halbjahr 2013 mehrere Artikel diesem Thema.[1]

---

[1] Der Spiegel 5 (2013), S. 34–43; ebd., 7 (2013), S. 113; Spiegel-Online, 17.6.2013, http://www.spiegel.de/kultur/gesellschaft/ns-raubkunst-koeln-gibt-kokoschka-gemaelde-an-flechtheimerben-zurueck-a-906224.html [Stand 7.1.2015]. In den Fokus einer wissenschaftlichen wie breiteren Öffentlichkeit geriet Alfred Flechtheim vor allem seit Ende der 1980er Jahre, als im Kunstmuseum Düsseldorf eine Ausstellung und ein dazugehöriger Katalog profunde Auskunft über Leben und Wirken des Kunsthändlers boten: Hans Albert Peters u. a. (Hrsg.), Alfred Flechtheim. Sammler. Kunsthändler. Verleger, Düsseldorf 1987; Rudolf Schmitt-Föller (Hrsg.), „Nun mal Schluß mit den blauen Picassos". Texte des Kunsthändlers Alfred Flechtheim, Bonn 2013; Dorothee Hansen/Kai Hohenfeld, Die Kunsthalle Bremen und Alfred Flechtheim. Erwerbungen 1914 bis 1979, Bremen 2013; Wiebke Krohn, „Eine Gemengelage, die auch die moderne Provenienzforschung nicht auf-

Etwa 80 Jahre nach Alfred Flechtheims Verfolgung und Emigration mag es auf den ersten Blick überraschen, wie konträr und zum Teil heftig die Debatte geführt wird. Die grundsätzliche moralische Verpflichtung, sich mit den Gräueltaten des NS-Regimes und seinen Opfern auseinanderzusetzen, wird heute kaum noch jemand ernsthaft in Frage stellen wollen. Die Erinnerungsverpflichtung, das negative Gedächtnis, wie es Reinhart Koselleck einmal genannt hat, ist zu einem breiten gesellschaftlichen Konsens geworden.[2]

Wenn Forscher, Journalisten oder Rechtsanwälte über Alfred Flechtheim diskutieren, geht es im Kern allerdings um etwas anderes. Im Mittelpunkt der Debatte stehen Eigentumsfragen. Es geht um die gesammelten und gehandelten Kunstwerke, um den Versuch, Vermögensverhältnisse, die unter dem Einfluss des verbrecherischen NS-Regimes zustande gekommen sind, noch einmal neu zu ordnen oder zumindest zu modifizieren. Die moralisch begründete Erinnerungspflicht soll in einen pragmatischen Bezugsrahmen gegossen, die Opfer oder deren Familien sollen nicht nur ideell, sondern auch materiell für ihre Verluste entschädigt werden. Die Diskussion dreht sich also um unser aktuelles Verständnis von „Schuld und Schulden".[3] Es ist nicht zuletzt diese materielle oder monetäre Dimension des NS-Gedenkens, die deutlich vor Augen führt, wie weitgehend die konkrete Umsetzung der Gerechtigkeitsvorstellungen von zähen, häufig als schmerzlich empfundenen Aushandlungsprozessen und von den verschiedenen Interessenlagen der jeweiligen Verhandlungspartner abhängig ist. Das Verhältnis von Gläubigern und Schuldnern ist in der Regel kompliziert; vor allem dann, wenn es wie im Falle Alfred Flechtheims materiell und symbolisch um viel geht. Dass seit der Jahrtausendwende vor allem Kunst- und Kultur-

---

lösen kann". Besitzverhältnisse in der Sammlung und den Galerien Alfred Flechtheims, in: Eva Blimlinger/Heinz Schödl (Hrsg.), Die Praxis des Sammelns. Personen und Institutionen im Fokus der Provenienzforschung, Wien/Köln/Weimar 2014, S. 221–240; Andrea Bambi, „Ich bin nicht Beckmanns Kunsthändler". Alfred Flechtheim und seine Künstlerverträge, erläutert am Beispiel von Max Beckmann, in: Eva Blimlinger/Monika Mayer (Hrsg.), Kunst sammeln, Kunst handeln. Beiträge des Internationalen Symposiums in Wien, Wien/Köln/Weimar 2012, S. 167–181; Roswitha Neu-Kock, Alfred Flechtheim, Alexander Vömel und die Verhältnisse in Düsseldorf 1930 bis 1934, in: Blimlinger/Mayer (Hrsg.), Kunst sammeln, Kunst handeln, S. 155–165; Esther Tisa Francini, Die Rezeption der Kunst aus der Südsee in der Zwischenkriegszeit: Eduard von der Heydt und Alfred Flechtheim, in: Blimlinger/Mayer (Hrsg.), Kunst sammeln, Kunst handeln, S. 183–196; Christine Fischer-Defoy, Galerie Flechtheim, in: Christine Fischer-Defoy/Kaspar Nürnberg (Hrsg.), Gute Geschäfte. Kunsthandel in Berlin 1933–1945 (eine Ausstellung des Aktiven Museums im Centrum Judaicum v. 10. 4.–31. 7. 2011 und im Landesarchiv Berlin v. 20. 10. 2011–27. 1. 2012), Berlin 2011, S. 35ff.; siehe auch www.alfredflechtheim.com mit 324 Werken aus 15 Museen, die durch ihre Provenienz (= Herkunft) in Verbindung mit den Galerien von Alfred Flechtheim stehen. 2011 hat Ottfried Dascher die erste und bisher einzige einschlägige Biografie Alfred Flechtheims vorgelegt. Sie wurde 2013 zum zweiten Mal aufgelegt und enthält eine Auflistung der Privatsammlung Flechtheims, die der Autor aus verschiedenen Quellen rekonstruiert, sowie, in der ersten Auflage, eine Quellensammlung auf CD-ROM; Ottfried Dascher, „Es ist was Wahnsinniges mit der Kunst". Alfred Flechtheim. Sammler, Kunsthändler, Verleger, Wädenswil ²2013; mit abweichenden, z. T. konträren Interpretationen zu diesen geschichts- und kunstwissenschaftlichen Analysen: Ralph Jentsch, Alfred Flechtheim und George Grosz. Zwei deutsche Schicksale, Bonn 2008; Markus H. Stötzel, Ein jüdisches Kunsthändlerschicksal. Der verfolgungsbedingte Eigentumsverlust der Kunstsammlung Alfred Flechtheim, in: Kunst und Recht. Journal für Kunstrecht, Urheberrecht und Kulturpolitik (KUR) 3/4 (2010), S. 102–120.

[2] Reinhart Koselleck, Formen und Traditionen des negativen Gedächtnisses, in: Norbert Frei/Volkhard Knigge (Hrsg.), Verbrechen erinnern. Die Auseinandersetzung mit Holocaust und Völkermord, Bonn 2005, S. 21–32.

[3] Constantin Goschler, Wiedergutmachungspolitik – Schulden, Schuld und Entschädigung, in: Peter Reichel/Harald Schmid/Peter Steinbach (Hrsg.), Der Nationalsozialismus. Die zweite Geschichte, München 2009, S. 62–85.

gegenstände für besondere Aufmerksamkeit sorgen, hat mehrere Ursachen. Sie liegen zunächst in den Beschränkungen der Wiedergutmachungsgesetzgebung, die bereits seit der unmittelbaren Nachkriegszeit die Rückgabe geraubter Vermögenswerte und die Entschädigung für erlittenes Unrecht regeln sollte. Zurückgegeben werden konnten beispielsweise nur diejenigen Güter, die sich auf deutschem Boden und damit im Geltungsbereich des Rückerstattungsgesetzes befanden.

Solche blinden Flecken haben dazu geführt, dass erst seit Ende der 1990er Jahre mit der heutigen Intensität nach Raubkunst oder Fluchtgut gefahndet und die Rückgabe an die Familien der ehemaligen Besitzer diskutiert wird. Auf Grundlage der sogenannten Handreichung zur Umsetzung der 1999 unterzeichneten „Erklärung der Bundesregierung, der Länder und der kommunalen Spitzenverbände zur Auffindung und zur Rückgabe NS-verfolgungsbedingt entzogenen Kulturgutes, insbesondere aus jüdischem Besitz", sind öffentliche Einrichtungen seitdem dazu aufgefordert, ihre Bestände nach derartigen Vermögensgegenständen zu durchsuchen. Das gilt in erster Linie für Museen, in deren Besitz sich die Kunstgegenstände häufig befinden und die als staatliche Einrichtungen an der Verfolgung und Enteignung von Juden im Nationalsozialismus teilhatten. Museumsdirektoren wurden beispielsweise häufig als sachverständige Experten für den Wert „jüdischer" Kunst- und Kulturgüter berufen. Die entsprechende Liste der „Reichskammer der bildenden Künste" aus dem Jahr 1941 für die Sachverständigen aller Gaue umfasst neun Seiten und liest sich wie ein „Who's Who" der Kunst- bzw. Museumsgeschichte.[4] Viele der Direktoren nutzten ihre Handlungsspielräume, um die eigenen Sammlungen zu erweitern oder in den besetzten Nachbarländern Zugriff auf Kulturgut zu erhalten.

Das ausgesprochen große Aufmerksamkeitspotenzial der Bilder erklärt sich darüber hinaus durch ihre Bedeutung für das europäische Kulturgedächtnis. In Kunstwerken manifestiert sich das kulturelle Erbe, sie sind Erinnerungsspeicher besonderer Art.[5] Für die heutige Auseinandersetzung mit der Zeit des nationalsozialistischen Regimes nimmt die Bedeutung solcher Speichermedien zu, da diejenigen, die die Zeit tatsächlich miterlebt haben, meist nicht mehr am Leben sind. Die Erinnerung an den Nationalsozialismus ist nicht mehr durch Personen oder Personenkollektive getragen, sondern ist zum generationsunabhängigen Bestandteil unserer Kultur, also zum kulturellen Gedächtnis geworden.[6] Nicht mehr die Generation der Miterlebenden berichtet von der Vergangenheit, sondern andere Zeugen: etwa Bauten oder Bücher, aber eben auch Bilder. Die Kunstwerke zahlreicher prominenter Künstler, die Alfred Flechtheim gesammelt und verkauft hat, sind solche Zeichenträger und Projektionsflächen. Sie verfügen über einen enormen Bekanntheitsgrad mit einem hohen Wiedererkennungswert, sie sind ästhetisch anspruchsvoll und kunstgeschichtlich bedeutsam. Sie stehen für einen hohen und leicht nachzuvollziehenden ideellen Wert und ermöglichen ein besonderes emphatisches Verständnis für mögliche Verlusterfahrungen derer, denen der Besitz genommen wurde.

Es ist aber nicht nur der ideelle, sondern auch der materielle Wert, der mit den Begriffen Raub- oder Beutekunst mitschwingt. Es geht um Geld und häufig um viel Geld. Die

---

[4] Rundschreiben der Reichskammer der bildenden Künste vom 20.8.1941, siehe www.footnote.com, Ardelia Hall Collection, Munich Administrative Records, Restitution Claim Records, Jewish Claims, Auerbach-Jordan, S. 66–75.

[5] Goschler, Wiedergutmachungspolitik, S. 85.

[6] Bspw. Aleida Assmann, Erinnerungsräume. Formen und Wandlungen des kulturellen Gedächtnisses, München 1999, S. 55; dies./Ute Frevert, Geschichtsvergessenheit, Geschichtsversessenheit, Stuttgart 1999, S. 49–51.

Debatte um die Rückgabe der Bilder ist paradigmatisch für die materielle Dimension des gegenwärtigen Umgangs mit der NS-Vergangenheit und seit der Entdeckung des sogenannten Schwabinger Kunstfundes, also der Kunstsammlung von Hildebrand Gurlitt, auf allen Ebenen, politischer wie gesellschaftlicher Natur, präsent. Die „Monetarisierung des Gedächtnisses" sorgt für Aufregung und Unwohlsein gleichermaßen. Lässt sich das Leid der Opfer überhaupt in Geldwerten bemessen? Ist die „Kommerzialisierung" ein angemessener Umgang?[7] Dafür lassen sich durchaus stichhaltige Argumente vorbringen. Geld als Austausch für „Vergebung", so argumentiert etwa Natan Sznaider, ist ganz grundsätzlich ein Kennzeichen des 20. Jahrhunderts und symbolisiert auf individueller Ebene die Anerkennung, dass es sich auch tatsächlich um ein Verbrechen gehandelt hat.[8] Es ist auch nur schwer vorstellbar, geraubte Güter – auch Jahrzehnte nach der Tat – in den Händen der Gesellschaft und ihrer Institutionen zu belassen, die letztendlich für den Raub verantwortlich waren.[9] In diesem Licht erscheint der Grundsatz der geldwerten Entschädigung bzw. der Naturalrestitution von besonders wertvollen Kunst- und Kulturgütern auch 80 Jahre nach dem eigentlichen Entziehungsvorgang als notwendiger Bestandteil unserer heutigen Verantwortung für die NS-Massenverbrechen. Um die Intensität der aktuellen Debatte nachvollziehen zu können, sollte allerdings nicht übersehen werden, welche Schwierigkeiten der zeitliche Abstand zu den Verbrechen bereitet. Das liegt zunächst an der ursprünglichen Intention der Wiedergutmachung. Sie sollte die Brüche in den Biografien kitten helfen, Verfolgte zu Berechtigten machen. Darum kann es aber heute, nach dem Tod der meisten Betroffenen, nicht mehr gehen. Zu diskutieren sind daher nicht nur die Grundsatzfragen nach „Schuld und Sühne", zu berücksichtigen sind auch erhebliche Quellenprobleme. Die Opfer selbst können über ihre Verfolgungserfahrung keine Auskunft mehr geben, wichtige Dokumente sind in den Wirren des Krieges verloren gegangen, Archive sind nicht immer öffentlich zugänglich und Besitzverhältnisse lassen sich häufig schwer, manchmal auch gar nicht mehr rekonstruieren. Das gilt in besonderem Maße für Kunstwerke, deren Provenienz nur äußerst mühsam festzustellen ist. Flechtheims Geschäftsunterlagen in der Mayor Gallery vernichtete wohl der von der Deutschen Luftwaffe geflogene „London Blitz" im September 1940, Bomben der Royal Air Force zerstörten die Düsseldorfer Galerie 1943 und von der Berliner Galerie sind keine Geschäftsunterlagen überliefert. Erschwerend kommt hinzu, dass sich Flechtheims Profil vom Sammler zum „Marchand Amateur" und schließlich zum Händler häufig wandelte. Was aber war Privat- und was Galeriebesitz? Wann, wo und warum verkaufte der Kunsthändler seine Kunstwerke, was besaß er tatsächlich und was verkaufte er auf Kommission?

Solche Wissenslücken sind im Hinblick auf die juristische Dimension der Wiedergutmachung besonders schmerzlich. Die Rechtsgrundlagen von Restitution und Entschädigung

---

[7] Zur Diskussion der einschlägige Überblick bei Hans Günter Hockerts, Wiedergutmachung. Ein umstrittener Begriff und ein weites Feld, in: Ders./Christiane Kuller (Hrsg.), Nach der Verfolgung. Wiedergutmachung nationalsozialistischen Unrechts in Deutschland?, Göttingen 2003, S. 7–34, hier S. 12.

[8] Natan Sznaider, Pecunifying Respectability? On the Impossibility of Honorable Restitution, in: Dan Diner/Gotthard Wunberg (Hrsg.), Restitution and Memory. Material Restoration in Europe, New York/Oxford 2007, S. 51–64, hier S. 61.

[9] Dan Diner, Über die Suche des Eigentums nach einem Eigentümer, in: Inka Bertz/Michael Dorrmann (Hrsg.), i. A. des Jüdischen Museums Berlin und des Jüdischen Museums Frankfurt a. M., Raub und Restitution. Kulturgut aus jüdischem Besitz von 1933 bis heute, Berlin/Frankfurt a. M. 2008, S. 16–29, hier S. 18.

greifen nicht mehr, entsprechende Antragsfristen sind bereits seit Jahren abgelaufen. Die Bundesregierung hat sich zwar durch internationale und nationale Vereinbarungen verpflichtet, „gerechte und faire Lösungen" für die Rückgabe von Kunst- und Kulturgütern zu finden, und empfiehlt als Entscheidungsgrundlage die Normen der Wiedergutmachungsgesetzgebung. Letztlich liegt die Entscheidung über die Restitution aber im Ermessen der Antragsgegner, ein Rechtsanspruch auf Restitution besteht nicht mehr. So entsteht eine seltsame Gemengelage aus juristisch begründeten, aber nicht mehr einklagbaren Forderungen, historischen Analysen und den Ergebnissen der kunstgeschichtlichen Provenienzforschung. Rechts- und Gerechtigkeitsvorstellungen, Zeithistorie und Kunstgeschichte folgen allerdings jeweils ihrer eigenen Logik und sind nicht ohne Weiteres miteinander in Einklang zu bringen. Hinzu kommen Nebenkosten, die die Akzeptanz der monetären Wiedergutmachung mit sich bringt. Als Initiatoren und Hauptakteure der Restitutionsforderungen treten nicht selten „Vermittlerinstitutionen", etwa internationale Anwaltskonsortien, auf. Deren Profit aus der „aggressiven Kommerzialisierung", so ein deutlich vernehmbarer Vorwurf, droht die Ursprungsidee von Restitution und Entschädigung zu konterkarieren.[10]

Wie immer man derartige Argumente gewichten will, sie führen die Notwendigkeit einer nüchternen und wissenschaftlich fundierten Überprüfung des Einzelfalls deutlich vor Augen. Darauf zielt der vorliegende Sammelband. Experten aus den Bereichen Kunstgeschichte, Zeithistorie und den Rechtswissenschaften nähern sich dem Galeristen und seinen Kunsthandlungen aus verschiedenen Richtungen an, die sowohl auf die allgemeinen gesellschaftlichen und politischen Rahmenbedingungen und das Verfolgungsschicksal als auch auf die Provenienz der Kunstwerke und die Sammlung des Kunsthändlers gerichtet sind. Durch diesen interdisziplinären Ansatz lassen sich die unterschiedlichen Herangehensweisen sinnvoll miteinander verknüpfen. Gleichzeitig eröffnet die Multiperspektivität verschiedene Blickwinkel und ermöglicht eine differenzierte Analyse des Verfolgungsschicksals und des Vermögensverlustes von Alfred Flechtheim.

Die schwierigen Rahmenbedingungen für die Entscheidungsfindung in Restitutionsfragen und die komplizierte Gemengelage aus unterschiedlichen Herangehensweisen, die der Begründung oder Ablehnung von Anträgen dienen, hat bisher zu einer ausgesprochen heterogenen Wiedergutmachungspraxis und zudem nicht selten zu unreflektierten Vorwürfen an Museen und Provenienzforscher geführt. Ihnen werden Intransparenz und Desinteresse vorgeworfen, mitunter gar antisemitische Denkmuster unterstellt.

Grundsätzlich besteht für Restitutionsforderungen in Deutschland, die Museen und Erbenvertreter nicht einvernehmlich lösen können, die Möglichkeit – wenn beide Parteien es wünschen – die sogenannte Beratende Kommission anzurufen. Im Dezember 2014 hat die Kunstsammlung Nordrhein-Westfalen diese Möglichkeit genutzt. Sie möchte eine Entscheidung über die Rückerstattung eines kubistischen Stilllebens von Juan Gris herbeiführen. Das Gemälde gehörte zur Sammlung und Galerie Alfred Flechtheims und wurde 1934 in London verkauft. Die Kommission beriet ein Jahr zuvor auch über die Restitution des Bildes „Tilla Durieux" von Oskar Kokoschka aus dem Museum Ludwig in Köln und empfahl die Rückgabe an Flechtheims Erben. Einen anderen Lösungsansatz hat das Kunstmuseum Bonn verfolgt. Aufgrund der nicht vollständig zu klärenden Eigentumsver-

---

[10] Vgl. hierzu Hockerts, Wiedergutmachung, S. 12, der sich auf Stuart E. Eizenstat, Unvollkommene Gerechtigkeit. Der Streit um die Entschädigung der Opfer von Zwangsarbeit und Enteignung, München 2003, S. 102–119 bezieht.

hältnisse suchte das Museum 2012 die direkte Einigung mit dem Anwalt der Erben und zahlte für das Werk von Paul Adolf Seehaus „Leuchtturm mit rotierenden Strahlen" in einer Höhe, die der Hälfte des heutigen Wertes entspricht. In Österreich wurde nur wenige Monate vor der deutschen Kommissionsempfehlung ebenfalls über ein Werk mit der Provenienz Flechtheim entschieden. Im Gegensatz zu Deutschland verfügt Österreich über ein Kunstrückgabegesetz und die sogenannte Kommission für Provenienzforschung urteilt in einem Gremium aus Provenienzexperten bindend über alle Fälle, die in Österreichischen Bundesmuseen anhängig sind. In diesem Fall entschied sie gegen die Herausgabe von George Grosz' Werk „Bündnis/Andenken" und für dessen Verbleib im Museum für Moderne Kunst Wien. Wiederum andere Entscheidungen haben der Kunsthandel und private Kunstbesitzer zum Umgang mit Werken mit der Provenienz Flechtheim getroffen; denn der Name Flechtheim in der Provenienzkette von Werken sorgte dafür, dass diese zeitweise unverkäuflich waren. Die bei dem Kölner Auktionshaus Lempertz 2011 versteigerte Beckmann-Gouache „Löwenbändiger" mit der auf 1931 datierten Provenienz Flechtheim und der auf 1934 datierten Provenienz Gurlitt konnten die Auktionäre erst verkaufen, nachdem die Flechtheim-Erben eine anteilige Entschädigung in unbekannter Höhe von Cornelius Gurlitt, dem Sohn von Hildebrand Gurlitt, erhalten hatten.

Auch aus diesem Grund ist die wissenschaftlich fundierte und differenzierte Betrachtung des Einzelfalls geboten. Sie ist für den Kunsthandel, vor allem aber für die Verantwortlichen der Rückerstattung, eine unverzichtbare Entscheidungsgrundlage. Seit 2008 beschäftigen sich Kunsthistoriker und Historiker an deutschen und internationalen Museen mit der Herkunft von Werken, die Alfred Flechtheim gehandelt hat. Die überaus komplexe Quellenlage in diesem Fall führte dazu, dass erstmals mehr als 15 Museen auf Anregung der Arbeitsstelle für Provenienzforschung in Berlin (AfP) ihre Forschungen koordinierten und Synergien nutzten. Ausgehend von einem Auskunftsersuchen der Rechtsvertretung der Erben Alfred Flechtheims unternahmen fast 20 Museen im Verbund umfangreiche Recherchen zum Galeriebestand und Kunstbesitz des Kunsthändlers. Es galt zunächst zu klären, ob eine Unterteilung in Privat- und Galeriebestand bei Flechtheim aufgrund der Quellenlage überhaupt möglich ist. Zudem stellte sich die Frage, ob Teile dieser Bestände nach der Machtübernahme der Nationalsozialisten unrechtmäßig entzogen wurden, und wer dafür verantwortlich war. Nach aufwendigen Recherchen, deren Ergebnisse in mehrere von der AfP finanzierte Gutachten einflossen, veranstalteten das Institut für Zeitgeschichte München – Berlin und die Bayerischen Staatsgemäldesammlungen am 25. Oktober 2011 einen Workshop mit dem Titel „Kunstraub und Restitution". Die Tagung folgte bereits einem interdisziplinären Ansatz und gab den Impuls für den vorliegenden Sammelband.

Der erste Teil der Publikation konzentriert sich auf die Kontexte von Kunstraub und Restitution, in denen Verfolgung und Emigration Alfred Flechtheims verortet werden müssen. Drei Beiträge reflektieren den aktuellen Kenntnisstand und neueste wissenschaftliche Debatten: *Frank Bajohr* und *Anja Heuß* nehmen die Grundzüge und Abläufe der wirtschaftlichen Verfolgung in der NS-Zeit sowie den Aktionsradius von jüdischen Kunsthändlern in der Zeit des Nationalsozialismus in den Blick. Vorgestellt werden die Möglichkeiten und Grenzen des Handels mit Kunst, vor allem „entarteter" Kunst, und die äußerst schlechten Aussichten für die Verfolgten, Vermögen ins Ausland zu transferieren. *Constantin Goschler* widmet sich dann Aspekten der Wiedergutmachung nationalsozialistischen Unrechts. Er analysiert aktuelle Tendenzen und Problemstellungen bei der Restitution von Kunst- und Kulturgütern.

Der zweite Teil der Publikation beschäftigt sich mit der privaten und beruflichen Biografie Alfred Flechtheims. Die Frage, ob Alfred Flechtheim ein Kunsthändler und/oder Sammler war und wie sich diese Bezeichnungen auf seine Eigentumsverhältnisse auswirkten, versuchen Beiträge mit neuen Quellen zu den von Flechtheim selbst erstellten Listen mit Kunstbesitz zu erhellen. Die steuerliche Behandlung von Kunsthändlern und Sammlern ist wesentlich für die Bezeichnung „Privat"- oder „Galeriebesitz", eine Unterscheidung, die wiederum für das Thema Restitution der Bilder eine wichtige Rolle spielt. Über die Frage, ob Alfred Flechtheim in die Riege der privaten Berliner Sammler einzugliedern sei, hatte bereits sein Zeitgenosse, der Berliner Museumsdirektor Ludwig Justi, entschieden und ihn als Kunsthändler und Partner auf Augenhöhe bei der Gewinnung von wichtigen Sammlerkontakten behandelt. Diesen Themenkomplex analysieren *Andrea Bambi* und *Isgard Kracht.*

Axel Drecoll, Anja Deutsch, Roswitha Neu-Kock und *Gesa Jeuthe* widmen sich dem Kunstsammler und Kunsthändler Alfred Flechtheim, seiner Galerie und den Bedingungen, unter denen er seine Geschäftstätigkeit in Deutschland aufgeben musste. Sie analysieren das Verhältnis des jüdischen Galeristen zu seinem Geschäftsumfeld und legen dabei einen Schwerpunkt auf Alex Vömel, den möglichen „Arisieur" der Alfred Flechtheim GmbH, und seine besondere Beziehung zu deren Inhaber. Dabei geht es vor allem um folgende Fragen: Inwieweit spiegelt der „Fall Flechtheim" typische, in der Forschung häufig als „Arisierung" oder „Entjudung" bezeichnete Muster der Raubzüge gegen jüdisches Vermögen wider und wie gestaltete sich das Verhältnis des jüdischen Betroffenen und seines nichtjüdischen Umfeldes? Über welche Handlungsspielräume verfügte Alfred Flechtheim, nachdem die nationalsozialistischen Angriffe seinen Bewegungsradius in geschäftlicher und privater Hinsicht erheblich eingeschränkt hatten? *Vanessa Voigt* analysiert die Fragen nach dem Vermögensverlust von Alfred Flechtheim anhand der Provenienz eines Bildes: Adolf Seehaus' „Leuchtturm mit rotierenden Strahlen" (Kunstmuseum Bonn), ein Werk, das bereits Gegenstand von Rückerstattungsverhandlungen gewesen ist. *Ottfried Dascher* zeichnet Flechtheims Werdegang in der Emigration in England nach und lotet Möglichkeiten und Grenzen der Kunsthandelstätigkeit für einen verfolgten Kunsthändler außerhalb der deutschen Grenzen aus. *Wiebke Krohn* schließlich schildert in ihrem Beitrag das Verhältnis des Kunsthändlers Flechtheim zu George Grosz und die Konditionen der händlerischen Vertretung sowie die Umstände der Amsterdamer Auktion mit 47 Werken von George Grosz nach Flechtheims Tod.

Ein dritter Teil wirft Seitenblicke und stellt das Schicksal Alfred Flechtheims vergleichend neben andere, in ihren Rahmenbedingungen ähnlich gelagerte Fälle. In dem Beitrag von *Esther Tisa Francini* geht es zunächst um generelle Parameter der Emigration und Wiedergutmachung, vor deren Hintergrund sie dann vier Einzelfälle exemplarisch vorstellt: Walter Feilchenfeldt in Berlin und Amsterdam, Curt Valentin in Berlin und New York, Arthur Kaufmann in Frankfurt und London sowie Alfred Flechtheim in London. Mit *Johannes Nathan* und *Victoria Reed* setzen der Nachfahre eines verfolgten Kunsthändlers sowie eine internationale Expertin die Handlungsspielräume Alfred Flechtheims mit Möglichkeiten und Grenzen des Handels anderer verfolgter Kunsthändler in der Zeit des Nationalsozialismus in Beziehung.

Der vierte Teil der Publikation besteht aus Beiträgen zu einzelnen Werken mit Flechtheim-Provenienz, die Gegenstand aktueller Restitutionsforderungen waren. Aufgezeigt werden ausgewählte Erwerbungsgeschichten zu Werken in deutschen Museen, deren Provenienzen aufzeigen, zu welchen Konditionen Flechtheim-Werke von Juan Gris, Paul

Klee, Karl Hofer, Ernst Barlach, Max Pechstein, Renée Sintenis und André Masson verkaufte. Dazu gehören auch die Erwerbsumstände zum Ankauf von Oskar Kokoschkas „Bildnis der Tilla Durieux" (Museum Ludwig Köln) und Pablo Picassos „Harlekin" (Museum Ludwig Köln).

Es liegt in der Natur der Sache, dass die Interpretationen zu Alfred Flechtheim und seinen Bildern nicht immer deckungsgleich, mitunter sogar widersprüchlich sind. Weder die Autoren noch die Herausgeber wollten den Versuch unternehmen, die unterschiedlichen Einschätzungen durch Kompromissformeln in eine einheitliche Argumentationslinie zu zwängen. Die wissenschaftliche Diskussion lebt von solchen Spannungen. Wenn sie den Leser zur eigenen Urteilsbildung herausfordert, dann hat dieser Sammelband seinen Zweck erfüllt. Die Herausgeber haben sich daher dazu entschieden, zwei bereits publizierte Studien in den Sammelband aufzunehmen. *Harald König* beschäftigt sich mit den entscheidenden Parametern des rechtlichen Diskurses, der in der heutigen Auseinandersetzung um angemessene Formen der Rückgabe von Vermögenswerten eine ausschlaggebende Rolle spielt. Er nimmt in seinem Beitrag Entwicklung und Ausprägungen des Restitutionsrechts in den Blick. *Markus H. Stötzel*, der Anwalt der Flechtheim-Erben, hat sich bereits 2010 mit der Restitution von Werken mit der Provenienz Flechtheim auseinandergesetzt. Er bezieht eine klare Position, die einigen der in diesem Sammelband vereinigten Interpretationen – zum Teil sehr eindeutig – widerspricht.

Wir danken den zahlreichen Museen und Archiven, die das Projekt unterstützt haben. Unser Dank gilt insbesondere Michael Franz, Andrea Baresel-Brand und der Koordinierungsstelle Magdeburg, die den vorliegenden Sammelband wesentlich begleitet und befördert haben. Dank schulden wir schließlich Nicole Losch-Maute von den Bayerischen Staatsgemäldesammlungen, die sich um die Bildbeschaffung gekümmert hat, sowie der Redaktion der Schriftenreihe der Vierteljahrshefte für Zeitgeschichte, vor allem Thomas Raithel und Angelika Reizle, ohne deren unermüdlichen Einsatz das Projekt nicht hätte abgeschlossen werden können.

München, Oktober 2014
Andrea Bambi und Axel Drecoll

Andrea Bambi and Axel Drecoll
Introduction: The Provenance Research and Restitution Debate

Alfred Flechtheim was undoubtedly one of the most fascinating and influential figures on the art scene of his time. Pablo Picasso, Juan Gris, Vincent van Gogh, Paul Klee, Max Beckmann or George Grosz – the art dealer collected or represented the most important artists of the avant-garde. His exhibitions and soirées in Düsseldorf and Berlin were legendary and his reputation as an art connoisseur and bon vivant extended far beyond the borders of Germany.

National Socialist rule drastically changed his life and the life of his family. As early as 1933, he decided to leave Germany due to the pressure of violent anti-Semitic attacks, which he was subjected to as a Jew. He had to close the Alfred Flechtheim GmbH galleries in Düsseldorf and Berlin. He transferred parts of the remaining art works abroad, in particular to London. In the English capital, he tried to continue his work as an art dealer from the Mayor Gallery and within the network of his art agents in Germany, Switzerland, France and the USA. In October 1936, he successfully re-launched his promising career there with the exhibition entitled "French Nineteenth-Century Painting". Flechtheim's second career in London ended abruptly in the winter of 1936/37, when he slipped on ice. He died in March 1937 aged only 59 at London's St. Pancras Hospital.

A life cut short, defamation, physical attacks, emigration, loss of property in Germany and the difficulties involved in gaining a foothold in a foreign country not only characterize Alfred Flechtheim's history of persecution. These he shared with many other Jews from Germany, who had their rights and their property taken from them. Thanks to a multitude of publications, we have, in the meantime, become very well informed of their passage through life. Nevertheless, the name Flechtheim in particular has caused a great deal of upheaval in the last few years, both in the area of research and in the broader public sphere. In addition to some academic and popular-science publications, the German news magazine "Der Spiegel" alone dedicated several articles to this topic, with titles such as "Braune Beute" ("Brown Booty"), "Die Schatz-Erben" ("The Heirs to Treasure") or "Nazi-Raubkunst" ("Nazi-Stolen Art") in the first half of 2013.[1]

---

[1] Der Spiegel 5 (2013), pp. 34–43; ibid., 7 (2013), p. 113; Spiegel-Online, 17. 6. 2013, http://www. spiegel.de/kultur/gesellschaft/ns-raubkunst-koeln-gibt-kokoschka-gemaelde-an-flechtheimerben-zu-rueck-a-906224.html [7. 1. 2015]. Alfred Flechtheim came under the scrutiny of both an academic audience and a broader public in particular since the end of the 1980s, after in-depth information on the life and work of the art dealer was provided by an exhibition and the accompanying catalogue by the Kunstmuseum Düsseldorf: Hans Albert Peters u. a. (eds.), Alfred Flechtheim. Sammler. Kunsthändler. Verleger, Düsseldorf 1987; Rudolf Schmitt-Föller (eds.), „Nun mal Schluß mit den blauen Picassos". Texte des Kunsthändlers Alfred Flechtheim, Bonn 2013; Dorothee Hansen/Kai Hohenfeld, Die Kunsthalle Bremen und Alfred Flechtheim. Erwerbungen 1914 bis 1979, Bremen 2013; Wiebke Krohn, „Eine Gemengelage, die auch die moderne Provenienzforschung nicht auflösen kann". Besitzverhältnisse in der Sammlung und den Galerien Alfred Flechtheims, in: Eva Blimlinger/Heinz Schödl (eds.), Die Praxis des Sammelns. Personen und Institutionen im Fokus der Provenienzforschung, Wien/Köln/Weimar 2014, pp. 221–240; Andrea Bambi, „Ich bin nicht Beckmanns Kunsthändler". Alfred Flechtheim und seine Künstlerverträge, erläutert am Beispiel von Max Beckmann, in: Eva Blimlinger/Monika Mayer (eds.), Kunst sammeln, Kunst handeln. Beiträge des Internatio-

About 80 years after Alfred Flechtheim's persecution and emigration, it may be surprising at first glance to see how contradictory and at times intense the debate has become. Today, hardly anyone would seriously question the basic moral obligation to address the atrocities of the Nazi regime and the suffering of its victims. The obligation to remember, or negative memory as Reinhart Koselleck once called it, has become a broad social consensus.[2]

However, whenever researchers, journalists or lawyers discuss Alfred Flechtheim, the core concern is essentially different. Questions of ownership are at the centre of the debate. It is about collected and traded works of art, about the attempt to again reallocate or at least modify financial circumstances which came about under the influence of the criminal Nazi regime. It is about shaping the morally established obligation to remember within a pragmatic frame of reference. It is about compensating the victims or their families for their losses, not only morally but also materially. The discussion therefore revolves around our current understanding of "guilt and liability".[3] It is not least this material or monetary dimension of the memory of the Nazi period which clearly demonstrates how extensively the concrete implementation of concepts of justice depends on tough negotiation processes, often seen as painful, and on the various interests of the respective negotiation partners. As a rule, the relationship between creditors and debtors is complicated – particularly if, as in the case of Alfred Flechtheim, this involves a significant amount, both materially and symbolically. The debate over the return of the paintings is paradigmatic for the material dimension of current engagement with the Nazi past. There are many reasons why works of art and cultural artefacts have attracted particular attention since the turn of the millennium. Firstly, this is due to the limitations of German restitution laws, which were to regulate the return of stolen assets and the compensation for injustices suffered from as early as the immediate postwar period. For example, only those items located in Germany and therefore coming under the authority of the restitution law could be returned.

nalen Symposiums in Wien, Wien/Köln/Weimar 2012, pp. 167–181; Roswitha Neu-Kock, Alfred Flechtheim, Alexander Vömel und die Verhältnisse in Düsseldorf 1930 bis 1934, in: Blimlinger/Mayer (eds.), Kunst sammeln, Kunst handeln, pp. 155–165; Esther Tisa Francini, Die Rezeption der Kunst aus der Südsee in der Zwischenkriegszeit: Eduard von der Heydt und Alfred Flechtheim, in: Blimlinger/Mayer (eds.), Kunst sammeln, Kunst handeln, pp. 183–196; Christine Fischer-Defoy, Galerie Flechtheim, in: Christine Fischer-Defoy/Kaspar Nürnberg (eds.), Gute Geschäfte. Kunsthandel in Berlin 1933–1945 (eine Ausstellung des Aktiven Museums im Centrum Judaicum v. 10. 4.–31. 7. 2011 und im Landesarchiv Berlin v. 20. 10. 2011–27. 1. 2012), Berlin 2011, pp. 35 ff.; see also www.alfred flechtheim.com with 324 works from 15 museums, which are connected to the Flechtheim Galleries due to their provenance (= origin). In 2011, Ottfried Dascher published the first and so far only pertinent biography of Alfred Flechtheim. It was republished in 2013 and contains a listing of Flechtheim's private collection, which the author reconstructs from various sources, as well as a collection of sources on CD-ROM; Ottfried Dascher, „Es ist was Wahnsinniges mit der Kunst". Alfred Flechtheim. Sammler, Kunsthändler, Verleger, Wädenswil ²2013; for a partially contrary historical and art historical interpretation, see: Ralph Jentsch, Alfred Flechtheim und George Grosz. Zwei deutsche Schicksale, Bonn 2008; Markus H. Stötzel, Ein jüdisches Kunsthändlerschicksal. Der verfolgungsbedingte Eigentumsverlust der Kunstsammlung Alfred Flechtheim, in: Kunst und Recht. Journal für Kunstrecht, Urheberrecht und Kulturpolitik (KUR) 3/4 (2010), pp. 102–120.

[2] Reinhart Koselleck, Formen und Traditionen des negativen Gedächtnisses, in: Norbert Frei/Volkhard Knigge (eds.), Verbrechen erinnern. Die Auseinandersetzung mit Holocaust und Völkermord, Bonn 2005, pp. 21–32.

[3] Constantin Goschler: Wiedergutmachungspolitik – Schulden, Schuld und Entschädigung, in: Peter Reichel/Harald Schmid/Peter Steinbach (eds.), Der Nationalsozialismus. Die zweite Geschichte, Munich 2009, pp. 62–85.

It is because of such blind spots that looted art or flight assets have only been searched for and their return to the families of their former owners discussed with the current intensity since the end of the 1990s. On the basis of the so-called Guidelines on the implementation of the "Declaration of the Federal Government, the Länder (Federal States) and the National Associations of Local Authorities on the Tracing and Return of Nazi-Confiscated Art, especially from Jewish Property", signed in 1999, public institutions have since then been required to examine their collections for valuable items of this kind. This applies primarily to museums, in whose possession the art objects are frequently to be found and which participated as national institutions in the persecution and dispossession of Jews under National Socialism. Museum directors, for example, were often called upon as experts on the value of "Jewish" art and cultural artefacts. The corresponding list of experts in all "Gaue" (administrative regions of Nazi Germany) from the "Reichskammer der bildenden Künste" ("Reich Chamber of Fine Arts") dated 1941 is nine pages long and reads like a "Who's Who" of art history and museum history.[4] Many of the directors used their room for manœuvre in order to expand their own collections or to gain access to cultural artefacts in the occupied neighbouring countries.

The extraordinary potential of the paintings to attract attention was added to by their importance within the cultural consciousness of Europe. Cultural heritage manifests itself in works of art; they are a special type of memory store.[5] The importance of such storage media is gradually increasing in contemporary discourse on the National Socialist regime, as many of those who actually experienced this period first hand are no longer with us. The memory of National Socialism is no longer borne by individuals or groups of people, but rather has become a component of our culture which is not dependent on a particular generation; it has become cultural memory.[6] It is no longer the generation who lived through this period reporting on the past, but rather other witnesses: for example buildings or books and paintings too. The works of art by many prominent artists, which Alfred Flechtheim collected and sold, are such semaphores and projection surfaces. They are very famous with a high recognition value; they are aesthetically appealing and of great significance from an art historical perspective. They represent a high and easily understandable symbolic value and facilitate a particularly emphatic understanding of possible experiences of loss by those from whom they were taken.

It is however not only the symbolic, but rather also the material value that resonates with the terms "stolen" or "looted" art. It is about money and often about a lot of money. The "monetization of memory" creates both excitement and discomfort in equal measures. Can the suffering of the victims really be measured as a monetary value? Is "commercialization" an appropriate approach?[7] Valid arguments can clearly be made for this.

---

[4] Rundschreiben der Reichskammer der bildenden Künste vom 20.8.1941 [Reich Chamber of Fine Arts Circular dated 20/8/1941], see www.footnote.com, Ardelia Hall Collection, Munich Administrative Records, Restitution Claim Records, Jewish Claims, Auerbach-Jordan, pp. 66–75.

[5] Goschler, Wiedergutmachungspolitik, p. 85.

[6] E.g., Aleida Assmann, Erinnerungsräume. Formen und Wandlungen des kulturellen Gedächtnisses, Munich 1999, p. 55; id./Ute Frevert, Geschichtsvergessenheit, Geschichtsversessenheit, Stuttgart 1999, pp. 49–51.

[7] On this discussion, cf. the relevant overview by Hans Günter Hockerts, Wiedergutmachung. Ein umstrittener Begriff und ein weites Feld, in: Ders./Christiane Kuller (eds.), Nach der Verfolgung. Wiedergutmachung nationalsozialistischen Unrechts in Deutschland?, Göttingen 2003, pp. 7–34, here p. 12.

Money in exchange for "forgiveness", as Natan Sznaider argues, is essentially a feature of the 20th century and on an individual level also symbolizes recognition of the fact that these really were criminal acts.[8] It is also difficult to imagine that stolen artefacts remain in the hands of the society and its institutions which were ultimately responsible for the looting, even decades after the crime was committed.[9] In this light, the principle of monetary compensation and/or the restitution in kind of particularly valuable works of art and cultural artefacts, even 80 years after the actual dispossession process, appears to be a necessary component of our current responsibility for the mass crimes of National Socialism. In order to understand the intensity of the current debate, one should, however, not overlook the difficulties presented by the temporal distance from the crimes. The first of these is the original intention behind reparation. It was to help heal the fractures in the biographies and turn those who were persecuted into beneficiaries. Today, however, this can no longer be the case, as most of those concerned have passed away. It is not just the basic questions of "crime and punishment" which need to be discussed, but also the considerable problems regarding sources, which need to be taken into consideration. The victims themselves can no longer provide information on their experience of persecution, important documents were lost in the confusion of the war, archives are not always publicly accessible and ownership is often difficult or no longer reconstructible. This applies in particular for works of art, whose provenance is extremely difficult to establish. Flechtheim's business records at the Mayor Gallery were destroyed during a London Blitz attack by the German Luftwaffe in September 1940. The Royal Air Force bombs destroyed the gallery in Düsseldorf in 1943 and no business records have survived from the gallery in Berlin. Complicating matters even more is the fact that Flechtheim's profile regularly changed from collector to "Marchand Amateur" and finally to dealer. But what was privately owned and what belonged to the gallery? When, where and why did the art dealer sell his paintings, what did he actually own and what did he sell on commission?

These sort of knowledge gaps are particularly distressing with regard to the legal dimension of reparation. The legal bases for restitution and compensation no longer apply and the corresponding application deadlines expired years ago. The Federal Government has undertaken to find "just and fair solutions" for the return of art and cultural artefacts in the form of international and national agreements and recommends the standards of the restitution law as the basis of decision-making. However, the decision on restitution comes under the authority of the respondent to the application; a legal right to restitution no longer exists. This results in a strange conflict situation arising from legally established, though no longer actionable claims, historic analyzes and the results of art historical provenance research. However, legal interpretations and concepts of justice, history and art history each follow their own logic and cannot easily be brought into line with each other. In addition to this, the acceptance of monetary reparation comes with its own costs. It is not unusual for "intermediary institutions", such as international legal consortia, to act as the initiators and main protagonists of claims for restitution. Their profiting

---

[8] Natan Sznaider, Pecunifying Respectability? On the Impossibility of Honorable Restitution, in: Dan Diner/Gotthard Wunberg (eds.), Restitution and Memory: Material Restoration in Europe, New York/Oxford 2007, pp. 51–64, here p. 61.

[9] Dan Diner, Über die Suche des Eigentums nach seinem Eigentümer, in: Inka Bertz/Michael Dorrmann (eds.), on behalf of The Jewish Museum Berlin and The Jewish Museum Frankfurt am Main, Raub und Restitution. Kulturgut aus jüdischem Besitz von 1933 bis heute, Berlin/Frankfurt a. M. 2008, pp. 16–29, here p. 18.

from "aggressive commercialization", an accusation which can clearly be heard, threatens to thwart the original concept of restitution and compensation.[10]

However one wishes to weight up such arguments, they always draw attention to the necessity of a rational and research based examination of each individual case. That is the aim of this volume. Experts from the fields of art history, history and law approach the gallery owner and his art dealings from different perspectives, which focus on both the general social and political conditions and the history of persecution, as well as on the provenance of the works of art and the art dealer's collection. Using this interdisciplinary approach, the various perspectives can be meaningfully interconnected. At the same time, multi-perspectivity opens up different points of view and enables a differentiated analysis of the history of persecution and Alfred Flechtheim's loss of property.

The difficult circumstances surrounding the decision-making process in questions of restitution and the complicated conflict situation arising from the different approaches, which serve the justification or rejection of an application, has previously led to extremely heterogeneous reparation practices and, furthermore, has quite often led to ill-considered accusations against museums and provenance researchers. They are accused of lacking transparency and interest, and even of having anti-Semitic mentalities.

For restitution claims in Germany which cannot be resolved amicably by the museums and the representatives of the heirs, the option exists (if so desired by both parties) to defer to the so-called Advisory Commission (Beratende Kommission). In December 2014, the Kunstsammlung Nordrhein-Westfalen used this possibility. It wishes to bring about a decision about the restitution of a cubist still life by Juan Gris. The painting was part of Flechtheim's collection and gallery and was sold in London in 1934. The Commission was also consulted on the restitution of the painting "Tilla Durieux" by Oskar Kokoschka at the Museum Ludwig in Cologne and recommended that the painting be returned to Flechtheim's heirs. In Austria, a different decision was reached only a few months before the recommendation of the German Commission was made. In contrast to Germany, Austria has an Art Restitution Law, and the so-called Commission for Provenance Research, in the form of a committee made up of provenance experts, makes a binding decision on all cases pending in Austrian federal museums. In the Flechtheim case, it decided against handing over the work "Bündnis/Andenken" by George Grosz, and for it to remain at the Museum of Modern Art in Vienna. The Kunstmuseum Bonn took another approach to finding a solution. As the ownership issues could not be settled fully, in 2012 the museum sought a direct agreement with the lawyer representing the heirs and paid them a sum which corresponds to half of the current value of Paul Adolf Seehaus's work, "Leuchtturm mit rotierenden Strahlen" ("Lighthouse with Rotating Beam"). Moreover, the art trade and private art owners have made different decisions with regard to the handling of works with the Flechtheim provenance, as works having the name Flechtheim in the provenance chain ensured that these were temporarily unsellable. The Beckmann-Gouache "Löwenbändiger" ("Lion Tamer"), with a Flechtheim provenance dated 1931 and a Gurlitt provenance from 1934, which was auctioned by the Lempertz auction house in Cologne in 2011, could only be sold by the auctioneers after the Flechtheim heirs had received an undisclosed sum of proportionate compensation.

---

[10] Cf. on this Hockerts, Wiedergutmachung, p. 12, which refers to Stuart E. Eizenstat, Unvollkommene Gerechtigkeit. Der Streit um die Entschädigung der Opfer von Zwangsarbeit und Enteignung, Munich 2003, pp. 102–119.

It is also for this reason, that research based and differentiated consideration of each individual case is absolutely necessary. For the art trade and, above all, for those responsible for restitution, this is an indispensable basis of decision-making. Since 2008, art historians and historians at German and international museums have been addressing the provenance of works which were traded by Alfred Flechtheim. In this case, the extremely complex source material also led to more than 15 museums coordinating their research and using synergies for the first time at the suggestion of the Office for Provenance Research in Berlin (Arbeitsstelle für Provenienzforschung, AfP). Based on a request for information from the legal representation of the heirs of Alfred Flechtheim, almost 20 museums jointly carried out extensive research on the gallery inventory and the art dealer's collection of art. The first thing which needed to be clarified was whether a subdivision into private property and gallery property was at all possible in the case of Flechtheim on the basis of the source material. Moreover, there was the question as to whether parts of these inventories were unlawfully confiscated after the National Socialist takeover and who was responsible for that. Following complex investigations, the results of which were included in several expert opinions financed by the AfP, the Institute for Contemporary History, Munich – Berlin and the Bayerische Staatsgemäldesammlungen (Bavarian State Painting Collections) held a workshop entitled "Stolen Art and Restitution" on the 25th of October 2011, which from the beginning took an interdisciplinary approach and provided the impetus for the present volume.

The first section of the publication concentrates on the context of looted art and restitution in which the persecution and emigration of Alfred Flechtheim must be positioned. Three articles reflect the current state of research and newest debates. *Frank Bajohr* and *Anja Heuß* focus on the basic characteristics and processes of economic persecution during the Nazi period, as well as the room for manœuvre for Jewish art dealers during the time of National Socialism. The possibilities and limits of dealing in art, in particular "degenerate" art, and the extremely poor prospects those persecuted had of transferring their property abroad are introduced. *Constantin Goschler* addresses the aspects of reparation of Nazi injustice. He analyzes current trends and problems in the restitution of art and cultural objects.

The second section deals with the private and career biography of Alfred Flechtheim. Articles from new sources as well as lists compiled by Flechtheim himself attempt to shed light on the question whether Flechtheim was an art dealer or a collector and how these descriptions affect his ownership structure. The taxation ramifications for art dealers and collectors are mainly covered under the headings "Private" and "Gallery Owner" a differentiation that again plays a significant role regarding the question of restitution for the artwork. The question whether Alfred Flechtheim is to be integrated into the ranks of Berlin collectors has already been decided, as by his contemporary, Berlin museum director Ludwig Justi, who treated him as an art dealer and equal partner for the recruitment of important collector contacts. This topic is analyzed by *Andrea Bambi* and *Isgard Kracht.*

Axel Drecoll, Anja Deutsch, Roswitha Neu-Kock, and *Gesa Jeuthe* focus on the art collector and art dealer Alfred Flechtheim, his gallery and the conditions under which he had to give up his business activities in Germany. They analyze the relationship between the Jewish gallery owner and his business environment and, at the same time, focus on Alex Vömel, the possible "Aryanizer" of Alfred Flechtheim GmbH, and his special relationship to its proprietor. This primarily addresses the following questions: To what extent does the "Flechtheim case" reflect patterns of looting typically referred to as "Aryanization" or "de-Jewification" ("Entjudung"), which targeted Jewish assets, and how was the relationship between the Jewish victim and his non-Jewish environment structured? How much freedom to act did Alfred Flechtheim have after the National Socialist attacks considerably restricted his room for manœuvre with regard to commercial and private matters? *Vanessa Voigt* analyzes the questions regarding the provenance of Adolf Seehaus's "Lighthouse with Rotating Beam" (Kunstmuseum Bonn), a work of art which is already the subject of restitution negotiations. *Ottfried Dascher* depicts Flechtheim's career in emigration in England and investigates possibilities and limitations for a persecuted art dealer to work outside German borders. Finally *Wiebke Krohn* describes Flechtheim's relationship to George Grosz as an art dealer and the conditions of commercial representation, as well as the circumstances surrounding the Amsterdam auction after Flechtheim's death, which included 47 works by George Grosz.

A third section glances at and compares the fate of Alfred Flechtheim with others under similar circumstances. In *Esther Tisa Francini's* contribution she initially presents the general emigration and retribution parameters which she exemplifies in four individual cases: Walter Feilchenfeldt in Berlin and Amsterdam, Curt Valentin in Berlin and New York, Arthur Kaufmann in Frankfurt and London as well as Alfred Flechtheim in London. With *Johannes Nathan* and *Victoria Reed*, a relative of a persecuted art dealer and an international expert correlate Alfred Flechtheim's room for manœuvre with the commercial possibilities and limitations of other art dealers in Nazi times.

The fourth section of the publication consists of contributions regarding individual art work of Flechtheim provenance which were subject to recent restitution claims. Selected acquisition histories are presented about artwork in German museums whose provenances show under which terms and conditions Flechtheim artworks of Juan Gris, Paul Klee, Max Beckmann, Ernst Barlach, Max Pechstein, Ernesto di Fiori were sold. This also includes the acquisition circumstances of the purchase of Oskar Kokoschka's "Portrait of Tilla Durieux" (Museum Ludwig Cologne) and Pablo Picasso's "Harlekin" (Museum Ludwig Cologne).

It is in the nature of things that the interpretations of Alfred Flechtheim and his artworks do not always conform, and in fact contradict each other. Neither the authors nor the publisher wished to force the different assessments to form a unified line of argument using compromise formulas. Academic debate is fueled by such tensions. If they challenge readers to draw their own conclusions, then this anthology has fulfilled its purpose. The publishers have therefore decided to include two already published studies in this anthology. *Harald König* covers the defining parameters of the legal formalities that play a deciding role in the current contention regarding the appropriate form of restitution of assets. In his article he focuses on developments and characteristics of restitutionary law. Already in 2010 *Markus H. Stötzel,* attorney for the heirs of Alfred Flechtheim, grappled with the restitution of artwork from the Flechtheim provenance. He takes a clear position that is partly very contradictory to some of the interpretations collected in this anthology.

We would like to thank the many museums and archives which have supported the project. We would especially like to thank Michael Franz, Andrea Baresel-Brand and the Koordinierungsstelle Magdeburg (Coordination Office for Lost Cultural Assets in Magdeburg) who substantially supported and sponsored this anthology. Finally, our thanks also go to Nicole Losch-Maute, Bavarian State Painting Collections, who was responsible for the acquisition of the print images, and to the editorial staff of the Schriftenreihe, particularly to Thomas Raithel and Angelika Reizle.

Munich, October 2014
Andrea Bambi and Axel Drecoll

Uwe Hartmann

Die Bilder Alfred Flechtheims – Zur Genese eines zeit- und kunsthistorischen Forschungsprojekts

Der Galerist, Kunsthändler, Verleger und Sammler Alfred Flechtheim gehörte bereits in den Jahren vor dem Ersten Weltkrieg zu den Vermittlern der internationalen modernen und avantgardistischen Kunstströmungen und war einer der einflussreichsten Wegbereiter für ihre Beachtung und Anerkennung in Deutschland. Öffentliche Angriffe konservativer und völkischer Kreise richteten sich nicht zuletzt aus diesem Grund bald gegen ihn. Nach der Machtübernahme durch die Nationalsozialisten wurden die antisemitischen Attacken verschärft und die kunstfeindlichen Diffamierungen zielten zunehmend auf die Zerstörung seiner beruflichen Existenz.

Man sah in ihm einen prominenten Vertreter des „jüdischen Kulturbolschewismus", dem in der Propaganda die „Zersetzung" der deutschen Kunst und Kultur vorgeworfen wurde. Alfred Flechtheim wurde der „Kunstjude". Ein Bleiben in Deutschland hätte seine Freiheit eingeschränkt oder sogar sein Leben gefährdet. Sein bis zum Ausbruch der Weltwirtschaftskrise legendär erfolgreiches Geschäftsmodell, das sich auf den Verkauf von Kunst gründete, die den neuen Machthabern als „entartet" und „undeutsch" oder als Schwindel und als Werk von Dilettanten galt, bot nun keine Perspektive mehr. Der Weg ins Exil war unausweichlich. Hier teilte Alfred Flechtheim das Schicksal vieler Emigranten, im Ausland nicht in gleichem Maße in ihrem Beruf erfolgreich sein zu können wie zuvor in Deutschland. Sein Versuch, sich zunächst in Paris und später in London als Kunsthändler neu zu etablieren, wurde durch seinen frühen Tod verhindert.

In den vergangenen Jahrzehnten wurde in den Darstellungen des Lebens und Wirkens Alfred Flechtheims insbesondere der Zusammenhang zwischen der Diffamierung seiner Person und der Verfemung der modernen Kunst durch die Nationalsozialisten hervorgehoben. Sein Schicksal war mit dem der künstlerischen Avantgarde des ersten Drittels des 20. Jahrhunderts in Deutschland verbunden. Die nationalsozialistischen Angriffe gegen die Kunst- und Kulturpolitik der (Weimarer) „Systemzeit" zielten noch nach seinem Tod auf ihn, als die Kampagne gegen die „Entartete Kunst" in den gleichnamigen Ausstellungen, die zwischen 1937 und 1941 in München, Berlin und in weiteren Städten gezeigt wurden, ihren Höhepunkt erreichte.

Der Sammler Alfred Flechtheim blieb jedoch in der Regel im Hintergrund, wenn die Höhen und Tiefen im Lebenslauf des richtungweisenden Förderers, impulsiven Geschäftsmannes und glanzvollen Gastgebers beschrieben wurden. Selten wurde danach gefragt, was mit den Kunstwerken geschehen war, die er nicht mit der Absicht des Weiterverkaufs erworben hatte, sondern zum Aufbau und zur Mehrung seiner eigenen Sammlung. Der Zusammenhang zwischen dem Schicksal des Sammlers und dem seiner Sammlung war offenkundig und dennoch blieben die Fragen nach dem Verbleib der einst in Flechtheims Privatbesitz befindlichen Stücke weitgehend unbeantwortet.

„Eine Sammlung löst sich nahezu in nichts auf" lautete eine Kapitelüberschrift in der 2008 erschienenen Studie „Alfred Flechtheim und George Grosz. Zwei deutsche Schicksale" von Ralph Jentsch. Der Verfasser würdigte die Qualität der Sammlung, in der sich Werke der bedeutendsten Künstler des 19. und 20. Jahrhunderts – allen voran Picasso, aber auch van Gogh, Cézanne, Renoir sowie Kandinsky, Klee, Beckmann und Munch –

befanden, und nannte doch allein für das Gemälde „Les Noces" („La Noce", 1911–1912) von Fernand Léger den heutigen Standort.

Welche Werke aber können überhaupt der Sammlung Alfred Flechtheims zugerechnet werden und waren sein Privateigentum? Zu welchem Zeitpunkt erwarb er sie? Wann und unter welchen Umständen sah er sich gezwungen, Stücke aus seiner Sammlung zu verkaufen? Welche Gemälde oder Skulpturen oder andere Objekte waren in seinen Besitz gekommen, ohne dass er in der Lage gewesen war, den Kaufpreis vollständig zu entrichten? Welche Kunsthändler oder Künstler haben aus diesem Grund Ansprüche gegenüber Flechtheim geltend gemacht oder hätten sie erheben können?

Hatte Alfred Flechtheim einen großen Teil seiner Sammlung ins Ausland bringen können, als er Deutschland verlassen musste, oder waren die meisten Werke in Bertha (Betti) Flechtheims Wohnung in Berlin verblieben? Die Ehe war 1936 geschieden worden, um Betti Flechtheim vor Forderungen zu schützen, für seine Verbindlichkeiten aufkommen zu müssen. Was geschah mit den Kunstwerken, nachdem sie sich 1941 das Leben genommen hatte? Wurde die Sammlung Flechtheim nun endgültig von nationalsozialistischen Behörden beschlagnahmt und aufgelöst?

Diese Fragen wurden wieder aktuell und wohl so brisant wie zu keinem Zeitpunkt zuvor, als 2008 eine von den Erben Flechtheims beauftragte Anwaltskanzlei an mehrere Museen im In- und Ausland die Frage richtete, ob die Erwerbungen der in ihren Beständen befindlichen Werke mit der Provenienz Flechtheim nachweislich nicht in einem Zusammenhang mit seiner Verfolgung durch die Nationalsozialisten und dem Verlust seines Eigentums standen.

Für die Museen, Bibliotheken, Archive und anderen öffentlichen Einrichtungen in Deutschland war die Aufgabenstellung nach der Verabschiedung der Washingtoner Prinzipien (1998) zum Umgang mit Kulturgut, das von den Nationalsozialisten geraubt worden war, und der darauf aufbauenden Erklärung der Bundesregierung, der Länder und der Kommunalen Spitzenverbände zur Auffindung und zur Rückgabe NS-verfolgungsbedingt entzogenen Kulturgutes (1999) in einer 2001 veröffentlichten Handreichung zur Umsetzung der genannten Erklärung klar formuliert worden: „Die Bundesregierung, die Länder und die kommunalen Spitzenverbände werden im Sinne der Washingtoner Erklärung in den verantwortlichen Gremien der Träger einschlägiger öffentlicher Einrichtungen darauf hinwirken, dass Kulturgüter, die als NS-verfolgungsbedingt entzogen identifiziert und bestimmten Geschädigten zugeordnet werden können, nach individueller Prüfung den legitimierten früheren Eigentümern bzw. deren Erben zurückgegeben werden".

An diesem Punkt jedoch wurden die Schwierigkeiten deutlich, vor denen man in einigen der befragten öffentlichen Sammlungen stand. Weniger die Zuordnung der einzelnen Kunstwerke zu dem Geschädigten erwies sich als problematisch, sondern vielmehr die Beantwortung der Frage, welche Werke, die Betti und Alfred Flechtheim unabweislich aus dem Grund verloren hatten, da sie zu Opfern nationalsozialistischer Verfolgungsmaßnahmen geworden waren, sich in welchen Museen befanden. Provenienzforschung muss dann mit einem besonderen Maß an Verantwortung und Umsicht durchgeführt werden: Die Wege der einzelnen Objekte und die Umstände von Veräußerungen und Erwerbungen sind genau zu recherchieren, ohne dabei auch nur den Anschein zu erwecken, das Schicksal der von den Nationalsozialisten Verfolgten würde in Frage gestellt.

Die 2008 gegründete Arbeitsstelle für Provenienzforschung am Institut für Museumsforschung der Staatlichen Museen zu Berlin (AfP) hatte die Mitglieder des seit dem Jahr

2000 tätigen Arbeitskreises Provenienzforschung am 10. Dezember 2008 eingeladen, um die Fördermöglichkeiten für die Durchführung von Forschungsprojekten zur Suche nach NS-Raubgut in deutschen öffentlichen Sammlungen vorzustellen, die mit der im gleichen Jahr erfolgten Bereitstellung entsprechender Mittel durch den Beauftragten der Bundesregierung für Kultur und Medien verbunden waren. Zu einem wichtigen Thema wurde hier auch der fachliche Austausch zum Stand der Forschungen und der Erkenntnisse hinsichtlich der Anfragen des Anwalts der Erben nach Betti und Alfred Flechtheim. Einerseits wurde mit einem gewissen Erstaunen festgestellt, dass bislang offenbar kein Museum in Deutschland im Rahmen der Erfüllung der aus den Washingtoner Prinzipien und der Gemeinsamen Erklärung resultierenden Aufgaben selbst auf die Problematik der Provenienz Flechtheim aufmerksam geworden war. Andererseits wurde vielen Provenienzforscherinnen und -forschern bewusst, dass die Aufarbeitung des Zusammenhangs zwischen dem Schicksal von Betti und Alfred Flechtheim und dem Verbleib ihres Kunstbesitzes äußerst komplex und kompliziert sein würde.

Die Arbeitsstelle für Provenienzforschung kam gern dem Wunsch nach, in allen Fragen zur Klärung der Umstände, unter denen deutsche öffentliche Einrichtungen in den Besitz von Kunst und Kulturgut gelangt waren, das auf die Herkunft aus der Sammlung Flechtheim verwies, eine moderierende und koordinierende Rolle einzunehmen. Zwischen 2009 und 2011 fanden mehrere Arbeitstreffen statt, auf denen die Beteiligten ihr Wissen teilten und ihre Forschungsergebnisse vorstellten. Im Ergebnis wurde stets ein abgestimmtes gemeinsames und arbeitsteiliges Vorgehen vereinbart, insbesondere was die Auswertung relevanter Archivbestände betraf. Der Arbeitsstelle war selbstverständlich daran gelegen, die zur Verfügung stehenden Fördermittel nicht mehrfach für bestimmte gleichgerichtete Forschungen an den einzelnen Häusern aufzuwenden. Zudem wurden gemeinsam jene offenen Fragen benannt, die nicht eindeutig zu beantworten waren, was in der Regel auf die überaus schwierige Quellenlage zurückgeführt werden musste.

Da eine Reihe von Aspekten zur Bewertung der Umstände eines wahrscheinlichen verfolgungsbedingten Entzugs von Kunstgegenständen aus dem Besitz Betti und Alfred Flechtheims über das Spektrum der bislang vorrangig kunsthistorisch und sammlungsgeschichtlich orientierten Provenienzforschung hinausgingen, wurde eine Kooperation mit Zeithistorikern mit Forschungsschwerpunkten zu nationalsozialistischen Verfolgungs- und Enteignungsmaßnahmen angestrebt. Insbesondere die Unterstützung des Instituts für Zeitgeschichte München – Berlin und namentlich des Leiters des Dokumentationszentrums Obersalzberg Dr. Axel Drecoll ist hier hervorzuheben.

Diese intensivierte Zusammenarbeit zwischen renommierten Vertreterinnen und Vertretern der zeithistorischen Forschung und der Provenienzforschung an Museen insbesondere zu Fragen der systematischen Enteignung von jüdischen Kunsthandelsunternehmern während der Herrschaft der Nationalsozialisten fand in der Durchführung des Workshops „Kunstraub und Restitution" am 25. Oktober 2011 im Institut für Zeitgeschichte in München ihren vorläufigen Höhepunkt. Einige der wichtigen Fragen – beispielsweise die zur Bewertung des Verhaltens des langjährigen Mitarbeiters in der Galerie Flechtheim in Düsseldorf Alex Vömel in den Jahren 1933 und 1934 sowie zur Einschätzung der Übernahme der Galerie durch ihn – konnten allerdings auch im Ergebnis dieser wissenschaftlichen Kooperation nicht vollständig aufgeklärt werden.

Einen weiteren Schub und viele wichtige Anregungen für die Rekonstruktion des Umfangs und des Profils der Sammlung Flechtheim erbrachte die Veröffentlichung der Biografie „Es ist etwas Wahnsinniges mit der Kunst'. Alfred Flechtheim. Sammler, Kunsthändler, Verleger" von Ottfried Dascher im Herbst 2011. Die zur Sammlung Flechtheim gehörenden Kunstwerke wurden nun konkret fassbar. Das Angebot und der Wunsch des Autors, die von ihm zusammengestellte Liste der Werke in Flechtheims privatem Kunstbesitz, möge „trotz nicht unerheblicher methodischer und inhaltlicher Bedenken, angesichts von Lücken und unvermeidlichen Irrtümern" dazu beitragen, „der Provenienzforschung einen noch höheren Stellenwert einzuräumen", wurden dankbar angenommen und aufgegriffen.

Der Kauf des Gemäldes „Leuchtturm mit rotierenden Strahlen" (1913) von Paul Adolf Seehaus durch das Kunstmuseum Bonn im April 2012 und die Empfehlung der „Beratenden Kommission im Zusammenhang mit der Rückgabe NS-verfolgungsbedingt entzogener Kulturgüter, insbesondere aus jüdischem Besitz", vom 9. April 2013 zur Herausgabe des Gemäldes „Portrait Tilla Durieux" (1910) von Oskar Kokoschka durch die Stadt Köln sind die ersten Beispiele „gerechter und fairer Lösungen" im Sinne der Washingtoner Prinzipien, die zwischen öffentlichen Einrichtungen der Bundesrepublik Deutschland und den Erben von Betti und Alfred Flechtheim gefunden wurden. Die öffentliche Diskussion im Vorfeld der Entscheidung der „Beratenden Kommission" wie auch die Reaktionen darauf haben ein weiteres Mal gezeigt, wie langwierig und schwierig die Wege zu solchen Lösungen im Einzelfall sind. Dennoch müssen sie gefunden werden und weitere Entscheidungen zum Verbleib von Werken aus der Sammlung Flechtheim in deutschen Museen oder zu ihrer Übergabe an die Erben sind in nächster Zeit zu erwarten.

Unter dem Titel Alfred Flechtheim.com | Kunsthändler der Avantgarde haben 15 Museen ein gemeinsames Ausstellungsprojekt durchgeführt und präsentieren eine Website. Mit dem vorliegenden Sammelband wurde der dritte Teil dieses Projekts realisiert. 14 deutsche Museen und das Museum Rietberg in Zürich stellen sich auf eine besondere Art und Weise der anhaltenden öffentlichen Diskussion um die Restitution von Kunstwerken. Dies könnte als mutig angesehen werden. Nach meiner Einschätzung spiegelt dieses Projekt jedoch die mittlerweile erreichte Selbstverständlichkeit des Umgangs dieser Häuser mit den eigenen Sammlungsbeständen wider, die nach wie vor nicht frei vom Verdacht sind, ihren Eigentümern infolge von Gewaltherrschaft, Krieg und anderen Ereignissen unfreiwillig verloren gegangen und unrechtmäßig entzogen worden zu sein. Der in den vergangenen Jahren immer wieder geäußerte Vorwurf mangelnder Transparenz in diesen Fragen wird auch jetzt nachhallen. Das Projekt Alfred Flechtheim.com | Kunsthändler der Avantgarde bedeutete eine öffentliche Positionsbestimmung der beteiligten Museen. Nicht nur die Erben von Alfred Flechtheim und die von ihnen beauftragten Anwälte werden wahrscheinlich nicht alle Positionen der Museen teilen. Die Verhandlungen und Gespräche zwischen den Einrichtungen und den politisch Verantwortlichen sowie den Erben und Anwälten müssen in der selbstverständlichen Vertraulichkeit und in einer Atmosphäre – so ist zu wünschen – wachsenden Vertrauens weitergeführt werden. Über die Vermittlung in den Ausstellungen und mit dem Erscheinen dieses Bandes erhielt nun auch eine breitere kunst- und geschichtsinteressierte Öffentlichkeit die Möglichkeit, in den Dialog zu treten.

Ein weiterer Aspekt ist meiner Meinung nach zu nennen, um die Verdienste der Initiatoren und Organisatoren dieses Projekts hervorzuheben. In einem vergleichbaren Maße wurde das Leben und Wirken von Alfred Flechtheim zuletzt 1987 gewürdigt, als im Kunstmuseum Düsseldorf die Ausstellung aus Anlass seines 50. Todestages gezeigt wurde. Es war an der Zeit, wieder, aber auch anders als damals, an Alfred Flechtheim zu erinnern. Anders eben auch aus dem Grund, um das Schicksal der Witwe Betti nicht hinter dem des großen Sammlers und Mäzens in den Hintergrund treten zu lassen. Ottfried Dascher zitierte in den Vorbemerkungen zu seiner Biografie Alfred Flechtheims Thea Klestadt, dessen 2005 verstorbene Nichte, sinngemäß, dass „die Familie gar nicht unbedingt die Bilder zurückgewollt habe, wohl aber sich gewünscht hätte, dass die Museen dieser Welt, in denen heute Bilder aus dem ehemaligen Besitz Flechtheims zu bewundern sind, die Größe aufgebracht hätten, ein kleines Schild mit dem Hinweis ‚Ehemals Sammlung Alfred Flechtheim' anzubringen". Das Ausstellungsprojekt war ein Schritt in diese Richtung …

Die Website und der Sammelband vermitteln die aktuellen Ergebnisse und Erkenntnisse historischer Forschung zu Leben und Wirken Alfred Flechtheims und zu einer Vielzahl von Kunstwerken, die mindestens eine Gemeinsamkeit aufweisen: Sie zogen die Aufmerksamkeit des leidenschaftlichen Sammlers und Händlers auf sich.

Allen Projektbeteiligten, den Mitarbeiterinnen und Mitarbeitern der 15 Museen und den Leitungen dieser Häuser, ist für das außerordentlich große Engagement in den vergangenen Monaten zu danken. Der Dank gilt ebenso den Autorinnen und Autoren der Beiträge des vorliegenden Bandes und der Koordinierungsstelle Magdeburg und nicht zuletzt Frau Dr. Andrea Baresel-Brand, die die hier vereinigten Texte in einem ersten Schritt redaktionell bearbeitet hat. Dank gilt auch den Redakteuren und Herausgebern der Schriftenreihe der Vierteljahrshefte für Zeitgeschichte, die die Publikation des Sammelbandes durch die Aufnahme in ihre Publikationsreihe ermöglicht haben.

Das gesamte Projekt hätte nicht den erfolgreichen Verlauf nehmen können, wenn Frau Dr. Andrea Bambi, Leiterin des Referats Provenienzforschung an den Bayerischen Staatsgemäldesammlungen, und Herr Dr. Axel Drecoll nicht die Ideen zu einer Ausstellung, zur Durchführung des Workshops am Institut für Zeitgeschichte in München sowie zur Herausgabe dieses Bandes gehabt hätten und wenn sie nicht über den gesamten Zeitraum beharrlich für die Umsetzung ihrer Vorschläge eingetreten wären. Ihnen gebührt deshalb ein besonderer Dank!

Uwe Hartmann
Deutsches Zentrum Kulturgutverluste
(Leiter der Arbeitsstelle für Provenienzforschung von 2008 bis 2014)

Uwe Hartmann

Alfred Flechtheim's Paintings – On the Genesis of an Historical and Art Historical Research Project

The gallery owner, art dealer, publisher and collector Alfred Flechtheim was already one of the promoters of international modern and avant-garde art movements in the years preceding the First World War and was one of the most influential pioneers for these movements being noticed and recognized in Germany. Public attacks from conservative and "völkisch" (nationalist) circles were soon directed at him, not least for this reason. After the takeover by the National Socialists, the anti-Semitic attacks were intensified and the art-hating defamatory statements were increasingly aimed at destroying his professional existence.

He was seen as a prominent exponent of "Jewish Cultural Bolshevism" and was accused in propaganda of "corrupting" German art and culture. Alfred Flechtheim became the "Kunst-Jude" ("Art Jew"). Had he remained in Germany, his freedom would have been restricted and his life may even have been at risk. His legendary business model, which had been so successful up until the outbreak of the world economic crisis and which was based on the sale of art which was labeled by the new rulers as "degenerate" and "un-German" or as a scam and as the work of dilettantes, now no longer had any prospects. The path to exile was unavoidable. Here, Alfred Flechtheim shared the fate of many emigrants who were unable to succeed in their professions abroad to the same extent as they had previously been able to do in Germany. His attempt to establish himself as an art dealer, initially in Paris and then later on in London, failed.

In previous decades, the way in which Alfred Flechtheim's life and work has been presented has focused in particular on the relationship between the defamation of his person and the condemnation of modern art by the National Socialists. His fate was interconnected with that of the artistic avant-garde of the first third of the 20th century in Germany. The National Socialist attacks against the artistic and cultural politics of the "Systemzeit" ("System Period")[1], which refers to the period from 1918 until the National Socialist seizure of power in 1933, were directed at him even after his death, when the campaign against "degenerate art" reached its culmination at exhibitions under the same name shown between 1937 and 1941 in Munich, Berlin and other cities.

As a rule, however, the collector Alfred Flechtheim remained in the background, when the highs and lows in the résumé of the trendsetting pioneer, impulsive businessman and brilliant host were mentioned. Questions were rarely asked as to what had happened to the works of art he had not acquired with the intention of reselling, but rather for the purpose of developing and expanding his own collection. The relationship between the fate of the collector and that of his collection was clear. Nevertheless, the question as to the whereabouts of the pieces once privately owned by Flechtheim remained for the most part unanswered.

"Eine Sammlung löst sich in nahezu nichts auf" ("A collection dissolves into almost nothing") is the title of a chapter in the 2008 study, Alfred Flechtheim und George Grosz.

---

[1] "Systemzeit" – in Nazi language, a derogatory term used to designate the time of the Weimar Republic (translator's note).

Zwei deutsche Schicksale (Alfred Flechtheim and George Grosz. Two German Fates), by Ralph Jentsch. The author praises the quality of the collection, which included works by the most important artists of the 19th and 20th centuries (in particular Picasso, but also van Gogh, Cézanne and Renoir, as well as Kandinsky, Klee, Beckmann and Munch) and yet states the current location of only one painting, "La Noce" (1911–1912) by Fernand Léger.

Which works, however, can be attributed to Alfred Flechtheim's collection and were privately owned by him? When were they acquired by him? When and under what circumstances did he feel forced to sell pieces from his collection? Which paintings or sculptures or other objects came into his possession when he was not in a position to pay the purchase price in full? Which art dealers or artists asserted or could have asserted claims against Flechtheim for this reason?

Was Alfred Flechtheim able to take a large part of his collection abroad when he had to leave Germany or did most of the works remain in Bertha (Betti) Flechtheim's flat in Berlin? The couple divorced in 1936 in order to protect Betti Flechtheim against liability for his debts. What happened to the works of art after she took her own life in 1941? Was the Flechtheim Collection eventually confiscated and liquidated by the National Socialist authorities then?

These questions once again became current and more volatile than ever, as the law firm representing Flechtheim's heirs questioned several museums both in Germany and abroad in 2008 as to whether the acquisition of works currently in their possession with a Flechtheim provenance can be proven not to have been connected with Flechtheim's persecution by the National Socialists and his subsequent loss of property.

For the museums, libraries, archives and other addressed public institutions in Germany, the tasks resulting from the agreement on the Washington Principles (1998) regarding the treatment of cultural artefacts stolen by the National Socialists and, based on these, the Declaration of the German Federal Government, the Länder (Federal States) and the National Associations of Local Authorities on the Tracing and Return of Nazi-Confiscated Art (1999) were clearly formulated in the Guidelines on the implementation of the aforementioned declaration, published in 2001: "The Federal Government, the Länder (Federal States) and the National Associations of Local Authorities will bring their influence to bear in the responsible bodies of the relevant statutory institutions that works of art that have been identified as Nazi-confiscated property and can be attributed to specific claimants are returned, upon individual examination, to the legitimate former owners or their heirs, respectively."

At this point, however, the difficulties facing some of the addressed public collections became clear. It was not so much the allocation of the individual works of art to the claimants which proved to be problematic, but rather answering the question as to which works, irrefutably lost by Betti and Alfred Flechtheim because they had fallen victim to National Socialist persecution, were located in which museums. In such cases, provenance research must be carried out in a particularly responsible and cautious manner: The history of the individual objects and the circumstances surrounding sales and acquisitions need to be researched in detail, while at the same time not giving the slightest impression that the history of those persecuted by the National Socialists is in question.

On the 10th of December 2008, the Post for Provenance Research (AfP) established in 2008 at the Institut für Museumsforschung der Staatlichen Museen zu Berlin (Institute of Museum Research for the National Museums in Berlin) invited the members of the working group on provenance research, which had been active since 2000, to present the possible sources of funding for research projects to search for Nazi-stolen artefacts in German public collections, which were connected to the provision of corresponding resources by the Federal Government Commissioner for Culture and the Media in the same year. The professional exchange of information on the state of research and findings regarding the inquiries from the lawyers for Betti and Alfred Flechtheim's heirs was also an important topic here. On the one hand, it was ascertained with a certain level of astonishment that up until that point, clearly no museum in Germany had itself become aware of the problematic nature of the Flechtheim provenance within the context of completing the tasks resulting from the Washington Principles and the Joint Declaration. On the other hand, many provenance researchers now became aware that the reassessment of the relationship between the fates of Betti and Alfred Flechtheim and the whereabouts of their art collection would be extremely complex and complicated.

As requested, the Post for Provenance Research (AfP) was happy to assume the role of moderator and coordinator with regard to all questions pertaining to the clarification of the circumstances under which German public institutions came to possess art and cultural artefacts apparently originating from the Flechtheim Collection. Between 2009 and 2011, several workshops were held where the participants shared their knowledge and presented their research findings. As a result, a coordinated joint work-sharing approach was agreed, which was concerned with the analysis of relevant archival resources in particular. Of course the Post for Provenance Research wanted to ensure that the available funds were not spent repeatedly on certain parallel research projects at the individual institutions. Furthermore, any open questions which could not be answered unambiguously and which as a rule had to be attributed to the extremely difficult situation regarding source materials were jointly named.

As several aspects of the analysis of the circumstances surrounding a probable confiscation of art objects from Betti and Alfred Flechtheim's possession within the context of persecution go beyond the scope of provenance research, which to date has focused predominantly on art historical aspects and on the history of the collection, a cooperation with contemporary historians focusing on National Socialist persecution and expropriation measures was sought. In particular, the support of the Institute for Contemporary History Munich – Berlin and the Director of the Obersalzberg Documentation Centre, Dr. Axel Drecoll, deserves special mention here.

This intensified collaboration between renowned representatives of research in contemporary history and provenance research at museums reached its preliminary high point during the workshop on "Art Theft and Restitution" held on the 25th of October 2011 at the Institute for Contemporary History in Munich, particularly on questions regarding the systematic dispossession of Jewish entrepreneurs in the art trade under the National Socialist regime. However, some of the important questions (for example those regarding the analysis of the behaviour of the long-time employee of the Flechtheim Gallery in Düsseldorf Alex Vömel in 1933 and 1934, as well as the analysis of his take-over of the gallery) could not be clarified in full in spite of this academic cooperation.

A further push and many important stimuli for the reconstruction of the scope and profile of the Flechtheim Collection were provided by the publication of the biography "'Es ist etwas Wahnsinniges mit der Kunst'. Alfred Flechtheim. Sammler, Kunsthändler, Verleger" ("'There is something crazy about Art'. Alfred Flechtheim. Collector, Art Dealer, Publisher"), by Ottfried Dascher in the autumn of 2011. The works of art belonging to the Flechtheim Collection now became tangible. The author's proposal and wish, that the list compiled by him of works privately owned by Flechtheim would, "despite the not insignificant concerns regarding the methodology and content, in light of the gaps and unavoidable errors", contribute to "increasing the significance of the provenance research", was thankfully taken up and addressed.

The purchase of the painting, "Lighthouse with Rotating Beam" (1913) by Paul Adolf Seehaus, by the Kunstmuseum Bonn in April 2012 and the recommendation from the "Advisory Commission regarding the return of Nazi-Confiscated Art, especially with regard to Jewish Property" of the 9th of April 2013 that the Portrait "Tilla Durieux" (1910) by Oskar Kokoschka be returned by the City of Cologne are the first examples of "just and fair solutions" as defined under the Washington Principles to be reached between public institutions of the Federal Republic of Germany and Betti and Alfred Flechtheim's heirs. The public discussion prior to the decision of the Advisory Commission and the reactions to this have again shown how lengthy and difficult the paths to such solutions are in individual cases. Nevertheless, they must be found and further decisions are to be expected in the near future as to whether works from the Flechtheim Collection are to remain in German museums or are to be handed over to the heirs.

Under the title Alfred Flechtheim.com | Kunsthändler der Avantgarde (Art Dealer of the Avant-Garde), fifteen museums present a joint exhibition project with its own website. With the present anthology the third part of the project has been realized. Fourteen German museums and the Museum Rietberg in Zurich address the ongoing public discussion on the restitution of works of art in a very special way. This might be considered as courageous. In my opinion, this project also reflects what has now become a matter of course in how these institutions treat objects in their own collections, which might still be suspected of having been lost by their owners through unlawful confiscation against their will due to tyranny, war and other events. The repeated lack of transparency accusation made in previous years will also resonate now. The project Alfred Flechtheim.com | Art Dealer of the Avant-Garde means a public standpoint declaration by the involved museums. It is not only Alfred Flechtheim's heirs and the lawyers appointed by them who will in all probability not agree with all of the museums' positions. The negotiations and discussions between the institutions and those responsible politically, as well as the heirs and lawyers, must of course continue in confidentiality and in an atmosphere (so one hopes) of growing trust. Through the intermediation in the exhibition and with the publication of this volume a broad public interested in art history and history are able to join in on the dialogue.

In my opinion, a further aspect deserves mention, in order to acknowledge the work of the initiators and organizers of this project. The last time the life and work of Alfred Flechtheim was honoured to a comparable extent was in 1987 in the exhibition at the Kunstmuseum Düsseldorf on the 50th anniversary of his death. It is time once again to remember Alfred Flechtheim, though in a different way than before – different also because the fate of his widow Betti who should not be allowed to fade into the background behind that of the great collector and patron. In the introduction to his biography of Alfred Flechtheim, Ottfried Dascher quoted Thea Klestadt, the niece who died in 2005, who stated something to the effect that "The family did not necessarily want the paintings back, but would have liked for the museums of this world, where the paintings formerly owned by Flechtheim can now be admired, to have had the decency to mount a small plaque saying 'Formerly of the Alfred Flechtheim Collection'". This exhibition project is a step in this direction …

The website and the present anthology convey the current results and insights of historical research into Alfred Flechtheim's life and work as well as on the many works of art, which share at least one thing in common: They all caught the eye of the passionate collector and art dealer.

My sincere thanks go to all project participants, the employees of the fifteen museums and their administrators for the extraordinary commitment in the past months. Thanks also go to the authors of the contributions in this publication and to the Koordinierungsstelle Magdeburg (Coordination Office for Lost Cultural Assets in Magdeburg) and last but not least to Dr. Andrea Baresel-Brand who edited the first version of the combined text to be seen here. Thanks to the editors and publishers of the series Schriftenreihe der Vierteljahrshefte für Zeitgeschichte who enabled the publication of the volume via the inclusion thereof in their publication series.

The entire project could not have succeeded, if Dr. Andrea Bambi, Head of the Office for Provenance Research at the Bavarian State Painting Collections, and Dr. Axel Drecoll had not come up with the idea for an exhibition and for holding a workshop at the Institute for Contemporary History in Munich, as well as the publication of this volume, and if they had not been so persistent in ensuring that their suggestions were implemented throughout the entire course of the project. For that, you both deserve a special thanks!

Uwe Hartmann
The German Centre for Lost Cultural Property
(Head of the Office for Provenance Research from 2008 to 2014)

Teil I   Kontexte: Raubkunst und Restitution

Frank Bajohr

„Arisierung" und wirtschaftliche Existenzvernichtung im Nationalsozialismus

Bereits lange vor 1933 hatten völkisch-antisemitische Kreise in Deutschland zu Boykottaktionen gegen jüdische Unternehmen aufgerufen – mit dem ausdrücklichen Ziel, Juden aus Wirtschaft und Gesellschaft zu verdrängen.[1] Nicht die Boykottaufrufe an sich waren deshalb 1933 neu, sondern vor allem der Umstand, dass der Antisemitismus 1933 den Rang einer Staatsdoktrin erhalten hatte und damit aus der Sphäre bloßer gesellschaftlicher Propaganda herausgetreten war. Der reichsweit organisierte Boykott jüdischer Geschäfte am 1. April 1933 und das „Gesetz zur Wiederherstellung des Berufsbeamtentums" vom 7. April 1933, das zur Entlassung zahlreicher „nichtarischer" Beamter führte, markierten unmissverständlich die Absichten der neuen Machthaber, die auf die Ausgrenzung der Juden aus der „Volksgemeinschaft" und die Vernichtung ihrer wirtschaftlichen Existenz abzielten. Kaum einer sah diese Entwicklung klarer voraus als der Vorstandssprecher der Deutschen Bank, Georg Solmssen, der dem Aufsichtsratsvorsitzenden Franz Urbig am 9. April 1933 einen geradezu prophetischen Brief schrieb:

> „Lieber Herr Urbig, die Ausstoßung der Juden aus dem Staatsdienst, die nunmehr durch Gesetz vollzogen ist, drängt die Frage auf, welche weiteren Folgen sich an diese, auch von dem gebildeten Teile des Volkes als selbstverständlich hingenommenen Maßnahmen für die private Wirtschaft knüpfen werden. Ich fürchte, wir stehen noch am Anfang einer Entwicklung, welche zielbewußt, nach wohlaufgelegtem Plane auf wirtschaftliche und moralische Vernichtung aller in Deutschland lebenden Angehörigen der jüdischen Rasse, und zwar völlig unterschiedslos, gerichtet ist. Die völlige Passivität der nicht zur nationalsozialistischen Partei gehörenden Klassen, der Mangel jedes Solidaritätsgefühls, der auf Seite derer zu Tage tritt, die bisher in den fraglichen Betrieben mit jüdischen Kollegen Schulter an Schulter gearbeitet haben, der immer deutlicher werdende Drang, aus dem Freiwerden von Posten selbst Nutzen zu ziehen und das Totschweigen der Schmach und des Schadens, die unheilbar allen denen zugefügt werden, die obgleich schuldlos, von heute auf morgen die Grundlagen ihrer Ehre und Existenz vernichtet sehen – alles dieses zeigt eine so hoffnungslose Lage, daß es verfehlt wäre, den Dingen nicht ohne jeden Beschönigungsversuch ins Gesicht zu sehen."[2]

Solmssen war sich nicht nur über das Ziel im Klaren, das NSDAP und Reichsregierung mit ihrer antijüdischen Politik verfolgten; er machte sich auch keine Illusionen über das Verhalten der nichtjüdischen Bevölkerungsmehrheit. Sofern diese von den Verfolgungsmaßnahmen nicht betroffen war, ja im Gegenteil sogar von ihnen profitierte, war mit moralischen Einwänden, Protesten oder Gesten der Solidarität nicht zu rechnen. Aus dieser Verschränkung der ideologischen Ziele der neuen Machthaber mit gesellschaftlichen Interessen gewann die wirtschaftliche Existenzvernichtung der Juden und die „Arisierung" ihres Besitzes ihre eigentliche Dynamik.

Der Begriff der „Arisierung" bezeichnete nach 1933 nicht nur den Transfer von „jüdischem Besitz" in sogenannte arische Hände, sondern schloss in seiner erweiterten Bedeutung auch den Prozess der schrittweisen Verdrängung der Juden aus dem Wirtschafts-

---

[1] Hannah Ahlheim, „Deutsche, kauft nicht bei Juden!" Antisemitismus und politischer Boykott in Deutschland 1924 bis 1935, Göttingen 2011.
[2] Zit. nach Harold James, Die Deutsche Bank im Dritten Reich, München 2003, S. 48f.

leben ein, die dem Transfer gewöhnlich vorausging.[3] Insgesamt ist es jedoch sinnvoller, diesen Prozess als „wirtschaftliche Existenzvernichtung" zu bezeichnen und den Begriff der „Arisierung" auf den Besitzwechsel zwischen Juden und Nichtjuden unter den spezifischen Bedingungen nationalsozialistischer Herrschaft nach 1933 zu beschränken, d. h. eines impliziten Veräußerungsdruckes. Die „Arisierung" markierte insgesamt einen der größten Besitzwechsel der neueren deutschen Geschichte, auch wenn der größere Teil der rund 100 000 jüdischen Selbstständigen in Deutschland nach 1933 sein Geschäft oder Unternehmen entweder freiwillig oder auf behördliche Anweisung schloss, sodass weniger als die Hälfte der jüdischen Unternehmen in den Besitz eines Nichtjuden überging.

Die „Arisierung" und Liquidierung jüdischer Unternehmen vollzog sich im Deutschen Reich nach 1933 jedoch nicht schlagartig und nahm erst 1938 gleichförmige und bürokratisch-systematische Züge an. Zwar hatten die Boykottaktionen der NSDAP im Frühjahr 1933 das langfristige Ziel der neuen Machthaber deutlich markiert, die wirtschaftliche Existenz der Juden in Deutschland zu zerstören. Gleichzeitig hielten vor allem das Reichsinnen- und Reichswirtschaftsministerium in ihren Verlautbarungen noch jahrelang die Fiktion von der angeblich „freien wirtschaftlichen Betätigung" der Juden aufrecht. Während die antisemitischen Aktivisten in der Partei und im gewerblichen Mittelstand auf die Beseitigung jüdischer Wirtschaftstätigkeit drängten, hielt sich das Reich in den Anfangsjahren des „Dritten Reiches" noch taktisch zurück, vor allem aus Rücksichtnahme auf die wirtschaftliche Gesamtsituation, das Ausland und die dortigen Aufrufe zum Boykott deutscher Waren. Letztlich war diese Zurückhaltung zutiefst ideologisch motiviert, scheuten doch die Nationalsozialisten anfänglich eine frontale Auseinandersetzung mit dem Phantasma des „internationalen Judentums".

Die wirtschaftliche Situation der Juden war daher in den Anfangsjahren des „Dritten Reiches" durch zahlreiche Widersprüche gekennzeichnet. Der in der Rückschau hermetisch und konsequent anmutende Verdrängungsprozess zerfällt bei näherem Hinsehen

---

[3] Zur „Arisierung" siehe den Forschungsüberblick bei Benno Nietzel, Die Vernichtung der wirtschaftlichen Existenz der deutschen Juden 1933–1945. Ein Literatur- und Forschungsbericht, in: Archiv für Sozialgeschichte 49 (2009), S. 561–613; als ältere Überblicksdarstellungen besitzen die Arbeiten Genschels und Barkais immer noch einen besonderen Wert, vgl. Helmut Genschel, Die Verdrängung der Juden aus der Wirtschaft im Dritten Reich, Göttingen 1966; Avraham Barkai, Vom Boykott zur „Entjudung". Der wirtschaftliche Existenzkampf der Juden im Dritten Reich 1933–1943, Frankfurt a. M. 1987; zu neueren regionalgeschichtlichen Arbeiten siehe u. a. Frank Bajohr, „Arisierung" in Hamburg. Die Verdrängung der jüdischen Unternehmer 1933–1945, Hamburg ²1998; Christof Biggeleben/Beate Schreiber/Kilian J. L. Steiner (Hrsg.), „Arisierung" in Berlin, Berlin 2007; Britta Bopf, „Arisierung" in Köln. Die wirtschaftliche Existenzvernichtung der Juden 1933–1945, Köln 2004; Ramona Bräu, „Arisierung" in Breslau. Die „Entjudung" einer deutschen Großstadt und deren Entdeckung im polnischen Erinnerungsdiskurs, Saarbrücken 2008; Christoph Kreutzmüller/Ingo Loose/Benno Nietzel, Nazi Persecution and Strategies for Survival. Jewish Businesses in Berlin, Frankfurt am Main, and Breslau 1933–1942, in: Yad Vashem Studies 39 (2011), S. 31–70; Benno Nietzel, Handeln und Überleben. Jüdische Unternehmer aus Frankfurt am Main 1924–1964, Göttingen 2012; Wolfram Selig, „Arisierung" in München. Die Vernichtung jüdischer Existenz 1937–1939, Berlin 2004; zur Rolle der Banken siehe Ludolf Herbst/Thomas Weihe (Hrsg.), Die Commerzbank und die Juden, München 2004; James, Deutsche Bank; Dieter Ziegler, Die Dresdner Bank und die deutschen Juden, München 2006; vgl. ferner Constantin Goschler/Jürgen Lillteicher (Hrsg.), „Arisierung" und Restitution. Die Rückerstattung jüdischen Eigentums in Deutschland und Österreich nach 1945 und 1989, Göttingen 2002; Constantin Goschler/Philipp Ther (Hrsg.), „Arisierung" und Rückerstattung des jüdischen Eigentums in Europa, Frankfurt a. M. 2003; Irmtrud Wojak/Peter Hayes (Hrsg.), „Arisierung" im Nationalsozialismus. Volksgemeinschaft, Raub und Gedächtnis, Frankfurt a. M. 2000.

in eine Vielzahl durchaus unterschiedlich gelagerter Fälle, die nicht alle über einen Kamm geschoren werden können. Zwar konnte von einer normalen wirtschaftlichen Tätigkeit seit 1933 zu keinem Zeitpunkt die Rede sein, doch gelang es jüdischen Unternehmern, sich in manchen Branchen durchaus zu behaupten, von der anziehenden Konjunktur zu profitieren und teilweise als Lieferanten sogar indirekt am Rüstungsboom zu partizipieren. Aus anderen Branchen und Geschäftsbereichen wurden sie hingegen durch antisemitische Aktionen „von unten", durch administrative Maßnahmen sowie durch Sondergesetze verdrängt. Letzteres betraf beispielsweise jene Unternehmer und Geschäftsinhaber, die im kulturellen Sektor arbeiteten, also Verleger, Buchhändler, Antiquariatsinhaber, Musikalienhändler, Kinobesitzer oder eben Kunsthändler.[4] Die Ausübung solcher Tätigkeiten war seit September 1933 an die Mitgliedschaft in der sogenannten Reichskulturkammer gebunden.[5] Zwar enthielten weder das Reichskulturkammergesetz vom September 1933 noch die erste Durchführungsverordnung vom 1. November 1933 einen sogenannten Arierparagraphen. Allerdings machte § 10 der ersten Durchführungsverordnung die Mitgliedschaft in einer der Einzelkammern von der „erforderliche[n] Zuverlässigkeit und Eignung" abhängig – ein Gummiparagraph, der in der Folgezeit oft den Ausschluss bzw. die Nichtaufnahme von Juden in die Reichskulturkammer begründete und sie damit zwang, ihr Geschäft zu liquidieren oder zu verkaufen. Es existierte jedoch eine Fülle von Ausnahmen, vor allem für diejenigen Händler, die mit ihrer Tätigkeit ausländische Devisen erwirtschafteten und deshalb oft bis 1938 ihre Geschäfte fortsetzen konnten.

Wenn sich jüdische Unternehmer zum Verkauf ihrer Firma entschlossen, war es ihnen nur in den Anfangsjahren des „Dritten Reiches" noch in einzelnen Fällen möglich, einen Verkaufspreis zu erzielen, der dem tatsächlichen Wert des Unternehmens zumindest nahekam. Das heißt: einen Preis, der nicht nur Vergütungen für Inventar und Warenlager einschloss, sondern auch für den immateriellen Firmenwert, den sogenannten Goodwill, der sich aus der Marktposition und dem Ansehen einer Firma, der Produktpalette, dem Kundenstamm, den Geschäftsbeziehungen und den Absatzwegen zusammensetzte. Freilich setzte die Devisenbewirtschaftungspolitik des Deutschen Reiches allen Versuchen der jüdischen Besitzer, einen auch nur größeren Teil des Verkaufserlöses ins Ausland zu transferieren, von Anfang an enge Grenzen. So entwickelte sich die „Reichsfluchtsteuer", die 1931 von der Regierung Brüning aus reparationspolitischen Gründen eingeführt worden war, durch stetige Verschärfungen zu einer antijüdischen Zwangssteuer, die ab Mai 1934 schon bei Vermögen über 50 000 Reichsmark erhoben wurde.[6] Im Falle einer Auswanderung musste beim Devisentransfer ins Ausland darüber hinaus eine Abschlagszahlung an die Deutsche Golddiskontbank (Dego) geleistet werden, die bereits im August 1934 65 Prozent der transferierten Gesamtsumme betrug und bis 1939 sukzessive auf 96 Prozent anstieg. Selbst jene, die NS-Deutschland frühzeitig verließen, hatten diesen Schritt also mit einem weitgehenden Verlust ihres Vermögens zu bezahlen, was zahlreiche deutsche Juden vor einer Emigration zunächst zurückschrecken ließ.

---

4 Vgl. die Beiträge in diesem Band.
5 Siehe auch den Beitrag von Anja Heuß in diesem Band.
6 Dorothee Mußgnug, Die Reichsfluchtsteuer 1931–1953, Berlin 1993; Christiane Kuller, Der Steuerstaat als Unrechtsstaat. Die fiskalische Ausplünderung der Juden in der NS-Zeit, in: Joachim Arntz/ Hans-Peter Haferkamp/Margit Szöllösi-Janze (Hrsg.), Justiz im Nationalsozialismus. Positionen und Perspektiven, Münster 2006, S. 75–102.

Das Reich konzentrierte sich also vor allem auf fiskalische Belange und suchte das Vermögen der Juden durch Steuern und Zwangsabgaben zu konfiszieren, und zwar in einem zentralen Verfahren mit Hilfe der staatlichen Finanzbürokratie. Die „Arisierung" als Besitztransfer zwischen Juden und Nichtjuden wurde hingegen an verschiedenste, zumeist an regionale Entscheidungsträger delegiert. Insgesamt gesehen ging also die „Arisierung" im sogenannten Altreich weder auf ein zentrales „Arisierungs"- oder Enteignungsgesetz zurück, noch vollzog sie sich unter der Regie einer zentralen Genehmigungsinstitution.

Ab 1935/36 schalteten sich die Gauwirtschaftsberater (GWB) der NSDAP verstärkt in den „Arisierungs"-Prozess ein.[7] Sie waren der Kommission für Wirtschaftspolitik unter NSDAP-Reichsamtsleiter Bernhard Köhler in München unterstellt, der u. a. einen „Rassenkampf der Wirtschaft" propagierte. Die Gauwirtschaftsberater versuchten die Kaufverträge zwischen jüdischen Unternehmern und „arischen" Erwerbern von ihrer Genehmigung abhängig zu machen, und damit die „Arisierungen" im Sinne der NSDAP zu steuern. Dies bedeutete im Einzelnen: Bevorzugung von NSDAP-Mitgliedern unter den Käufern, Verhinderung von „Konzernbildungen", Förderung von Jung- und Nachwuchsunternehmern, Beseitigung „typisch jüdischer" Firmennamen. Vor allem achteten die Gauwirtschaftsberater darauf, dass – wie es der Hamburger Vertreter formulierte – „der Jude keinen unangemessen hohen Preis erhielt".[8] Daher wurden für den „Goodwill" kaum noch Zahlungen genehmigt. Inventar und Warenlager wurden gezielt unterbewertet und der Kaufpreis somit willkürlich nach unten gedrückt – häufig in engem Zusammenspiel mit dem „arischen" Erwerber, der an einem hohen Kaufpreis naturgemäß kein Interesse hatte.

Das „Schicksalsjahr 1938" beraubte die jüdischen Eigentümer dann sukzessive aller ihrer bis dahin noch verbliebenen Handlungsspielräume. Als das Reichswirtschaftsministerium am 4. Januar 1938 den Terminus „jüdischer Gewerbebetrieb" verbindlich definierte, wurde erstmals deutlich, dass das Reich nunmehr begann, die „Arisierungen" stärker von oben zu steuern.

Dies zeigte sich besonders deutlich bei der am 26. April 1938 von Göring unterzeichneten „Verordnung zur Anmeldung des Vermögens von Juden", die alle Juden im Sinne der Nürnberger Gesetze, deren Vermögen den Wert von 5000 Reichsmark überstieg, einem Zwang zur Anmeldung, Auflistung und Bewertung ihres Besitzes unterwarf. An den Details der „Arisierung" hingegen, an der Frage, wer welches jüdische Unternehmen zu welchem Preis erhielt, zeigte sich der Staat auch weiterhin nicht interessiert und delegierte die diesbezügliche Verantwortung in erster Linie an regionale Institutionen. Außerhalb der Großstädte waren vielfach Bürgermeister, Landräte und die Vertreter der lokalen Parteiorganisation mit der „Arisierung" befasst, in den Großstädten dominierten neben den lokalen Wirtschaftsbehörden vor allem die bereits erwähnten NSDAP-Gauwirtschaftsberater den Entscheidungsprozess; in manchen Städten wie München oder Regionen wie Thüringen und der Saarpfalz hatte zudem die Gauleitung der Partei eigene „Arisierungsstellen" oder formal privatwirtschaftliche Vermögensgesellschaften eingerichtet.

Die letzte Radikalisierungsstufe in der „Arisierung" wurde nach dem Novemberpogrom 1938 erreicht, der den Übergang zur staatlich forcierten Zwangs-„Arisierung" markierte. Die erste „Verordnung zur Ausschaltung der Juden aus dem deutschen Wirtschaftsleben"

---

[7] Am Beispiel Westfalens siehe Gerhard Kratzsch, Der Gauwirtschaftsapparat der NSDAP. Menschenführung – „Arisierung" – Wehrwirtschaft im Gau Westfalen-Süd, Münster 1989.
[8] Zit. nach Bajohr, „Arisierung", S. 174f.

vom 12. November 1938 untersagte den Betrieb sämtlicher jüdischer Einzelhandelsgeschäfte und Handwerksbetriebe nach dem 1. Januar 1939. Die „Verordnung über den Einsatz jüdischen Vermögens" vom 3. Dezember 1938 leitete die Liquidierung oder den Zwangsverkauf aller sonstigen jüdischen Gewerbebetriebe ein. Nach dem Novemberpogrom waren Tausende jüdischer Unternehmer verhaftet und ins Konzentrationslager eingeliefert worden. Die in die verwaisten Unternehmen eingesetzten Treuhänder und Abwickler konnten die jüdischen Firmen nunmehr ohne Zustimmung des Eigentümers verkaufen, dessen Rechte sich im Wesentlichen auf die Unterzeichnung des Kaufvertrages reduzierten. In einzelnen Fällen kam es vor, dass der jüdische Unternehmer zur Vertragsunterzeichnung in Gefängniskleidung vorgeführt wurde.

Marktwert und Kaufpreise der jüdischen Unternehmen fielen nach dem Novemberpogrom fast ins Bodenlose. Parallel forcierte der NS-Staat die Konfiszierung des Vermögens der Juden durch immer neue Steuern und Zwangsabgaben, wie zum Beispiel durch die im November 1938 eingeführte „Judenvermögensabgabe", die als Zwangskontribution nach dem Novemberpogrom mehr als eine Milliarde Reichsmark in die Reichskassen spülte. Schmuck, Juwelen und Kunstgegenstände hatten Juden dem Deutschen Reich zum „Kauf" anzubieten, das den jüdischen Eigentümern in der Regel weniger als ein Sechstel des tatsächlichen Wertes vergütete.[9] Im Falle der Emigration wurden Juden nach 1938 durch das Deutsche Reich faktisch ausgeplündert. Nicht verkaufte Vermögenswerte verfielen nach Ausbürgerung des jüdischen Emigranten dem Reich – eine Maßnahme, die mit der elften Verordnung zum Reichsbürgergesetz vom 25. November 1941 obligatorisch wurde. Auch das Vermögen der deportierten Juden ging in die Hände des Deutschen Reiches über, das der finanzielle Hauptprofiteur der Enteignung der deutschen Juden war.[10]

Insgesamt war jedoch die „Arisierung" nicht nur ein politischer, sondern auch ein gesellschaftlicher Prozess, der einen wachsenden Kreis von Beteiligten, Nutznießern und Profiteuren hervorbrachte. Die „Arisierung" wäre wohl ohne eine Vielzahl gesellschaftlicher Mittler und Vermittler niemals möglich gewesen, die Verkaufskontakte anbahnten und darüber hinaus das politische Terrain sondierten. Dabei nahm das deutsche Bankgewerbe als Vermittler und Finanzier eine wichtige Scharnierfunktion ein. Auch Rechtsanwälte, Makler und Treuhandgesellschaften betätigten sich als Vermittler von „Arisierungs"-Verträgen. Die seit 1938 forcierten „Arisierungen" erweiterten den Kreis der an den Verkaufsverfahren Beteiligten um immer neue Berufs- und Personengruppen. So traten jetzt von den Industrie- und Handelskammern beauftragte Sachverständige und Schätzer in Aktion, die sich bei der Bewertung von Inventar und Warenlagern jüdischer Unternehmen häufig an der skandalösen Preisdrückerei beteiligten. „Arisierungskommissionen" bei den Industrie- und Handelskammern, die aus nichtjüdischen Unternehmern bestanden, entschieden über den Verkauf oder die Liquidierung jüdischer Unternehmen. Die beschleunigte Durchführung der „Arisierung" im sogenannten Altreich ab März 1938

---

[9] Ralf Banken, Der Edelmetallsektor und die Verwertung konfiszierten jüdischen Vermögens im „Dritten Reich". Ein Werkstattbericht über das Untersuchungsprojekt „Degussa AG" aus dem Forschungsinstitut für Sozial- und Wirtschaftsgeschichte an der Universität zu Köln, in: Jahrbuch für Wirtschaftsgeschichte 1 (1999), S. 135–161; ders., Edelmetallmangel und Großraubwirtschaft. Die Entwicklung des deutschen Edelmetallsektors im „Dritten Reich" 1933–1945, Berlin 2009.
[10] Christiane Kuller, Der arrangierte Normenstaat. Die staatliche Finanzverwaltung und die wirtschaftliche Ausplünderung der deportierten Juden, in: Sven Reichardt/Wolfgang Seibel (Hrsg.), Der prekäre Staat. Herrschen und Verwalten im Nationalsozialismus, Frankfurt a. M. 2011, S. 213–239.

wäre zudem ohne den „Bereicherungswettlauf" von Erwerbern, die sich Ende 1938 um die verbliebenen jüdischen Unternehmen stritten, nicht möglich gewesen. Zehntausende Unternehmen und Grundstücke wechselten in dieser Zeit den Besitzer. Verhaltenstypologisch lassen sich fast alle Erwerber drei charakteristischen Gruppen zuordnen: erstens den skrupellosen Profiteuren, die nicht nur die vorteilhaften Bedingungen der „Arisierung" – wie die Minderbewertung von Inventar und Warenlagern – für sich zu nutzen wussten, sondern darüber hinaus durch persönliche Initiativen gegen die jüdischen Eigentümer den Kaufpreis weiter zu drücken versuchten; zweitens den „stillen Teilhabern" des NS-Regimes, die ihren Vorteil eher unauffällig verfolgten und sich persönlicher Initiativen gegen oder zugunsten der jüdischen Eigentümer enthielten; drittens der kleinsten Gruppe der gutwilligen Erwerber, die sich um eine angemessene Entschädigung des jüdischen Eigentümers bemühten. Nutznießer des Enteignungsprozesses konnte aber auch derjenige werden, der sich an der „Arisierung" gar nicht beteiligte. Da insbesondere jüdische Einzelhandelsgeschäfte 1938/39 zwangsweise liquidiert wurden, ging deren Kundschaft auf die „arischen" Konkurrenten über, die auf diese Weise vom nachlassenden Konkurrenzdruck profitierten.

Im Zuge der Versteigerung und Verteilung jüdischen Besitzes, der in ganz Europa zusammengeraubt worden war, dehnte sich die „Arisierung" zudem auf weite Kreise der Bevölkerung aus, die beispielsweise von der Versteigerung von Möbeln und Einrichtungsgegenständen profitierten. Allein in Hamburg und seiner unmittelbaren norddeutschen Umgebung nahmen mehr als 100 000 Personen an solchen Versteigerungen teil.[11]

Die Funktionalisierung und Instrumentalisierung gesellschaftlicher Interessen wirkte sich auf den Prozess der „Arisierung" radikalisierend aus. Wo sich viele bei der Wahl zwischen Moral und Interessen zugunsten Letzterer entschieden, war mit moralischen Einwänden nicht mehr zu rechnen. Auf diese Weise trug die „Arisierung" dazu bei, mögliche Widerstände der deutschen Gesellschaft gegen die Judenverfolgung zu unterminieren.

Aus der Sicht des betroffenen jüdischen Eigentümers war die „Arisierung" lediglich Teil einer wesentlich längeren persönlichen Verfolgungsgeschichte. Schon der Entschluss zum Verkauf des persönlichen Eigentums ging keineswegs in allen Fällen auf ökonomische Motive und wirtschaftliche Ausgrenzungsmaßnahmen zurück. Die Situation eines jüdischen Unternehmers hing nicht allein von seiner Firmenbilanz ab. Er erlebte Ausbildungsbeschränkungen und die Diskriminierung seiner Kinder in der Schule hautnah mit, die Nürnberger Gesetze stempelten ihn zum Staatsbürger zweiter Klasse, er durfte Parkanlagen, Schwimmbäder, Theater und viele Kurorte nicht mehr betreten, wurde aus Vereinen und Vereinigungen ausgeschlossen und zu gesellschaftlichen Anlässen nicht mehr eingeladen.[12] Ein jüdischer Werftbesitzer in Altenwerder bei Hamburg hatte bis 1933 am jährlichen Festumzug des Dorfes immer als Ehrengast teilgenommen, weil ihm das Dorf seinen Anschluss an das Stromnetz verdankte. Dass er nach 1933 nie mehr eingeladen

---

[11] Zu den Versteigerungen siehe Bajohr, „Arisierung", S. 331–338; Franziska Becker, Gewalt und Gedächtnis. Erinnerungen an die nationalsozialistische Verfolgung einer jüdischen Landgemeinde, Göttingen 1994, S. 77–140; Wolfgang Dressen, Betrifft: „Aktion 3". Deutsche verwerten jüdische Nachbarn, Berlin 1998; Martin Buchholz, Die Versteigerung des Besitzes deportierter Juden 1941/42, in: Niedersächsisches Jahrbuch für Landesgeschichte 73 (2001), S. 409–418.

[12] Am Beispiel der Dresdner Bankiersfamilie Arnhold nachgezeichnet bei Simone Lässig, Nationalsozialistische „Judenpolitik" und jüdische Selbstbehauptung vor dem Novemberpogrom. Das Beispiel der Dresdner Bankiersfamilie Arnhold, in: Reiner Pommerin (Hrsg.), Dresden unterm Hakenkreuz, Köln/Weimar/Wien 1998, S. 129–191.

wurde, empfand er persönlich als Schmach, die ihm nicht weniger zu schaffen machte als der Verlust seines Unternehmens.[13] Mit dem Verlust von Eigentum waren auf Seiten der jüdischen Besitzer zudem vielfältige psychosoziale Kosten und immaterielle Verlusterfahrungen verbunden.[14] Wer mag die psychosozialen Belastungen eines Unternehmers ermessen, der ein über viele Generationen vererbtes Familienunternehmen verkaufen musste und sich in der Ahnengalerie erfolgreicher Vorfahren wie ein Versager vorkam? Schließlich bemaß sich der Wert eines Unternehmens keineswegs allein an seinem ökonomischen Wert. Der französische Soziologe Pierre Bourdieu hat in seinen kultursoziologischen Analysen darauf hingewiesen, dass ökonomisches Kapital häufig dem Erwerb von sozialem und symbolischem Kapital dient: von besonderen gesellschaftlichen Beziehungen, Ansehen, Anerkennung und Status.[15] Dies galt umso mehr für eine Minderheit, die niemals vollständig in die deutsche Gesellschaft integriert war. Für viele Juden verknüpfte sich deshalb mit der erfolgreichen wirtschaftlichen und beruflichen Tätigkeit der Wunsch nach Anerkennung, Ansehen und gesellschaftlicher Integration. Die „Arisierung" beendete nicht nur alle Integrationshoffnungen, sondern erschütterte auch Selbstwertgefühl und Selbstdefinition. Sie beseitigte alle Grundlagen eines bürgerlichen Selbstverständnisses, das viele jüdische Unternehmer gepflegt hatten. Es liegt auf der Hand, dass nach 1945 die Restitution und Wiedergutmachung deshalb allenfalls für einen Teilausgleich der Vermögensverluste sorgen konnten. Die immateriellen Verlusterfahrungen hingegen blieben und konnten durch kein rechtsstaatliches Verfahren jemals kompensiert werden.

---

[13] Bajohr, „Arisierung", S. 257.
[14] Harald Welzer, Vorhanden/Nicht vorhanden. Über die Latenz der Dinge, in: Wojak/Hayes, „Arisierung", S. 287–308.
[15] Pierre Bourdieu, Die verborgenen Mechanismen der Macht. Schriften zu Politik und Kultur, 1, Hamburg 1997, S. 49–79.

Frank Bajohr

"Aryanization" and Financial Annihilation under National Socialism

Abstract

This contribution shows the different stages of "aryanization" from 1933 onwards, which marked one of the biggest changes of ownership in modern German history. This initially started as a gradual political and social phenomenon and only became a systematic bureaucratic process from 1938 on. In many industries, self-employed Jews were confronted with special instructions and laws, which restricted and limited their activity, namely in the cultural sector. After the Reichskulturkammer (Reich Chamber of Culture) was founded in 1933, Jews could only continue to be active in this field in exceptional cases, which were, however, quite numerous. "Aryanization" as a social process provided many gentile Germans with the opportunity to couple their personal interests to the ideological goals of the Nazi rulers. The Jewish owners, on the other hand, not only had to bear the loss of material possessions, but also lost their symbolic and social capital along with their financial means, i. e. their reputation and social status.

Anja Heuß
Verfolgung, Emigration und Wiedergutmachung

In der Zeit des Nationalsozialismus wurden Kunsthändler jüdischer Herkunft aus ihrem Beruf verdrängt, verfolgt und zur Emigration gezwungen. Der folgende Beitrag soll diese Verdrängungsmechanismen aufzeigen. Er wird aber auch die Versuche nach 1945 schildern, „Wiedergutmachung" für das erlittene Unrecht zu erhalten.

Verfolgung

Bis 1933 gehörte der Kunsthandel zu den sogenannten freien Berufen. Dies änderte sich de facto mit der Etablierung der Reichskulturkammer unter der Leitung des Reichsministers für Volksaufklärung und Propaganda Joseph Goebbels. Im September 1933 beschloss die Reichsregierung die Gründung der Reichskulturkammer durch Gesetz. Deren Ziel war es, eine Dachorganisation für alle künstlerischen Berufe zu bilden. Der gesamte kulturpolitische Sektor sollte berufsständisch organisiert werden, d. h. der Reichsminister für Volksaufklärung und Propaganda wurde ermächtigt und beauftragt, sämtliche Tätigkeitszweige, die seinen Aufgabenbereich betrafen, in Körperschaften des öffentlichen Rechts zusammenzufassen.[1]

Am 1. November 1933 wurde die „Erste Verordnung zur Durchführung des Reichskulturkammergesetzes" verabschiedet, die die Einrichtung der einzelnen Kammern anordnete und deren Aufgaben definierte. Der Kunsthandel wurde darin der neu gegründeten Reichskammer der bildenden Künste zugeordnet, in der auch Verleger und Künstler organisiert werden sollten.[2]

Im Mai 1934 sorgte die NS-Regierung für die „Gleichschaltung" mehrerer Fachverbände, darunter der „Bund Deutscher Kunst- und Antiquitätenhändler e. V." in München. Mit dieser Gleichschaltung erzwang man die Integration der Kunsthändler, darunter zahlreiche Händler jüdischer Herkunft, die somit unter ständiger Beobachtung der Reichskulturkammer gestellt wurden. Ziel dieser Organisation war es – in Bezug auf den Kunsthandel – eine berufsständische Organisation zu schaffen, die den Handel mit hochwertigen Kulturgütern umfassend kontrollierte. Gemäß der ersten „Anordnung zum Schutz des Berufes und der Berufsausübung der Kunst- und Antiquitätenhändler" vom 4. August 1934 musste jeder Kunsthändler Mitglied der Reichskammer der bildenden Künste sein. Das „Gesetz zur Gründung der Reichskulturkammer" von 1933 enthielt bereits einen Paragrafen, der den Ausschluss von Juden und politisch Unzuverlässigen zwar vorsah, aber nicht zwingend vorschrieb. Gleichwohl eröffnete er der antisemitisch begründeten Ausgrenzung jüdischer Händler Tür und Tor. Systematisch grenzte die Reichs-

---

[1] Reichskulturkammergesetz vom 22.9.1933, § 2. Es wurden errichtet: Reichsschrifttumskammer, Reichspressekammer, Reichsrundfunkkammer, Reichstheaterkammer, Reichsmusikkammer, Reichskammer der bildenden Künste; Reichsgesetzblatt (RGBl.) 1933 I, S. 661; in § 5 wird die Aufsicht über die Reichskulturkammer dem Reichsminister für Volksaufklärung und Propaganda zugewiesen und der Sitz in Berlin. Es folgten diverse Ergänzungsgesetze bzw. Durchführungsverordnungen; s. a. Michael Anton, Illegaler Kulturgüterverkehr, Berlin/New York 2010, S. 410ff., bes. S. 413ff.
[2] In Kraft getreten gem. Verordnung vom 9.11.1933, RGBl. I, S. 969, am 15.11.1933.

kammer der bildenden Künste jüdische Kunsthändler aus, die aus der Reichskulturkammer ebenfalls ausgestoßen wurden. Der Ausschluss kam einem Berufsverbot gleich, da nicht in der Reichskammer organisierte Kunsthändler kein Kulturgut, sondern bestenfalls Hausrat versteigern durften. Die Reichskammer regelte nicht nur, wer Kulturgut versteigern durfte, sondern auch, was überhaupt versteigert werden durfte, welche Art von Kulturgut, in welchem Bezirk und unter welchem Firmennamen. Insbesondere bei Firmen, die „arisiert" worden waren, musste der als „jüdisch" deklarierte Geschäftsname häufig getilgt und ein neuer Firmenname genehmigt werden. Die Reichskulturkammer war dabei bemüht, mittelfristig „jüdische" Firmennamen vollständig zu tilgen, während umgekehrt die „Ariseure" oft sehr daran interessiert waren, gut eingeführte Firmennamen beizubehalten.[3]

Die ausgestoßenen Mitglieder wurden von der Reichskulturkammer nach ihrem Ausschluss weiterhin überwacht. In einem internen Bericht der Landesleitung Berlin 1938 an den Präsidenten der Reichskulturkammer, Joseph Goebbels, teilte diese mit, dass in der Abteilung für Kunsthändler und Verleger ca. 1000 Personen verwaltet wurden, darunter 362 abgelehnte oder ausgeschlossene Mitglieder. Somit wurden über ein Drittel der von der Reichskammer der bildenden Künste verwalteten Personen ausgeschlossen und weiterhin überwacht.

In der sogenannten „Judenliste 8", die Goebbels mit demselben Schreiben zugeschickt wurde, waren sämtliche seit 1933 ausgeschlossenen Kunsthändler aufgeführt, darunter befanden sich auch – in der NS-Terminologie so bezeichnete – „Mischlinge" und „Angeheiratete". Auch Alfred Flechtheim wurde auf dieser Liste genannt, jedoch nur mit seiner Berliner Adresse. Da viele Kunsthandlungen schon während der Weimarer Republik als Familienunternehmen geführt worden waren, entzogen die NS-Kulturpolitiker nun ganzen Familien die Existenzgrundlage.[4]

Betrachtet man die Lebensschicksale der deutsch-jüdischen Kunsthändler in dieser Zeit, so fällt auf, wie früh manche Kunsthändler emigriert waren. So verließen sowohl Alfred Flechtheim als auch Walter Feilchenfeld (1894–1953) bereits 1933 das Land. Grund dafür war noch nicht die zwangsweise Eingliederung in die Reichskulturkammer, die ja erst ein Jahr später durchgeführt wurde. Grund war eine Auktion in Düsseldorf, die Alfred Flechtheim, Hugo Helbing und Georg Paffrath am 11. März 1933 organisiert hatten und die von nationalsozialistischen Aktivisten gesprengt worden war. Manche Kunsthändler erkannten die akute Bedrohung hinter diesem ersten politischen Signal – gerade im Zusammenwirken mit dem Boykott jüdischer Geschäfte am 1. April 1933. Sie realisierten, dass es im „Dritten Reich" für jüdische Kunsthändler nicht mehr möglich sein würde, in

---

[3] Vgl. Anja Heuß, Die Reichskulturkammer und die Steuerung des Kunsthandels im Dritten Reich, in: sediment. Mitteilungen zur Geschichte des Kunsthandels, Heft 3, Bonn 1998, hier S. 49–62. Vgl. auch dies., Der Kunsthandel im Deutschen Reich, in: Inka Bertz/Michael Dorrmann (Hrsg.), i.A. des Jüdischen Museums Berlin und des Jüdischen Museums Frankfurt a. M., Raub und Restitution. Kulturgut aus jüdischem Besitz von 1933 bis heute, Berlin/Frankfurt a. M. 2008, hier S. 75–82. Zum Kunsthandel in München vgl. Meike Hopp, Kunsthandel im Nationalsozialismus: Adolf Weinmüller in München und Wien, Köln/Weimar/Wien 2012. Zum Auktionswesen in Berlin vgl. Angelika Enderlein, Der Berliner Kunsthandel in der Weimarer Republik und im NS-Staat, Berlin 2006, S. 73–156; vgl. Christine Fischer-Defoy/Kaspar Nürnberg (Hrsg.), Gute Geschäfte. Kunsthandel in Berlin 1933–1945 (eine Ausstellung des Aktiven Museums im Centrum Judaicum v. 10. 4.–31. 7. 2011 und im Landesarchiv Berlin v. 20. 10. 2011–27. 1. 2012), Berlin 2011.
[4] Vgl. Bundesarchiv Berlin (BArch), Bestand Reichsministerium für Volksaufklärung und Propaganda, R 55/21305.

Deutschland zu leben und zu arbeiten. Die Kunsthändler Flechtheim und Feilchenfeld erkannten diese Gefahr früh und emigrierten bereits 1933 in und über die Schweiz.

Auch in Berlin flüchtete bereits 1933 ein Ehepaar, das zuvor den Kunstmarkt in Berlin maßgeblich bestimmt hatte. Rosa und Jacob Oppenheimer waren beide Geschäftsführer des Margraf-Konzerns, zu dem die bekannte Kunsthandlung Van Diemen, aber auch die auf Ostasiatica spezialisierte Firma Dr. Burchardt und Co. gehörte. Jacob Oppenheimer erhielt 1933 eine Vorladung zum Verhör bei der Gestapo, dem er sich jedoch durch seine Flucht entzog: Am 1. April 1933 floh er mit seiner Ehefrau Rosa nach Paris, wo er 1941 verstarb; seine Frau Rosa wurde in dem französischen Lager Drancy inhaftiert, später nach Auschwitz deportiert und dort 1943 ermordet.[5]

Zum Gang in ein Exil bzw. zur Flucht wurden Kunsthändler und Auktionatoren jüdischer Herkunft daher nicht erst durch die Gründung der Reichskammer der bildenden Künste veranlasst. Vielmehr waren Auslöser für die ersten Emigrationen im Kunsthandel zunächst politische Signale wie die Störung einer Auktion oder die Vorladung zum Verhör. Erst dann griffen die Ausgrenzungsmechanismen der Reichskammer der bildenden Künste, die bis hin zum Berufsverbot führten.

Der dritte Faktor der Verfolgung war die fiskalische Verfolgung durch die Finanzbehörden. Der Fiskus hatte schon in den 1920er Jahren ein kritisches Auge auf den international agierenden Kunsthandel geworfen. Grund dafür mussten nicht unbedingt antisemitische Ressentiments sein, ausschlaggebend war meist das Interesse an einer intensiven Devisenbewirtschaftung. Seit dem Ende des Ersten Weltkrieges gab es ausgesprochen strenge Regelungen für die Ein- und Ausfuhr von Devisen und Waren. Firmen, die internationale Geschäftsbeziehungen unterhielten, wurden von den Devisenbehörden daher misstrauisch beäugt und kontrolliert. Dazu gehörten auch die international agierenden Kunsthandlungen. Zahlreiche Galerien hatten in der Zwischenkriegszeit Firmen im Ausland, vor allem in der Schweiz und in den USA, gegründet, die eigene Rechtspersönlichkeiten darstellten, aber intensive Geschäftsbeziehungen mit dem Haupthaus unterhielten.[6] So gründete z. B. der Münchner Galerist Heinrich Thannhauser bereits 1920 in Luzern zusammen mit Siegfried Rosengart eine Galerie, die ab 1928 in „Galerie Rosengart vormals Thannhauser" umbenannt wurde.[7] Die Galerie Heinemann in München beteiligte sich seit etwa 1919 an der Galerie Hansen AG in Luzern; der Sohn Fritz Heinemann war seit 1930 Geschäftsleiter dieser Galerie und verlagerte nach seiner erzwungenen Emigration 1938 seinen Lebensmittelpunkt nach Luzern.[8] Die Gründung von Filialen

---

[5] Vgl. Klaus Schrenk, Das Gemälde „Bildnis der Marchesa Veronica Spinola Doria" von Peter Paul Rubens und die Chronologie einer Rückforderung, in: Beiträge öffentlicher Einrichtungen der Bundesrepublik Deutschland zum Umgang mit Kulturgütern aus ehemaligem jüdischen Besitz, bearb. v. Ulf Häder, hrsg. v. der Koordinierungsstelle für Kulturgutverluste, Magdeburg 2001. Der Beitrag fußt auf einem Gutachten der Autorin.

[6] Zum Schweizer Kunstmarkt im 19./20. Jahrhundert vgl. Le Marché Suisse de L'Art (19E–20E Siecles)/Der Schweizer Kunstmarkt (19.–20. Jahrhundert), traverse 2002/1, Zeitschrift für Geschichte/Revue d'Histoire. 9. Jg./2002.

[7] Zur Galerie Thannhauser vgl. Emily D. Bilski, Die „Moderne Galerie" von Heinrich Thannhauser/The „Moderne Galerie" of Heinrich Thannhauser, München 2008; Thannhauser. Händler, Sammler, Stifter, hrsg. v. Zentralarchiv des internationalen Kunsthandels e. V. ZADIK in Kooperation mit der SK Stiftung Kultur der Sparkasse Köln Bonn (= sediment. Mitteilungen zur Geschichte des Kunsthandels, 11), Nürnberg 2006.

[8] Beate Schreiber/Frank Drauschke, Die Galerie Heinemann, in: Archiv und Wirtschaft. Zeitschrift für das Archivwesen der Wirtschaft, hrsg. von der Vereinigung Deutscher Wirtschaftsarchivare e. V., 43 (2010), Heft 4, S. 177–184.

oder Beteiligungen im Ausland war jedoch nicht auf jüdische Kunsthändler beschränkt; auch der nichtjüdische Kunsthändler Julius Wilhelm Böhler aus München gründete 1919 zusammen mit seinem Schwager Fritz Steinmeyer die „Kunsthandel AG in Luzern" und übersiedelte im selben Jahr dorthin.[9] Ebenso richteten französische Kunsthandlungen wie z. B. die Firma Bernheim-Jeune Filialen in der Schweiz ein.[10] Der Kunsthandelsplatz Schweiz wurde seit dem Ersten Weltkrieg immer attraktiver für ausländische Investoren. Dies lag einerseits an einer dort erstarkenden Käuferklientel, die zunehmend international Kunstwerke erwarb, andererseits an dem Finanzplatz Schweiz, der finanzielle und devisenpolitische Sicherheit bot.

Diese Geschäftsbeziehungen führten dazu, dass die jüdischen Kunsthändler wenige Jahre später – in der Zeit der Flucht und Emigration – häufig an diese Kontakte und Beziehungen anknüpfen konnten. Es sollte allerdings in der Zeit der Verfolgung auch der größte Fallstrick vor ihrer Emigration werden, da die Devisenbehörden ihnen nun vorwarfen, nur zum Schein selbstständige Firmen im Ausland zu unterhalten. Die logische Konsequenz aus der Sicht der verfolgenden Behörde war, eine hohe Versteuerung der im Ausland erzielten Umsätze vorzunehmen und horrende Steuernachzahlungen zu verlangen, die die betroffene Firma fast zwangsläufig in den Bankrott trieben. Ziel dieser Aktion war einerseits, die jüdischen Firmeninhaber zu vertreiben, und andererseits, vor der Emigration noch zusätzliche, im Ausland erwirtschaftete Devisen abzuschöpfen. Fiskalische und devisenpolitische Interessen deckten sich hier also mit dem Willen zur Verfolgung und Vertreibung der jüdischen Bevölkerung.

Im Einzelfall führte die fiskalische Verfolgung nicht nur zum Ruin des deutsch-jüdischen Kunsthändlers, sondern auch gleichermaßen zu dem der mit ihm verbundenen Firmen im Ausland. Dies ist z. B. bei dem Kunsthändler Siegfried Drey, Seniorchef der renommierten Münchner Kunsthandlung A. S. Drey, bekannt. Die Firma A. S. Drey hatte hohe Außenstände bei den ausländischen Tochterfirmen, die sie aufgrund der antisemitischen Steuern und Strafen nicht mehr zahlen konnte. Die ausländischen Firmen blieben auf den Schulden sitzen und wurden mit in den Ruin gerissen. Was in der Emigration blieb, waren die internationalen Kontakte, die eigene Fachkompetenz, die Kenntnis der Sammler- und Händlerszene; das Firmenkapital, den „Goodwill" der Firma und nicht zuletzt die Kunstwerke eigneten sich jedoch das Deutsche Reich und der reichsdeutsche Kunstmarkt an.[11]

Nachdem die größeren Kunsthandlungen und Auktionshäuser aufgelöst worden waren, wurden ihre Warenlager in mehreren großen Auktionen auf den Markt gebracht. Allein durch diesen gewaltsamen, massenhaften Verkauf von jeweils mehreren hundert Objekten, der auch aus rein kaufmännischer Sicht unklug war, verfielen die Preise. Hinzu kam, dass diese Auktionen auch stets als Liquidationsmasse gekennzeichnet wurden. Häufig fanden die Auktionen dann ohne „Limits" statt, d. h., es gab keine Untergrenze bei den Preisen.

---

[9] Vgl. Richard Winkler, „Händler, die ja nur ihrem Beruf nachgingen". Die Münchner Kunsthandlung Julius Böhler und die Auflösung jüdischer Kunstsammlungen im „Dritten Reich", in: Entehrt. Ausgeplündert. Arisiert. Entrechtung und Enteignung der Juden, hrsg. von der Koordinierungsstelle für Kulturgutverluste, bearb. v. Andrea Baresel-Brand, Magdeburg 2005, S. 207–246.
[10] Die Pariser Galerie Bernheim-Jeune gründete 1913 eine Filiale in Lausanne und übernahm zusätzlich 1919 die Galerie Gottfried Tanner in Zürich; vgl. dazu Werner J. Schweiger, Vom modernen Kunsthandel in Zürich 1910–1938, in: Die Kunst zu sammeln. Schweizer Kunstsammlungen seit 1848, hrsg. v. Schweizerischen Institut für Kunstwissenschaft, Zürich 1998, hier S. 57–72.
[11] Vgl. Bayerisches Hauptstaatsarchiv München, BEG 77924.

Die Firma A. S. Drey beispielsweise, deren Warenlager im Juni 1935 bei Paul Graupe in Berlin versteigert worden war, konnte nach dem Ende des Zweiten Weltkrieges nachweisen, dass sie nur ein Drittel des Einkaufspreises erlöst hatte. Die Firma selbst wurde von dem Kunsthändler Walter Bornheim „arisiert" und in „Galerie für alte Kunst" umbenannt. Dies ist nur ein Beispiel für die „Arisierung" einer Kunsthandlung; viele weitere ließen sich aufführen, wobei jeder Einzelfall etwas anders verlief.

Selbstverständlich gab es auch die Varianten einer „Arisierung" mit gleichzeitiger Übernahme des Warenlagers durch den „Ariseur". Der langjährige Mitarbeiter der Galerie Heinemann, Friedrich Heinrich Zinckgraf, übernahm beispielsweise nicht nur die Galerie sondern auch die Warenbestände weitgehend.[12]

Einige wenige prominente jüdische Kunsthändler, darunter der bereits erwähnte Paul Graupe, hatten noch bis spätestens 1937 eine Ausnahmegenehmigung für ihre Berufsausübung erhalten, da man sich von ihnen die Einfuhr von Devisen erhoffte.[13] So teilte die Reichskammer der bildenden Künste Berlin der Landesleitung in Düsseldorf am 12. Mai 1936 mit:

> „Auf Grund der mir von dem Herrn Präsidenten der Reichskulturkammer gegebenen Richtlinien sind jüdische Kunsthändler in die Reichskammer der bildenden Künste bis auf weiteres einzugliedern, sofern sie in aussenpolitischem und devisenrechtlichem Interesse eine besondere Behandlung notwendig machen. Die letzteren Gründe waren für die Eingliederung des jüdischen Kunsthändlers Paul Graupe, Berlin, Bellevuestr. 3, massgebend."[14]

Laut Bericht der Reichskammer der bildenden Künste an die Reichskulturkammer vom 15. März 1937 besaßen zu diesem Zeitpunkt nur noch zwölf jüdische Kunsthändler eine solche Sondergenehmigung, darunter der bereits erwähnte Paul Graupe sowie die Familie Bernheimer in München und der Münzhändler Dr. Philipp Lederer in Berlin. Die meisten dieser Genehmigungen waren zwischen 1936 und Anfang 1937 erteilt worden.[15]

Die Initiative, noch Mitte der 1930er Jahre Ausnahmen zuzulassen, ging von Hjalmar Schacht aus. Schacht, von 1933 bis 1939 Reichsbankpräsident und von 1935 bis 1937 Reichswirtschaftsminister sowie Generalbevollmächtigter für die Kriegswirtschaft, hatte offensichtlich aus devisenpolitischen Überlegungen heraus eine Diskussion über diese „Ausnahmen" initiiert und sich kurzfristig damit durchgesetzt. Zur selben Zeit beteiligte sich Schacht als stiller Kapitalgeber an der „Arisierung" der Firma Heinemann in München.[16]

Trotz des (ausschließlich wirtschaftspolitisch begründeten) Engagements von Hjalmar Schacht war die wirtschaftliche „Ausschaltung" der jüdischen Kunsthändler in den meisten Fällen 1937 abgeschlossen. Paul Graupe (1881–1952) emigrierte etwa nach Paris, wo er bis zum Einmarsch der Deutschen wieder als Kunsthändler tätig war. Unter einem Decknamen lagerte er Kunstwerke in Paris ein und nahm sogar Kontakt zu deutschen Museen auf mit dem Ziel, ihnen Kunstwerke zu verkaufen.[17]

Wohin gingen jüdische Kunsthändler? Welches Land wählten sie für ihr Exil aus? Manche wählten die Schweiz und konnten sich dort eine neue Existenz aufbauen, wie z. B.

---

[12] Vgl. Anja Heuß, Heinrich Zinckgraf und die „Arisierung" der Galerie Heinemann in München, in: Anzeiger des Germanischen Nationalmuseums, hrsg. von G. Ulrich Großmann, Nürnberg 2012, S. 85–94. Der Wert des Geschäfts und der Wert des Warenlagers wurden separat veranschlagt.

[13] Vgl. BArch, R 43II, 1238c, Fiche 1, S. 16ff.

[14] Vgl. BArch, BDC, RKK 2400, Box 9191, File 18: Paul Graupe.

[15] Vgl. BArch, R 55/21305.

[16] Vgl. Heuß, Heinrich Zinckgraf.

[17] Vgl. Heuß, Reichskulturkammer.

Walter Feilchenfeld oder Fritz Nathan (1895–1972).[18] Manche gingen ins benachbarte westliche Ausland, vor allem nach Frankreich und den Niederlanden, und waren dort 1940 wieder der Verfolgung ausgesetzt, die zu erneuter Flucht – wie im Fall von Paul Graupe – oder Deportation und Tod – wie im Fall Rosa Oppenheimer – führte. Andere gingen nach London, dem europäischen Zentrum des Kunsthandels. Nur wenige wagten den Sprung in die USA wie z. B. Curt Valentin (1902–1954), der 1937 in die Vereinigten Staaten emigrierte und dort mit seiner Tätigkeit als Vermittler zwischen der klassischen deutschen Moderne und den amerikanischen Museen und Sammlern den Grundstein für die Rezeption der klassischen deutschen Moderne in den USA legte. Für ihn war es ein völliger Neuanfang; die Familie Drey dagegen konnte an frühere Geschäftsbeziehungen anknüpfen. Nur wenige gingen, wie der Stuttgarter Kunsthändler Morton Bernath (1886–?), nach Mexiko, wo er weitgehend erfolglos blieb.[19] Osteuropa war und blieb aus Sicht eines Kunsthändlers aus politischen Gründen uninteressant: auch Nordeuropa wurde zumindest von den Kunsthändlern nicht angesteuert, was wohl vor allem an den Sprachbarrieren lag.

Eine übergreifende Studie über den Kunsthandel im Exil steht noch aus. Bisher sind nur Studien zu einzelnen Kunsthändlern oder Regionen wie Berlin und Bayern erschienen. Die Erforschung des Kunsthandels im Deutschen Reich und des Exils deutsch-jüdischer Kunsthändler steht daher am Anfang und konzentrierte sich bisher auf die großen Namen in Berlin, München und Düsseldorf. Mangels Grundlagenforschung kann weder eine zuverlässige Aussage darüber getroffen werden, wie viele jüdische Kunsthändler es im Deutschen Reich gab, noch darüber, wie viele Personen aus diesem Kreis ins Exil gingen und welches Land sie wählten. Zwar ist durch die sogenannte „Judenliste 8" bekannt, wie viele Kunsthändler von der Reichskammer der bildenden Künste ausgestoßen wurden. Jedoch sind die Einträge im Einzelfall nicht zuverlässig: so fehlt in dieser Aufstellung beispielsweise der Name von Morton Bernath aus Stuttgart, da er bereits 1933 seine Kunsthandlung aufgeben musste, während der einzige für Stuttgart eingetragene Händler tatsächlich eine Papierhandlung betrieb. Die Zahlen dieser Liste weisen also mindestens zwei Mängel auf: erstens sind die Kunsthändler, die vor der Gründung der Reichskulturkammer bereits ihre Tätigkeit aufgaben, nicht immer erfasst. Zweitens definierte die Reichskulturkammer den Begriff Kunsthandel offensichtlich anders als heute üblich.

Das Ringen um „Wiedergutmachung"

Nach dem Ende des Zweiten Weltkrieges installierte die amerikanische Besatzungsmacht in der amerikanischen Zone am 10. November 1947 das Militärregierungsgesetz Nr. 59

---

[18] Siehe hierzu die Beiträge von Johannes Nathan und Esther Tisa Francini in diesem Band.

[19] Dr. phil. Morton Bernath, *25. 11. 1886 in Belenyes, Ungarn. Bernath war seinerzeit ein bekannter Kunsthistoriker. Er war zusammen mit Hermann Voss Mitherausgeber des „Archivs für Kunstgeschichte", seit 1928 zugleich Besitzer des „Antiquitätengeschäftes im Prinzenbau" am Schlossplatz in Stuttgart. Am Tag des Boykotts jüdischer Geschäfte am 1. 4. 1933 wurde sein Geschäft mit zahlreichen roten Aufklebern „Jude" versehen; die Geschäftsräume wurden ihm gekündigt und er musste am 29. 4. 1933 sein Geschäft schließen. Bernath arbeitete von 1933–1939 bei der amerikanischen Botschaft in Stuttgart und emigrierte 1939 zusammen mit seiner Frau nach Südamerika; vgl. Staatsarchiv Ludwigsburg, Signatur EL 350I ES 3279, sowie Ulrike Wendland, Biographisches Handbuch deutschsprachiger Kunsthistoriker im Exil. Leben und Werk der unter dem Nationalsozialismus verfolgten und vertriebenen Wissenschaftler, München 1999, Teil 1, A–K, S. 45.

(MRG 59). Das MRG 59 sah die „Rückerstattung feststellbarer Vermögenswerte" vor, sofern sie beschlagnahmt oder unrechtmäßig entzogen worden waren. Für die Kunsthändler, deren Firmen aufgelöst und deren Warenlager verschleudert worden waren, war es recht schwierig, nach diesem frühen Wiedergutmachungsgesetz, das 1947 und 1949 mit leichten Abwandlungen auch die Franzosen (10. November 1947) und Briten (12. Mai 1949) in den von ihnen besetzten Zonen erlassen hatten, Ansprüche zu begründen. Denn die Rückerstattung feststellbarer Vermögenswerte bedeutete nicht nur, den Vermögensverlust an sich, sondern auch den seinerzeitigen Aufenthaltsort und Besitzer des abhanden gekommenen Kunstwerkes benennen zu können. Angesichts der Zerstörung Deutschlands, der Flucht vieler Menschen, der Verschiebung und Verlagerung von Gütern, der Zerstörung von Akten im Deutschen Reich und auch im Exil war dies ein fast unmögliches Unterfangen. Überdies war die Frist für Anmeldungen nach dem MRG 59 äußerst knapp bemessen; sie endete ein Jahr und zwei Monate nach dem Erlass am 31. Dezember 1948.

Bei den Auktionen der Warenlager in den 1930er Jahren waren jeweils mehrere hundert Kunstwerke verschiedenster Art zur Versteigerung gekommen. Manche waren überhaupt nicht verkauft und ein Teil war an Museen veräußert worden. Ein großer Teil der Bestände aber war an private Sammler und Funktionäre des NS-Regimes gegangen. Mehrere der betroffenen Kunsthändler – sofern sie noch am Leben waren – stellten zwar Anträge nach dem MRG 59, bezogen sich dabei aber auf die Entziehung von Immobilien oder anderen Vermögenswerten. Es wurden also von den betroffenen Kunsthandlungen häufig keine Rückerstattungsansprüche in Bezug auf eine Restitution von Kunstwerken gestellt.

1957 wurde von der mittlerweile souveränen Bundesrepublik Deutschland das Bundesrückerstattungsgesetz erlassen. Dieses regelte die „Rückerstattung feststellbarer Vermögensgegenstände", die das Deutsche Reich oder ihr gleichgestellte Rechtsträger – wie z. B. der „Einsatzstab Reichsleiter Rosenberg" – massenhaft geraubt hatten. Dabei handelte es sich um die Ansprüche von Berechtigten auf eine Entschädigung für erlittene Vermögensverluste aller Art."[20] Im Bundesrückerstattungsgesetz ging es somit – trotz des irreführenden Namens – um Schadenersatz in Geldwerten, nicht um die Restitution im eigentlichen Sinne.

Fast zeitgleich wurde 1956 das Bundesgesetz zur Entschädigung für Opfer der nationalsozialistischen Verfolgung (Bundesentschädigungsgesetz – BEG) erlassen, das einen Anspruch auf Entschädigung bei Schäden an Leib und Leben, Freiheit, Eigentum sowie Schäden im beruflichen oder wirtschaftlichen Fortkommen anerkannte.[21] Es gab jüdischen Kunsthändlern und ihren Erben unter anderem die Möglichkeit, einen sogenannten Verschleuderungsschaden geltend zu machen. Dabei war nicht ein Schadenersatz für den Verlust eines Kunstwerkes vorgesehen, sondern es sollte der finanzielle Verlust bei einer Auktion, genauer gesagt, die Differenz zwischen dem Wert der Waren und dem Erlös unter Wert auf der Auktion in der Zeit des Nationalsozialismus entschädigt werden. Diesen Weg wählte etwa die Firma A. S. Drey: Sie stellte einen Antrag nach dem BEG wegen Verschleuderungsschaden. Mitarbeiter der Firma waren seinerzeit bei der Auktion anwesend gewesen und hatten sich die Preise notiert; auch waren noch Geschäftsbücher

---

[20] Bundesrückerstattungsgesetz, § 2.
[21] Vgl. Jürgen Lillteicher, Raub, Recht und Restitution. Die Rückerstattung jüdischen Eigentums in der frühen Bundesrepublik, Göttingen 2007.

vorhanden, aus denen die Einkaufspreise hervorgingen. Die Erben konnten in dem Verfahren nachweisen, dass zwischen den Einkaufspreisen (gezahlt meist in den 1920er Jahren) und dem Auktionserlös ein Verschleuderungsschaden i. H. von ca. 850 000 Reichsmark (RM) entstanden war. Der Umrechnungskurs von RM in DM bei diesen Verfahren lag bei 10 : 1, d. h. für diesen Schaden hätte die Firma 85 000 DM Entschädigung erhalten müssen. Tatsächlich war die Entschädigung bei Verschleuderungsschäden zu diesem Zeitpunkt grundsätzlich „gedeckelt", d. h. man erhielt maximal 75 000 DM. Dies geschah auch im Fall von A. S. Drey.

Neben dem Verschleuderungsschaden konnten jüdische Kunsthändler bzw. ihre Erben weitere Schäden an Leib, Leben und Freiheit, aber auch an Vermögensschäden wie z. B. den Verlust durch Beschädigung und Plünderung während des Novemberpogroms, Verlust des „Goodwill" der Firma, des Kapitals sowie der Kosten für die Emigration geltend machen.

Die Tatsache, dass die meisten Kunsthändler gar nicht nach den Kunstwerken suchten, die sich in ihrem Besitz befunden hatten, sondern sich in der Regel entschädigen ließen, hatte wohl vor allem wirtschaftliche Gründe. Für Kunsthändler stellten die Werke in allererster Linie Handelsware dar. Eine Recherche nach den einzelnen Objekten wäre aufwendig und auch kostspielig gewesen. Anders sah es aus, wenn Kunsthändler Stücke aus ihrer Privatsammlung verloren hatten. In diesen Fällen konnte eine tiefe emotionale Bindung zu den Kunstwerken vorhanden sein. Dann wurde häufig in jahrelanger Recherche nach den einzelnen Kunstwerken gesucht – sofern die Kunsthändler in der Lage waren, solche anzustellen und zu finanzieren. Als Beispiel kann man hier den Düsseldorfer Kunsthändler Max Stern nennen, der nach seiner Emigration nach Kanada jedes einzelne Kunstwerk seiner Privatsammlung suchte und suchen ließ. Eine von ihm eingesetzte Stiftung sorgt nun auch postum dafür, dass nach den fehlenden Werken weiterhin gefahndet wird. Dabei bezieht sie heute auch die Objekte ein, die zum Warenlager von Max Stern gehörten. Sie waren auf einer Auktion bei Lempertz in Köln am 13. November 1937 in der Auktion Nr. 392 zwangsverkauft worden.[22]

Es kann festgehalten werden, dass auf dem Gebiet der Geschichte des Kunsthandels noch viele Forschungsdesiderata bestehen, ganz besonders erschwert gewiss durch die schwierige Quellenlage. Die Nachlässe von Kunsthändlern – ob jüdisch oder nichtjüdisch – in Deutschland, die überhaupt überliefert sind, kann man an einer Hand abzählen. Wenn allerdings keine Aktenüberlieferungen vorhanden sind und die Kunsthändler auch keine gedruckten Verkaufskataloge produziert haben, ist es schwierig, überhaupt ein Profil der entsprechenden Kunsthandlung zu erstellen. Die Provenienzforschung kennt oft nur die großen Namen und Firmen und gerät regelmäßig bei kleineren, nur lokal bedeutenden Kunsthandlungen an ihre Grenzen. Die bisherige Provenienzforschung beschränkte sich überwiegend auf den Handel mit Gemälden, Grafik und Skulptur; die Provenienzen von Kunstgewerbe, Plastiken, Uhren, Münzen etc. werden nur von sehr wenigen Museen aufgearbeitet. Die breitere Aufarbeitung des Kunstmarktes in der Zeit des Nationalsozialismus und in der unmittelbaren Nachkriegszeit bleibt eine Forschungslücke, die es nach wie vor zu schließen gilt.

---

[22] Die Staatsgalerie Stuttgart restituierte als erstes deutsches Museum an die Erben nach Stern am 4. 3. 2013 ein Gemälde „Maria mit Kind" von einem anonymen westfälischen Meister. Das Gemälde war 1936/37 kurz vor der Emigration von Max Stern verkauft worden, aber nicht Teil der o. g. Auktion bei Lempertz.

Anja Heuss
Persecution, Emigration and Restitution

Abstract

German Jewish art dealers were driven out of their profession, persecuted and forced to emigrate during the National Socialist period. This contribution shows the displacement mechanisms, which eventually forced many German Jewish art dealers to emigrate.

On the one hand, these include the establishment of the Reichskulturkammer (Reich Chamber of Culture) in 1933, which from then on controlled the art trade within the German Reich in minute detail and banned Jewish art dealers from practising their trade. In addition to this, however, there were also political signals, such as the violent disruption of auctions or being summoned for interrogation. Furthermore, the treasury played an important roll in the "aryanization" and financial looting of these art dealerships. On the basis of several concrete examples, a brief overview of the persecution of German Jewish art dealers is provided.

The second part of the contribution presents the attempts made by those concerned to claim "redress" after 1945 for the wrongs suffered. Depending on whether this concerned their own private collections or the company inventory, they chose different methods of claiming restitution or compensation. In particular, this professional group often claimed "Verschleuderungsschaden" (Dissipation Damages) in accordance with the German Federal Compensation Act. This claim was often asserted, when the Jewish art dealer had been forced to sell his inventory at auction or to other art dealers in a hurry. "Verschleuderungsschaden" were, however, legally capped, so that the real damages incurred were not always paid out.

Constantin Goschler

Kunstrestitution zwischen Gerechtigkeit, Ökonomie und Identität

Nach dem Ende des Kalten Krieges kam es überraschend zu einer zweiten Welle der Restitution, die zunächst Osteuropa, anschließend die Schweiz und Westeuropa und zuletzt auch die USA erfasste. Ein wichtiger Faktor hierfür war die Geschichtspolitik der Regierung Clinton, die in den 1990er Jahren nach dem Wegfall des vertrauten Feindes auf der Suche nach einer neuen Zusammenhalt stiftenden Idee für die westliche Welt vor allem auf Menschenrechte, Zivilgesellschaft und Privateigentum setzte. Unter dem Schlachtruf „Finishing the Business of the Holocaust" initiierte die US-Diplomatie eine Anzahl internationaler Verhandlungs- und Konferenzrunden mit dem Zweck, abschließende Regelungen für einige Problemkomplexe zu schaffen, die aus dem Horizont der damaligen Zeit als besonders skandalös galten. Ein weiterer wichtiger Faktor war die besondere Struktur des US-amerikanischen Rechtssystems, das mit dem ursprünglich im Zusammenhang des Verbraucherrechts entwickelten Instrument der Sammelklagen eine wirksame Waffe für die Durchsetzung von Holocaust-bezogenen Klagen gegen internationale Unternehmen mit Geschäftsinteressen in den USA bot. Der Schwerpunkt der Forderungen lag dabei auf Eigentumsaspekten, und sofern sich diese wie etwa bei den Zwangsarbeitern nicht automatisch ergaben, wurden diese über die juristische Figur der „Bereicherung" hergestellt. Einen Höhepunkt dieser neuen Restitutionsbewegung bildete 1998 die Washingtoner Goldkonferenz, auf der es neben dem mythisch aufgeladenen Raubgold nicht zuletzt auch um die sogenannte Raubkunst ging.[1] Dort wurden Empfehlungen beschlossen, an denen sich die betroffenen Staaten künftig im Umgang mit Kunstwerken aus ehemals jüdischem Eigentum orientieren sollten, sofern diese unter nationalsozialistischer Herrschaft verfolgungsbedingt ihren Besitzer gewechselt hatten. An der Umsetzung dieser freiwilligen Verpflichtung wird, oftmals begleitet von medienwirksamen Konflikten, bis heute gearbeitet.

Die Definition der Vermögensverschiebungen, die eine Restitution erforderlich erscheinen lassen, ergibt sich keineswegs einfach selbstverständlich aus der Verfolgung selbst. Vielmehr handelt es sich in historischer Perspektive stets um das Ergebnis komplexer Sensibilisierungsprozesse, welche spezifische Aspekte der NS-Verfolgung zu bestimmten Zeiten als besonders skandalös und entschädigungswürdig erscheinen lassen: Die Definition dessen, was überhaupt als NS-Verfolgung angesehen wird, veränderte sich in den vergangenen Jahrzehnten kontinuierlich. Auch der Begriff des „Kunstraubs" muss daher streng

---

[1] Siehe dazu Constantin Goschler/Philipp Ther (Hrsg.), Raub und Restitution. „Arisierung" und Rückerstattung jüdischen Eigentums in Europa, Frankfurt a. M. 2003; Julius H. Schoeps/Anna-Dorothea Ludewig (Hrsg.), Eine Debatte ohne Ende? Raubkunst und Restitution im deutschsprachigen Raum, Berlin 2007; Michael R. Marrus, Some Measure of Justice. The Holocaust Era Restitution Campaign of the 1990s, Wisconsin 2009; Jan Surmann, Shoah-Erinnerung und Restitution. Die US-Geschichtspolitik am Ende des 20. Jahrhunderts, Stuttgart 2012; Benno Nietzel, Die internationalen Holocaust-Konferenzen 1997–2002. Von der Londoner Goldkonferenz zur Theresienstädter Erklärung, in: José Brunner/Constantin Goschler/Norbert Frei, Die Globalisierung der Wiedergutmachung. Politik, Moral, Moralpolitik, Göttingen 2013, S. 149–175; Berthold Unfried, Vergangenes Unrecht. Entschädigung und Restitution in einer globalen Perspektive. Göttingen 2014.

genommen als zeitgebundene Deutung historischer Vorgänge begriffen werden. Deshalb muss erstens erklärt werden, warum die Forderung nach Kunstrestitution in den 1990er Jahren plötzlich als ein vordringliches Problem erschien, das nach 1945 nicht ausreichend geklärt worden sei. Und zweitens muss erklärt werden, warum auch nach dem weitgehenden Abschluss dieser Kampagne aus dem letzten Jahrzehnt des 20. Jahrhunderts die Kunstrestitution nach wie vor ein virulentes Thema darstellt. Während also etwa die Frage der Zwangsarbeiterentschädigung kaum noch Aufregungspotenzial besitzt, verhält sich dies bei der Restitution von Kunstwerken ganz anders. Und drittens kann man fragen, welches Zukunftspotenzial die Frage der Kunstrestitution in sich birgt. Im Folgenden werden drei Aspekte thesenartig skizziert, aus denen sich vorläufige Antworten auf die genannten Fragen ergeben: erstens die Dauerhaftigkeit von Eigentumsansprüchen gegenüber Entschädigungsforderungen, zweitens das Problem der Monetarisierung historischen Unrechts im Kontext juristischer Auseinandersetzungen und drittens der Zusammenhang von kulturellem Eigentum und kollektiven Identitäten.

In der Geschichte der Wiedergutmachung stehen sich als zwei Hauptaspekte die Entschädigung persönlichen Unrechts und die Restitution geraubter und entzogener Gegenstände gegenüber. In den ersten Nachkriegsjahren besaß zumindest in den westlichen Ländern die Rückerstattung einen gewissen Vorsprung, war sie doch notwendig, um wieder gesicherte Eigentumsverhältnisse herzustellen, ohne die liberale Marktwirtschaften nicht funktionieren können. Anschließend dominierte jedoch für Jahrzehnte die Frage der individuellen und kollektiven Entschädigung, bis nach 1990 wieder die Rückerstattung in den Vordergrund rückte. Dan Diner begründete dies mit der anthropologischen Funktion von Eigentum, das als eine Art von Erinnerungsspeicher funktioniere und die in der Zeit des Kalten Krieges stillgelegte Erinnerung wieder freigegeben habe[2] – gewissermaßen als eine Art von historischer Tundra, die bei fortschreitender Erderwärmung das im Permafrost gespeicherte Methangas freisetzt. Über diese Vorstellung, der ein eher substanzhafter Erinnerungsbegriff zugrunde liegt, ließe sich lange debattieren. Ein unstrittiger Aspekt einer solchen anthropologischen Perspektive resultiert dagegen aus dem banalen Umstand, dass Entschädigungsforderungen an die individuelle Lebenszeit der Opfer geknüpft sind, während sich Rückerstattungsforderungen in der Regel auf einen intergenerationellen Eigentumsbegriff stützen können. Damit besitzen Entschädigung und Rückerstattung eine unterschiedliche Zeitlichkeit: Vergänglichkeit auf der einen, Dauerhaftigkeit auf der anderen Seite.

Zugleich sollte man sich davor hüten, Eigentum als eine überhistorische Kategorie zu begreifen, die gewissermaßen schon allein aus der menschlichen Natur folgt. Als historische Kategorie steht Eigentum in Abhängigkeit zu spezifischen Gesellschafts- und Wirtschaftsordnungen und dem zeitbezogenen normativen Verständnis dieses Begriffs in seiner jeweiligen Sprache und Kultur.[3] Dieses oszilliert zwischen der anarcho-sozialistischen Parole „Eigentum ist Diebstahl" (Pierre Joseph Proudhon), die sich historisch auch in einer nationalsozialistischen und sogar in einer sozialistischen Variante nachweisen lässt,

---

[2] Dan Diner, Der Holocaust in den politischen Kulturen Europas. Erinnerung und Eigentum, in: Klaus-Dietmar Henke (Hrsg.), Auschwitz. Sechs Essays zu Geschehen und Vergegenwärtigung, Dresden 2001, S. 65–73; vgl. auch Dan Diner/Gotthard Wunberg (Hrsg.), Restitution and Memory. Material Restoration in Europe, New York/Oxford 2007.

[3] H. Siegrist/D. Sugarman, Geschichte als historisch-vergleichende Eigentumswissenschaft. Rechts-, kultur und gesellschaftsgeschichtliche Perspektiven, in: Dies. (Hrsg.), Eigentum im internationalen Vergleich (18.–20. Jahrhundert), Göttingen 1999, S. 9–30.

wonach jüdisches Eigentum Diebstahl sei, und der liberalen Umkehrung „Sozialismus ist Diebstahl". Um dies an einem konkreten Beispiel zu verdeutlichen, das sich unmittelbar auf die Kunstrestitution bezieht: In Frankreich stieß es in den 1990er Jahren zunächst auf großes Unverständnis, dass die Nationalisierung von Kunstwerken aus jüdischem Besitz, deren Besitzer nach 1945 nicht ausfindig gemacht werden konnten, zugunsten französischer Museen nunmehr in den USA als Unrecht gebrandmarkt wurde. Hintergrund dieses Konflikts waren nicht zuletzt auch unterschiedliche historisch gewachsene Eigentumsbegriffe in Frankreich und den USA.[4]

Nimmt man das Argument ernst, wonach sich mit Eigentum Erinnerung verknüpft, so führt dies mit Blick auf die Kunstrestitution gerade nicht auf die spektakulären Fälle, die in der öffentlichen Diskussion meist im Vordergrund stehen. Die familiäre Erinnerung ist, zumindest vom Gesichtspunkt des Marktwertes, zumeist mit eher unscheinbaren Objekten verbunden, die ihren eigentlichen Wert erst aus dem sozialen Verwendungszusammenhang heraus gewinnen. Die Debatte um Kunstrestitution trägt dagegen mitunter dazu bei, im Nachhinein ein unrealistisches Bild der vom Nationalsozialismus zerstörten jüdischen Welt zu reproduzieren, in der scheinbar in allen jüdischen Wohnungen alte Meister oder spätere Klassiker der Moderne die Wände schmückten. Ronald W. Zweig spricht deshalb in anderem Zusammenhang von der Gefahr, dass die Restitutionsdebatte „Fantasien jüdischen Reichtums" beflügle.[5] Und so gerät das Shylock-Motiv des geldgierigen Juden gelegentlich zur Kehrseite der Restitutionsdebatte. Tatsächlich bildete gegenüber dem ohne Zweifel bedeutsamen Aspekt der mit einer Übertragung jüdischen Eigentums verbundenen Ausplünderung die unwiederbringliche Zerstörung jüdischen Lebens den eigentlichen Kern der nationalsozialistischen Verfolgung. Die auffällige Fokussierung auf Gold und Kunstwerke in der Restitutionsdebatte der letzten Jahre konzentrierte sich demgegenüber auf transferierbare Werte, die ihren Wert auch losgelöst von ihrem ursprünglichen Besitzer behalten oder sogar noch – etwa durch den boomenden Kunstmarkt der vergangenen Jahre – dramatisch steigern.

Bei der Debatte um die Kunstrestitution fliegen oftmals gewaltige Summen durch den Raum, die zugleich den Sensationscharakter der Angelegenheit prägen. Spektakuläre Einzelfälle tragen einerseits dazu bei, die öffentliche Aufmerksamkeit für dieses Thema hochzuhalten. Andererseits führt dies teilweise auch dazu, die Materie öffentlich zu diskreditieren. Die Monetarisierung historischen Unrechts scheint hier einen Höhepunkt erreicht zu haben und hat zugleich zu einem Diskurs über „gierige Anwälte" geführt, denen vorgeworfen wird, mit diesem Thema vor allem ihre eigenen materiellen Interessen zu verfolgen. Damit geht zugleich oftmals die Unterstellung einher, dass bei ihren – jüdischen – Klienten eine ähnliche Motivlage dominiere. Bei der Kunstrestitution kollidieren also die Gesetze des Kunstmarktes in besonders schroffer Weise mit den aller Wiedergutmachung zugrunde liegenden Gerechtigkeitsforderungen, die wiederum stets nur vermittelt über die Sphären des Rechts und der Politik verhandelt werden können.

Da die ursprünglichen jüdischen Eigentümer der umstrittenen Kunstwerke in aller Regel bereits seit längerem verstorben sind, treffen bei dieser Auseinandersetzung vor allem Anwälte, Zeit- und Kunsthistoriker sowie Politiker aufeinander. Die oftmals entfernten Er-

---

⁴ Vgl. dazu Claire Andrieu, Zweierlei Entschädigungspolitik in Frankreich. Restitution und Reparation, in: Goschler/Ther (Hrsg.), Raub und Restitution, S. 108–133.
⁵ Ronald W. Zweig, Der ungarische Goldzug oder Der Mythos vom jüdischen Reichtum, in: Goschler/Ther (Hrsg.), Raub und Restitution, S. 169–183.

ben erscheinen hingegen häufig lediglich als materiell interessierte Zuschauer, deren Zuschauerbank zumeist außerhalb des Landes steht, in dem sich das umstrittene Kunstwerk gegenwärtig befindet. Bei solchen Auseinandersetzungen bewegen sich Zeithistoriker und Kunsthistoriker in einer komplizierten Situation. Dies liegt nicht zuletzt am unterschiedlichen Status der zentralen Begriffe und Kategorien, mit denen die Auseinandersetzung um die Kunstrestitution geführt wird. Für die Geschichtswissenschaft sind historische Begriffe heuristische Instrumente, um die Vergangenheit besser untersuchen und erklären zu können. Für Anwälte und Politiker sind historische Begriffe dagegen juristische Instrumente, um konkrete Ansprüche durchzusetzen oder abzuweisen. Zeithistoriker, die an dieser Auseinandersetzung teilnehmen, sehen sich also daraufhin belauert, ob sie das für den jeweiligen Streitfall „richtige" Stichwort liefern – „Arisierung", „Raub", „Genozid" –, ohne dass ihre Begründungslogik relevant wäre. Aber auch Kunsthistoriker sind herausgefordert und müssen ihr Selbstverständnis ein Stück weit neu definieren: Geht es der Kunstgeschichte traditionell in erster Linie um die Frage nach den ästhetischen Qualitäten von Kunstwerken, musste sie in den letzten Jahren ihre Aufmerksamkeit verstärkt auf die Frage nach der Provenienz richten und damit den Blick von der Vorder- auf die Rückseite der Bilder verlagern. Damit rücken zugleich die Aufgabenfelder von Zeithistorikern und Kunsthistorikern näher zusammen.

In der Praxis der Kunstrestitution entstehen dabei gelegentlich irritierende Frontstellungen: Als etwa Ludwig Kirchners bis dahin im Berliner Brücke-Museum ausgestellte „Berliner Straßenszene" 1996 Gegenstand einer Restitutionsforderung aus den USA wurde, widersprach die ansonsten eher der Heiligkeit des Privateigentums verpflichtete FDP diesem Ansinnen energisch unter Verweis auf den erforderlichen Schutz nationalen Kultureigentums, während die postkommunistische LINKE (PDS) sich vehement für den Vorrang des individuellen Erbanspruchs einsetzte. Umgekehrt positionierten sich Kunsthändler, die normalerweise vom Verkauf von Kunstwerken leben, in dieser Auseinandersetzung mitunter als Wahrer des kulturellen Erbes, das durch die Restitution bedroht sei. Bei allem Gerede um Geld und Gerechtigkeit im Zusammenhang der Kunstrestitution geht es also anscheinend auch noch um mehr, und dies führt zum letzten Punkt.

Die Auseinandersetzung um kulturelles Eigentum betrifft häufig Aspekte nationaler und ethnischer Identitäten, vor allem dann, wenn die betreffenden Kunstwerke oder Artefakte Teil einer lokalen Museumslandschaft bilden.[6] Dies besitzt allerdings oftmals auch einen profanen Aspekt: Gerade die umstrittenen Kunstwerke gehören oftmals zum nicht zuletzt für die Tourismusindustrie wichtigen Städteimage. Wie schon das Beispiel des Napoleonischen Kunstraubs in Deutschland vor über 200 Jahren zeigt, funktioniert der konstitutive Zusammenhang von kulturellem Eigentum und nationaler oder ethnischer Identität gelegentlich auch in der Weise, dass erst der Raub und die daran anschließenden Restitutionsforderungen die Aufwertung von Kunstwerken zum Träger einer derartigen kollektiven Identitätsvorstellung nach sich ziehen, die sogar mit einer Aufwertung ihrer ästhetischen Qualität verbunden sein kann.[7]

Der Vergleich der Auseinandersetzung um die jüdische Raubkunst mit aktuellen Konflikten um die Rückgabe von Antikensammlungen und anthropologischen Sammlungen

---

[6] Elazar Barkan/Ronald Bush (Hrsg.), Claiming the Stones. Naming the Bones. Cultural Property and the Negotiation of National and Ethnic Identity, Los Angeles 2002.
[7] Bénédicte Savoy, Kunstraub. Napoleons Konfiszierungen in Deutschland und die europäischen Folgen. Mit einem Katalog der Kunstwerke aus deutschen Sammlungen im Musée Napoléon, Wien 2011.

lässt einen wichtigen Unterschied erkennen: Bei Konflikten etwa um den Pergamon-Altar, die Nofretete-Büste und Herero-Schädel geht es vor allem um die Bedeutung dieses kulturellen Eigentums für die jeweilige nationale oder ethnische Identität derjenigen, die nun eine Rückerstattung fordern. Auseinandersetzungen um die Kunstrestitution werden dagegen oftmals so dargestellt, dass es denjenigen, die eine Restitution fordern, lediglich um Geld ginge, da die betreffenden Kunstwerke umgehend auf Auktionen höchstbietend verkauft würden. Die von einer Restitution bedrohten Institutionen halten diesem vorgeblich schnöden materiellen Interesse gerne entgegen, dass sie selbst vorrangig ein ideelles Interesse verfolgten, nämlich deren Erhalt und öffentliche Zugänglichkeit für Alle zu sichern und zugleich die mit der Ausstellung der Kunstwerke am gegenwärtigen Ort verbundene kulturelle Identität zu bewahren. So verbinden sie Universalismus und Partikularismus: Sie beanspruchen zugleich, Hüter kulturellen Eigentums im Sinne der globalen Einheit der Menschheit und Träger einer partikularen, lokalen Identität zu sein.[8] Das Gegenbild dazu bildet in der Debatte gerne der russische Nouveau riche, in dessen geschmackloser Privatvilla die restituierten Kunstwerke nach geglückter Ersteigerung zu verschwinden drohen. Mit Kunstwerken scheint sich also ein anderer Eigentumsbegriff als etwa mit Immobilien zu verbinden, was einen Teil der Erklärung ausmachen könnte, weshalb die Restitutionsdebatte auf diesem Gebiet immer noch schwelt: Der auf der Heiligkeit des Privateigentums gegründete liberale Eigentumsbegriff wird im Bereich des kulturellen Eigentums stärker herausgefordert als in anderen Bereichen.

Jenseits der Frage, inwieweit sich hier eine Abwehrstrategie gegen Restitutionsforderungen beschreiben lässt, die auf dem angeblichen Gegensatz von vermeintlich höheren ideellen Interessen der gegenwärtigen Besitzer umstrittener Kunstwerke und schnöden materiellen Interessen der Restitutionsfordernden basiert, ergibt sich hier zugleich ein wichtiger Ansatzpunkt für die Frage nach der Zukunft der Kunstrestitution. Die Restitution kulturellen Eigentums hat sich unabhängig vom spezifischen historischen Kontext der Shoah zu einem wichtigen Thema entwickelt. Dabei wird zumeist mit der essentiellen Bedeutung der geraubten Gegenstände für nationale oder ethnische Identitäten argumentiert. Dies setzt allerdings voraus, dass die betreffenden Kunstwerke und Artefakte an sich als Medium derartiger Identitätskonstruktionen angesehen werden und damit nicht auf ihren reinen Tauschwert reduziert werden können. So war auch die erste Phase der Restitution kulturellen Eigentums aus vormals jüdischem Besitz nach 1945 stark von der Tätigkeit der Jewish Cultural Reconstruction geprägt, wo unter anderem Hannah Arendt daran mitwirkte, solche Bücher und kulturelle Artefakte zurückzugewinnen und bevorzugt nach Israel zu transferieren, die dezidiert als Bestandteil jüdischer Kultur betrachtet wurden. Dazu gehörte etwa die enteignete Goethe-Gesamtausgabe nicht mehr länger.[9]

Aktuelle Forderungen nach Restitution kulturellen Eigentums jenseits der Shoah entspringen zumeist einer postkolonialen Situation und markieren damit zugleich oftmals auch den Bewusstseinswandel im Hinblick auf die historische Situation, innerhalb derer die umstrittenen Artefakte einst in den Besitz derjenigen Museen gelangten, die sie heute ausstellen oder in Depots verwahren: Die kolonialen Kunstsammler, Archäologen und Anthropologen haben sich in dieser Perspektive mittlerweile oftmals in schnöde Grabräuber

---

[8] Siehe dazu Elazar Barkan, Amending Historical Injustices. The Restitution of Cultural Property – An Overview, in: Barkan/Bush (Hrsg.), Claiming the Stones, S. 16–45, hier v. a. S. 22.
[9] Siehe dazu Elisabeth Gallas, „Das Leichenhaus der Bücher". Kulturrestitution und jüdisches Geschichtsdenken nach 1945, Göttingen 2013.

oder Schlimmeres verwandelt. Am Ende stellt sich so die Frage, inwieweit die mittlerweile in der Bundesrepublik stärker in Gang gekommene Provenienzforschung, die sich ganz auf die Geschichte von Kulturgütern aus ehemals jüdischem Besitz konzentriert, nicht allein fortgesetzt, sondern in Zukunft vielleicht sogar auf weitere Bereiche erweitert werden wird, indem neben der Shoah auch der koloniale Ursprung wichtiger Teile des Inventars unserer Museen in ähnlicher Weise auf den Prüfstand gerät. Dieser möglichen Konsequenz haben sich die hierfür Verantwortlichen noch nicht einmal im Ansatz gestellt.

Constantin Goschler
Art Restitution between Justice, Economy and Identity

Abstract

The contribution interprets the term "art looting" as a time-dependent definition of historic processes. In doing so, it poses three decisive questions: Why did calls for the restitution of art made in the 1990s attract special attention as an urgent problem and why is this still a virulent problem? And finally: What future potential does the question of art restitution possess?

Teil II   Alfred Flechtheim

Isgard Kracht

„Un livre [...] sur ma collection" – Alfred Flechtheims Etablierungsversuche auf dem französischen Kunstmarkt

Als Alfred Flechtheim am 6. April 1929 auf seiner französischen Schreibmaschine einen Brief an den Pariser Verlegerkollegen Christian Zervos aufsetzte, kam er ohne Umschweife auf den Punkt: „Cher Monsieur Zervos! J'ai un livre à vous proposer", kündigte er sein jüngstes Anliegen kurz und knapp an und schlug dem Herausgeber der renommierten Kunstzeitschrift „Cahiers d'art" ein gemeinsames Buchprojekt mit beiliegender Werkliste vor: „je voudrai publier un livre [...] sur ma collection."[1]

Zwei Jahre zuvor hatten sich Christian Zervos und Alfred Flechtheim persönlich kennen gelernt. Da besuchte der Franzose auf seiner Deutschlandreise im Herbst 1927 erstmals für ein Interview die Berliner Galerie am Lützowufer. Den Hausherrn, mit „kleine[m] Kopf zwischen den Schultern versenkt, die hängenden Arme voraus," erlebte er, wie er später in seinem Portrait über Flechtheim schrieb, „nervös und an einer dicken Zigarre saugend, mit kurzem schnellen Schritt von einem Raum zum nächsten".[2] Umso ausladender erzählte ihm Flechtheim von seinem ehemals unbefriedigenden Leben als Getreidehändler, der in Paris entfachten Leidenschaft für die französische Kunst sowie dem alsbald beschlossenen Wechsel in den Kunsthandel. Dem aufmerksamen Leser durfte es nicht entgangen sein, wie gerne Flechtheim den eigenen Namen in einem Atemzug mit manch einem führenden Pariser Galeristen fallen ließ, sei es Paul Rosenberg oder Daniel-Henry Kahnweiler, dem „ich verdanke, das geworden zu sein, was ich heute bin: ein Vermittler französischer zeitgenössischer Kunst in Deutschland, das, was Paul Cassirer für die Impressionisten war".[3]

Am Ende seiner biografischen Skizze fand Zervos allerdings auch weitaus weniger schmeichlerische Worte für seinen Gesprächspartner: „Fiebrig, ungestüm, fröhlich, verzweifelt, sinnlich, ein Kotzbrocken, ungerecht, enthusiastisch", lautete sein Resümee nach dieser ersten Begegnung, „Flechtheim ist all das zugleich."[4]

Dennoch sollten der deutsche Kunsthändler und der französische Kritiker und Verleger den nunmehr geschäftlichen Kontakt in beiderseitigem Interesse weiter pflegen. Christian Zervos (1889–1970) hatte die „Cahiers d'art" in seinem gleichnamigen Verlag in Paris 1926 ins Leben gerufen. Es war das erste französische Magazin, das nicht nur einmal monatlich über die Avantgardeströmungen der Pariser Literatur- und Kunstszene berichtete, sondern auch das kulturelle Geschehen auf deutscher Seite aufmerksam in den Blick nahm. Schon bald waren angesehene Kunsthistoriker, wie Carl Einstein oder Will Grohmann, als deutsche Korrespondenten gewonnen und Zervos überlegte, ein Auslandsbüro in Berlin einzurichten.[5]

---

[1] Alfred Flechtheim an Christian Zervos, 6. 4. 1929, Fonds Cahiers d'art, Bibliothèque Kandinsky, Paris.

[2] Christian Zervos, Nos enquêtes: Entretien avec Alfred Flechtheim, in: Feuilles Volantes, Deuxieme Année, Supplément à la Revue Cahiers d'art, 10/1927, zit. nach: Rudolf Schmitt-Föller (Hrsg.), Alfred Flechtheim. „Nun mal Schluß mit den blauen Picassos!" Gesammelte Schriften, Bonn 2010, S. 54–58, hier S. 54.

[3] Ebd., S. 56.

[4] Ebd.

[5] Vgl. Christian Derouet (Hrsg.), Zervos et Cahiers d'art, Paris 2011.

In Flechtheim entdeckte der Franzose einen engagierten Verleger und Galeristen, dessen Ausstellungen dem Geschmack seiner Leserschaft entsprachen, und überdies einen rührigen Vermittler mit einem großen Netzwerk. Flechtheim galt als „der lauteste Trommler"[6] aller Berliner Kunsthändler und seine Galerie durfte längst den Ruf genießen, „[u]nter den großen deutschen Händlern [...] eine Brücke zu der scheinbar voraussetzungslosen, in Wirklichkeit voraussetzungsreichen Pariser Art" zu sein.[7] Sich daher einen Markt im benachbarten Frankreich zu eröffnen, war wiederum zweifellos die Intention Flechtheims, der bereits 1913 davon träumte, sich in Paris niederzulassen.[8] Er hatte soeben seine Galeristenlaufbahn in Düsseldorf eingeschlagen, da prophezeite der Pariser Kunsthändler Adolphe Basler (1878–1949): „Il est très expansif, c'est bon Flechtheim."[9] Nur wenige Jahre später sollte Flechtheims Geschäft insbesondere von der dortigen Galerie Simon profitieren. Ihr Inhaber und Begründer Daniel-Henry Kahnweiler (1884–1979) stand Flechtheim mit professionellem Rat und frischer Kunstware, vor allem der Kubisten, stets zur Seite; vielfach bestimmte er das Ausstellungsprogramm sowie die Preis- und Marktkonditionen.[10] Zugleich verfolgte Flechtheim seine Ambitionen, sich auch außerhalb Deutschlands einen Namen zu machen, rege weiter. Immer wieder blickte er nach Paris, um sich dort auf Augenhöhe mit den Kunsthandlungen von Paul Rosenberg (1881–1959) oder Etienne Bignou (1891–1950) als „Marchand Amateur" zu profilieren. Denn die Galerie Flechtheim war „eine französische Galerie, gewiß, aber es war vor allem die Galerie eines Mannes, der Flechtheim hieß, ein Mann, der Paris liebte".[11]

Die „Cahiers d'art" waren bald nach ihrer Gründung eine der einflussreichsten europäischen Kunstzeitschriften. Flechtheim scheute vermutlich deshalb keine Kosten und Mühen, um in dem Magazin seit 1927 regelmäßig ganzseitige Anzeigen für die Düsseldorfer und Berliner Galerien zu schalten.[12] In der Hoffnung, sich in dem Journal repräsentativ zu platzieren, schickte er Zervos zahlreiche Reproduktionen aus seinem Galeriebestand mit der Bitte um Veröffentlichung.[13] Nachdem der Kunsthändler schließlich im Frühjahr 1929 Zervos' engsten Pariser Mitarbeiter, den Redakteur Tériade, bei sich zuhause empfangen und ihn durch seine dicht behängten Wohnräume geführt hatte, schien die Idee zu einem neuen Werbefeldzug geboren zu sein: eine exklusive Publikation über die private Sammlung des Galeristen Alfred Flechtheim.[14]

Die 1929 offenbar spontan notierten Listen, die Flechtheim zu diesem Zweck an Zervos geschickt hatte, ermöglichen erstmals einen, wenn auch nur zu diesem Zeitpunkt, tiefe-

---

[6] Eduard Plietzsch, „… heiter ist die Kunst". Erlebnisse mit Künstlern und Kennern, Gütersloh 1955, S. 127.

[7] Julius Meier-Graefe, Die neuen Räume der Galerie Flechtheim in Berlin, in: Frankfurter Zeitung, 29. 5. 1927, zit. nach: Monika Flacke-Knoch/Stephan von Wiese, Der Lebensfilm von Alfred Flechtheim, in: Hans Albert Peters u. a. (Hrsg.), Alfred Flechtheim. Sammler. Kunsthändler. Verleger (= Ausst.-Kat. Kunstmuseum Düsseldorf), Düsseldorf 1987, S. 153–212, hier S. 180.

[8] Alfred Flechtheim, Tagebuchblätter, 11. 6. 1913, zit. nach: Schmitt-Föller (Hrsg.), Alfred Flechtheim, S. 26–46, hier S. 28.

[9] So Adolphe Basler, undatiert, zit. nach: L. Kr., Alfred Flechtheim †, in: Die Neue Weltbühne, Nr. 12, 18. 3. 1937, S. 358–360, zit. nach: Schmitt-Föller (Hrsg.), Alfred Flechtheim, S. 264–267, hier S. 265.

[10] Vgl. Flacke-Knoch/von Wiese, Lebensfilm, S. 164.

[11] Otto Pankok an Fritz Batze, 25. 7. 1958, zit. nach: Ebd., S. 171.

[12] Vgl. Derouet (Hrsg.), Zervos, S. 45.

[13] Vgl. die Korrespondenz zwischen Christian Zervos und Alfred Flechtheim sowie die dort aufbewahrten, von Flechtheim vermittelten und zumeist rückseitig beschriebenen Schwarz-Weiß-Abzüge von Kunstwerken im Fonds Cahiers d'art, Bibliothèque Kandinsky, Paris.

[14] Vgl. Brief vom 6. 4. 1929, Fonds Cahiers d'art, Bibliothèque Kandinsky, Paris.

ren Einblick in die Breite und Fülle jener Sammelleidenschaft, deren ungefähres Profil zwar bekannt, aber nach bisherigen Kenntnissen in keinem Inventar genauer überliefert ist.[15] Sein nahezu rauschhaftes Interesse für den französischen Kubismus und die epochalen Wegbereiter der Moderne, wie Paul Cézanne oder Vincent van Gogh, ist mittlerweile legendär.[16] Flechtheim war noch in der väterlichen Getreidefirma tätig, da demonstrierte er seine große Vorliebe für die Pariser Avantgarde bereits offensiv als Organisator und Leihgeber der Sonderbund-Ausstellung 1912 in Köln. Ebenso nachdrücklich trat der Kaufmann als Freund und Förderer der sogenannten Dômiers in Erscheinung, eines Zirkels deutscher Maler, der sich Anfang des 20. Jahrhunderts mit Vorliebe im Pariser Café du Dôme traf.[17] Flechtheims Engagement vor allem für Pablo Picasso, als „dessen wärmste[n] Vorkämpfer […] von Anfang an in Deutschland"[18] er sich gerne selbst bewarb, sollte sich auch in dem geplanten Buch niederschlagen: Zwölf Gemälde und Papierarbeiten sollten Eingang in die Publikation finden, gefolgt von mindestens jeweils fünf Werken von Fernand Léger, Juan Gris und Georges Braque. Ein weiterer Schwerpunkt galt der aktuellen französischen Bildhauerei, nicht nur mit Aristide Maillol, Moissey Kogan oder Henri Laurens maßgeblich vertreten, sondern auch mit den „Sculptures de peintres", u. a. von Edgar Degas, nochmals Picasso sowie Auguste Renoir und Paul Gauguin.[19]

---

[15] Die privaten und geschäftlichen Unterlagen von Alfred Flechtheim sind nicht mehr erhalten, vgl. Andrea Christine Bambi, „Ich bin nicht Beckmanns Kunsthändler". Alfred Flechtheim und seine Künstlerverträge, erläutert am Beispiel von Max Beckmann, in: Eva Blimlinger/Monika Mayer (Hrsg.), Kunst sammeln, Kunst handeln. Beiträge des Internationalen Symposiums in Wien, Wien/Köln/Weimar 2012, S. 167–180, hier S. 174. Ottfried Dascher hat Flechtheims private Sammlung vornehmlich anhand von Kunst- und Ausstellungspublikationen nachgezeichnet; Ottfried Dascher, „Es ist was Wahnsinniges mit der Kunst". Alfred Flechtheim. Sammler, Kunsthändler, Verleger, Wädenswil 2011, S. 416f. u. 419–444. Zur generellen Problematik, die Privatsammlung von Flechtheim zu rekonstruieren, vgl. ausführlich den Beitrag von Andrea Bambi in dem hier vorliegenden Band sowie folgende Ausführungen.

[16] 1910 soll Flechtheim auf seiner Hochzeitsreise in Paris die Mitgift seiner Frau Bertha (Betti) Flechtheim erstmals für „einen Haufen unverständlicher kubistischer Bilder" ausgegeben haben; vgl. George Grosz, Ein großes Ja und ein kleines Nein. Sein Leben von ihm erzählt, Hamburg 1955, S. 189.

[17] Zu Flechtheims Leihgaben für die Sonderbund-Ausstellung in Köln 1912 vgl. Dascher, Kunst, S. 67; zu Flechtheims Verbindungen zu den Künstlern des Café du Dôme in Paris vgl. Isgard Kracht, Vom Café du Dôme zum Ey. Pariser Begegnungen im Jungen Rheinland, in: Susanne Anna/Annette Baumeister (Hrsg.), Das Junge Rheinland. Vorläufer – Freunde – Nachfolger (= Ausst.-Kat. Stadtmuseum Düsseldorf), Düsseldorf 2006, S. 49–59.

[18] Alfred Flechtheim an Paul Klee, 3. 6. 1919, zit. nach: Dascher, Kunst, S. 130.

[19] Flechtheim führt u. a. bislang vorbehaltlich identifizierte Werke der genannten Künstler auf: Pablo Picasso: „Le poète 1911"/Le poète, Öl/Lwd., 1911, Zervos 285, „L'Arlesienne 1911"/L'Arlesiènne, Öl/Lwd., 1912, Zervos 356, „La Cheminée 1914"/Cheminée Verre, pipe, citron, as de trèfle, pacquet de tabac, Papiers collées, Öl, Kohle, Bleistift, 1914, Zervos 482, „Deux fenêtres 1925"/Les deux fenêtres, Tempera, 1923, „Le panier 1925"/Le panier, Gouache, 1923, „Exlibris Apollinaire 1905"/Ex Libris Apollinaire, Feder/Aquarell, 1905, Zervos 225; Georges Braque: „Le port 1908"/Le port, Öl/Lwd., 1908/09, Romilly/Laude 44, „Le Violon 1911"/Violon et papier à musique …, Öl/Lwd., 1911, Romilly/Laude 75; Juan Gris: „Portrait de Picasso 1911/Hommage à Picasso, Öl/Lwd., 1910/11, Cooper 13, „L'Arlequin 1924"/Pierrot (Arlequin), Öl/Lwd., 1922, Cooper 386, „Le Guitariste 1925"/L'homme à la guitare, Öl/Lwd., 1925/1926, Cooper 554; Fernand Léger: „L'Aviateur 1922"/Aviateur, Öl/Lwd., 1920, Bauquier 206, „Les pipes 1927"/Les pipes, Öl/Lwd., 1925, Bauquier 408. Von den Malerskulpturen lassen sich bislang die Bronzearbeiten von Auguste Renoir zuordnen, deren mehrfacher Guss post mortem 1927 von Alfred Flechtheim und der Galerie Hodebert, Paris, in Auftrag gegeben wurde: „Claude buste"/Coco, Büste, Bronze, 1908, Haesaerts 2; „Claude med."/Claude, Medaillon, Bronze, 1907, Haesaerts 1; „Maternité"/Mutter und Kind, Bronze, 1916, Haesaerts 17; außerdem von Pablo Picasso: Tête de femme (Fernande), Bronze, 1906, Zervos 323, und Bronze, 1909, Zervos 573; vgl. auch Dascher, Kunst, S. 436.

Während Flechtheim auf einer ersten Liste neben Paul Klee, Max Ernst, James Ensor oder Edvard Munch hauptsächlich Namen der „École de Paris" aufführte, konnte Zervos einer zweiten, zudem ausführlicheren Aufstellung entnehmen, dass der Sammler einen weiteren Überblick über die sogenannten „Écoles allemandes" zu zeigen beabsichtigte: Von Rudolf Großmann bis Heinrich Nauen, von Rudolf Levy bis Emil Rudolf Weiß – mit Ausnahme des Expressionismus war auch die deutsche Kunst Flechtheims große Passion. Sie machte zudem deutlich, dass sich sein sammlerisches Interesse nicht nur von der internationalen Anerkennung eines Künstlers und noch weniger von nur einer Kunstrichtung leiten ließ. So schlug er vor, in dem geplanten Buch einen großen Bogen von der gegenständlichen Malerei (Karl Hofer, „Der Tänzer Jean Börlin", 1922) über neusachliche Tendenzen (George Grosz, „Noël", bislang nicht identifiziert) bis hin zu surrealistischen und konstruktivistischen Strömungen zu ziehen (Max Ernst, „Nuit d'amour", 1927; Willi Baumeister, „Boxer", 1928).[20] Neben den von ihm protegierten Dômiers wünschte Flechtheim vor allem das Werk von Paul Klee, den er ebenfalls dem Surrealismus zuordnete, in relativer Breite zu zeigen („Geist bei Wein und Spiel", 1927, „Rotes Villenquartier", 1920, „Federpflanze", 1919, „Zwei Köpfe", 1927, „2 Vögel und Schutzgöttin", 1918).[21] Schließlich durften auch Exponate der deutschen Bildhauerschule nicht fehlen, allen voran von Renée Sintenis, zudem Wilhelm Lehmbruck, Georg Kolbe, Hans Belling oder auch Arno Breker.

Als Flechtheim mit diesem Publikationswunsch an Christian Zervos herangetreten war, hatte er bereits begonnen, mit seiner privaten Sammlung immer zielstrebiger an die Öffentlichkeit zu treten. Dass er gerne und oft feierliche Anlässe initiierte, um sich mit den von ihm bevorzugten Werken in seiner privaten Umgebung zu zeigen, war ohnehin bekannt. Schließlich handelte es sich um Arbeiten, deren Künstler er zugleich in seiner Kunsthandlung professionell vertrat. Die Bleibtreustraße 15/16 in Berlin-Charlottenburg galt längst als „intimere Fortsetzung seiner Galerie am Lützowufer; die Wände hingen buchstäblich von oben bis unten voller Bilder," erinnerte sich George Grosz später, „meist moderne Franzosen, denn die liebte er am meisten".[22] So empfing Flechtheim hier nicht nur Sammler und Künstler in vertrauter Atmosphäre, sondern lud ebenso zu glamourösen Festen und geselligen Diners. Seit seinem Umzug nach Berlin 1923 war es dem Rheinländer auf diese Weise gelungen, seine Wohnung binnen weniger Jahre zu einem beliebten „Prominenten-Treff des seinerzeitigen Berlins" zu machen und damit zu einem Schauplatz nicht nur persönlicher, sondern auch geschäftlicher Begegnungen; die Wohnung war „[m]it einem Wort: Eine Drehscheibe aus allen Bereichen des öffentlichen Lebens: Künstler, Bankiers, Literaten, Leinwand- und Bühnen-Stars, Journalisten, Gelehrte

---

[20] Karl Hofer, „Le danseur Jean Börlin"/Der Tänzer Jean Börlin, Öl/Lwd., 1922, Wohlert 473; George Grosz, „Noël Aqu. et peinture"/unbekannt; Max Ernst, „Nuit d'amour"/Nuit d'amour, Öl/Lwd., 1927, Spies/Metken 1134; Willi Baumeister, „Les boxeurs"/vermutlich Boxer, Öl/Lwd., 1928, Beye/Baumeister 440.

[21] Paul Klee, „L'Esprit du vin et du feu"/Geist bei Wein und Spiel, Öl/Lwd., 1927, Cat. Rais. 4229, „Quartiers des villes"/Rotes Villenquartier, Öl/Feder/Karton, 1920, Cat. Rais. 2419, „Plante à plumes"/Federpflanze, Öl/Feder/Leinen/Karton, 1919, Cat. Rais. 2244, „Deux tetes"/Zwei Köpfe, Öl/Leinwand/Karton, 1927, Cat. Rais. 4243, „Deésse des oiseaux Aq."/2 Vögel und Schutzgöttin, Feder/Aquarell/Papier/Karton, 1918, Cat. Rais. 1942. Vgl. außerdem Flacke-Knoch/von Wiese, Lebensfilm, S. 181. Flechtheim bezeichnete Paul Klee im Katalog zu seiner Paul-Klee-Ausstellung im März 1928 als „Schöpfer des Surrealismus".

[22] Grosz, Ein großes Ja, S. 189.

und Sportler."[23] Jene finanzkräftige Hautevolee war es schließlich auch, für die Flechtheim 1929 in dem Gesellschaftsmagazin „Die Dame" seine häuslichen Wände in Szene setzte. Das Hochglanzmagazin war in den 1920er Jahren „das beste Journal seiner Art auf dem Weltmarkt"[24] mit bis zu 55 000 Lesern, die sich für das luxuriöse Leben zwischen Pariser Modesteg und Urlaub in St. Moritz interessierten und es sich zudem leisten konnten. Fünf fast ganzseitige Abbildungen des Fotografenduos Albert Zander und Siegmund Labisch stellten die erlesene Kollektion Flechtheims vor, dem der Autor eine hochkarätige Sammellust bescheinigte, „in der Hauptsache Werke von Picasso und den anderen großen Kubisten, vor allem Henri Matisse, Derain und von Marie Laurencin […]."[25] Auch versäumte es der Redakteur nicht, auf Flechtheims Kenner- und Vorreiterschaft auf internationalem Terrain sowie sein nicht nur merkantiles, sondern vor allem sehr persönliches Verhältnis zu Kunst und Künstlern zu verweisen. Die Aufnahmen zeigen, dass sich schon in der Diele und im Esszimmer manche Werke wieder finden lassen, die Flechtheim vermutlich für sein Buch vorgesehen hatte: so etwa neben dem bereits erwähnten „Tänzer Jean Börlin" von Karl Hofer Heinrich Nauens „Schwemmereiter", 1923, Max Beckmanns „Interieur mit Fernrohr", 1927, im Bibliothekszimmer „Les pipes", 1927, von Fernand Léger, und im Salon von Henri Matisse „Fête des fleurs", 1921, sowie die von Flechtheim so bezeichneten, jedoch noch nicht näher identifizierten Arbeiten „Collioure" und „Femme qui lit".[26] Weitere unveröffentlichte Fotos zeigen zudem Juan Gris' „L'homme à la guitare", 1925/26, und „Pierrot (Arlequin)", 1922, Picassos „Les deux fenêtres", 1923, und „L'Arlesienne", 1912, oder das „Portrait von Renée Sintenis", o.J., von Emil Rudolf Weiß.[27] Um 1930 hatte auch die Berliner Fotografin Marta Huth Gelegenheit, Flechtheims Räumlichkeiten abzulichten. Hier lassen sich u.a. die für die Publikation ausgewählten Werke „L'aviateur", 1920, von Léger, Picassos „Le poète", 1911, sowie von Marie Laurencin „Hôtel de la Marine", 1912, und „Nature morte au citron", um 1919, wieder

---

[23] Max Schmeling, Alfred Flechtheim – in memoriam, in: Hans Albert Peters u.a. (Hrsg.), Alfred Flechtheim, S. 21.

[24] Die Dame. Ein deutsches Journal für den verwöhnten Geschmack 1912 bis 1943, hrsg. v. Christian Ferber, Berlin 1980, S. 12.

[25] H. S., Die Wohnung eines Kunsthändlers, in: Die Dame 14/1929, S. 10–12, hier S. 10 u. 12.

[26] Heinrich Nauen, „Le bain des chevaux"/vermutlich Schwemmereiter, Öl/Lwd., 1923, Drenker-Nagels 320; Max Beckmann, „L'Atelier"/vermutlich Interieur mit Fernrohr, Öl/Lwd., 1927, Göpel 275; Fernand Léger, „Les pipes"/Les pipes, Öl/Lwd, 1927, Bauquier 408; Henri Matisse, „Carneval de Nice"/vermutlich Fête des fleurs, Öl/Lwd., 1921, Abb. in: Guy-Patrice et Michel Dauberville (Hrsg.), Henri Matisse chez Bernheim-Jeune, 2, Paris 1996, Nr. 445, 964. Die Bildtitel für die noch nicht identifizierten Matisse-Werke „Collioure" und „Femme qui lit" sind Flechtheims rückseitigen Notizen auf entsprechenden Reproduktionen entnommen; Fonds Cahiers d'art, Bibliothèque Kandinsky, Paris. Beide hingen um 1928/29, wie die Fotoserie der „Dame" zeigt, in Flechtheims Salon. Das Gemälde „Collioure" ist nicht identisch mit der von Dascher der Privatsammlung Flechtheim zugeordneten gleichnamigen Arbeit, vgl. Dascher, Kunst, S. 429; zur mutmaßlichen Grafik „Femme qui lit" vgl. das identische Gemälde von Henri Matisse „Jeune fille regardant un album ou les vase de Chine", 1923, Abb. in: Dauberville (Hrsg.), Henri Matisse, Nr. 558, 1122.

[27] Juan Gris, „Le Guitariste 1925"/L'homme à la guitare, Öl/Lwd., 1925/26, Cooper 554, „L'Arlequin 1924"/Pierrot (Arlequin), Öl/Lwd., 1922, Cooper 386; Pablo Picasso, „Deux fenêtres 1925"/Les deux fenêtres, Tempera, 1923, „L'Arlesienne 1911"/L'Arlesienne, Öl/Lwd., 1912, Zervos 356; Emil Rudolf Weiß, „Portrait de Renée Sintenis"/Portrait von Renée Sintenis, Öl/Lwd., o.J., Stark G 5. Die Aufnahmen sind im Ullstein-Bildarchiv aufbewahrt. Entgegen der veröffentlichten Ullstein-Angaben ist das Entstehungsdatum der Fotografien nicht der 1.3.1929, sondern unbekannt; freundliche Auskunft des Ullstein-Bildarchivs, Berlin.

entdecken.[28] Ob die überlieferten Abzüge von Marta Huth, die zu einer Serie von mehr als 50 fotografierten Interieurs zählen, auch veröffentlicht werden sollten, ist bislang unbekannt. Zumindest veranschaulichen sie im Vergleich mit den Journalfotos für „Die Dame", wie Flechtheim die Werke in seiner Privatwohnung neu arrangierte und Exponate austauschte.[29] Dass er sich dafür generell auch aus dem Bestand seiner Galerie bediente und Kommissions- oder Halbware präsentierte, ist im Fall von Renée Sintenis und Max Beckmann bereits nachgewiesen und lässt auf eine gängige Praxis in seinem Umgang mit den Werken schließen.[30] Flechtheim nutzte gerne das vertrauenswürdige und für Qualität bürgende Privatambiente, um für sich und seine Ware zu werben.

Auch Christian Zervos hatte Anfang 1929 mehrere solcher Aufnahmen von Flechtheim erhalten, etwa von einer Wand mit Picasso-Werken, die er allerdings trotz ausdrücklicher Bitte nicht veröffentlichen sollte.[31] Wie groß indessen zu jener Zeit Flechtheims Privatsammlung tatsächlich gewesen ist, lassen die Werklisten für das gewünschte Buch erahnen: Allein dafür sah er Reproduktionen von rund 100 Werken vor, ohne die in seinem Besitz befindlichen Arbeiten von Derain, van Gogh, Rousseau oder Chagall mitgezählt zu haben.[32] Alle von ihm aufgeführten Werke zu identifizieren, erweist sich gleichwohl als schwierig. Welche Arbeiten er etwa von Toulouse-Lautrec, Rousseau, Manolo, Breker, Cézanne und Chagall sein Eigen nannte, oder auch von Bonnard, von dessen Werken er sich eigentlich schon im Jahr 1913 hatte endgültig trennen wollen, führte er im Einzel-

---

[28] Marie Laurencin, „L'Hôtel"/Hôtel de la Marine, Öl/Lwd., 1912, Marchesseau 95, „Le Citron"/ Nature morte au citron, Öl/Lwd., um 1919, Marchesseau 149. Flechtheims Eintrag des dritten Werkes von Marie Laurencin „L'oiseau bleu" könnte auf „Portrait ou Femme à l'oiseau", Öl/Karton, um 1918, Marchesseau 145, verweisen. Vgl. außerdem Berliner Lebenswelten der Zwanziger Jahre. Bilder einer untergegangenen Kultur. Photographiert von Marta Huth, hrsg. v. Bauhaus-Archiv/Landesbildstelle Berlin, Berlin 1996, sowie Dascher, Kunst, S. 425.

[29] Das von Marta Huth fotografierte Bibliothekszimmer von Alfred Flechtheim zeigt u. a. von Max Ernst „Nuques de jeunes filles", Öl/Lwd., 1925, Spies/Metken 949. Unklar ist, ob es sich hier um Kommissionsware oder Eigentum Flechtheims handelt. Die Arbeit wurde am 25. 1. 1934 von Flechtheims ehemaligem Geschäftsführer der Düsseldorfer Galerie Alex Vömel für die Ausstellung 20th Century Classics in die Mayor Gallery, London, eingeliefert; vgl. den Eintrag im überlieferten Stockbook der Mayor Gallery, London.

[30] Vgl. zur Kommissionsware von Renée Sintenis in Flechtheims Düsseldorfer und Berliner Wohnung die zitierte Korrespondenz der Künstlerin mit Rosi Hulisch bei Silke Kettelhake, Renée Sintenis. Berlin, Bohème und Ringelnatz, Berlin 2010, S. 266. Das Gemälde „Interieur mit Fernrohr", 1927, von Max Beckmann ist in der Fotoserie der „Dame" abgebildet, vgl. Die Dame 1929, S. 10; zu den Eigentumsverhältnissen dieses Werkes siehe Bambi, Beckmanns Kunsthändler, S. 179. Zu den Verkaufsaktivitäten Flechtheims im Namen von Eduard von der Heydt vgl. Esther Tisa Francini, Die Rezeption der Kunst aus der Südsee in der Zwischenkriegszeit, Eduard von der Heydt und Alfred Flechtheim, in: Blimlinger/Mayer (Hrsg.), Kunst sammeln, S. 183–195.

[31] Vgl. Alfred Flechtheim an Christian Zervos, 8. 1. 1929, Fonds Cahiers d'art, Bibliothèque Kandinsky, Paris. Die Aufnahmen sind nicht überliefert.

[32] In der detaillierten Werkaufstellung fehlen die von Flechtheim zuerst genannten und nicht betitelten Arbeiten von Paul Cézanne (4), Paul Gauguin (2), Vincent van Gogh (4), Henri Rousseau (5), Claude Joseph Vernet (3), Henri de Toulouse-Lautrec (2), André Derain (5), Paul Bonnard (1), Marc Chagall (1), James Ensor (2) und Edvard Munch (5). Ottfried Dascher schätzt in seiner aktuellen Darstellung über Alfred Flechtheim einen Kernbestand der Privatsammlung von 30 bis 40 Werken, vgl. Ottfried Dascher, „Dann lieber richtig arm im Ausland als Verräter". Der Kunsthändler und Sammler Alfred Flechtheim, in: Anna-Dorothea Ludewig/Julius H. Schoeps/Ines Sonder (Hrsg.), Aufbruch in die Moderne. Sammler, Mäzene und Kunsthändler in Berlin 1880–1933, Köln 2012, S. 46–65, hier S. 56.

nen nicht auf.[33] Angesichts fehlender Hinweise zur Gattung und der oft allgemein oder offenbar selbst gewählten Titel lassen Flechtheims Angaben viel Raum für Spekulation. Häufig erweisen sich diese als flüchtig, wenn nicht gar fehlerhaft.[34]

Dennoch lässt sich den Notizen entnehmen, dass es sich vermutlich weniger um einen umfassenden Bestandskatalog handeln sollte, wie ihn in jenen Jahren etwa Carl Einstein für einen von Flechtheims wichtigsten Kunden, den Sammler und Händler Gottfried F. Reber, bereits ausarbeitete.[35] Stattdessen schwebte ihm in Anlehnung an die in Zervos' Verlag herausgebrachte Reihe „Les grands peintres d'aujourd'hui" „un livre dans le genre de votre livre de Léger [...]" vor.[36] Als vierter Band war hier 1928 die Monografie über Fernand Léger von Tériade erschienen, für die Zervos noch im gleichen Jahr auf Flechtheims großer Léger-Ausstellung Werbung gemacht hatte.[37] Großformatig, mit kurzen, teils mehrsprachigen Einleitungstexten und farbigen Abbildungen auf festem Karton, hatte Zervos eine Buchform gefunden, die sich – einfach in der Herstellung und zugleich eindrucksvoll in ihrer Gestalt – weniger an den wissenschaftlichen Fachleser als an das breite Publikum richtete.[38] Der Gedanke, der eigenen Sammlung eine ähnliche öffentlichkeitswirksame Publikation zu widmen, dürfte Flechtheim daher als ambitioniertem Verleger, der er selbst war, ein umso größeres Anliegen gewesen sein. Seit ihn eines „schönen Tages [...] der Verlegerrappel"[39] gepackt hatte, begleitete er seine Ausstellungen mit anspruchsvollen Mappenwerken und Katalogen aus eigenem Verlag, die, so das zeitgenössische Urteil, „einmal für die Kunstentwicklung der Zeit historischen Wert bekommen" würden.[40] Schließlich sollte ihm eine bis dahin einzigartige und vor allem populäre Mixtur aus Kunst und Unterhaltung gerade mit dem „Querschnitt" gelingen.[41] Um auch mit dem neuen Buch eine möglichst große Leserschaft erreichen zu können, sollte es in einer Auflage von 1000 Exemplaren sowohl in Deutschland als auch in Frankreich erscheinen. Neben Zervos als Co-Verleger, mit dem er sich die Kosten zu teilen hoffte, hatte Flechtheim für die redaktionelle Arbeit zwei weitere Fürsprecher ins Auge gefasst. Er wünschte

---

[33] Vgl. Alfred Flechtheim, Tagebuchblätter, 30.6.1913, zit. nach: Schmitt-Föller (Hrsg.), Alfred Flechtheim, S. 35f., hier S. 36.

[34] Vgl. Giorgio de Chirico, „Les gladiateurs"; André Masson, „Le Cavalier"/eventuell Le Cavalier, Öl/ Lwd., 1926, Masson/Masso/Loewer 2010, 1926,2. Vgl. außerdem Georges Braque, „Les Citrons", „Les Aubergines"; Raoul Dufy, „La rue en fête 1907", „Le paysage du Var 1911"; Fernand Léger, „Composition 1919", „Nature morte 1928", Pablo Picasso, „L'orateur 1908", „Nature morte 1913", sowie mehrere als „Tête" bezeichnete Werke; Hans Purrmann, „Paysage"; Moissey Kogan, „Torse"; Maurice Utrillo, „La maison de Berlioz".

[35] Vgl. Peter Kropmanns/Uwe Fleckner, Von kontinentaler Bedeutung. Gottlieb Friedrich Reber und seine Sammlungen, in: Andrea Pophanken/Felix Billeter (Hrsg.), Die Moderne und ihre Sammler. Französische Kunst in deutschem Privatbesitz vom Kaiserreich zur Weimarer Republik, Berlin 2001, S. 347–385, hier S. 359f.

[36] Brief vom 6.4.1929, Fonds Cahiers d'art, Bibliothèque Kandinsky, Paris.

[37] Vgl. Martin Schieder, „Franzosenhausse". Fernand Légers Ausstellung bei Alfred Flechtheim in Berlin (1928), in: Alexandre Kostka/Francoise Lucbert (Hrsg.), Distanz und Aneignung. Kunstbeziehungen zwischen Deutschland und Frankreich 1870–1945, Berlin 2004, S. 139–158.

[38] Vgl. E. Tériade, Fernand Léger, Paris 1928, sowie Derouet (Hrsg.), Zervos, S. 69.

[39] Alfred Flechtheim, Zehn Jahre Kunsthändler (1923), zit. nach: Schmitt-Föller (Hrsg.), Alfred Flechtheim, S. 47–54, hier S. 53.

[40] Der Cicerone 11/1921, zit. nach Rudolf Schmitt-Föller, Veröffentlichungen der Galerie Flechtheim, in: Hans Albert Peters u.a. (Hrsg.), Alfred Flechtheim, S. 135–150, hier S. 136.

[41] Vgl. Wilmont Haacke, Alfred Flechtheim und Der Querschnitt. Eine Zeitschrift als Spiegel der Zeit, in: Ebd., S. 13–18, und Schmitt-Föller (Hrsg.), Alfred Flechtheim.

„une préface allemande par le Dr. Cohen du musée de Düsseldorf, une autre française par Tériade".[42] Der gebürtige Grieche Tériade (1897–1983) war als Kunstkritiker, der regelmäßig für die „Cahiers d'art" Ausstellungen rezensierte, ein exzellenter und äußerst einflussreicher Kenner der Pariser Kunst- und Galerienszene. Ein ebensolcher Garant sollte auf deutscher Seite der Kunsthistoriker Walter Cohen (1888–1942) sein, der seit 1920 als Kustos für die städtischen Kunstsammlungen Düsseldorf tätig war. Der Experte für altniederländische und rheinische Kunst des 19. Jahrhunderts war zugleich ein bekennender Verfechter der Gegenwartskunst, der sich mit Flechtheim bereits gemeinsam beim 1909 gegründeten „Sonderbund Westdeutscher Künstler und Kunstfreunde" engagiert hatte und über ihn häufig Arbeiten für das Museum oder für sich selbst erwarb.[43]

Es wäre wohl ein opulentes Überblickswerk geworden, wenn es verwirklicht worden wäre. Der Kunsthändler und -liebhaber Alfred Flechtheim hätte sich gerade in Frankreich als Sammler großer französischer Meister, wie Degas oder Renoir, und der führenden zeitgenössischen Künstler, wie Picasso, Léger oder Braque, empfehlen können. Darüber hinaus hätte er vor allem als geschäftstüchtiger Förderer jener deutschen Maler auftreten können, die zu jener Zeit versuchten, in Frankreich Fuß zu fassen. So waren neben Max Ernst, der in der französischen Surrealistengruppe schon etabliert war, George Grosz, Paul Klee und Willi Baumeister bereits erste Einzelausstellungen in Paris gewidmet worden.[44] Unter den Künstlerinnen hatten sich vor allem Renée Sintenis und Marie Laurencin in der französischen Kunstmetropole einen Namen gemacht. Auch Karl Hofer verzeichnete die ersten Erfolge in Frankreich.[45] Und Max Beckmann wurde gerade von Flechtheim darin unterstützt, sich 1929 von Paris aus auf dem internationalen Kunstmarkt zu positionieren.[46] Ebenso wie ihm hier Arno Breker zahlreiche Kontakte verdankte, setzte sich der Galerist auch für die anderen von ihm persönlich geschätzten und gehandelten Bildhauer auf französischem Boden ein. So sollte die im Herbst 1929 von Flechtheim initiierte Ausstellung zeitgenössischer deutscher Skulptur bei Georges Bernheim anlässlich dessen „Exposition Internationale de Sculpture" dazu beitragen, Lehmbruck, Belling, Kolbe oder de Fiori in die Pariser Galerienszene einzuführen.[47] Ganz im Gegensatz zu

---

[42] Vgl. Brief vom 6. 4. 1929, Fonds Cahiers d'art, Bibliothèque Kandinsky, Paris.

[43] Vgl. Martina Sitt, Auch ein Bild braucht einen Anwalt. Walter Cohen – Leben zwischen Kunst und Recht, München 1994, sowie Markus Moehring/Barbara Hauß (Hrsg.), Entartet – zerstört – rekonstruiert. Die Sammlung Cohen – Umbach – Vogts, Ergänzungsband zum Lörracher Heft Nr. 2, Lörrach 2008. Der Nachlass des Kunsthistorikers befindet sich im Museum Kunstpalast Düsseldorf, ist jedoch nicht für die Öffentlichkeit zugänglich.

[44] Zur Rezeption Baumeisters in Paris vgl. Martin Schieder/Waldemar George, Baumeister et l'art allemand, Paris 1927, in: Friederike Kitschen/Julia Drost (Hrsg.), Deutsche Kunst – französische Perspektiven 1870–1945, Berlin 2007, S. 263–267, hier S. 264; zu George Grosz, Paul Klee und Max Ernst siehe Friederike Kitschen, Die deutschen Meister der Moderne. Eine französische Auswahl, in: Ebd., S. 207–223, hier S. 219.

[45] Vgl. Andreas Hüneke (Hrsg.), Karl Hofer. Malerei hat eine Zukunft. Briefe, Aufsätze, Reden, Leipzig 1991, S. 13; Kettelhake, Renée Sintenis, S. 166; Kitschen/Drost (Hrsg.), Deutsche Kunst, S. 222; Annegret Rittmann, Marie Laurencin: „… die weiblichste, frauenhafteste mädchenhafteste aller Künstlerinnen", in: Kostka/Lucbert (Hrsg.), Distanz, S. 349–361, hier S. 360.

[46] Vgl. Olaf Peters, Vom schwarzen Seiltänzer. Max Beckmann zwischen Weimarer Republik und Exil, Berlin 2005, S. 135, sowie der Briefwechsel zwischen Max Beckmann und Günther Franke am 10. 4. und 7. 11. 1929, zit. nach: Klaus Gallwitz/Uwe M. Schneede (Hrsg.), Briefe. 1925–1937, Bd. 2, München 1994, S. 139 u. 148f.

[47] Vgl. Arie Hartog, International, französisch, deutsch – oder wie liest man eine Ausstellung, in: Für Deutsche unnachahmlich. Deutsche und französische Bildhauerkunst 1890–1940 (= Ausst.-Kat. Gerhard-Marcks-Haus), Bremen 2004, S. 37–46, hier S. 37. Zu Flechtheims Engagement für Arno Breker

seinem Partner Kahnweiler beurteilte Flechtheim das in Frankreich wachsende und erstmals wieder politisch geförderte Interesse an der deutschen Kunst als erfolgversprechend für das eigene Geschäft.[48] Gerade weil es nach wie vor kaum französische Sammler deutscher Kunst gab, galt es, diese für sich zu gewinnen. Dafür hoffte er, mit Christian Zervos einen offensichtlich einflussreichen Mitstreiter an seiner Seite gefunden zu haben.[49]

Das vorrangig kommerzielle Interesse an dem gemeinsamen Buchprojekt mochte Flechtheim auch dazu veranlasst haben, auf das Schreiben an den Verleger nachträglich einen alternativen, aber nicht weniger werbewirksamen Publikationsvorschlag zu notieren: „ou un autre volume: 100 oeuvres, passées par la Galerie Flechtheim [...]."[50] Er wusste schließlich selbst am besten, dass den vorgestellten Arbeiten nicht der dauerhafte Platz in seiner Sammlung gewiss war, den ihnen das Buch allerdings zugeschrieben hätte. Flechtheim war ein Kunsthändler, der die Stücke aus seiner privaten Sammlung wie seine Galerieware veräußerte. Seine „private Sammlung" war daher kein fester Werkekorpus, sondern sie konnte sich durchaus je nach Marktbedingungen und Verkaufsmöglichkeiten verändern.[51] So wollte der Galerist auch das Gemälde „Fête des fleurs" von Henri Matisse, das nach seinem Wunsch Eingang in das Buch finden sollte, drei Jahre zuvor auf der Internationalen Ausstellung in Dresden für 17 000 Mark verkaufen.[52] Andere Arbeiten, die er für die Publikation vorgesehen hatte, gab er bald darauf aus der Hand, etwa Braques Gemälde „Le port", 1909, Picassos „L'Arlesienne", 1912, oder Beckmanns „Selbstbildnis als Clown", 1921.[53] Mögliche anteilige Besitzverhältnisse, wie sie u. a. aus der Kooperation

---

vgl. Jürgen Trimborn, Arno Breker. Der Künstler und die Macht. Die Biografie, Berlin 2011, S. 63ff. u. 92.

[48] Vgl. Friederike Kitschen, Auf eigenem Boden. Die Wahrnehmung deutscher Gegenwartskunst in Frankreich, in: Kitschen/Drost (Hrsg.), Deutsche Kunst, S. 9–25, hier S. 21. Paul Klee war der einzige deutschsprachige Künstler, dessen Vertretung Kahnweiler ab 1934 übernehmen sollte, vgl. Stephan von Wiese, Der Kunsthändler als Überzeugungstäter. Daniel-Henry Kahnweiler und Alfred Flechtheim, in: Hans Albert Peters u. a. (Hrsg.), Alfred Flechtheim, S. 45–54, hier S. 45.

[49] Immer wieder schlug Flechtheim Zervos Artikel über die von ihm geförderten Künstler vor oder hoffte, ihn etwa mit Max Beckmann persönlich bekannt zu machen; vgl. Alfred Flechtheim an Christian Zervos, 11. 1. 1929, 31. 12. 1929 und 28. 4. 1930, Fonds Cahiers d'art, Bibliothèque Kandinsky, Paris. Zu Flechtheims Vermittleraktivitäten für die Klee-Publikation siehe Alfred Flechtheim an Will Grohmann, 4. 3. 1929, Fonds Cahiers d'art, Bibliothèque Kandinsky, Paris, sowie Derouet (Hrsg.), Zervos, S. 45.

[50] Brief vom 6. 4. 1929, Fonds Cahiers d'art, Bibliothèque Kandinsky, Paris.

[51] Vgl. Zervos, Nos enquêtes: Entretien avec Alfred Flechtheim, zit. nach: Schmitt-Föller (Hrsg.), Alfred Flechtheim, S. 57.

[52] Vgl. Alfred Flechtheim, Wovon man nicht spricht. Eine Rundfrage über die Wertsteigerung an Werken moderner Kunst, in: Das Kunstblatt 1932, zit. nach: Ebd., S. 164–166, hier S. 165. Das Matisse-Werk trägt hier den Titel „Karneval in Nizza".

[53] Die Werke von Braque und Picasso wurden vor 1933 an die Familie Paul von Mendelssohn-Bartholdy verkauft; vgl. Christian Geelhaar, Picasso. Wegbereiter und Förderer seines Aufstiegs 1899–1939, Zürich 1993, S. 213; Dascher, Kunst, S. 307. Auch Juan Gris' Pierrot (Arlequin), 1922, gehörte spätestens im April 1933 Eduard von der Heydt; vgl. ebd., S. 424. In dessen Eigentum war auch seit etwa 1930 Beckmanns „Portrait de l'artiste"/vermutlich Selbstbildnis als Clown, Öl/Lwd., 1921, Göpel 211, Abb. in: Die Dame 1929 (wie Anm. 25), S. 10, freundliche Auskunft von Antje Birthälmer, Von der Heydt-Museum Wuppertal. Ob es sich bei dem von Flechtheim aufgeführten „Portrait de l'artiste" von Karl Hofer tatsächlich um das „Selbstbildnis", Öl/Lwd., 1928, Wohlert 799, handelt, konnte nicht abschließend geklärt werden. Dessen Ankauf verzeichnet die Städtische Galerie Nürnberg bereits am 22. 12. 1928/23. 1. 1929; zum Verkauf über Alfred Flechtheim vgl. Gerhard Leistner, Nachgewiesene Museumsverkäufe durch die Galerie Flechtheim, in: Hans Albert Peters u. a. (Hrsg.), Alfred Flechtheim, S. 129–133, hier S. 133.

zwischen ihm und Kahnweiler resultierten, berücksichtigten seine Aufzeichnungen nicht. Dabei gehörte höchstwahrscheinlich Braques Hafendarstellung „Port d'Anvers" wie auch Gris' „Hommage à Picasso" zumindest zu jenem Konvolut, das Flechtheim als Mitglied des siebenköpfigen Syndikats „Grassat" auf der Zwangsversteigerung von Kahnweilers Sammlung am 13. und 14. Juni 1921 im Hôtel Drouot erworben hatte.[54] Dass der Kunsthändler überdies etliche seiner Privatsammlung zugeordneten Werke in renommierten Nachschlagewerken wie Carl Einsteins Kunst des 20. Jahrhunderts als solche zwar ausweisen ließ, in Zeitschriften und Katalogen jedoch als Galerieware präsentierte, bestätigt sein sehr geschäftiges Verhältnis zum privaten Kunstobjekt.[55]

Warum das Projekt schließlich nicht über eine Ideenskizze hinausgehen sollte, verraten die überlieferten Dokumente nicht. Doch dürften vor allem finanzielle Gründe für die gescheiterte Umsetzung verantwortlich gewesen sein. Flechtheim hatte eine Investition in Höhe von 30 000 Francs veranschlagt, die jedoch vermutlich nicht ausgereicht und über die er selbst im Falle einer Kostenteilung möglicherweise nicht verfügt hätte.[56] Die Folgen der Weltwirtschaftskrise trafen den Galeristen mit aller Härte und trübten zunehmend die Beziehung zu Christian Zervos, dessen ausstehende Forderungen Flechtheim nur mit Mühe begleichen konnte. So sehr Flechtheim auch die Werbetrommel schlug, so wenig ließ sich das Problem seiner fehlenden Liquidität lösen. Schon bald klagte er, „personne ne paye pas [sic]" und fügte handschriftlich hinzu: „Je suis tout aussi – pauvre que vous."[57] Ende 1931 schuldete Flechtheim dem französischen Geschäftspartner nahezu 8000 Francs für fortlaufende Inserate in dessen Zeitschrift sowie für die Abnahme von Zervos' Bucheditionen zum Weiterverkauf.

Flechtheim glich sein Soll mit Zeichnungen von Picasso und Matisse aus, deren Wert von Zervos allerdings in Zweifel gezogen wurde. Flechtheim reagierte enttäuscht:

> „Die Zeichnungen, die ich Ihnen schickte, haben mich mehr gekostet, als was ich Ihnen schuldig bin. Was kann ich dafür, dass in Paris der Handel so jammervoll geworden ist, dass man sein Geld noch nicht einmal für seine Kunst wiederbekommt, trotz der ausserordentlichen Reklame, die Sie ununterbrochen in Ihrer wundervollen Zeitung […] gemacht haben. Wenn Sie sich ebenso für

---

[54] Vgl. Dascher, Kunst, S. 155 u. 157ff., Flacke-Knoch/von Wiese, Lebensfilm, S. 167. Neben Flechtheim gehörten u. a. Gustav Kahnweiler, Hans Forchheimer, Louise Gordon und Hermann Rupf zu dem Syndikat. Laut Aufzeichnungen erwarb die Gruppe u. a. das bisher noch nicht näher identifizierte Gemälde „Le port d'Anvers" von Georges Braque für 564 Francs und Juan Gris' „Hommage à Picasso", hier als „Portrait de Picasso", für 998,75 Francs.

[55] Die Standortangaben variieren vielfach: Während Flechtheim in der Publikation von Carl Einstein: Die Kunst des 20. Jahrhunderts, Berlin 1926 (sowie in den weiteren Auflagen 1928 und 1931) Wert auf die Bezeichnung „Privatsammlung Alfred Flechtheim" gelegt hatte, fehlen entsprechende Verweise in seinen eigenen Katalogen häufig, z. B. im Falle Wilhelm Lehmbrucks, Rudolf Levys oder Pierre Bonnards. Paul Klees Arbeit „Rotes Villenquartier", 1920, ist in allen Einstein-Auflagen (1926, 1928, 1931) als Privatbesitz ausgewiesen, die Cahiers-d'art-Ausgabe aus dem Jahr 1928, S. 300, führt das Werk als Galerieware Flechtheims auf.

[56] Zervos' handschriftliche Notiz auf Flechtheims Brief „R 10/4/9 [donnait prix] Léger 58 000 Dufy 52 000" lässt auf eine nicht mehr erhaltene Antwort des Verlegers schließen, in der er vermutlich auf die nahezu doppelt so hohen Kosten für seine 1928 herausgegebenen Bücher über Fernand Léger (58 000 Francs) und Raoul Dufy (52 000 Francs) verwiesen hat, vgl. Brief vom 6. 4. 1929, Fonds Cahiers d'art, Bibliothèque Kandinsky, Paris.

[57] Alfred Flechtheim an Christian Zervos, undatiert, vermutlich 1930, Fonds Cahiers d'art, Bibliothèque Kandinsky, Paris.

deutsche Kunst eingesetzt hätten wie für die französische, hätte ich ja auch durch Sie mal Vorteile gehabt."[58]

Der Disput setzte sich in den darauf folgenden Wochen fort, ohne dass beide ihre Zusammenarbeit einstellten. Doch Flechtheim, der sich verpflichtet hatte, deutsche Abonnenten für den Pariser Kollegen zu werben, war nicht erfolgreich. Noch aussichtsloser bewertete er letztlich seine eigenen Geschäftsaussichten in Frankreich, dessen Kunstmarkt, wie der deutsche, von den Auswirkungen des New Yorker Börsensturzes erheblich in Mitleidenschaft gezogen worden war.[59] So stellte er ernüchtert fest: „[…] le marché français n'a pas d'intérêt pour moi, marchand à Berlin."[60] Als die Korrespondenz mit Christian Zervos schließlich 1932 abrupt endete, hatten sich Flechtheims Erwartungen, die er offenbar völlig ungeachtet der wirtschaftlichen Situation an die Kooperation mit dem „Cahiers d'art"-Verleger geknüpft hatte, nicht erfüllt. Seine Versuche, eine breite französische Kundschaft langfristig an sich zu binden, waren gescheitert, seine finanziellen Nöte jedoch geblieben. Und von einem gemeinsamen Buch über die private Sammlung des Kunsthändlers Alfred Flechtheim war ohnehin schon längst keine Rede mehr.

---

[58] Vgl. Alfred Flechtheim an Christian Zervos, 21.12.1931, Fonds Cahiers d'art, Bibliothèque Kandinsky, Paris.

[59] Vgl. Pierre Assouline, Der Mann, der Picasso verkaufte. Daniel-Henry Kahnweiler und seine Künstler, Bergisch Gladbach 1988, S. 312ff.

[60] Alfred Flechtheim an Christian Zervos, 2.3.1932, Fonds Cahiers d'art, Bibliothèque Kandinsky, Paris. Bereits am 25.2.1930 schrieb Flechtheim an Harry Graf Kessler über die Probleme, ein Stillleben von Cézanne zu verkaufen: „Die Verhältnisse im Kunsthandel sind […] momentan katastrophal. Außer dem Bieter Bignou […] habe ich keinen einzigen Käufer in Paris gefunden, weder Rosenberg noch die Bernheims"; zit. nach Flacke-Knoch/von Wiese, Lebensfilm, S. 190.

Isgard Kracht

"Un livre [...] sur ma collection" – Alfred Flechtheim's Attempt to Become Established on the French Art Market

Abstract

In order to establish himself not only in the German art market but also in the French market, among other things Alfred Flechtheim proposed the collaboration with the Parisian publisher Christian Zervos. Since becoming acquainted with the founder of the renowned publishing house and journal of the same name, "Cahiers d'art", in 1927, he maintained professional contact and regularly advertised his galleries in what was the most influential European art periodical at the time. In April 1929, Flechtheim then proposed a joint book project to his publisher colleague. He wanted an exclusive publication on his own private collection, richly illustrated and supplemented with two accompanying texts by the Parisian art critic Tériade, as well as the Düsseldorf art historian Walter Cohen. For this purpose, he sent extensive lists of works to Zervos, which today are kept at the Bibliothèque Kandinsky in Paris. They enable us, for the first time, to gain a deeper though somewhat ad hoc insight into the scope and extent of his passion for collecting, the profile of which was known but had not until now been preserved in any inventory. Although missing or erroneous references to the genre, title or date often impede identification of the works, the handwritten record of about 100 works documents Flechtheim's enthusiasm for the pioneers of modern art, such as van Gogh, Cézanne or Gauguin, and bears witness to his passion for the "École de Paris" and in particular for the Cubists Picasso, Gris, Léger and Braque. Contemporary German art is also extensively represented with the exception of expressionism, with Paul Klee, Karl Hofer, Renée Sintenis, Arno Breker or Max Beckmann and Max Ernst representing a broad range of stylistic directions. The desire to publish exemplifies Flechtheim's efforts to use his art collection to generate proactive publicity for the benefit of his commercial interests. In any case his home in Berlin was considered to be an "intimate extension of his gallery". Its densely covered walls, sometimes using commission pieces, even found their way into glossy magazines. An opulently illustrated book, as he had now planned for the German and French public, would therefore also have promised the international gallery-owner profitable publicity. The fact that the works would have been assigned a permanent place in his private collection by the publication, which in reality they had not, was overlooked. The art dealer sold the works as he did his gallery stock according to market conditions and sales opportunities. Why the book project failed is to this day unknown, but evidence allows us to conclude that the planned Flechtheim budget of 30 000 francs would not have been sufficient. His relationship with Zervos soon became strained due to his lack of liquidity, not least against the backdrop of the world economic crisis. The collaboration ended abruptly in 1932. Disillusioned and disappointed, Flechtheim in the meantime regarded his own business prospects in France as hopeless. His attempts to gain a broad, long-standing French clientele had failed while, on the other hand, his financial difficulties continued.

Handschriftliche Liste von Alfred Flechtheim für ein Buchprojekt zu seiner Privatsammlung, das er im April 1929 dem Pariser Verleger Christian Zervos vorschlug (Auszug); Bibliothèque Kandinsky, Paris.

Andrea Bambi

„Marchand Amateur" – Auf der Suche nach der privaten Sammlung Alfred Flechtheims

Im Jahr 2008 erhielten deutsche Museen „Post von Flechtheim", wie damals die Medien titelten. Vom größten Restitutionsfall seit Gründung der Bundesrepublik war 2012 die Rede.[1] Gemeint sind Auskunftsersuchen und Rückgabeforderungen der Flechtheim-Erben, die die Museen damit konfrontierten, dass Kunstwerke aus ihren Sammlungen der ehemaligen Privatsammlung von Alfred Flechtheim zugehörig seien. Damit war die Provenienzforschung in Deutschland erstmals mit Recherchen zu dem Kunstbesitz eines Sammlers <u>und</u> Kunsthändlers beschäftigt, hatte sie sich doch bis zu diesem Zeitpunkt schwerpunktmäßig nicht auf Kunsthändler, sondern auf Kunstsammler konzentriert. Dies ist nicht zuletzt durch den Umstand begründet, dass Kunstsammler und Kunsthändler im Wiedergutmachungsgesetz der Militärgesetzgebung sowie im Bundesrückerstattungsgesetz und Bundesentschädigungsgesetz nicht gleich behandelt wurden.[2] So erfährt die Definition der historischen Figur Alfred Flechtheim als Händler und Sammler große Bedeutung und die Forschung weitet sich auf seine Kunstbestände aus, wobei notwendigerweise zwischen *Privat-* und *Galerie*besitz unterschieden werden muss. Ob sich der Bildbestand Alfred Flechtheims allerdings etwa 80 Jahre nach seinem Tod in London überhaupt noch auf diese Art und Weise differenzieren lässt, soll Gegenstand dieses Beitrags sein.

Da es im Fall Alfred Flechtheim keine Quellen für eine angeordnete Entziehung seitens des nationalsozialistischen Unrechtsregimes gibt, galt es zu überprüfen, ob nach Flechtheims Emigration im Oktober 1933 und nach seinem Tod im März 1937 in London Kunstgegenstände aus seinem Eigentum zurückgeblieben waren, über die Dritte unrechtmäßig verfügt haben.[3] Nach intensiven Recherchen erfolgten 2012 und 2013 erste Entschädigungen und Restitutionen durch Museen in Bonn und Köln für Kunstwerke von Adolf Seehaus und Oskar Kokoschka. Kriegsbedingt sind weder Geschäftsunterlagen der Galerie Flechtheim noch eigenhändige oder behördliche Aufstellungen erhalten, die die Zusammensetzung der privaten Sammlung Alfred Flechtheims nach 1933 bezeugen können. Als Grundlage für die Bezeichnung „Sammlung Alfred Flechtheim" wurden daher bislang Hinweise in zeitgenössischen Ausstellungskatalogen der Galerie Flechtheim und in erhaltenen Korrespondenzen verwendet. Hier finden sich unter den Leihgeberverzeichnissen sowohl Eigentumsangaben zu Privatbesitz als auch zu Galeriebesitz, datiert durch die jeweilige Veröffentlichung der Kataloge. Hinzugenommen wurden Angaben in Werkverzeichnissen sowie Aufnahmen der Interieurs der Wohnung bzw. Galerie Flechtheim in Berlin im Jahr 1929 von Albert Zander und Siegmund Labisch sowie von Martha Huth.[4] Ottfried Dascher hielt erstmals das Bild von der „Sammlung Alfred Flechtheim",

---

[1] Stefan Koldehoff, Flechtheim Erben schrecken Kunstmuseen auf, in: Die Welt, 30.6.2012.
[2] Siehe den Beitrag von Anja Heuß in diesem Band.
[3] Siehe hierzu den Beitrag von Axel Drecoll und Anja Deutsch in diesem Band.
[4] H. S., Die Wohnung eines Kunsthändlers, in: Die Dame, 56.Jg., 14/1929, S. 10–12. Die Aufnahmen von Martha Huth werden im Ullstein Bildarchiv (www.ullsteinbild.de) verwahrt.

bestehend aus fast 270 Werken fest, allerdings mit dem Hinweis versehen, dass kein Anspruch auf Vollständigkeit erhoben werden könne.[5]

In Kenntnis der aktuell verfügbaren Archivalien und Dokumente zum Kunstbesitz von Alfred Flechtheim muss man festhalten, dass es bereits zu zwei entscheidenden Zeitpunkten durchaus offizielle und präzise Aufstellungen zu seinem Eigentum gegeben hat: Im Januar 1934 mit Beginn des außergerichtlichen Liquidationsvergleiches der Galerie Alfred Flechtheim GmbH und nach Alfred Flechtheims Tod im März 1937, die jedoch beide nicht als Primärquelle erhalten oder auffindbar sind. Die 1934er Aufzeichnungen tätigte und verwaltete der von Thea Sternheim empfohlene, nach 1945 mit Tilla Durieux liierte und von Alfred Flechtheim damit beauftragte Alfred E. Schulte (geb. 1892). Zeugnis davon geben die erhaltenen Korrespondenzen mit Paul Klee und George Grosz.[6] Nach Flechtheims Tod und der Testamentseröffnung am 25. Juni 1937 in London wurde der sogenannte Flechtheim Estate, vertreten von der Kanzlei Herbert Oppenheimer, Nathan, Van Dyck & Mackay in London aktiv, der mit Wissen von Bertha (Betti) Flechtheim[7] und im Auftrag des Neffen und Alleinerben Heinz Hulisch (Hulton) die Abwicklung der Kunstgegenstände aus Flechtheims Besitz übernahm.[8] Am 25. Juni 1937 wurde Heinz Hulisch mit der Berufsbezeichnung „dress designer" als Verwalter und Erbe eingesetzt. An ihn ging laut „Index of Wills Administrations" für England und Wales die Summe von 1458 Pfund und 5 pence.[9] Nach heutiger Berechnung (2015) sind das mindestens 80 280 Pfund bzw. maximal 432 900 Pfund.[10] Im Oktober 1937 boten Heinz Hulisch' Anwälte Picassos „Tête d'Arlequin" (1905) dem Händler Jacques Seligmann an.[11] Hulisch hatte also Gemälde bzw. Anteile von Kunstwerken von Alfred Flechtheim geerbt, die

---

[5] Die Flechtheim-Biografie von Ottfried Dascher enthält u. a. als Anhang eine CD mit nahezu sämtlichen Ausstellungen und den darin gezeigten Werken der Jahre von der Eröffnung der Düsseldorfer Galerie bis April 1933. Erfasst wurden nach Angabe des Verfassers „die Exponat- und Leihgeberlisten der Kataloge, soweit sie bis zum Redaktionsschluss (20. 10. 2011) erreichbar waren". Markus Stötzel schrieb erstmals 2010 über Flechtheims Privatsammlung, s. Anhang II, S. 286–289. Eine weitere Auflistung von Dascher befindet sich in diesem Text: Ottfried Dascher, „Dann lieber richtig arm im Ausland als Verräter". Der Kunsthändler und Sammler Alfred Flechtheim, in: Anna-Dorothea Ludewig/ Julius H. Schoeps/Ines Sonder (Hrsg.), Aufbruch in die Moderne. Sammler, Mäzene und Kunsthändler in Berlin 1880–1933, Köln 2012, S. 46–65, hier S. 56.

[6] Klee Archiv Bern, 1. 2. 1934, und Houghton Library, Harvard University, Cambridge, USA, MS Ger 206 (116).

[7] Charlotte Weidler an Paul Westheim, 4. 10. 1937, Korrespondenz im Sonderarchiv Moskau. Betti und Alfred Flechtheim hatten bei Eheschließung Gütertrennung vereinbart. Siehe Alfred Flechtheim, Tagebuchblätter, in: Rudolf Schmitt-Föller (Hrsg.), Alfred Flechtheim. „Nun mal Schluß mit den blauen Picassos!" Gesammelte Schriften, Bonn 2010, S. 43. Laut Testament sollte ein Drittel seines Vermögens an die Töchter seiner Schwester Erna (1883–1929) gehen: Vera Nora Loewenstein (gest. 1948) und Thea Ursula Henriette Loewenstein, verh. Klestadt (gest. 2005). Am 18. 1. 1936 widerrief Alfred Flechtheim in Berlin sein Testament und setzte Heinz Hulisch, den Neffen von Betti Flechtheim, als einzigen Erben ein. Beleg übermittelt von Michael Hulton, Erbe nach Heinz Hulisch/Hulton.

[8] Smithsonian Archives of American Art, Washington D.C., Jaques Seligmann & Co Records, 1904–1978, Oppenheimer, Nathan, van Dyck & Mackay an Jaques Seligmann, 19. 4. 1937; s. Anhang III Dok. 7 im vorliegenden Band.

[9] Alle Angaben nach www.ancestry.com [Stand 3. 3. 2015], England and Wales, National Probate Calendar, Index of Wills and Administrations, 1858–1966.

[10] Alle Angaben nach www.measuringworth.com [Stand 18. 3. 2013], unter Berücksichtigung von Inflationsrate und Durchschnittseinkommen.

[11] Siehe dazu den Beitrag von Roswitha Neu-Kock in diesem Band.

dieser aus Deutschland nach England gebracht hatte bzw. über die er offensichtlich noch dort hatte verfügen können. Im Rahmen der Auktion, die vom 29. bis 31. Januar 1938 bei S. J. Mak van Waay in Amsterdam stattfand, versteigerten die Auktionatoren weitere 62 Gemälde, Aquarelle und Zeichnungen von George Grosz und bezeichneten diese als aus dem Nachlass des Kunsthändlers Alfred Flechtheim, Berlin, stammend.[12] Die Vorstellung von Alfred Flechtheim, dem Kunsthändler der Avantgarde, der 1937 mittellos in London verstarb, muss an dieser Stelle relativiert werden.[13]

Weder die 1934er Listen zur Auflösung der Galerie noch die Aufstellungen nach Flechtheims Tod anlässlich der Testamentseröffnung sind heute zugänglich. Ob sie ebenso wie die Geschäftsunterlagen von Alfred Flechtheim bei dem Londoner „Blitzkrieg" vernichtet worden sind, ist nicht bekannt.[14] Von der Kunsthandlung Alfred Flechtheim GmbH sind kein Lagerkatalog, keine Kundenagenda, nicht ein einziges Notizbuch greifbar. Die im Raum stehenden Zahlen wie beispielsweise 270 laut Ottfried Dascher sind also mangels überlieferter Buchführung nicht verifizierbar. Die Auflistung von 10 Werken im Berliner Nachlass von Betti Flechtheim (1881–1941) nach deren Selbstmord sorgt für weitere Verwirrung, weil die hier von Heinz Hulisch, Margarete Reif und Hugo Peter nach 1945 im Rückblick bezeugten Künstler und Werke auch keine Deckungsgleichheit mit den mit Flechtheim in Verbindung zu bringenden Werken ergeben und eine neue Zahl ins Spiel bringen.[15]

Um zu einem Urteil hinsichtlich der Zusammensetzung und Bedeutung der privaten Sammlung Alfred Flechtheims zu gelangen und um sie überhaupt von den handelbaren Werken in Galeriebesitz abgrenzen zu können, sind daher Differenzierungen und Kontextualisierungen notwendig. Flechtheims Agieren als Leihgeber für große Museen, sein Kontakt zu dem Kunsthistoriker und Direktor der Berliner Nationalgalerie Ludwig Justi (1876–1957) und sein Umgang mit Sammlern und Händlern müssen berücksichtigt werden. Gleichzeitig sind die marktwirtschaftliche Dimension des Handelns mit Kunst der Avantgarde in den Zwischenkriegsjahren und die steuerliche Behandlung einer privaten Sammlung eines Kunsthändlers zu thematisieren.

Alfred Flechtheim war seit seinem Auftritt auf der Sonderbundausstellung 1912 in Köln und bis 1933 als Leihgeber auf allen wichtigen Ausstellungen in Berlin, Dresden, Düsseldorf oder Hamburg vertreten. Mittels seines beeindruckenden Netzwerkes schuf er Kontakte zu Privatbesitzern und vermittelte wertvolle Leihgaben. Dabei hatte er vor allem ein Ziel vor Augen: Den Verkauf von Hauptwerken an deutsche und ausländische Museen. Die Ausstellung 1987 in Münster und Düsseldorf zu Ehren Alfred Flechtheims hat rekon-

---

[12] Siehe den Beitrag von Wiebke Krohn in diesem Band und die Entscheidung der österreichischen Kommission für Provenienzforschung vom 8. 3. 2013, das Gemälde von George Grosz „Bündnis/Andenken" von 1931 nicht an die Rechtsnachfolger von George Grosz bzw. Alfred Flechtheim zu übereignen.

[13] Siehe hierzu die Biografie von Alfred Flechtheim auf der Website www.alfredflechtheim.org, erstellt von den Erben nach Alfred Flechtheim.

[14] Mitteilung der Mayor Gallery an die Verfasserin: Der „Blitzkrieg" in London habe alles vernichtet. Die Erben nach Alfred Hulisch/Hulton besitzen u. a. den Reisepass von Alfred Flechtheim. Listen zu Kunstbesitz, wie sie bei der von Heinz Hulisch und/oder Betti Flechtheim beauftragten Londoner Kanzlei vorgelegen haben müssen, sind erbenseitig nicht vorgelegt worden.

[15] Entschädigungsakte Betti Flechtheim/Hulisch, Beschluss vom 18. 10. 1954 (145. WGK.) 1 WGA 2792/50 (209/53). OFP Akte: 11. 3. 52 Linneweber an Wiedergutmachungsämter Berlin: „Herr Flechtheim hatte in seiner Wohnung eine Menge Originalbilder, zum größten Teil von französischen Impressionisten (Matisse, Monet, Picasso und Renoir)."

struiert, dass Flechtheim an 33 deutsche und 18 ausländische Museen verkaufen konnte, die 2013 freigeschaltete Website www.alfredflechtheim.com bezieht sich auf 324 Werke, die von Alfred Flechtheim gehandelt wurden und heute in deutschen Museumssammlungen vertreten sind.[16] In den Ausstellungskatalogen seiner Galerie hielt er die für ihn so wichtigen Museumsverkäufe stets gesondert und an prominenter Stelle fest. Diese Verkäufe öffneten ihm die Türen zu den privaten Sammlungen der 1920er und 1930er Jahre. Die in den Provenienzlegenden verzeichneten Personennamen der heute in Museumsbesitz befindlichen Werke lesen sich wie ein „Who's Who" der großen Zeit der Galerie. Flechtheim verkaufte an Klaus Gebhardt, Erich Raemisch, Werner Vowinkel, Josef Haubrich, Hans Koch, Georg Simon Hirschland, Eduard von der Heydt, Alfred Hess, Ismar Littmann, Hugo Borst, Bernhard Köhler, Hugo Simon, Paul Gerstenberg, Jakob Goldschmidt, Robert Graetz, Tilla Durieux, Thea Sternheim, Charlotte Reichenheim, Margarethe Mautner, Leonie Katzenellenbogen, Ida Bienert und Maja Sacher, um nur eine Auswahl zu nennen.[17]

Flechtheims Korrespondenz mit den Museumsdirektoren seiner Zeit hat sich oftmals in den jeweiligen Museumsarchiven erhalten. In diesen Schreiben hat er selbst Werke als seinen privaten Kunstbesitz bezeichnet und damit von dem Galeriebesitz getrennt. Die früheste bekannte entsprechende Liste ist 1920 datiert und umfasst 29 Werke[18], 1928 benannte er 33 Werke in einem Schreiben an Ludwig Justi, 1929 plante er eine Publikation zu über 100 Werken im Christian Zervos Verlag Cahiers d'arts[19] und 1931 lieh er aufgrund einer solchen Liste 31 Werke nach Brüssel.[20] Es stellt sich also die Frage, ob diese Listen zur Klärung des einstigen privaten Kunstbesitzes von Alfred Flechtheim dienen können? Tatsächlich wechselt der darin benannte Kunstbesitz ständig, ist gleichsam eine variable Größe. Gemeinsamkeiten lassen sich nur bedingt auf den Listen der Jahre 1928 und 1929 festmachen. Grundsätzlich ist die Werkidentifizierung stets problematisch, da präzise Angaben, die zur Identifikation eines Werkes hätten dienen können, leider fehlen. Zur Veranschaulichung sollen nachfolgend die Liste vom 6. Juni 1928, die ausdrücklich von unverkäuflichem Privatbesitz spricht, und ihr Kontext betrachtet werden.

Im April und Juli 1928 fanden in Berlin im Kronprinzenpalais zwei wichtige Ausstellungen nachimpressionistischer Kunst aus Berliner Privatbesitz statt, deren Auswahl durch die Kustoden Ludwig Thormaehlen und Alfred Hentzen und unter Leitung von Ludwig Justi erfolgte. Mit Schreiben vom 6. Juni 1928 hatte Alfred Flechtheim Ludwig Justi dazu Leihgaben aus seinem Privatbesitz angeboten, die sich dem Kunsthändler zufolge noch in seiner Düsseldorfer Wohnung befanden, die aber jetzt nach Berlin gehen sollten, da er dorthin umziehen würde. In dem Schreiben heißt es explizit, dass die Werke aus seinem „unveräußerlichen Privatbesitz" stammen.[21] Ludwig Justi war auf dieses Angebot nicht ein-

---

[16] www.alfredflechtheim.com – ein Kooperationsprojekt zu Ehren von Alfred Flechtheim, online seit 9. 10. 2013.

[17] Hans Albert Peters u. a. (Hrsg.), Alfred Flechtheim. Sammler. Kunsthändler. Verleger (= Ausst.-Kat. Kunstmuseum Düsseldorf), Düsseldorf 1987, S. 133, und Dascher, Kunst, S. 223–228.

[18] Stadtarchiv Düsseldorf, Akten zur Großen Kunstausstellung Düsseldorf 15. 5.–3. 10. 1920 0 – 1-18 – 2197, Verzeichnis der im Kunstpalast Düsseldorf ausgestellten Werke, dort die Liste abgelegt. Freundlicher Hinweis von Gesa Jeuthe, die diese Liste gefunden hat.

[19] Vgl. hierzu den Beitrag von Isgard Kracht in diesem Band.

[20] Art Vivant Lijst Brüssel, 1931, freundlicher Hinweis von Gesa Jeuthe, die diese Liste entdeckt hat.

[21] Alfred Flechtheim an Ludwig Justi, 6. 6. 1928, Zentralarchiv der Staatlichen Museen zu Berlin, SMB-ZA, I/NG 720.

gegangen und Flechtheim war weder als Privatperson noch als Galerist Leihgeber für die zwei Ausstellungen. Allerdings dankte die April-Ausstellung im Vorwort des Kataloges den Kunsthandlungen Flechtheim, Gurlitt, Möller, Nierendorf, Wallerstein und Wiltschek, die die Ausstellung durch Vermittlung von Privatsammlern unterstützt hatten.[22] Auf der zweiten Ausstellung aus Berliner Privatbesitz im Juli 1928 spielte der Name Flechtheim erneut eine Rolle: Es waren eine Plastik und ein Gemälde aus der Sammlung des Juristen und führenden Mitarbeiters der IG Farben AG Julius Flechtheim (1876–1940), Cousin von Alfred Flechtheim, zu sehen.[23] Mit Julius Flechtheim korrespondierte Justi anlässlich der Ausstellungsvorbereitungen für beide Ausstellungen persönlich und bat ihn um Leihgaben von Werken von Hofer, de Fiori und Nauen.[24] Im Vorwort zur Ausstellung bedauerte Justi außerdem ausdrücklich, dass nur wenige Werke von Max Beckmann, Otto Dix und George Grosz gezeigt werden konnten.[25] Es gab damals überhaupt nur fünf Werke von Beckmann in Berliner Privatbesitz.[26] Hätte Justi in Alfred Flechtheim den privaten Sammler von Werken von Max Beckmann gesehen, so hätte hier sicher sein Name gestanden. Schließlich hatte Flechtheim ihn entsprechend schriftlich über zwei Beckmann-Gemälde in seinem Besitz informiert. Zurück zu den namentlich erwähnten prominenten Leihgebern der Werke im April 1928: Der Katalog nannte unter anderen Tilla Durieux, Kurt [sic] Glaser, Robert Graetz, Fritz Heß, Eduard von der Heydt, Bernhard Koehler, Max Kruß, Hugo Littmann, Max Meirowsky, Erich Mendelssohn, Margarethe Oppenheim, Hans Sachs, Hugo Simon, Paul Westheim und Nell Walden-Heimann. Der Juni-Katalog erwähnte außerdem Julius Flechtheim, Paul Glaser, Rudolf Loeb, Eduard Plietzsch, Fritz Rothschild, Rudolf von Simolin, Max Strauß, Minna Tube-Beckmann [sic] und andere Namen, die als Berliner Sammlerinnen und Sammler Geschichte machten und deren Namen heute den Wert eines Kunstwerkes deutlich unterstreichen.

---

[22] Ausgestellt waren insgesamt 204 Werke von Ernst Barlach, Heinrich Campendonk, Lionel Feininger, Erich Heckel, Wassily Kandinsky, Ernst Ludwig Kirchner, Paul Klee, Oskar Kokoschka, Wilhelm Lehmbruck, August Macke, Franz Marc, Paula Modersohn-Becker, Otto Mueller, Emil Nolde, Max Pechstein, Christian Rohlfs, Karl Schmidt-Rottluff und Paul Seehaus.

[23] Plastik von Ernesto de Fiori: Emil Flechtheim, Kunststein, und Gemälde von Heinrich Nauen: Gladiolen.

[24] Zentralarchiv der Staatlichen Museen zu Berlin, Signatur I/NG 930 (Spec. 29) 1928/1435, Justi an Prof. Flechtheim, Grunewald, Douglas Str. 11, 18. 6. 1928.

[25] Die Juli-Ausstellung zeigte 199 Werke von Jussuf Abbo, Jankel Adler, Karl Albiker, Karl von Appen, Max Beckmann, Robert Bednorz, Rudolf Belling, Charlotte Berend, Albert Birkle, Martin Bloch, Erich Büttner, Theo Champion, Martin Christ, Charles Crodel, Adolf Dietrich, Otto Dix, Franz Domscheit, Josef Eberz, Kurt Edzard, Ernesto de Fiori, Otto Freytag, Ernst Fritsch, Max Fueter, Herbert Garbe, Robert Genin, Werner Gilles, George Grosz, Karl Grossberg, Rudolf Großmann, Adolf de Haer, Hermann Haller, Franz Heckendorf, Otto Herbig, Karl Hofer, Fritz Huf, W. Robert Huth, Willi Jaeckel, Alexander Kanoldt, Max Kaus, Anton Kerschbaumer, Paul Kleinschmidt, Wilhelm Kohlhoff, Georg Kolbe, Bruno Krauskopf, Werner Laves, Rudolf Levy, Egon von Lueder, Helmut Macke, Ewald Mataré, Carl Mense, Felix Meseck, Oskar Moll, Reinhold Nägele, Heinrich Nauen, Ernst Wilhelm Nay, Max Oppenheimer, Alfred Partikel, Max Pfeiffer-Watenphul, Hans Purrmann, Franz Radziwill, Emmy Roeder, Wolf Röhricht, Johannes Sachs, Edwin Scharff, Reinhard Scheibe, Otto Schoff, Georg Schrimpf, Renée Sintenis, Milly Steger, Hermann Teuber, Carl Walther, Erich Waske, William Wauer, Gustav H. Wolff, Gert Wollheim, Gustav Wunderwald, Augusta von Zitzewitz, Alexander Zschocke u. a.

[26] „Stillleben mit Katzen" von 1917 bei Karl Loeb Charlottenburg; ein „Stillleben" von 1921 bei Minna Tube-Beckmann; das Bild „Fische" von 1927 bei Rudolf von Simolin; „Rosen und Noten" von 1927 bei Ludolf Rosenheim, Berlin, und das „Liegende nackte Mädchen" von 1924 bei Minna Tube-Beckmann.

Dem erwähnten Schreiben Flechtheims von Juni 1928 mit der Bilderauflistung ging ein weiteres Schreiben voraus, in dem Flechtheim Justi und Thormaelen Privatbesitzer von Werken von Beckmann, de Fiori, Grosz, Hofer und Levy, Nauen, Sintenis und Baumeister übermittelte.[27] Für Flechtheim war das Pedigree[28], wie er die Provenienz nannte, stets wichtiger als Expertisen.[29] Er nannte explizit Carl Loeb, Fritz Hess, Tilla Durieux, Hugo Simon, Dr. Plietzsch, Fritz Hess, Prof. Flechtheim und Curt Valentin. Flechtheims Kunden waren also zu großen Teilen deckungsgleich mit den Privatsammlern, die im Kronprinzenpalais ihre Leihgaben zeigten. Ein besseres Schaufenster für seine Arbeit konnte er sich nicht wünschen. Mit der Nationalgalerie stand Flechtheim seit langem in ausgezeichnetem Kontakt, 1921 hatte er Rudolph Levys Gemälde „L'Estaque" aus dem Jahr 1914 der Nationalgalerie geschenkt.[30]

Zusammenfassend kann man also festhalten, dass Justi beziehungsweise Thormaelen bewusst und sehr klug die Präsentation von Galeriebeständen im Rahmen dieser Vorstellung privater Sammlungsbestände vermieden, um nicht in die Kritik zu geraten, für den Handel tätig zu sein. München sollte wenig später schlechte Erfahrung mit der Präsentation der Sammlung Schloss Rohoncz von Heinrich Thyssen in der Neuen Pinakothek machen.[31] Die Nationalgalerie hatte mit der Eröffnung der neuen Abteilung der „Galerie der Lebenden" größte öffentliche Aufmerksamkeit.[32] Jedes Werk, das hier vorgestellt wurde, galt als anerkannt im allgemeinen Kunstbetrieb. Die Sammlungspolitik Justis für die Galerie der Lebenden war ein Politikum und daher konnte er unmöglich die Werke des Kunsthändlers Alfred Flechtheim zeigen, der 1927 seine Galerie am Lützowufer hatte renovieren lassen und dessen Ambiente von keinem Geringeren als dem Kunsthistoriker und Schriftsteller Julius Meier-Graefe lobend besprochen worden und der seit 1913 kein privater Sammler, sondern Kunsthändler mit einer Sammlung war.[33]

Alfred Flechtheim hat sich selbst als „Marchand Amateur" bezeichnet.[34] Ein „Marchand Amateur" ist der Definition nach ein Kunsthändler, der sein Geschäft ohne Repräsentanz betreibt. Flechtheim stellte allerdings in mehr als zwei eigenen Galerien und in seinen privaten Wohnräumen aus, und die dortigen Banketts galten bekanntermaßen als Erweiterung der Berliner und Düsseldorfer Galerie. Im Kronprinzenpalais stellten seine Kunden ihre Erwerbungen aus, günstiger konnte es nicht für ihn ausfallen. Und so lud er

---

[27] Zentralarchiv der Staatlichen Museen zu Berlin, Signatur I/NG 719, Film Nr. 202, 2. Ausstellung, Alfred Flechtheim an Dr. Thormaelen, 14. 4. 1928.

[28] Frz. für Ahnentafel/Stammbaum.

[29] Rudolf Schmitt-Föller (Hrsg.), Alfred Flechtheim. „Nun mal Schluß mit den blauen Picassos!" Gesammelte Schriften, Bonn 2010, S. 59.

[30] Zentralarchiv der Staatlichen Museen zu Berlin, Signatur I/NG 998, Bl. 398–400, Flechtheim an Justi, 27. 1. 1921.

[31] Bei der Präsentation der Sammlung wurden von Wilhelm Pinder über 100 Werke aus der Privatsammlung als Fälschungen erklärt, wofür August Liebmann Mayer verantwortlich gemacht wurde. Man warf der Neuen Pinakothek vor, Werken durch die museale Präsentation eine Plattform für den Verkauf zu bieten. Siehe hierzu Christian Fuhrmeister/Susanne Kienlechner, Tatort Nizza, Kunstgeschichte zwischen Kunsthandel, Kunstraub und Verfolgung. Zur Vita von August Liebmann Mayer, mit einem Exkurs zu Bernhard Degenhart und Bemerkungen zu Erhard Göpel und Bruno Lohse, in: Ruth Heftrig/Olaf Peters/Barbara Schellewald (Hrsg.), Kunstgeschichte im „Dritten Reich". Theorien, Methoden, Praktiken, Berlin 2008, S. 405–429, hier S. 405 ff.

[32] Gesa Jeuthe, Kunstwerte im Wandel. Die Preisentwicklung der deutschen Moderne im nationalen und internationalen Kunstmarkt 1925–1955, Berlin 2012, S. 35.

[33] Der Querschnitt, Bd. 7/2, 1927, Heft 7, 544.

[34] Schmitt-Föller (Hrsg.), Alfred Flechtheim, S. 28 u. 57.

auch in Düsseldorf seine Kundschaft ein, für ihn werbend zu präsentieren: Schon im Oktober 1928 zeigte Flechtheim „Lebende ausländische Kunst aus rheinischem Privatbesitz" in der Galerie Alfred Flechtheim in Düsseldorf, Königsallee 34 I. Im Juni 1929 wiederholte er diese Ausstellung, zeigte aber dieses Mal „Lebende deutsche Kunst aus rheinischem Privatbesitz". Zu den prominenten Leihgebern dieser Ausstellung zählten wichtige Sammler wie Klaus Gebhard, Ilse Henkel, Josef Haubrich, Eduard von der Heydt, Rudolf Ibach, Hermann Lange und Kurt Poensgen.[35]

Zurück zu den 33 Bildern, die Flechtheim in der Liste von 1928 aufzählte. Es handelte sich u. a. um Max Beckmanns „Selbstbildnis" und „Quappi in Blau"[36], Carl Hofers Bildnis „Alfred Flechtheim"[37], Rudolf Levys Porträt von „Grossmann in Stockholm", Wilhelm Morgners „Kreuzigung", Heinrich Nauens „Selbstbildnis" sowie Plastiken von René Sintenis, Georg Kolbe und anderen.[38] Das hier an erster Stelle und auch auf der 1929er Liste aus Paris genannte Beckmann-Werk „Selbstbildnis als Clown"[39] besaß Flechtheim seit 1927, Vorbesitzer waren Israel Ber [I. B.] Neumann und Paul Multhaupt (1884–1933). Doch dann trennte sich Flechtheim von dem Werk und ab 1931 gehörte es Eduard von der Heydt (1882–1964).[40] Beckmanns Porträt seiner zweiten Frau „Quappi in Blau" ist ebenfalls auf der Pariser Liste von 1929 aufgeführt, 1932 trennte sich Flechtheim von dem Werk und verkaufte es an I. B. Neumann. Die angebotenen Werke von Max Ernst

---

[35] Im Vorwort des dazugehörigen Ausstellungskataloges werden gelistet: „Rechtsanwalt Ascher, Professor Ernst Aufseeser, Architekt, Rudolf Brüning, Frau Margrit Cohen, Dr. Paul Deichmann, Alfred Dienst, Oskar Dörrenberg, Generaldirektor Regierungsrat Dr. Fahrenhorst, Adolf Fischer, Frau Direktor Fischer-Wieruzowski, Claus Gebhard, Berthold Glauerdt, Frau Dr. Goldbaum, Josef Gottschalk, Frau Hilla Grunenwald, Friedhelm Haniel, Dr. Haubrich, Frl. Ilse Henkel, Sammlung Geheimrat Freiherr August von der Heydt, Freiherr Dr. Eduard von der Heydt, Direktor Hirsch, Rudolf Ibach, Direktor Katzenstein, Dr. Hans Koch, Dr. Küchen, Hermann Lange, Otto Lehmann, Julius Lipmann, Rechtsanwalt Loeb, Frau Erna Loewenstein, Werner Lüps, Direktor Nothmann, Direktor Dr. Oberheid, Direktor Dr. Poensgen, Dr. Erich Raemisch, Dr. Rüdenberg, Dr. Schloßmann, Maximilian Schürmann, Generaldirektor Schwab, Max Siller, Regierungsrat Dr. Stinnes, Bruno Surén, Generaldirektor Tietz, Frau Geheimrat von Waetjen, Hermann Weitz, Syndikus Dr. Wilden, Alfred Wolff."
[36] Werkverzeichnis (WVZ) Göpel, 211 u. 256.
[37] WVZ Wohlert/Eisenbeis, 475.
[38] Zentralarchiv der Staatlichen Museen zu Berlin, Signatur SMB-ZA, I/NG 720, Kunstwerke: Max Ernst: „Der keusche Joseph" (WVZ Spies/Metgen, 1292), „Zahlreiche Familie" (WVZ Spies/Metgen, 1298); Rudolf Großmann: „Badeanstalt in Stockholm" (nicht identifiziert), „Husarenball" (siehe Ausst.-Kat. Rudolf Großmann, Kunstgalerie Esslingen 1974, Nr. 111 u. 112); Carl Hofer: „Die Gefangenen" (WVZ Wohlert/Eisenbeis, 344), „Jean Börlin", „Rheinlandschaft" (WVZ Wohlert/Eisenbeis, 430), „Stillleben mit Töpfen" (WVZ Wohlert/Eisenbeis, 430), „Selbstbildnis" (WVZ Wohlert/Eisenbeis, 799), „Äpfelstillleben" (möglicherweise WVZ Wohlert/Eisenbeis, 849); Rudolf Levy: „Cassis" (WVZ Thesing, 34/25/26), „Grossmann in Stockholm" (verschollen), „Die schwarze Flasche" (WVZ Thesing, 46), „L'estaque" (WVZ Thesing, 35); Wilhelm Morgner: „Kreuzigung" (WVZ Tappert, 222 oder 225), „Selbstbildnis" (WVZ Tappert, 127/160/180/181/192), „Alter Jude" (WVZ Tappert, 97/186); Heinrich Nauen: „Selbstbildnis" (WVZ Drenker/Nagels, 85), „Am Sumpf" (nicht identifizierbar), „Stillleben" (WVZ Drenker/Nagels, 604/605), „Dahlien" (nicht identifizierbar), „Blumen" (WVZ Drenker/Nagels, 485), „Schwemmereiter" (WVZ Drenker-Nagels, 320); Hans Purrmann: „Langenargen" (nicht identifizierbar); Otto von Wätjen: „Andalusisches Dorf" (nicht identifizierbar); Paul Strecker: „Halbakt" (nicht identifizierbar); Martin Reber: „Stillleben" (nicht identifizierbar) sowie nicht weiter benannte Plastiken von Georg Kolbe, Ernesto de Fiori, Hermann Haller, Mosse Kogan und Renée Sintenis.
[39] WVZ Göpel, 211.
[40] Seit 1954 ist das Bild in der Sammlung des Wuppertaler Von der Heydt-Museums. Zu von der Heydt siehe Von Buddha bis Picasso. Der Sammler von der Heydt. Gründer des Museums, Ausst.-Kat., Zürich 2013.

gingen an den armenischen Sammler Aram D. Mouradian (1893–1981)[41], die von Carl Hofer an Theodor W. Stoperan[42], den Prokurist von Cassirer, oder die Städtische Galerie in Nürnberg.[43] Die Provenienzen der Werke spiegeln nicht nur die Stationen der Bilder, sondern auch die Dynamik des Kunstmarktes in diesen Jahren. Während von 1925 bis 1927 die Preise für Werke deutscher Künstler fielen, kam es ab 1927 zu einem deutlichen Aufwärtstrend mit Höhepunkt im Jahr 1929. Seit Mai 1928 unterstützte Curt Valentin daher die Galerie Flechtheim in Berlin und wurde, wie Quappi Beckmann schilderte, dessen umsatzstarker Mitarbeiter: „Ich [Quappi] erinnere mich, wie Flechtheim zu Max sagte, dass Curt die meisten Verkäufe zuwege brächte, weil er ein besonderes Verkaufstalent besäße – was Flechtheim von sich selber nicht behauptete –, und dass Curt für die Galerie Flechtheim unentbehrlich sei.“[44] Der Zusammenbruch der New Yorker Börse im Oktober 1929 und der Beginn der Weltwirtschaftskrise ließen die Kurve wieder unter die Werte von 1925 fallen.[45] Ein Hinweis Oskar Schlemmers an Will Grohmann im November 1930 lässt vermuten, dass Flechtheim nur noch Ausstellungen veranstaltete, wenn die Künstler selbst jegliche Aufwandszahlungen übernahmen: „Letzterer [Curt Valentin, Mitarbeiter bei Alfred Flechtheim] schreibt von der Misere der Kunstsalons, welche sie zwinge, entweder keine Ausstellungen zu machen, oder von den Künstlern zu verlangen, dass sie sämtliche Transporte incl. Versicherung, Einladungskarten incl. Versand, Katalog incl. Druck und Klischees bezahlen. Das dürfte eine Affäre von so 5–600 Mark werden, was soll man da tun?“[46] Während bis zu diesem Jahr Flechtheim jährlich mindestens 17 Ausstellungen veranstaltet hatte, waren es 1931 und 1932 nur noch zwölf pro Jahr. 1931 kam es zu einer kurzfristigen Erholung der Preise, die aber mehr die Kunst des 19. Jahrhunderts betraf als die Werke von lebenden Künstlern. Mit der Bankenkrise im Juni 1931 sanken Preise und Nachfrage nach moderner Kunst ins Bodenlose und der Handel wurde durch die Einführung der Devisenkontrolle, die Kapitalflucht verhindern sollte, zusätzlich beschnitten. Für das Jahr 1932 wiederum berichtete Flechtheim im Kunstblatt von enormen Preissteigerungen für Werke von Kokoschka, Klee, Matisse, Picasso und Derain.[47] Bis 1934 stabilisierten sich schließlich die Preise für moderne Kunst.

So wie der Kunstmarkt und seine Preisentwicklungen Alfred Flechtheims private Sammlung beeinflussten, waren der Aspekt der Besteuerung der Kunstsammlungen von Sammlern und Kunsthändlern sowie Steuererleichterungen weitere entscheidende Faktoren für deren Zusammenstellung. Grundsätzlich kaufen und verkaufen sowohl ein gewerblicher Kunsthändler als auch ein privater Kunstsammler intensiv Kunstwerke. Für einen „reinen“ Sammler hatte diese Vermögensumschichtung keine steuerlichen Konsequenzen. Der Kunsthändler kann als Privatmann ebenso eine Kunstsammlung unterhalten. Entnimmt

---

[41] WVZ Spies/Metgen, 1292. Zu Aram D. Mouradian siehe Census 1911 für England und Wales, bei www.ancestry.com [Stand 18.3.2013].

[42] WVZ Wohlert/Eisenbeis, 430. Paul Graupe, Auktion 83/2. u. 3.11.1928, 7., Nr. 20.

[43] WVZ Wohlert/Eisenbeis, 799. „Selbstbildnis 1926–1928“ von Karl Hofer (Inv.-Nr. Gm 979) wurde laut Angaben auf der betreffenden Inventarkarte am 22.12.1928/23.1.1929 für 3000 Reichsmark (RM) direkt vom Künstler in Berlin erworben.

[44] Mathilde Q. Beckmann, Mein Leben mit Max Beckmann, München 1980, S. 18f.

[45] Alle Daten nach Gesa Jeuthe, Kunstwerte im Wandel. Die Preisentwicklung der Deutschen Moderne im nationalen und internationalen Kunstmarkt 1925–1955, Berlin 2012, S. 32ff.

[46] Oskar Schlemmer an Will Grohmann, 10.11.1930, in: Karl Gutbord (Hrsg.), Künstler schreiben an Will Grohmann, 1968, S. 95.

[47] Schmitt-Föller (Hrsg.), Alfred Flechtheim, S. 164f.

aber ein Kunsthändler ein Werk aus seinem Unternehmen und überführt es in seine private Sammlung, wird es zu einem privat genutzten Wirtschaftsgut und ist nicht mehr Teil seines gewerblich genutzten Vorratsvermögens. Damit kommt der private Kunstbesitz des Händlers in den Genuss der jeweiligen Freigrenze und erhält steuerliche Vergünstigungen. Nach einem Gesetz von 1922 lag die Vermögensteuer bei 1 bis 10 Promille und wurde 1925 auf 5 bis 7,5 Promille gesetzt. Kunstwerke, die vor dem Ersten Weltkrieg erworben wurden, waren vermögensteuerbefreit. Eine weitere Gesetzesänderung dehnte 1927 diese Steuerbefreiung für Kunstbesitz auf Sammlungen mit einem Wert von bis zu 200 000 Reichsmark aus. Die bekannten Auflistungen von Alfred Flechtheim zu seinem privaten Sammlungsbestand beginnen nach Einführung dieser Gesetzesänderung. Wenn dieser Kunstbesitz dann wiederum den Eigentümer wechselte, wurden je nach Art (Verkauf, Erbgang, Schenkung) Luxus-, Umsatz-, Erbschafts- oder Schenkungsteuer fällig.[48] Die Vermögensteuer auf Kunst konnte gemindert werden, wenn Kunstwerke aus Privatsammlungen der Öffentlichkeit zugänglich gemacht wurden. Eine Durchführungsbestimmung aus dem Jahre 1926 legte fest, dass Kunstvermögen, das den Zwecken der Forschung oder Volksbildung nutzbar gemacht wurde, einem ermäßigten Wertansatz von 5 Prozent unterlag. So wurde die Vermögensteuer nur auf 5 Prozent des eigentlichen Werts der Gegenstände angerechnet, was eine ganz erhebliche Steuerentlastung bedeutete. Bekannt ist beispielsweise, dass die Hamburger Sammlung Behrens, die im gleichnamigen Bankhaus zu besichtigen war, in Teilen in der Hamburger Kunsthalle gezeigt wurde. Dieses Konstrukt verschaffte dem Sammler und Bankier Behrens Steuervorteile.[49] Gleiches galt für Alfred Flechtheim, der versuchte, Werke aus seiner Sammlung in der Berliner Nationalgalerie zu platzieren. Bei dem Verkauf von Kunstwerken kam das Umsatzsteuergesetz vom 18. August 1920 zum Tragen. Originalwerke, die unmittelbar vom Künstler vertrieben wurden, waren von dem erhöhten Steuersatz (15 Prozent) befreit.[50] Kunsthändlern, die im Namen des Künstlers auftraten, sollte die Befreiung aber nicht zugutekommen. Atelierverkauf und Handel wurden also unterschiedlich belastet. Steuerfrei waren nur die Umsätze beim Atelierverkauf und beim Verkauf über einen Kunsthändler im Namen des Künstlers, alle anderen Verkäufe unterlagen dem allgemeinen Steuersatz von 1,5 Prozent in 1919 bzw. 3 Prozent in 1933 und bis 1926 auch dem Luxussteuersatz. Die von Flechtheim oft gewählte Form der exklusiven Künstlervertretung[51] ermöglichte ihm eine weitere steuerliche Vergünstigung bei Veräußerungen von Kunstwerken. Wenn Alfred Flechtheim also eine frei bewegliche Menge an Kunstwerken als private Sammlung verbuchte, hatte das entscheidende Bedeutung für die steuerliche Behandlung der Alfred Flechtheim GmbH und erklärt zusammen mit der Preisentwicklung die variable Zusammenstellung der Sammlung des Kunsthändlers.[52]

---

[48] Für diese und die folgenden Ausführungen danke ich Johannes Gramlich, Historisches Seminar der Ludwig-Maximilians-Universität München.

[49] Zur Sammlung Behrens: Archiv der Hamburger Kunsthalle: Aktenzeichen 32/228.6 (ehemals Sammlung 1003) Beziehungen zur Sammlung Ed. L. Behrens; Ulrich Luckhardt/Uwe M. Schneede, Private Schätze. Über das Sammeln von Kunst in Hamburg bis 1933, Hamburg 2001, S. 48.

[50] UStG v. 18. 8. 1920, Reichsgesetzblatt (RGBl.) 1920, S. 1607.

[51] Andrea Christine Bambi, „Ich bin nicht Beckmanns Kunsthändler". Alfred Flechtheim und seine Künstlerverträge, erläutert am Beispiel von Max Beckmann, in: Eva Blimlinger/Monika Mayer (Hrsg.), Kunst sammeln, Kunst handeln. Beiträge des Internationalen Symposiums in Wien, Wien/Köln/Weimar 2012, S. 167–181, hier S. 168–181.

[52] Carl Heinz Heuer, Die Besteuerung der Kunst, Köln 1983, S. 226.

Ein Beispiel für ein Bild, das Flechtheim so behandelt hat, ist das „Stillleben mit Fernrohr" von Max Beckmann aus dem Jahr 1927. 1929 bezeichnete er es in der Beckmann-Ausstellung in seiner Berliner Galerie als aus seiner Sammlung stammend und listete es für seine geplante Publikation bei Zervos. 1931 verschob er es in den Galeriebestand der Alfred Flechtheim GmbH und 1932 wurde es wieder Teil der Sammlung.[53] Aus dieser heraus verkaufte er es im April 1932 an das Museum der bildenden Künste in Leipzig, wo es sich, als Leihgabe aus der „Privatsammlung Flechtheim" deklariert, bereits seit einem Jahr befand.[54]

Abschließend muss man daher konstatieren, dass die Rekonstruktion der privaten Sammlung des Kunsthändlers und Sammlers Alfred Flechtheim im Rückblick unmöglich wird. Das „Pedigree" der einzelnen Werke ist hingegen aufzuklären, nicht zuletzt dank der intensiven Provenienzforschung seitens der Erben, der Museen und der Historiker. Die Prüfung, ob sich daraus berechtigte Restitutionsansprüche ableiten lassen, sollte allerdings nicht Aufgabe der betroffenen Museen sein, sondern die einer unabhängigen Expertenkommission, die ein einheitlich gültiges Schema entwickelt, das gerade die im Fall Flechtheim vorhandenen Desiderate berücksichtigt.

[53] Carl Einstein, Die Kunst des 20. Jahrhunderts, in: Propyläen Kunstgeschichte 16 (1931), Abb. S. 495, dort als Galeriebestand nachgewiesen.

[54] „Seit über einem Jahr befindet sich als Leihgabe aus der Privatsammlung des Herrn Alfred Flechtheim, Berlin, Max Beckmanns große Komposition ‚Interieur mit Fernrohr' aus dem Jahr 1927", zitiert nach: Stadtarchiv Leipzig, Kap. 31, Nr. 51, Bd. 3, Bl. 161, Museum der bildenden Künste an das Museumsamt, 4. 4. 1932; freundlicher Hinweis von Frederic Bußmann.

Andrea Bambi

"Marchand Amateur"(Amateur Merchant) – The Search for the Private Collection of Alfred Flechtheim

Abstract

In order to come to a conclusion regarding the existence and relevance of Alfred Flechtheim's private collection and in order to be able to distinguish it from the saleable works owned by the gallery, differentiation and contextualization are essential. Flechtheim acting as a lender to large museums, his contact to Ludwig Justi and his dealings with collectors and dealers must be taken into consideration.

At the same time, the market economy aspect of dealing in avant-garde art during the years between the wars and the tax treatment of an art dealer's private collection have to be addressed. This contribution outlines Alfred Flechtheim's development from a collector to marchand amateur (amateur merchant) to an art dealer with several gallery locations. Sources which can provide information on the art he dealt in are highlighted. In light of the fact that neither business records from the Flechtheim gallery nor personal or official accounts which could provide evidence of Flechtheim's private collection and its confiscation are available, provenance research in each individual case is indispensable.

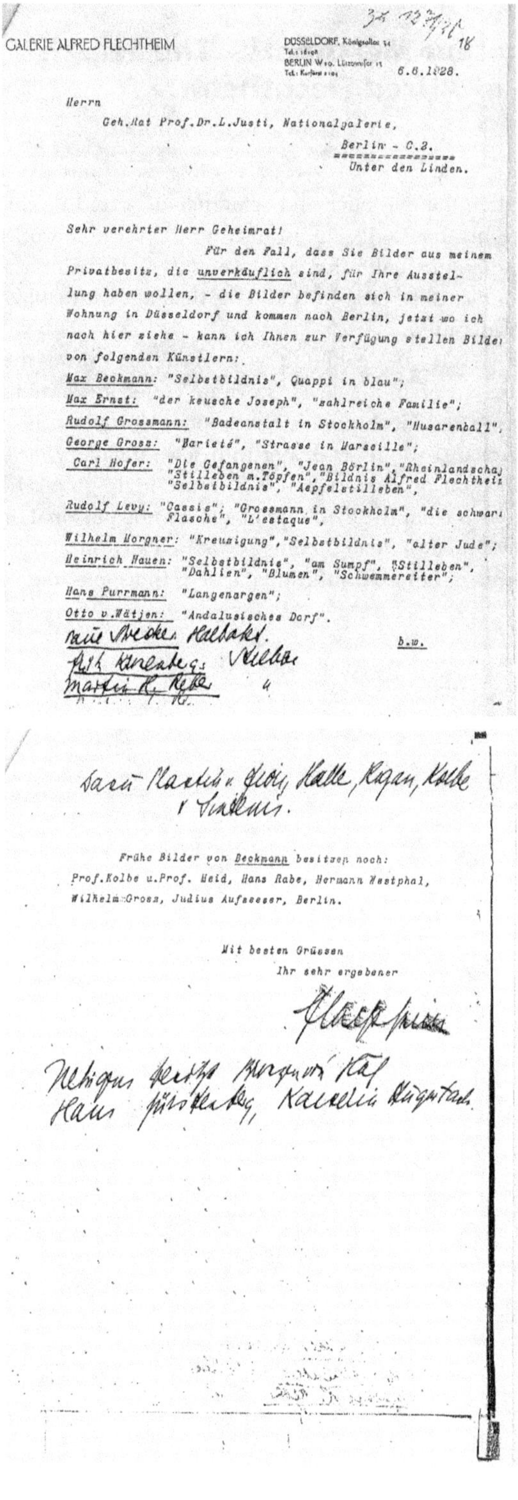

GALERIE ALFRED FLECHTHEIM

DÜSSELDORF, Königsallee 34
Tel.: 16198
BERLIN W 10, Lützowufer 13
Tel.: Kurfürst 2104

6.6.1928.

Herrn

Geh.Rat Prof.Dr.L.Justi, Nationalgalerie,

Berlin - C.2.

Unter den Linden.

Sehr verehrter Herr Geheimrat!

Für den Fall, dass Sie Bilder aus meinem Privatbesitz, die unverkäuflich sind, für Ihre Ausstellung haben wollen, - die Bilder befinden sich in meiner Wohnung in Düsseldorf und kommen nach Berlin, jetzt wo ich nach hier ziehe - kann ich Ihnen zur Verfügung stellen Bilder von folgenden Künstlern:

Max Beckmann: "Selbstbildnis", Quappi in blau";
Max Ernst: "der keusche Joseph", "zahlreiche Familie";
Rudolf Grossmann: "Badeanstalt in Stockholm", "Husarenball",
George Grosz: "Varieté", "Strasse in Marseille";
Carl Hofer: "Die Gefangenen", "Jean Börlin", "Rheinlandschaf[t]", "Stilleben m.Töpfen", "Bildnis Alfred Flechthei[m]", "Selbstbildnis", "Aepfelstilleben",
Rudolf Levy: "Cassis"; "Grossmann in Stockholm", "die schwar[ze] Flasche", "L'estaque",
Wilhelm Morgner: "Kreuzigung", "Selbstbildnis", "alter Jude";
Heinrich Nauen: "Selbstbildnis", "am Sumpf", "Stilleben", "Dahlien", "Blumen", "Schwemmereiter";
Hans Purrmann: "Langenargen";
Otto v.Wätjen: "Andalusisches Dorf".

b.w.

Frühe Bilder von Beckmann besitzen noch:
Prof.Kolbe u.Prof. Heid, Hans Rabe, Hermann Westphal, Wilhelm Gross, Judius Aufseeser, Berlin.

Mit besten Grüssen

Ihr sehr ergebener

Brief von Alfred Flechtheim an Ludwig Justi, 6. 6. 1928; Zentralarchiv der Staatlichen Museen zu Berlin, SMB-ZA, I/NG 720, Bl. 18.

Axel Drecoll und Anja Deutsch

Fragen, Probleme, Perspektiven – Zur „Arisierung" der Kunsthandlung Alfred Flechtheim

Die nicht unumstrittene und zum Teil heftig diskutierte Frage nach der Restitution der Bilder aus dem Bestand Alfred Flechtheims ist in zeithistorischer Perspektive mit zwei eng zusammenhängenden Forschungsrichtungen verbunden, denen sich die Geschichtswissenschaft seit etwa zwei Jahrzehnten intensiv widmet. Die erste zielt auf die Analyse der wirtschaftlichen Existenzvernichtung der jüdischen Bevölkerung. Sie lenkt den Blick auf verschiedene Formen der Vermögensentziehung – ob Veräußerung, Raub oder Plünderung – und richtet den Fokus dabei vor allem auf die breite Beteiligung „ganz normaler Bürger".[1] Die zweite Perspektive lenkt die Aufmerksamkeit auf die Betroffenen. Im Mittelpunkt stehen ihr „Eigensinn", ihre Verhaltensweisen und Handlungsspielräume, die Tatsache, dass sie nicht nur verfolgte Objekte, sondern auch handelnde Subjekte waren.[2]

Beide Perspektiven kommen als Folie für die vorliegende Analyse der Verfolgungsbiografie Alfred Flechtheims zum Tragen. Der bekannte Kunsthändler und verfolgte Jude floh 1933 aus Deutschland. Einen Teil seines wertvollen Gemäldebestandes konnte er ins Ausland transferieren, über andere Teile besteht nach wie vor Unklarheit. Die Vermutung, ein Gutteil seines Besitzes sei Profiteuren aus seinem professionellen Umfeld in die Hände gefallen, ist allerdings schon mehrfach geäußert worden.[3]

Die komplizierte Frage nach den wechselnden Eigentumsverhältnissen und den verschlungenen Wegen, auf denen sich Raubkunst und Fluchtgut nach 1933 bewegten, wird im vorliegenden Sammelband in mehreren Studien von Provenienzforscherinnen aufgegriffen.[4] Die vorliegende Analyse hat zum Ziel, deren zumeist objektbezogene Ansätze um eine zeitgeschichtliche Perspektive zu ergänzen und die kunsthistorischen Analysekriterien in den Rahmen der geschichtswissenschaftlichen Fragestellungen einzubetten. So eindeutig Alfred Flechtheims Flucht- und Emigrationsschicksal das eines besonders prominenten Opfers der nationalsozialistischen Verfolgungspolitik war, so schwierig gestaltet sich die genaue Rekonstruktion des Verlustes seiner wirtschaftlichen Existenzgrundlage in Deutschland. Die Probleme resultieren in erster Linie aus der äußerst dürftigen Überlieferung. Schriftliche Zeugnisse oder Aussagen von Beteiligten aus der Nachkriegszeit sind

---

[1] Hierzu v. a. Frank Bajohr, „Arisierung" in Hamburg. Die Verdrängung der jüdischen Unternehmer 1933–1945, Hamburg 1997; siehe auch den Beitrag von Frank Bajohr im vorliegenden Band.

[2] Auf die Notwendigkeit, Verhaltensweisen und Handlungsspielräume der Betroffenen in die Betrachtungen einzubeziehen, um die ganze Dimension der NS-Herrschaft begreifen zu können, hat vor allem Saul Friedländer aufmerksam gemacht; Saul Friedländer, Das Dritte Reich und die Juden. Die Jahre der Verfolgung 1933–1939, München ²1998. Zum Konzept des „Eigensinns" vgl. Alf Lüdtke, Alltagsgeschichte. Zur Rekonstruktion historischer Erfahrungen und Lebensweisen, Frankfurt a. M. 1989.

[3] Markus H. Stötzel, Ein jüdisches Kunsthändlerschicksal. Der verfolgungsbedingte Eigentumsverlust der Kunsthandlung Alfred Flechtheim, in: Kunst und Recht. Journal für Kunstrecht, Urheberrecht und Kulturpolitik (KUR) 3/4 (2010), S. 102–120, hier etwa S. 106; Ralph Jentsch, Alfred Flechtheim und George Grosz. Zwei deutsche Schicksale, Bonn 2008, S. 40; von „Arisierung" sprechen auch Esther Tisa Francini/Anja Heuss/Georg Kreis (Hrsg.), Fluchtgut – Raubgut. Der Transfer von Kulturgütern in die Schweiz 1933–1945 und die Frage der Restitution, Zürich 2001, S. 318.

[4] Siehe etwa die Artikel von Andrea Bambi, Isgard Kracht, Vanessa Voigt und Wiebke Krohn in diesem Band.

extrem dünn gesät, unter anderem haben kriegsbedingte Zerstörungen offensichtlich große Lücken gerissen.[5] Beurteilungsprobleme bereiten auch die Berufsspezifika des Kunsthändlers: Er sammelte Bilder und handelte damit. Zahlreiche Kunstwerke verkaufte er in Kommission oder besaß sie nur anteilig.[6] Bis in die jüngste Zeit bestand bei Flechtheims „Südseesammlung" Uneinigkeit darüber, ob er deren Eigentümer war oder vielmehr als Kunsthändler über das Eigentum Dritter verfügte.[7] Hinzu kommen Spezifika der NS-Herrschaft in der Anfangsphase des Regimes, als sich der nationalsozialistische Staat in einer Phase der Herrschaftskonsolidierung befand. Vieles war noch ungeregelt, nicht von oben gesteuert, sondern von der Straße aus dirigiert. Das galt auch für die wirtschaftliche Verfolgung der jüdischen Bevölkerung. Verallgemeinernde Aussagen können daher nur mit Vorsicht getroffen werden, da Umfang, Ausprägung und Zeitpunkt in dieser Zeit der „wilden" Raubzüge von vielen Parametern abhingen, wie etwa vom Berufszweig, vom Vermögensgegenstand oder vom Tatort.[8]

Nicht unproblematisch ist schließlich die Wahl der Begrifflichkeit. In der Geschichtswissenschaft hat sich für die Bezeichnung der Vernichtung der wirtschaftlichen Existenz der Juden der Begriff der „Arisierung" durchgesetzt, eine Bezeichnung, die auch für den

---

[5] Zahlreiche Quellengattungen, die üblicherweise Aufschluss über die wirtschaftliche Existenzvernichtung der jüdischen Bevölkerung geben könnten, etwa Steuer-, Devisen- oder Polizeiakten sind im Falle Alfred Flechtheims nicht erhalten geblieben. Gleiches gilt für Akten der Galerie Flechtheim GmbH. Antrag auf Restitution oder Entschädigung wegen des Verlustes der Gesellschaft ist nach dem Krieg offensichtlich nicht gestellt worden, so dass auch hier eine für die Rekonstruktion der wirtschaftlichen Verfolgung wichtige Quellengattung fehlt. Wiedergutmachungsanträge im Umfeld der Verfolgung Alfred Flechtheims geben allenfalls vage Hinweise auf den Vermögenstransfer. Bestände in Privatarchiven sind der Forschung schließlich nicht, oder nicht mehr, zugänglich. Zu den Überlieferungsschwierigkeiten siehe auch Cordula Frowein, Alfred Flechtheim im Exil in England, in: Hans Albert Peters u. a. (Hrsg.), Alfred Flechtheim. Sammler. Kunsthändler. Verleger (= Ausst.-Kat. Kunstmuseum Düsseldorf), Düsseldorf 1987, S. 59–64, hier S. 59; Wiebke Krohn, „Eine Gemengelage, die auch die moderne Provenienzforschung nicht auflösen kann". Besitzverhältnisse in der Sammlung und den Galerien Alfred Flechtheims, in: Eva Blimlinger/Heinz Schödl (Hrsg.), Die Praxis des Sammelns. Personen und Institutionen im Fokus der Provenienzforschung, Wien/Köln/Weimar 2014, S. 221–240; vgl. auch die Einleitung sowie die Beiträge von Andrea Bambi oder Gesa Jeuthe im vorliegenden Band.
[6] Zu den Problemen, vor allem hinsichtlich der Unterscheidung von Privat- und Kunstbesitz, vgl. z. B. Ottfried Dascher, „Es ist was Wahnsinniges mit der Kunst". Alfred Flechtheim. Sammler, Kunsthändler, Verleger, Zürich 2011, S. 94; Jentsch, Alfred Flechtheim, S. 96. Mit Hilfe fotografischer Quellen und durch das Zusammentragen vieler vereinzelter Hinweise sieht sich Ottfried Dascher allerdings in der Lage, die private Sammlung Flechtheims relativ zuverlässig zu rekonstruieren; Dascher, Kunst, S. 250. Auf die wechselnde Bestandszuordnung der Bilder, vor allem aufgrund steuerlicher Begebenheiten, weist Andrea Bambi im vorliegenden Sammelband hin.
[7] Nach Markus Stötzel, aber auch Ottfried Dascher, besaß Flechtheim eine Sammlung außereuropäischer Plastik und Südseestammeskunst. Esther Tisa Francini hat hingegen jüngst auf breiter Quellenbasis herausgearbeitet, dass der tatsächliche Inhaber dieser Sammlung stets der Bankier Eduard von der Heydt gewesen ist; Stötzel, Kunsthändlerschicksal, S. 102; vgl. auch Dascher, Kunst, S. 202; Esther Tisa Francini, Die Rezeption der Kunst aus der Südsee in der Zwischenkriegszeit: Eduard von der Heydt und Alfred Flechtheim, in: Eva Blimlinger/Monika Mayer (Hrsg.), Kunst sammeln, Kunst handeln. Beiträge des Internationalen Symposiums in Wien, Wien/Köln/Weimar 2012, S. 183–196, sowie den Werktext „Figurenfries" von Esther Tisa Francini im vorliegenden Band.
[8] Frank Bajohr, „Arisierung" als gesellschaftlicher Prozess. Verhalten, Strategien und Handlungsspielräume jüdischer Eigentümer und „arischer" Erwerber, in: Irmtrud Wojak/Peter Hayes (Hrsg.), „Arisierung" im Nationalsozialismus. Volksgemeinschaft, Raub und Gedächtnis, Frankfurt a. M. 2000, S. 15–30; Angelika Baumann/Andreas Heusler, Einleitung, in: Dies. (Hrsg.), München arisiert. Entrechtung und Enteignung der Juden in der NS-Zeit, München 2004, S. 10–16, hier S. 11.

Vermögensverlust von Alfred Flechtheim in mehreren Studien Verwendung gefunden hat.[9] Es liegt zunächst auf der Hand, dass auch das brachiale NS-Verfolgungssystem die nachhaltige Wirkung, die Flechtheim auf dem deutschen Kunstmarkt hinterließ, nicht einfach über Nacht auslöschen konnte. Mit einem Griff in die ideologische Trickkiste versuchten die nationalsozialistischen Machthaber genau diesen Effekt sprachlich zu erzielen. Sie umschrieben die Ausplünderung der jüdischen Bevölkerung mit dem Bild einer Reinigung. Durch den Übergang von „jüdische" in „arische" Hände durchlief – dem kruden Erklärungsmodell zur Folge – das Vermögen eine Säuberungsprozedur, wurde „arisiert". Die Spuren jüdischer Geschäftstätigkeit wurden damit zumindest sprachlich verwischt. Unter dem Deckmantel antisemitisch begründeter Notwendigkeiten konnte so jede Form der Aneignung von „jüdischem" Vermögen, ob gekauft, geraubt oder geplündert, als wünschenswerte „Arisierung" verbrämt werden. Um dieses äußerst problematische, antisemitisch aufgeladene Ideologem als Untersuchungsbegriff der Forschung zugänglich zu machen, ist die Geschichtswissenschaft um eine inhaltliche Präzisierung bemüht.[10] Zur Verdeutlichung der Tatsache, dass die nationalsozialistischen „Volksgemeinschaft" Züge einer Raubgemeinschaft trug, deren Mitglieder zum Teil erheblich von der NS-Verfolgungspolitik profitierten, scheint die Verwendung vor allem dann angebracht, wenn der Vermögenstransfer und eine aktive oder gar maßgebliche Beteiligung der „Volksgenossen" auch tatsächlich feststehen.[11] Davon abzugrenzen sind hingegen die zahlreichen, meist durch die drastischen Repressionen des Terrorapparates erzwungenen Liquidierungen jüdischer Unternehmen, die eben nicht veräußert oder übernommen wurden – oder der massenhafte Raub, mit dem sich das NS-Regime durch die fiskalische Verfolgung und Enteignung die Vermögen der Opfer unter den Nagel riss.[12]

Galerie und Galerist 1878–1933

Die Familie Flechtheim[13] war bereits seit dem 18. Jahrhundert in Brakel/Westfalen ansässig und im Getreidehandel tätig. Alfred Flechtheim wurde in Münster am 1. April 1878 als

---

[9] Francini/Heuss/Kreis (Hrsg.), Fluchtgut, S. 318; Christine Fischer-Defoy/Kaspar Nürnberg (Hrsg.), Gute Geschäfte. Kunsthandel in Berlin 1933–1945 (eine Ausstellung des Aktiven Museums im Centrum Judaicum v. 10. 4.–31. 7. 2011 und im Landesarchiv Berlin v. 20. 10. 2011–27. 1. 2012), Berlin 2011, S. 39; Stötzel, Kunsthändlerschicksal, hier z. B. S. 106.

[10] Marian Rappl, „Unter der Flagge der Arisierung … um einen Schundpreis zu erraffen." Zur Präzisierung eines problematischen Begriffs, in: Baumann/Heusler (Hrsg.), München arisiert, S. 17–30.

[11] Einen Forschungsüberblick mit den verschiedenen Etappen und Ausprägungen der „Arisierung" bietet der Beitrag von Frank Bajohr in diesem Band.

[12] Siehe hierzu den konzisen Überblick bei Benno Nietzel, Die Vernichtung der wirtschaftlichen Existenz der deutschen Juden 1933–1945, in: Archiv für Sozialgeschichte 49 (2009), S. 561–613, hier S. 562 ff., 585 u. 596; zur Bedeutung der „Volksgemeinschaft" als Beutegemeinschaft: Frank Bajohr, Parvenüs und Profiteure. Korruption in der NS-Zeit, Frankfurt a. M. 2001, S. 187, sowie ders. im vorliegenden Band; zur begrifflichen Differenzierung auch Axel Drecoll, Der Fiskus als Verfolger. Die steuerliche Diskriminierung der Juden in Bayern 1933–1941/42, München 2009, S. 25–30.

[13] Alfred Flechtheims Urgroßvater Sostmann David nahm den Nachnamen Flechtheim 1808 an, als die Einführung von Familiennamen für Juden unter napoleonischer Herrschaft vorgeschrieben wurde. Flechtheim ist eine Wüstung nördlich von Brakel; Rico Quaschny, Monroe & Molly. Die Varietéstars Walther und Hedwig Flechtheim zwischen Erfolg und Verfolgung, hrsg. im Auftrag der Stadt Bad Oeynhausen, Bielefeld 2001, S. 31.

ältester Sohn von Emil Flechtheim und dessen Frau Emma Heymann geboren. In seinen Kindheitserinnerungen wird die enge Verbindung zu Westfalen deutlich:

> „Meine Eltern sind Westfalen, und ich kann, trotzdem ich reiner Semit bin, auf eine so lange Reihe westfälischer Ahnen zurückblicken, daß ich mir schmeicheln darf, in diesem Lande ebenso lange ansässig zu sein wie die Drostes und die Arenbergs."[14]

Weniger eng war seine Verbindung zum Getreidehandel. Obwohl er zunächst in den elterlichen Betrieb einstieg, nahm seine Kunstbegeisterung immer mehr Raum ein.[15] Hielt sich seine Sammelleidenschaft anfangs auf Grund eingeschränkter finanzieller Mittel in Grenzen, verbesserte die Hochzeit mit Bertha (Betti) Goldschmidt im Jahr 1910 seine Optionen auf dem Kunstmarkt wohl erheblich. Die Braut kam aus einer vermögenden jüdischen Kaufmannsfamilie und brachte eine stattliche Mitgift in die Ehe. Auf der Hochzeitsreise nach Paris, einer Stadt, zu der Flechtheim seit seiner Lehrzeit eine besondere Beziehung hatte, gab er eine beträchtliche Summe für kubistische Bilder aus.[16] Im aufwendig gestalteten Katalog „Beiträge zur Kunst des XIX. Jahrhunderts und unserer Zeit" zur Eröffnung seiner ersten Galerie im Jahr 1913 schrieb er im Vorwort: „Endlich bin ich in der Lage, mir einen lange gehegten Wunsch zu erfüllen: mich nur mehr mit Dingen der Kunst zu beschäftigen. Dazu soll mir meine Galerie dienen."[17]

Ab diesem Zeitpunkt war der bislang als „Marchand Amateur" ohne Galerie operierende Alfred Flechtheim als Kunsthändler mit eigenen Geschäftsräumen aktiv. Neben Bildern des 19. Jahrhunderts zeigte die Abteilung „Kunst unserer Zeit" deutsche und internationale Künstler, unter anderen Picasso, Munch, Schiele, Kokoschka, Nauen, Matisse und Derain sowie Künstler des „Blauen Reiters" und der „Brücke". Bis Oktober 1914 konnte Flechtheim elf Ausstellungen umsetzen, darunter Ausstellungen mit Heinrich Nauen, Edvard Munch und Ernst Barlach sowie den Künstlern des „Dôme". Seinen Wunsch zu expandieren setzte er 1921 nach einer vorübergehenden kriegsbedingten Schließung der Düsseldorfer Galerie mit der Eröffnung einer weiteren Galerie in Berlin um. Im folgenden Jahr stieß Paul Alexander Vömel als neuer Mitarbeiter dazu und wurde 1927 von Alfred Flechtheim zum Geschäftsführer der Düsseldorfer Galerie bestellt.[18] Nach Flechtheims Flucht 1933 machte Vömel in den Galerieräumen in Düsseldorf seine eigene Galerie auf.

Mit wechselnden Partner- und Gesellschafterkonstellationen hatte Alfred Flechtheim über Düsseldorf und Berlin hinaus weitere Galerien und Repräsentanzen, etwa in Köln, Frankfurt und Wien eröffnet.[19] Trotz ständiger Unterfinanzierung und tiefer Spuren, die die Inflation in der ersten Hälfte der 1920er Jahre hinterlassen hatte, gelang es ihm, sich auf dem Kunstmarkt zu behaupten und im gesellschaftlichen Leben Berlins zu etablieren. Einladungen zu seinen Galerie-Bällen waren begehrt und wurden schon bald zu seinem Markenzeichen.[20]

---

[14] Rudolf Schmitt-Föller (Hrsg.), Alfred Flechtheim. „Nun mal Schluß mit den blauen Picassos". Gesammelte Schriften, Bonn 2010, S. 23.

[15] Zur frühen Sammlertätigkeit Alfred Flechtheims siehe Dascher, Kunst, S. 36.

[16] Monika Flacke-Knoch/Stephan von Wiese, Der Lebensfilm von Alfred Flechtheim, in: Peters u. a. (Hrsg.), Alfred Flechtheim, S. 154.

[17] Ausstellungskatalog „Beiträge zur Kunst des XIX. Jahrhunderts und unserer Zeit", zitiert nach: Dascher, Kunst, S. 86.

[18] Zur Person Vömels siehe die Beiträge von Roswitha Neu-Kock und Gesa Jeuthe in diesem Band.

[19] Dascher, Kunst, S. 161–165.

[20] Ebd., S. 180–184.

Die Darlehen für den Ausbau der Berliner Galerie im Jahr 1927 waren noch nicht abbezahlt, als es im Oktober 1929 zum „Schwarzen Freitag" an der New Yorker Börse kam. Da die Verkäufe trotz aller Bemühungen zurückgingen, wurde die finanzielle Situation immer prekärer. Flechtheim sah sich schließlich genötigt, Verträge mit Künstlern wie Max Beckmann und George Grosz aufzulösen. Außerdem konnte er sich Ausstellungen nur noch leisten, wenn die Künstler bereit waren, die anfallenden Kosten für Transporte, Versicherungen oder Einladungskarten selbst zu übernehmen.[21]

Zum Jahreswechsel 1932/1933 zeigte Flechtheim eine große Ausstellung zeitgenössischer Kunst mit dem Titel „Lebendige deutsche Kunst" – seine letzte Ausstellung in Deutschland, wie sich herausstellen sollte.

Jüdisches Selbstverständnis und antisemitische Angriffe

> „Um diese Zeit beginnt meine Freundschaft zu Alfred Flechtheim. Wie herzerquickend ist's, einmal einen Juden zu treffen, der seine Abstammung nicht verheimlicht, sondern stolz darauf ist. ‚Finden Sie denn nicht auch den König David feudaler, als so einen windigen Hohenzoller?' fragt Flechtheim."[22]

Mit diesen Worten beschrieb Thea Sternheim[23] ihre erste Begegnung mit Alfred Flechtheim 1906. Deutlich wird hier seine Verbindung zum Judentum, die nach den Akkulturationsbestrebungen der Juden in Deutschland seit dem 19. Jahrhundert nicht unbedingt selbstverständlich war. Schon die Familie war den typischen Weg einer bürgerlichen deutsch-jüdischen Familie gegangen, sein Neffe Ossip K. Flechtheim beschrieb deren religiöse Ausrichtung folgendermaßen:

> „So wird vom Vater meines Vaters[24] erzählt, daß er ein sehr resoluter Reformjude war. Er ging so weit zu sagen, es sei doch Blödsinn, daß die Juden sonnabends feierten und nicht sonntags […] Und als er dann den Sonntag durchgesetzt hatte, kam er nicht einmal hin: Er hatte sich von der alten Tradition gelöst."[25]

Noch deutlicher wird diese Abwendung von der jüdischen Tradition bei Ossip Flechtheims Vater:

> „[…] mein Vater war ein eher unpolitischer Mensch. Als ihm die Kirchensteuer zu hoch war, ist er aus der jüdischen Gemeinde ausgetreten – und später wieder eingetreten, weil er Mitglied der jüdischen Loge werden wollte."[26]

---

[21] Gesa Jeuthe, Kunstwerte im Wandel. Die Preisentwicklung der deutschen Moderne im nationalen und internationalen Kunstmarkt 1925 bis 1955, Berlin 2011, S. 41; Andrea Christine Bambi, „Ich bin nicht Beckmanns Kunsthändler". Alfred Flechtheim und seine Künstlerverträge, erläutert am Beispiel von Max Beckmann, in: Blimlinger/Mayer (Hrsg.), Kunst sammeln, S. 174–180.

[22] Thea Sternheim, Erinnerungen, hrsg. v. Helmtrud Mauser u. Traute Hensch, Freiburg im Breisgau 1995, S. 81.

[23] Thea Sternheim wurde am 25.11.1883 in Neuss als Tochter einer wohlhabenden Fabrikantenfamilie geboren. In zweiter Ehe war sie mit dem Schriftsteller Carl Sternheim verheiratet. Mit Flechtheim verband sie bis zu seinem Tod 1937 eine innige Freundschaft, die vor allem auf der geteilten Begeisterung für moderne Kunst gründete.

[24] Es handelt sich hierbei um Alfred Flechtheims Vater, Emil Flechtheim.

[25] Hajo Funke, Die andere Erinnerung. Gespräche mit jüdischen Wissenschaftlern im Exil, Frankfurt a. M. 1989, S. 425.

[26] Ebd., S. 424.

Auch bei Alfred Flechtheim scheint es sich um das selbstverständliche Bewusstsein seiner jüdischen Herkunft und ein eher allgemeines Zugehörigkeitsgefühl zum Judentum gehandelt zu haben. So waren Bettis Teilnahme an einer Bar Mitzwa[27] und Alfred Flechtheims Mitgliedschaft im jüdischen Boxklub „Maccabi" genauso selbstverständlich wie seine Mitgliedschaft im Verein deutscher Faustkämpfer[28] und die Einäscherung nach seinem Tod 1937 in London[29] – für einen gläubigen Juden schlicht undenkbar.

Was Flechtheim mit vielen deutschen Juden teilte, war sein Bekenntnis zu Deutschland. Ossip Flechtheim beschrieb dessen Aufstieg in den Offiziersrang während des Ersten Weltkriegs:

> „Denn einer meiner Onkel väterlicherseits, der nicht unbekannte Kunsthändler Alfred Flechtheim, war Vizewachtmeister bei den Ulanen, einem sehr feinen preußischen Regiment. Diese preußischen Regimenter hatten seit 1878 Juden nicht mehr zu Reserveleutnants ernannt. Erst 1914 fiel diese Schranke und Alfred Flechtheim wurde Reserveleutnant. Die Familie jubilierte: Er war Adjutant bei dem Prinzen von Ligne in Brüssel."[30]

Dieser Jubel war aber nur von kurzer Dauer. Auch wenn von Flechtheim selbst keine direkte Aussage überliefert ist, dürfte ihn die sogenannte Judenzählung 1916 nicht unberührt gelassen haben. Und aus den Aufzeichnungen Thea Sternheims geht hervor, dass er durchaus mit antisemitischen Stereotypen konfrontiert war:

> „Ich gerate mit Wedderkop hart aneinander in einem Gespräche über Flechtheim, dem ein Fall Dreyfuss gedreht werden soll, weil er ‚kapitalistisch verkommen' im Gebiet seiner Kommandanturen Weiden gemietet habe anstatt dieselben wie der unbemittelte Offizier einfach zu requirieren. Ferner habe er Geld gegeben, um einen ihm sympathischen Soldaten vom Frontdienst zu befreien."[31]

Und an anderer Stelle heißt es:

> „Auch was Flechtheim von den Schikanen seiner Vorgesetzten erzählt, beweist, daß man nach dem Sündenbock sucht, die Verantwortung abzuwälzen. Steht der Zug vorm Entgleisen, wird immer der Jude gehetzt."[32]

Aber auch Flechtheims äußere Erscheinung scheint ihn zum Ziel willkürlicher Angriffe gemacht zu haben. Thea Sternheim beschreibt eine Szene, die sich 1920 abspielte:

> „Später, auf der Strasse, pöbelt man uns mehrmals an. Zweimal fahren Radfahrer mit Absicht auf uns zu. Flechtheims prononciert jüdischer Typus wirkt aufreizend in einem Zeitpunkt, wo nationale Verhetzung es sich angelegen sein lässt, den verlorenen Krieg auf das Konto der Juden zu schieben."[33]

Ein Jahr später persiflierte ihn die Künstlervereinigung „Junges Rheinland." Deren Mitglieder schlossen einen offenen Brief mit dem Satz „O flechtheim – sch'lamassel". Das Schreiben war mit „Alfred nebbich" unterzeichnet. Ganz offensichtlich ging es hier um ihn als *jüdischen* Kunsthändler. Dementsprechend verärgert reagierte er und drohte mit

---

[27] Schmitt-Föller (Hrsg.), Alfred Flechtheim, S. 38.

[28] Reichshandbuch der deutschen Gesellschaft. Das Handbuch der Persönlichkeiten in Wort und Bild, Band 1, Berlin 1930, S. 452.

[29] Dascher, Kunst, S. 386.

[30] Funke, Erinnerung, S. 423.

[31] Thea Sternheim, Tagebücher 1903–1971, I, 1903–1925, hrsg. v. Thomas Ehrsam und Regula Wyss i. A. der Heinrich Enrique Beck-Stiftung, Göttingen 2011, S. 434.

[32] Sternheim, Erinnerungen (1995), S. 277.

[33] Sternheim, Tagebücher I (2011), S. 517.

einer Privatklage.[34] Die antisemitischen Attacken des NS-Kampfblatts „Völkischer Beobachter" trieben 1930 die Diffamierungen gegen den „Juden Flechtheim" vorläufig auf die
Spitze.[35]

Flucht und Vermögensverlust

In den folgenden drei Jahren rissen die Schmähungen nicht ab und Alfred Flechtheims
Situation war wohl von unterschiedlichen und zum Teil äußerst bedrohlichen Einflüssen
geprägt. Er hatte sich einerseits als exzellenter Kunstkenner und erfolgreicher Händler
einen Namen gemacht und verfügte über ausgezeichnete internationale Kontakte. Aufgrund seines jüdischen Selbstbewusstseins, seiner liberalen Haltung, seines extrovertier-
ten und extravaganten Auftretens und seines markanten Äußeren war er andererseits
früh zur Zielscheibe antisemitischer Angriffe geworden und galt den Rassefanatikern der
Partei nach 1933 geradezu als Prototyp des jüdischen Staatsfeindes.[36] Hinzu kamen enor-
me Liquiditätsprobleme in Zeiten der Weltwirtschaftskrise, wohl auch bedingt durch den
nahezu totalen Zusammenbruch des Kunstmarktes für Bilder, mit denen Flechtheim vor-
zugsweise handelte.[37] Bereits 1932 befand er sich offensichtlich am Rande des Ruins.[38]

Im Jahr 1933 sah sich Alfred Flechtheim dazu gezwungen, aus Deutschland zu fliehen.
Der genaue Zeitpunkt lässt sich nicht mehr exakt rekonstruieren. Es war wohl Ende September 1933, als er Berlin in Richtung Paris verließ.[39] Das letzte Warnsignal war wahrscheinlich im März 1933 ertönt, als die SA den Abbruch einer von ihm mitveranstalteten
Auktion erzwang.[40] Folgt man den Tagebüchern Thea Sternheims, dann war das Ehepaar
Flechtheim noch im September 1933 in Berlin, allerdings inzwischen nicht nur „unglücklich", sondern darüber hinaus „total ruiniert".[41]

Weitergehende Aussagen sind auf Grundlage des hier vorliegenden Quellenmaterials
allerdings nur schwer zu treffen. Weder erlauben Geschäftsbücher oder Aufstellungen der

---

[34] Flacke-Knoch, Lebensfilm, S. 168–171.

[35] Sternheim, Tagebücher II (2011), S. 297.

[36] Mit einer Flechtheim-Karikatur und beschriftet mit „Die Rassenfrage ist der Schlüssel zur Weltgeschichte" machte der „Illustrierte Beobachter" seine Ausgabe vom 10.12.1932 auf; Hendrik, „Abgetakeltes Mäzenatentum. Wie Flechtheim und Kaesbach deutsche Kunst machten", Artikel in der
Düsseldorfer „Volksparole", 1.4.1933. Alfred Flechtheims stereotyp missbrauchtes Konterfei war sogar Bestandteil der NS-Ausstellung „Entartete Kunst"; ein entsprechendes Plakat mit einer Karikatur
Flechtheims ist abgebildet in: Stefan Frey/Wolfgang Kersten, Paul Klees geschäftliche Verbindung
zur Galerie Alfred Flechtheim, in: Peters u. a. (Hrsg.), Alfred Flechtheim, S. 65–100, hier S. 100.

[37] Siehe hierzu Andrea Bambi in diesem Band; siehe auch Flacke-Knoch, Lebensfilm, S. 190.

[38] Das geht vor allem aus einem Schriftwechsel Flechtheims mit dem Stadtmuseum Düsseldorf im
Jahr 1932 hervor, etwa Stadtarchiv Düsseldorf (StadtAD), 0 – 1-4 – 337, Schreiben Flechtheims vom
29.6.1932 und 9.12.1932 und ebd., 1 – 4-3765, Schreiben vom 18.3.1930; siehe hierzu auch den
Beitrag von Vanessa Voigt in diesem Band.

[39] Dascher, Kunst, S. 314; siehe auch dessen Beitrag im vorliegenden Band. Ralph Jentsch datiert die
Ausreise – zunächst nach Basel – auf Juni 1933; Jentsch, Alfred Flechtheim, S. 32 u. 77. Stötzel datiert
die Flucht auf den Sommer des Jahres 1933; Stötzel, Kunsthändlerschicksal, S. 106.

[40] Francini/Heuss/Kreis (Hrsg.), Fluchtgut, S. 318, zitieren einen Brief Vömels vom 15.3.1933, aus
dem hervorgeht, Flechtheim sei am Tag der Auktion nicht in Düsseldorf gewesen, scheint sich aber
generell noch dort aufgehalten zu haben; s. Anhang III Dok.2 im vorliegenden Band; hierzu auch
Dascher, Kunst, S. 296. Markus Stötzel zufolge hat es sich allerdings um zwei Veranstaltungen mit Beteiligung Flechtheims gehandelt; Stötzel, Kunsthändlerschicksal, S. 104f.

[41] Sternheim, Tagebücher II (2011), S. 532, Eintrag vom 8.9.1933.

GmbH einen Einblick in die genaue wirtschaftliche Situation Alfred Flechtheims, noch lassen Steuer- oder Devisenakten Rückschlüsse darauf zu, über welches Vermögen der Galerist vor seiner Emigration tatsächlich noch verfügte.[42] Ebenso spärlich ist die Anzahl von Quellen, die Aufschluss über die weitere Entwicklung der Galerie nach seiner Auswanderung und seine weiteren Vermögensverhältnisse geben können. Auf der Grundlage der Handelsregistereinträge lässt sich zunächst folgende Entwicklung nachzeichnen: Im Mai 1933 legte Alex Vömel seine Geschäftsführerschaft in der Düsseldorfer Galerie von Alfred Flechtheim nieder.[43] Gegen Ende des Jahres wurde die Liquidation der Gesellschaft eingeleitet.[44] Bereits am 25. März 1933 war Alex Vömel mit einer eigenen, neu angemeldeten Galerie in die Geschäftsräume der Flechtheim GmbH in Düsseldorf gezogen.[45] Etwa zwei Jahre später, ab Sommer 1935, fungierte Berlin als Hauptstandort, die ehemalige Düsseldorfer Hauptniederlassung existierte kurze Zeit später auch formal nicht mehr.[46] Als alleiniger Geschäftsführer der GmbH hatte Alfred Flechtheim die entsprechenden Änderungen des Handelsregisters am 9. Juli 1935 veranlasst und als einziger Gesellschafter beschlossen.[47] Am 24. 2. 1937 erlosch die Gesellschaft endgültig.[48]

Über dahinter stehende Entwicklungen geben die hier aufgeführten Kerndaten freilich wenig Auskunft. Die verkürzten und formalisierten Informationen, die sich aus den Registerakten gewinnen lassen, erlauben kaum Rückschlüsse auf die Handlungszusammenhänge und Entscheidungsprozesse. Sie geben jedoch die großen wirtschaftlichen Schwierigkeiten zu erkennen, in der die Galerie zum Zeitpunkt der Machtübergabe an die Nationalsozialisten steckte und die sich im Zuge der antisemitisch geprägten NS-Kunst- und Kulturpolitik noch deutlich verschärft haben mussten. Darauf lassen die Angaben des späteren Liquidators schließen, der die Forderungen an die GmbH auf über 100 000 Reichsmark (RM) taxierte und – wie aus Briefen an von Flechtheim vertretene Künstler hervorgeht – einige der Gläubiger zum Forderungsverzicht aufrief.[49] Wie sich aus Selbst-

---

[42] Im Rahmen der Liquidation der Alfred Flechtheim GmbH und nach dessen Tod im Nachlassverfahren müssen genauere Aufstellungen existiert haben, die heute wohl nicht mehr existieren, zumindest aber nicht mehr auffindbar sind; zum Nachlass Flechtheims Krohn, Gemengelage, S. 235f.; siehe hierzu auch den Artikel von Andrea Bambi in diesem Band.

[43] Amtsgericht Berlin-Charlottenburg, Handelsregisterakten Galerie Alfred Flechtheim GmbH, HRB 21427, Eintrag vom 4. 5. 1933.

[44] Ebd., Schreiben des Finanzamts Düsseldorf-Süd, 13. 12. 1933.

[45] Ebd., Schreiben der IHK an das Amtsgericht Düsseldorf, 28. 1. 1934; die Anmeldung der Galerie Alex Vömel in Düsseldorf war am 20. 3. 1933 erfolgt; Amtsgericht Düsseldorf, HRB 35462, Eintrag vom 20. 3. 1933.

[46] Ebd., Eintrag vom 12. 7. 1935; siehe auch: Amtsgericht Düsseldorf, HRB 1203, Handelsregister Düsseldorf.

[47] Amtsgericht Berlin-Charlottenburg, Handelsregisterakten Galerie Alfred Flechtheim GmbH, HRB 21427; notariell beglaubigtes Protokoll der Gesellschafterversammlung (alleiniger Gesellschafter Alfred Flechtheim) vom 11. 7. 1935; Schreiben Flechtheims „zum Handelsregister", 9. 7. 1935.

[48] Amtsgericht Berlin-Charlottenburg, Handelsregisterakten Galerie Alfred Flechtheim GmbH, HRB 21427, Einträge vom 18. 1./25. 1. 1936 und 24. 2. 1937.

[49] Ebd., Bilanz und Gewinn- und Verlustrechnung (GuV) zum 31. 12. 1934; Frey/Kersten, Paul Klees geschäftliche Verbindung, S. 90; siehe auch Zentrum Paul Klee, Bern, Schenkung Familie Klee, Inv. SFK Ko G Fle 42, Brief des Liquidators Schulte an Klee, 30. 10. 1933; ebd., Fle 61, Briefentwurf Klees vom 1. 11. 1933; hierzu auch ebd., Fle 53, Schreiben Schultes an Klee, 1. 2. 1934, und ebd., Fle 62, Schreiben vom 2. 2. 1934; Houghton Library, Harvard University, George Grosz Papers, MS Ger 206 (116), Schreiben Schultes an Grosz, 18. 11. 1933. Die Forderungen der einzelnen Gläubiger lassen sich, von Ausnahmen abgesehen, mit dem vorliegenden Quellenmaterial nicht mehr rekonstruieren. Ich danke Stefan Frey für die Abschrift der Quellen aus dem Nachlass Paul Klee. Zahlreiche Quellen

zeugnissen aus der Feder des Verfolgten sowie schriftlichen Notizen aus seinem privaten Umfeld entnehmen lässt, setzten sich Alfred Flechtheims finanzielle Probleme in der Emigration wohl weitgehend fort und seine prekäre Lage wurde im Freundes- und Bekanntenkreis auch als solche wahrgenommen. „Lieber richtig arm im Ausland" anstatt als „Verräter" an der eigenen Sache in Deutschland, charakterisierte er seine Situation mit Blick auf die Kunstpolitik der Nationalsozialisten kurz nach seiner Flucht.[50] Die ausgesprochen problematische Situation Alfred Flechtheims und seiner in Deutschland verbliebenen Frau charakterisierte Thea Sternheim im Juni 1934 in ihrem Tagebuch.[51] Gerade in London scheint es für den Kunsthändler schwierig gewesen zu sein, die von ihm vertretenen Künstler zu verkaufen.[52] An seine Erfolge in den 1920er Jahren konnte er jedenfalls nicht mehr anknüpfen, auch wenn sich seine Situation kurz vor seinem Tod in London wohl verbesserte, in welchem Maße, lässt sich mit Bestimmtheit nicht sagen.[53]

Auch in der Frage nach den Handlungsspielräumen Alfred Flechtheims geben die Registerakten Hinweise, eröffnen aber zugleich Raum für Spekulationen. Weder seine finanziellen Schwierigkeiten noch die akute Bedrohungssituation konnten ihn offensichtlich daran hindern, Initiativen zu ergreifen, um die Entscheidungen über seine Gesellschaft nicht vollständig aus der Hand zu geben. Ein Indiz dafür bietet die Grundsatzentscheidung zur Liquidation seiner Gesellschaft, an der er offensichtlich nicht unbeteiligt war. In einem Schreiben an George Grosz schrieb er in durchaus wohlwollendem Ton über „meinen Liquidator", dem es gerade noch gelungen sei, ihn vor dem Konkurs zu retten.[54] Einiges spricht dafür, dass Flechtheim eine für ihn wesentlich ungünstigere Insolvenz und ein Konkursverfahren vermeiden wollte.[55] Jedenfalls führte ihn das Liquidationsverfahren auch nach 1933 zu mehreren Behördengängen in den NS-Staat. Bis 1936 sind solche Amtsaufenthalte in Deutschland belegt.[56] Für eine von ihm mitgestaltete Liquidation der Gesellschaft spricht auch die 1936 erfolgte Einbeziehung von Rosi Hulisch in den Auflösungsprozess. Sie war nicht nur Flechtheims Nichte, sondern nach NS-Maßstäben eben-

---

aus dem Nachlass sind auch abgedruckt oder zitiert bei Peters u. a. (Hrsg.), Alfred Flechtheim; Stefan Frey/Andreas Hüneke, Paul Klee, Kunst und Politik in Deutschland 1933. Eine Chronologie, in: Pamela Kort/Helmut Friedel (Hrsg.), Paul Klee 1933, Köln 2003, S. 268–306.

[50] Zitiert nach: Ursel Berger, Renée Sintenis: … einmal antike Göttin, einmal Tierfreundin, in: Museums-Journal 22 (2008), Heft 2, S. 22–24, hier S. 23f.

[51] Sternheim, Tagebücher II (2011), S. 587, Eintrag vom 22. 6. 1934.

[52] Flacke-Knoch, Lebensfilm, S. 197f.

[53] Während Andrea Bambi auf das durchaus stattliche Erbe verweist, das Flechtheim hinterlassen hat, und betont, dass das Bild des verarmten Kunsthändlers relativiert werden müsse, spricht Dascher von einem „schmalen Erbe"; siehe hierzu die Artikel von Andrea Bambi und Ottfried Dascher in diesem Band.

[54] Houghton Library, Harvard University, George Grosz Papers, MS Ger 206 (116); Brief Flechtheims an Grosz, geschrieben im April, ohne Jahresangabe. Hierzu auch ebd., Brief Schultes vom November 1933; hierzu auch Zentrum Paul Klee, Bern, Schenkung Familie Klee, Inv. SFK Ko G Fle 62, Schreiben Schultes an Klee vom 1. 2. 1934; Dascher, Kunst, S. 321.

[55] Dascher, Kunst, S. 321.

[56] Amtsgericht Berlin-Charlottenburg, Handelsregisterakten Galerie Alfred Flechtheim GmbH, HRB 21427, Einträge vom 18. 1./25. 1. 1936 und 24. 2. 1937. Der vergleichsweise häufige Aufenthalt Flechtheims in Deutschland ergibt sich nicht nur aus den Einträgen im Handelsregister, sondern wird von weiteren Autoren hervorgehoben: Ottfried Dascher, Die Ausgrenzung und Ausplünderung von Juden. Der Fall der Kunsthandlung und des Kunsthändlers Alfred Flechtheim, in: Werner Abelshauser/Jan-Otmar Hesse/Werner Plumpe (Hrsg.), Wirtschaftsordnung, Staat und Unternehmen. Neue Forschungen zur Wirtschaftsgeschichte des Nationalsozialismus, Essen 2003, S. 125–138, hier S. 130.

falls „fremdrassig jüdisch", eine Tatsache, die in den darauf folgenden Jahren zu ihrer Verfolgung und Ermordung führen sollte.[57]

Wie groß der Einfluss Alfred Flechtheims auf den Gang des Verfahrens tatsächlich war, lässt sich aus diesen Indizien allerdings nicht ermessen. Unter den repressiven Rahmenbedingungen des NS-Staates, in denen die Gesellschaft liquidiert wurde, war grundsätzlich nicht mehr das „ob", sondern nur noch das „wie" der Auflösung verhandelbar. Jeder Versuch, die wirtschaftliche Existenz in Deutschland nach 1933 fortzuführen, hätte für den verfolgten Juden unweigerlich lebensbedrohliche Konsequenzen nach sich gezogen. Wenn Flechtheim überhaupt noch Einfluss auf das Liquidationsverfahren nehmen konnte, so lag dies wohl am frühen Zeitpunkt der Auflösungsentscheidung und den finanzpolitischen Prioritäten des NS-Regimes. Nur in den Anfangsjahren des Regimes konnten jüdische Unternehmer noch in Eigenregie Entscheidungen über ihr Vermögen treffen. In dieser Phase galten jüdische Geschäftsleute gerade mit weitreichenden internationalen Beziehungen der NS-Finanzverwaltung als Devisenbringer und genossen daher bei dem ansonsten konsequent antisemitisch agierenden Fiskus ungewöhnliche Freiheiten bei der Ein- und Ausfuhr von Waren.[58] Die damit verbundene Stoßrichtung, mit der Ertragskraft jüdischer Händler die Reichskassen zu füllen, bis sie entweder vollständig ausgeplündert oder endgültig vertrieben waren, fand unter anderem in einer Verordnung auf Grund des Reichskulturkammergesetzes von April 1934 ihren Niederschlag und galt damit auch für jüdische Kunsthändler.[59]

Diese Grobskizze der Galerieauflösung hinterlässt deutlich mehr Frage- als Ausrufezeichen. Auskunft über die zentralen Elemente der Auswanderung und Vermögensentwicklung Alfred Flechtheims kann sie nicht geben. Ungeklärt bleibt vor allem die Frage nach dem Verbleib der Kunstgegenstände.[60] Sind sie „arisiert" worden? Unter welchen Begleitumständen vollzogen sich die Liquidation und der Einzug Alex Vömels in die Galerieräume? Wie lässt sich das professionelle Umfeld, also vor allem Vömel und der Liquidator Alfred E. Schulte charakterisieren und welchen Einfluss nahmen sie auf das Schicksal Alfred Flechtheims?

Über die konkreten Besitzverhältnisse Alfred Flechtheims vor seiner Flucht liegen nur rudimentäre Informationen vor. Aufnahmen aus seiner Privatwohnung, die mehrere Jahre vor seiner Ausreise aufgenommen wurden, vermitteln zwar Eindrücke seines umfangreichen Kunstbesitzes, aber keine gesicherten Erkenntnisse.[61] Tagebucheinträge und

---

[57] Nachdem die NS-Behörden Rosi Hulisch und ihre Mutter Klara Hulisch, die Schwester von Betti Flechtheim, in ein sogenanntes Judenhaus zwangsumgesiedelt hatten, erging im Jahr 1942 der Deportationsbefehl. Vor ihrer Verschleppung entschlossen sich Mutter und Tochter für den Freitod und kamen so ihrer Ermordung durch das nationalsozialistische Regime zuvor; vgl. hierzu die verschiedenen Schriftstücke im Bundesamt für zentrale Dienste und offene Vermögensfragen, Berlin (BADV), WGA 1-3795/50.

[58] In ähnlicher Weise argumentiert auch Ottfried Dascher, Kunst, S. 130 f.; vgl. hierzu auch Drecoll, Der Fiskus als Verfolger, etwa S. 179 f.

[59] Hierzu grundlegend Anja Heuß, Die Reichskulturkammer und die Steuerung des Kunsthandels im Dritten Reich, in: sediment. Mitteilungen zur Geschichte des Kunsthandels 3 (1998), S. 49–61.

[60] Zu der Frage des Verbleibs der Gemälde nach 1933 siehe den Artikel von Ottfried Dascher, Vanessa Voigt und Wiebke Krohn in diesem Band; siehe auch Flacke-Knoch, Lebensfilm, S. 198; Dascher, Kunst, S. 304–308; Frowein, Alfred Flechtheim, S. 59. Mit einer sehr deutlichen Betonung des Raubes und der allgemein verfolgungsbedingten Entziehung auch Stötzel, Kunsthändlerschicksal.

[61] Verwiesen wird des Öfteren auf Aufnahmen aus dem Jahr 1929, die die Galerie bzw. die Wohnung Flechtheims und darin befindliche Bilder zeigen; siehe hierzu den Artikel von Andrea Bambi in diesem Band.

Briefe, die die Perspektive Dritter widerspiegeln, können dem schemenhaften Bild allenfalls vage Konturen hinzufügen.[62] Fest steht, dass Alfred Flechtheim auch nach den wirtschaftlichen Schwierigkeiten der beginnenden 1930er Jahre noch über ansehnliche Kunstbestände verfügte und ein Teil davon nach der nationalsozialistischen Machtübernahme in Deutschland blieb. Der Verbleib kann als erwiesen gelten, da Alex Vömel durch den Verkauf von Bildern und Skulpturen Schulden der Galerie Flechtheim beglich, die durch die Verpfändung von Werken gesichert worden waren.[63] Ein weiterer Teil befand sich nach 1933 noch in Berlin. Das zumindest hob der Maler und Bildhauer Oskar Schlemmer hervor, als er sich Anfang April 1933 an seinen Kollegen Willi Baumeister mit der Bemerkung wandte, Flechtheim habe seine Bilder abgehängt und an der Wand gestapelt. Lediglich Bekannte kämen noch als Käufer in Frage.[64] Folgt man zudem den Ausführungen Thea Sternheims, so war die Picasso-Sammlung in der Privatwohnung Flechtheims im März 1933 noch vollständig, was die Freundin des Hauses offensichtlich dazu veranlasste, auf eine rasche Ausfuhr in die Schweiz zu drängen.[65]

Fest steht darüber hinaus der Transfer von Bildern ins Ausland, die Flechtheim damit letztlich dem Zugriff des NS-Staates zu entziehen vermochte. Das geht unter anderem aus zahlreichen Einträgen im Stock Book der Londoner Mayor Galerie aus den Jahren 1934 bis 1936 hervor, das im Rahmen einer Klee-Ausstellung Bildeingänge von Alfred Flechtheim verzeichnet.[66] Einige Bilder sind zudem in die Schweiz gelangt und von dort aus teils nach Paris transferiert worden.[67] Nach Zürich kamen wohl auch diejenigen Picasso-Gemälde, deren Ausfuhr Thea Sternheim so dringend angemahnt hatte.[68] Bilder, die nicht zum Eigentum des Galeristen gehörten, sondern sich in Kommission in den Galerien befanden, sind – zumindest teilweise – zu ihren Eigentümern retransferiert worden.[69]

---

[62] Mit Verweis auf die Aufnahmen von 1929 und einem Tagebucheintrag Thea Sternheims, demzufolge sich die Gemälde von Picasso noch vollständig in der Wohnung Flechtheims befunden hätten, vertritt Stötzel allerdings die Meinung, im März 1933 sei die Privatsammlung Flechtheims noch vollständig gewesen, wobei er diese Aussage relativiert: Flechtheims Sammlung „scheint" vollständig gewesen zu sein, so der Autor; Stötzel, Kunsthändlerschicksal, S. 120.

[63] Das galt etwa für Schulden bei der Stadt Düsseldorf; StadtAD, 4 3740, Schreiben an den Beigeordneten der Stadt Thelemann, o. D., demzufolge Vömel in die Verpflichtungen Flechtheims eingetreten sei; auf die Schuldenlast hatten offensichtlich auch Mietschulden gedrückt, die sich bei dem Bankier Kurt Poensgen angehäuft hatten; Francini/Heuss/Kreis (Hrsg.), Fluchtgut, S. 318; Universitätsbibliothek Basel, Handschriften, NL 322 : B I, Brief Vömels an Poensgen, 21. 10. 1933.

[64] Brief Schlemmers an Baumeister, 2. 4. 1933, abgedruckt in: Oskar Schlemmer. Idealist der Form. Briefe, Tagebücher, Schriften 1912–1943, hrsg. v. Andreas Hüneke, Leipzig 1990, S. 273.

[65] Sternheim, Tagebücher II (2011), S. 489, Eintrag vom 16. 3. 1933.

[66] Archiv der Mayor Gallery London, Lagerbuch 1934. Dass Flechtheim noch über entsprechenden Bildbesitz verfügte, geht auch aus einem Schreiben an Kahnweiler vom 29. 5. 1934 hervor, in dem er darum bittet, seine Bilder, die in der Mayor Gallery hängen, als Besitz der Galerie Simon in Paris auszugeben. Flechtheim befürchtete, dass die „Engländer" „an deutsche Waren gehen"; zitiert nach Flacke-Knoch, Lebensfilm, S. 198.

[67] Kunsthaus Zürich, 10. 30. 30. 62, Brief Curt Valentins (Galerie Flechtheim Berlin) an das Kunsthaus Zürich, 17. 3. 1933, und ebd., Brief Flechtheims (Paris) an das Kunsthaus Zürich, 31. 10. 1933.

[68] Sternheim, Tagebücher II (2011), S. 489, Eintrag vom 16. 3. 1933, S. 489. Dascher, Kunst, S. 297, bezieht sich ebenfalls auf einen Tagebucheintrag Sternheims vom 16. 3. 1933 und zitiert: die Bilder würden nun zusammengepackt, „um sie in die Schweiz zu senden". In den veröffentlichten Tagebüchern ließ sich diese Formulierung allerdings nicht finden. Dort ist nur vom Anraten Thea Sternheims die Rede, die Bilder in die Schweiz zu versenden. Wahrscheinlich hätte sich der Beleg auf die unveröffentlichten Tagebücher im Literaturarchiv Marbach beziehen müssen.

[69] Das betraf etwa Bilder von Paul Klee, die, wie Curt Valentin gegenüber dem Künstler im November 1933 hervorhob, bereits seit längerem versandbereit beim Spediteur standen; Zentrum Paul

Welche Rolle spielten nun seine Partner und Kollegen bei der Liquidierung seiner Gesellschaft und der Auflösung seines Bildbestandes in Deutschland? Auf den ersten Blick erscheint die Schließung der Gesellschaft als ein typischer Fall der „Arisierung" jüdischen Vermögens. Nach der Flucht Alfred Flechtheims nutzte Vömel, SA-Mann und seit 1937 Mitglied der NSDAP, die Gunst der Stunde, um die international bekannte Galerie in prominenter Lage unter seinem Namen weiterführen zu können. In dieses Bild passt sein in der Literatur bereits mehrfach hervorgehobenes, politisch angepasstes Verhalten im NS-Regime.[70] Zweifellos demonstrierte er nach außen hin durchaus seine Nähe zur NSDAP. Seine Mitgliedschaft in SA und Partei musste er in Nachkriegsangaben selbst einräumen.[71]

Bei näherem Hinsehen verliert das Bild Vömels als skrupelloser Profiteur allerdings an Kontur. Tatsächlich bleibt seine politische Einstellung weitgehend im Dunkeln oder erscheint allenfalls zwielichtig. Auf der einen Seite hegte die Kreisleitung der NSDAP in Düsseldorf an seiner grundsätzlichen „politischen Zuverlässigkeit" keinen Zweifel.[72] Auch die Westfälische Landeszeitung wusste im Dezember 1935 vom „nationalsozialistischen Gebaren" Vömels zu berichten. Allerdings rechnete der gleiche Artikel mit „gewissen Kreisen des Kunsthandels" – vor allem Vömel war damit gemeint – ab und verwies dabei auf die verkaufte Ware, die ihn zum „Handlager" des „jüdischen Kunstpapstes" Flechtheim machte.[73] Die Geheime Staatspolizei verhängte gegen ihn zeitweise sogar eine Ausstellungs- und Verkaufssperre und verwies auf die „weltanschaulichen und künstlerischen Mängel" der Galerie, die seit längerem bekannt seien.[74] Geheimpolizeiliche Aufmerksamkeit hatte Vömel auch als Mitglied des verbotenen Rotary-Clubs und aufgrund des Handelns mit „entarteter Kunst" erweckt.[75]

Klee, Bern, Schenkung Familie Klee, Inv. SFK Ko G Fle 44, Schreiben Valentins an Klee, 3. 11. 1933; ebd., Fle 46, Schreiben Valentins an Klee, 13. 11. 1933; ebd., Fle 47, Schreiben der Galerie Alfred Flechtheim (Rosi Hulisch) an Klee, 15. 11. 1933. Über Arbeiten, die sich in Düsseldorf befanden, besteht allerdings Unklarheit. Stötzel, Kunsthändlerschicksal, S. 111, vertritt die Meinung, Vömel habe Werke Klees, die „wahrscheinlich" zum Großteil aus der Sammlung Flechtheims stammten, an sich genommen, kann hierfür aber nur Indizien und keine Belege anbringen; Dascher, Kunst, S. 352, äußert die Vermutung, dass vor dem Übergang auf Vömel eine Teilräumung erfolgt sein müsse, und bezieht sich dabei auf ein Schreiben Kahnweilers; hierzu auch Flacke-Knoch, Lebensfilm, S. 202; Frey/Kersten, Paul Klees geschäftliche Verbindung, S. 89, verweist zwar auf die Übernahme der Kommissionsware von Paul Klee, von einer Aneignung von Bildern aus dem Privatbesitz Flechtheims ist allerdings nicht die Rede.

[70] Mit besonderer Betonung der Rolle Vömels als aktiver Teilnehmer an der wirtschaftlichen Verfolgung Flechtheims: Jentsch, Alfred Flechtheim, S. 15; Stötzel, Kunsthändlerschicksal, S. 106f.; weniger drastisch im Urteil, aber auch die opportunistische Haltung Vömels betonend: Dascher, Kunst, S. 300.

[71] Noch während des NS-Regimes war Vömel zufolge allerdings sein Austritt aus der nationalsozialistischen „Sturmabteilung" (SA) erfolgt. Eingetreten sei er nur, da der Stahlhelm in die SA übernommen worden war. Sein Eintritt in die Partei sei im Mai 1937 erfolgt; Landesarchiv NRW, NW 1002, Gen.Nr. c43285, Entnazifizierungsfragebogen, 1. 4. 1947.

[72] Landesarchiv NRW, RW 0058, 45640, Schreiben der Kreisleitung Düsseldorf an die Gestapo, 3. 3. 1941.

[73] Westfälische Landeszeitung, 4. 12. 1935.

[74] Am 28. 2. 1941 wurde die Verkaufssperre nach einigen Wochen und nach Sicherstellung einiger Kunstwerke wieder aufgehoben; Landesarchiv NRW, RW 0058/45640, Vermerk der Gestapo Düsseldorf, Schreiben des SD-Leitabschnitts Düsseldorf, 10. 2. 1941, Telegramm des Reichssicherheitshauptamts (RSHA) an die Gestapoleitstelle Düsseldorf, 28. 2. 1941.

[75] Landesarchiv NRW, RW 0058/45640, Aktenvermerke der Gestapo (u. a. vom 12. 2. 1941, 28. 2. 1941, 30. 5. 1938) und Schreiben des SD-Leitabschnitts Düsseldorf, 10. 2. 1941.

Hervorzuheben sind auch die allgemeinen Parameter der „Arisierung" und wirtschaftlichen Verfolgung in der Frühphase des Regimes. Im Rahmen der sogenannten Parteirevolution von unten gab es zwar gerade in diesem Zeitraum zahlreiche, zum Teil extrem brutale Übergriffe gegen die jüdische Bevölkerung. Sie gingen aber vor allem auf die Initiative von „unten" und auf ausgesprochene Parteiaktivisten zurück.[76] Hinweise auf derartige Aktivitäten oder Beziehungen Alex Vömels zu NS-Aktivisten finden sich, seiner Mitgliedschaft in NS-Institutionen ungeachtet, in den Quellen nicht.

Zudem gibt es Indizien, die darauf hinweisen, dass beim Übergang der Räumlichkeiten der Düsseldorfer Galerie auf ihn eine Teilräumung erfolgte und Vömel daher den Bestand von Flechtheim nicht komplett übernommen hat. Die schnelle und wohl relativ reibungslose Übernahme der Ausstellungsräume ist bereits in Richtung einer Übergabevereinbarung beider Galeristen gedeutet worden.[77] Für eine wie auch immer geartete Vereinbarung spricht, dass Vömel Kunstwerke aus dem ehemaligen Eigentum Flechtheims nachweisbar zur Tilgung von dessen Schulden verwandte.[78]

Darüber hinaus lieferte Vömel neben Flechtheim Bilder für die Londoner Klee-Ausstellung im Jahr 1934. Ihr Kontakt war wohl auch nach Flechtheims Emigration nicht gänzlich abgerissen.[79] Auch Rosi Hulisch scheint mit Vömel noch im Spätsommer 1934 in Kontakt gewesen zu sein.[80] Schließlich hatte Vömel Beziehungen in die Schweiz zum dort ansässigen Kunsthändler Christoph Bernoulli, einem Bekannten Flechtheims, der als „Depot für Fluchtgut" fungierte und mit zahlreichen Emigranten freundschaftlich verbunden war. Über Vömel hatte Bernoulli offensichtlich versucht, Werke von Alfred Flechtheim auf dem internationalen Markt zu verkaufen.[81]

Inwieweit er tatsächlich aktiv die Übernahme eines Teils des Flechtheim'schen Vermögens im Rahmen einer „Arisierung" betrieb, ist letztlich nicht mehr nachvollziehbar, kann aber aus den oben genannten Gründen als eher unwahrscheinlich gelten.[82]

---

[76] Zur Bedeutung derartiger Übergriffe etwa Michael Wildt, Gewaltpolitik. Volksgemeinschaft und Judenverfolgung in der deutschen Provinz 1932–1935, in: Werkstatt Geschichte 35 (2003), S. 23–43; zur Bedeutung des Kampfbundes für deutsche Kultur unter Rosenberg Francini/Heuss/Kreis (Hrsg.), Fluchtgut, S. 41.

[77] Hierzu Dascher, Kunst, S. 298–300, 352.

[78] StadtAD/4 – 3740, Schreiben des Beigeordneten Thelemann, o. D., in dem hervorgehoben wird, Vömel sei in die Verpflichtungen Flechtheims eingetreten; Francini/Heuss/Kreis (Hrsg.), Fluchtgut, S. 318.

[79] Frey/Kersten, Paul Klees geschäftliche Verbindung, S. 90. Einen Hinweis gibt auch das Stockbook 1934 der Londoner Mayor Gallery, in dem Flechtheim und Vömel als Einlieferer von Kunstwerken gekennzeichnet sind.

[80] Zentrum Paul Klee Bern, Schenkung Familie Klee, Inv. SFK Ko G Vöm 17, Schreiben Vömels an Lilly Klee, 18. 9. 1934, in dem er festhält, er habe von Rosi Hulisch ein Bild bekommen und möchte den Preis wissen.

[81] Francini/Heuss/Kreis (Hrsg.), Fluchtgut, S. 319 f. Ein Schreiben Vömels an Bernoulli ist als Beleg für Vömels zynische Einstellung und als wichtiger Baustein einer Indizienkette gewertet worden, die auf Vömels Absicht hinweise, die Galerie und deren Bestände an sich zu reißen. Wie immer man einzelne Passagen dieses Schreibens bewerten mag, eindeutige Hinweise auf Vömels Handlungsabsichten enthalten sie nicht. Lediglich die Bemerkungen, dass die Galerie AF (Alfred Flechtheim) bald Galerie Alex Vömel heißen wird, verweist auf die Übernahme der Galerieräume im März 1933. Auch Niederschriften Vömels aus dem Jahr 1967, in denen nur kurz auf das NS-System Bezug genommen wird, können kaum auf Vömels Handlungsabsichten im Jahr 1933 verweisen; der Brief ist u. a. abgedruckt bei Stötzel, Kunsthändlerschicksal, S. 106 f., der für ihn u. a. zusammen mit Nachkriegsbroschüren den klaren Hinweis auf eine „Arisierung" und eine maßgebliche Rolle Vömels ergibt; ebd.; s. Anhang II, S. 267 f., und III, Dok. 2, im vorliegenden Band.

[82] Zu Alex Vömel siehe auch die Beiträge von Roswitha Neu-Kock und Gesa Jeuthe in diesem Band.

Ein ähnlich unscharfes Bild zeichnet die Handlungsweise des Liquidators Alfred E. Schulte. In der Sekundärliteratur wird dessen Geschäftsgebaren als „zweifelhaft", „perfide", „unseriös", sogar als „kriminell" bezeichnet.[83] Der im Januar 1892 geborene Wirtschaftsprüfer war Mitglied in der „Reichskammer der Wirtschaftstreuhänder" und der „Nationalsozialistischen Volkswohlfahrt", aber nicht der NSDAP.[84] Über sein persönliches oder geschäftliches Verhältnis zu Alfred Flechtheim lassen sich aufgrund der vorliegenden Quellen kaum Einschätzungen vornehmen. Einer Nachkriegsaussage in einem Wiedergutmachungsverfahren zufolge verkehrte Schulte „freundschaftlich" im Hause Flechtheims.[85] Diese Einschätzung bestätigt auch Thea Sternheim, die am 12. 9. 1933 offensichtlich den Kontakt zum „sympathischen" Alfred Schulte suchte, um Flechtheim in seiner nahezu aussichtslosen Situation zu helfen.[86] Möglicherweise trennte Schulte zumindest vorübergehend kaum mehr als ein Steinwurf von der Wohnung der Flechtheims. Während das Ehepaar zeitweise in der Berliner Bleibtreustraße gemeldet war, befand sich das Büro des Wirtschaftsprüfers in derselben Straße, Hausnummer 24.[87] Nach den Tagebucheinträgen Thea Sternheims gab es insgesamt mehrere Besprechungen zwischen Flechtheim und Schulte und auch Rosi Hulisch scheint über einzelne Schritte des Liquidators informiert gewesen zu sein.[88]

Inwieweit sich Schultes Geschäftstätigkeit negativ auf die Geschäftspartner der Galerie ausgewirkt haben könnte, kann anhand des vorliegenden Quellenmaterials kaum beantwortet werden. Zweifellos machte Schulte in mehreren Schreiben auf die Dringlichkeit seines Anliegens aufmerksam, um einen Konkurs zu verhindern, unter anderem gegenüber George Grosz.[89] Tatsächlich gelang es ihm offenbar, die Gläubiger der Gesellschaft zu einem Verzicht von etwa 120 000 RM zu bewegen. Dazu gehörte neben George Grosz auch Paul Klee, den Schulte eindringlich auf die Notwendigkeit der Konkursvermeidung hinwies.[90] Immerhin gelang es dem Wirtschaftsprüfer letztlich, die drückende Schuldenlast der Galerie aus dem Jahr 1933 nahezu auszugleichen und das Liquidationsverfahren erfolgreich abzuschließen. Ein Konkurs konnte damit endgültig abgewendet werden.[91]

---

[83] Jentsch, Alfred Flechtheim, S. 49–52, 59f. u. 81.

[84] Bundesarchiv Berlin (BArch), PK, L0094, Formblatt der Reichskammer der Wirtschaftstreuhänder.

[85] BADV, WGA 1 – 2792/50, Aussage Hugo Peters am 16. 2. 1954.

[86] Tagebucheintrag vom 12. 9. 1933, in: Sternheim, Tagebücher II (2011), S. 532.

[87] Hierzu Dascher, Kunst, S. 319. Aus einem Schreiben und einem Formblatt geht hervor, dass Schulte in der Bleibtreustraße 24 wohnte und arbeitete. Die Flechtheims zogen in die Düsseldorfer Straße 44 um, die sich ebenfalls in Berlin-Wilmersdorf unweit der Bleibtreustraße befindet. Allerdings datieren die Schriftstücke Schultes auf 1944, das nachbarschaftliche Verhältnis kann daher zwar angenommen, aber nicht belegt werden; hierzu BArch/PK/L0094, Schreiben mit Briefkopf Schultes von 1944.

[88] Tagebucheintrag vom 12. 9. 1933, in: Sternheim, Tagebücher II (2011), S. 534; Zentrum Paul Klee, Bern, Schenkung Familie Klee, Inv. SFK Ko G Fle 54, Schreiben Hulischs an Klee, 9. 2. 1934, in dem sie sich auf ein Schreiben Schultes bezieht, das ihr offensichtlich vorlag.

[89] Houghton Library, Harvard University, George Grosz Papers, MS Ger 206 (116), Schreiben Schultes an Grosz, 18. 11. 1933.

[90] Zentrum Paul Klee, Bern, Schenkung Familie Klee, Inv. SFK Ko G Fle 61, Schreiben an Paul Klee vom 30. 10. 1933. Klee zeigte sich offenbar gewillt, den Bitten nachzukommen; ebd., Briefentwurf Klees vom 1. 11. 1933; hierzu auch ebd., Fle 53 u. 62, Schreiben Schultes an Klee, 1. 2. 1934 und 2. 2. 1934; hierzu auch Frey/Kersten, Paul Klees geschäftliche Verbindung, S. 90.

[91] Amtsgericht Berlin-Charlottenburg, Handelsregisterakten Galerie Alfred Flechtheim GmbH, HRB 21427, Bilanz und GuV zum 31. 12. 1934.

Ein „hart" anmutendes Geschäftsgebaren des Liquidators gegenüber Gläubigern und Schuldnern stellte daher eher eine gängige Praxis denn deren Ausnahme dar und konnte durchaus im Sinne Flechtheims erfolgt sein.

Welche Schlussfolgerungen lassen sich nun aufgrund der rudimentären Informationen ziehen? Auch wenn sich die einzelnen Puzzleteile nur zu einem ausgesprochen lückenhaften Gesamtbild zusammenfügen lassen, so kann zunächst festgestellt werden: Zweifellos muss Alfred Flechtheims Flucht im Kontext der früh erfolgten antisemitischen Diskriminierungen bewertet werden. Eine besonders ausgeprägte antisemitische Hetze betraf vor allem jüdische Bürger, die im künstlerischen oder kulturellen Bereich tätig waren. Ein Verbleib in Deutschland hätte nicht nur eine vergleichsweise frühe Gefährdung von Leib und Leben nach sich ziehen können, sondern er hätte auch schon vor der endgültigen Verdrängung der Juden aus dem Wirtschaftsleben mit ökonomischen Repressalien rechnen müssen. Die Vernichtung seiner wirtschaftlichen Existenz in Deutschland ging daher auf das NS-Terrorsystem zurück, das ihm letztlich jede Möglichkeit genommen hatte, seiner beruflichen Tätigkeit in Deutschland weiter nachzugehen. Flechtheim gab seine Existenz in Deutschland also nicht freiwillig auf, sondern unter Zwang. Dennoch ist die Auflösung der Gesellschaft mit dem Begriff „Arisierung" wohl nicht treffend zu charakterisieren. Dafür sprechen zunächst formale Gründe. Die Galerie Alfred Flechtheim GmbH wurde *de jure* nicht übernommen, sondern aufgelöst. An dieser Entscheidung wirkte Flechtheim mit, ohne dass sich die Reichweite seiner gewiss erheblich eingeschränkten Einflussmöglichkeiten exakt bemessen lässt. In Anbetracht der Betonung des Vermögenstransfers, der der Verwendung des Begriffes „Arisierung" zugrunde liegt, handelte es sich deshalb um eine Liquidierung und eben nicht um eine „Arisierung."[92]

Aber auch jenseits dieser formalen Argumentation reichen die Informationen aus den vorliegenden Quellen nicht aus, um einen Raub oder eine Entziehung von Bildern in der Zeit von März 1933 bis zu Flechtheims Auswanderung eindeutig nachzuweisen. Auch daher ist nicht von einer „Arisierung" der Galerie Flechtheim zu sprechen. Dass der spätere Mieter der Räumlichkeiten, Alex Vömel, oder der Liquidator Alfred E. Schulte aktiv an der Vertreibung Flechtheims mitwirkten, um einen persönlichen Vorteil zu erlangen, ist ebenfalls nicht zu belegen und nach der vorliegenden Quellenlage auch unwahrscheinlich. Sie können daher nicht als „Ariseure" bezeichnet werden.

Es ist auch keineswegs eindeutig, dass Alex Vömel aus der Übernahme der Räumlichkeiten einer namhaften Galerie in prominenter Lage Vorteile ziehen konnte und damit Nutznießer der Liquidation war. Durch den Einzug in die Räumlichkeiten in der exklusiven Königsallee entstand auf der einen Seite zumindest der Eindruck einer Geschäftsübergabe, obgleich es sich *de jure* um eine Neugründung durch Vömel handelte. Auch noch Jahre später wurde die Galerie als die des berühmten Kunsthändlers und Sammlers Alfred Flechtheim wahrgenommen.[93] Aus dem international bekannten Vorbesitzer war auf der anderen Seite jedoch ein verfolgter und stigmatisierter „Staatsfeind" geworden, der darüber hinaus Kunstwerke gesammelt und gehandelt hatte, die seit 1933 zum ganz

---

[92] Zur Unterscheidung von „Arisierung" und Liquidation siehe den Artikel von Frank Bajohr in diesem Band.

[93] Landesarchiv NRW, Ger. Rep. 200/2349, Schreiben des Senatspräsidenten Ziegel vom 3.6.1952. Dort wird ein Brief zitiert, in dem es heißt: Vömel sei der Inhaber der Firma Flechtheim geworden. In der Außenwirkung blieb die Galerie also offensichtlich mit dem Namen ihres Gründers verbunden; StadtAD/4 – 3740, Schreiben des Beigeordneten Thelemann, o.D., in dem Vömel als neuer Besitzer der Galerie Flechtheim angesprochen wird.

überwiegenden Teil als „entartet" gebrandmarkt wurden und daher kaum noch handelbar waren. Der Versuch, sich die Traditionslinie der Galerie Flechtheim nutzbar zu machen, barg folglich auch erhebliche Verlustrisiken.[94]

Zumindest bei dem Teil der Kunstsammlung von Alfred Flechtheim bzw. seiner Ehefrau Betti, der in der Wohnung seiner Gattin verblieben war, lassen sich Raub und Profit allerdings eindeutiger nachzeichnen.[95] Im Jahr 1933 zog das Ehepaar Flechtheim von Düsseldorf nach Berlin um, zunächst in die Bleibtreustraße, dann in die Düsseldorfer Straße 44/45. Auch nach Alfred Flechtheims Ausreise und der Scheidung von ihm im Jahr 1936 blieb Betti Flechtheim in ihrer Wohnung in Wilmersdorf. Dort traf sie die ganze Wucht der legislativen Verfolgung: Sie musste finanzielle Sicherheiten für die „Reichsfluchtsteuer" hinterlegen, im Rahmen der „Judenvermögensabgabe" etwa 70 000 RM entrichten sowie Schmuck und Wertgegenstände bei der Städtischen Pfandleihanstalt Berlin abgeben.[96] Nachdem sie im Herbst 1941 den Deportationsbefehl erhielt, nahm sich Betti Flechtheim das Leben. Sie starb im November 1941 in einem jüdischen Krankenhaus.[97] Ihr ansehnliches Vermögen zog der Staat vollständig ein.[98] Hierbei ist vor allem die Tatsache von Bedeutung, dass sich in Betti Flechtheims Wohnung ganz offensichtlich Gemälde befunden hatten, die dem Sammlungsschwerpunkt Alfred Flechtheims entsprachen. Um welche Bilder es sich im Einzelnen handelte, bleibt allerdings unklar. Aus der Retrospektive getroffene Aussagen in einem Nachkriegsverfahren zeichnen allenfalls ein schemenhaftes Bild.[99]

Ganz ähnlich verhält es sich mit Ölgemälden, die sich offenbar im Besitz der Schwester von Betti Flechtheim, Klara Hulisch, und ihrer Tochter Rosi befanden. Beide nahmen sich wie Betti Flechtheim unmittelbar vor der Deportation das Leben.[100] Auch hier bestätigten Bekannte von Mutter und Tochter, dass sich in deren zwangszugewiesener Wohnung wertvolle Ölgemälde befunden hätten, die offensichtlich aus dem Besitz von Alfred bzw. Betti Flechtheim stammten.[101] Auch hier war eine nähere Spezifizierung nicht möglich und die Zeugenaussagen nach dem Krieg waren darüber hinaus nicht widerspruchsfrei.[102]

Zumindest ein Teil der Sammlung von Alfred oder Betti Flechtheim ist damit zweifelsfrei geraubt oder in einem weiteren Sinne „arisiert" worden. Profiteur war der NS-Staat,

---

[94] Vgl. hierzu den Beitrag von Gesa Jeuthe in diesem Band.

[95] Im Rahmen eines Wiedergutmachungsverfahrens ist mehrfach die Vermutung geäußert worden, die Bilder entstammten der Sammlung von Alfred Flechtheim. Ob sie sich in seinem oder dem Eigentum seiner Frau befanden, darüber geben die Aussagen allerdings keine genaue Auskunft; vgl. BADV, WGA 1 – 3797/50, Aussage Margarete Reifs, 11.3.1954; BADV, Betti (Bettina) Flechtheim, WGA 1 – 2792/50, Aussage Margarete Reifs, 5.4.1954.

[96] BArch, R 8150/226, Schreiben vom 30.12.1941; Landesamt für Bürger- und Ordnungsangelegenheiten (LfBO) – Entschädigungsbehörde, Entschädigungsakt Betti Flechtheim, 56683.

[97] BADV, Betti (Bettina) Flechtheim, WGA 1 – 2792/50, Schreiben Margarete Reifs an das Landgericht Berlin, 5.4.1954, Schreiben von Rechtsanwalt (RA) Linneweber an das Wiedergutmachungsamt (WGA) Berlin, 16.11.1953.

[98] BArch, R 8150/226, Schriftwechsel „Rechtsfragen nach der Vermögensbeschlagnahme aufgrund der 11. VO betreffend".

[99] BADV, Betti (Bettina) Flechtheim, WGA 1 – 2792/50, Schreiben von RA Linneweber an die WGAs Berlin, 11.3.1952, Schreiben Margarete Reifs an das Landgericht Berlin, 5.4.1954.

[100] BADV, WGA 1 – 3795/50, Schreiben von RA Linneweber, 16.11.1953.

[101] Ebd., Aussage Margarete Reifs, 11.3.1954.

[102] Ebd., Aussage Margarete Fischers, 23.3.1954, die sich an Ölgemälde in der Wohnung nicht erinnern konnte.

der sich im Zuge der vollständigen Ausplünderung im Rahmen der Deportation von Juden in den Besitz der Bilder brachte. Um welche Bilder es sich konkret handelte und auf welchen Wegen sie nach dem Krieg in welchen Besitz übergingen, bleibt im Dunkeln.

Axel Drecoll and Anja Deutsch

Art Dealer Alfred Flechtheim – The Rise, the Fall, the Questions

Abstract

Alfred Flechtheim's accomplishments, persecution and loss of property are analysed from an historical perspective. The study addresses milestones in the art dealer's personal development and his acquisition biography. It focuses on the special circumstances, which led to his complete financial annihilation in Germany after he fled in the autumn of 1933. Who profited from the liquidation of the well-known galleries and who was the driving force behind this? How did Alfred Flechtheim react to losing his business? Was the victim of persecution able to take any action when the Nazi regime forced him to flee and therefore abandon his occupation in the "Third Reich"?

On the basis of these questions, many problematic issues which we are currently facing in the attempt to reconstruct the ownership, theft or asset transfers are illuminated. Difficulties arise, for example, due to the considerable time gap to the crimes or the significant lack of source materials. Furthermore, the descriptions in primary sources from the Nazi period often lead to ambiguities or inadmissible blanket judgements, the use of which must, therefore, be critically examined. In doing so, the study also contributes to the better understanding of current debates on the restitution of art and cultural artefacts formerly owned by the victims of persecution under the Nazi regime.

Roswitha Neu-Kock
Alexander Vömel – Die Jahre der Zusammenarbeit mit Alfred Flechtheim bis 1933

Die neueren Forschungen zu Alfred Flechtheim und seinen Galerien haben den Blick der Historiker verstärkt auf Alexander (Alex) Vömel (1897–1985) gerichtet. Er war einer der ältesten und wichtigsten Mitarbeiter von Alfred Flechtheim und in dessen Düsseldorfer Galerie Geschäftsführer, vielleicht sogar auch Teilhaber. Als Flechtheim nach der Machtübernahme der Nationalsozialisten den Geschäftsbetrieb einstellte, machte Vömel sich mit einer Galerie unter eigenem Namen selbstständig. Dort arbeitete er im Sinne des Programms seines früheren Arbeitgebers weiter und setzte sich dadurch Angriffen des Regimes aus, entwickelte dabei aber auch, wie nachfolgend von Gesa Jeuthe skizziert wird, ein eigenes Profil für seine Galerie.

1945 konnte Vömel trotz der Kriegszerstörungen seine Tätigkeit am alten Standort wieder aufnehmen und gehörte in der Folgezeit zu den wichtigen deutschen Kunsthändlern für moderne Kunst. Zwar verwies er hinsichtlich der Vorgeschichte seiner Galerie stets auf seinen früheren berühmten Arbeitgeber, unterließ es jedoch, die Ereignisse des Jahres 1933 und seine weiteren Kontakte mit Flechtheim, die wahrscheinlich bis mindestens 1935 anhielten, offenzulegen. Eine fundierte Biografie und eine objektive Bewertung seiner Tätigkeit, besonders zwischen 1933 und 1945 sowie in den Jahren des „Wiederaufbaus", gehört daher zu den Desideraten der Provenienzforschung.[1] Mit diesem Beitrag sollen einige Grundfakten seiner Biografie vorgetragen und weitere Forschungsziele skizziert werden.

Zu Lebzeiten Vömels sind verschiedene Texte zur Galeriegeschichte veröffentlicht worden, in denen seine Herkunft und die ersten Berufsjahre nur kurz gestreift werden.[2] Seine Funktion als Geschäftsführer der Düsseldorfer Galerie Flechtheim wird regelmäßig erwähnt, die Aufgabenverteilung aber nie konkret beschrieben. Erst ab dem Zeitpunkt der Selbstständigkeit wird Vömels kunsthändlerisches Profil präziser. Bei Nachforschungen zu diversen Werken mit Flechtheim-Provenienzen traten jedoch ältere geschäftliche Korrespondenzen zutage, die Einblicke in den Galeristenalltag ermöglichen, wenn sie auch letztlich zu vage bleiben, um einen umfassenderen Eindruck von der Persönlichkeit zu vermitteln. In Kreisen von Galeristen und Sammlern gilt noch immer das Bild, das Anna Klapheck 1964 anlässlich Vömels 70. Geburtstag durch einige Künstler-Zitate umschrieb und das ihn wie die Inkarnation eines Galeristen-Ideals erscheinen ließ: „Renée

---

[1] An der Forschungsstelle „Entartete Kunst" der Universität Hamburg wird seit Februar 2013 an einem Forschungsprojekt zum Kunsthandel im Nationalsozialismus gearbeitet, das u. a. die Aktivitäten der Galerie Alex Vömel näher untersucht; siehe auch den Beitrag von Gesa Jeuthe in diesem Band.
[2] Christoph Bernoulli, Alex Vömel 65 Jahre, in: Weltkunst 18 (1962), S. 11; Alfred Hentzen, Redemanuskript zum 70. Geburtstag von Alexander am 23. 9. 1967 (eine Kopie wurde freundlicherweise von Dorothee Vömel zur Verfügung gestellt); Berthold Glauerdt, Der Querschnitt. Ein Vademecum unserer Jugend, in: Der Querschnitt. Ein Schlüssel zur Galerie Vömel, Berlin 1987, S. 4ff.; ausführlich geht auf die frühen Berufsjahre von Vömel ein: Ottfried Dascher, „Es ist etwas Wahnsinniges mit der Kunst". Alfred Flechtheim. Sammler, Kunsthändler, Verleger, Wädenswil 2011, S. 160f. Eine wichtige Quelle ist der Fragebogen zur Entnazifizierung im Landesarchiv Düsseldorf, Best. NW 1002-C, Nr. 43285. Ergänzungen zur Biografie stellte außerdem Dorothee Vömel bereit, der für ihre Kooperation an dieser Stelle herzlich gedankt sei.

Sintenis[3] nennt ihn einen ‚Schutzengel der Kunst‘, Erich Heckel einen ‚Seelsorger‘ und von einem ‚Grandseigneur der Kunst‘ spricht Felix Klee."[4]

Von entscheidender Bedeutung für die Entwicklung eines solchen Persönlichkeitsbildes waren sicher die ersten Jahre intensiver Zusammenarbeit zwischen Vömel und Flechtheim. Ihr damaliges Selbstverständnis hat in einem Foto (s. Abb. auf S. 103) Niederschlag gefunden, das 1925 anlässlich des 50. Geburtstages des Malers Rudolf Levy entstanden ist und im selben Jahr im „Querschnitt", dem von Flechtheim begründeten Kulturmagazin, abgedruckt wurde.[5] Die Aufnahme ist bemerkenswert, weil sie anstelle des Jubilars den Galeristen Flechtheim in den Mittelpunkt rückt. Umringt von Künstlern und Freunden hat sich dieser vor einer Staffelei in Szene gesetzt, während der gefeierte Meister im Hintergrund bleibt. Dass Flechtheims engster Mitarbeiter Vömel links unten auf einem Schemel hockt, spiegelt ihr damaliges Arbeitsverhältnis bildlich wider. Die Komposition spielt auf das große Atelierbild[6] von Gustave Courbet und andere Künstler-Hommagen des 19. Jahrhunderts an, wird jedoch durch das Maskottchen im Vordergrund ironisch gebrochen. Es dürfte wohl Flechtheim mit seinem ausgeprägten Humor gewesen sein, der diese Aufstellung angeregt hat.

Zum Zeitpunkt der Aufnahme war Alexander Vömel seit rund drei Jahren für Flechtheim tätig. Am 23. September 1897 in Emmishofen (Konstanz) als „Pastorensohn"[7] geboren, hatte er von 1908 bis 1912 zunächst das Gymnasium in Konstanz und anschließend bis 1916 eine „Höhere Privatschule" in Frankfurt besucht, die er mit einem „Kriegsabitur" abschloss. Im Ersten Weltkrieg kämpfte Vömel als Offizier und wurde verwundet. Wie viele andere ehemalige Offiziere wurde er Mitglied im „Stahlhelm, Bund der Frontsoldaten", dem zweitstärksten paramilitärischen Verband der Weimarer Republik. Vom 1. Oktober 1920 bis 31. März 1922 absolvierte Vömel bei der Buchhandlung Reitz & Köhler in Frankfurt a. M. eine Buchhändlerlehre, arbeitete dort sechs Monate als Gehilfe und anschließend zwei Monate in „Koehler's Antiquarium" in Leipzig.[8] Er brachte demnach keine Erfahrungen im Kunsthandel mit, als Alfred Flechtheim ihn am 1. Dezember 1922 für seine Galerie in Düsseldorf engagierte. 1924 konnte er seine inzwischen erworbenen Kenntnisse durch eine halbjährige Assistenz bei Daniel-Henri Kahnweiler in Paris vertiefen und eine freundschaftliche Beziehung zu ihm aufbauen, die auch die schwierigen folgenden Jahre überdauerte.

Für die Düsseldorfer Geschäfte war Vömel bald weitgehend selbstständig verantwortlich, stand aber in dauerndem Kontakt mit Flechtheim. Nach eigener Angabe wurde er

---

[3] Eine Tochter Vömels wurde nach Renée Sintenis benannt.

[4] http://wwwalt.phil-fak.uni-duesseldorf.de/frauenarchiv/klapheck/voemel.html (Stand 7. 1. 2015).

[5] Die Aufnahme entstand in der Düsseldorfer Galerie. Dabei wurde auch ein weiteres, konventionelleres Gruppenbild aufgenommen, das im Werkverzeichnis von Rudolf Levy abgebildet ist: Susanne Thesing, Rudolf Levy. Leben und Werk, Nürnberg 1990, S. 24, jedoch ohne Benennung der Anwesenden. Auf einer Einladungskarte für eine Levy-Ausstellung in Hamburg 1958 fand dieses Foto erneut Verwendung und wurde zudem rückseitig mit einer genauen Aufstellung der anwesenden Personen versehen, die auf die andere, originellere Version übertragbar ist. Auf der konventionelleren Version befindet sich auch der Name der Fotowerkstatt: Es handelt sich um die Düsseldorfer Fotowerkstatt Julius Söhn. Für die Information über die Einladungskarte danke ich Ute Haug, Kunsthalle Hamburg.

[6] Gustave Courbet, L'Atelier du peintre, Musée d'Orsay, Paris.

[7] Hentzen, Redemanuskript 23. 9. 1967 (S. 4).

[8] Angaben: Dorothee Vömel; abweichend dazu das Redemanuskript von Hentzen, demzufolge Vömel bei „Tiedemann & Uzielli in Frankfurt" und „Köhler in Leipzig" „tätig" gewesen ist.

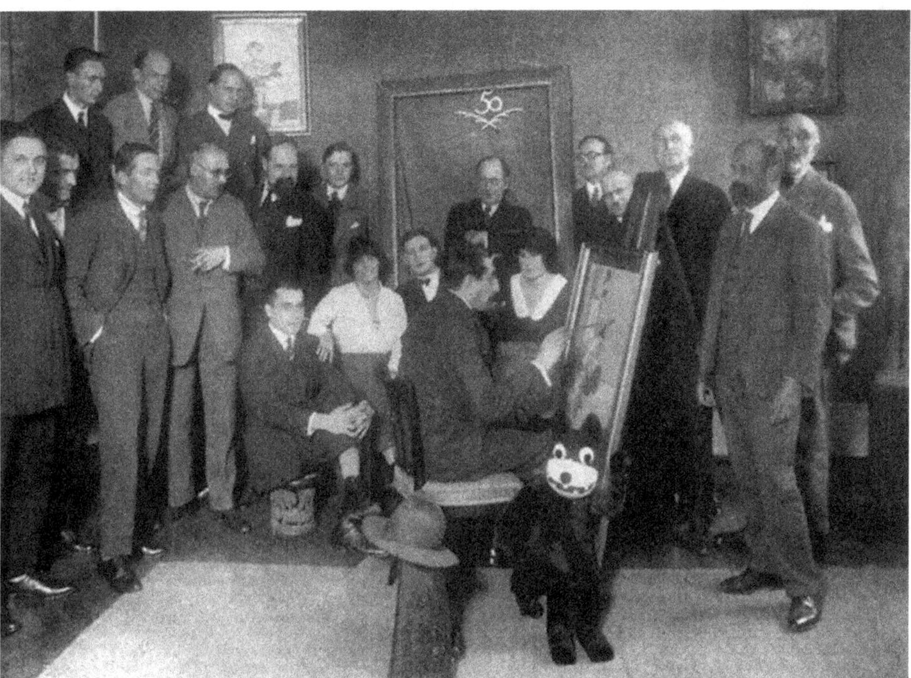

Aufnahme anlässlich des 50. Geburtstages von Rudolf Levy am 17. Juni 1925 in den Räumen der Galerie Flechtheim. Der Künstler steht in der Mitte hinten, Alfred Flechtheim sitzt an der Staffelei und Alex Vömel auf dem Hocker links; Der Querschnitt 5 (1925).

1926 oder 1927 Teilhaber der Düsseldorfer Galerie; das Berliner Handelsregister gibt an, dass er 1927 Geschäftsführer war, nachdem er 1923 Prokura erhalten hatte.[9] Die vermutliche Teilhaberschaft ist an keiner Stelle dokumentiert. Sie setzte das Vorhandensein größerer Geldmittel voraus, die Vömel möglicherweise tatsächlich nach seiner Heirat 1926 mit Martha Suermondt zur Verfügung standen. Sie war die Witwe des Aachener Industriellensohnes und Kunsthistorikers Edwin Suermondt und hatte neben einer umfangreichen Kunstsammlung auch ein großes Vermögen geerbt, das sie, wie gelegentlich vermutet wird, ihrem zweiten Ehemann für geschäftliche Ziele zur Verfügung gestellt haben könnte.[10] Die Bekanntschaft war vermutlich über die Galerie Flechtheim zustande gekommen, denn beide Suermondts hatten Kontakte zu Flechtheim und sammelten Werke der von ihm vertretenen Künstler.[11]

---

[9] Nach Vömels Angabe im Fragebogen zur Entnazifizierung wurde er 1926 Geschäftsführer, nach dem Handelsregistereintrag fand dies jedoch erst 1927 statt: Amtsgericht Berlin-Charlottenburg, Handelsregisterakten Galerie Alfred Flechtheim GmbH, HRB 21427. Dorothee Vömel gibt für die Teilhaberschaft ein genaues Datum an: 1.11.1926.

[10] Dascher, Kunst, S. 160f.

[11] Edwin Suermondt (*1923) war ein großer Förderer des von Flechtheim ebenfalls vertretenen Malers Heinrich Nauen, über den er nicht nur ein kleines Buch verfasst (Edwin Suermondt, Heinrich Nauen, Leipzig 1922), sondern ihn auch mit einem Freskenzyklus für seinen Wohnsitz Burg Drove (1914) beauftragt hatte. Eine Biografie und eine Rekonstruktion dieser Sammlung gibt es bisher noch nicht; siehe auch Dascher, Kunst, S. 161.

In den inhaltlichen Zielen der Galeriearbeit waren sich Vömel und Flechtheim einig und beschritten für Düsseldorf und Berlin ähnliche Wege. Besonders eng wurde ihre gegenseitige Abstimmung in den Zeiten der Krise, wie sich anhand von Korrespondenzen zwischen der Galerie und dem Kunstmuseum Düsseldorf für die Zeit zwischen 1930 und 1933 gut belegen lässt.[12] Man kann von einer regelrecht „konzertierten", taktisch abgestimmten Aktion sprechen, mit der beide die zunehmend bedrohlicher werdende finanzielle Situation zu meistern versuchten.[13] Ressentiments auf Seiten Vömels gegenüber Alfred Flechtheim sind dabei nirgends erkennbar. Mit Herrschaftsbeginn der Nationalsozialisten wurden ihre Bemühungen um die Etablierung der Moderne stark behindert. Während Alfred Flechtheim sein Unternehmen aus wirtschaftlichen und politischen Gründen schließen musste, gründete Alexander Vömel eine eigene Galerie.

[12] Stadtarchiv Düsseldorf, Best. IV 3742, Ankaufsunterlagen der Städtischen Kunstsammlungen, Düsseldorf; ebd., Akten des städtischen Kunstmuseums, Düsseldorf, IV 3770, Angebote und Ankäufe.
[13] Roswitha Neu-Kock, Alfred Flechtheim, Alexander Vömel und die Verhältnisse in Düsseldorf 1930 bis 1934, in: Eva Blimlinger/Monika Mayer (Hrsg.), Kunst sammeln, Kunst handeln. Beiträge des Internationalen Symposiums in Wien, Wien/Köln/Weimar 2012, S. 155–165.

Roswitha Neu-Kock

Alexander Vömel – The Years of Collaboration with Alfred Flechtheim up to 1933

Abstract

The most recent research on Alfred Flechtheim and his galleries has focused increasingly on Alexander (Alex) Vömel (1897–1985). He was one of Alfred Flechtheim's oldest and most important employees, the manager of his gallery in Düsseldorf and perhaps even his partner. When Flechtheim was forced to close his business after the National Socialists came to power, Vömel went into business for himself with a gallery under his own name. There, he continued to work according to his former employer's programme, thereby exposing himself to attacks from the regime, while at the same time, he also developed a profile of his own for his gallery. Despite the devastation of the war, Vömel was able to resume his business at the old location in 1945 and, in the period that followed, was one of the most important German art dealers for modern art. Although he certainly always attributed the prior history of his gallery to his famous former employer, he did not, however, disclose the events of the year 1933 and his ongoing contact with Flechtheim, which probably continued until at least 1935. An in-depth biography and the objective assessment of his activities, especially between the years 1933 and 1945 as well as during the years of 'reconstruction', therefore belong to the desiderata of provenance research. In this contribution, some basic facts from his biography are presented and further research goals are outlined.

Gesa Jeuthe
Die Galerie Alex Vömel ab 1933 – Eine „Tarnung" der Galerie Alfred Flechtheim?

Die Gründung der Galerie Alex Vömel 1933 in den ehemaligen Geschäftsräumen der Galerie Alfred Flechtheim in der Königsallee 34 in Düsseldorf wird in der Forschung bislang kontrovers beurteilt. In mehreren Studien wurde der Vorgang als „Arisierung" bezeichnet.[1] Besonders drastisch bewertet Ralph Jentsch die Situation der Düsseldorfer Galeriegeschichte. Für ihn ist Flechtheims langjähriger Mitarbeiter „über Nacht" zu einem „strammen SA-Mann" geworden, der die politische Situation zu seinen Gunsten ausnutzte und seinen früheren Arbeitgeber hinterging.[2] Auch Ottfried Dascher glaubt, Vömel habe sich mit der Gründung der Kunsthandlung „vielleicht allzu rasch einen nun in greifbare Nähe gerückten Traum" erfüllt und dabei keinerlei Scheu gezeigt, mit den Nationalsozialisten zu kooperieren.[3] Dennoch stellt Dascher eine „Arisierung" in Frage und verweist auf die enge Zusammenarbeit zwischen Vömel und Flechtheim.[4] Roswitha Neu-Kock vermutet in den Geschäftsvorgängen um 1933 eher eine gegenseitige Abstimmung der Prozesse als einen Alleingang Vömels.[5] Dieser Sichtweise schließen sich auch Axel Drecoll und Anja Deutsch an. Den Autoren zufolge wurde die Galerie nicht übernommen, sondern aufgelöst, Alex Vömel könne wohl nicht als „Arisieur" bezeichnet werden. Allerdings wird auch die Möglichkeit eingeräumt, dass Vömel durch Flechtheims Auswanderung indirekt profitiert habe. Dabei sehen Drecoll und Deutsch es als Vorteil an, dass durch den Einzug in die ehemaligen Galerieräume der Eindruck einer Geschäftsübergabe statt einer Neugründung entstand, durch die die Galerie Alex Vömel noch Jahre später als Galerie Alfred Flechtheim wahrgenommen worden sei.[6]

Diese Einschätzung hat für die Zeit nach 1945 durchaus ihre Berechtigung. So versäumte Vömel nicht, die Geschichte seiner Kunsthandlung immer unter Berücksichtigung der Galerie Flechtheim darzustellen und damit ihre Bedeutung zu unterstreichen. Anhand der galerieeigenen Publikation „Der Querschnitt' Ein Schlüssel zur Galerie Vömel" wird dies besonders deutlich, zumal ihr Erscheinungsjahr mit einer umfangreichen Würdigung der Aktivitäten Flechtheims im Jahr 1987 im Kunstmuseum Düsseldorf

---

[1] Vgl. Esther Tisa Francini/Anja Heuss/Georg Kreis (Hrsg.), Fluchtgut – Raubgut. Der Transfer von Kulturgütern in und über die Schweiz 1933–1945 und die Frage der Restitution, Zürich 2001, S. 319; Christine Fischer-Defoy, Galerie Flechtheim, in: Christine Fischer-Defoy/Kaspar Nürnberg (Hrsg.), Gute Geschäfte. Kunsthandel in Berlin 1933–1945 (eine Ausstellung des Aktiven Museums im Centrum Judaicum v. 10. 4.–31. 7. 2011 und im Landesarchiv Berlin v. 20. 10.–27. 1. 2012), Berlin 2011, S. 35–40, hier S. 39; Daniela Wilmes, Wettbewerb um die Moderne. Zur Geschichte des Kunsthandels in Köln nach 1995, Berlin 2012, S. 51.

[2] Ralph Jentsch, Alfred Flechtheim und George Grosz. Zwei deutsche Schicksale, Bonn 2008, S. 15 u. 40.

[3] Ottfried Dascher, „Es ist etwas Wahnsinniges mit der Kunst". Alfred Flechtheim. Sammler, Kunsthändler, Verleger, Wädenswil 2011, S. 300.

[4] Vgl. ebd., S. 300.

[5] Roswitha Neu-Kock, Alfred Flechtheim, Alexander Vömel und die Verhältnisse in Düsseldorf 1930 bis 1934, in: Eva Blimlinger/Monika Mayer (Hrsg.), Kunst sammeln, Kunst handeln. Beiträge des Internationalen Symposiums in Wien, Wien/Köln/Weimar 2012, S. 155–166.

[6] Siehe den Beitrag von Axel Drecoll und Anja Deutsch in diesem Band.

zusammenfiel.[7] Da das Magazin „Der Querschnitt" ursprünglich das Sprachrohr Alfred Flechtheims gewesen sei, sei der „Schlüssel zur Galerie Vömel" allein in der Nachfolge Flechtheims zu sehen. Doch inwieweit profitierte Vömel auf dem NS-Kunstmarkt davon, als Flechtheims Nachfolger wahrgenommen zu werden? Es ist fraglich, ob dieser Aspekt bei der Gründung der Galerie 1933 als Vorteil bewertet werden kann, stand doch die Galerie Flechtheim aufgrund ihres internationalen, modernen künstlerischen Programms und ihres jüdischen Inhabers stetig unter Beschuss antisemitischer und antimoderner Propaganda, die sich zu Beginn des Nationalsozialismus noch verstärkte.[8] Flechtheims Konterfei wurde selbst noch nach seinem Tod im März 1937 von der NS-Propaganda missbraucht.[9] Für Künstler und Kunden der Galerie war es somit unmittelbar seit 1933 von Nachteil, mit Flechtheim in Verbindung gebracht zu werden, wie auch eine Stellungnahme von Ernst Gosebruch, damaliger Direktor des Folkwang-Museums, zeigt:

> „Gänzlich ungerecht wird aber die Kritik, wenn mir […] Intimität mit der Galerie Flechtheim und ihren Schützlingen nachgesagt wird. […] Die Kunsthandlungen mit denen wir regelmäßig gearbeitet haben, sind die Galerie Möller in Berlin und die Galerie Rudolf Probst, Dresden, (Neue Kunst Fides); zwei deutsche Unternehmungen, die sich keineswegs auf der Flechtheimschen Linie bewegen."[10]

Unter dem herrschenden politischen Klima war es für Vömel somit hinsichtlich der Akzeptanz auf dem NS-Kunstmarkt nicht von Nutzen, als „Tarnung" der Galerie Flechtheim und als „Handlanger des jüdischen Kunstpapstes" verstanden zu werden.[11] Angesichts dieser Attacken auf Vömel in der NS-Presse folgert die Forschung bislang, Vömel habe versucht, das Ausstellungsprogramm Flechtheims fortzusetzen.[12] Doch stehen Untersuchungen aus, ob Vömel die Galerie tatsächlich „im Geiste seines Vorgängers, trotz größter Schwierigkeiten durch die Nazis, Krieg, Zerstörung seines Domizils, bis in unsere Tage"[13] weiterführte.

In einem Beitrag zur Galerie Alex Vömel befindet auch Yvo Theunissen, Vömel habe anfangs die Ausstellungspolitik Flechtheims fortgesetzt, insbesondere aber nach 1937 immer weniger internationale moderne Kunst ausgestellt: „Statt dessen zeigte sie [die Gale-

---

[7] Vgl. Der Querschnitt. Ein Schlüssel zur Galerie Vömel, Galerie Vömel, Düsseldorf 1987; zur Ausstellung vgl. Hans Albert Peters u. a. (Hrsg.), Alfred Flechtheim. Sammler. Kunsthändler. Verleger (= Ausst.-Kat. des Kunstmuseums Düsseldorf), Düsseldorf 1987.

[8] Anonymes Flugblatt: Jüdisch französische Kunst in Düsseldorf, 1922, abgedruckt in: Gert H. Wollheim 1894–1974. Monografie und Werkverzeichnis, hrsg. v. Stephan von Wiese, Kunstmuseum Düsseldorf, Düsseldorf 1993, S. 214; Hendrik, Abgetakeltes Mäzenatentum. Wie Flechtheim und Kaesbach deutsche Kunst machten, in: Die Volksparole, 1.4.1933, abgedruckt in: Peters u. a. (Hrsg.), Alfred Flechtheim, S. 196; H.B., Kulturbolschewismus am Pranger, in: Westfälische Landeszeitung, 4.12.1935, abgedruckt in: Ebd., S. 206; vgl. auch Dascher, Kunst, S. 293.

[9] Vgl. Dascher, Kunst, S. 293; eine Karikatur Flechtheims befindet sich beispielsweise auf dem Plakat zur Ausstellung „Entartete Kunst", Hamburg 1938, in: Peters u. a. (Hrsg.), Alfred Flechtheim, S. 100.

[10] Ernst Gosebruch, Erwiderung auf die Abrechnung mit dem Folkwang-Museum, in: Hans Delfs/ Mario-Andreas Lüttichau/Roland Scotti (Hrsg.), Kirchner, Schmidt-Rottluff, Nolde, Nay … Briefe an den Sammler und Mäzen Carl Hagemann, 1906–1940, Ostfildern 2004. Die Erwiderung erschien anlässlich eines Artikels von Paul Joseph Cremers: Abrechnung mit dem Folkwang-Museum, in: Essener Nationalzeitung, 9.4.1933.

[11] Die Volksparole, 1.4.1933; Westfälische Landeszeitung, 4.12.1935.

[12] Vgl. Jentsch, Alfred Flechtheim, S. 46; Dascher, Kunst, S. 300; Wilmes, Wettbewerb, S. 58.

[13] Glaudert, Der Querschnitt, in: Der Querschnitt. Ein Schlüssel zur Galerie Vömel, S. 4f. An der Forschungsstelle „Entartete Kunst" des Kunstgeschichtlichen Seminars der Universität Hamburg findet seit 2013 ein Forschungsprojekt zur Tätigkeit der Galerie Alex Vömel im Nationalsozialismus statt, auf dessen Ergebnisse sich die Autorin bezieht.

rie Vömel] nun neben Kunst aus dem 19. Jahrhundert immer öfter Werke rheinischer Künstler und vor allem viel figurative Plastik, die im Dritten Reich besonders populär war.“[14] Tatsächlich lag der Schwerpunkt der Ausstellungspolitik ab 1933 weiterhin auf moderner Kunst. Dabei bestand die Auswahl allerdings von Beginn an zu 80 Prozent aus deutschen Künstlern, so dass die internationale Moderne nur noch gering vertreten war; unter ihnen vor allem Künstler der französischen Avantgarde, wie Edgar Degas und André Derain, die bis 1937 im Ausstellungsprogramm erschienen, sowie Aristide Maillol und Auguste Rodin, die Vömel auch noch 1939 präsentierte. Insgesamt wurde die von Vömel ausgewählte Moderne größtenteils bereits von Alfred Flechtheim gezeigt. Bis 1935 kamen u. a. Künstler der idyllischen Neuen Sachlichkeit, wie Georg Schrimpf und Franz Lenk, neu hinzu; von 1937 bis 1942 erweiterte sich die Auswahl hauptsächlich um Künstler, die eine Nähe zur Düsseldorfer Kunstakademie aufwiesen oder offizielle Preise erhielten, wie Fritz Schwarzbeck, Werner Heuser und Rudolf Agricola. Eine ständige Präsenz im Ausstellungsprogramm hatten aber unvermindert jene Künstler, die zuvor schon regelmäßig bei Flechtheim vertreten waren: So zeigte Vömel bis mindestens 1939 stetig Werke von Wilhelm Lehmbruck, Gerhard Marcks, Aristide Maillol, Arno Breker und Ernst Barlach, sowie bis mindestens 1941 Georg Kolbe, Ernesto de Fiori, und Renée Sintenis.[15] Dass Vömel weiterhin Künstler der Galerie Flechtheim zeigte, ist nicht automatisch als kunstpolitisches Wagnis zu bewerten, da diese nicht zwangsläufig als „entartet“ diffamiert wurden. Viele erfuhren auch eine positive Rezeption im „Dritten Reich“ oder wurden gar wie Arno Breker hoch geschätzt. Gleichzeitig ist zu beobachten, dass Vömel die umstrittene Moderne in sein Ausstellungsprogramm zu integrieren suchte. Anfang 1935 zeigte er eine Ausstellung mit dem Titel „25 Deutsche Maler der Gegenwart“, anlässlich der Vömel umstrittene Künstler, wie Max Beckmann, Paul Klee und Oskar Kokoschka, sowie Franz Marc, Emil Nolde, Karl Schmidt-Rottluff und Erich Heckel präsentierte.[16] Mit dieser Auswahl beteiligte er sich an dem zu Beginn des Nationalsozialismus sogenannten Expressionismus-Streit, deren Verfechter den Expressionismus und weitere Vertreter der deutschen Moderne als deutsche Staatskunst proklamierten.[17] Ähnlich programmatisch ist die vorangegangene Ausstellung „Deutsche Bildhauer der Gegenwart“ vom Januar 1935 zu beurteilen, die in Titel und Werkauswahl einer 1934 von Alfred Hentzen veröffentlichten Publikation folgte.[18] Vömel versuchte auf diesem Weg offenbar, ebenso wie die Kunsthändler Karl Nierendorf und Ferdinand Möller, die NS-Kunstpolitik mit zu gestalten und bestimmte Künstler zu integrieren. Hierbei ist das Prinzip einer gleichzeitigen Präsentation

---

[14] Yvo Theunissen, „Entartete Kunst“ und privates Ausstellungswesen. Die Galerie Alex Vömel in Düsseldorf, in: Anselm Faust (Hrsg.), Verfolgung und Widerstand im Rheinland und in Westfalen 1933–1945, Köln/Stuttgart/Berlin 1992, S. 234–244, hier S. 234.

[15] Die Unterlagen der Galerie Vömel sind bei mehreren Bombenangriffen größtenteils zerstört worden, so dass die Aktivitäten zwischen 1933 und 1945 anhand von Korrespondenzen mit Museen, Sammlern und Künstlern rekonstruiert werden müssen; vgl. Landesarchiv NRW, Gericht Rep. 200, Nr. 2349, Rückerstattungsverfahren Victor, Aussage Alex Vömel, 30. 7. 1952. Recherchiert werden konnten bislang 367 Künstler, deren Werke von der Galerie Vömel zwischen 1933 und 1944 ausgestellt wurden. Von diesen gehörten etwa 70 Prozent zur Moderne.

[16] Vgl. 25 Deutsche Maler der Gegenwart, Ausstellungseinladung, Galerie Alex Vömel, Düsseldorf, 16. 2. bis 11. 3. 1935.

[17] Zum Expressionismus-Streit vgl. Hildegard Brenner, Die Kunstpolitik des Nationalsozialismus, Reinbek bei Hamburg 1963.

[18] Vgl. Deutsche Bildhauer der Gegenwart, Ausstellungseinladung, Galerie Alex Vömel, Düsseldorf, 13. 1. bis 10. 2. 1935; Alfred Hentzen, Deutsche Bildhauer der Gegenwart, Berlin 1934.

von akzeptierten neben umstrittenen Künstlern zu erkennen. Dieses Nebeneinander erscheint besonders auffällig, wenn Vömel in seinen Galerieräumen im Mai 1937 Arno Brekers „Der Führer" gemeinsam mit einem Frauenkopf (Beatrice) von Pablo Picasso arrangiert.[19] Zeitgleich waren zudem Arbeiten der Franzosen Antoine-Louis Barye, Edgar Degas, Paul Gauguin, Aristide Maillol, Constantin Meunier, Auguste Renoir und Auguste Rodin zu sehen. Im Vergleich mit der kurz darauf unter der Schirmherrschaft von Hermann Göring und von Joseph Goebbels eröffneten „Ausstellung französischer Kunst der Gegenwart" in der Preußischen Akademie der Künste erscheint Vömels Künstlerauswahl unangepasst: Allein Arbeiten von Aristide Maillol finden sich auch in den 357 offiziell ausgewählten und genehmigten Exponaten.[20]

Ebenfalls bemerkenswert ist ein Galerieblatt von Februar 1941, das mit Grafiken von Honoré Daumier aus der Sammlung Eduard Fuchs wirbt (s. Abb. unten).[21] Eduard Fuchs, Kulturwissenschaftler und Kunstsammler, floh bereits 1933 über die Schweiz nach Paris. Seine Villa in Berlin-Zehlendorf wurde nach der Emigration von der SA geräumt und versiegelt. Eine offizielle Beschlagnahme der Kunstsammlung, die für ihre sittengeschichtlichen Blätter sowie Arbeiten von Honoré Daumier, Max Slevogt und Max Liebermann bekannt war, erfolgte am 25. Oktober 1933. Nach längeren Verhandlungen erreichte Fuchs von Paris aus die Freigabe der konfiszierten Bestände, die größtenteils in Berliner Museen lagerten. Sein Vermögen konnte er an seine in Deutschland verbliebene Tochter Traude Fuchs übertragen. Diese ließ die erhaltenen Teile der Sammlung 1937 und 1938 in vier Auktionen bei Rudolph Lepke und C. G. Boerner versteigern.[22] Ob Vömel die von ihm ausgestellten Arbeiten Daumiers auf einer der Auktionen erwarb, ist bislang unklar. Auffallend ist, dass er ihre Herkunft nicht verschwieg, sondern auf die Provenienz des politisch verfolgten Sammlers verwies. Sicherlich kann der Hinweis als Werbemittel verstanden werden, doch erscheint es zudem couragiert, die ehemals berühmte und nun propagandistisch unerwünschte Sammlung zu benennen und somit zu würdigen.

---

[19] Vgl. Bildhauer, Verzeichnis der ausgestellten Werke, Ausstellungsverzeichnis, Galerie Alex Vömel, Düsseldorf, Mai 1937. Die Picasso-Büste konnte anhand des Werkverzeichnisses von Werner Spies, Picasso Skulpturen, Stuttgart 2000, nicht identifiziert werden. Zu weiteren programmatischen Ausstellungen moderner Kunst zwischen 1933 und 1937 vgl. Gesa Jeuthe, Kunstwerte im Wandel. Die Preisentwicklung der deutschen Moderne im nationalen und internationalen Kunstmarkt 1925 bis 1955, Berlin 2011, S. 56ff.

[20] Vgl. Ausstellung französischer Kunst der Gegenwart, Ausstellungskatalog, Preußische Akademie der Künste zu Berlin, Juni/Juli 1937.

[21] Vgl. Graphik Honoré Daumier (Sammlung Ed. Fuchs), Galerieblatt, Galerie Alex Vömel, Düsseldorf Februar 1941.

[22] Vgl. Versteigerung Kunstsammlung F. – Berlin, Rudolph Lepke's Kunst-Auctions-Haus, Katalog Nr. 2114, Berlin 1937; Ostasiatische Kunstsammlung F. – Berlin, Rudolph Lepke's Kunst-Auctions-Haus, Katalog Nr. 2115, Berlin 1937; Versteigerung Gemälde, Antiquitäten, Rudolph Lepke's Kunst-Auctions-Haus, Katalog Nr. 2116, Berlin 1937; Sammlung E. F., Berlin. Daumier-Graphik. Kulturgeschichte, Kunstantiquariat C. G. Boerner, Katalog Nr. 197, Leipzig 1938; Thomas Huonker, Revolution, Moral & Kunst. Eduard Fuchs: Leben und Werk, Zürich 1985, S. 212; Ulrich Weitz, Salonkultur und Proletariat, in: Dieter Schütz (Hrsg.), Eduard Fuchs. Sammler, Sittengeschichtler, Sozialist, Stuttgart 1991, S. 421f. Eduard Fuchs konnte einige Werke Daumiers in sein Pariser Exil retten, andere Arbeiten wurden vernichtet oder gingen verloren, so dass die Übertragung von Werken an die Tochter nur einen Teil der Sammlung betraf. Für detaillierte Auskünfte zu Beschlagnahme, Verbleib und Freigabe der Sammlungsbestände mit bestem Dank an Christina Thomson, Zentralarchiv der Staatlichen Museen zu Berlin, Oktober 2012.

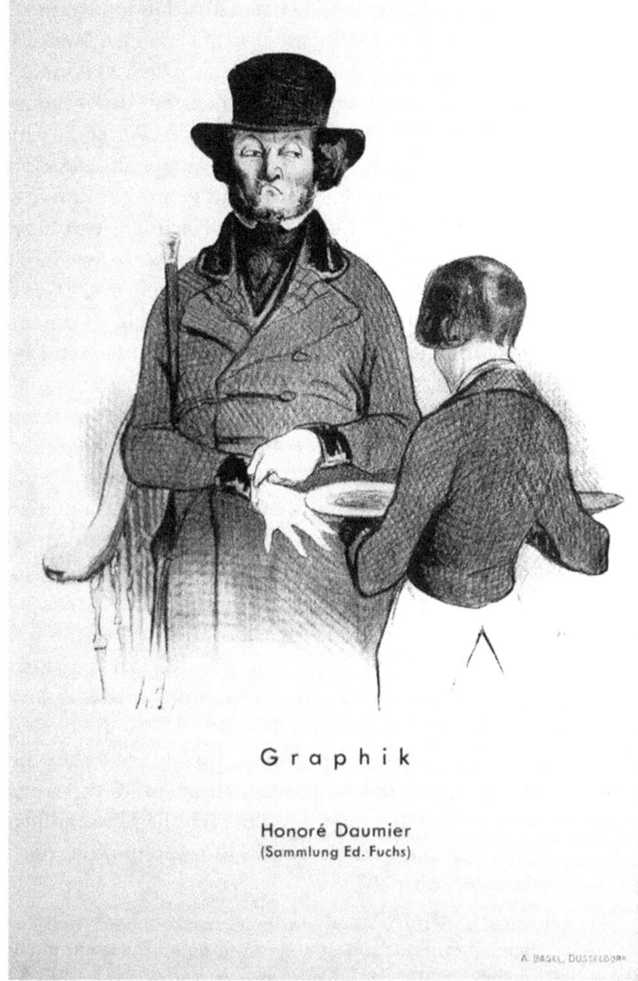

Galerieblatt, Galerie Alex Vömel, Düsseldorf, Februar 1941; Universitätsbibliothek Düsseldorf.

Zum Zeitpunkt der Daumier-Ausstellung war die Galerie Vömel selbst von Konfiszierungen durch die Geheime Staatspolizei betroffen. Anlässlich der Besichtigung verschiedener Düsseldorfer Kunstausstellungen am 8. Februar 1941 durch den Reichsbeauftragten für künstlerische Formgebung, Hans Herbert Schweitzer, wurde eine Reihe von Kunstwerken beanstandet:

> „Besonders auffällig erschien es dem Reichsbeauftragten, dass die Kunsthandlung Vömel, auf deren künstlerische und weltanschauliche Mängel von hier aus bereits mehrfach hingewiesen ist, in sehr grossem Umfang minderwertige Kunsterzeugnisse verbreitet. Gegen Vömel wurde daraufhin staatspolizeilich eingeschritten."[23]

So folgte zwei Tage später auf Grundlage des „Gesetzes über die Einziehung von Produkten der Entarteten Kunst" in Verbindung mit der „Anordnung des Präsidenten der Reichs-

---

[23] Landesarchiv NRW, Abteilung Rheinland, RW 58 Nr. 45640, Gestapo-Akte, Alexander Vömel (*23. 9. 1897), SD-Leitabschnitt Düsseldorf an das Reichssicherheitshauptamt Berlin, 10. 2. 1941.

kammer der bildenden Künste über den Vertrieb minderwertiger Kunsterzeugnisse" vom 1. Oktober 1940 die Sicherstellung der beanstandeten Werke.[24]

Die Listen der sichergestellten Werke aus dem Galeriebestand führen 101 Arbeiten von insgesamt 26 Künstlern auf.[25] Den höchsten Anteil umfassten Arbeiten von Karl Hofer und Emil Nolde, von denen jeweils etwa 20 Werke beschlagnahmt wurden. Die konfiszierten Werke wurden in zwei Gruppen aufgeteilt: Die erste Liste führt all jene Arbeiten auf, die zum offiziellen Galeriebestand gehörten. Eine zweite Liste beinhaltet Werke, die unter einem Vorhang „anscheinend absichtlich verborgen" gefunden wurden.[26] Im Verkaufsbereich befanden sich demnach u. a. Werke von Gerhard Marcks und Alexander Archipenko, angeblich versteckt waren hingegen u. a. Werke von August Macke, Erich Heckel und Marie Laurencin. Von Ernst Barlach, Hermann Haller, Karl Hofer, Emil Nolde und Christian Rohlfs finden sich Werke auf beiden Listen. In einem Vergleich der Motivbeschreibungen dieser Arbeiten sind keine eminenten Unterschiede ausfindig zu machen, die ein entsprechendes Vorgehen Vömels erklären würden. Allerdings sind auf der zweiten Liste die Eigentümer der Bildwerke vermerkt, die auch den Kunsthändler Bernhard A. Böhmer benennen. Dieser war berechtigt, Bestände aus der Aktion „Entartete Kunst" zu übernehmen, um sie im Ausland zu verkaufen. Insgesamt handelt es sich um neun Werke aus dem Bestand der aus deutschen Museen als „entartet" beschlagnahmten Kunst, die Böhmer vermutlich in der Absicht an Vömel geliefert hatte, sie entgegen der Anweisung des Propagandaministeriums im Inland zu verkaufen.[27] Da sich diese jedoch sowohl im offiziellen Galeriebestand befanden als auch in dem vermuteten Versteck, ergibt sich hieraus ebenfalls keine Erklärung und es scheint fraglich, ob die Lagerung nicht absichtlich falsch interpretiert wurde. Zum Zeitpunkt der Besichtigung präsentierte Vömel Gemälde von Karl Barth, Josef Pieper und Robert Pudlich sowie Skulpturen von Hermann Haller, Georg Kolbe und Renée Sintenis in seinen Galerieräumen. Aus diesem Bestand wurden jedoch allein Werke von Barth, Pieper, Pudlich und Haller sichergestellt. Hier zeigt sich deutlich die Unstimmigkeit und Willkür bei der Beurteilung von Künstlern durch die NS-Kunstpolitik, die der Bericht über die Beschlagnahme zu erklären versucht:

> „Es erscheint erforderlich darauf hinzuweisen, dass Pudlich und Pieper an der demnächst zu eröffnenden rheinischen Kunstausstellung in Danzig künstlerisch und organisatorisch beteiligt sind. K.

---

[24] Vgl. ebd.

[25] Vgl. ebd., Verzeichnis der vorläufig staatspolizeilich sicherzustellenden Bildwerke der Galerie Vömel, 10. 2. 1941, und Liste der weiterhin sichergestellten Bildwerke aus der Galerie Vömel, 10. 2. 1941. Der Vermerk in der Gestapo-Akte nennt 95 bzw. 96 sichergestellte Werke, dies entspricht den Positionen der Liste (96) und nicht der Anzahl der genannten Werke, da auf einer Position auch mehrere Arbeiten aufgeführt sind. Die Werke wurden am 11. 2. 1941 in den Verein Düsseldorfer Künstler gebracht und von dort am 20. 2. 1941 an den Ausschuss zur Begutachtung minderwertiger Kunsterzeugnisse nach Berlin-Charlottenburg gesandt.

[26] Vgl. ebd., SD-Leitabschnitt Düsseldorf an das Reichssicherheitshauptamt Berlin, 10. 2. 1941.

[27] Als Böhmers Besitz gekennzeichnet sind fünf Werke der Liste der weiterhin sichergestellten Bildwerke von Albert Weisgerber, Rudolf Großmann und Hans Purrmann; vgl. ebd., Liste der weiterhin sichergestellten Bildwerke aus der Galerie Vömel, 10. 2. 1941. Theunissen nennt eine Anzahl von insgesamt neun Werken; vgl. Theunissen, „Entartete Kunst", S. 240. Bei dem Gemälde „Maler" von Rudolf Großmann könnte es sich um das Bild „Hans Purrmann an der Staffelei" handeln, das in der Nationalgalerie beschlagnahmt wurde und sich seit 1939 in Besitz Böhmers befand. Für die anderen acht Werke ergaben sich keine weiteren Hinweise; vgl. Datenbank „Entartete Kunst", Forschungsstelle „Entartete Kunst", Freie Universität Berlin, Stand Oktober 2012.

Barth ist trotz seiner von hier aus mehrfach dargelegten minderwertigen Leistung als Kornelius-preisträger hervorgetreten.“[28]

Als Konsequenz der Beanstandung der Galeriebestände wurde Vömel am 28. Februar 1941 untersagt, weitere Ausstellungen und Verkäufe von Werken „entarteter“ Kunst durchzuführen. Bei einem Verstoß hatte er staatspolizeiliche Maßnahmen und ein Berufs-verbot zu erwarten.[29] Gleichzeitig befahl ein Telegramm aus Berlin, dass auf Veranlassung des Propagandaministers die Galerie Vömel in Ausstellung und Verkauf nicht beanstande-ter Werke nicht mehr behindert werden solle:

> „Die Gründe für die einstweilige Sperrung der Ausstellung bestehen nicht mehr, nachdem die entarteten Kunstwerke bereits ausgeschieden und nach Berlin unterwegs sind. Ausserdem besteht staatspolizeilich kein Interesse, die Angelegenheit unnoetig zu komplizieren und die Lage zu verschärfen.“[30]

Anhand eines 1958 durch Vömel gestellten Entschädigungsantrages für „Schaden an Ei-gentum und Vermögen“ und „Schaden für berufliches Fortkommen“ ist ersichtlich, dass ihm die Freigabe der Werke „aufgrund langwieriger und kostspieliger Verhandlungen [...] unter der Auflage gelungen [sei], diese an die Künstler zurückzugeben und nicht mehr zu verkaufen“.[31] Angesichts dieser plötzlichen Wendung, die vermutlich auf den guten Kontakt Vömels zu dem Düsseldorfer Kulturdezernenten Horst Ebel zurückzufüh-ren ist, ist es nicht verwunderlich, dass die veranlasste Überprüfung der Reichskammer der bildenden Künste schließlich seine politische Zuverlässigkeit bestätigte.[32] Folglich wurde am 3. März 1941 die Sperrung der Galerie unter der Voraussetzung, „entartete“ Kunstwerke nicht mehr zu präsentieren und zu vertreiben, offiziell wieder aufgehoben. Ein der Gestapo-Akte beigefügter Zeitungsausschnitt zu einer Ausstellung der Galerie Vömel zur zeitgenössischen Bildhauerei mit dem Titel „Der junge Mensch“ im April 1941 mit Plastiken von Georg Minne, Kurt Lehmann und Ernesto de Fiori bestätigt die weitere Aktivität Vömels, aber auch seine fortdauernde Überwachung.[33]

Nach bisherigen Erkenntnissen blieb ein Großteil der ehemals von der Galerie Alfred Flechtheim vertretenen internationalen Künstler im Ausstellungsprogramm der Galerie Alex Vömel während des Nationalsozialismus unberücksichtigt; so zeigte Vömel in seinen

---

[28] Landesarchiv NRW, Abteilung Rheinland, RW 58 Nr. 45640, Gestapo-Akte, Alexander Vömel (*23. 9. 1897), SD-Leitabschnitt Düsseldorf an das Reichssicherheitshauptamt Berlin, 10. 2. 1941.

[29] Vgl. ebd., Verhandlungsprotokoll, 28. 2. 1941; Theunissen, „Entartete Kunst“, S. 240.

[30] Landesarchiv NRW, Abteilung Rheinland, RW 58 Nr. 45640, Gestapo-Akte, Alexander Vömel (*23. 9. 1897), Telegramm des Propagandaministeriums an den SD-Düsseldorf, 28. 2. 1941.

[31] Stadtarchiv Düsseldorf, 0 – 1-32 – 440.0006/004 – 006, Wiedergutmachungsakte Alex Vömel. Die Entschädigungsansprüche wurden wegen Vömels ehemaliger Mitgliedschaft in der NSDAP abge-lehnt.

[32] Vgl. Landesarchiv NRW, Abteilung Rheinland, RW 58 Nr. 45640, Gestapo-Akte, Alexander Vömel (*23. 9. 1897), Geheime Staatspolizei, Staatspolizeistelle Düsseldorf an das Reichssicherheitshauptamt Berlin, 9. 3. 1941. Theunissen konnte nachweisen, dass sich Vömel an verschiedene Instanzen der NSDAP wandte und um Unterstützung in der Angelegenheit bat; vgl. Theunissen „Entartete Kunst“, S. 239 ff. Vömel selbst schreibt, er habe sich persönlich an Hermann Goebbels gewandt. Alex Vömel, 40 Jahre Kunsthandel in Düsseldorf, in: Alex Vömel/Daniel Henry Kahnweiler/Fritz Nathan, Freu-den und Leiden eines Kunsthändlers (= Arbeitsgemeinschaft kultureller Organisationen), Düsseldorf 1964, S. 7–20, hier S. 16.

[33] Vgl. Landesarchiv NRW, Abteilung Rheinland, RW 58 Nr. 45640, Gestapo-Akte, Alexander Vömel (*23. 9. 1897); Otto Albert Schneider, Der junge Mensch. Zeitgenössische Bildhauer in der Galerie Vömel, in: Düsseldorfer Nachrichten, 19. 4. 1941; Zentralarchiv der Staatlichen Museen zu Berlin – Preußischer Kulturbesitz, Dok-Slg. Düsseldorf.

Galerieräumen bis 1941 von den Franzosen allein Maillol regelmäßig. Eine Abgrenzung zum Markenzeichen der Galerie Flechtheim, die für ihre Internationalität und Nähe zur französischen Avantgarde bekannt war, fand daher durchaus statt. Fraglich ist jedoch, ob unter den gegebenen Marktbedingungen eine weitere Einfuhr von internationalen Werken überhaupt möglich gewesen wäre und die Vernachlässigung internationaler Künstler somit als Entscheidung Vömels gewertet werden kann. Innerhalb der Präsentationen deutschen Kunstschaffens wählte Vömel weiterhin hauptsächlich Künstler, die schon von der Galerie Flechtheim ausgestellt wurden. So konzentrierte er seinen Einsatz konstant auf bereits von Flechtheim favorisierte zeitgenössische Bildhauer, wie Kolbe, Sintenis oder Barlach. Bei seiner Auswahl bewegte sich Vömel auch in den Grauzonen der NS-Kunstpolitik und arrangierte Werke umstrittener neben denen der erwünschten Künstler. Angesichts einer Ausstellung Ende 1935 wurde dieses Prinzip öffentlich angeprangert und von einer Demaskierung Vömels gesprochen, der im Geiste Flechtheims handeln würde, da „das bunte Gemisch dieser Ausstellung [...] bewusst durchsetzt [sei] mit Namen vertrauenswürdigen Charakters, um die jüdischen Ladenhüter um so unauffälliger an den Mann zu bringen".[34] Insgesamt hat Vömel nach 1933 den Versuch unternommen, die Ausrichtung der Galerie auf moderne Kunst fortzusetzen und an bestimmten Künstlern festzuhalten. Auch wenn hierbei künstlerische Vorlieben Flechtheims unberücksichtigt blieben, ist dies vermutlich nicht als Distanzierung zu seinem ehemaligen Arbeitgeber Alfred Flechtheim zu bewerten, sondern den Umständen und Möglichkeiten des NS-Kunstmarktes geschuldet.[35]

---

[34] Westfälische Landeszeitung, 4.12.1935, abgedruckt in: Ausstellungskatalog Alfred Flechtheim 1987.

[35] Daniela Wilmes zieht aufgrund fehlender Kenntnisse über Belege eines weiteren Kontaktes zwischen Flechtheim und Vömel den Schluss, „dass der Kunsthändler bestrebt ist, sich öffentlich von Flechtheim zu distanzieren". Wilmes, Wettbewerb, S. 58. Für 1933 und 1934 sind jedoch geschäftliche Kontakte nachzuweisen; vgl. Stefan Frey/Wolfgang Kersten, Paul Klees geschäftliche Verbindung zur Galerie Alfred Flechtheim, in: Peters u. a. (Hrsg.), Alfred Flechtheim, S. 65–91, hier S. 89.

Gesa Jeuthe

The Alex Vömel Gallery from 1933 – A "Front" for the Alfred Flechtheim Gallery?

Abstract

The foundation of the Alex Vömel Gallery in 1933 and the actions of its proprietor after Alfred Flechtheim went into exile have been subject to controversial assessment in research to date. It is questionable as to whether Vömel profited exclusively from the reputation of the Alfred Flechtheim Gallery. Within the political climate of the time, it was of no benefit to be seen as a "front" for the Flechtheim Gallery and a "proxy for the Jewish art mogul", with regard to being accepted in the Nazi art market. For artists and customers of the gallery, it was rather a disadvantage to be associated with Flechtheim as of 1933. In view of attacks by the Nazi press, the research to date has concluded that Vömel tried to continue with Flechtheim's exhibition programme. His activities show that, despite political difficulties, he tried to continue the gallery's focus on modern art and on controversial artists. If Alfred Flechtheim's personal preferences were overlooked in doing so, this is not to be interpreted as a dissociation from Vömel's former employer.

Vanessa Voigt

Das Gemälde „Leuchtturm mit rotierenden Strahlen" von Paul Adolf Seehaus und seine wechselvolle Provenienz

> „Der kleine Seehaus ‚rotierender
> Leuchtturm' geht auch; er war dort in
> Herrn Flechtheims Privatwohnung"[1]

Mit diesen Zeilen bestätigte die Düsseldorfer Galerie Alfred Flechtheim GmbH der Direktion der Berliner Nationalgalerie im Herbst 1921 die Leihgabe des Gemäldes „Leuchtturm mit rotierenden Strahlen" (1913) von Paul Adolf Seehaus (1891–1919) für die im Kronprinzenpalais von Oktober bis November 1921 geplante Ausstellung „Junge rheinische Kunst".[2] Im Gegensatz zu weiteren Leihgaben, die von der Düsseldorfer Galerie Flechtheim in jenem Jahr direkt nach Berlin gesandt wurden, sollte das Gemälde des rheinisches Expressionisten Paul Adolf Seehaus aus der Berliner Privatwohnung von Alfred Flechtheim (1878–1937) abgeholt und von dort in die Nationalgalerie gebracht werden.

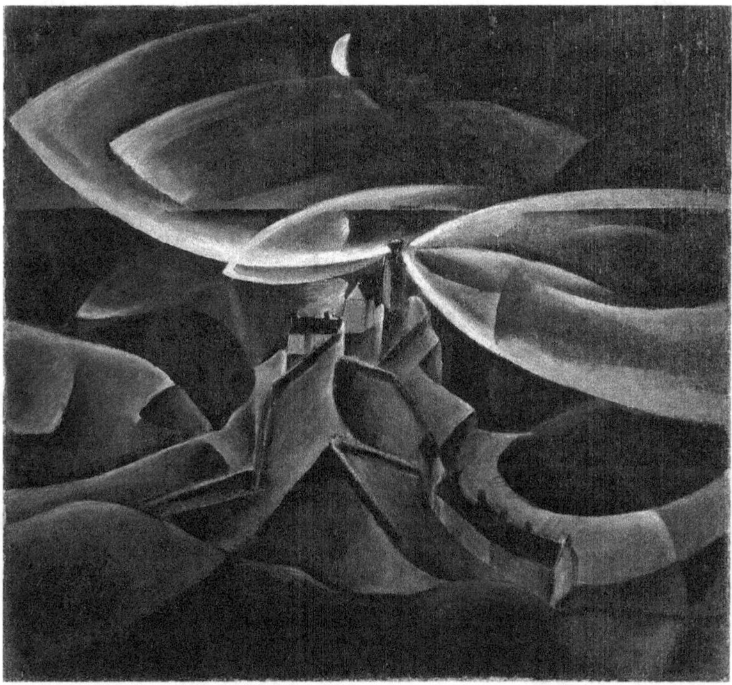

Paul Adolf Seehaus, Rotierender Leuchtturm, 1913, Öl auf Leinwand, 49 × 55,5 cm; Kunstmuseum Bonn.

---

[1] Zentralarchiv der Staatlichen Museen zu Berlin, Preußischer Kulturbesitz, SMB-ZA, I/NG 602, 1921/1295, Brief der Galerie Alfred Flechtheim GmbH, Düsseldorf, Königsallee 34, an Alois Schardt, Nationalgalerie Berlin, 15. 9. 1921.

[2] Ausstellung „Junge rheinische Kunst", Oktober–November 1921, Kronprinzenpalais Berlin; ein Ausstellungskatalog ist nach Auskunft des Zentralarchivs der Staatlichen Museen zu Berlin, Preußischer Kulturbesitz, nicht überliefert.

Ob das seit dem Jahre 1949 zum Sammlungsbestand des Bonner Kunstmuseums gehörende expressionistische Gemälde Teil der Privatsammlung des renommierten Kunsthändlers Alfred Flechtheim war oder zum Bestand seiner Galerie gehörte, insbesondere aber wann und unter welchen Umständen Flechtheim es nach 1933 verkauft bzw. verfolgungsbedingt verloren hatte, sollte eine eingehende Recherche beantworten.

Dem Kunstmuseum Bonn lagen zur Provenienz des Gemäldes nur wenige Informationen vor. Wie der Inventarkarte zu entnehmen ist, wurde der „Rotierende Leuchtturm mit Strahlen" im Jahre 1949 für 1120 DM vom Stuttgarter Kunstkabinett Roman Norbert Ketterer erworben. Handschriftlich findet sich auf der Inventarkarte außerdem ein Hinweis auf die „Slg. Flechtheim Ddf."[3], die einstige Eigentümerin des Gemäldes.

Sammlungshistorisch gehört das Gemälde von Paul Adolf Seehaus zu den frühesten Erwerbungen des Bonner Kunstmuseums im Bereich des rheinischen Expressionismus. Der Bonner Künstler Seehaus, selbst promovierter Kunsthistoriker, hatte sich im ersten Jahrzehnt des 20. Jahrhunderts den rheinischen Expressionisten um August Macke (1887–1914) angeschlossen und war von 1911 bis 1914 dessen einziger Meisterschüler. Seehaus stellte erstmals im Sommer 1913 ausgewählte Werke auf der von August Macke im Hause der Bonner Verlagsbuchhandlung Friedrich Cohen veranstalteten „Ausstellung Rheinischer Expressionisten" aus. Der im gleichen Jahr vollendete „Leuchtturm mit rotierenden Strahlen" befand sich nicht unter den dort gezeigten Gemälden. Erst im Dezember 1913 berichtete Seehaus einem Freund, dass er dieses Gemälde kurz nach dessen Vollendung verkauft hatte:

> „Zudem habe ich einen kleinen ‚Leuchtturm mit rotierenden Strahlen' für 100 M. verkauft. Ich habe also Grund zufrieden zu sein."[4]

Dass Alfred Flechtheim der hier erwähnte Käufer des Bildes war, kann heute angesichts fehlender Aufzeichnungen nur vermutet werden. Peter Dering verweist in seinem 2004 erschienenen Werkverzeichnis[5] von Paul Adolf Seehaus wie folgt auf den einstigen Eigentümer:

> „Seine Qualität [die des Gemäldes „Leuchtturm mit rotierenden Strahlen"] wurde im Übrigen schon früh erkannt. Der bedeutende Kunsthändler Alfred Flechtheim war sein erster Besitzer, der es sogar in seine Privatwohnung hängte."[6]

Alfred Flechtheim hatte im Jahre 1913 seine erste Galerie in Düsseldorf eröffnet, die in den folgenden Jahren zu den erfolgreichsten Kunsthandlungen der französischen und deutschen Moderne gehören sollte.[7] Vom 9. bis zum 27. Mai 1914 zeigte er hier die Aus-

---

[3] Kunstmuseum Bonn, Inventarkarte zu Paul Adolf Seehaus, Rotierender Leuchtturm, 1913, Öl auf Leinwand, 49 × 55,5 cm, Inv. Nr. 49/20, neue Inv. Nr. ab 1966: G 306.

[4] Brief von Paul Adolf Seehaus an H. K., 5. 12. 1913, in: Paul Ortwin Rave, Paul Adolf Seehaus. Briefe und Aufzeichnungen, Bonn 1930, S. 17.

[5] Peter Dering, Paul Adolf Seehaus 1891–1919. Leben und Werk, Bonn 2004, 169, WV G 10, Abb. S. 63.

[6] Dering, Seehaus, S. 68, ausführliche Besprechung des Gemäldes auf den Seiten 61–68; sowie schriftliche Auskunft zu der Provenienz des Gemäldes von Peter Dering an Volker Adolphs, Kunstmuseum Bonn, 23. 6. 2009, Kunstmuseum Bonn.

[7] Seine 1913 eröffnete Galerie in Düsseldorf musste Alfred Flechtheim 1917 zunächst wieder schließen. Zwei Jahre später eröffnete er dort erneut eine Galerie am Standort Königsallee 34. Eine weitere Filiale eröffnete er 1921 in Berlin sowie in den folgenden Jahren in Köln und Frankfurt. Siehe hierzu u. a.: Ottfried Dascher, „Es ist was Wahnsinniges mit der Kunst". Alfred Flechtheim. Sammler, Kunsthändler und Verleger, Wädenswil 2011; Hans Albert Peters u. a. (Hrsg.), Alfred Flechtheim. Sammler. Kunsthändler. Verleger (= Ausst.-Kat. Düsseldorf-Münster 1987), Düsseldorf

stellung „Paul Baum, Walter Ophey, Rheinische Expressionisten", zu der auch das Gemälde „Rotierender Leuchtturm" von Paul Adolf Seehaus gehörte.[8] Wer der Leihgeber des Bildes war, ist dem Ausstellungskatalog nicht zu entnehmen. Erstmals explizit nachweisbar in der „Slg. Flechtheim/Düsseldorf" ist das Gemälde im Oktober 1919, als das Städtische Museum Villa Obernier in Bonn die Gedächtnisausstellung „Paul Seehaus, Gemälde, Aquarelle, Radierungen" des am 13. März 1919 im Alter von nur 27 Jahren an einer Lungenentzündung in Hamburg verstorbenen Künstlers zeigte.[9] Im gleichnamigen Ausstellungskatalog ist das Gemälde mit der Katalognummer 22 als „Leihgabe aus der Sammlung Flechtheim" verzeichnet. In Gedenken an den rheinischen Künstler veröffentlichte der Düsseldorfer Verlag von Alfred Flechtheim noch im selben Jahr die Mappe „In Memoriam Paul A. Seehaus" mit einem Vorwort von Walter Cohen.[10]

Im folgenden Jahr stellte Alfred Flechtheim das Gemälde dann als Leihgabe für die vom 15. Mai bis zum 3. Oktober 1920 im Städtischen Kunstpalast in Düsseldorf veranstaltete „Große Kunstausstellung" zur Verfügung. Im Ausstellungskatalog wird das mit einem Sternchen versehene und als unverkäuflich bezeichnete Gemälde aus der „Sammlung Alfr. Flechtheim, Düsseldorf" erwähnt.[11] Im Gegensatz zu anderen Leihgaben der Galerie Flechtheim wird hier erneut explizit auf die „Sammlung Alfred Flechtheim" verwiesen.

Auch im Jahr 1921 befand sich das Bild in Flechtheims Besitz: Eine im Zentralarchiv der Staatlichen Museen zu Berlin erhaltene Korrespondenz belegt, dass Flechtheim das Werk – wie eingangs bereits erwähnt – für die im Berliner Kronprinzenpalais von Oktober bis November 1921 veranstaltete Ausstellung „Junge rheinische Kunst" erneut als Leihgabe zur Verfügung stellte.[12] In einem Schreiben der Galerie Alfred Flechtheim GmbH, Düsseldorf an Alois Schardt, Nationalgalerie Berlin findet sich die Bestätigung, dass weitere Kunstwerke der Düsseldorfer Galerie Flechtheim nach Berlin gesandt werden sollten und außerdem gesondert das Gemälde von Paul Adolf Seehaus aus Flechtheims Berliner Privatwohnung in die Nationalgalerie gehen sollte:

> „Ich erhalte soeben Ihr Schreiben vom 12. ds. Mts. und werde die in Frage kommenden Bilder zur Absendung bringen. [...] Der kleine Seehaus ‚rotierender Leuchtturm' geht auch; er war dort in Herrn Flechtheims Privatwohnung."[13]

1987; Roswitha Neu-Kock, Alfred Flechtheim, Alexander Vömel und die Verhältnisse in Düsseldorf 1930 bis 1934, in: Eva Blimlinger/Monika Mayer (Hrsg.), Kunst sammeln, Kunst handeln. Beiträge des Internationalen Symposiums in Wien, Wien/Köln/Weimar 2012, S. 155–165.

[8] Paul Baum, Walter Ophey, Rheinische Expressionisten, v. 9. 5.–27. 5. 1914 (= Ausst.-Kat. Galerie Alfred Flechtheim, Düsseldorf), 28, Nr. 114.

[9] Paul Seehaus, Gemälde, Aquarelle, Radierungen (= Ausst.-Kat. Städtisches Museum Villa Obernier, Bonn 1919), Gesellschaft für Literatur und Kunst. 71. Ausstellung, Oktober 1919, Kat. Nr. 22. Die Akte zu dieser Ausstellung im Stadtarchiv Bonn, XI. Kulturwesen, Museen, Ausstellungen, PR 42/303 (1919–1931), konnte nach dortiger Auskunft im Frühjahr 2010 nicht aufgefunden werden.

[10] In Memoriam Paul A. Seehaus, hrsg. v. Alfred Flechtheim, Düsseldorf 1920.

[11] Grosse Kunstausstellung Düsseldorf (1920). Katalog der grossen Kunstausstellung im städtischen Kunstpalast Düsseldorf 1920, veranstaltet vom Verein zur Veranstaltung von Kunstausstellungen e.V. in Düsseldorf in Verbindung mit der Arbeitsgemeinschaft der bildenden Künstler Düsseldorfs, 15. Mai bis 3. Oktober. Düsseldorf: Der Verein [1920], 84, Nr. 1222.

[12] Ausstellung „Junge rheinische Kunst", Oktober–November 1921, Kronprinzenpalais Berlin; ein Ausstellungskatalog ist nach Auskunft des Zentralarchivs der Staatlichen Museen zu Berlin, Preußischer Kulturbesitz, nicht überliefert.

[13] Zentralarchiv der Staatlichen Museen zu Berlin, Preußischer Kulturbesitz, SMB-ZA, I/NG 602, 1921/1295, Brief der Galerie Alfred Flechtheim GmbH, Düsseldorf, Königsallee 34, an Alois Schardt, Nationalgalerie Berlin, 15. 9. 1921.

Sechs Tage später erhielt die Berliner Nationalgalerie erneut eine schriftliche Bestätigung der Düsseldorfer Galerie Flechtheim für alle angefragten Leihgaben, deren „Versicherungswert hundertfünfzehntausend außerdem vierzigtausend für von uns gesandte Bilder" betrug.[14] Darunter mit der „Nr. 4113" der „Rotierende Leuchtturm" von Paul Adolf Seehaus und dem erneuten Hinweis, dass dieses Werk unverkäuflich sei.[15] Vier Jahre nach der Berliner Ausstellung erwähnt der Kunsthistoriker Paul Ortwin Rave (1893–1962) erstmals in seinem Aufsatz über den rheinischen Expressionisten Paul Adolf Seehaus auch den „Rotierenden Leuchtturm"[16], den er im „Verzeichnis der Werke" wie folgt beschreibt: „Rotierender Leuchtturm. 56 : 50, bez. P.A.S. Alfred Flechtheim, Düsseldorf".[17]

Während im Rahmen von Ausstellungsleihgaben bis 1921 mehrmals ausdrücklich auf seine Unverkäuflichkeit hingewiesen wurde, änderten sich spätestens im Jahre 1928 Flechtheims Verkaufsabsichten für das Seehaus-Gemälde. Alexander (Alex) Vömel (1897–1985), langjähriger Mitarbeiter und seit 1927 Geschäftsführer der Düsseldorfer Galerie Flechtheim, wandte sich Ende 1928 an Paul Ortwin Rave von der Berliner Nationalgalerie und bot ihm das Bild mit dem Hinweis, dass es sich derzeit noch in Privatbesitz befände, nun zum Kauf an:

> „Wir haben hier aus Privatbesitz einen ‚Leuchtturm' von Paul A. Seehaus, Oelbild, Größe 55 × 50 cm. Herr Dr. Kruse hat das Bild heute hier gesehen und machte mich darauf aufmerksam, daß Sie wahrscheinlich Interesse an der Erwerbung des Bildes hätten, sei es für die Nationalgalerie oder aber für eine Privatsammlung. Das Bild wird ca. M. 1200.– kosten, ich kann mir aber auch denken, daß es noch etwas billiger zu haben ist."[18]

In seinem Antwortschreiben gab Rave an, dass ihm das „Seehausbild ‚Leuchtturm' wohlbekannt" sei, ein Ankauf für „die National-Galerie (allerdings) wohl nicht in Frage" käme. „Sollte anderwärtig dergleichen verlangt werden, werde ich mich Ihres Angebotes erinnern."[19] Mit diesen Zeilen schließt anscheinend die Korrespondenz, bis am 12. März 1932 die Nationalgalerie an Alfred Flechtheim schreibt:

> „Geheimrat Justi hat es [gemeint ist Rotierender Leuchtturm] vor seiner Abreise anstelle unseres eigenen Bildes von Seehaus, das ausgeliehen ist, vorübergehend in der Schausammlung als Leihgabe von Ihnen aufgehängt."[20]

Da sämtliche Galerieunterlagen wie die Geschäfts- und Lagerbücher der Galerie Flechtheim heute nicht mehr erhalten sind, kann über die Gründe, die zu Flechtheims Absicht führten, nur spekuliert werden. Ein Grund, sich von dem Gemälde zu trennen, könnte die zunehmende Verschlechterung der wirtschaftlichen Gesamtlage Deutschlands Anfang der 1930er Jahre gewesen sein, welche auch den gesamten Kunstmarkt und somit die wirtschaftliche Lage der Galerien von Alfred Flechtheim in Düsseldorf und Berlin stark be-

---

[14] Ebd., 1921/1301, Brief der Galerie Alfred Flechtheim GmbH, Düsseldorf, an Alois Schardt, Nationalgalerie Berlin, 21.9.1921.

[15] Ebd.

[16] Paul Ortwin Rave, Paul Adolf Seehaus, in: Wallraf-Richartz-Jahrbuch II (1925), Köln 1925, S. 181–212 u. 210: Verzeichnis der Werke, I, Gemälde, Nr. 5.

[17] Ebd.

[18] Zentralarchiv der Staatlichen Museen zu Berlin, Preußischer Kulturbesitz, SMB-ZA, I/NG 931, 1928/0464, Brief von Alex Vömel, Galerie Alfred Flechtheim GmbH, Düsseldorf, an Paul Ortwin Rave, Nationalgalerie Berlin, 5.12.1928.

[19] Ebd., Brief von Paul Ortwin Rave, Nationalgalerie Berlin, an Galerie Alfred Flechtheim GmbH, 8.12.1928.

[20] Ebd., Brief von der Nationalgalerie Berlin an Alfred Flechtheim, 12.3.1932.

einträchtigte.[21] Wie ausweglos Flechtheims wirtschaftliche Situation war, ist seinem im Düsseldorfer Stadtarchiv überlieferten Schriftwechsel mit dem Düsseldorfer Oberbürgermeister Robert Lehr und dem Leiter des Städtischen Kunstmuseums Düsseldorf, Karl Koetschau, aus dem Jahre 1932 zu entnehmen. So hatte Flechtheim im Juni 1932 dem Städtischen Museum für 5000 Reichsmark die Bronze „Lesende Mönche" von Ernst Barlach zum Ankauf angeboten und ausdrücklich betont, dass „der Erwerb [...] für mein Unternehmen sehr wichtig ist und mich von einer großen Sorge befreien wird".[22] Da die „Mittel für den Erwerb dieser Bronzegruppe von Barlach nicht zur Verfügung" standen, musste die Stadt Düsseldorf den Ankauf jedoch ablehnen.[23] Daraufhin wandte sich Flechtheim erneut an den Oberbürgermeister und schilderte eingehend, wie existenziell der Verkauf der Bronze für ihn und sein Unternehmen sei:

> „Diese Mitteilung hat mich außerordentlich betrübt; nicht allein, weil mit diesem Ankauf einer der größten deutschen Künstler in das Düsseldorfer Museum eingezogen wäre, sondern auch – ich sage es ganz offen – ich durch diesen Ankauf finanziell sehr entlastet worden wäre. [...] Ich sehe keine Chance mehr, ein Geschäft wie das meinige in Düsseldorf, insbesondere auf der heutigen Basis, aufrechtzuerhalten; der Ausstellungsbetrieb bringt nichts ein, im Gegenteil er kostet Geld [...]. Ich will von der Stadt keine finanzielle Unterstützung. Ich habe aber seit Jahren der Stadt nichts mehr verkauft. Ich möchte nur, daß die Stadt meine Tätigkeit anerkennt und mir über die schwierigen Zeiten hinweghilft, indem sie von mir Ankäufe tätigt. Ich will also einen solchen Gegenstand dem städtischen Museum verkaufen, der für das Museum eine Bereicherung und Ergänzung seiner Sammlung bedeutet."[24]

Der Düsseldorfer Bürgermeister blieb kompromisslos und lehnte den Ankauf erneut ab.[25] Nun blieb Flechtheim nur noch eine Möglichkeit. Er bat die Stadt Düsseldorf um ein Darlehen:

> „Für die Bereitwilligkeit, mir nach Möglichkeit zu helfen, danke ich Ihnen sehr. Da die Skulptur von Barlach augenblicklich nicht erworben werden kann, gestatte ich mir, anzuregen, meiner Firma, wie seinerzeit im Falle der Frau Ey, einen Vorschuß beim Bankhaus B. Simons in Höhe von RM 3000.– zu deponieren, aufgrund zukünftiger Ankäufe. Ich brauche diesen Betrag dringend zur Durchhaltung meines Düsseldorfer Geschäftes und der damit in Verbindung stehenden schaffenden Künstler."[26]

Die Stadt Düsseldorf war einverstanden und gewährte dem Galeristen das erbetene Darlehen in Höhe von 3000 Reichsmark für die Dauer von drei Monaten, verzinst mit sechs Prozent. Als Sicherheiten verlangte die Stadt „Kunstgegenstände zum mindesten im Werte der doppelten Höhe des gewährten Darlehens".[27] Flechtheim sah sich gezwungen, diesem Vorschlag zustimmen. Aber auch das Darlehen schien seine wirtschaftliche Lage

---

[21] Ende Juli 1919 eröffnete Flechtheim zunächst eine Zweigniederlassung seiner Galerie in Köln, Anfang der 1920er Jahre folgten Filialen in Berlin und Frankfurt. Während die Berliner Filiale bestehen blieb, wurden die Geschäfte in Köln und Frankfurt bereits nach einigen Jahren wieder geschlossen; siehe hierzu: Amtsgericht Berlin-Charlottenburg und Amtsgericht Düsseldorf, Handelsregisterakten Galerie Alfred Flechtheim GmbH.

[22] Stadtarchiv Düsseldorf, Best. IV 3742, Ankaufsunterlagen der Städtischen Kunstsammlungen, Düsseldorf, 1932, Brief von Alfred Flechtheim an Oberbürgermeister Robert Lehr, 29.6.1932.

[23] Ebd., Brief von Oberbürgermeister Robert Lehr an Karl Koetschau, 4.7.1932.

[24] Ebd., Brief von Alfred Flechtheim an Oberbürgermeister Robert Lehr, 4.8.1932.

[25] Ebd., Brief von Oberbürgermeister Robert Lehr an Alfred Flechtheim, 3.9.1932.

[26] Ebd., Brief von Alfred Flechtheim an Oberbürgermeister Robert Lehr, 9.9.1932.

[27] Karl Koetschau, der Leiter des Städtischen Kunstmuseums in Düsseldorf, wählte daraufhin zwei Bronzen von Aristide Maillol in der Galerie von Alfred Flechtheim aus; Stadtarchiv Düsseldorf, Best. IV 3742, Ankaufsunterlagen der Städtischen Kunstsammlungen, Düsseldorf, 1932.

nicht wesentlich zu verbessern. Bereits vier Wochen vor Ablauf der vereinbarten Frist bat er um eine Verlängerung von weiteren drei Monaten.[28] Die Stadt reagierte hierauf nicht und sandte dem Kunsthändler einen Tag vor der fälligen Ablösung den Bescheid, dass der Betrag von 3000 Reichsmark nebst Zinsen umgehend zu erstatten sei.[29] Erst nachdem Flechtheim den Oberbürgermeister nochmals persönlich um eine Verlängerung gebeten hatte, gewährte dieser ihm einen Zahlungsaufschub von weiteren drei Monaten.[30]

Ausweglos war in jenen Jahren allerdings nicht nur Flechtheims finanzielle Lage, zugespitzt hatten sich auch die politischen Verhältnisse in Deutschland. Bereits Ende 1932 attackierte die rechtsnationale Presse den jüdischen Kunsthändler massiv. Sein markantes Profil mit dem Spruchband „Die Rassenfrage ist der Schlüssel zur Weltgeschichte (D Israeli)" prangte am 10. Dezember 1932 auf der Titelseite der rechtsnationalen Propagandazeitschrift „Illustrierter Beobachter". Nur wenige Monate später, am 1. April 1933, erschien darüber hinaus ein Hetzartikel in der „Düsseldorfer Volksparole" mit dem Titel „Abgetakeltes Mäzenatentum. Wie Flechtheim und Kaesbach deutsche Kunst machten". Der Artikel endete mit der triumphierenden Parole:

> „Flechtheim ist erledigt. Der Taumel, der Schwindel der Kunst-Revolution ist vorbei. Seine Bilder lagern unverkäuflich im Keller. Seine Firma ging jetzt eben in Konkurs. Es gilt den ganzen Kunst-Schwindel in Konkurs zu bringen. Das System – Flechtheim – Waetzold – Kaesbach ist auszurotten."[31]

Seine ausweglose finanzielle Situation, insbesondere aber der zunehmende politische Druck und die antisemitischen Übergriffe, veranlassten den Kunsthändler, Deutschland in den ersten Monaten des Jahres 1933 vorübergehend in Richtung Schweiz zu verlassen.[32] Als Kontaktadresse gab Flechtheim auf einer Postkarte, die er dem Künstler George Grosz am 6. Juni 1933 aus Florenz schrieb, die Adresse des Schweizer Kunsthistorikers und Kunsthändlers Christoph Bernoulli in Basel an.[33] Schon im September 1933 war Flechtheim zurück in Berlin, wie Thea Sternheim, eine Freundin des Ehepaares Flechtheim, in ihrem Tagebuch notierte:

> „Mittags bei Flechtheims. Die unglücklichen Leute sind gerade dabei das ihnen von Hitler bescherte Geschick in seiner ganzen Bitterkeit auszukosten. Flechtheim total ruiniert, die Frau um ihren Besitz zitternd. Ich werfe gleich meinen ganzen Elan in die Situation, um ihnen zu helfen. Erst rufe ich den sympathischen Alfred Schulte herbei […]."[34]

In den folgenden Monaten und Jahren hielt sich der Kunsthändler abwechselnd in der Schweiz, in Frankreich und in London auf. Flechtheim hatte die Gefahr, als Jude weiter-

---

[28] Ebd., Brief von Alfred Flechtheim an Oberbürgermeister Robert Lehr, 9. 12. 1932.

[29] Ebd., Einschreiben der Stadt Düsseldorf an die Galerie Flechtheim, 28. 12. 1932.

[30] Ebd., 1933, Brief von Alfred Flechtheim an Oberbürgermeister Robert Lehr, 4. 1. 1933.

[31] Hendrik, Abgetakeltes Mäzenatentum. Wie Flechtheim und Kaesbach deutsche Kunst machten, in: Düsseldorfer Volksparole, 1. 4. 1933.

[32] Aufgrund fehlender Quellen können die genauen Gründe, die Flechtheim veranlassten, Deutschland dauerhaft zu verlassen, heute nicht spezifiziert werden.

[33] The Houghton Library, Harvard University, Cambridge, Postkarte von Alfred Flechtheim an George Grosz, 6. 6. 1933, MS Ger 206 (116). Unterlagen zu Alfred Flechtheim und seinen Aufenthalten in der Schweiz ließen sich in dortigen Archiven, wie dem Bundesarchiv Bern oder dem Staatsarchiv des Kantons Zürich, nicht ermitteln.

[34] Thea Sternheim, Tagebücher, II, 1925–1936, hrsg. v. Thomas Ehrsam und Regula Wyss, Göttingen 2002, 8. 9. 1933. Demnach stellte Thea Sternheim den Kontakt zu dem Berliner Wirtschaftsprüfer Alfred E. Schulte her, der sich um die Auflösung der Berliner Galerie Flechtheim kümmerte.

hin in Deutschland zu leben, erkannt und hielt eine dauerhafte Rückkehr für unmöglich, wie er George Grosz im Oktober 1933 aus Paris mitteilte:

> „Mein l. Grosz, ich bin in Paris; meine Galerien verließ ich. Da meine Künstler u. ich diffamiert sind, keine Chancen in Bln Geld zu verdienen [...] ich bin geldlos und pleite [...] wie es in Bln aussieht wird Dir Deine Frau geschildert haben. Für Leute wie Du, wie ich, wie Hofer, Kolbe ist da kein Platz. Es gibt nur parieren. – Der Führer hat gesagt, daß Leute wie wir, wie Mies, wie Klemperer entweder ins Zuchthaus oder Irrenhaus gehören. – Da er sein Wort hält u. nicht leer droht, sind alle Chancen dafür da [...] Meine Frau löst die Wohnung auf u. kommt dann her [...] sind arm wie Kirchenmäuse, und nervös."[35]

Die Mieträume der ehemaligen Galerie Alfred Flechtheim GmbH in Düsseldorf hatte deren Geschäftsführer Alex Vömel bereits Ende März 1933 übernommen[36], worüber er die Kunden der Galerie Flechtheim zeitnah informierte:

> „Ich habe die Ehre, Ihnen mitzuteilen, daß ich unter der Firma Galerie Alex Vömel in den bisherigen Räumen der Galerie Flechtheim in Düsseldorf eine Kunsthandlung errichtet habe."[37]

Zwei Wochen vor dieser offiziellen Mitteilung hatte Vömel auch seinen Basler Kunsthändlerkollegen Christoph Bernoulli über die bevorstehende Galerieübernahme und die persönliche Situation Alfred Flechtheims in Kenntnis gesetzt:

> „Wir treffen grosse Aenderungen; wenn sie vorbei sein werden und in einigen Tagen die Düsseldorfer Galerie A. F. Galerie Alex Vömel heissen wird, dann will ich ein paar Tage nach Drove fahren [...] Ein grosser Hausputz wird in Deutschland gehalten; dem kann keiner entgehen. Jeden trifft es; uns hat es hart getroffen, als die Nationalsozialistische Abordnung uns verbot, die Auktion, welche famos eingesetzt hatte, weiterzuführen. Doch nun bin ich froh und habe wieder Mut und glaube, dass es so kommen musste. [...] Leid tun mir die Juden, die sich als Menschen zweiter Klasse fühlen müssen – A. F. ist regelrecht zusammengebrochen (zum Glück war er am Auktionstag nicht in Düsseldorf). Er fragt jetzt zwanzig Mal am Tag dasselbe, bekommt ebenso oft dieselbe Antwort; er rechnet zwanzig Mal eine Zahlenkolonne zusammen, bekommt ebenso oft eine andere Zahl dabei heraus."[38]

Die endgültige Auflösung der Düsseldorfer Galerie Flechtheim erfolgte laut Gewerbeamt Düsseldorf allerdings erst im Oktober 1933.[39]

Wie die Übernahme der Düsseldorfer Galerie Flechtheim durch Alex Vömel in Bezug auf eine mögliche „Arisierung" zu bewerten ist, darauf gehen Axel Drecoll und Anja Deutsch im vorliegenden Sammelband ein.[40] Die Autoren kommen zu dem Schluss, dass

---

[35] The Houghton Library, Harvard University, Cambridge, MS Ger 206 (116), Brief von Alfred Flechtheim an George Grosz, 6. 10. 1933.

[36] Dem Handelsregisterauszug des Amtsgerichts Düsseldorf zufolge wurde die Eintragung der Alex Vömel Kommanditgesellschaft bereits am 20. 3. 1933 vorgenommen; Amtsgericht Düsseldorf, HRB, 35462, Galerie Vömel GmbH.

[37] Bibliothek der Heinrich-Heine-Universität, Düsseldorf, Postkarte der Galerie Alex Vömel, Düsseldorf, mit Poststempel vom 30. 3. 1933. Das Gründungsdatum der Galerie Alex Vömel in Düsseldorf ist nach Aussage des Sohnes Edwin mit dem Versand dieser Karte gleichzusetzen. Mitteilung von Edwin und Dorothee Vömel an die Verfasserin vom 25. 9. 2010.

[38] Universitätsbibliothek Basel, Handschriften, Nachlass Christoph Bernoulli, NL 322: C I 67–88, Brief von Alex Vömel an Christoph Bernoulli, Basel, 15. 3. 1933; s. Anhang III Dok. 2 im vorliegenden Band.

[39] Amtsgericht Berlin-Charlottenburg, Handelsregisterakten Galerie Alfred Flechtheim GmbH, HRB 21427, Schreiben der IHK an das Amtsgericht Düsseldorf, 28. 1. 1934. Am 24. 2. 1937 wurde die Alfred Flechtheim GmbH endgültig aus dem Handelsregister gelöscht; Amtsgericht Berlin-Charlottenburg, Handelsregisterakten Galerie Alfred Flechtheim GmbH, HRB 21427, Eintrag vom 24. 2. 1937.

[40] Siehe den Beitrag im vorliegenden Sammelband.

es sich bei der Liquidation der Alfred Flechtheim GmbH wohl nicht um einen klassischen „Arisierungsfall" gehandelt habe.[41] Ein Teil des Kunstbesitzes sei jedoch mit an Sicherheit grenzender Wahrscheinlichkeit „arisiert" worden, als Flechtheim Deutschland aufgrund der antisemitischen Hetze und Bedrohung, die sich gezielt gegen ihn richtete, verlassen hat. In einem Gutachten aus dem Jahr 2012 folgert Drecoll:

> „Vermögensgegenstände, die von Alfred Flechtheim in Deutschland gelassen werden mussten und später nicht mehr in seinen oder in den Besitz seiner Angehörigen gelangten, müssen daher grundsätzlich als verfolgungsbedingt verloren gelten. [...] Dass der spätere Mieter der Räumlichkeiten, Alex Vömel, oder der Liquidator Alfred Schulte aktiv an der Vertreibung Flechtheims mitwirkten, um einen persönlichen Vorteil zu erlangen, ist nicht nachweisbar und nach der vorliegenden Quellenlage auch unwahrscheinlich. Damit soll nicht verkannt werden, dass Alex Vömel durch die Auswanderung Alfred Flechtheims indirekt profitierte. Durch den Einzug in die Räumlichkeiten der Galerie in der exklusiven Königsallee entstand zumindest der Eindruck einer Geschäftsübergabe, obgleich es sich *de jure* um eine Neugründung der Galerie Vömel handelte."[42]

Unbekannt ist, welche Kunstwerke sich aus dem Bestand der Galerie Flechtheim zum Zeitpunkt der Galerieübernahme noch hier befanden und ob es über den weiteren Umgang mit diesen Objekten eine Vereinbarung zwischen Flechtheim und Vömel gegeben hat. Edwin Vömel (geb. 1928), der Sohn von Alex Vömel, der noch heute gemeinsam mit seiner Ehefrau Dorothee die Düsseldorfer Galerie betreibt, kann sich nicht an Vereinbarungen zwischen Alfred Flechtheim und seinem Vater oder an Details der Übernahme erinnern.[43] Und auch später habe er mit seinem Vater nicht über diese Geschehnisse gesprochen. Alle Galerieunterlagen, die hierüber hätten Aufschluss geben können, sind im Jahre 1943 durch einen Bombentreffer auf das Gebäude vernichtet worden[44], weswegen diese Frage unbeantwortet bleiben muss. Kontakte zwischen Flechtheim und Vömel bestanden allerdings auch noch nach 1933. So erhielt Flechtheim im Januar 1934 für eine von ihm in der Londoner Mayor Gallery organisierte Ausstellung Werke Paul Klees von Alex Vömel aus Düsseldorf.[45] Noch 1934 befand sich das Gemälde „Leuchtturm mit rotierenden Strahlen" von Paul Adolf Seehaus nachweislich bei Alex Vömel in Düsseldorf. Dieser unterbreitete Hans Wilhelm Hupp, dem nach der Machtübernahme der Nationalsozialisten neu eingesetzten Direktor des Städtischen Museums in Düsseldorf, im März 1934 folgendes Tauschangebot: „[...] im Tausch gegen das Bildnis von KOKOSCHKA kann ich Ihnen heute eine der flandrischen Landschaften von HECKEL aus dem Kriege anbieten (1916); ich füge ein Stillleben aus dem selben Jahr bei. Vielleicht darf ich in diesen Tagen von Ihnen hören, ob der Tausch gegen eines dieser beiden Bilder von HECKEL und den Rotierenden Leuchtturm von SEEHAUS durchgeführt werden kann."[46]

---

[41] Ebd., S. 94.

[42] Anteilig gefördert von der Arbeitsstelle für Provenienzforschung in Berlin hat das Kunstmuseum Bonn dieses Gutachten erstellen lassen, das 2012 vorgelegt wurde.

[43] Mitteilung von Edwin und Dorothee Vömel vom 26. 8. 2010 an die Verfasserin.

[44] Ebd. Das Ehepaar Vömel besitzt nach eigener Auskunft gegenüber der Verfasserin keinerlei Akten wie beispielsweise Lagerbücher, Kommissionsbücher, Einlieferungsbücher oder Kontobücher der Galerie Flechtheim bzw. Vömel aus den Jahren bis 1945.

[45] Siehe hierzu: Stockbook der Mayor Gallery, London, Mayor Gallery, London.

[46] Stadtarchiv Düsseldorf, Akten des städtischen Kunstmuseums, Düsseldorf, IV 3770, Angebote und Ankäufe, Brief von Alex Vömel, Galerie Alex Vömel, Düsseldorf, an Hans Wilhelm Hupp, Direktor des städtischen Kunstmuseums, Düsseldorf, 5. 3. 1934.

Das Museum lehnte dieses Angebot ab und somit verblieb das Seehaus-Gemälde weiterhin bei Vömel. Alfred Flechtheim, der versucht hatte, sich als Kunsthändler in London zu etablieren, starb drei Jahre danach, am 9. März 1937 an den Folgen einer Notoperation.

Angesichts der nationalsozialistischen Kulturpolitik und der damit verbundenen Diffamierung moderner Kunst geriet im Verlauf des Jahres 1941 auch Alex Vömel aufgrund seines Galerieprogramms in Schwierigkeiten. Im Februar 1941 verhängte die Reichskammer der bildenden Künste gegen seine Galerie ein Ausstellungs- und Verkaufsverbot.[47] Die Behörden konfiszierten in seiner Galerie zahlreiche Werke von Vertretern der als „entartet" diffamierten zeitgenössischen Moderne.[48] Nach Auswertung des überlieferten Beschlagnahmeprotokolls befand sich der „Leuchtturm mit rotierenden Strahlen" von Paul Adolf Seehaus nicht unter den an diesem Tag beschlagnahmten Kunstwerken. Noch im selben Monat wurde das gegen Vömel ausgesprochene Ausstellungs- und Verkaufsverbot wieder aufgehoben.[49]

Im Zuge der Luftangriffe auf die Stadt Düsseldorf wurde die Galerie in der Königsallee im Jahre 1943 gänzlich zerstört. Welche Kunstwerke dabei vernichtet wurden, ist nicht bekannt.

Das Gemälde von Paul Adolf Seehaus hat den Krieg vermutlich in Vömels Privatwohnung unbeschadet überstanden. Im August 1946 stellte es Vömel unter dem Titel „Rotierender Leuchtturm an der englischen Küste" dem Düsseldorfer Hetjens-Museum für die Ausstellung „Lebendiges Erbe" als Leihgabe zur Verfügung.[50] Drei Jahre nach der Ausstellung versicherte Vömel dem Direktor des Bonner Kunstmuseums, Walter Holzhausen, dass nicht er der Eigentümer des Kunstwerkes war, er „[…] habe es lediglich im Auftrage des Besitzers seinerzeit zur Ausstellung an das Hetjens-Museum in Düsseldorf gegeben".[51]

Entgegen dieser Aussage hatte Vömel das Gemälde noch im Dezember 1947 als Leihgabe seiner Galerie dem Kunsthistoriker Ludwig Grote für dessen im September 1949 im Münchner Haus der Kunst geplante Ausstellung „Der Blaue Reiter" angeboten.[52] Noch vor der Eröffnung der Münchner Ausstellung sollte es im Frühjahr 1949 schließlich zum

---

[47] Auszüge aus den Akten im Landesarchiv Düsseldorf zur Beschlagnahme „Entarteter Kunst" in der Galerie Vömel in Düsseldorf, 1941, Akten der Geheimen Staatspolizeistelle Düsseldorf über Alex Vömel, 23. 9. 1997, geb. in Emmishofen, Nr. 45640.

[48] U. a. Landesarchiv Düsseldorf, Akten der Geheimen Staatspolizeistelle Düsseldorf über Alex Vömel, geb. in Emmishofen, Nr. 45640, Brief des Sicherheitsdienstes des RFSS (Reichsführer SS), Leitabschnitt Düsseldorf, an das Reichssicherheitshauptamt in Berlin, 10. 2. 1941.

[49] Am 28. 2. 1941 erhielt die Düsseldorfer Gestapo folgendes Telegramm des Reichssicherheitshauptamtes, Berlin: „[…] bitte ich auf Veranlassung von Prop.-Min., die Galerie Voemel in der Ausstellung und dem Verkauf der nicht zu beanstandenden Kunstwerke nicht mehr zu behindern. Die Gruende für die einstweilige Sperrung der Ausstellung bestehen nicht mehr, nachdem die entarteten Kunstwerke bereits ausgeschieden und nach Berlin unterwegs sind. Ausserdem besteht staatspolizeilicherseits kein Interesse, die Angel. unnoetig zu komplizieren und die Lage zu verschaerfen." Landesarchiv Düsseldorf, Akten der Geheimen Staatspolizeistelle Düsseldorf über Alex Vömel, geb. in Emmishofen, Nr. 45640, Telegramm des Reichssicherheitshauptamtes in Berlin an die Gestapo, Düsseldorf, 28. 2. 1941.

[50] Lebendiges Erbe. Gedächtnis-Ausstellung mit Werken von Ernst Gottschalk, Adolf de Haer (…), (= Ausst.-Kat. Hetjens-Museum, Juli bis August 1946), hrsg. v. Jan Thorn-Prikker, Düsseldorf 1946, 40, Kat. Nr. 1 mit Abbildung.

[51] Kunstmuseum Bonn, Archiv, Postkarte von Alex Vömel, Galerie Alex Vömel, Düsseldorf, an Walter Holzhausen, 29. 3. 1949.

[52] Bayerische Staatsgemäldesammlungen, München, Altregistratur, Ausstellung „Der Blaue Reiter", Brief von Alex Vömel, Galerie Alex Vömel, an Ludwig Grote, 6. 12. 1947.

Verkauf des Seehaus-Gemäldes kommen. In diesem Zusammenhang kontaktierte Vömel im März 1949 das Kunstmuseum in Bonn. Wie einer im Archiv des Bonner Kunstmuseums überlieferten Korrespondenz zum Ankauf des Seehaus-Gemäldes zu entnehmen ist, wandte sich Vömel an das Bonner Museum, um dessen Direktor Walter Holzhausen auf die zeitnah stattfindende Versteigerung des Gemäldes im Stuttgarter Kunstkabinett von Roman Norbert Ketterer aufmerksam zu machen:

> „Das Gemälde von P. A. Seehaus, Rotierender Leuchtturm 1912/13, 50 zu 56 cm, das Kat. Nr. 1265 am 7. April bei Ketterer in Stuttgart zur Auktion kommen wird, ist auf S. 40 abgebildet in: Lebendiges Erbe (Juli–August 1946) Hetjens Museum Düsseldorf. Da ich die Absicht habe, der Auktion beizuwohnen, wäre ich gern bereit, Ihre Wünsche wahrzunehmen. Das Bild ist mit DM 1000,– geschätzt; man sollte aber annehmen, dass der Aufschlagpreis ein höherer sein wird."[53]

Direktor Holzhausen nahm dieses Angebot dankend an und so erwarb Vömel das Gemälde im Auftrag des Bonner Museums. Nach Auskunft des Kunstkabinetts Ketterer ist als Einlieferer und damit Eigentümer des Werkes der Name Suermondt notiert worden. Dieser ist sowohl mit der Galerie Flechtheim als auch mit Alex Vömel verbunden: 1914 zeigte Flechtheim eine Ausstellung von Werken Heinrich Nauens, darin auch den 1912 für Burg Drove durch Edwin Suermondt (1883–1923) in Auftrag gegebenen Wandbilder-Zyklus vor der Montage an seinem Bestimmungsort.[54] Suermondt tritt in der Folgezeit häufiger als Leihgeber in Erscheinung. 1926 heiraten seine Witwe Martha (geb. Compes, 1897–1976) und Alex Vömel; dieser tritt ab 1927 als Verwalter der Suermondt'schen Kunstsammlungen auf und wiederum 1929 sind Werke von Klee in der Vömel-Suermondt-Sammlung als Leihgaben bei Flechtheim vertreten.

Zusammenfassend kann festgestellt werden, dass sich trotz intensiver Recherchen zur Provenienz des Gemäldes von Paul Adolf Seehaus nicht mehr mit Bestimmtheit feststellen lässt, ob Flechtheim das Gemälde freiwillig in Düsseldorf zurückgelassen, ob er hierfür Geld von Alex Vömel bekommen oder es ihm zur Verwahrung übergeben hatte. Ebenfalls nicht zu beantworten ist, ob Vömel seinerseits das Bild wider besseres Wissen und unrechtmäßig einbehalten hatte, bevor es 1949 an das Bonner Kunstmuseum verkauft wurde. Nachgewiesen werden konnte allerdings, dass sich das Gemälde auch noch nach der Auflösung der Düsseldorfer Galerie Flechtheim bei Alex Vömel befand und von diesem zum Kauf angeboten bzw. als Leihgabe für Ausstellungszwecke zur Verfügung gestellt wurde.

Ungeachtet der offenen Fragen erkannte das Kunstmuseum Bonn ausdrücklich das Verfolgungsschicksal Alfred Flechtheims an und einigte sich im Frühjahr 2012 mit den Erben Flechtheims auf eine „faire und gerechte Lösung" im Sinne der 1999 verabschiedeten „Gemeinsamen Erklärung der Bundesregierung, der Länder und der kommunalen Spitzenverbände". So leistete das Kunstmuseum Bonn eine Entschädigung in Höhe der Hälfte des geschätzten Marktwertes des Gemäldes, das wiederum im Museum verblieb. Ein begleitender Text informiert seitdem die Museumsbesucher über die Provenienz des Gemäldes und die damit verknüpfte wechselvolle Geschichte.

---

[53] Kunstmuseum Bonn, Archiv, Korrespondenz allgm., Brief von Alex Vömel, Galerie Alex Vömel, Düsseldorf, an Walter Holzhausen, 29. 3. 1949.
[54] Galerie Alfred Flechtheim, „Erste Kollektivausstellung. Heinrich Nauen", Ausst.-Kat., Düsseldorf 1914.

Vanessa Voigt

The "Lighthouse with Rotating Beam" by Paul Adolf Seehaus – Dossier on the Changing Provenance of a Painting

Abstract

"The small 'Rotating Lighthouse' by Seehaus
is also available; it was there in
Mr. Flechtheim's private residence"[1]

With these lines, the Düsseldorf Galerie Alfred Flechtheim GmbH confirmed loaning the painting "Lighthouse with Rotating Beam" (1913) by Paul Adolf Seehaus to the administration of the Berlin National Gallery in the autumn of 1921 for the planned "Young Rhineland Art" exhibition at the Kronprinzenpalais from October to November 1921.[2] In contrast to other paintings on loan, which were sent directly to Berlin by the Düsseldorf Galerie Flechtheim in the same year, the painting by the Rhineland expressionist Paul Adolf Seehaus was supposed to be collected from Alfred Flechtheim's (1878–1937) private residence in Berlin and brought to the National Gallery.

The question as to whether the painting, which has been in the collection of the Bonn Museum of Art since 1949, was part of the renowned art dealer Alfred Flechtheim's private collection or whether it belonged to his gallery and, in particular, when and under what circumstances the painting was sold or transferred after 1933, should be answered by a detailed investigation focusing on possible confiscation under Nazi persecution.

---

[1] Letter from Galerie Alfred Flechtheim GmbH, Düsseldorf, Königsallee 34, to Alois Schardt, Nationalgalerie Berlin, of 15/09/1921, Central Archive of the State Museums of Berlin – Prussian Culture Heritage, SMB ZA, I/NG 602, 1921/1295.

[2] "Young Rhineland Art" Exhibition, October–November 1921, Kronprinzenpalais, Berlin. An exhibition catalogue has not survived according to the Central Archive of the State Museums of Berlin – Prussian Culture Heritage.

Ottfried Dascher
Alfred Flechtheim in London (1933–1937)

Die Spurensuche begann in Golders Green[1]

Als ich vor zehn Jahren erstmals den Friedhof „Golders Green" und sein 1902 erbautes Columbarium in London besuchte, begegneten mir das stolze Empire und das Commonwealth des frühen 20. Jahrhunderts, traf ich auf die Namen von Premierministern, Feldmarschällen und Admirälen, von international bekannten Gelehrten, Künstlern und Persönlichkeiten in einer Dichte, wie sie kein Museum und keine Denkmalgalerie hätten anschaulicher vermitteln können.[2] Inmitten der englischen Berühmtheiten fanden sich seit den 1930er Jahren zunehmend die Namen deutschsprachiger Emigranten, so von Elisabeth Bergner, Fritz Busch, Sigmund Freud, Ernst Gombrich, Henriette Hardenberg, Otto Koenigsberger, Karl Mannheim und eben auch von Alfred Flechtheim.[3]

Seine Urne hatte ihren Platz im Ernest George Columbarium in der Nische 4062 A unweit der Stelen von Sigmund Freud und der mit Flechtheim schon in Berlin gut bekannten Balletttänzerin Anna Pavlova gefunden, aber der mich begleitende ältere Beamte meinte, er könne sich im Unterschied zu Freud und zur Pavlova, wo regelmäßig frische Blumen lägen, nicht daran erinnern, dass Besucher, abgesehen von Verwandten, nach dem Namen Flechtheim gefragt hätten. Es mochte in der Absicht der Nationalsozialisten gelegen haben, Flechtheims Andenken durch eine „Damnatio memoriae" vergessen zu machen – aber gerade als dieser Name zu verblassen schien, kam er wieder in aller Munde und ist inzwischen sogar zu einer Chiffre geworden, derer man sich selbst aus unlauteren Motiven bedient, um eine Provenienz Flechtheim zu konstruieren. Als die Urne behutsam aus dem Halbdunkel der Wand herausgehoben und der Schriftzug „IN LOVING MEMORY OF ALFRED FLECHTHEIM, BORN IN MÜNSTER 1st APRIL 1878, DIED IN LONDON 9th MARCH 1937" sichtbar wurde, dachte ich daran, dass an der Trauerfeier am 11. März 1937 der französische Botschafter teilgenommen und der 1956 verstorbene Kunstsammler Lord Spencer-Churchill die Totenrede gehalten hatte. England zeigte Noblesse und Größe, und es muss ein bewegender Moment für die ebenfalls anwesende Ehefrau Bertha (Betti) Flechtheim gewesen sein, die sich im Februar 1936 nur auf sein Drängen und nur zu ihrem Schutz von ihm hatte scheiden lassen. Mit der Aufnahme in das Columbarium von Golders Green hatte der ruhelose Flechtheim einen Ort gefunden, den wir erst heute richtig zu würdigen wissen, wo man ihn betrauern und sich wieder seiner erinnern kann.

---

[1] Leicht geänderte und um die Anmerkungen ergänzte Fassung des Vortrages gehalten anlässlich des Workshops im Oktober 2011 im Institut für Zeitgeschichte, München. Der Vortrag stützt sich auf meine Biografie Alfred Flechtheims, die an diesem Tag erstmals der Öffentlichkeit vorgestellt wurde (s. a. Anm. 4).

[2] Auf andere Weise repräsentiert der 1882 eingeweihte jüdische Friedhof von Weißensee die Geschichte großer jüdischer Familien in Berlin: Man muss auf diesen Friedhof gehen, um zu erfahren, welche Bedeutung die jüdischen Bürger für das wirtschaftliche, politische, für das wissenschaftliche und kulturelle Leben Berlins im Kaiserreich und in der Weimarer Republik besaßen, und was wir mit ihnen verloren haben.

[3] The London Crematorium Company, Brief History of Golders Green Crematorium. Golders Green, London (o. D.).

Der folgende Beitrag konzentriert sich auf die letzten Lebensjahre von Alfred Flechtheim in London und stützt sich auf meine 2011 veröffentlichte Biografie, die soeben in zweiter Auflage als broschierte Sonderausgabe erschienen ist.[4] Im dortigen Anhang habe ich auf Basis von Angaben in Katalogen der Galerien Flechtheim und zeitgenössischer Korrespondenz eine größere Zahl von Bildern dokumentiert, die als Privatbesitz Flechtheim und zu einem kleineren Teil als Galeriebesitz zugeordnet werden. Nachfolgend gehe ich angesichts der aktuellen Diskussion um Wiedergutmachung bzw. Restitution der Frage nach, ob und unter welchen Bedingungen Alfred Flechtheim in London als Galerist tätig war und ob sich Bildverkäufe nachweisen lassen.

Thea Klestadt (geb. Loewenstein), die im Jahre 2005 verstorbene Lieblingsnichte Flechtheims, hat in einem Gespräch mir gegenüber einmal ausgedrückt, dass die Familie sich gewünscht hätte, dass die Museen dieser Welt, in denen heute Bilder mit der eindeutigen Provenienz Flechtheims hängen, diese als „Ehemals Sammlung Alfred Flechtheim" kennzeichnen würden. Sie sagte es mit leiser Stimme, aber wer hören konnte, verstand, es war ein Schrei.[5]

Flechtheims Status in London

Flechtheim lebte von Dezember 1933 bis März 1937 in London. Das waren gerade einmal dreieinviertel Jahre, und von dieser Zeit darf man getrost noch einmal sechs bis neun Monate abrechnen, die er außerhalb von London, vor allem in Paris, dann in Berlin, der Schweiz, Belgien, Holland und Italien, verbrachte. In London wohnte Flechtheim weder in der deutsch-jüdischen Kolonie in Hampstead noch rund um das Viertel von „Swiss Cottage", wo die Straßenbahnschaffner in den 1930er Jahren bestimmte Haltestellen, bezeichnend für jene britische Melange aus Ironie und Humor, schon auf Deutsch ausriefen, sondern in wechselnden Hotels.[6] Er hielt kaum Kontakt zur Familie, obwohl eine Cousine mit ihrem Mann und ihren beiden Söhnen in London wohnte.[7] Ein Neffe, Alex Nathan, 1928 Mitglied der 4 × 100 m Weltrekordstaffel des SC Charlottenburg, Lehrer und Journalist, scheint der einzige Verwandte gewesen zu sein, mit dem er zeitweise verkehrte. Nathan behauptete nach dem Krieg, er habe Flechtheim als Privatsekretär gedient.[8] Seine berufliche Bleibe fand Flechtheim zu-

---

[4] Ottfried Dascher, „Es ist was Wahnsinniges mit der Kunst". Alfred Flechtheim – Sammler, Kunsthändler, Verleger. Mit einer Bibliografie von Rudolf Schmitt-Föller und einer Stammtafel von Rico Quaschny, Wädenswil 2011, [2]2013. Die Publikation enthält 160 Abbildungen und eine CD-ROM mit allen Ausstellungskatalogen der Galerie Alfred Flechtheim.

[5] Ottfried Dascher, „Dann lieber richtig arm im Ausland als Verräter". Der Kunsthändler und Sammler Alfred Flechtheim, in: Anna-Dorothea Ludewig/Julius H. Schoeps/Ines Sonder (Hrsg.), Aufbruch in die Moderne. Sammler, Mäzene und Kunsthändler in Berlin 1880–1933, Köln 2012, S. 46–65, hier S. 64.

[6] Als Adressen erscheinen u. a. das „Burlington Hotel", das „Garlands Hotel", das „Regent Palace Hotel", das „Cumberland Hotel", wie den mir vorliegenden Korrespondenzen zu entnehmen ist.

[7] Ilse Kaufmann, geb. 1890 in Münster, war die Tochter von Alex Flechtheim, dem Bruder von Alfred Flechtheims Vater Emil, und damit seine Cousine. Sie vermählte sich 1912 mit dem 1879 in Mannheim geb. Leopold Kaufmann. Ihr Sohn Eric Alexander Kaufman(n) wurde 1913 in London geboren und emigrierte 1933 von Düsseldorf nach London. Er war mein wichtigster Gesprächspartner und verstarb 2009. Ihm habe ich mein Buch gewidmet.

[8] Dascher, Kunst, S. 350, Anm. 57; Andrea Bambi danke ich herzlich für diesen Hinweis.

nächst in der Mayor Gallery.[9] Diese bestand seit 1925 und war auf die englische Künstlergruppe „Unit One" spezialisiert. Im Frühjahr 1933 bezog sie neue Räume in der Cork Street, wo vornehmlich Gemälde englischer, französischer und deutscher Künstler gezeigt wurden. Die „Mayor Gallery" und ihr junger, 1903 geborener Gründer Fred Hoyland Mayor waren eine vielversprechende, über England hinaus beachtete Adresse und der ideale Stützpunkt für die Ambitionen von Flechtheim. Dessen Pläne, für den französischen Kunsthändler Paul Rosenberg nach Nordamerika zu gehen, hatten sich zerschlagen, und mit London war er dem Rat des französischen Galeristen Daniel-Henry Kahnweiler gefolgt, der in dem für die Kubisten brachliegenden, aber entwicklungsfähigen englischen Markt Chancen für seine Künstler sah.

Mit einer Arbeitsgenehmigung allerdings konnte Alfred Flechtheim zunächst nicht rechnen, denn Großbritannien verfügte schon seit 1914 über restriktive Einwanderungsgesetze und hatte dazu noch einen „sozialen Numerus clausus" eingeführt. Demnach durfte nur der immigrieren, der nicht die Sozialfürsorge in Anspruch nahm. Nach 1933, und das war eine weitere Zuspitzung, konnten nur diejenigen Flüchtlinge mit einer dauerhaften Aufenthaltsgenehmigung rechnen, von denen sich das Land Vorteile versprach, wie vermögende Industrielle oder prominente Wissenschaftler.[10]

Eine Mitarbeit in der Galerie von Mayor war daher nur möglich, wenn Flechtheim trotz interner Eigenständigkeit bei Ausstellungen oder gegenüber der Presse nicht namentlich in Erscheinung trat. Insofern glich seine Situation jenen aus Deutschland geflohenen jüdischen Rechtsanwälten und Ärzten, die sich bei ihren englischen Kollegen und Standesgenossen pro forma als Hausangestellte oder Gärtner verdingten, ihnen aber intern mit aller fachlichen Kompetenz ihrer Berufe zur Verfügung standen. Es bedurfte durchaus artistischer Konstruktionen, um sowohl die nationalsozialistischen Behörden in Berlin, die deutsche Botschaft wie die englischen Einwanderungsbehörden über den tatsächlichen Status Flechtheims im Unklaren zu lassen.[11] Nach meinen Recherchen gelang es Alfred Flechtheim auch, seine Bilder in London als Besitz der Pariser Galerie von Kahnweiler zu deklarieren. Offiziell trat er als dessen Repräsentant auf, sein Name und sein Sachverstand verhießen attraktive Präsentationen, neue Kunden und geschäftliche Erfolge. In Berlin wurde Flechtheims Status, der dem eines sogenannten Auslandsdeutschen mit bestimmten devisenrechtlichen Privilegien ähnelte, offenbar toleriert, ohne dass jedoch davon ausgegangen werden kann, dass ihm als Jude dieser offiziell zuerkannt wurde. Für das um Devisen chronisch verlegene Deutsche Reich war Flechtheim nützlich, denn er brachte durch seine ausländischen Kunstverkäufe Devisen. Alfred Flechtheims Reisepass wurde entgegen anderen Verlautbarungen nicht eingezogen und er entgegen allen Mutmaßungen nicht ausgebürgert, was auf einen Sonderstatus deutet.[12] Wohl aber be-

---

[9] Katalog „A Loan Exhibition in Memory of Fred Hoyland Mayor", The Mayor Gallery London 1973.

[10] Steffen Pross, „In London treffen wir uns wieder". Vier Spaziergänge durch ein vergessenes Kapitel deutscher Kulturgeschichte, Frankfurt a. M. 2000, S. 9–11. Waltraud Strickhausen, Großbritannien, in: Claus-Dieter Krohn u. a. (Hrsg.), Handbuch der deutschsprachigen Emigration 1933–1945, Sonderausgabe Darmstadt 2008, S. 251–270.

[11] Zu dem Themenkomplex um rückdatierte Verträge, fingierte Briefe, fiktive Gesprächstermine rund um die Inszenierung siehe Dascher, Kunst, S. 355 f.

[12] In den Staatsangehörigkeits-Aberkennungsunterlagen des Bundesverwaltungsamtes kommt der Name Alfred Flechtheims nicht vor. Bundesarchiv v. 4. 3. 2004. Die Ausbürgerung deutscher Staatsangehöriger 1933–1945 nach den im Reichsanzeiger veröffentlichten Listen, hrsg. v. Michael Hepp, 3 Bde., München u. a. 1985–1988.

stand durch den Verbleib seiner Frau in Deutschland und seine notwendigen Besuche in Berlin zur Abwicklung der Galerie zwischen 1934 und 1936 ein Drohpotenzial, mit dem man ihn unter Druck setzen und jederzeit erpressbar machen konnte.

Die Liquidation holt ihn ein

Flechtheims Verbleib in Deutschland war seit Spätsommer 1933 unhaltbar geworden. Zwei Briefe vom September und Oktober 1933 deuten die inzwischen fast schon ausweglose Situation an: Die Berliner Galerie war überschuldet, der Handel mit moderner Kunst zusammengebrochen. In Düsseldorf hatte sein Geschäftsführer Alex Vömel bereits im März 1933 die Niederlassung übernommen, im Auftrag Flechtheims dessen Darlehen und Mietschulden durch die Hergabe von Bildern aus dessen Besitz reguliert, sich dabei aber nach dem Krieg dem Verdacht ausgesetzt, Profiteur der Flechtheim'schen Malaise zu sein. In einem Brief an Thea Loewenstein vom 12. September 1933 schrieb Flechtheim:

> „Wie es mit mir wird, wissen die Götter. Ich muss hier fort. Ob in Florenz oder (sonst wo). Und ob ich da verdienen kann. Ich weiß es nicht. Hier in Deutschland kann ich kein Geschäft mehr machen."[13]

Als er am 30. September 1933 Berlin verließ, sollte es eine Entscheidung „für immer" sein, so seine Äußerung in einem Brief an den Sammler Oscar Reinhart in Winterthur vom 1. Oktober:

> „Meine Galerie da und in Düsseldorf werden geschlossen. Kein Platz mehr für mich. Hätte ich mich nicht mit Hofer, Kolbe, Renée, Klee, mit den Franzosen beschäftigt, kümmerte man sich nicht um mich. Ja, man hat mir angedeutet, dass, wenn ich auf diese Künstler verzichte, ich ruhig weiter Kunsthändler sein dürfte!!! Dann lieber richtig arm im Ausland als Verräter."[14]

Die Wohnung solle aufgelöst werden, die Ehefrau nachkommen. Schon wenige Tage nach seinem Weggang jedoch war von einer „Schließung" nicht mehr die Rede, denn in Berlin drohte der Konkurs, und es wurde ultimo Oktober ein Liquidationsverfahren eingeleitet.[15] Im Dezember wurde Flechtheims Ehefrau in Paris mit der Forderung des Liquidators konfrontiert, für die Schulden ihres Mannes zu bürgen. Es ging um eine Summe von rund 120 000 Reichsmark, ein Betrag, den Betti in früheren Jahren mühelos aus ihrem eigenen Vermögen hätte aufbringen können. Den drohenden Verlust durch Zwangsabgaben, die schon vor 1933 eingeführte „Reichsfluchtsteuer" etc. und die mittellose Existenz im Ausland vor Augen, war sie unter diesen Umständen nicht bereit, kurzfristig für ihren Mann und seine Geschäfte zu bürgen, und entgegen der ursprünglichen Absicht des Ehepaars weigerte sie sich zunächst, ihm dauerhaft in die Emigration zu folgen. Die Alternative hieß für Flechtheim, sich zur Befriedigung der Ansprüche seiner geschäftlichen und privaten Gläubiger von geretteten Bildern, seiner einzigen Sicherheit schon in den Weimarer Jahren gegenüber seinen Geldgebern, zu trennen.

---

[13] Den Brief verdanke ich der 2005 in den USA verstorbenen Thea Klestadt geb. Loewenstein. Sie und Eric Kaufman, die beide Flechtheim noch persönlich gekannt hatten, waren meine wichtigsten Zeitzeugen.

[14] Ursel Berger, Renée Sintenis: … einmal antike Göttin, einmal Tierfreundin, in: MuseumsJournal 2, April–Juni 2008, S. 22–24, mit einer Wiedergabe des Briefes aus dem Archiv der Familie Reinhart in Winterthur.

[15] Zur Problematik von Liquidation, Konkurs und privater Haftung: Dascher, Kunst, S. 315–326.

„All exhibits are for sale"

Seine wertvollsten Bilder und ein Großteil seiner Kubisten waren im März 1933 dank tätiger Mithilfe seiner Ehefrau und der Freundin Thea Sternheim[16], der Galeriemitarbeiter Rosi Hulisch und Curt Valentin als Leihgabe für die aktuellen Ausstellungen von Léger und Gris in Zürich, für Braque in Basel oder als Fluchtgut wie im Falle von Picasso in die Schweiz transferiert worden. Die Werke befanden sich inzwischen überwiegend in Paris bei Kahnweiler. Dieses Bildercorpus, gedacht auch als Grundstock für eine künftige Tätigkeit als Kunsthändler im Ausland, wurde nun seit Dezember 1933, wie ein beschädigtes und angesengtes Geschäftsbuch in dem durch deutsche Luftangriffe zerstörten Mayor-Archiv belegt, in Teilen nach London überstellt, auf den englischen Markt gebracht und zur Befriedigung der vorrangig berechtigten Gläubiger schrittweise in den Verkauf geschleust.

Ein Fanal war schon „20th Century Classics", die erste Verkaufsausstellung bei Mayor vom 20. Februar 1934, mit 35 Gemälden. Sie zeigte, abgesehen von vier Kunstwerken von Paul Klee, Karl Hofer und Max Ernst, die „Franzosen" von Kahnweiler und Flechtheim. Picasso und Henri Matisse waren mit fünf, Georges Braque war mit vier, Juan Gris mit drei, André Derain mit drei und Fernand Léger mit einem Bild vertreten. Durch die Picasso-Ausstellung in Zürich vom Herbst 1932 und die Ausstellungen in Zürich und Basel vom Frühjahr 1933, bei denen die von Flechtheim ausgeliehenen Bilder mit ihren Versicherungssummen benannt wurden, ist es möglich, mehrere der in London bei Mayor ausgestellten Bilder der Provenienz Flechtheim zuzuordnen.[17] Wie schon in Zürich stellte er auch in London sein teuerstes Bild von Picasso, den „Harlekin mit verschränkten Armen" von 1923 („Arlequin les mains croisées"), das ihm und Kahnweiler gemeinsam gehörte, zur Disposition.

Beschränkt man sich auf die eindeutig zu identifizierenden Bilder, legt man Schätzwerte bzw. Versicherungssummen in Schweizer Franken vom Herbst 1932 und Frühjahr 1933 zugrunde, dann kamen folgende Werke[18] von Flechtheim: Picasso, „Arlequin", 75 000 Schweizer Franken (SFr.); Matisse, „Carnaval de Nice" (1926 von Flechtheim für 26 000 Mark in Dresden angeboten); Picasso, „Nature morte aux oiseaux morts", 15 000 SFr.; Laurencin, „Jeune Fille à l'oiseau bleu" Picasso, „Femme aux poires", 25 000 SFr.; Gris, „La Bouteille de Bordeaux", 3000 SFr.; Gris, „Guitare, compotier et papier à musique", 3000 SFr.; Gris, „Violon et encrier sur une table", 5000 SFr. Der Nettoerlös ging nach Berlin. Resigniert schrieb Flechtheim in einem Brief an George Grosz vom 15. April 1934, d. h. sechs Wochen später:

> „Jetzt bin ich so ziemlich über ½ Jahr draußen. Meine deutschen Galerien sind finanziell völlig zusammengebrochen, und mit Mühe und viel Aufregung ist es meinem Liquidator gelungen, einen Concurs zu vermeiden. Meine Gläubiger bekommen 20%. Es ist ihm gelungen, mich vor völligem Concurs zu retten. Meine sämtlichen Bilder habe ich meiner Masse zugeführt. Ich verkaufe sie für

---

[16] Die im Deutschen Literaturarchiv Marbach verwahrten Tagebücher von Thea Sternheim sind in fünf Bänden (Göttingen 2002) in einer vorbildlichen Edition von Thomas Ehrsam und Regula Wyss herausgegeben worden. Die Auswahledition berücksichtigt aus den Jahren 1903–1971 etwa ein Drittel des Gesamttextes und 26% der Einträge (5073). Die Biografie zu Alfred Flechtheim wertet auch die nicht edierten Einträge aus und erschließt damit bisher nicht bekannte Quellen.

[17] Archiv der Mayor Gallery London, Katalog der Ausstellung „20th Century Classics". Mr. James Mayor bin ich für die Einsicht in das Archiv zu großem Dank verpflichtet.

[18] Zu den Nummern der Werkverzeichnisse siehe Dascher, Kunst, S. 419–444.

Rechnung der Gläubiger in London, wo ich jetzt 2 Monate weilte und hoffe irgendwie festen Fuß zu fassen."[19]

Der in Berlin angestrebte, außergerichtliche Vergleich war planmäßig zum 1. April 1934 zustande gebracht worden, und zum „Erfolg" hatten die in London erzielten Verkaufserlöse beigetragen. Die nahezu ausgeglichene Bilanz der Galerie für das Jahr 1934 verzeichnete einen Verlustvortrag aus 1933 von rund 128 000 Reichsmark. Das entsprach ungefähr jener Bürgschaft über 120 000 Reichsmark, die der Liquidationsverwalter im Dezember 1933 von Betti eingefordert hatte. Das Rumpf-Geschäftsjahr 1934 verzeichnete einen Gewinn von rund 125 800 Mark.[20] Dieser sogenannte Gewinn war aber nur zu erzielen, wenn nicht unerhebliche Summen aus London zurückgeflossen waren. Mit einer Verkaufsaktion von deutschen Künstlern und mit den deutschen Kommissionen der Galerie hätte sich dieses Volumen nie erreichen lassen. Käufer in London waren Kunsthändler in London, Paris und New York sowie private Sammler, darunter der junge, 1911 geborene Douglas Cooper, Kunsthistoriker und einer der Direktoren der Mayor Gallery. Als Erbe eines im australischen Bergbau erworbenen Familienvermögens investierte er zwischen dem Frühjahr 1933 und dem Sommer 1939 rund 10 000 englische Pfund in den Erwerb von 128 Kunstwerken. Es gelang ihm, begünstigt durch die Zeitumstände, in relativ kurzer Zeit eine Sammlung kubistischer Meisterwerke, vornehmlich von Picasso, Braque, Gris und Léger, aufzubauen.[21] Mehrfach profitierte er dabei von der Zwangslage Flechtheims. So konnte er in den Jahren 1934/35 sieben Kunstwerke aus Flechtheims Fonds erwerben, darunter von Picasso das Stillleben mit toten Vögeln („Nature morte aux oiseaux morts", 1912) für 150 Pfund, der „Soldat" (1901) für 5 Pfund (in Zürich 1932 mit 600 SFr. versichert), „Ex libris Guillaume Apollinaire" (1905, Geschenk, in Zürich 1932 mit 1500 SFr. versichert) und „Kopf einer Frau" (1909) für 20 Pfund. Das Stillleben war 1932 in Zürich mit 15 000 SFr. versichert und von ihm noch als unverkäuflich bezeichnet worden. Ferner erwarb Cooper von Flechtheim noch je ein Bild von Gris, Léger und Klee.

Weitere Verluste: Die Revision zugunsten von Kahnweiler

Mit der Befriedigung der deutschen Gläubiger hatte sich Flechtheim zwar eine Atempause verschaffen können, doch blieb noch ein gewichtiger Posten offen, und der betraf seinen alten Partner und Freund Daniel-Henry Kahnweiler in Paris. Dieser hatte bis Januar 1934 seine Kommissionen in den Galerien von Düsseldorf und Berlin abgezogen und von der Kunstspedition Knauer nach Paris verbringen lassen. Aus seiner Sicht stand zu befürchten, dass die Pariser Kommissionen sonst in die Liquidationsmasse in Deutschland geraten würden. Kahnweilers bekannt penible Buchführung zeigte ihm bei der Rückkehr

---

[19] Houghton Library an der Harvard University, MS Ger 206 (116).
[20] Amtsgericht Charlottenburg, Handelsregister (HRB 21427). Bilanz der Galerie per 31. 12. 1934. Protokoll der Gesellschafterversammlung in Anwesenheit des Geschäftsführers und alleinigen Gesellschafters Flechtheim v. 25. 4. 1935: „Im vergangenen Jahre wurde durch den Wirtschaftsprüfer, Herrn Alfred E. Schulte, der aussergerichtliche Vergleich durchgeführt."
[21] Dorothy M. Kosinski, Picasso, Braque, Gris, Léger. Douglas Cooper Collecting Cubism, hrsg. v. Museum of Fine Arts, Houston 1990, S. 1–14 u. 50f.; Douglas Cooper and the Masters of Cubism. Kunstmuseum Basel, Tate Gallery London 1987, S. 13f. Douglas Cooper/Gary Tinterow, The Essential Cubism. Braque, Picasso & Their Friends 1907–1920. The Tate Gallery London 1983, S. 31.

der Kunstwerke, dass bei der hastigen Auflösung der Galerien Objekte verloren gegangen waren, die ihm gehört hatten bzw. für die er den Künstlern gegenüber verantwortlich war, und er forderte von Flechtheim nach der Revision und den üblichen Usancen Schadenersatz.

Da Flechtheim zu baren Ausgleichszahlungen aber nicht in der Lage war, kam wie schon bei der Auflösung seiner Düsseldorfer Galerie nur eine Verrechnung der Verluste durch die Abgabe weiterer Kunstwerke, d. h. von Gemälden, Grafiken und Plastiken aus Privatbesitz, in Frage. Es wurde ein peinliches Kompensationsgeschäft. Schon der Ausstellungskatalog von 1987 mit den Recherchen von Stephan von Wiese hatte deutlich gemacht, wie schwierig die Nachweise und die Verrechnungsmodi für Flechtheim gewesen sein müssen[22], dessen chaotische Buchführung Kahnweiler vertraut war. Ohne seine in der Galerie verbliebene und mit der Restabwicklung – anscheinend unvergütet – beschäftigte Nichte Rosi Hulisch wäre Flechtheim verloren gewesen. Sie konnte im fernen Berlin aber nur bedingt helfen.

Die mühsame Inventur zog sich von Januar bis Oktober 1935 hin und strapazierte alle Beteiligten.[23] Kleinere Teilbestände, besonders Plastiken, lagerten noch in Berlin, andere Kunstwerke waren in Schweizer Museen deponiert, wieder andere bei Kahnweiler und bei Galeristen in Paris in Verwahrung, und schließlich befand sich ein mengenmäßig kleinerer, aber hochwertiger Teil in London in der Mayor Gallery. Dazu gehörte ein Konvolut früher Grafiken von Picasso, die Flechtheim in seinen ersten Sammlerjahren zusammengetragen hatte und die er wie einen Schatz hütete. Die Revision und die damit verbundenen Abgaben an Kahnweiler führten zu weiteren Verlusten. Darunter befanden sich acht Zeichnungen von Picasso aus den Jahren 1905 bis 1911: „Sitzende Frau" („Femme assise", ca. 1905), „Frau mit Eimer" („Femme au seau", ca. 1905), „Akte" (Aquarell, 1908), „Köpfe" („Têtes", ca. 1905), „Mädchen mit Teufel" („Femme au diable", ca. 1905), „Kopf" (Buntstift, ca. 1905) und „Komposition" (Blei, 1911). Abgetreten wurden ferner drei Zeichnungen von Derain und von Léger die wohl einer Kommission zuzurechnenden Ölgemälde „Der Viehhändler" („Le marchand de bestiaux") und „Die Fabrik" („L'usine"), von Juan Gris, „Der Raucher" („L'homme à la pipe") – von Flechtheim bevorzugt „Pfeifenmann" bezeichnet –, und schließlich noch drei Werke von Lascaux. Das Spitzenstück, ein Exemplar des legendären „Absinthglases" von 1914 („Le verre d'absinthe"), eine der drei extraordinären Bronzen von Picasso, die sich in Flechtheims Wohnung nachweisen lassen, wechselte ebenfalls den Besitzer.[24] Man hatte sich fürs Erste auseinander dividiert, sich aber noch längst nicht über den gemeinschaftlichen Besitz an Kunstwerken, so von Klee bzw. den „unteilbaren Rest", verständigen können. Noch am 9. Dezember 1935 gab Flechtheim gegenüber dem ebenfalls in finanziellen Nöten befindlichen Kahnweiler der Hoffnung Ausdruck,

---

[22] Hans Albert Peters u. a. (Hrsg.), Alfred Flechtheim. Sammler. Kunsthändler. Verleger (= Ausst.kat. Kunstmuseum Düsseldorf 1987), Düsseldorf/Münster 1987, S. 202–204; Stephan v. Wiese konnte die heute gesperrten Korrespondenzen Kahnweiler-Flechtheim im Archiv der Galerie Leiris in Paris noch einsehen und kopieren. Da er dem Autor selbstlos seine Unterlagen zur Verfügung stellte, war es möglich, die Briefe zu kollationieren, systematisch auszuwerten und Kunstwerke, z. B. die frühe Grafik Picassos, mit ihrer Inventarnummer eindeutig zu identifizieren. Briefe über den Dezember 1935 hinaus haben sich nach den Recherchen Stephan v. Wieses nicht erhalten.

[23] Peters u. a. (Hrsg.), Alfred Flechtheim, S. 202–207.

[24] Schreiben vom 3. 3. u. 29. 10. 1935 aus dem Archiv der Galerie Leiris, Paris; Dascher, Kunst, S. 351–354.

„in Kürze mit der Abzahlung [meiner] Schulden [...] beginnen zu können. Selbst wenn meine Verhältnisse es heute gestatteten, geht es nicht, ehe ich Auslandsdeutscher bin. Das hoffe ich, in Kürze zu sein. Und dann hoffe ich freier arbeiten und tüchtig verdienen zu können. Sie wissen, dass Sie an 1. Stelle stehen [...] Ich bin unglücklich, dass ich nicht helfen kann, aber ich habe so viele Eisen im Feuer, dass ich in Kürze so weit zu sein hoffe."[25]

Tatsächlich war aber wenige Tage zuvor, am 4. Dezember, ein neuer Hetzartikel über Flechtheim erschienen, der seine Bemühungen, einen Status als „Auslandsdeutscher" zu erhalten, endgültig diskreditieren musste.[26] Die Zeit der Illusionen war vorüber.

London zunächst enttäuschend, Fluchtpunkt Paris

Die von hohen Erwartungen begleiteten Präsentationen bei Mayor in den Jahren 1934 und 1935 verliefen, die Verkäufe betreffend, enttäuschend. Eingeleitet wurden sie im Januar 1934 mit Paul Klee, es folgten im Juni Aquarelle von George Grosz, Zeichnungen von Picasso aus den Jahren 1900–1934[27] im September, im Dezember Blumen-Stillleben von Marie Laurencin, im Januar 1935 Gemälde von Picasso, Juan Gris, Fernand Léger, im Februar Elie Lascaux, im Oktober Georges Rouault. Warum sich die Hoffnungen nicht erfüllten, blieb selbst Kahnweiler ein Rätsel. Ob die Preise zu hoch angesetzt waren, ob der englische Kunstmarkt noch nicht reif war für die Franzosen, ob man sich mehr Zeit lassen musste, ob es an gezielter Werbung fehlte, war unter den Beteiligten strittig. Für die Mayor Gallery wie für Kahnweiler war es ein Verlustgeschäft. Flechtheim bewertete seine berufliche Perspektive trotz einer zunächst ausreichenden Alimentierung durch Kahnweiler und Mayor skeptisch, und er mochte sich in dunklen Stunden an das Schicksal anderer emigrierter Sammler erinnert fühlen, die nach einem oft zitierten bitteren Wort „von der Wand in den Mund"[28] lebten.

Obwohl er schon vor 1913 als Getreidekaufmann in Birmingham mit der englischen Mentalität vertraut geworden war, die englische Sprache zwar nicht akzentfrei wie das Französische, aber doch fließend beherrschte, fiel es ihm schwer, sich einzugewöhnen, ganz im Unterschied zu seiner zweiten Heimat Paris. Es blieb die Unsicherheit mit der englischen Immigrantenregelung, denn neben seinem bis Herbst 1937 gültigen deutschen Reisepass besaß er zwar die französische „Carte d'Identité", aber keine unbefristete englische Aufenthalts- und Arbeitsgenehmigung. Schon deshalb musste er sich seit Sommer 1936 um die französische Staatsbürgerschaft bemühen.[29] Nur nicht auffallen, war unter diesen Umständen seine Devise. Sucht man in der deutschen Emigrantenkolonie in London nach Spuren Flechtheims, dann trifft man hier ähnlich wie in Paris auf viele Namen, die zu seinem Berliner Freundeskreis zählten, darunter den Schriftsteller Max Hermann-Neiße, den Regisseur Berthold Viertel, die Schauspielerin Elisabeth Bergner, Bertolt Brecht, Oskar Kokoschka und andere, nicht zu vergessen seinen Frankfurter Part-

---

[25] Peters u. a. (Hrsg.), Alfred Flechtheim, S. 207.
[26] „Kulturbolschewismus am Pranger", Artikel in der Westfälischen Landeszeitung Dortmund, 4. 12. 1935.
[27] Eine Aufstellung über Ausstellungen der Mayor Gallery (unter Beteiligung von Flechtheim) findet sich in dem Katalog „A Loan Exhibition in Memory of Fred Hoyland Mayor", The Mayor Gallery London 1973, S. 7f.
[28] Dascher, Kunst, S. 332f.
[29] Peters u. a. (Hrsg.), Alfred Flechtheim, S. 207f.; Dascher, Kunst, S. 369f.

ner Gustav Kahnweiler („le petit Kahnweiler"), der im Dezember 1933 mit seinen Bildern nach Paris und im Winter 1935/36 nach London und weiter nach Cambridge emigrierte. Da der jüngere Kahnweiler nach eigener Aussage Flechtheim nur ein- oder zweimal gesehen und gesprochen hat und seine eigenen Aufzeichnungen und Tagebücher nach seinem Tode (1989) von einem Freund vernichten ließ, hat sich bisher nur zu Berthold Viertel eine nähere Beziehung rekonstruieren lassen.

Wandel seit 1936? – Flechtheim kommt an

Nach den eher deprimierenden Erfahrungen der Jahre 1934 und 1935 schien sich ab 1936 ein allmählicher Wandel abzuzeichnen. Eine junge Generation von englischen Sammlern sah in Flechtheim zunehmend den Mentor, der sie durch die französische Kunst begleitete.[30] Und immer wieder gab es Phasen, in denen er zu alter Entschlusskraft zurückfand und sich der Hoffnung hingab, er verfüge über Einfluss und Gestaltungsmacht. So bemühte er sich noch Ende November 1936, wegen einer in Amsterdam lagernden Kommission mit Bildern und Grafiken von George Grosz mit Pierre Matisse ins Geschäft zu kommen[31], dem Sohn des Malers Henri Matisse, der in New York eine Kunsthandlung führte und ihm verbunden war. Händler diesseits und jenseits des Atlantik begegneten Flechtheim mit Respekt, was keineswegs ausschloss, dass es auch schwarze Schafe gab, die seine Notlage ausnutzten.[32]

Seit 1935 zeigte Flechtheim zusätzlich Ausstellungen außerhalb der Mayor Gallery, so im Mai 1935 in den „Leicester Galleries" mit Léger und Togores, und arbeitete mit den Galerien „Alex Reid & Lefèvre" und „Thos. Agnew & Sons" zusammen. Den Höhepunkt seiner Ausstellungstätigkeit bildete eine Präsentation französischer Kunst des 19. Jahrhunderts im Oktober 1936 in den „New Burlington Galleries", die Flechtheim mit dem englischen Maler Paul Maze, den Sammlern Lord Ivor Churchill und dem Earl of Sandwich sowie dem Kunsthändler Paul Rosenberg vorbereitet hatte. Die Schau versammelte 125 Leihgaben vornehmlich aus Privatbesitz wie den Sammlungen Rothschild, Mendelssohn-Bartholdy, Kenneth Clark, Spencer-Churchill u. a. und war, wenn man die Londoner Jahre bilanzierte, Flechtheims lange erhoffter Durchbruch in der Kunst- und Ausstellungsszene.

Auch er selbst scheint es so empfunden zu haben, wie ein nachgelassenes Manuskript, das erst nach seinem Tode veröffentlicht wurde, deutlich macht.[33] Der Band trug die gedruckte Widmung „In Memory of Alfred Flechtheim" und bedachte den Verstorbenen mit dem Ehrentitel eines „Marchand de Tableaux Créateur". Noch im Januar 1937 hatte dieser eine Ausstellung über Georges Seurat und seinen Kreis vorbereitet. Unbemerkt

---

[30] Dascher, Kunst, S. 358.

[31] Pierre Matisse Foundation New York, durch freundliche Vermittlung von Eric A. Kaufman (London): eigenhändiger Brief Flechtheims vom 22. 11. 1936.

[32] Zu einem bisher kontrovers diskutierten Thema siehe nunmehr den Beitrag von Wiebke Krohn im vorliegenden Band.

[33] James Laver, French Painting and the Nineteenth Century. With Notes on Artists and Pictures by Michael Sevier and a Postscript by Alfred Flechtheim, London (September) 1937, Postscript by Alfred Flechtheim, S. 101–114. Übersetzt und wieder abgedruckt in: Rudolf Schmitt-Föller (Hrsg.), Alfred Flechtheim. „Nun mal Schluß mit den blauen Picassos". Gesammelte Schriften mit einer Einführung von Ottfried Dascher, Bonn 2010, S. 106–125.

von der Öffentlichkeit hatte im September 1936 Picassos „Harlekin" London verlassen und war in die USA verschifft worden.[34]

Der Traum von einer selbstständigen Karriere als Kunsthändler war zwar ausgeträumt, aber als Berater, Ausstellungsmacher und Schriftsteller hatte er endlich Boden unter den Füßen gefunden. Etwa zweieinhalb Jahre nach seinem Wechsel nach London schienen sich Alfred Flechtheims Verhältnisse zu konsolidieren, und das war im Vergleich zu dem Schicksal der meisten Emigranten sogar eine relative kurze Anpassungsphase.

Bis in seine letzten Lebenswochen trug er sich mit weiteren Ausstellungsplänen. Und er konnte guten Gewissens von sich sagen, dass es kaum ein modernes Kunstwerk gab, das er nicht gekannt hätte. Dazu brauchte der Augenmensch Flechtheim keine Bibliothek und keine Œuvre-Kataloge, seine Erfahrung, sein untrüglicher Instinkt, darin Paul Cassirer vergleichbar, reichten aus. Seine schon in jungen Jahren überlieferte Begeisterungsfähigkeit für die Kunst, wie sie Carla Mann in den Briefen an ihren Bruder Heinrich bezeugt hat[35], blieb ihm zeitlebens erhalten. Niemand konnte sich dem suggestiven Eindruck entziehen, wie Flechtheim mit Bildern umging, und ein Leben lang befanden sich bei ihm der Kunsthändler und der Kunstsammler im Widerstreit: „Nie habe ich jemanden Bilder so zärtlich lieben sehen. Er streichelte sie wie Kinder, nahm sie in den Arm und tanzte mit ihnen im Zimmer herum, um sich eine Woche später ohne Bedauern von ihnen zu trennen."[36] Unter den Bedingungen der Emigration war seine Sensibilität für die Kunst und deren internationale Dimension eher noch gewachsen: „Je älter er wurde, desto stärker kamen sein ursprünglicher Idealismus, seine echte Kunstbegeisterung zum Vorschein. Er wollte Mittler sein zwischen den Völkern, Mittler durch die Kunst."[37] Er spürte die Sympathien, die ihm bei dem englischen Faible für Charaktere wie Flechtheim allmählich zuwuchsen. War er in London endlich angekommen?

Leisten wir uns einen Augenblick „counterfactual history". Was wäre geschehen, wenn Alfred Flechtheim nicht an einer Blutvergiftung verstorben und es ihm gelungen wäre, seine Frau, vielleicht sogar mit Teilen ihres Vermögens, zur Übersiedlung nach London zu bewegen und dort, wie das Ehepaar Kahnweiler[38], aus eigenen Mitteln zu überleben? Wäre ihm und Betti Flechtheim ein Alter mit „leisure and outside interests" vergönnt gewesen?

Flechtheim resigniert, letzte Schenkungen

Aber die Verhältnisse, sie waren nicht so. Flechtheim kränkelte und war resigniert, es kam zu einer Verkettung von unglücklichen Umständen: Flechtheim, der an Diabetes litt und den eine nicht ausgeheilte Kriegsverletzung gesundheitlich beeinträchtigte, stürzte und

---

[34] Dascher, Kunst, S. 435. Ausfuhranträge zwischen Paris, London und New York waren in den 1930er Jahren nicht die Norm. Siehe hierzu das Werkbeispiel von Roswitha Neu-Kock im vorliegenden Band.

[35] Die Briefe befinden sich im Heinrich-Mann-Archiv der Akademie der Künste in Berlin. Ediert von Anke Lindemann-Stark: Die Briefe von Carla Mann an ihren Bruder Heinrich 1899 bis 1910, Heinrich Mann-Jahrbuch 21–22 (2003–2004), S. 135–264, dort bes. der Brief vom 19. 3. 1904, S. 165–170.

[36] Max Schulze-Sölde, Ein Mensch dieser Zeit, Flarchheim 1930, S. 18f.

[37] Nachruf auf Alfred Flechtheim, in: Die Neue Weltbühne 12, 18. 3. 1937 (von L. Kr.), Wiederabdruck in: Schmitt-Föller (Hrsg.), Alfred Flechtheim, S. 264–267, bes. S. 267.

[38] Gemeint ist Gustav Kahnweiler, der wie Flechtheim im Ersten Weltkrieg ein deutscher Kavallerieoffizier war.

verletzte sich. Gleichzeitig verlangte die Situation von Betti Flechtheim in Berlin immer dringlicher nach einer Lösung. Kahnweiler beobachtete richtig, wenn er sagte, das Klima an der Themse bekomme Flechtheim nicht, und abgeschnitten von seinen Wurzeln (und man darf ergänzen, getrennt von seiner Frau) neige er zu leicht dazu, sich geschlagen zu geben.[39] Begleitet von den besten medizinischen Kapazitäten und betreut von der mit dem Flugzeug nach London geeilten Betti, verstarb Flechtheim am 9. März 1937 – ein tragischer Moment. Nur einen Monat zuvor, am 4. Februar 1937, hatte er das Gemälde „Die Hochzeit" („La Noce") von Léger dem französischen Staat vermacht, um sein Einbürgerungsgesuch zu beschleunigen. Das geschah fast auf den Tag neun Jahre nach seiner spektakulären Léger-Ausstellung in Berlin. Dieses großformatige Bild hängt heute im „Centre national d'art et de culture Georges Pompidou" in Paris. Um 1911/1912 entstanden, hatte es ihn, von kurzen Unterbrechungen abgesehen, durch seine Berufsjahre begleitet. Als letztes Legat folgte im Februar 1938 das Gemälde von Jules Pascin „Flechtheim als Torero" („Flechtheim en toreador"), das an das Pariser Museum „Jeu de Paume" ging, heute ebenfalls bewahrt im „Centre Pompidou".

Es sind solche Bilder gewesen, die mich im Rahmen meiner biografischen Arbeit dazu veranlassten, mich intensiver mit den Provenienzgeschichten und damit den Aufklebern auf den Rückseiten zu befassen. Dorsualnotizen waren dem Historiker aus der Urkundenwelt des Mittelalters und der Frühen Neuzeit vertraut. Durfte man wie bei Urkunden nicht annehmen, dass die Rückseite eines Bildes bzw. sein Keilrahmen, sofern man den „Code" mit Inventarnummern, den Namen von Galerien etc. nur zu lesen verstand, zuweilen dramatischer sein konnte als die Vorderseite?

Überlegungen dieser Art wurden zunächst ausgelöst durch die gefälschten Galerieaufkleber der sogenannten Sammlung Jägers. Das Label mit dem Profil Flechtheims, das Eric Kaufman erstmals 1995 aufgefallen war, konnte man nur als plump und antisemitisch interpretieren. Der Namenszug wies keine Ähnlichkeit mit dessen markanter Handschrift auf. Offensichtlich wurde mit dem Namen Flechtheim Schindluder getrieben. Undenkbar, dass Flechtheim, der mit dem Schriftkünstler Emil Rudolf Weiß bekannt war, eine solche Gestaltung gewählt hätte.[40] Restitutionsbegehren an deutsche und internationale Museen waren ein zusätzliches Argument dafür, meiner Biografie zu Alfred Flechtheim eine Zusammenstellung der mit ihm in Verbindung gebrachten Kunstwerke beizugeben.[41] Es war ein aufwändiges Verfahren, musste man doch wie häufig bei Kunsthändlern, die gleichzeitig die von ihnen angebotene Kunst sammelten, davon ausgehen, dass die Trennlinien zwischen Privatbesitz und Galeriebeständen unscharf sein konnten.

---

[39] Pierre Assouline, L'homme d'art. D. H. Kahnweiler 1884–1979, Paris 1988, S. 441 f.

[40] „Bilder erzählen immer zwei Geschichten, eine vorne und eine hinten. Ein Gespräch mit dem Historiker Ottfried Dascher über die sogenannte ‚Sammlung Jägers' und die Bedeutung der Rückseite von Gemälden" (die Fragen stellte Andreas Roßmann), Frankfurter Allgemeine Zeitung, 3. 9. 2011, S. 39.

[41] Wo immer Spuren in noch nicht ausgewerteten Briefen von Kahnweiler, in der dichten Empfängerkorrespondenz zu Flechtheim bei befreundeten Sammlern, Kunsthändlern und in Museen des In- und Auslandes, in Versicherungsangaben, in Ausleihlisten und Freipässen, Ausstellungs- und Œuvre-Katalogen, in Zeitschriften wie „Querschnitt" und „Omnibus" auf eine Provenienz Flechtheim hindeuteten oder sie sogar bestätigten, wurden sie nach Möglichkeit dokumentiert. In Verbindung mit der bibliografischen Erfassung der Kataloge durch Rudolf Schmitt-Föller und der dem Buch beigegebenen CD-ROM mit allen Ausstellungskatalogen der Galerie Flechtheim liegen der Forschung erstmalig Hilfsmittel vor, die weiterführende Recherchen über die Biografie hinaus erleichtern sollen; das hatte es bis dato nicht gegeben.

Alfred Flechtheim hinterließ seinem Neffen Heinz Hulisch (Hulton) ein Erbe von 1123 englischen Pfund, heute, gemessen in Kaufkraft, ein Vielfaches des damaligen Erlöses. Was an Kunstwerken noch da war, ist hingegen nicht bekannt und im Wiedergutmachungsverfahren nach 1945 auch nicht thematisiert worden. Die meisten Werke dürften von seinem Erben schon bis 1939 veräußert worden sein. Dann gab es Bilder, so von Paul Klee, über die es nach Flechtheims Tod zu einer juristischen Auseinandersetzung zwischen den Anwaltskanzleien in Paris und London kam. Leider sind die einschlägigen Akten der Londoner Kanzlei Herbert Oppenheimer, Nathan, Vandyk & Mackay, die detaillierte Auskunft hätten geben können, im Kriege zerstört worden.[42] Pierre Assouline, der Biograf von Kahnweiler, machte darauf aufmerksam, dass es in der Jahrzehnte zurückreichenden Freundschaft zwischen Kahnweiler und Flechtheim Vereinbarungen gegeben habe, die nur mündlich getroffen waren und sie Bilder in gemeinschaftlichem Besitz, „en compte et demi", besaßen. Das galt z. B. für den „Harlekin" von 1923, aus dessen Verkauf in New York (1946) 2550 $ an den Mit-Erben [Hulisch/Hulton] zurückflossen. Strittig bleibt meiner Ansicht nach ein möglicher „Meta"-Besitz bei Bildern der Vorkriegssammlung Kahnweiler, die in Paris 1921/23 als Feindbesitz versteigert wurden. Dem von Kahnweiler organisierten Syndikat („Grassat") von Freunden und Verwandten mit dem Ziel, Bilder zurückzuerwerben, gehörte auch Flechtheim an. Die Tate Modern mit ihren beispielhaften Untersuchungen zur Schenkung von Gustav Kahnweiler und seiner Frau hat jüngst die Vorprovenienzen Flechtheims aufgezeigt.[43] Auf Vermutungen angewiesen ist man zurzeit bis auf eine Ausnahme noch bei dem Verbleib jener Bilder, die sich in Berlin im Besitz von Betti Flechtheim befanden und die bei ihrem Freitod im November 1941 beschlagnahmt wurden.

Wenn daher im Ergebnis Ansprüche begründet sind, Bilder restituiert oder Entschädigungen gezahlt werden können, ist dies nur eine späte Gerechtigkeit und eine überfällige Wiedergutmachung für Alfred Flechtheim und seine lange Zeit zu Unrecht vergessene Ehefrau Betti.[44]

---

[42] Eric A. Kaufman ist dieser Frage auf meine Bitte hin mit Unterstützung seines Sohnes, des Rechtsanwaltes Andrew Kaufman, nachgegangen.

[43] Jennifer Mundy (Hrsg.), Cubism and Its Legacy. The Gift of Gustav and Elli Kahnweiler, London 2004.

[44] Siehe auch: Dascher, Kunst, S. 418.

Ottfried Dascher
Flechtheim in London (1933–1937)

Abstract

The starting point for addressing Flechtheim in London was a visit to Golders Green Crematorium, where Flechtheim's urn is laid to rest in the company of some very bigwig names. The funeral service for the German emigrant on the 11th of March 1937, which was attended by the French ambassador and where the funeral speech was made by Lord Spencer-Churchill, showed the level of esteem in which Alfred Flechtheim was held, even though he had only lived there intermittently from December 1933 to March 1937. Exhibition activities at the Mayor Gallery on behalf of his friend and business partner Daniel-Henry Kahnweiler (Paris) were to concentrate on French artists and open up the English market for the Cubists.

Flechtheim's legal status remained highly precarious. Though he was not expatriated, because the German authorities saw him as a useful foreign exchange earner, he did not have an unlimited residence permit for England and only a time-limited "carte d'identité" (identity card) for France. Creative arrangements were necessary to conceal his actual role in the art trade. In the end, however, his success fell short of expectations. Flechtheim achieved success in London from the middle of 1936, however more as an art mediator than as an art dealer.

His Berlin gallery had already been liquidated between October 1933 and March 1934. In March 1933, he succeeded in translocating his most valuable Cubist paintings by Picasso, Juan Gris, Georges Braque and Fernand Léger to Switzerland and, as in the case of Picasso, getting them to safety or, in the case of Gris, Braque and Léger, initially loaning them to exhibitions in Zurich and Basel using free passes and then gradually transporting them to Kahnweiler in Paris. In order to avoid total bankruptcy, he felt he had to sell his most valuable paintings to pay off his commercial and private debts, if he did not want to put his wife, who had remained in Germany, in danger. Paintings which still belonged to Flechtheim in 1932/33 can, therefore, be identified in an auction at the Mayor Gallery in February 1934. Debts had been incurred in the business model with Kahnweiler, which was quite inscrutable anyway, commissions had been lost due to the rushed dissolution of the Berlin gallery, and compensations were owed. Even these compensation items from Flechtheim's private collection led to further losses, among others, in the case of early prints by Picasso. Further sales are documented, as well as verbal agreements, according to which Flechtheim possessed pictures "en compte et demi" (joint account partner) with Kahnweiler. The courts were still dealing with these after his death. Final donations to the French state were made in February 1937, as with "La Noce" by Léger, in order to accelerate his application for naturalization. It is not known which paintings he left to his surviving nephew and heir in England. The nephew also made no comment on this matter during the restitution process after 1945.

Today, Flechtheim's status as an art dealer and art collector is undisputed. The restitution claims require careful research in view of his complicated life history. If, however, claims prove to be justified as a result and paintings can be returned and compensation paid, this is only late justice and overdue restitution.

Wiebke Krohn

Verkauft oder verraten?

George Grosz, Alfred Flechtheim, Carel van Lier und eine Auktion bei S. J. Mak van Waay am 1. und 2. Februar 1938 in Amsterdam

Im Februar 1938 kamen in einer Amsterdamer Auktion unter dem Titel „Nachlass Alfred Flechtheim" 62 Gemälde, Zeichnungen und Aquarelle von George Grosz zur Versteigerung. Einbringer war der niederländische Kunsthändler Carel van Lier. Die Werke wurden zu äußerst niedrigen Preisen an unterschiedliche Käufer abgegeben, teils als Konvolut nach der Auktion an Carel van Lier selbst. Der Verbleib einiger dieser Gemälde ist bekannt, sie befinden sich heute beispielsweise im Museum of Modern Art in New York (MoMA), dem Museum moderner Kunst Stiftung Ludwig in Wien oder in der Kunsthalle Bremen und waren zum Teil bereits Gegenstand von Restitutionsforderungen.

Diese resultierten nicht zuletzt aus den wegen der bislang dürftigen Quellenlage umstrittenen Umständen der genannten Auktion. In der Literatur und in den Medien wurde, meistens auf Basis der Publikationen von Ralph Jentsch, die These vorgestellt, es handele sich insgesamt um eine Entziehung von Eigentum des Malers George Grosz, der einige Gemälde und Grafiken als Kommission an die Galerie Alfred Flechtheim in Berlin gegeben hatte, bevor er zu einem Arbeitsaufenthalt, der später zum Exil werden sollte, in die USA ging.[1] Alfred Flechtheim habe dann diese Werke auf seiner Flucht vor den Nationalsozialisten und nach der Auflösung seiner Galerie durch den Wirtschaftsprüfer Alfred E. Schulte mangels Alternative in der Amsterdamer Kunsthandlung van Lier belassen. Da er jedoch vor deren Verkauf verstarb, habe der niederländische Kunsthändler die bei ihm lagernden Arbeiten veruntreut und deren Auktion bei S. J. Maak van Waay zu seinen Gunsten manipulieren lassen. Diese Auktion sei insofern abgesprochen gewesen, als die Werke dort größtenteils „durchgefallen" seien und anschließend in Gruppen zusammengefasst „verramscht" wurden, um dann nach der Auktion zum Teil von ihrem Einlieferer Carel van Lier selbst günstig erworben zu werden.[2]

In diesem Beitrag soll diese Darstellung anhand einer Literatursynopse und Spurensuche in den Quellen und Veröffentlichungen zu Restitutionsforderungen[3] untersucht werden. Letzteres wird insbesondere am Beispiel des Gemäldes „Das Bündnis", auch genannt „Andenken", nachvollzogen, das sich heute im Museum moderner Kunst Stiftung

---

[1] Diese Thesen sind eine kurze Zusammenfassung der Darstellung bei: Ralph Jentsch, Alfred Flechtheim und George Grosz. Zwei deutsche Schicksale, Bonn 2008, S. 48–60 u. 109–128. Darauf rekurrierend Ulrich Raphael Firsching, Grosz Gemälde aus Mumok wird nicht restituiert, Kunstmarkt, o. D., http://www.kunstmarkt.com/pages/mag/news_detail.html?id=95944 [Stand 7. 1. 2015]; Lisa Zeitz, Neue Funde. Die Akte George Grosz, in: Frankfurter Allgemeine Zeitung, 28. 4. 2009, http://www.faz.net/neue-funde-die-akte-george-grosz-1782150.html [Stand 7. 1. 2015]; Michael Sontheimer, Restitution. Vertriebene Bilder, in: Der Spiegel 13/23. 3. 2009, S. 148f., http://www.spiegel.de/spiegel/print/d-64760925.html [Stand 7. 1. 2015]; Benno Schirrmeister, Auch Museen werfen Dreck, in: taz, 13. 2. 2003, http://www.taz.de/1/archiv/?dig=2003/02/13/a0321 [Stand 7. 1. 2015].
[2] Jentsch, Alfred Flechtheim, S. 123–128.
[3] Hierzu bieten vor allem die im Internet veröffentlichten Gerichtsdokumente zum Prozess der Erben von George Grosz gegen das Museum of Modern Art in New York aus dem Jahr 2009 Aufschluss, www.scribd.com/doc/50616754/MoMA-Expert-Report-Stein [Stand 7. 1. 2015], aber auch weitere der Autorin dankenswerterweise von der Provenienzforscherin Laurie Stein zur Verfügung gestellte Dokumente, darunter der Rebuttal Expert Report of Laurie A. Stein vom 2. 11. 2009.

Ludwig in Wien befindet.[4] Dieses Gemälde kam am 27. April 1931 direkt von George Grosz als Kommission mit der [Flechtheim-]Nr. B 13094 an die Berliner Galerie Flechtheim.[5] Danach wurde es 1932 in Brüssel in einer Einzel-Ausstellung des Künstlers, die Flechtheim im Palais des Beaux-Arts veranstaltete, gezeigt, die jedoch finanziell nicht erfolgreich war. „Das Bündnis"/„Andenken" wurde zu Lebzeiten des Galeristen nicht verkauft, weshalb es laut Ralph Jentsch weiterhin als Eigentum des Künstlers George Grosz zu betrachten sei, was er auch für andere Werke, die bei Mak van Waay im Februar 1938 zur Auktion kamen, konstatiert.[6]

Das Aus für die Berliner Galerie Flechtheim, Wirtschaftsprüfer Alfred E. Schulte und George Grosz

Den Ausgangspunkt für den Verlust von Grosz' Werken sieht Jentsch in der Auflösung der Galerie Flechtheim in Berlin. Dem Autor zufolge war die Geschäftsaufgabe von den unlauteren Machenschaften eines Wirtschaftsprüfers, Alfred E. Schulte[7], begleitet und gesteuert.

Die genaueren Umstände der Schließung der Berliner Galerie Alfred Flechtheims werden zum Beispiel in der 2011 erschienenen grundlegenden Biografie Alfred Flechtheims von Ottfried Dascher dargestellt.[8] Demnach war Schulte ab November 1933 Generalbevollmächtigter für die Galerien Flechtheim in Berlin und Düsseldorf, hatte aber bereits seit 1929 Kontakt zu Alfred Flechtheim, weil er viele Geschäfte der Galerie als Berater betreute.[9] Im Rahmen der Galerieauflösung versuchte der Wirtschaftsprüfer, Außenstände der Galerie einzutreiben, um die immensen Schulden Flechtheims bei seinen Gläubigern, teils noch aus den Zeiten der Weltwirtschaftskrise, tilgen zu können und ein amtliches Konkursverfahren zu verhindern. Im Zuge dieser Bemühungen wandte er sich auch an George Grosz und wies ihn darauf hin, dass er aus Vorschüssen für eingelieferte Werke Schulden in Höhe von 16 255 Reichsmark bei Alfred Flechtheim habe, die bar zu bezahlen und keinesfalls mit den zu dieser Zeit schon unverkäuflichen Kommissionen zu verrechnen seien.[10] Schulte gelang es, die Gläubiger zu einem außergerichtlichen Vergleich unter großen Verlusten zu überreden, indem sie mit einer Zahlung von 20 Prozent der Forderungen beschwichtigt wurden.[11]

---

[4] George Grosz, Das Bündnis/Andenken, 1931, Museum Moderner Kunst Stiftung Ludwig Wien, Inv. Nr. B 661, Öl auf Leinwand, 53 × 73 cm.

[5] Eine Kopie aus dem Logbuch des Künstlers mit dieser Nummer wurde dem Museum Moderner Kunst Wien am 16.6.1989 von Ralph Jentsch zur Verfügung gestellt und liegt der Autorin vor.

[6] Jentsch, Alfred Flechtheim, S. 69.

[7] Ebd., S. 48–60.

[8] Ottfried Dascher, „Es ist was Wahnsinniges mit der Kunst". Alfred Flechtheim. Sammler, Kunsthändler, Verleger, Wädenswil 2011.

[9] Dascher, Kunst, S. 320, so auch bei Jentsch, Alfred Flechtheim, S. 48.

[10] Brief von Alfred E. Schulte an George Grosz vom 18.11.1933, George Grosz Papers, MS Ger 206 (116), Houghton Library, Harvard University; s. Anhang III Dok. 3 im vorliegenden Band. Jentsch betrachtet die Eigentumsverhältnisse an den Gemälden als eindeutig und erklärt die Schulden mit Vorschüssen der Galerie Flechtheim an den Künstler aus den Jahren 1925 bis 1928 in Höhe von 16 200 Reichsmark (RM); Jentsch, Alfred Flechtheim, S. 52.

[11] Dascher, Kunst, S. 329; Brief von Alfred Flechtheim an George Grosz vom 15.4.1934, George Grosz Papers, MS Ger 206 (116), Houghton Library, Harvard University; s. Anhang III Dok. 4 im vorliegenden Band.

Jentsch beschreibt das Liquidationsverfahren als dubios und „illegal" und interpretiert die wenigen vorhandenen Quellen in einer Weise, die an zwielichtigem Geschäftsgebaren des Wirtschaftsprüfers kaum Zweifel aufkommen lassen. Er zitiert beispielsweise den folgenden Brief Schultes vom 1. Februar 1934 aus dem Paul Klee-Nachlass in Bern:

> „Wie ich den mir bekannten Gläubigern im Oktober bzw. November 1933 als Bevollmächtigter der Galerie Alfred Flechtheim G.m.b.H. und des Herrn Alfred Flechtheim in einzelnen Schreiben mitgeteilt habe, hat die Galerie Alfred Flechtheim G.m.b.H. den Geschäftsbetrieb einstellen müssen. [...]. Ich bemerke ausdrücklich, daß Herr Flechtheim keinerlei Bezüge mehr erhalten oder sonstige Einnahmen gemacht hat. Das Ende Oktober von mir festgestellte Vermögen ist damit zur Verfügung der Gläubiger geblieben. [...] Ich beabsichtige einen außergerichtlichen Liquidationsvergleich durchzuführen d. h. einen Vergleich bei dem alle vorhandenen Werte zur Verfügung der Gläubiger stehen."[12]

Der zwielichtige Charakter dieses Liquidationsvergleiches geht Jentsch zufolge aus einer Ankündigung Schultes aus einem Brief vom 18. November 1933 hervor, „die Angelegenheit Flechtheim unter der Hand zu erledigen".[13]

Auch das Schreiben Alfred Flechtheims vom 15. April 1934 wird bei Jentsch in diesem Zusammenhang ausführlich zitiert:

> „Mein l. George Grosz, jetzt bin ich so zieml. über ½ Jahr draußen. Meine deutschen Galerien sind finanziell völlig zusammengebrochen u. nur mit Mühe u. viel Aufregung ist es meinem Liquidator gelungen, einen Concurs zu vermeiden. Meine Gläubiger bekommen 20%! Es ist ihm gelungen, mich vor völligem Concurs zu retten. Meine sämtl. Bilder habe ich meiner Masse zugeführt. Ich verkaufe sie für Rechnung der Gläubiger in London, wo ich jetzt 2 Monate weilte u. hoffe, irgendwie festen Fuß zu fassen."[14]

Es folgt ein kurzer Kommentar zur Not Flechtheims, dann führt Jentsch die Wiedergabe des Briefs fort:

> „Wie es aber bei mir speziell! hier aussieht, kannst Du aus diesen & zwischen diesen Zeilen lesen. Ist es Dir nicht möglich, mir jetzt eine Acontozahlung an meine Adresse hier (Hotel Osborne) zu leisten, oder monatlich mir 100, 200 Dollar zu senden? Trotz der schrecklichen Lage, in der ich mich befinde, schrieb ich Dir nie, belästigte Dich nicht. Heute tue ich es, weil sonst alles Mau! Heute bin ich dazu gezwungen! – In Deutschland ist alles aus für mich u. zu fremdes Land ohne Geld in diesen Zeiten! Du kannst Dir denken, wie meine Frau und ich leiden. Grüße Eva herzlichst von uns. Hoffentlich geht es Euch nach Wunsch. herzl. AlfFl."[15]

Jentschs Interpretation hierzu ist eindeutig: Flechtheim erkannte die wahren und unlauteren Absichten des Steuerberaters (Liquidators) nicht und ließ sich durch Schulte übervorteilen. Diese Lesart vertritt Jentsch besonders im Kapitel „Alfred E. Schulte und die Wiedergutmachung Flechtheim 1951–1964".[16] In einer Anmerkung wird dort festgestellt, dass zwar keine Unterlagen zur Beschlagnahmung der Berliner Galerie erhalten seien, dass die Übernahme aber womöglich durch einen staatlich bestellten Konkursverwalter zum Beispiel beim Amtsgericht Berlin infolge des Konkursantrags eines Gläubigers zustande kam. Spekuliert wird weiter, dass das „Gesetz über die Einziehung volks- und staatsfeindlichen Vermögens" vom 14. Juli 1933 angewendet worden sein könnte:

---

[12] Zitiert nach Jentsch, Alfred Flechtheim, S. 56.

[13] Ebd.

[14] Ebd., S. 59. – Die unten in Anhang III, Dokument 4, wiedergegebene Transkription des Briefes weicht von der Fassung bei Jentsch geringfügig ab.

[15] Ebd. – Abweichend in der Transkription in Anhang III v. a.: „Contozahlung" statt „Acontozahlung" sowie „weil Not am Mann!" statt „weil sonst alles Mau!".

[16] Ebd., S. 100–108.

> „Die Voraussetzungen dazu wären bei dem verhaßten Juden Flechtheim und seinem Handel mit jüdischen, ‚entarteten‘, deutschen und französischen Künstlern auf alle Fälle gegeben gewesen. Dazu war Flechtheim ‚reichsflüchtig‘ geworden, was einen sofortigen Zugriff auf sein Geschäft und sein privates Vermögen ermöglichte. Es hätte auch sein können, daß man sich durch irgendeine Intrige, mit Hilfe von Polizei und durch Staatsgewalt, der Galerie bemächtigte.“[17]

Mit diesen Ausführungen wird unterstellt, dass Schulte den Konkurs der Galerie im Rahmen der NS-Gesetze zur „Arisierung“ genutzt habe.

Zu einem ganz anderen Ergebnis kommt Ottfried Dascher. Er geht davon aus, dass Schulte auf jeden Fall das Vertrauen der Familie Flechtheim wie auch weiterer jüdischer Familien besaß und beleuchtet die politischen Netzwerke des Wirtschaftsprüfers, der im Übrigen kein Mitglied der NSDAP gewesen ist.[18] Dascher widerspricht der Argumentation, es habe sich bei der Liquidation um getarnte, unlautere Machenschaften gehandelt und weist darauf hin, was es nach der nationalsozialistischen Machtübernahme bedeutet hätte, ein gerichtliches Verfahren durchzustehen.[19] Dascher zufolge dienten Schultes Aktionen „unter der Hand“ vor allem dem Ziel, die Eröffnung eines Konkursverfahrens zu verhindern, das fatale Folgen für Flechtheim nach sich gezogen hätte. Hierzu führt der Autor aus:

> „Ein Konkurs hätte allerdings in zweierlei Hinsicht schwerwiegende Folgen gehabt. Es wäre in diesem Fall ein amtlicher Konkursverwalter bestellt worden, der angesichts des Missverhältnisses zwischen haftendem Kapital, liquiden Mitteln und Schuldbetrag zwei Wege hätte beschreiten müssen: Einerseits die Zwangsverwertung der Kunstbestände anzuordnen (was normalerweise durch öffentliche Versteigerung geschah); andererseits die Haftung auf die Privatperson Flechtheims auszuweiten, da evident war, daß dieser durch Beleihung seiner privaten Sammlung die Betriebsmittel für die Galerie beschafft […] hatte. Beides hätte Flechtheims unmittelbaren Ruin zur Folge gehabt, so daß Schultes Strategie eines Liquidations-Vergleichs zweifellos die aussichtsreichere Variante war […]. Bei einer Zwangsverwertung hätten sie unter den neuen politischen Verhältnissen nur noch mit einem Bruchteil des Belehnungswertes rechnen können, während so immerhin die Möglichkeit bestand, daß Flechtheim die Bilder im Ausland noch zu vertretbaren Preisen unterbrachte.“[20]

Ein weiteres Indiz dafür, dass die Liquidierung der Galerie nicht zugunsten Schultes erfolgte, ist die Tatsache, dass die Berliner Galerie Flechtheim erst 1937 aus dem Handelsregister ausgetragen wurde.[21] Darüber hinaus spricht auch der oben zitierte Brief vom 15. April 1934, in dem Flechtheim seine Dankbarkeit gegenüber Schulte ausdrückt, eine andere Sprache, wollte man nicht unterstellen, Flechtheim habe schlicht und einfach nicht bemerkt, wie er vom Wirtschaftsprüfer Schulte über den Tisch gezogen wurde.[22]

---

[17] Ebd., S. 103, Anm. 120. Es entsteht der Eindruck, es wird hier das „Gesetz zur Einziehung volks- und staatsfeindlichen Vermögens“ mit dem erst am 15. 9. 1935 erschienenen „Reichsbürgergesetz“ und dessen späteren zusätzlichen Verordnungen vermischt. Die Auswirkung der Flucht in Gebiete, die nicht dem Deutschen Reich angehörten oder durch dieses besetzt waren, wäre erst mit der 11. Zusatzverordnung zum Reichsbürgergesetz vom November 1941 zum Tragen gekommen, während die grundsätzliche Maßnahme zum willkürlichen Vermögensentzug bereits 1933 gegeben war.

[18] Dascher, Kunst, S. 319, in der dortigen Anmerkung 75 heißt es: „Bei Ralph Jentsch (2008) ist die Person Schultes zunehmend ins Zwielicht geraten. Umso genauer muß untersucht werden, ob sich Alternativen zu dem von Schulte vorgeschlagenen Verfahren angeboten hätten und wie seine Rolle dabei insgesamt zu bewerten ist.“

[19] Dascher, Kunst, S. 321–323.

[20] Ebd., S. 321 f.

[21] Ebd., S. 343 u. 393.

[22] Brief von Alfred Flechtheim an George Grosz vom 15. 4. 1934, George Grosz Papers, MS Ger 206 (116), Houghton Library, Harvard University. Auch Laurie Stein bemerkt: "Careful reading of the

Die Versteigerung der Gemälde in Amsterdam

Als weiterer Schritt zur Entziehung der Grosz-Werke führt Jentsch die Auktion bei S. J. Mak van Waay am 1. und 2. Februar 1938 an. Diese fand nach dem Tod Alfred Flechtheims (am 9. März 1937 in London) statt. Jentsch beschreibt die Vorgänge als „Kriminalgeschichte ersten Ranges"[23] und stützt sich dabei auf das Handexemplar des Auktionators, das neben den angebotenen Werken den Namen des Einbringers, van Lier, sowie die Auktionspreise und Namen der Käufer nennt und den Schluss nahelegt, dass die Werke zu Konvoluten zusammengefasst wurden.[24]

Flechtheim war es gelungen, Kunstwerke aus seinem Besitz ins Ausland zu verbringen.[25] Da er von London aus ohne eigene Galerieräume operierte, versuchte er, in verschiedenen Ländern über befreundete Galeristen zu verkaufen und verteilte die Ware auf deren Ausstellungsräume. 1936 war eine größere, nicht mehr genau feststellbare Anzahl von Ölbildern und Aquarellen von George Grosz bei dem Kunsthändler Carel van Lier in Amsterdam gezeigt worden. Die Ausstellung verlief jedoch nicht erfolgreich, was aufgrund der Sommersaison schon vorher absehbar schien.[26] So befanden sich die Werke aus dieser Grosz-Ausstellung auch 1938 noch im „Kunstzaal van Lier".[27] Carel van Lier lieferte 62 Werke von George Grosz als „Verlassenschaft nach Alfred Flechtheim" in besagte Auktion ein.[28] Ebenso lässt sich ersehen, dass die Werke zu Konvoluten zusammengefasst wurden und dass der Käufer des Gemäldes „Das Bündnis"/„Andenken", hier eingetragen unter der Nummer 283 und dem Titel „Compositie met handschoenen op een roze doek" sowie den Angaben „Geteekend en gedateerd 1931. Doek H. 53 B 73" van der Laan hieß.[29]

In der genaueren Beschreibung der Auktion bei Jentsch wird Carel van Lier diskreditiert und die Auktion als unseriös beschrieben, da der Kunsthändler selbst einige Gemälde erwarb und die Auktionspreise pro Stück kaum drei Dollar überschritten.[30] Auch die Autorisierung van Liers zum Verkauf der Grosz-Werke wird bezweifelt:

> „Anstatt sich jedoch nach Flechtheims Tod mit dessen Frau Betty in Berlin in Verbindung zu setzen, deren Telephonnummer 1937 noch im Berliner Telephonbuch stand, oder mit dem Künstler selbst, der, was offiziell bekannt war, in New York lebte und an der Students Art League unterrichtete, sann van Lier offensichtlich auf eine Möglichkeit, billig in den Besitz dieses umfangreichen Werkkomplexes zu kommen. Eine öffentliche Auktion schien ihm dafür die beste Möglichkeit zu sein."[31]

---

known materials cannot lead to any conclusion but that Schulte was working in the best interest of Alfred Flechtheim." Stein, Rebuttal Expert Report, S. 13.

[23] Jentsch, Alfred Flechtheim, S. 123.

[24] Ebd., S. 123–125.

[25] Dascher, Kunst, S. 329–341.

[26] Jentsch zitiert hierzu einen Brief des Malers Herbert Fiedler an George Grosz, den dieser in seinem Kalender notierte und in dem van Lier wüst beschimpft wird: „Seid ihr dort übereingekommen oder hat das Schwein sie ohne Dich, hinter Deinem Rücken veranstaltet? Würde es ihm zutrauen, da ich doch kaum annehmen kann, daß Du im Hochsommer, wo alles fort ist, hier eine Ausstellung machen würdest und dann doch sicher eher bei Buffa – der auch in New York ist – oder Landweer als bei ihm"; Jentsch, Alfred Flechtheim, S. 69.

[27] Bas C. van Lier, Carel van Lier. Kunsthandelaar, wegbereider 1897–1945, Bussum 2003, S. 49.

[28] Nach dem handschriftlichen Notizblatt des Auktionator-Exemplars des Auktionskataloges Moderne en oude Schilderijen, Aquarellen, Teekeningen, Veiling 1/2 Februari 1938.

[29] Wann das Gemälde seinen heutigen Titel erhielt, ließ sich bisher nicht eruieren.

[30] Jentsch, Alfred Flechtheim, S. 126.

[31] Ebd.

Nach Ansicht Jentschs ging es in der Auktion generell nicht mit rechten Dingen zu, weil zwei Drittel der angebotenen George-Grosz-Gemälde während der Auktion nicht auf Interesse stießen und danach „in Konvoluten" doch Abnehmer fanden, die einen geringen Preis dafür zahlten. Auch der Umstand, dass van Lier einige Werke selbst erwarb, die sich später als bedeutend erweisen sollten, wird – ohne dies jedoch zu belegen – als Indiz dafür interpretiert, dass der Kunsthändler im Vorfeld eine Absprache mit Kollegen getroffen hatte.[32] Es wird jedoch nicht in Betracht gezogen, dass in den Niederlanden womöglich zu der Zeit überhaupt kein Markt für diese Kunstrichtung existiert haben könnte. Für die von Jentsch konstatierten Absprachen ließ sich kein Beweis finden. Auch die Frage, ob die Werke während oder erst nach der Auktion Käufer fanden, ließ sich trotz eingehender Recherche nicht klären und lässt sich aus den Eintragungen im Handexemplar des Auktionators nicht notwendig schließen.

Zusammenfassend stellt Jentsch fest, dass bei Mak van Waay „für die 67 Arbeiten 356 Gulden erzielt" wurden (was einem Gegenwert von ungefähr 226 Dollar bzw. 565 Reichsmark entspricht) und erwähnt zwei anschließende Verkäufe, einen zu 30 und einen zu 225 Gulden bei Carel van Lier.[33]

Quellen zum „Kunstzaal van Lier"

Carel van Lier (geb. 5. 9. 1897) war jüdischer Herkunft und heiratete 1924 Elisabeth van de Velde. Am 1. September 1927 wurde in Amsterdam der „Kunstzaal van Lier" als Einzelfirma eröffnet. Während der deutschen Besatzung der Niederlande schützte den Kunsthändler anscheinend zumindest eine Weile lang die nicht-jüdische Abstammung seiner Frau, bis seine Kunsthandlung am 8. Juli 1942 unter (Zwangs-)Verwaltung gestellt wurde.[34] 1943 wurde van Lier wegen seiner Kontakte zur Widerstandsbewegung deportiert und im März 1945 im KZ-Außenlager Hannover-Mühlenberg ermordet. 2009 sprach die niederländische Restitutionskommission eine Empfehlung zur Rückgabe eines Objekts aus dem Besitz der Familie aus.[35]

Schon früh bestand offenbar ein Kontakt mit Alfred Flechtheim. In seiner Publikation zu Carel van Lier[36] (2003) thematisiert der Enkel Bas van Lier dessen Bedeutung für den niederländischen Kunsthandel – vergleichbar derjenigen Alfred Flechtheims in Deutschland. Die beiden Kunsthändler kannten sich mindestens seit 1927, als Flechtheim bei van

---

[32] Ebd., S. 127.

[33] Ebd., S. 128, Quelle: „Kontobuch Kunstzaal van Lier" im Besitz des Neffen Bas van Lier, Amsterdam. Eine Abbildung (s. Anhang unten, S. 151) des Kontobuchs über den Verkauf eines Aquarells von George Grosz wurde Laurie Stein durch das Rijksbureau voor Kunsthistorische Documentatie in Den Haag (RKD) zur Veröffentlichung zur Verfügung gestellt, die Weitergabe erfolgt mit freundlicher Genehmigung des RKD dank der Vermittlung von Laurie Stein. Entgegen der hier genannten Feststellung bei Jentsch weist das Handexemplar des Auktionators bei Mak van Waay nur 62 und nicht 67 Lots auf.

[34] Vgl. http://www.restitutiecommissie.nl/en/recommendations/recommendation_187.html [Stand 7. 1. 2015], Auszug aus dem Restitutionsverfahren van Lier in den Niederlanden, Beschluss vom 6. 4. 2009.

[35] S. a. RKD, Archiefnummer 0108, Carel van Lier, http://www.rkd.nl/rkddb/inventar/..%5CInventar%5CLier.pdf [Stand 7. 1. 2015].

[36] Bas van Lier, Carel van Lier.

Lier außereuropäische Kunst kaufte, die er wiederum 1929 an den Wuppertaler Bankier Eduard von der Heydt veräußerte.[37]

Der Kontext und weitere Verkäufe auf der Auktion bei Mak van Waay am 1. und 2. Februar 1938 ließen sich leider nicht genauer einordnen.[38] Bis auf drei Ankündigungen in Zeitungen mit einer – teils kritischen – Würdigung des Œuvres scheint keine Berichterstattung überliefert.[39] Das Auktionshaus Mak van Waay gehört mittlerweile zu Sotheby's. Kopien der entsprechenden Seiten aus dem handschriftlich annotierten Katalogexemplar des Auktionators wurden aus London übermittelt und überprüft.

Der Bieter bzw. Käufer von „Andenken" van der Laan ist weder bei Sotheby's noch beim „Rijksbureau voor kunsthistorische Documentatie" bekannt und ließ sich aufgrund des in den Niederlanden sehr gebräuchlichen Namens auch nicht recherchieren. Weitere Informationen über den „Kunstzaal van Lier" stellte Bas van Lier zur Verfügung, der schon häufig mit Anfragen zur Auktion bei Mak van Waay und zur Rolle seines Großvaters Carel van Lier konfrontiert wurde. Er teilte mit, dass keine relevanten Unterlagen aus dem „Kunstzaal van Lier" mit Aussagen über „Das Bündnis"/„Andenken" zur Verfügung stehen, er jedoch inzwischen eigene Forschungen, u. a. zum Kontobuch (Verkoopboek), betrieben habe.[40] Er veröffentlichte seine Auswertung auch in der Niederländischen Presse.[41]

Es kann festgehalten werden, dass sich zum „Kunstzaal van Lier" keine Aufzeichnungen erhalten haben und dass anscheinend nur das Kontobuch die NS-Zeit überstanden hat. Anhand dieser Quelle lässt sich allerdings nicht bestätigen, dass Carel van Lier außerordentliche Gewinne aus der Auktion bei Mak van Waay erzielt hat. Der Einbringer hat der vorliegenden Kopie des Handexemplars des Auktionators zufolge fünf Gemälde und drei Zeichnungen erworben und 102 Gulden dafür bezahlt.[42] Ob es sich hierbei um ein unangemessen niedriges Preisniveau und eine Absprache handelte, müsste eingehender untersucht werden. Aus den Kopien des Auktionatorexemplars geht hervor, dass in der Auktion auch bei zumindest einem anderen Vorbesitzer Werke gebündelt verkauft wurden. Ebenso ist ersichtlich, dass auch Gemälde anderer Einbringer keine sehr hohen Preise erzielten. Alle hier sichtbaren Ergebnisse lagen unter 40 Gulden. Eine Zeichnung des damals in den Niederlanden vergleichsweise populären Künstlers Jozef Israëls wurde für 15 Gulden verkauft.[43] In van Liers Verkoopboek werden folgende Weiterverkäufe erwähnt: Am 12. März 1938 wurde ein Aquarell für 30 Gulden an eine unbekannte Person und am 9. April zwei Gemälde für 150 Gulden an den Kunsthändler P. A. Regnault verkauft. Des

---

[37] Ein Beispiel dafür ist eine Sitzende Holzfigur, Unbekannte Werkstatt der Tabwa-Region, Demokratische Republik Kongo, mit der Inv. Nr. RAC 604 im Museum Rietberg Zürich. Siehe auch das Werkbeispiel „Figurenfries" (Text von Esther Tisa Francini) im vorliegenden Band.

[38] Die Vermittlung entsprechender Kontakte ist Julie-Marthe Cohen, langjährige Kuratorin im Joods Historisch Museum Amsterdam, zu verdanken.

[39] Den Hinweis auf zwei der Artikel verdanke ich Bas van Lier: ohne Titel, in: Het Vaderland, 24. 1. 1938, Veilingen, in: De Telegraaf, 28. 1. 1938, und Moderne Schildereijen en teekeningen. Veiling te Amsterdam, in: Algemeen Handelsblad, 29. 1. 1938, siehe http://kranten.kb.nl/view/article/id/ddd%3A010664171 %3Ampeg21 %3Ap005 %3Aa0083 [Stand 7. 1. 2015].

[40] Vgl. Anm. 39.

[41] Bas van Lier, George Grosz, de roof en de restitutie, in: Vrij Nederland, 8. 4. 2010, http://www.vn.nl/Archief/Justitie/Artikel-Justitie/George-Grosz-de-roof-en-de-restitutie.htm [Stand 7. 1. 2015].

[42] Vgl. Abbildung unten S. 151.

[43] Annotiertes Handexemplar des Auktionators bei Mak van Waay; hierzu Jentsch, Alfred Flechtheim, S. 23 u. 26.

Weiteren ist ein dritter Verkauf eines Grosz-Gemäldes am 29. Juli 1938 verzeichnet, das mit „G. Grosz, comm. Schön no. 1 *f* 225" bezeichnet ist. Dieses Werk steht eindeutig nicht im Zusammenhang mit der Auktion bei Mak van Waay. Es handelt sich um eine Kommission einer Person namens Schön, die über den Kunsthändler van Lier ein Werk anbot. Der Name kommt im Auktionatorenexemplar bei Mak van Waay nicht vor. Insofern entkräftet Bas van Lier die Behauptung, Carel van Lier habe sich am „Nachlass Flechtheim" übermäßig bereichert.[44]

In der niederländischen Zeitung „De Telgraaf" vom 28. Januar 1938 wurden mit der Ankündigung der Auktion bei Mak van Waay die Verkaufschancen für Grosz-Gemälde äußerst skeptisch beurteilt. Der bedeutendste Punkt der seitens Bas van Lier übermittelten Hypothesen besteht jedoch in der Annahme, dass van Lier die Grosz-Werke nicht ungerechtfertigt in die Auktion einbrachte, sondern sehr wohl einen legalen und legitimen Auftrag des Flechtheim Estate, vertreten von der Kanzlei Oppenheimer, Nathan, Vandyck & Mackay in London erhalten hatte.[45]

Diese Annahmen wurden auch durch das Gerichtsverfahren um die drei Werke im MoMA bestätigt. Die Bewertung der Auktion bei Mak van Waay steht und fällt demnach mit zwei Fragen: Nämlich ob die verkauften Grosz-Werke Flechtheims Eigentum waren bzw. das seiner Erben und ob Carel van Lier diese berechtigterweise veräußert hat.[46]

Die Marktlage

Die Hoffnung, im Ausland erfolgreicher verkaufen zu können, trog. Gerade George Grosz kam mit seiner teils derben Satire und spezifisch deutschen Gesellschaftskritik nicht gut an und entwickelte sich zum „Ladenhüter", wie Cordula Frowein schon 1987 hinsichtlich der Grosz-Ausstellung im Juni 1934 in der Mayor Gallery in London feststellte.[47] Die Marktlage war also nicht nur in Amsterdam ausgesprochen ungünstig. Die Mayor Gallery hatte zu diesem Zeitpunkt einen Vertrag[48] mit Flechtheim in Kooperation mit Kahnweilers Galerie Simon und somit sicherlich kein ursächliches Interesse am „Verramschen"[49] von Gemälden.[50] Aber nicht nur mit den Werken von George Grosz hatte Flechtheim Schwierigkeiten im Londoner Exil, wie dem Beitrag Froweins zu ent-

---

[44] Bas van Lier stellte der Verfasserin die Exzerpte aus dem Kontobuch zur Verfügung.

[45] "Probably on the command of the law firm that handled the Flechtheim estate, Oppenheimer, Nathan & Vandyck in London, Van Lier brought the 24 paintings and 47 paper works by Grosz he still kept in Amsterdam to the auction house S. J. Mak van Waay in Amsterdam [...]"; Mitteilung von Bas van Lier, unveröffentlichte Korrespondenz der Verfasserin mit Bas van Lier. Siehe auch den Beitrag von Andrea Bambi im vorliegenden Band.

[46] Der Flechtheim Estate wird bei Jentsch mit keinem Wort erwähnt, während dessen Rolle bei Dascher durchaus zur Sprache kommt, ohne jedoch die Eigentumsfrage abschließend zu klären; Dascher, Kunst, S. 389–392.

[47] Cordula Frowein, Alfred Flechtheim im Exil in England, in: Hans Albert Peters u. a. (Hrsg.), Alfred Flechtheim. Sammler. Kunsthändler. Verleger (= Ausst.-Kat. Kunstmuseum Düsseldorf), Düsseldorf 1987, S. 59–64, hier S. 60.

[48] Frowein, Alfred Flechtheim, S. 59.

[49] Jentsch, Alfred Flechtheim, S. 126.

[50] Laut Dascher diente dieser Vertrag hauptsächlich dazu, Flechtheim auf Reisen als Vertreter der genannten Galerien zu rechtfertigen und Zugriff auf die Gemälde durch deutsche oder englische Behörden zu vereiteln; Dascher, Kunst, S. 341.

Maart.

3	Etsen. Kist	N⁰ 4502	fol. 89	150.–	1
	Tang plastiek	– 4793		250.–	1
4	Bali Schilderij N⁰ 11/104	– 86		95.–	1
	– Plast. – 52/62			35.–	1
8	Chin. ding. N⁰ 5008	· 119		10.50	1
	Bali Schilderij Com. N⁰ 13	· 34		20.–	1
9	Bali Plastiek, Hout N⁰ 29/60	– 25		75.–	1
10	2 Stoelen N⁰ 4651/52	· 3		30.–	1
	1 Stoel – 4730	· 3		70.–	1
	Bali Schilderij N⁰ 4/87	– 20		95.–	1
	– – – 26/88	– 116		65.–	1
	– – – 40/108	– 116		25.–	1
	Teekening, blauw. N⁰ 13			50.–	
12	Aquar. G. Grosz, N⁰ 8			30.–	
	Plastiek Bali N⁰ 57/63/10	fol. 30		25.–	1
	Schilder. – N⁰ C.B.13	– 33		100.–	1
	– – – 1/15	· 4		65.–	1
	– · – 23/203	– 4		75.–	1
14	Bali Schild. B.12, C.158,142	· 134		100.–	1
	– – C.50/32	– 27		65.–	1
15	Etsen. Jankowski N⁰ 5039	– 5		30.–	1
17	Bali Teekening N⁰ 39/204	· 77		55.–	1
19	Armband N⁰ 2859, Collier N⁰ 4836			15.–	
	Bali Schild. N⁰ 51/m 41/40	– 61		100.–	1
	„ Plast. N⁰ 53/58	– 79		55.–	1
	– – – 51/59	– 143		35.–	1
21	Bali Schild. N⁰ 21/3	– 72		45.–	1
	Siam Beeldje N⁰ 2942	– 71		15.–	1
	Kerststad, Modern 5041			40.–	
22	Bali Schild. N⁰ 22/7	– 26		55.–	1
				1055.50	
				135.–	
				1720.50	

*Kontobuch „Kunstzaal van Lier",
März–April 1938; Rijksbureau
voor Kunsthistorische Documentatie (RKD), Den Haag, Carel van
Lier Archives, Inv. Nr. 363, durch
frdl. Vermittlung von Laurie Stein.*

nehmen ist.[51] Zu dieser Erkenntnis kommen auch übereinstimmend Ottfried Dascher und Laurie Stein.[52] Der Umstand hatte einige Konsequenzen, in deren Lichte sich die Hypothese Bas van Liers verstehen lässt, Carel van Lier habe durchaus autorisiert und zu Recht unter der Bezeichnung „Nachlass Flechtheim" die Werke George Grosz' versteigern lassen.

Nachlass Alfred Flechtheim[53]

Alfred Flechtheim hatte seinen Neffen Heinz Alfred Hulisch (später Henry Alfred Hulton), den Sohn einer Schwester seiner Frau Bertha (Betti) Flechtheim als Erben eingesetzt. Dieser befand sich ebenfalls im Exil in London und stand im Kontakt mit dem Ehepaar Flechtheim. Dascher schildert die Konstruktion des Testaments als Versuch, das verbliebene Vermögen nicht wieder an Betti Flechtheim fallen zu lassen, um den Nationalsozialisten eine Beschlagnahme unmöglich zu machen.[54] Diese Taktik wurde offenbar im Einvernehmen des pro forma geschiedenen Ehepaars, also zum Schutz der weiterhin in Berlin lebenden Betti, gewählt.[55] Nach dem Tod Flechtheims machte Hulisch/Hulton seine Ansprüche geltend. Da sich die verbliebenen Besitztümer, sprich Kunstwerke Flechtheims, in unterschiedlichen Galerien und Ländern befanden, war Hulisch/Hulton mit unübersichtlichen Verhältnissen konfrontiert. So wurde die Anwaltskanzlei Herbert Oppenheimer, Nathan, Vandyk & Mackay damit beauftragt, ihm einen Überblick zu verschaffen und die Abwicklung durchzuführen.[56]

Alfred Flechtheim selbst hatte mangels eigener Verkaufsfläche in der Emigration und aus Unsicherheit darüber, ob er sich endgültig irgendwo niederlassen könne, wieder – wie zu Beginn seiner Laufbahn – als Marchand-Amateur agiert, möglichst viele seiner Kontakte genutzt und manche Werke auch an mehreren Orten gezeigt. Den Galeristen, die ihm ihre Ressourcen zur Verfügung stellten, hatte er anteilige Provisionen versprochen.[57] Am Beispiel der Galerie Jacques Seligmann in New York lässt sich dies belegen. In den Archives of American Art befinden sich Dokumente, die verdeutlichen, mit welchen Komplikationen die Londoner Rechtsanwaltsfirma zu kämpfen hatte. Kriegsbedingt war später obendrein der Briefverkehr behindert, so dass die Recherchen zu den Eigentumsverhält-

---

[51] „Flechtheim hatte gute Beziehungen zur Lefevre Gallery, die sich auf französische Kunst spezialisierte, und zu einer der führenden Galerien in London, The Leicester Galleries. Wie schwer es war, Bilder zu verkaufen – auch Bilder von berühmten Künstlern –, geht aus seinen Briefen an Kahnweiler hervor. Jack Bilbo stellte während des Krieges Picassos ‚La Hollandaise' aus. Das Bild wurde nicht verkauft. Die bedeutendste Ausstellung, die Flechtheim in London einleitete und mitorganisierte, war die ‚Exhibition of 19th Century French Painting' in den New Burlington Galleries, Oktober 1936", zitiert nach Frowein, Alfred Flechtheim, S. 63. Eine detaillierte Darstellung über weitreichende Misserfolge in London vgl. das Kapitel „Was wird aus den Bildern?" bei Dascher, Kunst, S. 332–341.

[52] Dascher, Kunst, S. 375, Anhang 36; Expert Report of Laurie Stein, 21.9.2009: www.scribd.com/doc/50616754/MoMA-Expert-Report-Stein, [Stand 7.1.2015.], S. 56f.

[53] Hierzu Wiebke Krohn, „Eine Gemengelage, die auch die moderne Provenienzforschung nicht auflösen kann". Besitzverhältnisse in der Sammlung und den Galerien Alfred Flechtheims, in: Eva Blimlinger/Heinz Schödl (Hrsg.), Die Praxis des Sammelns. Personen und Institutionen im Fokus der Provenienzforschung, Wien/Köln/Weimar 2014, S. 221–240.

[54] Dascher, Kunst, S. 387.

[55] Ebd., S. 363–365.

[56] Ebd., S. 389.

[57] Ebd., S. 389–392.

nissen und Lokalisierungen noch lange Jahre nach Alfred Flechtheims Tod nicht beendet waren. Die Korrespondenz mit Seligmann setzt sich bis ins Jahr 1946 fort.[58] Weitere Quellen zu den Aktivitäten der Anwälte stehen nicht zur Verfügung, wie Dascher beschreibt:

> „Leider sind die Akten der Kanzlei Oppenheimer wie der Mayor Gallery mit den persönlichen Akten Flechtheims im 2. Weltkrieg durch die deutschen Luftangriffe auf London vernichtet worden, so daß sich eine zuverlässige Übersicht über den Nachlaß nur schwer rekonstruieren läßt. Hulisch scheint, so wenigstens der auch durch die Aussage von Verwandten bestätigte Befund, die meisten der ererbten Bilder noch vor Ausbruch des Kriegs veräußert zu haben, doch darf bezweifelt werden, ob es ihm oder der beauftragten Kanzlei gelungen ist, den noch im Ausland vorhandenen Restbestand an Kunstwerken vollzählig zu erfassen. […] Und Betti im fernen Berlin fehlten der Überblick und die Legitimation.“[59]

Es ist also durchaus wahrscheinlich, dass die Anwaltskanzlei auch Carel van Lier kontaktiert hat. Allerdings lässt sich der bei Jentsch formulierte Vorwurf, van Lier habe Betti Flechtheim nicht verständigt, durch die Vorgänge in London erklären. Da Betti nicht erbberechtigt war, bestand aus Sicht des Amsterdamer Kunsthändlers überhaupt kein Anlass, sie zu informieren. Wie Laurie Stein ermittelt hat, war sie jedoch durchaus über die Arbeit der Londoner Anwälte im Bilde und hat sie in ihren Bemühungen unterstützt.[60] Dafür gibt es sogar einen indirekten Beweis, einen Brief von Charlotte Weidler an Paul Westheim mit der Adresse der Anwälte und einer Andeutung über die schwierigen Versuche, Grosz-Gemälde in Amsterdam loszuwerden.[61]

Die Eigentumsverhältnisse

Es bleibt abschließend zu klären, ob die Gemälde zur Zeit der Auktion bei Mak van Waay Alfred Flechtheim bzw. seinen Erben gehörten. Auch hierzu gibt es keine eindeutigen Unterlagen wie z. B. offizielle Verkaufsquittungen, Übernahmebestätigungen oder ähnliche Geschäftspapiere der Galerie Flechtheim. Dennoch existieren einige Dokumente, die einen Übergang der von George Grosz in seinem Logbuch als Kommissionen bezeichneten Werke in das Eigentum Alfred Flechtheims stützen. Diese führten schlussendlich bei betroffenen Museen zu der Entscheidung, die Werke nicht zu restituieren.

Wie im oben zitierten Brief Schultes an Grosz vom 18. 11. 1933 festgestellt wurde, hatte der Künstler Schulden bei der Galerie Flechtheim in Höhe von 16 255 Reichsmark.[62]

---

[58] Diverse Briefe vom 19. 4. 1937 bis 27. 5. 1946, Smithsonian Archives of American Art, Washington D.C., Seligmann-Papers, General Correspondence: 1. 3. 1913–1978, Flechtheim, Alfred (and Estate of), 1932–1946, Box 37, Folder 16; http://www.aaa.si.edu/collections/jacques-seligmann–co-records-9936 [Stand 7. 1. 2015].

[59] Dascher, Kunst, S. 392.

[60] "Clearly, Betti herself had been in London and there is absolutely no reason to believe that she would not have been in contact with the Estate attorneys or aware of the disposition of her husband's estate"; Laurie Stein, Expert Report, 21. 9. 2009, www.scribd.com/doc/50616754/MoMA-Expert-Report-Stein [Stand 7. 1. 2015], S. 57f.

[61] "As noted by Charlotte Weidler in a letter to Paul Westheim about another Grosz work, she had the address of the Flechtheim estate administrators from Betti Flechtheim."; Laurie Stein, Expert Report, 21. 9. 2009, www.scribd.com/doc/50616754/MoMA-Expert-Report-Stein [Stand 7. 1. 2015], S. 35, und ein Brief von Charlotte Weidler an Paul Westheim vom 4. 10. 1937, Charlotte Weidler Papers, The Museum of Modern Art New York Archives. Wie aus den Seligmann-Papers hervorgeht, hat Charlotte Weidler die richtige Adresse der Kanzlei angegeben, die Beteiligten waren im Bilde.

[62] Vgl. Anm. 10.

Jentsch bringt diese Summe, wie oben erwähnt, mit Vorauszahlungen von 16 200 Reichsmark aus den Jahren 1925 bis 1928 in Verbindung, ist jedoch der Ansicht, dieses Debet müsse durch zahlreiche Verkäufe bis 1933 bereits verringert worden sein. Tatsächlich lassen sich keine detaillierten Abrechnungen auffinden.[63] Durch Laurie Steins Rebuttal Report für die Klage gegen das MoMA ist zu erfahren, dass in George Grosz' Logbuch in der Akademie der Künste in Berlin eine Liste über Zahlungen von Flechtheim an Grosz aus den entsprechenden Jahren existiert.[64] Jentsch erklärt nicht, wie die „nahezu identische Summe"[65] bei Schulte zu einem anderen Betrag werden konnte. Er vernachlässigt die Differenz von 55 Reichsmark, die angesichts des hohen Gesamtdebets auch nicht bedeutsam erschiene, wenn nicht durch einen Vergleich der Schilderungen mit den Berichten Laurie Steins doch weitere Korrespondenz zum Thema Schulden zutage käme. Dieses Material legt eine andere Auslegung der Verpflichtungen George Grosz' gegenüber Flechtheim nahe: Zwischen den Jahren 1928 und 1933 waren die Vorauszahlungen noch weiter angestiegen, auf 16 565 Reichsmark.[66] Bereits im Jahr 1932, also vor der Auflösung der Galerie Flechtheim, vor der Machtübernahme der Nationalsozialisten, zu einem Zeitpunkt, als sowohl Grosz als auch Flechtheim noch in Berlin lebten, stellte Curt Valentin als Mitarbeiter der Berliner Galerie Flechtheim in einem Brief an George Grosz diese Summe fest.[67] Er formulierte den Vorschlag, die Schulden bar und in Aquarellen zu begleichen. Die genaue Festlegung der Rückzahlungsmodalitäten erfolgte einen Monat später, wie ein Gesprächsprotokoll nach einer Unterredung zwischen Grosz und Valentin belegt.[68] Diese Formulierungen können kaum mit Schultes Bestreben und der Schließung der Galerien in Zusammenhang gebracht werden. Ein Beweis dafür, wie die Schuldensumme bis zur Aufnahme der Liquidationsaktivitäten um 365 Reichsmark sank, steht trotzdem nicht zur Verfügung. Die Vermutung Laurie Steins, Grosz habe schon einen kleinen Betrag gezahlt,[69] erscheint plausibel, vor allem vor dem Hintergrund der ersten Aufträge des Malers in New York 1932, da er neben der Hoffnung auf weitere Erfolge in den USA ein wenig Geld zur Verfügung hatte.[70] Auf weitere Tilgungen gibt es keine Hinweise, jedoch ist davon auszugehen, dass Flechtheim im April 1934 nach wie vor davon überzeugt war, Grosz habe Schulden bei ihm. Tatsächlich formuliert Flechtheim im bereits erwähnten Brief vom 15. April 1934 aus Paris gegenüber Grosz einen Übergang des Rechtstitels:

> „Deine Aquarelle, die Du mir als Sicherheit ließest, sind in London unverkauft. Die Geschäfte gehen auch in England schlecht. (schlechter aber hier.) Ich will sie aber denn.[och] ausstellen lassen & als Bruttopreis pro Blatt ca. 100 M. feststellen hoffend, so viel zu bekommen, obwohl bei der Pfund Abwertung das für England schon viel ist. Zeichnungen die Hälfte. Ich habe die Preise mit Billiet & Masereel (B. ist M's Händler) überlegt & sie M's Preisen entsprechend aufgebaut. Noch schwerer, als mit den Aquarellen, ist es mit den Oelbildern, die Du mir gleichfalls als Sicherheit übereignetest. Sie lagen fast ein Jahr in der Galerie Pierre, die mich immer vertröstete. Aber dann weder sie, noch die Galerie Simon wollten sich damit bemühen. Geschäftsgang zu schlecht.

---

[63] Jentsch, Alfred Flechtheim, S. 52.

[64] Stein, Rebuttal Expert Report, S. 8.

[65] Jentsch, Alfred Flechtheim, S. 52.

[66] Stein, Rebuttal Expert Report, S. 10–12.

[67] Brief von Curt Valentin an George Grosz am 31. 10. 1932, George Grosz Papers, MS Ger 206 (116), Houghton Library, Harvard University.

[68] Brief von Curt Valentin an George Grosz am 28. 11. 1932, ebd.

[69] Stein, Rebuttal Expert Report, S. 12.

[70] Jentsch, Alfred Flechtheim, S. 160.

Nicht allein hier, sondern auf dem ganzen Continent. Jetzt habe ich sie bei Billiet deponiert. Anbei dessen Liste & Preise. Vielleicht verkauft er was. Hoffnungen hat aber weder er, noch ich."[71]

Es gibt keine Stellungnahme von Grosz zu den Schulden oder einer Sicherheitsübereignung seiner Werke an Flechtheim. Somit muss offenbleiben, ob Flechtheim mit diesem Brief Fakten schaffen wollte oder ob hier ein rechtlich gesicherter Übergang der Werke von der Kommission zum Eigentum Flechtheims in beiderseitigem Einverständnis kommentiert wurde.[72] Der Brief ist das Schlüsseldokument zur Bewertung der Eigentumsverhältnisse. Ralph Jentsch verzichtet allerdings auf die Zitierung des eben wiedergegebenen Textteils und damit auf eineinhalb Seiten des Dokuments.[73] Wegen des Verzichts auf die eigentlich erforderliche und übliche Kennzeichnung der Auslassung in eckigen Klammern und des Einfügens eines Kommentars, wodurch die Unvollständigkeit des zitierten Textes nicht deutlich sichtbar wird, kommt es zu einer abweichenden inhaltlichen Gewichtung.[74]

Zusammenfassung

Alfred Flechtheims Bilder sind in Amsterdam nicht zugunsten des Auktionators oder anderer Profiteure verschleudert oder „verramscht" worden. Zumindest lassen die vorhandenen Quellen einen solchen Schluss nicht zu. Es gibt einen Hinweis auf Kommissionen im Logbuch des Künstlers George Grosz von 1931. Spätere Quellen bestätigen eine Verschuldung George Grosz' gegenüber der Galerie Flechtheim, die zu einer Sicherheitsübereignung der in Kommission befindlichen Werke führte. Somit konnte Alfred Flechtheim die in Amsterdam befindlichen Werke spätestens ab April 1934 als Eigentum betrachten und sie an Heinz Hulisch vererben, der offenbar versuchte, sie zu verkaufen. Aufgrund fehlender Geschäftsakten sowohl des Kunstzaal van Lier als auch der Londoner Kanzlei, die Heinz Hulisch als Erben vertrat, kann anhand der vorangegangenen Diskussion die Schlussfolgerung gezogen werden, dass Carel van Lier die Gemälde George Grosz' im Auftrag der mit dem Nachlass Flechtheim betrauten Anwälte Herbert Oppenheimer, Nathan, Vandyk & Mackay verkaufte. Von einem Rechtsgeschäft im Rahmen der nationalsozialistischen Gesetzgebung kann hier daher nicht ausgegangen werden.[75]

---

[71] Brief von Flechtheim an Grosz vom 15.4.1934, Briefseiten 2 und 3, George Grosz Papers, MS Ger 206 (116), Houghton Library, Harvard University; s. Anhang III Dok. 4 im vorliegenden Band.

[72] Laurie Stein geht auf einen Vorwurf der Anklage ein, sie habe das Wort „Sicherheitsübereignung" falsch verstanden; Stein, Rebuttal Expert Report, S. 12f. Sie ist davon überzeugt, dass Flechtheim den Ausdruck „als Sicherheit übereignetest" nicht verwendet hätte, wenn nicht ein diesem rechtlichen Terminus technicus entsprechender Vorgang stattgefunden hätte.

[73] Vgl. Zitat oben S. 295 nach Jentsch, Alfred Flechtheim, S. 59.

[74] Ebd.

[75] Vgl. http://www.provenienzforschung.gv.at/index.aspx?ID=25&LID=1 Ergebnisse der 65. Beiratssitzung vom 8.3.2013 Grosz_George _ Flechtheim_Alfred_2013-03-08.pdf [Stand 7.1.2015].

Wiebke Krohn

Sold or Swindled?

George Grosz, Alfred Flechtheim, Carel van Lier and an Auction at S. J. Mak van Waay on the 1st and 2nd of February 1938 in Amsterdam

Abstract

In February 1938, 62 works by George Grosz went under the hammer as the "Estate of Alfred Flechtheim" ("Nachlass Alfred Flechtheim") at an auction in Amsterdam. The paintings were brought to auction by the art dealer Carel van Lier. The works were sold to various buyers at extremely low prices. The whereabouts of some of these paintings is known. Today, they are in museums such as the Museum of Modern Art in New York, the Bremen Kunsthalle art museum and the Museum of Modern Art Ludwig Foundation in Vienna, for example. The circumstances surrounding the auction are disputed to this day, due to the lack of source material. In reference material, the thesis has been presented, that the painter's property was seized after he had submitted some of his own paintings and works of graphic art to the Alfred Flechtheim Gallery in Berlin on commission before going to the USA on a working visit, which later turned into exile. Because he was fleeing from the Nazis, Alfred Flechtheim presumably had no alternative but to hand the works over to the van Lier art dealership. He died before they were sold, whereupon the Dutch art dealer misappropriated the works he was storing and had the auction manipulated in his favour. The investigation into the actual ownership, sales rights and the procedures at the auction lead to vastly varying interpretations of the sources in reference material and eventually to the question of the boundaries between rumour and research hypothesis.

Teil III Seitenblicke

Esther Tisa Francini
Jüdische Kunsthändler im Nationalsozialismus: Möglichkeiten und Grenzen

Die folgenden Ausführungen loten die Schicksale und Handlungsspielräume von jüdischen Kunsthändlern in den Jahren 1933 bis 1938 aus.[1] Die Möglichkeiten und Grenzen einer Kunsthandelstätigkeit in den Anfangsjahren des Regimes oder eines Neustarts nach 1933 in der Emigration waren individuell sehr verschieden. Zu den Händlern zählten auch diejenigen Kunsthändler, die sich als Auktionatoren betätigten. Gerade sie verfügten in diesem Zeitraum über vergleichsweise große Handlungsspielräume, da sie aufgrund umfangreicher Versteigerungen und den daraus erzielten großen Umsätzen Ausnahmebewilligungen zur Weiterführung des Handels erhalten hatten. In diesem Sinne wurde ihnen vom NS-Regime eine besondere Rolle zugeschrieben.

Wenn hier Alfred Flechtheim im Zentrum der Betrachtungen steht, so ist es unerlässlich, sein Schicksal in den Kontext anderer verfolgter Kunsthändler und deren Schicksal zu stellen. Nur im Vergleich mit anderen Händlerschicksalen werden sein Verhalten und sein Agieren im Exil verständlich. Drei Fragen stehen im Zentrum der Aufmerksamkeit:

Wann und wie gelang den jüdischen Kunsthändlern die Flucht ins Exil?
Was geschah mit ihren Galerien bzw. mit ihren Auktionshäusern?
Was geschah mit dem Kunstbestand?

Dabei geht es weniger um eine Analyse des Kunsthandels. Im Fokus liegen vielmehr Emigrationsschicksale, deren Vorbedingungen und die individuellen Lebenswege.

Im Folgenden kann bei der Skizzierung der Biografien einzelner Kunsthändler nicht ins Detail gegangen werden; es gilt vielmehr, die wichtigsten Eckdaten aufzuzeigen. Möglichkeiten und Grenzen der Kunsthändleraktivität im Exil werden aufgrund von wenigen, jedoch bedeutenden Merkmalen verständlich. Der Anlass dieser Ausführungen sind die zeit- und kunstgeschichtlichen Untersuchungen zur Galerie Flechtheim in den Jahren 1933 bis 1936.[2] Als es darum ging, Vergleiche zu Alfred Flechtheim zu ziehen, um seine Situation besser zu verstehen, wurde deutlich, wie wenig Vergleichsmaterial vorliegt, wie speziell das Schicksal eines jeden Händlers tatsächlich war, wie wenig Gesichertes – trotz der intensiven Forschungen der letzten Jahre – überhaupt zu den verfolgten jüdischen Händlern und ihren tragischen Schicksalen in der Zeit des Nationalsozialismus bekannt ist. Da das öffentliche und wissenschaftliche Interesse bisher vornehmlich den Sammlern mit jüdischem Familienhintergrund gewidmet war, liegen bislang zu diesen wesentlich mehr Forschungsergebnisse vor.[3]

---

[1] Der Text, als Vortrag konzipiert, wurde für die Drucklegung nur geringfügig angepasst.
[2] Vgl. das Tagungsprogramm, das Grundlage für diese Publikation war, den Aufsatz von Axel Drecoll/Anja Deutsch in diesem Sammelband, die 2011 erschienene Biografie von Ottfried Dascher zu Flechtheim (s. Anm. 18) sowie die Webseite zu Alfred Flechtheim www.alfredflechtheim.com.
[3] Ein Grund hierfür liegt wohl auch in der in Betracht auf Kunsthändler disparateren Quellenlage.

Vorausschicken möchte ich auch: Die Rekonstruktion der jüdischen Schicksale in den 1930er Jahren ist eine Herausforderung, vor allem angesichts zerstörter oder verlorener Dokumente – häufig fehlen gerade die Schlüsseldokumente. Die Quellenbasis, denen der Vergleich zugrunde liegt, ist daher sehr uneinheitlich. Im nachfolgenden ersten Teil werden Informationen zum Kunsthandel im Nationalsozialismus und vor allem zu den nationalsozialistischen Gesetzen sowie Ver- und Anordnungen kurz dargelegt. Im zweiten Teil werden exemplarisch vier Händler vorgestellt, deren Erwerbs- und Verfolgungsbiografien anhand eines Schemas untersucht wurden. Der dritte Teil soll dann Antworten auf die einleitend gestellten Fragen geben und versuchen, die Schicksale zusammenzufassen und zu vergleichen.

1. Der Kunsthandel im Nationalsozialismus: Der Ausschluss der jüdischen Händler aus der Reichskulturkammer

Vor 1933 waren die Kunsthändler in verschiedenen Verbänden organisiert, durch die Gründung der Reichskulturkammer (RKK) jedoch wurde der Kunsthandel während der nationalsozialistischen Herrschaft neu organisiert. Die Reichskulturkammer hatte unter anderem zum Zweck, den Handel zu reglementieren und das Ein- und Ausschlussverfahren der Händler unter ihre Kontrolle zu bringen.[4]

Die Gründung der Reichskulturkammer am 22. September 1933 führte zu einer Kontrolle von Kunst und Kultur.[5] Alle Kunsthändler mussten ihr beitreten, Ausstellungen und Auktionen bedurften einer Genehmigung. Das Reichskulturkammergesetz enthielt jedoch noch keinen sogenannten Arierparagrafen. Die „Reichskammer der bildenden Künste" (RdbK) als Unterkammer widmete sich in Abteilung VII dem Kunsthandel und dem Auktionswesen. Auch hier gab es eine Zwangsmitgliedschaft für Kunsthändler. Die „1. Verordnung zur Durchführung des Reichskulturkammergesetzes" vom 1. November 1933 regelte den Ausschluss aus der Kammer (der einem Berufsverbot gleichkam), jedoch mit unscharfen Formulierungen, die den ausführenden Institutionen einen nicht unerheblichen Interpretationsspielraum einräumten.[6]

Am 4. August 1934 folgte allerdings die „1. Anordnung zum Schutz des Berufes und der Berufsausübung der Kunst- und Antiquitätenhändler" mit einer klar antisemitischen Stoßrichtung. Hier wurde explizit auf die Notwendigkeit des Ausschlusses jüdischer Händler hingewiesen. Ausnahmen sollten lediglich dann möglich sein, wenn die Betroffenen international und kommerziell erfolgreich waren, also als Devisenbringer für das

---

[4] Hierzu grundlegend ist weiterhin der aus dem Jahre 1998 stammende Aufsatz von Anja Heuß, Die Reichskulturkammer und die Steuerung des Kunsthandels im „Dritten Reich", in: sediment. Mitteilungen zur Geschichte des Kunsthandels 3/1998, S. 49–61, sowie deren Beitrag im vorliegenden Band. Vgl. auch Angelika Enderlein, Überwachung und Bürokratisierung: Die schleichende Verdrängung der Juden aus dem Berliner Kunsthandel. Ablauf einer Versteigerung, in: Christine Fischer-Defoy/Kaspar Nürnberg (Hrsg.), Gute Geschäfte. Kunsthandel in Berlin 1933–1945 (eine Ausstellung des Aktiven Museums im Centrum Judaicum v. 10. 4.–31. 7. 2011 und im Landesarchiv Berlin v. 20. 10. 2011–27. 1. 2012), Berlin 2011, S. 129–138.

[5] Joseph Walk (Hrsg.), Das Sonderrecht für die Juden im NS-Staat. Eine Sammlung der gesetzlichen Maßnahmen und Richtlinien – Inhalt und Bedeutung, Heidelberg 1996, I 248, S. 52.

[6] Ebd., I 282, S. 58f.

Reich zu gelten hatten.[7] Durch eine schlagartige „Ausschaltung" der Juden aus diesem Berufsfeld, in dem eine große Anzahl von jüdischen Kunsthändlern und Galeristen tätig war – so die dahinter stehende Befürchtung – drohte ein Zusammenbruch des deutschen Kunsthandels, den es zu vermeiden galt. Jüdische Kunsthändler konnten also zumindest eingeschränkt noch bis 1937 oder sogar 1938 in ihren Unternehmen tätig sein, sofern sie auch über die entsprechenden Kontakte und Sonderbewilligungen verfügten.[8] Am 26. Mai 1936 wurde jedoch für die bereits angemeldeten Mitglieder der „Ariernachweis" verlangt. Damit ging für die meisten jüdischen Händler das berufliche Aus einher. Am 27. Februar 1938 erfolgte dann definitiv das Versteigerungsverbot für jüdische Händler.

Betrachtet man die legislativen Verfolgungsmaßnahmen, so zeigen sich für den Zeitraum 1933 bis 1936 zwar erheblich eingeschränkte aber dennoch vorhandene Handlungsspielräume, die Verfolger und Verfolgte nutzten: die jüdischen Kunsthändler, indem sie unter extrem erschwerten Bedingungen versuchten, ihre Tätigkeit der antisemitischen Angriffe ungeachtet aufrechtzuerhalten und die Emigration ins Ausland zu vermeiden; die Finanzbehörden, indem sie die steuerliche Leistungsfähigkeit der Händler nicht unterminieren und die „Devisenbringer" zugunsten des Staatshaushaltes zur Kasse bitten wollten. Mit der Aktion „Entartete Kunst", die zwar bereits seit Beginn des Nationalsozialismus ins Rollen gekommen war, für die meisten jüdischen Kunsthändler jedoch erst 1937 virulent wurde, endete praktisch jede Erwerbstätigkeit von Juden auf diesem Gebiet. Die jüdischen Mitarbeiter und Inhaber von Galerien und Auktionshäusern mussten ab diesem Jahr ihre Tätigkeit definitiv beenden.

2. Kurzportraits

Die hier vorgestellten vier biografischen Skizzen bieten eine Auswahl an Kunsthändlern jüdischer Herkunft, die allesamt verfolgungsbedingt emigrierten. Es sind dies: Walter Feilchenfeldt, Alfred Flechtheim, Curt Valentin und Arthur Kauffmann. Drei von ihnen waren Kunsthändler, einer ein Auktionator – zwei entschieden sich bereits 1933 für die Emigration, zwei wanderten erst in den Jahren 1937 und 1938 aus, weil sie als Devisenbringer entweder in Deutschland noch geduldet wurden oder sogar eine offizielle Sonderbewilligung erhalten hatten.

Folgenden Fragen richten sich an die biografische Analyse:

- Was war die Grundlage der kunsthändlerischen Tätigkeit bis 1933?
- Wann erfolgte die Emigration?
- Welche Kunstgattung wurde gehandelt bzw. versteigert?
- Wurde nach 1933 Handel in NS-Deutschland betrieben?
- Wo sind die Bestände der Galerie bzw. des Auktionshauses verblieben?
- Was geschah mit der Galerie nach 1933? Wurde sie „arisiert" oder liquidiert?
- Gab es bereits ausländische Zweigniederlassungen der Galerie vor 1933, wurde gegebenenfalls eine solche nach 1933 gegründet oder in eine andere Galerie eingestiegen?

---

[7] Angelika Enderlein, Der Berliner Kunsthandel in der Weimarer Republik und im NS-Staat. Zum Schicksal der Sammlung Graetz, Berlin 2006, S. 83.
[8] Ebd., S. 84.

2.1 Walter Feilchenfeldt sen. (1894–1953)

Seit 1919 war Walter Feilchenfeldt bei der Galerie Paul Cassirer tätig, seit 1923 als Partner. Grete Ring (1887–1952) stieß 1921 zur Galerie.[9] Nach dem Tod von Paul Cassirer 1926 wurde Feilchenfeldt Geschäftsführer der Galerie.[10] Gehandelt wurden Kunstwerke van Goghs, Cézannes und der klassischen Moderne.[11] Seit 1923 hatte die Galerie Cassirer eine Zweigniederlassung in Amsterdam. Dorthin ließ Walter Feilchenfeldt zahlreiche Kunstwerke in Sicherheit bringen. Beide Gegebenheiten – eine funktionierende ausländische Galerie sowie Kunstwerke im Ausland – waren wichtige Voraussetzungen für ein ökonomisches Überleben nach 1933.

Der Emigrationszeitpunkt lässt sich für Walter Feilchenfeldt relativ gut feststellen. Marianne Feilchenfeldt Breslauer schreibt in ihren Erinnerungen: Von einem Tag auf den anderen habe „Feilchen" – wie er genannt wurde – die Koffer gepackt. Auslöser war der durch Mitglieder der NSDAP erzwungene Abbruch der von den Galerien Hugo Helbing, Georg Paffrath und Alfred Flechtheim veranstalteten Auktion vom 11. März 1933 in Düsseldorf, die auch Feilchenfeldt besucht hatte. Die drei beteiligten Galerien verfassten danach folgendes Rundschreiben zur nicht durchgeführten Auktion:

> „Wir haben den Katalog der für den 11. März aufgesetzten Versteigerung übersandt. Da die Versteigerung an diesen Tagen nicht durchgeführt werden konnte, haben wir die Bilder ab heute Königsallee 34 ausgestellt. Wir bitten Sie, uns mitteilen zu wollen, ob sie für die eine oder andere der im Katalog verzeichneten Nummern Interesse haben. Wir werden versuchen, Sie Ihnen so günstig wie möglich zu verschaffen und stehen zu jeder weiteren Auskunft zur Verfügung."[12]

Für Alfred Flechtheim wie auch für Walter Feilchenfeldt war die gewaltsame Unterbrechung der Auktion ein klares Zeichen. Zuvor hatte Feilchenfeldt bereits 1932 ein Büro in Paris eingerichtet und die gut funktionierende Amsterdamer Filiale der Galerie Paul Cassirer war in diesem Fall für die weitere berufliche Tätigkeit unerlässlich. Tatsächlich emigrierte er zuerst auch in die Niederlande. Erst 1939 wurde die Schweiz seine neue Heimat, der Ausbruch des Zweiten Weltkriegs überraschte ihn dort. Allerdings erhielt Feilchenfeldt zunächst keine Arbeitserlaubnis. Eine Zusammenarbeit mit Wilhelm Wartmann vom Kunsthaus Zürich und anderen Schweizer- wie auch ausländischen Institutionen zwecks Ausstellung von verschiedenen deutschen Beständen war jedoch durchgängig möglich; dies wurde bereits vor 1933 und intensiv auch in der Zeit danach praktiziert. Feilchenfeldt organisierte den Export, Grete Ring führte nach der Emigration Feilchenfeldts die Galerie Cassirer in Berlin weiter, bis diese 1937 liquidiert wurde. Sie selbst emigrierte im Mai 1938. Ab Januar 1939 gab es eine Londoner Firma namens Paul Cassirer Limited. 1948 konnte Walter Feilchenfeldt schließlich eine Kunsthandlung in Zürich gründen, die mit Erfolg an die guten Jahre der Firma Cassirer vor 1933 anknüpfte.

---

[9] Rahel E. Feilchenfeldt, Grete Ring als Kunsthistorikerin im Exil, in: Ursula Hudson-Wiedemann/Beate Schmeichel-Falkenberg (Hrsg.), Grenzen überschreiten. Frauen, Kunst, Exil, Würzburg 2005, S. 131–150.

[10] Christina Feilchenfeldt, Walter Feilchenfeldt: Verleger und Kunsthändler, in: Anna-Dorothea Ludewig/Julius H. Schoeps/Ines Sonder (Hrsg.), Aufbruch in die Moderne. Sammler, Mäzene und Kunsthändler in Berlin 1880–1933, Köln 2012, S. 272–291.

[11] Vgl. hierzu die vom Nimbus-Verlag in Wädenswil herausgegebenen Bücher zur Kunsthandelstätigkeit von Cassirer.

[12] Archiv Oskar Reinhart am Römerholz, Winterthur, OR 643, Gal. AF, Geh. Pfaffrat, Hugo Helbing an OR, 13. 3. 1933 (Rundschreiben).

2.2 Alfred Flechtheim (1872–1937)

1928 schreibt Alfred Flechtheim nicht ganz uneitel im Aufsatz „Künstler und moderner Kunsthandel":

> „Das einzige Unglück ist, dass es in Deutschland nicht noch viel mehr Kunsthändler gibt wie mich, dass in der prominenten Bellevue-, Viktoria- und Tiergartenstrasse nur mit alten Meistern, französischen Impressionisten, chinesischen Grabfiguren und signierten Kommoden gehandelt wird."[13]

Dieser Satz ist für Flechtheim bezeichnend; er betrachtete seine Biografie als eine besondere: In seinen eigenen Augen war er kein klassischer Kunsthändler, weil er eben ein Avantgardehändler war und mit der zeitgenössischen Kunst experimentierte. Gerade wegen dieses Tätigkeitsschwerpunktes brachte ihn die wirtschaftliche Krise Ende der 1920er Jahre zunehmend in Schwierigkeiten, und er musste bedeutende Sammler um Leihgaben für seine Ausstellungen bitten. Diese sollten das Publikum anziehen, um quasi über einen Umweg auf die aktuelle Kunst aufmerksam zu machen. Hierzu ein Zitat aus einem Brief an den Schweizer Sammler Oskar Reinhart von 1929:

> „Nun komme ich mit einer Bitte: wie ich Ihnen ja sagte, ist es ja an und für sich grotesk, wenn ich als Kunsthändler mir solche Werke von Sammlern erbitte, durch die ich nicht für die Künstler, sondern für mich selbst Reklame mache. Nun ist das bei mir etwas anders: In meinen Ausstellungen lebender Künstler, gleichgültig ob französische oder deutsche, kommen viele deutsche Sammler, die doch zum grössten Teil Snobs sind, kaum. Ich muss Ihnen etwas bieten, damit sie in meine Ausstellungen kommen und bei der Gelegenheit kann ich Ihre Aufmerksamkeit auf die lebenden Künstler lenken und für diese gewinnen."[14]

Kommen wir aber zur Frage der Emigration: Auch bei Alfred Flechtheim war die Verhinderung der erwähnten Düsseldorfer Auktion vom 11. März 1933 ein einschneidendes Erlebnis und hatte wohl auch Auswirkungen auf seine Auswanderungsabsichten. Er emigrierte ebenfalls 1933, jedoch einige Monate nach Walter Feilchenfeldt. Am 12. September 1933 schrieb er an Oskar Reinhart, er „gedenke Anf. Oktober von hier zu gehen, wohin weiss ich nicht. Hier sind keine Lebens- und Geschäftsmöglichkeiten mehr für mich".[15] Wenige Wochen später war Alfred Flechtheim bereits in Paris und benachrichtigte denselben Briefpartner:

> „Im November komme ich schrecklich gerne mal nach dort, vielleicht auch Dezember; ich erwarte noch mal meine Frau, die die Wohnung auflöst und dann herkommt. Wir wollen dann einen Monat in der Nähe von Paris bei Jean Renoir, der uns einlud verbringen und werden uns da in Ordnung bringen. Im Dezember wollen wir dann auf den Monte Verità. Hier ist noch im Kunsthandel Totenstille. Frieden. Im November kann ich dann sehen, wie der Hase läuft, ob man Ausstellungen deutscher Künstler, insbesondere von Hofer, riskieren kann, die natürlich nicht unter meiner Flagge segeln dürfen."[16]

Eine Woche später nochmals aus Paris: „Ich kann hier nichts im Moment erreichen und will deshalb Anfang nächster Woche nach London fahren."[17]

---

[13] Alfred Flechtheim, Künstler und moderner Kunsthandel, Zuschriften aus dem Kunsthandel, in: Der Kunstwanderer, Jg. 10, 1928, S. 298, zitiert aus: Rudolf Schmitt-Föller (Hrsg.), Alfred Flechtheim. „Nun mal Schluß mit den blauen Picassos!" Gesammelte Schriften. Einführung von Ottfried Dascher, Bonn 2010, S. 138.

[14] Archiv Oskar Reinhart am Römerholz, OR 643, Alfred Flechtheim an Oskar Reinhart, 4.9.1929.

[15] Ebd., Alfred Flechtheim an Oskar Reinhart, 12.9.1933.

[16] Ebd., Alfred Flechtheim an Oskar Reinhart, 6.10.1933.

[17] Ebd., Alfred Flechtheim an Oskar Reinhart, 13.10.1933.

Es war ein Hin und Her bei Alfred Flechtheim, er besaß keine Zweigniederlassung im Ausland, obwohl er bereits 1931 eine in der Schweiz ins Auge gefasst hatte und auch mit dem Kunsthändler Christoph Bernoulli in Basel in sehr guter Verbindung stand. So pendelte er im Exil zwischen Paris (Galerie Simon) und London (Galerie Mayor) und versuchte sich als Kunsthändler eine neue Existenz aufzubauen. 1937 starb Alfred Flechtheim überraschend an den Folgen eines Unfalls in London im Alter von 59 Jahren.[18]

Seine Bilder verschickte Alfred Flechtheim in der Regel zu Ausstellungszwecken in die Schweiz; einige blieben aber auch in Deutschland, andere wiederum gingen direkt oder indirekt nach Paris und London sowie ins weitere Ausland. Informationen zu diesen Bildbewegungen geben diverse Schweizer Museumsarchive.

Auch wenn Alfred Flechtheim bereits ab 1932 einen Imagewandel vollziehen wollte und vom neuen Typus des Kunstvermittlers zum klassischen Händler Alter Kunst bzw. Kunst des 19. Jahrhunderts zu wechseln versuchte[19], vermochte er doch seine Sammlungs- und Tätigkeitsschwerpunkte nicht aufzugeben und geriet damit in diametralen Gegensatz zur nationalsozialistischen Kulturpolitik: dazu gehörte die kompromisslose Vertretung jüdischer Künstler und die kontinuierliche, mutige Präsentation zeitgenössischer, moderner Kunst.

2.3 Curt Valentin (1902–1954)

Curt Valentin war von 1927/1928 bis 1933 die rechte Hand Flechtheims in dessen Berliner Galerie. Zuvor war er als Buchhändler in Hamburg tätig gewesen.[20] Ende 1933 schied Curt Valentin aus der Galerie Flechtheim aus, die Abwicklung resp. Weiterführung der Galerien in Düsseldorf und Berlin hatten der Wirtschaftsprüfer Alfred Schulte und eine Verwandte Alfred Flechtheims, Rosi Hulisch, übernommen. Valentin musste also umsatteln. Ende 1933, Anfang 1934 befand er sich in New York, vielleicht um die Fühler in der Emigration auszustrecken. Ab 1934 arbeitete Curt Valentin vorwiegend für Karl Buchholz in Berlin und versuchte weiter, die Künstler zu vermitteln, die bislang von Alfred Flechtheim vertreten worden waren, wie Renée Sintenis, Ernsto de Fiori u. a. Dass er zu Buchholz gelangte, ist wohl seiner vorherigen Karriere als Buchhändler zu verdanken. Beide Männer waren sich auf Anhieb sympathisch und ergänzten sich für die neu gegründete Buch- und Kunsthandlung Buchholz.[21]

Curt Valentin hatte Deutschland vorerst nicht verlassen wollen. Ab Sommer 1936 musste er wohl dennoch über eine Emigration nachgedacht haben.[22] 1937 gab es für ihn keine Möglichkeit mehr für einen Verbleib im „Dritten Reich". Am 14. Januar 1937 betrat Valentin amerikanischen Boden, um sich dann definitiv in New York niederzulassen.[23]

Im Rückblick zählt er zu denjenigen Kunsthändlern, die einen wichtigen Teil ihrer Karriere im Exil verbrachten. Valentin lebte von der Vermittlung der modernen deutschen

---

[18] Ottfried Dascher, „Es ist was Wahnsinniges mit der Kunst". Der Kunsthändler, Sammler und Verleger Alfred Flechtheim 1878–1937, Wädenswil 2011.
[19] Wie die abgebrochene Auktion mit Helbing und Paffrath in Düsseldorf zeigt; siehe auch Schmitt-Föller (Hrsg.), Alfred Flechtheim, Anhang: Biografischer Überblick, S. 270.
[20] Zu Curt Valentin siehe die „Doppelbiografie" von Anja Tiedemann, Die „entartete" Moderne und ihr amerikanischer Markt. Karl Buchholz und Curt Valentin als Händler verfemter Kunst, Berlin 2013.
[21] Tiedemann, Buchholz, S. 189.
[22] Ebd., S. 190.
[23] Vgl. The Curt Valentin Papers in the Museum of Modern Art Archives, New York.

Kunst, insbesondere der „entarteten Kunst", an amerikanische Sammler und Museen. Das Beispiel von Curt Valentin zeigt die Handlungsspielräume besonders deutlich: Er konnte sich mit dem Buchhändler Karl Buchholz arrangieren und ein gewinnbringendes Geschäftsverhältnis etablieren. Das war allerdings nur unter bestimmten Voraussetzungen möglich. Zunächst spezialisierte sich Valentin auf den Handel mit der gebrandmarkten „entarteten Kunst", indem er diese ins Ausland transferierte, und ging dabei das riskante Geschäft mit den NS-Behörden ein. Darüber hinaus konnte er nur aus der Deckung heraus, inden Diensten eines Buchhändlers, seinen Geschäften weiter nachgehen. Das funktionierte, solange die jüdischen Händler als Devisenbringer von fiskalischen Verfolgungen verschont blieben.[24]

Auch nach seiner Emigration Anfang 1937 war Curt Valentin mit dem europäischen Kunstmarkt verbunden. Valentin war auch bei der berühmten Versteigerung der aus deutschen Museen beschlagnahmten „entarteten Kunst" vom 30. Juni 1939 in Luzern bei der Galerie Fischer anwesend.

2.4 Arthur Kauffmann (1887–1983)

Arthur Kauffmann, promovierter Kunsthistoriker, fokussierte von 1912 an auf eine Karriere als Auktionator, eine Tätigkeit, der er in der Zeit vor dem Ersten Weltkrieg im Pariser Auktionshaus Hôtel Drouot nachging.[25] Hier lernte er durch die Katalogisierung Alter Meister bis hin zu chinesischer Keramik die Bandbreite der Kunst kennen. 1919 begann er mit Hugo Helbing die Frankfurter Filiale von Helbing München aufzubauen. Nach 1920 war er der Leiter des Frankfurter Auktionshauses. Zwischen 1920 und 1937 hielt er 51 Versteigerungen ab und verfasste ebenso viele Kataloge. Zu erwähnen ist beispielsweise die Versteigerung der bedeutenden Sammlung des Kölner Industriellen Ottmar Strauss in den Jahren 1934 und 1935. Im Mai 1937 fand die letzte Versteigerung vor der Flucht nach England statt. Hugo Helbing, der Inhaber der Galerie, hatte sich 1934 in den Ruhestand zurückgezogen und Arthur Kauffmann war von 1934 bis zur letzten Auktion im Mai 1937 der Besitzer. Wie viele andere jüdische Verfolgte ging Arthur Kauffmann zunächst davon aus, dass es sich bei der „Regierung Hitler" lediglich um eine kurze Episode handeln und dass „diese Phase" schnell vergehen würde.[26] Erst durch die Rheinlandbesetzung im März 1936 wurde er alarmiert und zog eine Emigration in Betracht. Die Frankfurter Handelskammer drängte ihn jedoch zum Bleiben und bot ihm an, falls er erst später das Land verlassen sollte, die Emigrationsbedingungen von 1936 anzuwenden, was Kauffmann akzeptierte. Wie auch der Fall des jüdischen Auktionators Paul Graupe zeigt, der mittels einer Sondergenehmigung ebenfalls bis 1937 in Berlin tätig sein konnte, ist die wirtschaftliche Bedeutung von Auktionshäusern für den Umschlag von Sammlungen, auch jüdi-

---

[24] Zu Curt Valentin siehe: Artist and Maecenas: a Tribute to Curt Valentin, New York, Marlborough-Gerson Gallery, 1. 11.–31. 12. 1963; Jonathan Petropoulos, Bridges from the Reich. The Importance of Emigré Art Dealers as Reflected in the Case Studies of Curt Valentin and Otto Kallir-Nirenstein, Dezember 2009 (Manuskript); Tiedemann, Buchholz.

[25] Die Autorin dankt Michael Kauffmann für die Informationen über seinen Vater Arthur Kauffmann (vgl. auch M.K. & S.K. Arthur Kauffmann 1887–1983, unveröffentlichtes Typoskript, London [2012]).

[26] Angabe der Söhne Michael und Sascha, die auf eine Anfrage der Autorin nach Quellen und schriftlich annotierten Auktionskatalogen hin eine kleine Biografie ihres Vaters verfasst haben.

schen Sammlungen, nicht zu unterschätzen.[27] Hugo Helbings Versteigerungshaus war im ganzen Südwesten Deutschlands einzigartig und von großer wirtschaftlicher Bedeutung. Es ist klar ersichtlich, welch enormes Interesse die Reichskulturkammer zunächst an diesen Versteigerungen hatte.

Die umfangreiche Auktion vom Mai 1937 wurde als seine letzte Auktion ein Vermächtnis Arthur Kauffmanns. Im September 1938 emigrierte er. Die Frankfurter Handelskammer hatte, was die Emigrationsbedingungen betraf, ihr Wort gehalten. Arthur Kauffmann versuchte, in Basel ein Auktionshaus zu gründen, was ihm verwehrt wurde. Auch Amsterdam zog er in Betracht, entschied sich aber letztlich für London. Dort war für ihn eine Weiterführung seiner Kunsthändlerkarriere möglich, denn er hatte beste Beziehungen zur Kunsthändlerfirma Spink & Son und zum Kunsthistoriker und Museumskonservator William Cohn (1880–1961), der ebenfalls 1938 dorthin emigriert war. Ende 1938, Anfang 1939 öffnete Arthur Kauffmann eine Galerie im Londoner West End.

3. Möglichkeiten und Grenzen: Die Händler, ihre Kunden und die gehandelte Kunst

So viele Schicksale es gibt, so viele individuelle Lebensläufe haben auch die Kunsthändler. Sie lassen sich nur zwecks Analyse in ein Frageraster zwängen. Das Ergebnis dieser „Befragung" lautet: Emigrationen erfolgten ab 1933 und bis 1938, eine Tätigkeit als Kunsthändler oder Auktionator war nur bis 1937 möglich. Wir haben hier nur vier prominente Beispiele vorgestellt, es gibt noch weitere bekannte, und wohl noch sehr viel mehr unbekannte oder solche, von denen wir kaum etwas wissen. Wichtig ist festzuhalten, dass auch nicht-jüdische Händler emigrierten – nämlich wegen der Kunstgattung, die sie handelten. Ein Beispiel dafür ist die gut aufgearbeitete Biografie des Kunsthändlers Karl Nierendorf, der zwar die Geschäftsanteile seines jüdischen Partners übernahm, als Händler der „entarteten" Kunst jedoch auch selbst emigrieren musste.[28]

Die Kunstbestände verblieben teilweise durchaus auch in Deutschland, in der Regel ging aber ein großer Teil ins Ausland. Die Galerien wurden aufgelöst und liquidiert, meist nahm dies noch einige Jahre Zeit in Anspruch und konnte von den emigrierten Händlern auch in Teilen mitbestimmt werden.

Wenn man die Händler Flechtheim und Feilchenfeldt miteinander vergleicht, kann man folgende Parallelen und Unterschiede feststellen: Beide emigrierten relativ früh, jedoch mit unterschiedlichen Ausgangslagen, was das private Vermögen, die beruflichen Möglichkeiten und die gehandelte Kunst betraf. Hier liegt sicherlich ein Schlüssel zum Verständnis. Wenn man jedoch Flechtheim mit seinem langjährigen Mitarbeiter Curt Valentin vergleicht, so sieht man, dass Valentin „toleriert" wurde, weil er – wie Silke Kettelhake schreibt – auch verfemte Kunst verkaufte.[29] Es war den nationalsozialistischen Kulturpolitikern recht, wenn die „entartete" Kunst gegen Devisen verkauft wurde. Dies tat Valentin dann auch in den USA und Buchholz unterstützte ihn, so gut er konnte. In der

---

[27] Zu Graupe vgl. Patrick Golenia, Paul Graupe, in: Fischer-Defoy/Nürnberg (Hrsg.), Gute Geschäfte, S. 47–52.

[28] Vgl. Anja Walter-Ris, Die Geschichte der Galerie Nierendorf. Kunstleidenschaft im Dienst der Moderne, Berlin, New York 1920–1995, Berlin 2003.

[29] Silke Kettelhake, Renée Sintenis. Berlin, Bohème und Ringelnatz, Berlin 2010, S. 247.

Betrachtung von Valentin und Kauffmann, die 1937 bzw. 1938 emigrierten, wird ersichtlich, dass jüdische Kunsthändler bis zu diesem Zeitpunkt noch in Deutschland ihrer Tätigkeit nachgehen konnten. Nach dem Jahr 1937 und mit dem Beginn der Aktion „Entartete Kunst" waren Händler und Auktionatoren mit jüdischem Familienhintergrund nicht mehr zugelassen, auch nicht mehr mit Sonderbewilligungen.

Wenn eine Zweigniederlassung im Ausland existierte, so war das ein Idealfall, wie am Beispiel Walter Feilchenfeldts nachvollziehbar. Aber man konnte auch bei anderen einsteigen, wie dies Alfred Flechtheim tat, oder eine neue Galerie gründen, wie Curt Valentin eine Gründung mit Karl Buchholz vornahm. Arthur Kauffmann konnte im Exil ebenfalls selber eine neue Galerie gründen. Er beriet u. a. Emil G. Bührle und hatte viele andere prominente Kunden mehr, die er zum Teil noch aus der Frankfurter Zeit kannte, und die, wie er, ebenfalls emigrierten. Dasselbe gilt für Walter Feilchenfeldt: Denn mit der Emigration der jüdischen Händler, und dies ist hier hervorzuheben, ging auch die Emigration der jüdischen Sammler einher. Und die Kunden der emigrierten Kunsthändler wohnten mehrheitlich im Ausland und nicht im Reich. Damit hatte man sowohl die Angebots- wie auch die Nachfrageseite im Ausland – und insbesondere die Vermittlerseite –, nämlich die Kunsthändler.

Esther Tisa Francini

Jewish Art Dealers under National Socialism: Possibilities and Limitations

Abstract

The article explores the possibilities and limitations Jewish art dealers experienced in the years 1933 to 1938. Dealing in art in the early years of the regime or a fresh start in a foreign country after 1933 was very different in each individual case. Most art dealers and auctioneers emigrated due to persecution. There were, however, special exemptions for the latter in particular. They were comparatively free to operate during this period, as they had received a special exemption to continue trading due to extensive auctions and the significant sums of money made from these. In this way, they were allocated a special role by the Nazi regime.

In this contribution, four examples are briefly outlined: These are Walter Feilchenfeldt, Alfred Flechtheim, Curt Valentin and Arthur Kauffmann. The first two emigrated in 1933, the last two only in 1937 and 1938 respectively. It is made clear here, which opportunities were opened up by a foreign branch or a new establishment and also which difficulties the particular direction of the art being traded brought with it. The lives of art dealers of Jewish origin (in comparison with the already more well-known fates of Jewish collectors) have not yet been adequately researched. In order to properly put the example of Alfred Flechtheim into context, questions are asked here about history and individual case studies. Following on from this, further research should be carried out, in order to fittingly analyse the art trade, its restructuring and the histories of emigration beyond the disruptive events of 1933 and 1937/38.

Johannes Nathan
Fritz Nathan, München und St. Gallen

Mit dem fast zwanzig Jahre älteren Alfred Flechtheim teilte der Kunsthändler Fritz Nathan, mein Großvater, das Schicksal der Vertreibung. Nachdem ihm 1935 die Ausübung seines Berufes verboten worden war, sah er sich gezwungen, 1936 von München in die Schweiz zu emigrieren. Im Gegensatz zu Flechtheim war es Fritz Nathan jedoch vergönnt, in der Emigration neues Glück zu finden. Seine Geschichte zeigt, dass die oft unterschiedlichen Einzelschicksale stets differenziert zu betrachten sind.

Wer sich – wie ich an dieser Stelle – der Geschichte der eigenen Familie widmet, steht aus naheliegenden Gründen in einem gewissen Zwiespalt. Einerseits lässt sich bei der engen Verflechtung der Protagonisten mit dem persönlichen Hintergrund eine gewisse Befangenheit kaum vermeiden, andererseits öffnet die Nähe zum Gegenstand zugleich eine Bandbreite an Wissen und Überlieferung, die für Außenstehende kaum erschließbar ist. Trotzdem habe ich es in der Vergangenheit nach Möglichkeit vermieden, mich öffentlich zu Fritz Nathan zu äußern, auch weil es in seiner Biografie Abschnitte gibt, die nur mit besonderer Kenntnis des zeitgeschichtlichen Kontexts – über die ich höchstens ansatzweise verfüge – beurteilt werden sollten. Ohnehin ist die Aufgabe der Beurteilung Berufeneren zu überlassen, zumal sich mittlerweile schon etliche Historiker mit Fritz Nathan, besonders natürlich mit seiner Tätigkeit in der Schweiz zwischen 1936 und 1945, befasst haben.[1] Mein Beitrag ist als Ergänzung zu diesen Recherchen gedacht, nicht als Korrektiv. Er vermag überdies aus der Familienüberlieferung ein Licht auf das damalige Erleben der politischen Katastrophe zu werfen, und auf die Entscheidungen, die sich angesichts derselben für die Beteiligten aufdrängten.

Zunächst aber ein paar Worte zur in mancher Hinsicht ungewöhnlichen Quellenlage: Zwischen 1944 und 1945 und erneut gegen Mitte der 1960er Jahre hat Fritz Nathan seine Lebenserinnerungen niedergeschrieben, die er 1965 anlässlich seines siebzigsten Geburtstags in einer limitierten Auflage für Familie und Freunde als Buch drucken ließ.[2] Gerade der uns besonders interessierende Abschnitt bis 1945 wurde also wohl unmittelbar bei Kriegsende unter dem Eindruck noch wacher Erinnerung festgehalten. Überliefert ist dort eine Vielzahl von Erlebnissen und Eindrücken aus familiären und beruflichen Begebenheiten, während der zeitgeschichtliche Hintergrund als bekannt vorausgesetzt und da-

---

[1] Siehe u. a. Esther Tisa Francini/Anja Heuss/Georg Kreis (Hrsg.), Fluchtgut – Raubgut. Der Transfer von Kulturgütern in und über die Schweiz 1933–1945 und die Frage der Restitution, Zürich 2001, S. 108–119 und passim; Jörg Krummenacher-Schöll, Flüchtiges Glück – Die Flüchtlinge im Grenzkanton St. Gallen zur Zeit des Nationalsozialismus, Zürich 2005, S. 43–63; und (bes. zur beginnenden Verfolgung vor Nathans Emigration) Meike Hopp, Kunsthandel im Nationalsozialismus: Adolf Weinmüller in München und Wien, Wien/Köln/Weimar 2012, S. 53–64, bes. S. 55–57. Herzlich gedankt sei Andrea Bambi und Axel Drecoll für die freundliche Einladung, anlässlich der Tagung zu Alfred Flechtheim im Oktober 2011 einen Vortrag zu Fritz Nathans Emigration aus der Perspektive eines Nachkommen zu halten und diesen hier – unter bewusster Wahrung des Charakters meines damaligen Beitrags – weitgehend unverändert zu publizieren.
[2] Fritz Nathan, Erinnerungen aus meinem Leben, Privatdruck, Zürich 1965.

her meist nur in seinen direkten Auswirkungen auf den persönlichen oder geschäftlichen Werdegang erwähnt wird.

Verfügen wir also einerseits über umfangreiche, gut durchgesehene persönliche Erinnerungen, so ist andererseits die Quellenlage zur Firmenaktivität äußerst dürftig. Dem Druck der Umstände folgend hat Fritz Nathan 1935 die Münchner Galerie in bestem Einvernehmen seiner langjährigen, geschätzten Mitarbeiterin Käthe Thäter überschrieben. Vielleicht unter der Annahme, dass Hitlers Regime über kurz oder lang ein Ende finden und danach eine Rückkehr nach Deutschland möglich sein würde, hat Nathan bei seiner Emigration nach St. Gallen im Februar 1936 sein Firmenarchiv zurückgelassen. Darunter war unter anderem ein über viele Jahre gepflegter großer Zettelkatalog, worin für viele Werke Marktpreise verzeichnet waren, ebenso wie große Teile seiner Bibliothek. All dies fiel, wie auch die Londoner Akten im Fall Flechtheim, später den Bomben zum Opfer.[3] Ob ihn überdies eine Verordnung daran hinderte, Firmenunterlagen aus Deutschland mitzunehmen, entzieht sich meiner Kenntnis.

Jedenfalls setzt der geringe Kernbestand an noch vorhandenen Geschäftsunterlagen erst mit Beginn der Tätigkeit in der Schweiz im März 1936 ein. Ab diesem Jahr führte Nathan Alben, in die er jeweils Fotografien der durch ihn verkauften Werke einfügte, meist nur unter Angabe von Künstler, Titel und Maßen. Ebenfalls ab 1936 sind – wie sich erst jüngst im Zuge von Nachforschungen in der Familie gezeigt hat – seine Terminkalender erhalten, die da und dort interessante Fakten verzeichnen. Erhalten sind überdies eine größere Zahl an privaten Fotos, heute in der Familie zerstreut, die meist familiäre Ereignisse und Reisen dokumentieren, zuweilen aber auch Einblick in die Geschäftsräume geben.

An geschäftlicher Korrespondenz, Rechnungsbüchern, Adresslisten etc. ist hingegen überhaupt nichts mehr vorhanden. Es scheint, dass Fritz Nathan nach der Emigration und dank einem offenbar exzellenten Gedächtnis gut ohne seine in München zurückgebliebenen Firmenpapiere operieren konnte. Auch daraus mag im Zuge späterer Standortwechsel von St. Gallen nach Zürich und innerhalb Zürichs – insgesamt waren es mindestens drei Umzüge – die Gewohnheit entstanden sein, ältere Geschäftsunterlagen nach und nach zu entsorgen. An Korrespondenz vorhanden ist somit lediglich noch das, was in anderen Archiven an Briefen von Fritz Nathan lagert. Besonders aufschlussreich für seine Tätigkeit ist zum Beispiel das gut erhaltene, ausgezeichnet geordnete Archiv Oskar Reinharts in Winterthur, wo ich vor einigen Jahren den Verkauf von Caspar David Friedrichs „Kreidefelsen auf Rügen" aus der Sammlung von Julius Freund in Berlin an Oskar Reinhart im Jahr 1930 detailliert nachverfolgen konnte.[4] Generell wird angesichts dieses Beispiels vielleicht die Vermutung zulässig sein, dass Umzüge stets eine Gefährdung für Archive bedeuten – und dass umgekehrt diejenigen Archive die höchste Lebenserwartung haben, die nie verschoben wurden.

Bedeutsam ist allerdings nicht nur, was erhalten oder überliefert ist; genauso bedeutsam mag mitunter sein, was im Text der „Erinnerungen" nicht erwähnt und wovon in der Familie offenbar kaum gesprochen wurde: So habe ich erst vor einigen Jahren von ande-

---

[3] Ebd., S. 52 u. 68.
[4] Johannes Nathan, „Die schönste Aufgabe meines Lebens" – Die Beziehung zwischen Oskar Reinhart und Fritz Nathan im Spiegel der Korrespondenz, in: Götz Adriani (Hrsg.), Die Kunst des Handelns – Meisterwerke des 14. bis 20. Jahrhunderts bei Fritz und Peter Nathan, Ostfildern-Ruit 2005, S. 103–117.

rer Seite erfahren, dass der bekannte Auktionator Hugo Helbing, Fritz Nathans Onkel mütterlicherseits, am 30. November 1938 an den Folgen von Misshandlungen während der Reichspogromnacht verstarb. Fritzens Vater, mein Urgroßvater Alexander Nathan, starb Ende 1908, als mein Großvater dreizehn Jahre alt war; auch aus diesem Grund spielte Helbing eine nicht unwichtige Rolle beim Werdegang seines Neffen, dessen Pate er war. Überdies hatte Otto H. Nathan, Fritzens älterer Halbbruder, mit dem er später die Galerie aufbauen sollte, einige Jahre im Auktionshaus von Hugo Helbing gearbeitet. Helbing mag also stellenweise für Fritz so etwas wie eine Vaterrolle eingenommen haben, obschon er sich – dies immerhin hält Fritz Nathan in seinen Erinnerungen fest – für die Erziehung des Heranwachsenden offenbar wenig interessierte.[5]

Ich denke, dass Nathans Schweigen zum Mord an seinem Paten Hugo Helbing typisch für seine ihm eigene Haltung des unbeirrten Nach-vorn-Blickens war. Aus den Erzählungen meiner beiden Tanten und meines Vaters ist überliefert, dass zu Hause über Politik nicht gesprochen, die Bedrohung durch die Nationalsozialisten möglichst nicht thematisiert wurde. Dieser Umgang mit den Umständen ist vielleicht besonders naheliegend für Juden wie Fritz Nathan, die die vollständige Assimilierung anstrebten; darüber hinaus war sie wohl Teil einer mentalen Überlebensstrategie, die ihn seinen Blick auf das Positive richten ließ und vielleicht gerade dadurch ursächlich auf die insgesamt glücklichen Umstände seiner Emigration wirkte. Gleichwohl sind solche Lücken im Auge zu behalten, gerade auch weil sie zeigen, wie subjektives Empfinden das Erleben der Flucht – die in der Familie später verharmlosend als „Übersiedlung" bezeichnet wurde – und ihrer Verarbeitung bestimmen kann.

Fritz Nathan, geboren 1895 in München, verlebte eine insgesamt glückliche Kindheit, geprägt von jenem Kulturhunger für Musik und bildende Kunst, wie er dem Bildungsbürgertum damals eigen war. Mit Abertausenden teilte er kurz nach seinem Abitur 1914 die allgemeine Begeisterung für Deutschlands Eintritt in den Krieg und meldete sich umgehend als Freiwilliger. Da er wegen seiner eher schwachen Konstitution nicht wie erhofft bei der Artillerie Aufnahme fand, entschied er sich für das Medizinstudium, wodurch die Aufnahme als Sanitätsfreiwilliger gelang. Es folgten Jahre des Kriegsdienstes, zuletzt als Sanitätsfeldwebel, unterbrochen von Studien der Medizin und dem Besuch von Lehrveranstaltungen in Kunstgeschichte an der Münchner Universität. Nach Kriegsende brachte er das Medizinstudium 1922 mit der Promotion zum Abschluss, entschied sich dann aber, einem schon länger gehegten Plan entsprechend, in die Kunsthandlung seines zehn Jahre älteren Halbbruders Otto H. Nathan einzusteigen. Der ebenfalls 1922 geschlossenen Ehe mit Erika Heino, Tochter eines Gutsbesitzers in der Lüneburger Heide, entsprangen bald drei Kinder, nämlich Ilse (*1923), mein Vater Peter (1925–2001) und Elisabeth (*1928).[6]

Nathan hatte schon als Gymnasiast Führungen durch die Münchner Pinakothek angeboten. Mit den Verantwortlichen dieser Institution war er durch seine Berufswahl in zunehmend engen Kontakt getreten, nicht nur mit dem Hauptkonservator und späteren Generaldirektor der Bayerischen Staatsgemäldesammlungen Dr. Eberhard Hanfstaengl und den Direktoren der Grafischen Sammlung Professor Otto Weigmann und Dr. Thomas Muchall-Vierbrook, sondern auch mit Generaldirektor Geheimrat Friedrich Dörnhöffer,

---

5 Nathan, Erinnerungen, S. 18.
6 Ebd., S. 50 f. u. 68.

von dem er rückblickend schreibt, er sei derjenige gewesen, von dem er in der ersten Zeit als werdender Kunsthändler am meisten gelernt habe.[7] Die Sympathie scheint auf Gegenseitigkeit beruht zu haben, denn immerhin stellte Dörnhöffer dem jungen Nathan einmal die Frage, ob er nicht das angefangene kunsthistorische Studium abschließen und in den Museumsdienst eintreten wolle, „was ich aber" – so Nathan in seinen Erinnerungen –

> „Gott sei Dank abgelehnt habe, weil ich mir schon damals klar war, daß man als Jude und mit meinem Namen voraussichtlich keine große Zukunftschance hätte, wenn auch Persönlichkeiten wie Friedländer und Geheimrat Goldschmidt in Berlin es zu Spitzenpositionen gebracht hatten."[8]

So sah Fritz Nathan seine Berufswahl einerseits durch den verbreiteten Antisemitismus bestimmt. Andererseits war ihm der Handel mit Kunst durch die Familie seiner Mutter gewissermaßen in die Wiege gelegt worden. Neben seinem jüngsten Onkel, dem bereits erwähnten Auktionator Hugo Helbing, war hier wohl auch die Tätigkeit des Großvaters Siegmund Helbing als Antiquitätenhändler in München und zweier weiterer Onkel, Otto Helbing als Inhaber einer angesehenen Münzhandlung, ebenfalls in München, und Ludwig Helbing, als Antiquitätenhändler in Nürnberg, bestimmend.

Trotz Inflation und späterer Wirtschaftskrise ergaben sich aus der Tätigkeit mit seinem Bruder Otto H. Nathan nach und nach erste Erfolge und bescheidene Prosperität. Die Brüder scheinen sich charakterlich gut ergänzt zu haben, indem der eher introvertierte Otto der Firma ein stetes Zentrum gab, während der extrovertierte Fritz die Kontakte pflegte, durch häufige Reisen zunehmend auch zu Institutionen und Sammlern außerhalb Münchens, bald in ganz Deutschland. Unter seiner Mitbestimmung spezialisierte sich die Firma nach und nach auf die damals im Handel noch wenig bearbeitete Epoche der deutschen Romantik, wobei auch die sogenannten Spätromantiker, also ausgewählte Meister des späteren 19. Jahrhunderts, Teil des Programms bildeten. Die Ausrichtung Nathans in München unterschied sich also deutlich von derjenigen Flechtheims in Düsseldorf und Berlin. Nach Etablierung eines Galeriegeschäfts unter dem Namen „Ludwigs Galerie" an der Ludwigstraße 6 im Jahre 1926 wechselten sich gemischte und vorwiegend monografische Ausstellungen etwa im Halbjahresrhythmus ab. 1927 wurde eine Gruppe von Arbeiten Carl Philipp Fohrs gezeigt, 1928 eine Ausstellung des Schirmer-Schülers Emil Lugo, 1929 folgte Hans Thoma, 1934 eine Ausstellung mit Werken Adrian Ludwig Richters. Mit diesen Aktivitäten wuchs der Ruf der Firma. So besuchte Oskar Reinhart 1928 erstmals die Ludwigs Galerie, und seine damalige Begegnung mit Fritz Nathan legte den Grundstein zu einer lebenslangen Freundschaft. 1930 schrieb Max Liebermann über den damals fünfunddreißigjährigen Fritz Nathan in einem Brief an den Dresdner Sammler Hermann Müller, er sei ein „weißer Rabe unter den Kunsthändlern"[9] und einige Jahre

---

[7] Ebd., S. 53.

[8] Ebd.

[9] Korr. Max Liebermann – Hermann Müller v. 31. Juli 1930, Staatsbibliothek Berlin, Handschriftenabteilung, Nachl. 495 (Sammlung Karg), Blatt 86: „Was Dr. Nathan von der Ludwigs Galerie in München betrifft, so habe ich selbst vor einigen Jahren eines meiner Bilder aus dem Henneberg'schen Besitz in Zürich von ihm zurückgekauft. Dr. Nathan ist ein weißer Rabe unter den Kunsthändlern: er ist anständig u. hat Geschmack, von welchen 2 Eigenschaften schon eine selten angefunden wird. Auch ist er nicht bloß Spekulant in Bildern, sondern er hat Interesse, das, was er selbst für gut hält, zu propagieren, während die meisten Kunsthändler ebenso gut Banquiers sein könnten." Die Kenntnis des Schreibens verdanke ich der frdl. Mitteilung von Monika Tatzkow. Der Brief ist publiziert in: Ernst Braun, „Max Liebermann in Briefen an Hermann Müller", in: Marginalien. Zeitschrift für Buchkunst und Bibliophilie, H. 132, Berlin und Weimar 1993, S. 30–54, hier S. 46.

Fritz Nathan in seiner Galerie an der Ottostraße 5, wohl 1935; Privatbesitz.

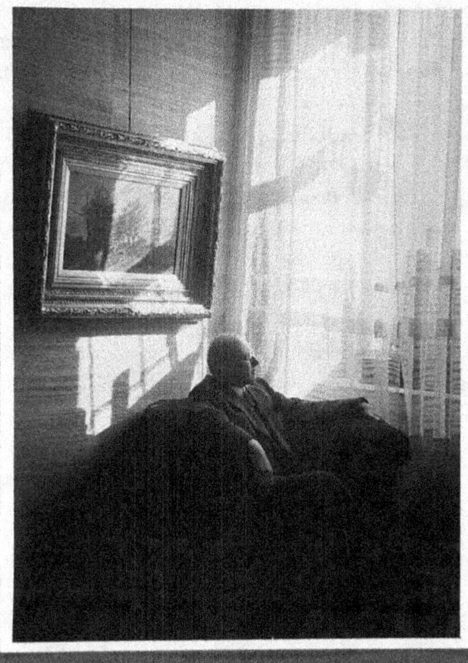

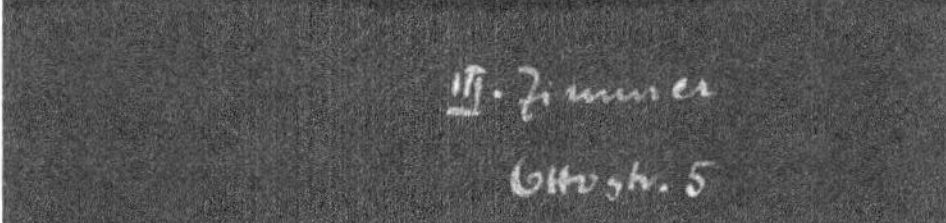

später äußerte sich auch der Sammler Julius Freund sehr positiv zu Nathans Stellung in der Kunstwelt.[10] Einen Höhepunkt der Firmenaktivität bildete zweifellos die mit der Firma Cassirer im Jahr 1932 organisierte große Ausstellung unter dem Titel „Deutsche Kunst im Zeitalter Goethes".

Ein Schlag für die aufstrebende Kunsthandlung und die betroffene Familie war im September 1930 der unerwartete Tod Otto H. Nathans an den Folgen einer zu spät erkannten Lungenentzündung, doch vermochte Fritz Nathan fortan den Lebensunterhalt für seine eigene Familie und diejenige seines Bruders zu erarbeiten.[11] 1930 zog die Galerie in neue Räume an der Brienner Straße 46, wo sie bis zum erzwungenen Auszug 1935 verblieb, danach ging Nathan in den letzten Monaten in München seiner Tätigkeit in Geschäftsräumen an der Ottostraße 5 nach, deren Interieurs in einigen Fotos überliefert sind (s. Abb. oben).

Nur wenige Jahre vor der Emigration hatte die Familie an der Monsalvatstraße ein Eigenheim mit Garten bezogen, doch war dies kleine Glück zunehmend von der wachsen-

---

[10] Korr. Julius Freund – Fritz Nathan v. 10.6.1939, Archiv Oskar Reinhart, Winterthur (der Brief ist bei den Briefen Fritz Nathans an Oskar Reinhart abgelegt): „Ich will Ihnen kein Kompliment machen; aber Sie wissen es ja selber, dass Sie in der Kunstwelt einen sehr geachteten Namen haben und als sehr serieus [sic] bekannt sind", zit. in: Johannes Nathan, „Die schönste Aufgabe", S. 115.
[11] Nathan, Erinnerungen, S. 77.

den Bedrohung überschattet. Ein Notfallplan, demzufolge sich Nathan im Falle einer nächtlichen Verhaftung durch Flucht über den Garten retten wollte, kam glücklicherweise nie zum Tragen.[12] Trotzdem taten er und besonders Erika sich mit der Idee einer Emigration schwer. Diese reifte erst während der Sommerferien in der Schweiz im Jahr 1935 und war zweifellos nur durch die Ermutigung des ihm inzwischen freundschaftlich verbundenen Oskar Reinhart sowie durch die Unterstützung des St. Galler Stadtammanns Dr. Konrad Naegeli in den Bereich des tatsächlich Vorstellbaren gerückt.[13] Mit St. Gallen verband Nathan bereits die Arbeit an der Sturzenegger'schen Gemäldesammlung am dortigen Museum, die er im Auftrag Naegelis und unter Mitwirkung seines Züricher Freundes Walter Hugelshofer über die Jahre durch Veräußerungen und Neuankäufe umgeformt hatte.

Eine beträchtliche Hürde war allerdings die Erlangung einer Arbeitsbewilligung in der Schweiz. Nathan war diesbezüglich nach Bern geladen worden. Dort war er, wie er in den Erinnerungen schreibt,

> „erstaunt, wie gut die Herren [...] orientiert waren. Ohne Widerstand war es auch nicht abgegangen, denn die Schweizer Kunsthändler freuten sich keineswegs alle über den Neuankömmling, und der Kunsthandelsverband, der angefragt worden war, hatte gegen meine Zulassung opponiert. Das erfuhr ich zufälligerweise, als ich am 1. Dezember 1935 den Zürcher Kollegen N. bei einer Auktion in München traf, wobei er mir sagte, aus meinem Zuzug in die Schweiz werde nichts; der Verband habe dagegen protestiert. Gerade an diesem Morgen hatte ich aus Bern die Nachricht erhalten, daß mir Aufenthalt und Arbeitsbewilligung in St. Gallen genehmigt sei. So konnte ich dem Herrn, der mir nicht ganz grün war, die Zulassung umgehend unter die Nase halten."[14]

Insgesamt verliefen die Abwicklung von Formalitäten und Emigration selbst offenbar erstaunlich glatt. Die geforderte Liste des Kulturguts, das die Familie mit dem Hausrat ins Exil nahm, wurde vom zuständigen Generaldirektor der Staatsgemäldesammlungen, Dr. Buchner, ohne genauere Prüfung als unbedenklich abgezeichnet. Dennoch sah die Familie dem eigentlichen Grenzübertritt mit Herzklopfen entgegen, und als auch dieser ohne weitere Umstände vonstatten ging, entfuhr der dreizehnjährigen Ilse, die man genau über das Verhalten bei allfälligen Fragen instruiert hatte, ein erstauntes „War jetzt das alles?"[15]

In St. Gallen hatte sich, auch dies mit Hilfe von Stadtammann Naegeli, eine schöne, große Wohnung an der Rorschacherstraße 25 gefunden, die auch Platz für Geschäftsräume bot.[16] Die Ankunft gestaltete sich auch deshalb als äußerst erfreulich, weil Oskar Reinhart mit einer großzügigen Sendung von ausgesuchtem Wein das Fundament für leibliches Wohl und Geselligkeit legte. Als Kenner des deutschen Marktes stieß Nathan bei Schweizer Kunstsammlern bald auf ein ermutigendes Echo; herumgesprochen hatte sich auch seine seit Jahren währende Zusammenarbeit mit Oskar Reinhart auf dem Gebiet der deutschen Malerei des 19. Jahrhunderts. Es liegt auf der Hand, dass Nathan aufgrund der in der Schweiz vorherrschenden Nachfrage sein Tätigkeitsfeld nach und nach auch auf Schweizer und französische Malerei des 19. Jahrhunderts ausweitete. Zu-

---

[12] Ebd., S. 78 f.
[13] Ebd., S. 87.
[14] Ebd., S. 88.
[15] Archiv der Bayerischen Staatsgemäldesammlungen/Generaldirektor Buchner. Die Kenntnis dieser Archivalien verdanke ich der freundlichen Mitteilung von Andrea Bambi; Nathan, Erinnerungen, S. 88.
[16] Ebd., S. 89.

nächst und während mehrerer Jahre agierte er aber auch als eine der Scharnierstellen des Kunsthandels zwischen Deutschland und der Schweiz. Seine diesbezügliche Rolle wurde besonders durch die fundierten Recherchen von Esther Tisa Francini, Anja Heuß und Georg Kreis im Band „Fluchtgut – Raubgut. Der Transfer von Kulturgütern in und über die Schweiz 1933–1945 und die Frage der Restitution" auch anhand von Fallbeispielen bereits ausführlich beleuchtet.[17]

Den Austausch von Kunstwerken zwischen der Schweiz und Deutschland, wo sich die jeweilige Nachfrage auch durch die politischen Veränderungen zunehmend unterschiedlich darstellte, hatte Nathan in der bereits erwähnten Umformung der Sturzenegger'schen Gemäldesammlung erprobt. Er setzte diese Tätigkeit von der Schweiz aus fort, wobei er allerdings den Ankauf von geraubtem oder abgepresstem Kulturgut aus jüdischem Besitz bewusst vermied. Als falsch erwies sich etwa die vor Jahren veröffentlichte Vermutung, er habe auf der Silberberg-Auktion in Berlin einen Hodler ersteigert.[18] Hingegen ergaben sich für Nathan immer wieder Möglichkeiten, beim Transfer und Verkauf von sogenanntem Fluchtgut zugunsten der verfolgten Eigentümer mitzuwirken. Genutzt wurde dafür von den Beteiligten die von Deutschland aus bestehende Möglichkeit, Kunstwerke als Leihgaben in Schweizer Museen einzulagern. Das Kunstmuseum St. Gallen, welches indirekt dem Stadtammann unterstand, diente hier öfters als Empfänger von entsprechenden Konvoluten. Gut untersucht ist beispielsweise der Fall der Emigrantin Ilse Neumann, die unter Mitwirkung Nathans Teile ihrer Sammlung in St. Gallen einlagern und aus den Veräußerungen von Objekten den Lebensunterhalt im Schweizer Exil bestreiten konnte. Nach dem Krieg schenkte sie dem Kunstmuseum St. Gallen aus Dankbarkeit ein Werk Adolph Menzels.[19]

Als Händler und Galerist hatte sich Nathan nie mit der Kunst seiner Gegenwart, etwa mit den Expressionisten, befasst, so dass er beim Transfer von als „entartet" verfemter Kunst auch keine Rolle spielte, obschon er natürlich der berühmten Auktion bei Theodor Fischer in Luzern am 30. Juni 1939 beiwohnte. Fallweise verbanden ihn mit Fischer aber immer wieder geschäftliche Aktivitäten, etwa, wenn im Auftrag von exilierten Eigentümern Kunstwerke, die sich nicht direkt bei Sammlern platzieren ließen, in eine von Fischers Auktionen einzuliefern waren. Über Fischer wurden offenbar auch wenige Privatverkäufe nach Deutschland abgewickelt.

Ebenso wichtig wie Fischer wird für Nathan der in dieser Zeit enge, freundschaftliche Kontakt mit Walter Feilchenfeldt, Teilhaber der Galerie Cassirer, gewesen sein, der wie Flechtheim 1933 Deutschland verließ. Feilchenfeldt hatte bei seiner Ankunft in der Schweiz 1939 keine Arbeitsbewilligung erhalten und wickelte daher gewisse Transaktionen über Nathan ab, ähnlich wie Flechtheim, der mit der Mayor Gallery in London sowie mit Daniel Henry Kahnweiler in Paris kooperierte. Da, wie schon erwähnt, geschäftliche Unterlagen Fritz Nathans fehlen, kann allerdings in vielen Fällen nur aus Indizien geschlossen werden. Die genaue Rekonstruktion derjenigen Verkaufsfälle, die überhaupt noch nachvollziehbar sind, würde langwierige Recherchen erfordern und aufgrund der

---

[17] Francini/Heuss/Kreis (Hrsg.), Fluchtgut.
[18] Schreiben von Dr. Monika Tatzkow vom 19. 9. 2002; vgl. Francini/Heuss/Kreis (Hrsg.), Fluchtgut, S. 190. Bei dem Werk mit der Lagernummer 368 handelte es sich um ein anderes Gemälde von Ferdinand Hodler, welches nicht aus der Sammlung Silberberg stammte. Es ist eindeutig nicht identisch mit dem Werk im Auktionskatalog von Paul Graupe, März 1935.
[19] Francini/Heuss/Kreis (Hrsg.), Fluchtgut, S. 115–117.

Lückenhaftigkeit der Unterlagen – hier und anderswo – längst nicht immer zum Ziel führen.

Naturgemäß schränkte sich die Handelstätigkeit mit dem Ausland nach dem Kriegsausbruch zunehmend ein, doch hatte Nathan zu jenem Zeitpunkt bereits ein Standbein im schweizerischen Binnenhandel, wo er als zuverlässiger Geschäftspartner und guter Kenner seine Position zunehmend festigte. Ein im März 1944 publizierter Artikel in der „Neuen Zürcher Zeitung" spiegelt den Ruf wider, den er schon damals in der Schweiz genoss, ebenso wie seine Sensibilität hinsichtlich Fragen der Echtheit und der Provenienz.[20] Nach Kriegsende nahm Nathan sehr bald eine zunehmend internationale Tätigkeit auf, die ihn früh wieder nach Deutschland und 1947 in die USA führte. In den frühen 1950er Jahren trat sein Sohn Peter in die Firma ein, die mittlerweile in dritter Generation weitergeführt wird.

Die Emigration Fritz Nathans und seiner Familie unterscheidet sich wesentlich von der vieler anderer Verfolgter. Sie verlief besonders durch die Hilfe von Sammlern und Freunden in der Schweiz überaus erfreulich, denn später sollte Nathan seine Zeit in St. Gallen, die bis ins Jahr 1951 reichte, als die schönste seines Lebens bezeichnen. Maßgeblich dazu beigetragen hatte zweifellos die Tatsache, dass die Tüchtigkeit von Erika Nathan dem Ehepaar das Führen eines offenen und gastlichen Hauses ermöglichte. So wurde die Wohnung an der Rorschacherstraße 25 zum Treffpunkt von einem weiten Kreis von Kunden, Freunden und Bekannten, manche davon selbst auf der Flucht, viele dankbar, in Zeiten von Verfolgung und Krieg hier kurze Momente der Ruhe und Geselligkeit genießen zu können.

Erika Nathan führte über diese Anlässe Buch: Es gab Jahre, in denen die Tage ohne Besuch an einer Hand abgezählt werden konnten. Besonders wird in der Familientradition an einen denkwürdigen Silvesterabend zum Wechsel ins Jahr 1940 erinnert, als Walter Feilchenfeldt ein köstlich hymnisches Gedicht auf Fritz Nathan zum Besten gab, dessen Auftakt die witzigen Worte bildeten: „Lieber Sammler nimm den Rat an, sind's die Bilder, geh zu Nathan!"[21] Auszüge aus diesem wunderbaren Text bilden in unserer Familie bis heute einen lebendigen Zitatenschatz.

---

[20] Fritz Nathan, Nochmals „Betrügerischer Kunsthandel", in: Neue Zürcher Zeitung, 4.3.1944, Nr. 375/2; hierzu Vorspann der Redaktion: „Wir haben den Kunsthändler Dr. Fritz Nathan (St. Gallen), der sich als Berater verschiedener großer Sammler eingehend mit diesen Dingen zu befassen hat, um seine Stellungnahme [...] gebeten."
[21] Abgedruckt bei Adriani (Hrsg.), Kunst, S. 274.

Johannes Nathan
Fritz Nathan, Munich and St. Gallen

Abstract

This contribution on the art dealer Dr. Fritz Nathan (Munich, 1895–1972, Zurich), written by his grandson, opens with a consideration on the manner in which the experience of expulsion from Germany was transmitted and reflected on in this family. The introduction also identifies the unusual source on which much of the narrative is based: Fritz Nathan's memoirs, published privately in 1965. – Fritz Nathan's uncle and mentor was Hugo Helbing (1863–1938), probably the most successful auctioneer in Germany at the time of the Weimar Republic. With this family background, Nathan was naturally drawn to art, and although he earned his doctorate in medicine, he unhesitatingly joined the art dealing business of his half-brother Otto H. Nathan (1885–1930) in 1922. In doing so, Fritz Nathan also renounced the prospect of a museum career which in his opinion would have been hampered by antisemitism. The Nathan brothers' fledgling gallery specialized in German Romantic paintings with increasing success, yet Otto H. Nathan's death in 1930 and Hitler's rise to power were serious setbacks, the latter eventually overcome by Fritz Nathan's emigration to St. Gallen in 1936. Here, the help which he received from his Swiss friends, above all Oskar Reinhart, provided the base for a good start, while the skills of Fritz and his wife Erika came to secure a modest and happy prosperity.

Victoria Reed

Walter Westfeld and the van der Neer Portrait in Boston
The Case Study of a Jewish Art Dealer in Düsseldorf

Alfred Flechtheim is well-known today, remembered as an early promoter of the avant-garde; while his contemporary, Walter Westfeld, remains largely unknown. Yet their stories are similar. Both men were art dealers in or near Düsseldorf during the National Socialist period, who were abruptly forbidden from membership in the Reich Chamber of Fine Arts because of their Jewish heritage, and thus from practicing their trade. Both men lost control of their businesses. A contemporary study of their gallery holdings is complicated in each case by a lack of extant documentation. Nevertheless, while Flechtheim emigrated to England, Westfeld remained in Germany; he was arrested, tried, and sent to Auschwitz, where he was killed. The case study of Boston's "Portrait of a Man and Woman in an Interior," which Westfeld handled at the precise time of his gallery's closure, is less a chronicle of the painting itself than it is the story of Westfeld. It is included here as a point of comparison to the story of Alfred Flechtheim, demonstrating that there is no single answer to the complicated question of what happened to Jewish art dealers and their businesses in Nazi Germany – nor to the legacy issues they present for us today.

In June, 2011, the Museum of Fine Arts, Boston (MFA) concluded a financial settlement with the heirs and the estate of Walter Westfeld for Eglon van der Neer's "Portrait of a Man and Woman in an Interior" (see fig. below). This 17th-century Dutch panel has been in the Museum's collection since 1941. I first spoke about the painting and its ownership by Westfeld in 2004, after receiving information from Fred Westfield about the life and career of his uncle Walter (1889–1943?), a Jewish art dealer from Wuppertal and later Düsseldorf.[1] Since that time, archival research in the U.S. and Europe has yielded sufficient information to construct a framework for Walter Westfeld's life and career during the Nazi period. However, we still have only a few fixed points in the provenance of the MFA painting, and we cannot be certain precisely how it left Westfeld's possession. Nevertheless, the research has demonstrated that it must have been given, sold, or lost during a time when Westfeld was living outside the laws of Nazi Germany due to racial persecution, and thus was very unlikely to have been the subject of a voluntary transaction. This essay will briefly outline the points that led to this conclusion.

The MFA painting depicts a couple in a domestic interior, surrounded by signs of their affluence, such as a marble floor and columns flanking the fireplace; walls embossed with gilded leather; a Turkish carpet draped over the table; and a picture of Venus and Cupid over the mantel, which was for many years painted over with a landscape.[2]

---

[1] Those remarks, presented at the American Association of Museums International Provenance Research Colloquium (Washington, DC, November 16, 2004) were published as "Walter Westfeld (1889–1943?), Art Dealer in Nazi Germany," in: Vitalizing Memory: International Perspectives on Provenance Research (Washington, DC: American Association of Museums, 2005), pp. 154–159. On Westfeld, see Herbert Schmidt, Der Elendsweg der Düsseldorfer Juden: Chronologie des Schreckens 1933–1945, Düsseldorf 2005, pp. 273–278, and Monika Tatzkow, "Walter Westfeld (1889–1945), Düsseldorf," in: Melissa Müller/Monika Tatzkow, Verlorene Bilder. Verlorene Leben: Jüdische Sammler und was aus ihren Kunstwerken wurde, Munich 2009, pp. 86–97.

[2] The landscape that appeared above the mantel was copied after a known painting by Jacob van Ruisdael, datable to the 1670s. See Seymour Slive, Jacob van Ruisdael: A Complete Catalogue of His

Eglon van der Neer signed his panel in the lower right. Because of its distinctive details and the secure attribution afforded by the signature, this painting's provenance can be traced as far back as 1802, when it appeared on the Paris art market. It is described in five different French sale catalogues between 1802 and 1845, and was sold at the posthumous auction of Desiré van den Schrieck of Belgium in 1861.[3] Some of this nineteenth-century provenance was known when the Museum purchased the work in 1941 from Silberman Galleries of New York. Exactly when and how Silberman acquired it, however, is still not certain; dealer Abraham Silberman, when pressed for information, would only reveal that it had been "brought to this country by a refugee some time ago."[4]

The MFA learned soon after acquiring it that the Portrait had recently been owned by the art dealer Robert Lebel (1901–1986) of Paris.[5] Having fled to the United States during World War II, Lebel visited the MFA on October 8, 1943, and told the curator of paintings that he had owned the work during the mid-1930s.[6] Curator W. G. Constable noted in a handwritten memorandum that "Robert Lebel (art dealer, formerly of Paris, later with Julius Weitzner), stated in interview Oct. 8, 1943, that c. 1937 he sold this picture to Walter Westfeld, then of Düsseldorf." Lebel's statement that he had owned the work is corroborated by a description of the MFA panel in the catalogue of an exhibition held at his Paris gallery in December, 1934.[7] A photograph of the MFA painting can also be found in Lebel's photo archive; the photograph is annotated on the back in Lebel's handwriting: "Eglon van der Neer."[8] Constable's 1943 memorandum continues:

Paintings, Drawings and Etchings, New Haven/London 2001, pp. 279–280, cat. no. 359. This area of overpaint was removed by MFA conservation staff in 1963.

[3] The nineteenth century sale history of the painting includes the auctions of "W.," February 17, 1802, Rue de Bouloy, Paris, lot 27; an anonymous seller, May 17, 1824, Hôtel de Bullion, Paris, lot 48; the Duc de Morny, April 27, 1841, G. Benou, Paris, lot 17 (unsold) and again on February 25–26, 1845, Hôtel des Ventes, Paris, lot 63 (to Cousin for 1,505 fr.); Désiré van den Schrieck, April 8–10, 1861, Louvain, lot 68 (to Laneuville for 3,500 fr.). Ferdinand Laneuville, an expert at the Schrieck sale, was evidently buying for the Comte Duchâtel, though this painting does not appear in subsequent sales of the Duchâtel collection.

[4] "[T]he Eglon van der Neer painting was never in any collection in the United States. The painting was brought to this country by a refugee some time ago, and I wish I were able to supply you with more information." Letter from A. Silberman to W. G. Constable, June 3, 1942, Museum of Fine Arts (MFA), Art of Europe Department, curatorial object file 41.935. Attempts to ascertain from whom Silberman acquired the painting have not been successful. The gallery first offered the painting to the MFA in June, 1941, and W. R. Valentiner in Detroit authenticated it by means of a photograph on May 15, 1941. It seems likely that the gallery had purchased it that spring.

[5] Robert Lebel was an art expert and dealer based in Paris before and after World War II, who spent the war years in the United States. During the 1930s, he worked closely with James St. Laurence O'Toole of the Reinhardt Galleries, New York. Lebel traveled back and forth regularly, arriving in New York, for example, in 1928, 1936, and twice in 1939, when he brought his wife and son with him on September 5. He returned to Europe and re-entered the U.S. from Lisbon on July 15, 1940. During the war, Lebel worked as a speaker on Anti-Vichy radio destined for France, became a naturalized citizen in 1944, and returned to Paris after the war.

[6] Where Lebel had acquired the painting remains a matter of conjecture, although between 1861 and 1934 the work was probably in a French-speaking area. Curator W. G. Constable noted the presence of a "much damaged label" on the back of the painting (no longer extant) that read: "Neer/B … Ctesse/…/pour la…" and a piece of paper held in the frame that read "Mr. de B" and the number 211. MFA, Art of Europe Department, curatorial object file 41.935.

[7] "Une Collection de Tableaux de Petits Maîtres Hollandais & Flamands" (Chez M. Robert Lebel, 13, rue de Seine, Paris, December 11–28, 1934), no. 25: "Neer (Eglon-Hendrick van der), 1635–1703. Deux personnages dans un intérieur. Bois signé. Haut.: 0m74; Larg.: 0m685."

[8] Many thanks to Eric Turquin of Paris for furnishing this information.

"Westfeld was arrested by the Nazi [crossed out] German government in 1938, sent to a concentration camp, and his property seized. This was sold by the German govt. through Lempertz, auctioneer, of Cologne, some time before the fall of France. Whether the picture had previously been sold by Westfeld, or was in the sale, Lebel does not know."

What Lebel did not explain – or at least, what went unrecorded – is that Walter Westfeld, born in 1889, had also been an art dealer. In 1920, he had opened a gallery bearing his name in Elberfeld (later Wuppertal), which originally specialized in Düsseldorf school painters, works on paper, and Oriental carpets.[9] Because of his Jewish heritage, Westfeld would be forced to close his gallery in 1936, more than two years before his arrest in 1938.

Robert Lebel was a close enough colleague of Westfeld's that he communicated with members of his family after they escaped Nazi Germany, settled in Tennessee, and anglicized their name to Westfield. A few weeks after his visit to the MFA, on October 25, 1943, Lebel wrote to Dietrich Westfield, Walter Westfeld's brother:

"A week ago I went to Boston on a mission and I took an hour off to visit the Museum. There, I saw something which I believe you should know. The Museum has recently purchased a painting which I sold to Walter around 1935–1936. It is an interior with a man and a woman seated, by Aert [sic] van der Neer, signed. You might remember it. Walter had it at the Kleucker Gallery, and also, at a time, in Amsterdam."[10]

In this letter, Lebel recalls the date of the sale to Westfeld being a year or two earlier than he had previously, and he provides a critical detail about the painting's history: it was not only at one time in Amsterdam, but it had also been at the Kleucker Gallery.

Dietrich Westfield would already have known that the name Kleucker was inextricable from the closure of Walter Westfeld's art gallery. On August 29, 1935, a decree from the "Reichskammer der bildenden Künste" (Reich Chamber of Fine Arts), Berlin, forbade Westfeld from membership because he was Jewish, and thus from continuing to work as an art dealer. Westfeld's lawyer appealed in September, and the Reich Chamber responded that it would re-examine his application.[11] In the meantime, on September 15, 1935, the so-called Nuremberg Laws were passed and Jews were no longer considered German citizens; that autumn, exhibition notices for the Galerie Westfeld disappeared from the art periodical "Weltkunst". On May 16, 1936, the Reich Chamber of Fine Arts definitively denied Westfeld's application for admission. The Galerie Walter Westfeld was de-registered on May 27, 1936.[12] At that time Westfeld moved to Düsseldorf, having received permission to sell off his stock through the Galerie August Kleucker there.[13]

The Galerie Kleucker had only just opened in Düsseldorf at Blumenstrasse 21 in February or March, 1936.[14] August Kleucker had known Walter Westfeld since 1921, and in fact worked for him for approximately twelve years before becoming an independent art

---

[9] The opening of the gallery was noted in Kunstchronik und Kunstmarkt 56, n. F.32, Nr.9 (November 26, 1920), p. 182.

[10] Letter from Robert Lebel to Dietrich Westfield, October 25, 1943, MFA, Art of Europe Department, curatorial object file 41.935.

[11] Declaration by Walter Westfeld to the Düsseldorf coordinating office for the Gestapo, Düsseldorf, September 4, 1937, Landesarchiv NRW, Gestapo-Akte 58, 20737.

[12] Gestapo notice of June 11, 1936, Landesarchiv NRW, Gestapo-Akte 58, 20737.

[13] Declaration by Walter Westfeld, Düsseldorf, Landesarchiv NRW, Gestapo-Akte 58, 20737.

[14] Exhibition announcements for the Galerie Kleucker first appear in "Weltkunst" in March, 1936.

dealer in 1933. With the permission of the Reich Chamber of Fine Arts, from mid-October through mid-December, 1936, Kleucker (who was not Jewish) sold off Westfeld's gallery stock in Düsseldorf. In the period that followed the liquidation, Kleucker also was authorized to take over any remaining inventory to sell on a commission basis.[15]

Lebel's statement that Westfeld had the MFA's Eglon van der Neer portrait "at the Kleucker gallery" is borne out by an exhibition announcement in the May 17, 1936 issue of "Weltkunst". A brief article about the Düsseldorf art market notes that the Galerie August Kleucker was exhibiting paintings of the seventeenth and eighteenth centuries, and "among the genre paintings is […] a company scene by Eglon van der Neer."[16] A description such as this is, on its own, too vague to identify with any single painting. However, Eglon van der Neer is a relatively obscure artist, and it seems unlikely that there was more than one "company scene" by him on the Düsseldorf art market at this time. More important, this exhibition at the Galerie Kleucker was otherwise made up of paintings that belonged to Walter Westfeld. Some idea of the works of art Westfeld owned prior to the closure of his gallery can be gleaned from exhibition announcements published earlier in the 1930s. For example, in March, 1935, the Galerie Westfeld was exhibiting works by Monticelli, Rousseau, and Watteau, the very same paintings that would reappear in the Galerie Kleucker exhibition announcement of 1936.[17] Other paintings mentioned in the 1936 "Weltkunst" announcement, such as works by Achenbach, Bonington, Courbet, Feuerbach, and others can be found in a later inventory of Westfeld's possessions, drawn up in 1937.[18] Thus it is almost certain that the "Company Scene" also belonged to Westfeld and is identical to the painting Lebel had owned, which is now at the MFA.

Why did Westfeld exhibit his paintings at the Kleucker Gallery in May, 1936? This was the very month when his own gallery closed, but still several months before the official selling off of his stock. Charges that would be brought against Westfeld and Kleucker in 1940 alleged, and it seems correctly so, that the Galerie Kleucker had opened in Düsseldorf with the collaboration of Westfeld; the gallery was operated by him and Kleucker together; and in fact the gallery served as a means for Westfeld to continue to work clandestinely (and thus illegally) as a dealer after his own gallery was shut down.

---

[15] Satement by August Kleucker to the police, September 4, 1937, Landesarchiv NRW, Ger. Rep. 114, Nr. 4280.

[16] "Aus dem Düsseldorfer Kunsthandel," Weltkunst 10, no. 19–20 (May 17, 1936), 3. "Unter den Genrebildern fällt […] eine Gesellschaftsszene des Eglon van der Neer auf."

[17] K. H. B. "Ausstellungen," Weltkunst March, 1935 notes a show of 18th and 19th century paintings at the Galerie Westfeld that included "eine grosse kräftige Landschaft von Theodore Rousseau […] der Kopf eines Pierrots von Watteau" and paintings by Monticelli. The 1936 exhibition at Kleucker also included "zwei Bilder von Th. Rousseau […] einen malerisch impulsiv hingestrichenen Kopf des 18. Jahrhunderts (Watteau)," and works by Monticelli.

[18] Many of the paintings included in the 1936 Kleucker announcement can be plausibly identified with paintings on the list that Westfeld provided in October, 1937, Landesarchiv NRW, Ger. Rep. 114, Nr. 4280, where attributions are downplayed and descriptions often vague. For example: "Seestücke A. Achenbachs" (list B. 4, "Achenbach, Seestuck mit Boot"); Bonington, "Architekturbildchen mit Staffage" (list B. 20, "Bonington zugeschrieben (?) Hauser am Strand"); "Grosser Wasserfall von Courbet" (list A. 5, "Courbet, Felsengrotte mit Wasserfall"); "eine Römerin Feuerbachs" (list B. 176, "Italienische Schule Feuerbach?? Kopf einer Italienerin"), and the "Kopf des 18. Jahrhunderts (Watteau)" (list B. 617, "Schule Watteau, Männerkopf"). The 1936 notice mentions works by Burnier, Constable, Daubigny, Diaz, Isabey, Monticelli, Rousseau, Schleich, Spitzweg, and others whose names reappear on the 1937 list.

The state attorney general would furnish documentation suggesting that Westfeld and Kleucker falsified transactions and even customers in order furtively to run a business whose stock came almost entirely from Westfeld, allegations borne out by the fact that the exhibitions at Galerie Kleucker were demonstrably made up of paintings Westfeld owned.[19] Both men vehemently denied these allegations under questioning, yet in 1944, Dietrich Westfield confirmed that his brother had "put his employee, Mr. Kleucker, in charge of selling part of his possessions under the name of 'Gallery Kleucker' at Düsseldorf."[20] It was certainly clear by the spring of 1936 that Westfeld would no longer be able to earn a living running his own business. He and Kleucker then began to exhibit his paintings – including the van der Neer Portrait – for sale through this new gallery, and would continue to do so even after the official liquidation of gallery stock ended in December.

Their activities did not go unnoticed for long. On July 26, 1937, an anonymous letter was sent to the criminal police of Düsseldorf stating that the "Jew Walter Westfeld" conducted business daily as an art dealer under the name of Galerie Kleucker, and that all of the pictures at the gallery belonged to Westfeld.[21] As part of the investigation, Westfeld was ordered by the Gestapo to submit a list of his holdings of cultural assets. On October 15, 1937 he provided a 45-page list of works of art still in his possession. A short list of his "household effects" comprising his personal collection preceded a much longer list of "the remaining inventory of my former gallery, which until now cannot be sold and should be liquidated gradually. They are, after the close-out of my gallery and the de-registration of my business, in any event my private property" and included works that were still with Kleucker.[22] Nowhere on this long list is there a painting attributed to Eglon van der Neer. It is entirely possible that the MFA painting had left Westfeld's possession already by October, 1937. It is also possible that the painting was still in his possession, but was deliberately listed in such a way that it could not be securely identified (that is, with a misleading attribution or description); or, being a relatively valuable painting, he may still have owned it, but left it off the list entirely.[23]

Thus the paper trail for the MFA painting ends in May, 1936, with the exhibition announcement in "Weltkunst", and does not pick up again until the work was offered to the MFA by Silberman Galleries in 1941. Although it is not possible to determine precisely what happened to the "Portrait of a Man and Woman in an Interior" during those five years, it is possible to outline the paths the painting might have taken, that is, when and

---

[19] The court charges date to January 3, 1940; see Landesarchiv NRW, Gestapo-Akte 20, 737. Most of the paintings in the exhibition "Meisterwerke der Malerei des 18. Jahrhunderts" (Galerie August Kleucker, Düsseldorf, September 1937) can be found on Westfeld's October 1937 list. Also see "Spitzweg: Sonderausstellung" (Galerie August Kleucker, March 15–April 15, 1938), in particular cat. no. 14, "Vision," said to be in the collection of Karl Nicolaus, Munich, but later auctioned off in the sale of Walter Westfeld's possessions.

[20] Letter from Dietrich Westfield to the Director of the MFA, February 6, 1944, MFA, Art of Europe Department, curatorial object file 41.935.

[21] Landesarchiv NRW, Ger. Rep. 114, Nr. 4280.

[22] "Restbestände meiner früheren Galerie, die bisher nicht verkauft werden konnten und allmählich liquidiert werden sollen. Sie sind nach erfolgter Auflösung meiner Galerie und nach Abmeldung meines Gewerbes ebenfalls mein Privateigentum." Several appendices comprise lists of "Konvolute" or bundles of ostensibly lower-value paintings. Landesarchiv NRW, Gestapo-Akte 58, 20737.

[23] The only item that might be identified with the MFA work is B. 613, by an unknown artist, "Interieur, Mann und Frau, RM 25." Given the vagueness of the description, however, it is not possible to definitively make this identification. Landesarchiv NRW, Gestapo-Akte 20, 737.

how it could have left Walter Westfeld's possession following the closure of his gallery, and made its way to American soil.

The first possibility is that the painting, after being exhibited at the Galerie Kleucker in May of 1936, was sold to or through Kleucker. This could have been by means of the official selling off of Westfeld's gallery stock (whether the painting was designated stock, or was retained by Westfeld as personal property, is unknown), or it may have been in one of the many transactions that took place outside the sales sanctioned by the Reich Chamber. Either way, no detailed records of these sales through Kleucker survive.[24] Another possibility is that Westfeld sold it independently of Kleucker. By his own admission, after the closure of his gallery, he continued to sell his collection of paintings in order to survive.[25] He did not report these sales to the government, and did not keep records of his activities.

The painting may also have been taken abroad. When Lebel wrote to Dietrich Westfield in 1943, he stated that Walter Westfeld had the Eglon van der Neer painting "at a time, in Amsterdam," though he did not specify when or where, or whether it returned to Germany afterward. Westfeld had been accused in 1937 – in the same letter to the police alleging that he ran the Galerie Kleucker – of selling works of art in the Netherlands. He did take assets, including money and valuable carpets, to Amsterdam and kept some paintings (a small number, perhaps around twelve) there as well.[26]

Albert Salomon (1886 or 1887–1973), a banker from Amsterdam and friend of Westfeld's who immigrated to the United States in 1939, wrote to Dietrich Westfield in 1941 that Walter's paintings and valuables in Amsterdam were in the safe of a bank, apparently the Rotterdamse Wisselbank. But by 1946, he reported:

> "Mr. van Haastert, [a lawyer] whom you know from Amsterdam, had found a way to acquire these pictures for himself, along with my own things [...] In the meantime, a Dutch lawyer [...] initiated criminal proceedings against Haastert, and has already ascertained that my own things as well as these pictures were turned into cash by van Haastert through the agency of an untrustworthy second-hand furniture dealer."[27]

Whether the van der Neer "Portrait" was among these paintings is not known; these assets are undocumented and remain untraced.

---

[24] Westfeld and Kleucker did not keep detailed records, and Kleucker would later report that all of his papers were destroyed, presumably during the war (letter from August Kleucker to Dietrich Westfield, January 31, 1947, MFA, Art of Europe Department, curatorial object file 41.935).

[25] "Ich habe also mit Abmeldung meines Gewerbes im Mai 1936 meine Tätigkeit als Kunsthändler aufgegeben. Seit dieser Zeit lebe ich als Privatmann, lebe von meinen damals beim Ausverkauf erlösten Geldern u. verkaufe, wenn ich kann, gelegentlich aus meinen Beständen, Bilder, die ich abstossen möchte. [...] Ich lehne es ab, an Private zu verkaufen. Der Verkauf meiner Restbestände an Kunsthändler ist meiner Ansicht nach zulässig." The court charges of January 3, 1940 also go into his so-called "black market" sales. Landesarchiv NRW, Gestapo-Akte 20, 737.

[26] On his dealings in Amsterdam, see the court charges (January 3, 1940) in Landesarchiv NRW, Gestapo-Akte 20, 737. On August 6, 1947, Mr. W. S. Wolff de Beer wrote to Dietrich Westfield that Albert Salomon's attorney could not provide any information about which paintings were in Amsterdam, only that they were about twelve in number.

[27] Letter from Albert Salomon to Dietrich Westfield, August 6, 1946, MFA, Art of Europe Department, curatorial object file 41.935. "Den Ihnen von Amsterdam her bekannten Herr van Haastert hatte sich ebenso wie meine eigenen Sachen so auch in den Besitz dieser Bilder zu verschaffen gewusst [...] Inzwischen hat ein holländischer Anwalt [...] ein Strafverfahren gegen Haastert eingeleitet und schon soweit festgestellt hat, dass meine eigenen Sachen wie auch diese Bilder von van Haastert durch Vermittlung eines wenig vertrauenswürdigen 2ten Hand Möbelhändler zu Geld gemacht worden seien."

In 1938 Westfeld and his colleague Robert Lebel, then in Paris, also undertook a large-scale smuggling operation, selecting and shipping to France hundreds of works of art that Westfeld owned for eventual sale abroad. Despite the fact that this activity was the focal point of the court charges brought against Westfeld after his arrest, no comprehensive list of the paintings he sent to France survives. It seems less likely that the MFA painting left Germany in this way; if it had, Lebel should certainly have known about it, and offered additional information to the MFA, if not the Westfield family, after seeing it in Boston in the fall of 1943. However, it is not entirely certain how forthcoming Lebel was, and the possibility exists that he himself had something to do with the painting reaching New York and perhaps its sale to Silberman.[28]

On November 15, 1938, Walter Westfeld was arrested for foreign exchange violations – his activities in Amsterdam and Paris forming the crux of the charges against him – and spent the rest of his life in captivity. November 15, 1938, is therefore a plausible terminus ante quem for the Eglon van der Neer painting to have left his possession, since after this date, he had no personal control over the distribution of his assets. The art still in his possession at that time was confiscated by Nazi authorities. The MFA painting was not among the works of art seized from Westfeld in 1938, which were sold at Lempertz, Cologne, in December 1939 in a "forced sale [...] of non-Aryan property".[29]

After Westfeld's arrest, he was held in police custody until his trial on January 3, 1940. In July he was convicted of foreign exchange violations, charged a monetary fine of Reichsmark (RM) 300 000, and was sent to Remscheid penitentiary at Lüttringhausen. His sentence there ended on June 3, 1942, when he was transferred back to a police prison in Düsseldorf. On September 29, 1942, he was sentenced to a concentration camp and was deported to Theresienstadt a month later.[30] On January 23, 1943, Walter Westfeld was sent to Auschwitz. He was declared deceased at the end of World War II.

Following the war, Westfeld's fiancée, Emilie Scheulen (1896–1990) succeeded in having him classified a victim of Nazi persecution and pursued claims on his behalf for the

---

[28] On the smuggling operation, see Landesarchiv NRW, Gestapo-Akte 20, 737. Lebel was the recipient of the paintings smuggled to France, but no comprehensive list of these works exists and their ultimate fate is unknown. Lebel would later claim to Dietrich Westfield that the paintings he had for Walter Westfeld were seized by the Nazis, and only partially recovered after the war. There is no evidence that Lebel cannot be taken at his word when he said he did not know what had happened to the Eglon van der Neer. However, it is possible that he had business ties to Silberman. Several paintings sold by Lebel that are today in American museum collections (none of which are known to have belonged to Westfeld) also passed through the hands of Richard Goetz (1874–1954), a German-born dealer and collector from Paris. Goetz came to New York in 1939, sailing on the same ship as Lebel in September of that year; he and Lebel were colleagues and evidently shared a stock of paintings. In New York, they shared an address at 18 East 57th Street, and in 1943 Goetz declared, among his assets abroad, about $60,000 to $80,000 worth of paintings "located [...] partly at the warehouse of the art dealer Lebel, Paris France." (National Archives and Records Administration, College Park, MD, Record Group 265, Foreign Funds Control TFR-500 Original Reports, Series A, Box 145). Goetz did business with Silberman; Tintoretto's "Tarquin and Lucretia", for example, passed from Lebel to Goetz, and was sold by Silberman Galleries in 1949 to the Art Institute of Chicago. While there are no known archives of Goetz's activities as a dealer, at least two drawings that remain from his estate have Silberman Galleries labels on the versos.

[29] "Zwangsversteigerung [...] aus nichtarischem Besitz" (Lempertz, Cologne, sale no. 404, December 12–13, 1939). Works of art were seized from the home of Emilie Scheulen on November 29, 1938; none is identifiable with the van der Neer. Landesarchiv NRW, Ger. Rep. 114, Nr. 119.

[30] 2. 10. 1942, see Terezinska Pametni Kniha/Theresienstaedter Gedenkbuch, Terezinska Iniciativa, vol. I–II Melantrich, Praha 1995, vol. III, Prag 2000.

damages and losses he had suffered. The postwar restitution files demonstrate that he had significant monetary claims against both August Kleucker and Robert Lebel for the works of art each of them sold, or otherwise held, in his name. Emilie Scheulen also sought financial compensation for the works of art Westfeld had disposed of independently after May 1936, a claim that the compensation office did not honour. She did receive compensation for the portion of the art collection that was auctioned through Lempertz in 1939, after recovering only a small handful of pictures from the sale.[31]

Between May, 1936 and November, 1938 there are, therefore, several ways in which the Eglon van der Neer "Portrait" might have left Walter Westfeld's possession. Westfeld might have consigned the painting to August Kleucker or shipped it to Robert Lebel; he might have sold it in Germany; or he might have kept it in Amsterdam, where it disappeared. We do not know. The likelihood that he received proceeds from any of these transactions is tenuous at best. Westfeld's outstanding claims with both Kleucker and Lebel indicate that he did not receive full payment for his paintings from either of them. Moreover, even if he did sell the painting independently and receive money for it, it would be difficult to state that, under the circumstances, he would have had full control over the income; living outside the law, he was selling his property illegally in order to survive. What we do know, however, is that Westfeld gave or sold the painting during the period after his own gallery closed, when he was participating in activities for which he lost his freedom and eventually his life.

There are still many unanswered questions about the provenance of the MFA painting, but the facts that exist led the Museum to conclude that racial persecution was probably inextricable from its disposal. Based on this likelihood, all parties – the Museum, the Westfeld heirs and estate – agreed that a financial settlement would be a fair and just solution. For years, the MFA has posted a discussion of the painting's provenance online and in gallery labels, and will continue to do so. By telling the story of the Eglon van der Neer "Portrait" in Boston, we have the opportunity to tell the story, and help to preserve the memory, of Walter Westfeld as well.

---

[31] For Westfeld's claims against Lebel and Kleucker see Landesarchiv NRW, Ger. Rep. 200, Nrs. 88 and 89; additional claim files are LagV 8/423/10593; LagV 8/2489/13779; Ger. Rep. 200, Nr. 87; Ger. Rep. 200, Nr. 2925; Ger. Rep. 200, Nr. 3147; Ger. Rep. 200, Nr. 2368. Compensation files are held at the Stadtarchiv, Düsseldorf: 0 – 1-32 – 459.0026 and 0 – 1-32 – 459.0027. I am grateful to Dr. Benedikt Mauer of the Stadtarchiv for his assistance with these files.

Victoria Reed

Walter Westfeld, Kunsthändler in Wuppertal und Düsseldorf: Der Fall des „Portrait" aus Boston

Abstract

Im Juni 2011 vereinbarte das Museum of Fine Arts in Boston (MFA) mit den Erben von Walter Westfeld, einem jüdischen Kunsthändler in Düsseldorf, die Zahlung einer Abfindung für Eglon van der Neers „Portrait of a Man and Woman in an Interior". Obwohl es für die Zeit des Nationalsozialismus nur wenige Fixpunkte in der Provenienz des Gemäldes aus dem MFA gibt, haben Recherchen ergeben, dass das Werk zu einer Zeit, als Westfeld aufgrund „rassischer" Verfolgung im nationalsozialistischen Deutschland in der Illegalität lebte, weitergegeben, verkauft oder verloren gegangen sein muss. Es ist daher sehr unwahrscheinlich, dass die Transaktion aus freien Stücken erfolgte. Alle Beteiligten waren sich darin einig, dass die Zahlung einer Abfindung für das Gemälde eine gerechte und faire Lösung sei.

Der Aufsatz gibt einen kurzen Einblick in die Recherchen, die zu dieser Schlussfolgerung geführt haben, und zeigt dabei die verschiedenen Möglichkeiten auf, wie das Gemälde aus dem Besitz Westfelds verschwunden sein könnte. Im Mai 1936 gehörte es ihm nachweislich noch, in dem Monat also, als die Schließung seiner Galerie erzwungen wurde. Doch die Spur des Bildes reißt dort ab und taucht erst wieder auf, als das Werk 1941 dem MFA angeboten wird. Nach der Schließung seiner Galerie verkaufte Westfeld einige seiner Gemälde über oder an seinen Kollegen August Kleucker in Düsseldorf; andere Bilder veräußerte er eigenständig in Deutschland; wieder andere brachte er ins Ausland, einige davon wurden in Amsterdam eingelagert und andere nach Paris geschmuggelt, von wo aus sie in unterschiedliche Richtungen verstreut wurden. Welchen Weg das Gemälde aus dem MFA nahm, ist nicht genau bekannt. Doch selbst wenn Westfeld Geld für das Werk erhalten haben sollte, hatte er wahrscheinlich keine vollständige Kontrolle über die Einnahmen, da er seinen Besitz illegal verkaufen musste, um überleben zu können. Im November 1938 wurde Walter Westfeld verhaftet, den Rest seines Lebens verbrachte er in Gefangenschaft. 1943 wurde er in Auschwitz ermordet. Das MFA erwarb Eglon van der Neers Gemälde 1941 von den Silberman Galleries, New York, ohne Kenntnis seiner Provenienz.

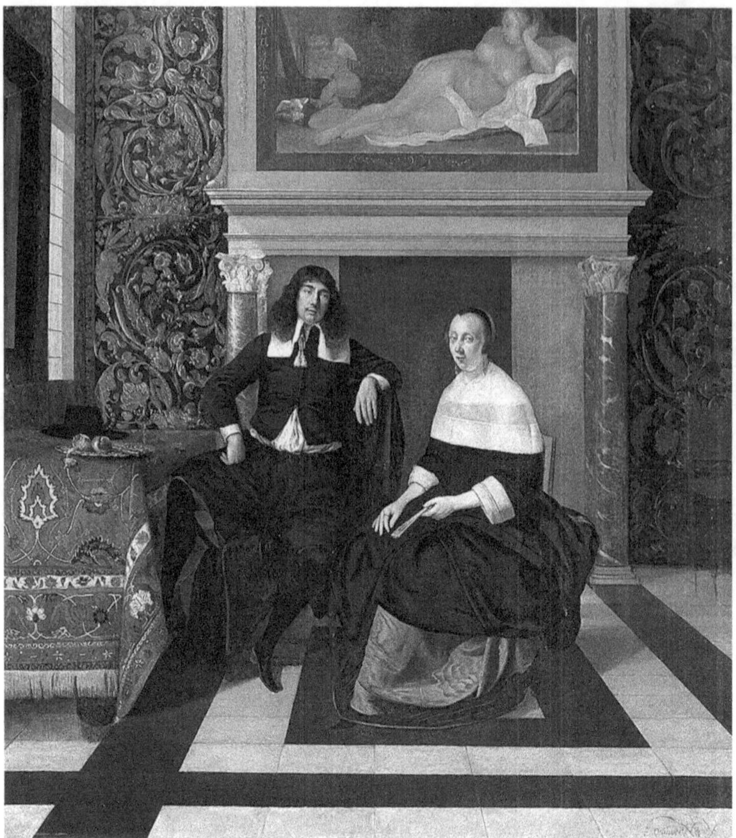

Eglon van der Neers „Portrait of a Man and Woman in an Interior"; Museum of Fine Arts, Boston, Seth K. Sweetser Fund.

Teil IV   Die Kunstwerke: Provenienz Flechtheim

Teil IV   Die Kunstwerke: Provenienz Flechtheim

1.

Max Beckmann
Stillleben mit Kirschwasserflasche (Grünes Stillleben)/
Still Life with Kirsch Bottle (Green Still Life)
1928
Öl auf Leinwand (Oil on Canvas)
25,5 × 50,5 cm
Kunsthalle Bremen – Der Kunstverein in Bremen
Inv. Nr. 159–1928/13
Geschenk des Galerievereins 1929 (Gift from the Galerieverein 1929)

Der Kunstverein in Bremen erwarb Max Beckmanns „Stillleben mit Kirschwasserflasche (Grünes Stillleben)" im Februar 1929 für 1200 Reichsmark (RM) bei der Galerie Alfred Flechtheim in Berlin als Geschenk des Galerievereins, eines internen Förderkreises für Ankäufe zeitgenössischer Kunst.[1]

Um eine Kirschwasserflasche hat der Maler in lockerem Rhythmus Pistazien, Äpfel, Birnen und Zigarren arrangiert. Den Hintergrund bildet eine Draperie, deren textiler Charakter in der durchscheinenden Leinwandstruktur zum Ausdruck kommt. Bläuliches Grün dominiert die Farbskala und verbreitet eine latent morbide Atmosphäre. Beckmann, der nach Eigenaussage die „Farbe als Ausdruck der seelischen Grundstimmung des Subjekts"[2] nutzte, gestaltete den düsteren Farbenrausch in Analogie zur Wirkung des dargestellten Getränkes.

Das Jahr 1928, als „Stillleben mit Kirschwasserflasche (Grünes Stillleben)" entstand, war für Beckmann sehr erfolgreich: Die Städtische Kunsthalle in Mannheim, die Galerie Flechtheim in Berlin und das Graphische Kabinett München stellten seine Werke aus. In München wurde auch das kleinformatige Stillleben zum Kauf angeboten.[3] Flechtheim zeigte es außerdem im Januar 1929 in Berlin.[4] Die Kunstkritik begegnete der Präsentation von Beckmanns neuesten Arbeiten sehr positiv und Curt Glaser merkte an: „Es gibt da ein Stillleben mit einem verhaltenen Grün, das den Augen schmeichelt."[5]

Emil Waldmann, der Direktor der Kunsthalle Bremen, empfahl dem Galerieverein, ein aktuelles Werk des Malers zu kaufen.[6] Kurz darauf stellte die Kunsthalle Bremen das neue

---

[1] Vgl. Die Kunsthalle Bremen und Alfred Flechtheim. Erwerbungen 1914–1979, Ausst.-Kat. Kunsthalle Bremen 2013–2014, Bremen 2013, S. 32f., Nr. 2. Max Beckmann. Katalog der Gemälde, bearb. von Erhard Göpel/Barbara Göpel, 2 Bde., Bern 1976, Bd. 1, S. 205f., Nr. 283.
[2] Max Beckmann in: Max Beckmann. Das gesammelte Werk, Ausst.-Kat. Städtische Kunsthalle Mannheim 1928, S. 4.
[3] Vgl. Max Beckmann. Gemälde aus den Jahren 1920–1928, Ausst.-Kat. Graphisches Kabinett München 1928, Nr. 20.
[4] Vgl. Max Beckmann. Neue Gemälde und Zeichnungen, Ausst.-Kat. Galerie Alfred Flechtheim, Berlin 1929, Nr. 6.
[5] Curt Glaser, Max Beckmann. Ausstellung in der Galerie A. Flechtheim, Berlin, in: Kunst und Künstler 27 (1929), H. 6, S. 223–226, hier S. 224.
[6] Vgl. Archiv der Kunsthalle Bremen, Akte Nr. 100 a.

Gemälde für eine Schau in Basel zur Verfügung.[7] Dass das Kunstwerk außerdem in Beckmanns Ausstellung in der Galerie de la Renaissance in Paris präsentiert wurde, belegen der Briefwechsel des Künstlers und eine Fotografie der Installation.[8]

Mit der Machtübernahme der Nationalsozialisten setzte die Diffamierung des Künstlers ein. Wenige Tage nach Beckmanns Emigration nach Amsterdam versicherte Waldmann in einem Brief vom 22. Juli 1937 gegenüber dem Berliner Ministerium, er habe Beckmanns Stillleben schon „im Jahre 1936 [...] in das dem Publikum stets verschlossene Depot verwiesen".[9] Immerhin konnte das Werk durch diese Maßnahme der drohenden Beschlagnahmung als „entartetes" Kunstwerk entgehen.

Kai Hohenfeld
Kunsthalle Bremen

Max Beckmann
Still Life with Kirsch Bottle (Green Still Life)

The Kunstverein in Bremen acquired Max Beckmann's "Still Life with Kirsch Bottle (Green Still Life)" in February 1929 for 1200 Reichsmark from the Alfred Flechtheim Gallery in Berlin as a gift from the Galerieverein, an internal group of patrons supporting purchases of contemporary art.[1]

Around a kirsch bottle the artist has loosely arranged pistachios, apples, pears and cigars. The background is formed by drapes, whose textile character is expressed in the translucent fabric structure. Bluish green dominates the colour scale and spreads a latently morbid atmosphere. Beckmann used "colour as an expression of the prevailing spiritual mood of the subject"[2] and created this sombre intoxication of colour in analogy to the effects of the drink depicted.

1928, the year in which "Still Life with Kirsch Bottle (Green Still Life)" was painted, was a very successful year for Beckmann. His works were shown by the Städtische Kunsthalle Mannheim, the Flechtheim Gallery in Berlin and the Graphisches Kabinett München. In Munich, the small-format still life was for sale, too.[3] Flechtheim also exhibited it in Berlin

---

[7] Vgl. Max Beckmann, Ausst.-Kat. Kunsthalle Basel 1930, S. 10, Nr. 70.

[8] Vgl. Max Beckmann. Briefe, hrsg. von Klaus Gallwitz u. a., bearb. von Stephan von Wiese, Bd. 2, München 1994, S. 203, 411, Nr. 570. Eine Fotografie von Marc Vaux zeigt das Werk in Paris zwischen Beckmanns Bildnis eines Argentiniers aus dem Jahr 1929 und dem Gemälde Neubau von 1928. Vgl. Max Beckmann und Paris, Ausst.-Kat. Kunsthaus Zürich/The Saint Louis Art Museum 1999, Köln 1998, S. 189–191, Nr. 28.

[9] Archiv der Kunsthalle Bremen, Akte Nr. 145 b, Brief von Emil Waldmann an das Reichsministerium für Wissenschaft, Erziehung und Volksbildung, Berlin, 22. 7. 1937.

[1] Cf. Die Kunsthalle Bremen und Alfred Flechtheim. Erwerbungen 1914–1979, Exhibition Cat. Kunsthalle Bremen 2013–2014, Bremen 2013, pp. 32–33, no. 2. Max Beckmann. Katalog der Gemälde, edited by Erhard Göpel/Barbara Göpel, 2 vol., Bern 1976, vol. 1, pp. 205–206, no. 283.

[2] Max Beckmann in: Max Beckmann. Das gesammelte Werk, Exhibition Cat. Städtische Kunsthalle Mannheim 1928, p. 4.

[3] Cf. Max Beckmann. Gemälde aus den Jahren 1920–1928, Exhibition Cat. Graphisches Kabinett München 1928, Munich 1928, no. 20.

in January 1929.[4] The exhibition of Beckmann's latest works was very positively received by the critics and Curt Glaser noted that: "There is a still life with a restrained green, which is very pleasing to the eye."[5] Emil Waldmann, the Director of the Kunsthalle Bremen, recommended that the Galerieverein should acquire a contemporary work by the painter.[6] Shortly after this, the Kunsthalle Bremen made the new painting available for a show in Basel.[7] That the artwork was also shown in the context of Beckmann's exhibition at the Galerie de la Renaissance in Paris is documented by the artist's correspondence and a photographic view of the installation.[8]

The defamation of the artist began when the National Socialists seized power. A few days after Beckmann had emigrated to Amsterdam, in a letter dated the 22nd of July 1937, Waldmann ensured the Berlin ministry that Beckmann's still life had already "in the year 1936 […] been removed to the depository, which is permanently closed to the public".[9] This at least allowed the work to escape the threat of being confiscated as a "degenerate" work of art.

Kai Hohenfeld
Kunsthalle Bremen

---

[4] Cf. Max Beckmann. Neue Gemälde und Zeichnungen, Exhibition Cat. Galerie Alfred Flechtheim, Berlin 1929, no. 6.
[5] Curt Glaser, Max Beckmann. Ausstellung in der Galerie A. Flechtheim, Berlin, in: Kunst und Künstler 27 (1929), no. 6, p. 223–226, here p. 224.
[6] Cf. Archive of the Kunsthalle Bremen, file no. 100 a.
[7] Cf. Max Beckmann, Exhibition Cat. Kunsthalle Basel 1930, p. 10, no. 70.
[8] Cf. Max Beckmann. Briefe, compiled by Klaus Gallwitz et al., edited by Stephan von Wiese, vol. 2, Munich 1994, pp. 203, 411, no. 570. A photograph by Marc Vaux shows the artwork in Paris between Beckmann's Bildnis eines Argentiniers from the year 1929 and the painting Neubau from 1928. Cf. Max Beckmann und Paris, Exhibition Cat. Kunsthaus Zurich/The Saint Louis Art Museum 1999, Cologne 1998, pp. 189–191, no. 28.
[9] Archive of the Kunsthalle Bremen, file no. 145 b, letter from Emil Waldmann to the Reich's Ministry for Science, Schooling and National Education, Berlin, 22nd of July, 1937.

2.

Max Beckmann
Frauenbad (Women's Bath)
1919
Öl auf Leinwand (Oil on Canvas)
97,5 × 65 cm
Nationalgalerie, Staatliche Museen zu Berlin
erworben durch das Land Berlin
Inv. Nr. B 904

Provenienz
- Januar 1920 bis mind. 1924 Israel Ber Neumann, Berlin, Ankauf aus dem Atelier Beckmann
- vor 1928 Graphisches Kabinett, München (Inhaber I. B. Neumann, Leitung Günther Franke)
- 1928 Alfred Flechtheim, Berlin, in Kommission
- nach Oktober 1930 Graphisches Kabinett, München (Günther Franke)
- um 1930 bei Max Beckmann
- um 1936 bis 1967 Herbert Kurz, Meerane (Sachsen), Wiesbaden und Wolframs-Eschenbach, etwa zwischen 1940 und 1950 deponiert in der Rhein-Main-Bank (später Dresdner Bank)
- 1950 bis Sommer 1951 Galerie Günther Franke, München (in Kommission von Kurz)
- September 1951 bis maximal 1957 erneut von Herbert Kurz deponiert in der Dresdner Bank
- 1957 bis 1967 als Depositum der Sammlung Herbert Kurz im Landesmuseum Münster
- 1967 bis 27. 2. 1968 Marta Kurz
- 27. 2. 1968 Ankauf für die Galerie des 20. Jahrhunderts, Berlin
- seit 1968 als Dauerleihgabe des Landes Berlin in der Nationalgalerie, Staatliche Museen zu Berlin

1928 veranstaltete Alfred Flechtheim in seiner Berliner Galerie eine große Beckmann-Ausstellung, die im Anschluss in der Kunsthalle Mannheim und in der Galerie Ludwig Schames in Frankfurt am Main gezeigt wurde. Unter den 55 in Kooperation mit Günther Franke präsentierten Gemälden war auch die eindrucksvolle Arbeit „Frauenbad" von 1919. Ihr Zugang zur Berliner Galerie Flechtheim im Jahr 1928 ist an der rückseitig auf dem Keilrahmen notierten Nummer „B 8857" ablesbar.

Dass Flechtheim im Dankwort des Katalogs „ganz besonders [...] Herrn I. B. Neumann in New York, Beckmanns treuesten Freund", hervorhob, hat interessante Hintergründe. Neumann war lebenslang einer der größten Anhänger Beckmanns und sein wichtigster Kunsthändler in den frühen Jahren. Seit 1911 erwarb er zahlreiche Beckmann-Werke direkt aus dem Atelier – so auch „Frauenbad". Nach Neumanns Weggang in die USA 1924 brachte der Künstler jedoch andere Händler ins Spiel und schloss 1927 (zu Neumanns größter Unzufriedenheit) einen Vertrag mit Flechtheim. Die Kooperation war aber weniger lukrativ als erhofft und endete bereits 1930. Die Provenienz von „Frauenbad" gibt Zeugnis von dieser kurzlebigen Geschäftsbeziehung. Als 1930 eine große Beckmann-

Retrospektive in der Schweiz stattfand, wurde das Bild nach Ausstellungsende vom Kunsthaus Zürich – unverkauft – dem Graphischen Kabinett in München zugestellt.[1] Günther Franke, seit 1923 Leiter von Neumanns Galeriefiliale in München, bekannte wenig später, er sei „genötigt einige wichtige Bilder von Beckmann an oeffentliche Sammlungen zu verkaufen, um über den sehr schweren Winter hinweg zu kommen".[2] „Frauenbad" fand zunächst jedoch nicht den Weg in ein Museum, sondern wurde um 1936 von Herbert Kurz erworben – laut Wilhelm Grosshennig „ein sehr bedeutender Sammler in Sachsen, [der] viele museale Bilder [besaß]".[3]

Herbert Kurz (1892-1967), Besitzer einer Weberei in Sachsen, hatte in den späten 1920er Jahren mit dem Sammeln moderner Kunst begonnen. Nach dem Krieg geriet er in Konflikt mit dem DDR-Regime und siedelte mitsamt seinem Betrieb erst nach Wiesbaden, später nach Wolframs-Eschenbach um. Während des Krieges und der Phase der Fußfassung in der Bundesrepublik war die Kurz'sche Sammlung eingelagert bzw. als Depositum in verschiedenen Museen untergebracht. „Frauenbad" befand sich bis 1957 in einem Bankdepot[4], danach 10 Jahre als Dauerleihgabe im Landesmuseum Münster. Im Jahr nach dem Tod von Herbert Kurz verkaufte die Witwe es an die Galerie des 20. Jahrhunderts in Berlin.

Christina Thomson
Staatliche Museen zu Berlin – Preußischer Kulturbesitz

Max Beckmann
Women's Bath

Provenance
– January 1920 until at least 1924 Israel Ber Neumann, Berlin, purchase from the Beckmann studio
– Pre-1928 Graphisches Kabinett, Munich (proprietor I. B. Neumann, director Günther Franke)
– 1928 Alfred Flechtheim, Berlin, on commission
– After October 1930 Graphisches Kabinett, Munich (Günther Franke)
– Around 1930 with Max Beckmann
– From around 1936 to 1967 Herbert Kurz, Meerane (Saxony), Wiesbaden and Wolframs-Eschenbach, deposited in the Rhein-Main-Bank (later Dresdner Bank) around 1940 to 1950
– 1950 to the summer of 1951 Günther Franke Gallery, Munich (on commission from Kurz)
– September 1951 to max. 1957 deposited again at the Dresdner Bank by Herbert Kurz
– 1957 to 1967 as a deposit in the Herbert Kurz Collection at Landesmuseum Münster
– 1967 to 27.2.1968 Marta Kurz

---

[1] Ausstellungsakten Max Beckmann, Kunsthalle Basel, 1930, Staatsarchiv Basel, PA 888 N6 (1) 269.
[2] Brief von Günther Franke an Ortwin Rave, 6.10.1931, Staatliche Museen zu Berlin, Zentralarchiv, SMB-ZA I/NG 933, Bl. 602.
[3] Vgl. Roman Norbert Ketterer, Dialoge, Stuttgart/Zürich 1988, S. 402.
[4] Brief von Herbert Kurz an Adolf Jannasch, 14.6.1954, Landesarchiv Berlin (LAB) B Rep 014-2163; Brief von Herbert Kurz an Dr. Schwarzweller, 31.5.1954, Archiv Städelmuseum, Frankfurt a. M.

- 27. 2. 1968 purchased for the Galerie des 20. Jahrhunderts (Gallery of the 20th Century), Berlin
- Since 1968 on permanent loan from Land Berlin to the National Gallery, National Museums in Berlin

In 1928, Flechtheim organized a large Beckmann exhibition at his Berlin gallery, which was then to be shown at the Kunsthalle Mannheim and at the Ludwig Schames Gallery in Frankfurt/Main. The 55 paintings shown (in cooperation with Günther Franke) also included the impressive 1919 work, "Frauenbad" (Women's Bath). Its arrival at Flechtheim's Berlin gallery in 1928 is indicated by the number "B 8857", written on the stretcher on the back.

The fact that in the catalogue acknowledgements Flechtheim thanks "in particular [...] Mr. J. B. Neumann in New York, Beckmann's most loyal friend" has an interesting background. Neumann for all his life was one of Beckmann's most dedicated followers and his most important art dealer in the early years. From 1911, he acquired numerous Beckmann works directly from the studio, as was the case with "Frauenbad". After Neumann went to the USA in 1924, the artist brought other dealers into play and (to Neumann's great dissatisfaction) signed a contract with Flechtheim in 1927. The cooperation was, however, less lucrative than had been hoped and was already over by 1930: The provenance of "Frauenbad" is evidence of this short-lived business relationship. In 1930, when a large Beckmann retrospective was shown in Switzerland, the picture was delivered (unsold) to the Graphisches Kabinett in Munich by the Kunsthaus Zurich after the exhibition.[1] Günther Franke, director of the Munich branch of the Neumann Gallery from 1923, admitted soon afterwards that he was "compelled to sell some important paintings by Beckmann to public collections, in order to get through the very harsh winter."[2] However, "Frauenbad" did not initially find its way into a museum, but rather was acquired circa 1936 by Herbert Kurz who according to Wilhelm Grosshennig was "a very important collector in Saxony, [who owned] many museum-quality paintings."[3]

Herbert Kurz (1892-1967), owner of a weaving mill in Saxony, had begun to collect modern art in the late 1920s. After the war, he came into conflict with the GDR regime and relocated along with his entire operation to Wiesbaden initially and later to Wolframs-Eschenbach in West Germany. During the war and during the phase when he was establishing himself in the Federal Republic, the Kurz Collection was stored or held in deposit at various museums. "Frauenbad" was deposited in a bank until 1957[4] and was then on permanent loan to the Landesmuseum Münster for 10 years. In the year after Herbert Kurz died, his widow sold it to the Galerie des 20. Jahrhunderts (Gallery of the 20th Century) in Berlin.

Christina Thomson
National Museums in Berlin – Prussian Cultural Heritage Foundation

---

[1] Exhibition Files Max Beckmann, Kunsthalle Basel, 1930, Basel State Archive, PA 888 N6 (1) 269.

[2] Letter from Günther Franke to Ortwin Rave, 6. 10. 1931, Central Archive of the State Museums of Berlin, SMB ZA I/NG 933, Bl. 602.

[3] Cf. Roman Norbert Ketterer, Dialoge, Stuttgart/Zurich 1988, p. 402.

[4] Letter from Herbert Kurz to Adolf Jannasch, 14. 6. 1954, Landesarchiv Berlin (LAB) B Rep 014-2163; Letter Herbert Kurz to Dr. Schwarzweller, 31. 5. 1954, Archiv Städelmuseum, Frankfurt a. M.

3.

Juan Gris
Stillleben mit Kanne, Kleine Landschaft, Bordeauxflasche
(Still Life with Jug, Small Landscape, Bordeaux Bottle)
1916, 1924, 1915
Öl auf Leinwand (Oil on Canvas)
46 x 27 cm, 27 x 35,20 cm, 50 × 61 cm
Bayerische Staatsgemäldesammlungen
Inv. Nr. 14235, 14236, 14237

1971 erhielten die Staatsgemäldesammlungen drei Werke von Juan Gris („Stillleben mit Kanne", „Kleine Landschaft" und „Bordeauxflasche") als Stiftung von Theodor (1886–1969) und Woty Werner (1903-1971).[1] In den Provenienzketten dieser Werke spielen neben dem Sammlerpaar Werner die Kunsthändler Alfred Flechtheim, Leonce Rosenberg, Daniel-Henry Kahnweiler und Karl Buchholz sowie Rudolf Rütgers eine wichtige Rolle. Zwei der Werke („Bordeauxflasche" und „Stillleben mit Kanne") wurden 1930 in der Galerie Flechtheim Berlin anlässlich der „In Memoriam Juan Gris" betitelten Ausstellung gezeigt. Zuvor wurden sie von Kahnweilers Galerie Simon („Bordeauxflasche" und „Kleine Landschaft") und Leonce Rosenbergs Kunsthandlung („Stillleben mit Kanne" und „Bordeauxflasche") ausgestellt und angeboten.

Der Maler Theodor Werner (1886-1969) war nach seinem Studium an der Stuttgarter Akademie ab 1930 in Paris ansässig, wo er zu der Gruppe namens „Abstraction Création" gehörte. Die Begegnung mit dem Werk von Juan Gris und Pablo Picasso beeinflusste sein Schaffen grundlegend. 1930 heiratete er die Malerin und Kunstweberin Anneliese Rütgers (1903-1971), genannt Woty. Anneliese Rütgers war die Tochter von Julius Rütgers (1860-1903), des Inhabers der Rütgerswerke.[2] Zu französischen oder in Paris lebenden Künstlern besaß das Ehepaar enge freundschaftliche Beziehungen und gehörte zum Freundeskreis von Christian Zervos, Kunstkritiker und Herausgeber der Cahiers d'arts. Als das Ehepaar Werner 1936 nach Potsdam zurückkehrte, hatte Theodor Werner, der konsequent abstrakt malte, keinen Markt für seine Kunst und mit Kriegsausbruch wurde er als technischer Zeichner zwangsverpflichtet. Ein Bombenangriff um 1944 vernichtete den Großteil seines künstlerischen Werkes. Im Jahr 1950 wurde Theodor Werner Mitglied der Gruppe ZEN 49. Heute wird sein malerischer Nachlass bei den Bayerischen Staatsgemäldesammlungen verwahrt. Dazu gehören neben eigenen Werken Fragmente seiner privaten Korrespondenz und Tagebuchnotizen.

Theodor Werner und seine Frau Woty besaßen eine umfangreiche Sammlung vorwiegend französischer Kunst, die sie mehrfach verlagerten: bei Kriegsausbruch nach Tübingen, um sie in Sicherheit zu bringen, und 1946 nach Berlin Charlottenburg in den Englischen Sektor. 1949 gab es Auswanderungsabsichten, die jedoch nicht realisiert wurden, 1959 siedelte das Ehepaar nach München um. Seit 1971 ist die Sammlung durch

---

[1] Douglas Cooper und Margaret Potter, Juan Gris Catalogue raisonné de l'œuvre peint, Paris 1977, Werkverzeichnis (WVZ) Nummern 145, 196 u. 454.
[2] Chemieunternehmen in Castrop Rauxel.

das Vermächtnis von Theodor und Woty Werner Eigentum der Bayerischen Staatsgemälde-sammlungen.[3]

Ihre Kunstsammlung hatten Theodor und Woty Werner zum Teil persönlich aufgebaut, ein Teil stammte aber auch von Rudolf Rütgers (1903–1939), dem früh verstorbenen Bruder von Woty Werner.[4] Rudolf Rütgers ist zu den vergessenen Berliner Sammlern der Avantgarde zu zählen, dessen Existenz vornehmlich durch Provenienzverweise beispielsweise bei Werken von Georges Braque oder Juan Gris belegt ist. Erwähnung findet er außerdem in der erhaltenen Geschäftskorrespondenz von Alfred Flechtheim, der Werke von Gris und Braque aus Rütgers Sammlung zu Ausstellungszwecken als Leihgaben an Museen vermittelte.[5] So verschickte er beispielsweise im März 1933 über die Galerie Flechtheim Berlin ein Werk von Gris' „Compotier et carafe" als Leihgabe für eine Gris-Ausstellung an das Kunsthaus Zürich.[6] Schließlich war Rütgers 1928 Leihgeber für Werke von Hofer und Pechstein an die Berliner Nationalgalerie.[7]

Das „Stillleben mit Kanne" zeigte Flechtheim 1930 auf der „In Memoriam Juan Gris"-Ausstellung, wo es von Rudolf Rütgers erworben wurde.[8] Zuvor war es laut Douglas Cooper bei Leonce Rosenberg (1879–1947), der neben Kahnweiler seit 1917 zu den Vertretern von Juan Gris zählte.[9] Douglas Cooper berichtete, dass Rudolf Rütgers das Werk direkt von Alfred Flechtheim gekauft hätte.[10] Als Rütgers 1939 verstarb, ging das Werk „Stillleben mit Kanne" an seine Schwester und in die Sammlung von Theodor und Woty Werner.

Die weiteren Werke in der Sammlung erwarb das Ehepaar Werner über die Marlborough Galerie in London (Klee), Ferdinand Möller (Delacroix, Klee), Justin Thannhauser[11] (Picasso und van Gogh), Karl Buchholz (Gris) und Alfred Flechtheim (Gris) in Berlin und bei Pablo Picasso selbst. Theodor Werner war auch Berater für einen bislang unbekannten Sammler namens Dr. Bitter in Berlin. Diesen beriet er nachweislich bei An-

---

[3] Carla Schulz-Hoffmann (Hrsg.), Die Sammlung Woty und Theodor Werner, München 1990.

[4] Der Hinweis auf die Lebensdaten wurde freundlicherweise von Wolfgang Schöddert übermittelt, der diese recherchiert hat.

[5] Rütgers war 1933 Leihgeber für Gris' Werk „Compotier et carafe" an das Kunsthaus Zürich. Nach Ende der Ausstellung ging das Bild über die Galerie Flechtheim an Rütgers zurück. Anschreiben von Galerie Flechtheim an Wartmann, 17.3.1933. Siehe Ottfried Dascher, „Es ist was Wahnsinniges mit der Kunst". Alfred Flechtheim. Sammler, Kunsthändler, Verleger, Wädenswil 2011, S. 307, Anm. 36. Die Galerie Flechtheim versendete im März 1932 drei Gemälde von Georges Braque aus der Sammlung von Rütgers an die Kunsthalle Basel, diese gingen im Juli 1933 über die Galerie Flechtheim zurück an Rütgers, Staatsarchiv Basel, Korrespondenz Galerie Flechtheim mit Kunstverein Basel, März–Oktober 1933.

[6] Siehe Anm. 5.

[7] Zentralarchiv Berlin, ad Spec. 20, Bd. 62/2, 1928 Ausstellung nachimpressionistischer Kunst aus Berliner Privatbesitz, Korrespondenz.

[8] In Memoriam Juan Gris 1887–1927. Galerie Alfred Flechtheim Berlin, Februar 1930. Katalog Galerie Flechtheim 1930, Nr. 6. Das Bild ist nach 1930 auf keiner der Listen (1930, 1931) verzeichnet, die Flechtheims Privatbesitz thematisieren. Siehe dazu die Beiträge von Isgard Kracht und Andrea Bambi in diesem Band.

[9] In der Publikation von Ottfried Dascher ist es als Privatbesitz von Alfred Flechtheim gelistet: Dascher, „Es ist was Wahnsinniges mit der Kunst", S. 424. Zu Rosenberg siehe Pierre Assouline, Der Mann, der Picasso verkaufte. D.-H. Kahnweiler und seine Künstler, Bergisch Gladbach 1990, S. 173.

[10] Bildakt Bayerische Staatsgemäldesammlungen, darin Douglas Cooper an W. D. Dube, 6.3.1975.

[11] Zentralarchiv des internationalen Kunsthandels (ZADIK), Köln, Signatur: A 77, XIX, 030, 073,006, Karteikarten zu Theodor Werner.

käufen aus der Galerie Thannhauser; die entsprechenden Hinweise von Justin Thannhauser haben sich auf rosafarbenen Karteikarten erhalten.[12] Die Werke von Juan Gris erwarben Theodor und Woty Werner bei den Galerien von Karl Buchholz und Alfred Flechtheim in Berlin, der alle Künstler der Galerie Simon, zu denen Juan Gris zählte, für Deutschland vertrat. Mit der Galerie Simon und Daniel-Henry Kahnweiler hatte Juan Gris wiederum seit 1913 einen Exklusivvertrag.[13] Kahnweiler beschrieb dies rückblickend so:

„Ab 1919 und bis zu deren Schließung 1935 arbeiteten die Galerien von Alfred Flechtheim (in Düsseldorf, Berlin und Köln sowie in Frankfurt, wo mein Bruder Gustave, der, nachdem er erst Flechtheim unterstützt hatte, allein weitermachte) mit mir und zeigten ständig die Werke meiner Künstler, insbesondere die Werke von Gris, für die sich Flechtheim und mein Bruder begeisterten.“[14]

Die „Kleine Landschaft“ von 1924 ist laut Werkverzeichnis als Kommissionsware der Galerie Simon über die Galerie Alfred Flechtheim Berlin zu einem nicht bekannten Zeitpunkt an Theodor Werner verkauft worden und trägt sowohl Kahnweilers Stock-Nummer (Lagernummer) K [Kahnweiler] 8496 als auch die Galerie-Flechtheim-Nummer B [Berlin] 6223. Auf den Juan-Gris-Einzelausstellungen der Galerien Flechtheim in den Jahren 1924, 1927 und 1930 wurde das Werk nicht gezeigt. Noch im Februar 1936 stand Werner mit Alfred Flechtheim in Kontakt, als es um ein Werk von Zurbaran ging, das Werner zur Ansicht hatte. Flechtheim nahm das Foto für Werner mit nach Paris, um August Liebmann Mayer zu befragen, den Spezialisten für spanische Malerei und ehemaligen Konservator der Bayerischen Staatsgemäldesammlungen, der aufgrund seiner jüdischen Abstammung aus dem Amt gedrängt worden war.[15]

Das Werk „Die Bordeauxflasche“ wurde aus der 1930er-Ausstellung der Galerie Flechtheim von dem Berliner Verein der Freunde der Nationalgalerie erworben. Die Bezahlung des Werkes erfolgte an die Galerie Simon, die Bildeigentümerin war.[16] Das Werk hat Kahnweilers Stock Nummer 9437 und trägt noch heute verso den Aufkleber der Berliner Galerie Flechtheim mit der Buchstabenkombination B [Berlin] D [Düsseldorf] E [Eigentümer?] und ist mit „B 11381“, „D“ [leer], „E K 9437“ [K=Kahnweiler] bezeichnet. 1937

---

[12] Ebd., Karteikarten zu Dr. Bitter, Lennestr. Berlin aus den Jahren 1935 bis 1936.

[13] Kahnweiler (1884 Mannheim – 1979 Paris), Galerist und Kunsthändler, betrieb seit 1907 die Galerie Kahnweiler in Paris und vertrat Juan Gris exklusiv. Infolge des Ersten Weltkriegs wurde sein Besitz in Frankreich konfisziert und 1921 im Hôtel Drouot versteigert. Im September 1920 kehrte Kahnweiler nach Paris zurück und gründete zusammen mit André Simon die Galerie Simon. Die Galerie Simon hatte die Vertretung für Werke von Juan Gris, Paul Klee und anderen übernommen. Bei Verkäufen in Deutschland arbeitete Kahnweiler mit seinem Bruder Gustave Kahnweiler und Alfred Flechtheim, der in Frankfurt Gustav Kahnweilers Partner war, zusammen. Unter der deutschen Besatzung leitete die Galerie Simon die Schwester seiner Frau, Louise Leiris. Erst 1937 erhielt Kahnweiler die französische Staatsbürgerschaft. Kahnweiler listet in seinem 1946 erschienenen Buch über Juan Gris die Sammlung von Theodor Werner in Potsdam. Daniel-Henry Kahnweiler, Juan Gris. Sa Vie. Son œuvre, ses ecrits, Paris 1946, S. 298. Assouline, Der Mann, der Picasso verkaufte.

[14] Kahnweiler, Juan Gris, S. 298 [eigene Übersetzung].

[15] Wie Anmerkung 11, zu Mayer siehe den Eintrag auf www.lostart.de und bei Christian Fuhrmeister/Susanne Kienlechner, Tatort Nizza. Kunstgeschichte zwischen Kunsthandel, Kunstraub und Kunstverfolgung. Zur Vita von August Liebmann Mayer, mit einem Exkurs zu Bernhard Degenhart und Bemerkungen zu Erhard Göpel und Bruno Lohse, in: Ruth Heftrig/Olaf Peters/Barbara Schellewald (Hrsg.), Kunstgeschichte im „Dritten Reich“. Theorien, Methoden, Praktiken, Berlin 2008, S. 405–429.

[16] Staatliche Museen zu Berlin, Zentralarchiv Berlin, SMB-ZA, I/NG 1328, S. 4/5.

gab der Verein das Werk an die Galerie Buchholz Berlin ab.[17] Zu einem unbekannten Zeitpunkt nach 1937 wurde es dort von Theodor Werner, Potsdam, erworben. Dem Restitutionsbegehren der Flechtheim-Erben konnte 2010 aufgrund der Provenienzrecherche und nach Prüfung auf Basis der sogenannten Handreichung nicht entsprochen werden.

Andrea Bambi
Bayerische Staatsgemäldesammlungen

Juan Gris
Still Life with Jug, Small Landscape, Bordeaux Bottle

In 1971, the Staatsgemäldesammlungen (Bavarian State Painting Collections) received "three works by Juan Gris (Stillleben mit Kanne, Kleine Landschaft and Bordeauxflasche [Still Life with Jug, Small Landscape and Bordeaux Bottle]) as a donation from Theodor (1886–1969) and Woty Werner (1903–1971)".[1] In addition to the Werners, who were the collectors, Alfred Flechtheim, Leonce Rosenberg, Daniel-Henry Kahnweiler and Karl Buchholz, as well as Rudolf Rütgers, played an important role in the provenance of these works. Two of the works (Bordeaux Bottle and Still Life with Jug) were shown at the Flechtheim Gallery in Berlin in 1930 during the exhibition entitled "In Memoriam Juan Gris". They had previously been exhibited and offered for sale at Kahnweiler's Galerie Simon (Bordeaux Bottle and Small Landscape) and Leonce Rosenberg's art dealership (Still Life with Jug and Bordeaux Bottle).

After studying at the Stuttgart Academy, the painter Theodor Werner (1886–1969) lived in Paris from 1930, where he belonged to the group called "Abstraction Création". His encounter with the work of Juan Gris and Pablo Picasso fundamentally influenced his work. In 1930 he married the painter and tapestry weaver Anneliese Rütgers (1903–1971), known as Woty. Anneliese Rütgers was the daughter of Julius Rütgers (1860–1903), proprietor of the Rütgerswerke.[2] The married couple were close friends with French artists or artists living in Paris and belonged to Christian Zervos', the art critic and publisher of the Cahiers d'arts, circle of friends. When the Werners returned to Potsdam in 1936, Theodor Werner, who consistently painted abstracts, found that there was no market for his art, and when war broke out he was forcibly conscripted as a technical draughtsman. Most of his artistic work was destroyed in a bombing raid in about 1944. In 1950, Theodor Werner became a member of the ZEN 49 group. Today, the artist's estate is held at the Bavarian State Painting Collections. In addition to his works, there are also fragments of his private correspondence and journal entries.

Theodor Werner and his wife Woty owned an extensive collection of predominantly French art, which they had to relocate several times: To Tübingen when war broke out, in order to bring it to safety, and then to Berlin-Charlottenburg in the British sector in 1946.

---

[17] Ebd., S. 4/5.

[1] Douglas Cooper and Margaret Potter, Juan Gris Catalogue raisonné de l'œuvre peint, Paris 1977, Cat. Rais. 145, 196, 454.
[2] A chemical company in Castrop Rauxel.

In 1949, they had intended to emigrate but this did not come about. In 1959, the couple resettled in Munich. Since 1971, the collection has been the property of the Bavarian State Painting Collections through the bequest of Theodor and Woty Werner.[3]

Theodor and Woty Werner had built part of their art collection themselves, the other part was collected by Rudolf Rütgers (1903–1939), Woty Werner's brother who died prematurely.[4] Rudolf Rütgers is one of the forgotten Berlin collectors of the avant-garde, whose existence is, in particular, recorded in provenance references for works by Georges Braque or Juan Gris for example. He is further mentioned in the remaining business correspondence from Alfred Flechtheim, who mediated works by Gris and Braque from the Rütgers collection on loan to museums for exhibition purposes.[5] In this way, for example in March 1933, he sent a work by Gris, "Compotier et carafe", on loan to Kunsthaus Zurich for a Gris exhibition via the Flechtheim Gallery in Berlin.[6] Finally, in 1929 Rütgers loaned works by Hofer and Pechstein to the Berlin National Gallery.[7]

Still Life with Jug was shown by Flechtheim in 1930 at the "In Memoriam Juan Gris" exhibition, where it was purchased by Rudolf Rütgers.[8] According to Douglas Cooper, before this the painting was with Leonce Rosenberg (1879–1947), who had been one of Juan Gris' agents since 1917 along with Kahnweiler.[9] Douglas Cooper reported that Rudolf Rütgers bought the work directly from Alfred Flechtheim.[10] When Rütgers died in 1939, Still Life with Jug went to his sister and became part of the Theodor and Woty Werner Collection.

The Werners acquired further works through the Marlborough Gallery in London (Klee), Ferdinand Möller (Delacroix, Klee), Justin Thannhauser[11] (Picasso and van Gogh), Karl Buchholz (Gris) and Alfred Flechtheim (Gris) in Berlin and from Pablo Picasso himself. Theodor Werner also acted as adviser to a previously unknown collector by the name of Dr. Bitter in Berlin. He evidently advised him on purchases from Galerie

---

[3] Carla Schulz-Hoffmann (ed.), Die Sammlung Woty und Theodor Werner, Munich 1990.

[4] The reference to biographical data was kindly provided by Wolfgang Schöddert, who has researched this.

[5] In 1933 Rütgers loaned the Gris work "Compotier et carafe" to Kunsthaus Zurich. After the exhibition ended, the painting was returned to Rütgers via the Flechtheim Gallery. Cover letter from Flechtheim to Wartmann, 17/3/1933. See Ottfried Dascher, "Es ist was Wahnsinniges mit der Kunst". Alfred Flechtheim. Sammler, Kunsthändler, Verleger, Wädenswil 2011, p. 307, footnote 36. The Flechtheim Gallery sent 3 paintings by Georges Braque from the Rütgers Collection to Kunsthalle Basel in March 1932, which were returned to Rütgers via the Flechtheim Gallery in July 1933, Basel State Archive, Flechtheim Gallery correspondence with Kunstverein Basel (Basel Art Association), March–October 1933.

[6] See footnote 5.

[7] Central Archive Berlin, ad Spec. 20, vol. 62/2, 1928 Exhibition of Post-Impressionist Art in Private Ownership in Berlin, Correspondence.

[8] In Memoriam Juan Gris 1887–1927. Galerie Alfred Flechtheim Berlin, Februar 1930. Catalogue Flechtheim 1930, no. 6. After 1930, the painting is not mentioned on any of the lists (1930, 1931) pertaining to Flechtheim's private property. See also the contributions by Isgard Kracht and Andrea Bambi in this volume.

[9] In the publication by Ottfried Dascher, it is listed as Alfred Flechtheim's private property: Dascher, "Es ist was Wahnsinniges mit der Kunst", p. 424. See Pierre Assouline on Rosenberg, Der Mann, der Picasso verkaufte. D.-H. Kahnweiler und seine Künstler, Bergisch Gladbach 1990, p. 173.

[10] Douglas Cooper on W. D. Dube, 6/3/1975, image file BSTGS.

[11] ZADIK (Central Archive of the International Art Trade), Cologne, Signature A 77, XIX, 030, 073,006, index cards on Theodor Werner.

Thannhauser; the corresponding references by Justin Thannhauser are recorded on pink index cards.[12] The works by Juan Gris were purchased by Theodor and Woty Werner at the galleries of Karl Buchholz and Alfred Flechtheim in Berlin, who represented all of the Galerie Simon artists in Germany including Juan Gris. Juan Gris in turn had an exclusive contract with Galerie Simon and Daniel-Henry Kahnweiler from 1913.[13] Kahnweiler later described this as follows:

"From 1919 up until their closure in 1935, Alfred Flechtheim's galleries (in Düsseldorf, Berlin and Cologne, as well as in Frankfurt where my brother Gustave, having first supported Flechtheim, continued alone) worked with me and always exhibited the works by my artists, which Flechtheim and my brother were very enthusiastic about."[14]

According to the index of works, Small Landscape (1924) was sold on commission with Galerie Simon via the Flechtheim Gallery in Berlin at an unknown point in time to Theodor Werner and bears both Kahnweiler's stock number K [Kahnweiler] 8496 and the Flechtheim Gallery number B [Berlin] 6223. The work was not shown in Juan Gris solo exhibitions at the Flechtheim galleries in the years 1924, 1927 and 1930. Werner was still in contact with Alfred Flechtheim in February 1936 regarding a work by Zurbaran, which Werner had on-approval. Flechtheim took the photo to Paris on behalf of Werner in order to consult August Liebmann Mayer, the specialist on Spanish painting, and former curator of the Bavarian State Painting Collections, who had been forced out of office because of his Jewish ancestry.[15]

The work Bordeaux Bottle was acquired at the 1930 Flechtheim Gallery exhibition by the Berlin Society of Friends of the National Gallery. Payment for the work was made to Galerie Simon, which owned the painting.[16] The work bears the Kahnweiler stock number 9437 and still bears the sticker for the Berlin Flechtheim Gallery with the combination of letters B [Berlin] D [Düsseldorf] E [E – Eigentümer? = owner?] and is described as "B 11381", "D" [empty], "E K 9437" [E – Eigentümer = owner?; K = Kahnweiler]. In 1937, the society gave the work to Galerie Buchholz Berlin.[17] At an unknown point in time after 1937, it was purchased there by Theodor Werner of Potsdam. The Flechtheim heirs sub-

---

[12] Ibid., index cards on Dr. Bitter, Lennestr. Berlin, for the years 1935 to 1936.

[13] Kahnweiler (1884 Mannheim – 1979 Paris), Jewish gallery-owner and art dealer, operated the Galerie Kahnweiler in Paris from 1907 and exclusively represented Juan Gris. As a result of the First World War, his property in France was confiscated and auctioned at the Hôtel Drouot in 1921. Kahnweiler returned to Paris in September 1920 and established the Galerie Simon with André Simon. Galerie Simon had taken on the representation of works by Juan Gris, Paul Klee and others. Regarding sales in Germany, Kahnweiler worked with his brother Gustav Kahnweiler and Alfred Flechtheim, who was Gustav Kahnweiler's partner in Frankfurt. Under German occupation, Galerie Simon was run by his wife's sister, Louise Leiris. Kahnweiler was only granted French citizenship in 1937. Kahnweiler lists the Theodor Werner Collection in Potsdam in his book on Juan Gris, which was published in 1946. Kahnweiler, Juan Gris, p. 298. Assouline, Der Mann, der Picasso verkaufte.

[14] Kahnweiler, Juan Gris, p. 298 (English translation).

[15] As in footnote 11, for Mayer see the entry on www.lostart.de and in Christian Fuhrmeister/Susanne Kienlechner, Tatort Nizza. Kunstgeschichte zwischen Kunsthandel, Kunstraub und Kunstverfolgung. Zur Vita von August Liebmann Mayer, mit einem Exkurs zu Bernhard Degenhart und Bemerkungen zu Erhard Göpel und Bruno Lohse, in: Ruth Heftrig/Olaf Peters/Barbara Schellewald (eds.), Kunstgeschichte im "Dritten Reich": Theorien, Methoden, Praktiken, Berlin 2008, pp. 405–429.

[16] Central Archive Berlin, SMB-ZA, I/NG 1328, pp. 4/5.

[17] Ibid.

mitted a restitution request. On the basis of provenance research and an examination founded on the so-called "guidelines" (Handreichung), this request had to be denied in 2010.

Andrea Bambi
Bavarian State Painting Collections

4.

Karl Hofer
Martha
1925
Öl auf Leinwand (Oil on Canvas)
100 × 76 cm
Staatliche Kunsthalle Karlsruhe
Inv. Nr. 2307

Provenienz
- 1925 Atelier Karl Hofer, Berlin
- Vor 1928 Alfred Flechtheim, Berlin (Ankauf oder Direktvermittlung)
- 1928 Max Glaeser, Eselsfürth (Ankauf)
- 1931 Anna Glaeser, geb. Opp, Eselsfürth (Erbgang)
- 1944 Gisela Böhner, geb. Romanic, Kaiserslautern (Erbgang)
- 1952 Staatliche Kunsthalle Karlsruhe (Ankauf)

Karl Hofers (1878–1955) Gemälde „Martha" entstand 1925 nach der Umsiedelung des Künstlers von Karlsruhe nach Berlin, wo er von der Galerie Flechtheim vertreten wurde. Den Kunsthändler und den Maler verband eine tiefe Freundschaft, die aus ihrer gemeinsamen Pariser Zeit und den Besuchen im Café du Dôme herrührte. Ab 1921 zeigte Flechtheim Hofers Werke in Gruppen- und Einzelpräsentationen.[1] Alfred Flechtheim vermittelte das Bild an den pfälzischen Emailwarenfabrikanten und Kunstsammler Max Glaeser (1871–1932) aus Eselsfürth. Der genaue Zeitpunkt des Verkaufs ist nicht bekannt, doch 1928 geben die Kataloge der Hofer-Werkschauen der Berliner Sezession und in der Kunsthalle Mannheim Glaeser als Leihgeber von „Martha" an.[2] Dieser hatte 1907 mit dem Aufbau seiner Sammlung begonnen.[3] Anfangs konzentrierte er sich auf Vertreter der Münchner Malerschule, doch schon Mitte der 1920er Jahre kamen Werke von Max Liebermann, Max Slevogt und Lovis Corinth hinzu. Ab 1928 erwarb er Arbeiten von Edvard Munch, Max Pechstein, Ernst Ludwig Kirchner und Karl Hofer.[4] Für die herausragende Kollektion ließ sich Glaeser von dem Stuttgarter Architekten Hans

---

[1] Vgl. Ottfried Dascher, „Es ist etwas Wahnsinniges mit der Kunst". Alfred Flechtheim. Sammler, Kunsthändler und Verleger, Zürich 2012; Alfred Flechtheim. Sammler, Kunsthändler, Verleger (Ausstellung Kunstmuseum Düsseldorf, Sept. 1987–Jan. 1988), Düsseldorf 1987.

[2] Vgl. Karl Hofer. Das gesammelte Werk (Ausstellung Städtische Kunsthalle Mannheim, 9.9.–21.10.1928), Mannheim 1928, S.10, Nr.55; 55. Ausstellung der Berliner Secession in Gemeinschaft mit der Galerie Flechtheim Berlin veranstaltet: Kollektivausstellung Karl Hofer (Nov.–Dez.1928), Berlin 1928, S.14 u. 41.

[3] Vgl. Hugo Kehrer, Sammlung Max Glaeser Eselsfürth, München 1922, S.5.

[4] Vgl. Edmund Hausen, Die Sammlung Glaeser, Eselsfürth, in: Mitteilungsblatt des Pfälzischen Gewerbemuseums 1 (1926), S.41–46; Herrmann Graf, Haus und Sammlung Glaeser Eselsfürth, in: Hand und Maschine. Mitteilungsblatt der Pfälzischen Gewerbeanstalt 1 (1929), S.105–107; Edmund Hausen, Die Sammlung Glaeser, in: Ebd., S.109–124; Daniela Christmann, Die Moderne in der Pfalz. Künstlerische Beiträge, Kunstvereinigungen und Kunstförderung in den Zwanziger Jahren, Heidelberg 1999, S.271–283.

Herkommer (1887–1956) ein einzigartiges Wohn- und Ausstellungsgebäude im Bauhaus-Stil errichten.[5]

In der Hoffnung, seine Sammlung als Ganzes zu vererben, suchte Max Glaeser frühzeitig das Gespräch mit dem Direktor der Pfalzgalerie Kaiserslautern, Hermann Graf (1887–1970). Er war bereit, seinen 1931 mit einer Viertelmillion bewerteten Gemäldebestand für hunderttausend Mark abzugeben. Graf erbat die Summe bei der Stadt, doch da die Nationalsozialisten bereits 1930 stärkste Partei in Kaiserslautern waren, wurde ihm der Kredit nicht gewährt. Expressionistische Kunstwerke galten als „entartet", und Graf musste zusehen, wie sein Haus diese Chance verpasste.[6] Glaeser verkaufte daraufhin Einzelwerke an andere Museen – die Staatliche Kunsthalle Karlsruhe erwarb die „Korbflechter" von Max Liebermann.[7]

Am 6. Mai 1932 starb Max Glaeser. Die Kunstsammlung erbte seine Frau Anna Glaeser, geb. Opp (1864–1944). Da ihre zwei Kinder, Irene Romanic geb. Glaeser und Theodor Glaeser beide vor der Mutter starben, blieb die Sammlung bis zu ihrem eigenen Ableben im Jahr 1944 in ihren Händen. Anschließend wurden die Kunstwerke unter den drei Enkeln verteilt. Das Gemälde „Martha" fiel an Gisela Böhner, geb. Romanic, die es 1952 aus finanziellen Gründen verkaufen musste. Im Bewusstsein des vorangegangenen Geschäfts mit den „Korbflechtern" bot ihr Mann es Kurt Martin (1899–1975) an. Der Leiter der Kunsthalle Karlsruhe erwarb es für 1800 Mark.[8]

In Karlsruhe begann der konsequente Aufbau der modernen Abteilung erst nach dem Zweiten Weltkrieg. Nachdem Hans Thoma (1839–1924) bis 1920 vorwiegend regionale Maler des 19. Jahrhunderts im akademischen Stil gesammelt hatte, folgte unter den Direktoren Willy Storck (1890–1927) und Lilli Fischel (1891–1978) von 1920 bis 1933 zwar eine Hinwendung zur internationalen Moderne. Direktankäufe aus den Flechtheim-Galerien sind für die Kunsthalle jedoch nicht zu verzeichnen. Über das Gemälde „Martha" von Karl Hofer entsteht ein verspäteter, indirekter Kontakt zu dem berühmten Kunsthändler und seinem Wirken.

Tessa Friederike Rosebrock
Staatliche Kunsthalle Karlsruhe

---

[5] Zu Herkommer und der Villa Glaeser vgl. Matthias Schirren (Hrsg.), Moderne Architektur exemplarisch. Hans Herkommer, 1887–1956 (Publikation zur Ausstellung der Technischen Universität Kaiserslautern, 28. 10.–8. 12. 2010), Kaiserslautern 2010, S. 10–15 u. S. 110–122.
[6] Vgl. Wilhelm Weber, Wie der Pfalzgalerie eine legendäre Sammlung durch die Lappen ging, in: Die Rheinpfalz, 15. 5. 1999.
[7] Vgl. Staatliche Kunsthalle Karlsruhe. Katalog Neuere Meister. 19. und 20. Jahrhundert, bearb. v. Jan Lauts u. Werner Zimmermann, Karlsruhe 1971, S. 157.
[8] Vgl. Ankaufkorrespondenz zum Gemälde „Martha" von Karl Hofer aus dem Besitz Frau Gisela Böhners, in: Staatliche Kunsthalle Karlsruhe, Archiv; ausgewählte Briefe, in: Generallandesarchiv Karlsruhe, 441-3, Nr. 868.

Karl Hofer
Martha

Provenance
- 1925 Atelier Karl Hofer, Berlin
- Before 1928 Alfred Flechtheim, Berlin (purchase or direct sale)
- 1928 Max Glaeser, Eselsfürth (purchase)
- 1931 Anna Glaeser, née Opp, Eselsfürth (inheritance)
- 1944 Gisela Böhner, née Romanic, Kaiserslautern (inheritance)
- 1952 Staatliche Kunsthalle Karlsruhe (purchase)

Karl Hofer's work "Martha" was painted in 1925 after the artist had moved from Karlsruhe to Berlin where he was represented by the Flechtheim gallery. The art dealer and the artist were bonded by a deep friendship, formed by a shared time in Paris and their visits to the Café du Dôme. From 1921 on Flechtheim showed Hofer's works in group and single exhibitions.[1] Alfred Flechtheim offered the picture to the Palatine enamelware producer and art collector Max Glaeser (1871–1932) of Eselsfürth. The exact date of the sale is not known but, in 1928, the catalogues for the Hofer retrospectives at the Berlin Secession and in the Kunsthalle Mannheim list "Martha" as being loaned by Glaeser.[2]

Glaeser started collecting in 1907.[3] To begin with he concentrated on representatives of the Munich School but, by the mid 1920s, works by Max Liebermann, Max Slevogt and Lovis Corinth were included. From 1928 onwards he acquired works by Edvard Munch, Max Pechstein, Ernst Ludwig Kirchner and Karl Hofer.[4] To accommodate his outstanding collection Glaeser had a distinctive house and gallery built in the Bauhaus style by the architect Hans Herkommer (1887–1956) from Stuttgart.[5]

Hoping to bequeath his collection in its entirety, Max Glaeser sought talks with the director of the Pfalzgalerie Kaiserslautern, Hermann Graf (1887–1970), at an early stage. He was willing to hand over his paintings, valued at a quarter of a million Marks in 1931, for one hundred thousand Marks instead. Graf asked for the loan of this sum from the city. However, as the National Socialists had already become the most powerful party in Kaiserslautern in 1930, his request was not met. Expressionist artworks were considered

---

[1] See Ottfried Dascher, „Es ist etwas Wahnsinniges mit der Kunst". Alfred Flechtheim. Sammler, Kunsthändler und Verleger, Zürich 2012; Alfred Flechtheim. Sammler, Kunsthändler, Verleger (exh. cat. Kunstmuseum Düsseldorf, Sept. 1987–Jan. 1988), Düsseldorf 1987.

[2] See Karl Hofer. Das gesammelte Werk (exh. cat. Städtische Kunsthalle Mannheim, 9.9.–21.10.1928), Mannheim 1928, p. 10, no. 55; 55. Ausstellung der Berliner Secession in Gemeinschaft mit der Galerie Flechtheim Berlin veranstaltet: Kollektivausstellung Karl Hofer (Nov.–Dec. 1928), Berlin 1928, p. 14 and p. 41.

[3] See Hugo Kehrer, Sammlung Max Glaeser Eselsfürth, München 1922, p. 5.

[4] See Edmund Hausen, Die Sammlung Glaeser, Eselsfürth, in: Mitteilungsblatt des Pfälzischen Gewerbemuseums 1 (1926), pp. 41–46; Hermann Graf, Haus und Sammlung Glaeser Eselsfürth, in: Hand und Maschine. Mitteilungsblatt der Pfälzischen Gewerbeanstalt 1 (1929), pp. 105–107; Edmund Hausen, Die Sammlung Glaeser, in: Ibid., pp. 109–124; Daniela Christmann, Die Moderne in der Pfalz. Künstlerische Beiträge, Kunstvereinigungen und Kunstförderung in den Zwanziger Jahren, Heidelberg 1999, pp. 271–283.

[5] Concerning Herkommer and the Villa Glaeser see Matthias Schirren (ed.), Moderne Architektur exemplarisch. Hans Herkommer, 1887–1956 (exh. cat. Technische Universität Kaiserslautern, 28.10.–8.12.2010), Kaiserslautern 2010, pp. 10–15 and pp. 110–122.

"degenerate" and Graf had to look on as his museum missed such an opportunity.[6] Glaeser subsequently sold individual works to other museums. The Staatliche Kunsthalle Karlsruhe acquired "Korbflechter" (Basket Makers) by Max Liebermann.[7]

Max Glaeser died on 6 May 1932. His wife, Anna Glaeser, née Opp (1864–1944), inherited the art collection. As her two children, Irene Romanic, née Glaeser, and Theodor Glaeser both deceased before their mother, the collection stayed with Anna Glaeser until her own death in 1944. Afterwards the artworks were split among the three grandchildren. The painting "Martha" was bequeathed to Gisela Böhner, née Romanic, who had to sell it in 1952. In the knowledge of the previous sale of "Korbflechter", her husband offered the painting to Kurt Martin (1899–1975), the director of the Kunsthalle Karlsruhe, who bought it for 1800 Marks.[8]

In Karlsruhe, modern art was not systematically collected until after World War II. Hans Thoma (1839–1924) had predominantly purchased academic works by regional 19th-century artists up until 1920; this was followed by a lean towards international Modernism during the directorship of Willy Storck (1890–1927) and Lilli Fischel (1891–1978) between 1920 and 1933. There is, however, no documentation of any direct purchases for the Kunsthalle from the Flechtheim's galleries. Through the painting "Martha" by Karl Hofer a late, if indirect contact to the famous art dealer and his work came into being.

Tessa Friederike Rosebrock
Staatliche Kunsthalle Karlsruhe

[6] See Wilhelm Weber, Wie der Pfalzgalerie eine legendäre Sammlung durch die Lappen ging, in: Die Rheinpfalz, 15.5.1999.
[7] See Staatliche Kunsthalle Karlsruhe. Katalog Neuere Meister. 19. und 20. Jahrhundert, arranged by Jan Lauts and Werner Zimmermann, Karlsruhe 1971, p. 157.
[8] See correspondence about the purchase of the painting "Martha" by Karl Hofer from Mrs. Gisela Böhner, in: Staatliche Kunsthalle Karlsruhe, archive; selected letters, in: Generallandesarchiv Karlsruhe, 441-3, Nr. 868.

5.

Paul Klee
Reife Ernte (Ripe Harvest)
1924, 172[1]
Feder/Tusche, nass in nass, Aquarell
und Bleistift auf Papier auf Karton
(Pen and Ink, Wet-on-Wet, Watercolour
and Pencil on Paper on Cardboard)
22,7 × 12,8 cm
Kunstbesitz der Landeshauptstadt Hannover
Sprengel Museum Hannover
Inv. Nr. Sammlung Sprengel I/118

Auf Abstrahierungsprozesse vor tunesischen Landschaften zurückgehend, verfeinerte Paul Klee seit Aufnahme seiner Lehrtätigkeit 1919 am Staatlichen Bauhaus in Weimar seine künstlerischen Techniken, auch hinsichtlich der Gestaltung einer flächigen Ornamentik. Die Linie blieb für ihn zentrales Gestaltungselement.

Seit 1923 unterrichtete er den Kurs „Elementare Gestaltungslehre" und war Leiter der Werkstatt für Weberei. Klee beschäftigte sich nicht nur mit der Darstellung übergeordneter Prinzipien der Natur, analog zu organischen Wachstumsprozessen verstand er seine Kunst stets in der Entwicklung begriffen. Dabei reflektierte er immer wieder den Stand der eigenen künstlerischen Reife, wie im Titel angedeutet.

Das Werk „Reife Ernte" stellte Paul Klee für seine erste Einzelausstellung in der Berliner Galerie Alfred Flechtheim im Frühjahr 1928 zur Verfügung.[2] Der Ausstellungskatalog benennt 49 der Galerie in Kommission überlassene sowie weitere Werke aus Privatbesitz. Ein Großteil der ausgestellten Arbeiten konnte verkauft werden. Obschon die Federzeichnung „Reife Ernte" nicht im Katalog gelistet ist, belegen eigene Aufzeichnungen des Künstlers, dass Paul Klee sie Alfred Flechtheim für die Ausstellung nur als Leihgabe überlassen hatte und mit deren Ende im April 1928 zurückerhielt.[3] Von Klee selbst als „S.Cl." (= Sonderclasse) klassifiziert, galt das Blatt von vornherein als unverkäuflich und gehörte wie vergleichbare Werke seiner eigenen Kunstsammlung an, die er für Studienzwecke und Überprüfung eigener Entwicklungsstufen angelegt hatte. Die Werke dieser besonderen Qualitätsstufe blieben teilweise zunächst dem Kunstmarkt vorenthalten.

---

[1] Catalogue raisonné 4, 1923–1926, hrsg. v. d. Paul-Klee-Stiftung, Kunstmuseum Bern, Bern 2000, Nr. 3544.
[2] Paul Klee, Galerie Alfred Flechtheim, Berlin W 10, Lützowufer 13, 18. März–Ostern 1928.
[3] Diese Angaben beziehen sich auf das vom Künstler seit 1911 handschriftlich selbstgeführte Werkverzeichnis sowie auf die erhaltene Lieferliste an den Galeristen, deren erhaltene Originale sich im Nachlass Paul Klees in Bern befinden. Vgl. Kat. Nr. 144 und Stefan Frey, Dokumentation Paul Klee, in: Sonderklasse, unverkäuflich, Ausst.-Kat., hrsg. vom Zentrum Paul Klee Bern und Museum der bildenden Künste, Leipzig, Köln 2015, S. 58 ff., 282.

Bereits 1925 figurierte „Reife Ernte" in der Ausstellung bei dem Galeristen Hans Goltz in München als unverkäufliches Werk, ohne aber schon als Sonderklasse gekennzeichnet gewesen zu sein.[4]

Die vom Künstler bezeichnete Tuschfederzeichnung blieb nachweislich Eigentum Paul Klees bis zu dessen Tod im Jahr 1940. Aufgrund des Erbganges verblieb der Nachlass bei der Ehefrau Lily Klee bis zu deren Tod im Jahr 1946 und ging durch eine vertragliche Vereinbarung an die Klee-Gesellschaft in Bern über. Von dort aus zunächst in Schweizer Privatbesitz und ab 1950 wieder in den Kunsthandel gelangt, erwarben Bernhard und Margrit Sprengel das Werk im Jahr 1958 in der Galerie Grosshennig in Düsseldorf. Infolge der Schenkung ihrer Sammlung an die Stadt Hannover befindet es sich in städtischem Eigentum und wird seit 1979 im Sprengel Museum Hannover aufbewahrt.

Annette Baumann
Provenienzforschung zum Kunstbesitz der Landeshauptstadt Hannover

Paul Klee
Ripe Harvest[1]

Referring back to abstraction processes used before his Tunisian landscapes, Paul Klee refined his artistic techniques from when he began teaching at the Staatliches Bauhaus in Weimar in 1919 with regard to the design of flat ornamentation too. The line remained the central design element for him.

From 1923, he taught the course on "Elementary Design Studies" and directed the weaving workshop. Klee not only engaged in the representation of general principles of nature. By analogy to organic growth processes, he understood his art to be constantly developing. He therefore reflected time and time again on the state of his own artistic maturity, as the title indicates. The work "Reife Ernte" was made available by Paul Klee for his first solo exhibition at the Alfred Flechtheim Gallery in Berlin in the spring of 1928.[2] The exhibition catalogue lists 49 works on commission with the gallery, as well as further works in private ownership. A large number of the works exhibited were sold.

Although the pen-and-ink drawing "Reife Ernte" is not listed in the catalogue, the artist's own records document that Paul Klee gave the piece to Alfred Flechtheim on loan only for the exhibition and got it back when the exhibition ended in April 1928.[3] Classi-

---

[4] Paul Klee, 2. Gesamtausstellung 1920/1925, Hans Goltz München, Mai/Juni 1925, Kat.-Nr. 163, Privatbesitz (Leihgeber: Paul Klee, Weimar). Paul Klee war mit Hans Goltz 1919 einen Generalvertretungsvertrag eingegangen, den er fristgerecht zum Auslauf 1925 kündigte. Fortan steuerte er seine Geschäftstätigkeit nach festgelegten Kommissionsbeteiligungen selbst und gründete zu diesem Zweck auch die Klee-Gesellschaft.

[1] Catalogue raisonné 4, 1923–1926, published by the Paul Klee Foundation, Kunstmuseum Bern, Bern 2000, Nr. 3544.

[2] Paul Klee, Alfred Flechtheim Gallery, Berlin W 10, Lützowufer 13, 18th of March – Easter 1928.

[3] This information refers to the artist's own handwritten index of works, which he kept from 1911, as well as to the preserved lists of deliveries to the gallery owner, the originals of which are preserved as part of the Paul Klee estate in Bern. Cf. Kat. Nr. 144 and Stefan Frey, Dokumentation Paul Klee, in:

fied by Klee himself as "S. Cl." (= Sonderclasse [special class]), the paperwork was considered as not-for-sale and, among other comparable works, belonged to his own art collection, which he set aside for study purposes and for the purpose of examining his own stages of development. Works of this exception level of quality were partially kept back from the art market.

In 1925 "Reife Ernte" was described as "not for sale" in the exhibition with gallery owner Hans Goltz in Munich, but was not yet marked as special class.[4]

Evidence shows that the pen-and-ink drawing described remained the property of Paul Klee until his death in 1940. The estate was inherited by his wife Lily Klee and remained in her possession until her death in 1946. It was then transferred to the Klee Society in Bern on the basis of a contractual agreement. From there, it was initially in private ownership in Switzerland and from 1950 was again on offer in the art market. The work was acquired by Bernhard and Margrit Sprengel in 1958 at Galerie Grosshennig in Düsseldorf. Following the donation of their collection to the City of Hanover, it came to be owned by the city and has been kept at the Sprengel Museum Hanover since 1979.

Annette Baumann
Provenance Research, Art Collection of the State Capital Hannover

---

Sonderklasse, unverkäuflich, Ausst.-Kat. (Exh. Cat.), published by Zentrum Paul Klee Bern and Museum der bildenden Künste, Leipzig, Köln 2015, pp. 58 ff., 282.

[4] Paul Klee, 2. Gesamtausstellung 1920/1925, Hans Goltz München, Mai/Juni 1925, Kat.-Nr. 163, Privatbesitz (Leihgeber: Paul Klee, Weimar). Paul Klee had entered into a general agency agreement with Hans Goltz in 1919, which he terminated on time when it lapsed in 1925. Henceforth he conducted his business interests himself according to fixed commissions and founded the Klee-Gesellschaft (Klee Society) for this purpose.

6.

Paul Klee
Jungwaldtafel (Panel of Young Trees)
1926, 4166
Öl auf Nesseltuch (Oil on Untreated Cotton)
36 × 25,5 cm
Staatsgalerie Stuttgart
Inv. Nr. 2696

Das Gemälde wurde im Frühjahr 1928 in der Galerie Alfred Flechtheim, Berlin, auf einer Einzelausstellung des Künstlers Paul Klee ausgestellt. Die Ausstellung wanderte zum 1. Mai 1928 nach Paris und wurde dort in der Galerie Georges Bernheim erneut gezeigt.

Der Schweizer Kunstsammler und -händler Kurt Mettler erwarb dieses Gemälde 1928. Nach seinem Tod ging es in den Besitz von Galka Scheyer über. Galka Scheyer (1889–1945) gründete 1924 die „Blauen Vier", deren Mitglieder Jawlensky, Klee, Kandinsky und Feininger waren[1]. Im selben Jahr siedelte sie in die USA über, unternahm aber 1931/32 eine größere Einkaufsreise nach Deutschland. Bei dieser Gelegenheit erwarb sie die „Jungwaldtafel" von Klee. 1932/33 verkaufte sie mehrere Werke von Klee an die amerikanische Sammlerin Ruth McClymonds Maitland in Los Angeles, darunter nachweislich die „Jungwaldtafel".

Nach dem Tod der Sammlerin 1958 ging das Gemälde in den Besitz ihrer Erben über, die dieses Werk 1959 als Leihgabe in eine Ausstellung der Universität Los Angeles gaben. Dort wurde es am letzten Ausstellungstag von einem Amerikaner gestohlen.

Dieser Amerikaner flog mit dem Bild nach München, übernachtete dort im Englischen Garten und bot am nächsten Tag der Münchner Galerie Günther Franke das Gemälde zum Kauf an. Die Galerie Franke erwarb von ihm das Bild für 12 600 DM und verkaufte es 1961 an den Senat der Stadt Berlin für 42 000 DM. Das Gemälde wurde mit Mitteln der Lottostiftung bezahlt und der Nationalgalerie Berlin übergeben. Der damalige Museumsdirektor der Nationalgalerie, Leopold Reidemeister, erfuhr durch einen Zeitungsbericht von dem Diebstahl des Gemäldes und erstattete es an die Erben der Sammlerin Maitland zurück.[2] Kurz darauf gaben die Erben das Gemälde in den Handel. Bis 1964 war es im Besitz des Kunsthändlers Richard Feigen, New York/Chicago und gelangte von dort zur Galerie Beyeler in Basel, die es im selben Jahr an die Staatsgalerie Stuttgart verkaufte.

Anja Heuß
Staatsgalerie Stuttgart

---

[1] Zur Person Galka Scheyer vgl. Kunstmuseum Bern/Kunstsammlung Nordrhein-Westfalen, Düsseldorf, Die Blaue Vier. Feininger, Jawlensky, Kandinsky, Klee in der Neuen Welt, Bern/Düsseldorf 1998, hier S. 59f. Dort ist ausdrücklich der Verkauf mehrerer Werke von Paul Klee 1932 und 1934, darunter die „Jungwaldtafel" durch Galka Scheyer an Maitland erwähnt.
[2] In einem Leitartikel zum Thema „Kunstraub" berichtete der „Spiegel" am 15. 7. 1964 über diesen Vorfall.

Paul Klee
Panel of Young Trees

The painting was shown in the spring of 1928 at the Alfred Flechtheim Gallery in Berlin in a solo exhibition by the artist Paul Klee. The exhibition had moved to Paris by the 1st of May 1928 and was shown again there at the George Bernheim Gallery.

This painting was acquired by the Swiss art collector and dealer Kurt Mettler in 1928. After his death, it came to be owned by Galka Scheyer. Galka Scheyer (1889–1945) founded "Die Blaue Vier" (The Blue Four) in 1924, whose members were Jawlensky, Klee, Kandinsky and Feininger[1]. In the same year, she resettled in the USA but made a major purchasing trip to Germany in 1931/1932. On this occasion, she acquired the "Panel of Young Trees" by Klee. In 1932/33, she sold several works by Klee to the American collector Ruth McClymonds Maitland in Los Angeles which, evidence shows, included the "Panel of Young Trees".

After the collector died in 1958, the painting became the property of her heirs, who loaned the piece to the University of Los Angeles for an exhibition in 1959.

There, it was stolen by an American on the last day of the exhibition.

This American flew to Munich with the painting, spent the night there in the English Garden and offered to sell the painting to the Günther Franke Gallery the next day. The Franke Gallery bought the painting for 12 600 DM and sold it to the Senate of the City of Berlin in 1961 for 42 000 DM. The painting was paid for using funding from the lottery foundation and was handed over to the National Gallery Berlin.

The Museum Director of the National Gallery at that time, Leopold Reidemeister, learned from a newspaper report that the painting had been stolen and returned it to the collector Maitland's heirs.[2] Shortly after that, the heirs put the painting up for sale. Until 1964, it was in the possession of the art dealer Richard Feigen in New York/Chicago and from there it went to the Beyeler Gallery in Basel, which sold it to the Staatsgalerie Stuttgart in the same year.

Anja Heuss
Staatsgalerie Stuttgart

---

[1] On Galka Scheyer, see Kunstmuseum Bern/Kunstsammlung Nordrhein-Westfalen, Düsseldorf, Die Blaue Vier. Feininger, Jawlensky, Kandinsky, Klee in der Neuen Welt, Bern/Düsseldorf 1998, here pp.59f. Here, the sale of a number of works by Paul Klee in 1932 and 1934 (including the Panel of Young Trees) is mentioned explicitly.
[2] In an editorial on the subject of "Kunstraub" (Art Theft), Der Spiegel, a German news magazine, reported on this case on 15/7/1964.

7.

Paul Klee
Bunter Blitz (Colourful Lightning)
1927, 181 (J 1)
Ölfarbe auf Leinwand
auf Karton auf Keilrahmen genagelt,
originale Rahmenleisten
(Oil on Canvas on Cardboard
Tacked to Stretching Frame,
Original Frame Strips)
50,3 × 33,9 × 1,8 cm
Stiftung Kunstsammlung Nordrhein-Westfalen, Düsseldorf
Inv. Nr. 0017

Das Gemälde „Bunter Blitz" von Paul Klee verblieb seit dem Jahr seiner Entstehung 1927 im Eigentum des Künstlers, der es im Oktober 1929 der Galerie Alfred Flechtheim in Kommission gab. Am 24. Oktober 1933 schloss Daniel-Henry Kahnweiler mit Paul Klee einen Generalvertretungsvertrag ab. In Folge übernahm er von der Galerie Flechtheim die Kommissionsware, die im Januar 1934 in Paris eintraf. Bei Kahnweiler, Inhaber der Galerie Simon, ist das Werk bis 1935 zu verorten und wurde anschließend von ihm in die Mayor Gallery nach London weitergegeben, bei der auch Alfred Flechtheim seit 1934 arbeitete.

Pamela Mayor, die Frau des Mitteilhabers der Galerie Fred H. Mayor, erwarb das Werk zu einem bislang unklaren Datum. Die Mayor Gallery stellte die Arbeit noch im Jahr 1941 – als Eigentum Pamela Mayors, als eigenen Besitz oder als Kommissionsware von Kahnweiler – den Leicester Galleries zu Ausstellungszwecken zur Verfügung. In Folge ist die Arbeit in der Zwemmer Gallery nachzuweisen, bis sie spätestens 1953 in die Curt Valentin Gallery in New York gelangte. Zu einem bisher unbekannten Zeitpunkt erstand sie G. David Thompson für seine Sammlung, in der sie bis zum Verkauf an die Basler Galerie Beyeler 1960 verblieb. Anschließend erwarb das Land Nordrhein-Westfalen von der Galerie Beyeler das Gemälde „Bunter Blitz" zusammen mit weiteren 87 Arbeiten von Paul Klee; diese bildeten das Fundament der 1961 gegründeten Kunstsammlung Nordrhein-Westfalen.

Julian Heynen
Kunstsammlung Nordrhein-Westfalen, Düsseldorf

Paul Klee
Colourful Lightning

The painting, "Bunter Blitz" ("Colourful Lightning") by Paul Klee, remained the property of the artist from when it was painted in 1927. He then submitted it to the Flechtheim Gallery on commission in October 1929. On the 24th of October 1933, Daniel-Henry Kahnweiler signed a general agency agreement with Paul Klee. As a result of this, he took charge of the works on commission from the Flechtheim Gallery; these arrived in Paris in January 1934. Until 1935, Kahnweiler, proprietor of the Galerie Simon, kept the painting and then passed it on to the Mayor Gallery in London, where Alfred Flechtheim had been working since 1934.

Pamela Mayor, the wife of a partner in the gallery, Fred H. Mayor, acquired the work at a date which has remained unclear to this day. The Mayor Gallery made the work available to the Leicester Galleries for exhibition purposes in 1941, either as the property of Pamela Mayor or as Kahnweiler's own property or as a work on commission. Following on from this, it has been verified that the work was at the Zwemmer Gallery until it turned up at the Curt Valentin Gallery in New York at the latest by 1953. At an unknown point in time, it was purchased by G. David Thompson for his collection, where it remained until it was sold to the Beyeler Gallery in Basel in 1960. The painting "Bunter Blitz" was then purchased by the State of North Rhine-Westphalia from the Beyeler Gallery, together with a further 87 works by Paul Klee. These formed the basis of the Kunstsammlung Nordrhein-Westfalen (Art Collection of North Rhine-Westphalia) established in 1961.

Julian Heynen
Art Collection of North Rhine-Westphalia, Düsseldorf

8.

Paul Klee
Blumenfresser (Flower Eater)
1927, 17 (K 7)
Öl auf Karton (Oil on Cardboard)
25 × 41 cm
Inv. Nr. A II 644
Kriegsverlust der Nationalgalerie Berlin
(War Loss, formerly of the National Gallery Berlin)

Provenienz
– bis 1928 Rudolf Probst (Galerie Neue Kunst Fides; Das Kunsthaus), Dresden/Mannheim
– 1928 Galerie Alfred Flechtheim
– 1928 Ankauf durch die Nationalgalerie von der Galerie Alfred Flechtheim Berlin

Die Nationalgalerie Berlin besaß vor 1937 sechs Bilder von Paul Klee. Ludwig Justi, Direktor der Nationalgalerie von 1909 bis 1933, erwarb diese zwischen 1923 und 1928. Weitere Ankäufe von Werken dieses Malers, den Justi für den „größte[n] unter den Malern traumhafter Gebilde"[1] hielt, blieben ihm aus finanziellen und politischen Gründen verwehrt.

Als letztes der sechs Werke gelangte 1928 das Bild „Der Blumenfresser" in die Nationalgalerie. Justi hatte das erst 1927 entstandene Werk zusammen mit acht weiteren Bildern von Klee in einer Ausstellung in der Galerie Alfred Flechtheim ausgesucht, die im Frühjahr des Jahres in Berlin stattgefunden hatte. Ende Mai übersandte Flechtheim die neun Werke von Klee sowie ein Gemälde von Ismael Gonzales de la Serna, „Palme in Nizza", zur Ansicht. Justi versuchte zunächst, den Preis von 1200 Reichsmark (RM) herunterzuhandeln und bezog sich dabei auf das Votum der Ankaufskommission, die die Erwerbung des Bildes für 1000 RM befürwortet hätte: „Können Sie es uns zu diesem reduzierten Preise überlassen?"[2] Die anderen Bilder von Klee und de la Serna hatte die Kommission abgelehnt.

Flechtheim, ganz der geschickte Kunsthändler, reagierte prompt: „Sehr verehrter Herr Geheimrat! Wenn ich Klee 200.– M abziehe für ein Bild, dessen Preis ich schon so niedrig bemessen habe wie nur irgend möglich, vergälle ich dem Künstler die Freude an dem Erwerb des Werkes durch die Nationalgalerie. Meine Provision an dem Bild ist 25%. Mir könnte es ja gleichgültig sein, ob ich die 25% von 1000.– oder von 1200.– M bekomme. Um Ihnen den Ankauf des Klee bzw. die M 200 zu ‚versüssen', will ich Ihnen das Oelgemälde von Serna ‚Palme in Nizza' für die Nationalgalerie als Geschenk anbieten. Ich würde mich sehr freuen, wenn Sie das Bild annehmen würden. Mit besten Empfehlungen, Ihr sehr ergebener Alfred Flechtheim."[3]

---

[1] Ludwig Justi, Von Corinth bis Klee, Berlin 1931, S. 193.
[2] Nationalgalerie an Alfred Flechtheim, 29.5.1928, in: Staatliche Museen zu Berlin – Zentralarchiv (SMB-ZA), I/NG 470, Bl. 301.
[3] Alfred Flechtheim an Ludwig Justi, 31.5.1928, in: Ebd., Bl. 303.

Der Handel kam zustande. Das Bild von Paul Klee wurde für 1200 RM angekauft (Inv. Nr. A II 644) und das Gemälde von de la Serna als Geschenk von Alfred Flechtheim inventarisiert (Inv. Nr. A II 646).

Beide Werke blieben schicksalhaft miteinander verbunden: Keines von ihnen befindet sich heute noch in der Nationalgalerie. Während das Gemälde von de la Serna 1937 im Zuge der Aktion „Entartete Kunst" beschlagnahmt und in die Köpenicker Straße verbracht wurde, wo sich seine Spur verliert, entging „Der Blumenfresser" von Paul Klee als einziges der sechs Werke des Künstlers in der Nationalgalerie der „Sicherstellung" durch die Beschlagnahmekommission. Zwar wurde es auf einer Liste mit Werken ausländischer Künstler geführt, die als „nicht einwandfrei" eingestuft, aber nicht beschlagnahmt wurden. Bemerkenswerterweise findet sich auf dieser von der Kommission zusammengestellten Liste auch die „Palme in Nizza" von de la Serna – jedoch wurde das Bild offenbar später doch noch beschlagnahmt.[4]

Die letzte Spur des „Blumenfressers" führt in den Flakturm am Friedrichshain. Dorthin wurde das Bild am 20. Mai 1944 mit anderen Werken der Nationalgalerie verbracht, um es vor den Bombenangriffen in Sicherheit zu bringen. Seitdem gilt es als verschollen.[5]

Petra Winter
Zentralarchiv – Staatliche Museen zu Berlin

Paul Klee
Flower Eater

Provenance
– Until 1928 Rudolf Probst (Galerie Neue Kunst Fides; Das Kunsthaus), Dresden/Mannheim
– 1928 Alfred Flechtheim Gallery
– 1928 Purchased by the National Gallery from the Alfred Flechtheim Gallery Berlin

The National Gallery Berlin owned six paintings by Paul Klee before 1937.
Ludwig Justi, Director of the National Gallery from 1909 to 1933, acquired these between 1923 and 1928. For financial and political reasons, he was unable to make further purchases of works by the painter, who Justi considered to be the "greatest painter of dreamlike images"[1].

The last of the six works, the painting "Der Blumenfresser" came to the National Gallery in 1928. Justi had chosen the work painted as recently as 1927, together with eight other works by Klee, from an exhibition at the Alfred Flechtheim Gallery, which took place in the spring of that year in Berlin. At the end of May, Flechtheim sent the nine

---

[4] Liste mit Werken ausländischer Künstler in der Nationalgalerie, 12.8.1937, in: SMB-ZA, I/NG 948, Bl. 59.
[5] SMB-ZA, I/NG 1360, Bl. 7 v. sowie Dokumentation der Kriegsverluste der Nationalgalerie, Berlin 2001, S. 60.

[1] Ludwig Justi, Von Corinth bis Klee, Berlin 1931, p. 193.

works by Klee, as well as a painting by Ismael Gonzales de la Serna, Palm Tree in Nice, for a viewing. Justi initially tried to negotiate the price down from 1,200 Reichsmark with reference to the vote of the Purchases Commission, which approved the acquisition of the picture for 1,000 Reichsmark: "Can you let us have it for this reduced price?"[2] The other paintings by Klee and de la Serna had been rejected by the commission.

Flechtheim, ever the adept art dealer, reacted promptly: "Dear Mr Privy Councillor! If I deduct 200.00 Marks from Klee for the painting, the price of which I have already made as low as possible, I would spoil the artist's joy at the acquisition of the work by the National Gallery. My commission on the painting is 25%. I would be indifferent as to whether I get 25% of 1000.00 or of 1200.00 Marks. In order to 'sweeten' the purchase of the Klee and the 200 Marks for you, I wish to offer the oil painting by Serna, Palm Tree in Nice, to the National Gallery as a gift. I would be delighted, if you would take the picture. With best wishes, Most respectfully yours, Alfred Flechtheim."[3]

The deal was struck and the painting by Paul Klee was purchased for 1,200 Reichsmark (Inv. No. A II 644), while the painting by de la Serna was inventoried as a gift from Alfred Flechtheim (Inv. No. A II 646).

These two works remained connected to each other by fate: Neither of them is to be found at the National Gallery today. While the painting by de la Serna was seized in 1937 during the "degenerate art" campaign and taken to Köpenicker Straße, where all trace of it was lost, "Der Blumenfresser" by Klee is the only one of the six works by the artist at the National Gallery to have avoided being "secured" by the seizure commission. Although it was included on a list of works by foreign artists that were classified as "objectionable" ("nicht einwandfrei"), these objects were not seized. Remarkably, Palm Tree in Nice by de la Serna was also to be found on this list compiled by the commission, however the painting was apparently seized after all at a later date.[4] The last evidence of the whereabouts of the Blumenfresser leads to the flak tower in Friedrichshain, Berlin. The picture was taken there on the 20th of May 1944 along with other works from the National Gallery in order to bring it to safety during the bomb raids. Since then it has been considered missing.[5]

Petra Winter
Central Archive – National Museums in Berlin

---

[2] National Gallery to Alfred Flechtheim, 29.5.1928, in: National Museums in Berlin – Central Archive (SMB-ZA), I/NG 470, Bl. 301.
[3] Alfred Flechtheim to Ludwig Justi, 31.5.1928, ibid., Bl. 303.
[4] List of works by foreign artists at the National Gallery, 12.8.1937, in: SMB-ZA, I/NG 948, Bl. 59.
[5] SMB-ZA, I/NG 1360, Bl. 7v. as well as documentation on the losses due to war by the National Gallery, Berlin 2001, p. 60.

9.

Oskar Kokoschka
Porträt Tilla Durieux (Portrait of Tilla Durieux)
1910
Öl/Leinwand (Oil/Canvas)
56 x 65 cm
Privatbesitz USA

Das Porträt wurde 1946 mit der Stiftung Haubrich vom Wallraf-Richartz-Museum Köln erworben. Bei der Neugliederung der Kölner Museen 1976 wurde es an das Museum Ludwig überwiesen und dort unter ML 76/2753 inventarisiert.[1]

Das Gemälde ist unsigniert und undatiert, aber nach Kokoschkas eigenen Aussagen 1910 im Auftrag von Paul Cassirer entstanden, dessen Heirat mit Tilla Durieux kurz bevorstand. Der junge Maler hatte sich gerade erst dem Genre zugewandt, und Cassirer wollte ihn fördern. Während der Arbeit kam es jedoch zwischen der Schauspielerin und Kokoschka zu Auseinandersetzungen, so dass Kokoschka das Bild – einschließlich der Malutensilien, wie er später in seinen Erinnerungen beklagte – unvollendet und unbezahlt bei ihr zurückließ.[2] Sie selbst erwähnte das Porträt und eine später entstandene Zeichnung beiläufig in ihren Memoiren und ließ ihre Unzufriedenheit durchblicken.[3]

Bei solcher Abneigung wundert es nicht, dass das Bild bald in andere Hände überging. In der 1918 von Paul Westheim veröffentlichten Monographie über Kokoschka wurde als neuer Besitzer Alfred Flechtheim angegeben.[4] Ob Flechtheim es durch persönliche Beziehungen zur Schauspielerin (oder Paul Cassirer), aus Sammlerneigung oder kunsthändlerischen Interesse übernahm, ob er es gekauft, geschenkt bekommen oder in Kommission genommen hatte, lässt sich heute nicht mehr ermitteln. Kokoschka gehörte nicht zu seinen Vertragskünstlern und wurde bei ihm selten gezeigt. Das Durieux-Porträt jedoch stellte er mehrfach aus und ließ es abbilden, wobei keine oder uneinheitliche Angaben zum Besitz gemacht wurden. Hinweise auf eine eventuelle Verkäuflichkeit des Werkes fehlten gänzlich.

Spätestens 1927 war das Bild in Besitz des Kunstsammlers Hermann Lange in Krefeld. Dieser lieh es 1927 für die Kokoschka-Ausstellung des Kunsthauses Zürich aus.[5] Da alle Unterlagen zur Sammlung Lange während des Zweiten Weltkriegs vernichtet worden sind, sind die Umstände des Besitzerwechsels heute nicht mehr zu klären. Dass das Bild

---

[1] Evelyn Weiss, Katalog der Gemälde des 20. Jahrhunderts, die älteren Generationen bis 1915 im Wallraf-Richartz-Museum – mit Teilen der Sammlung Ludwig – und im Kunstgewerbemuseum, Köln 1970, S. 106f. Siegfried Gohr (Hrsg.), Museum Ludwig Köln. Gemälde, Skulpturen, Environments vom Expressionismus bis zur Gegenwart. Bestandskatalog, München 1986, S. 127. Johann Winkler/ Katharina Erling, Oskar Kokoschka. Die Gemälde 1906–1929, Salzburg 1995, S. 32–34 (Nr. 54). Julia Friedrich (Hrsg.), Meisterwerke der Moderne – Die Sammlung Haubrich im Museum Ludwig, Köln 2012, S. 130 u. 224.

[2] Oskar Kokoschka, Mein Leben, München 1971, S. 115f.

[3] Tilla Durieux, Eine Tür steht offen. Erinnerungen, o. O. 1954, S. 260.

[4] Paul Westheim, Oskar Kokoschka. Das Werk Oskar Kokoschkas in 62 Abbildungen, Potsdam – Berlin 1918, Nr. 52 (Abbildungsliste).

[5] Ausst.-Kat. Nr. 19. Kunsthaus Zürich, Archiv, Ausstellungsakten 1927.

im Verlauf der 1920er Jahre ein Verkaufsobjekt war, belegt ein rückseitig angebrachtes, nummeriertes Etikett der Galerie Flechtheim.[6] Als Lange 1931 von der Kunsthalle Mannheim erneut um eine Ausleihe gebeten wurde, war das Bild wieder bei Flechtheim. Er stellte es für die Ausstellung zur Verfügung und ließ sich im Katalog als Besitzer eintragen.

Zu dieser Zeit war Flechtheim, wie zahlreiche andere Kollegen, durch die Weltwirtschaftskrise und deren massive Auswirkungen auf den Kunsthandel in finanziellen Schwierigkeiten, die sich bis 1933 kontinuierlich verschärften. Er verpfändete Kunstwerke an die Stadt Düsseldorf und an seinen Düsseldorfer Bankier. Nachdem Flechtheim Deutschland verlassen hatte, verpflichtete sich Alex Vömel schriftlich, dessen Schulden durch den Verkauf der Pfänder, darunter auch dieses Porträt, zu tilgen.[7] 1934 verkaufte er das Porträt zu einem reduzierten Preis an den Kölner Sammler Dr. Josef Haubrich.[8] Ob er die Einnahme wie vereinbart an den Gläubiger weitergeleitet hat, war nicht zu ermitteln.

In der Bildgeschichte bleiben mehrere Fakten unklar. Dazu gehören auch die Umstände des Verkaufs. Die Berliner „Limbach-Kommission" stellte fest, dass diese nicht mehr lückenlos aufklärbar seien. Mangels konkreter Beweise sei davon auszugehen, dass Alfred Flechtheim das Gemälde aufgrund seiner Verfolgungssituation verkaufen musste. Ein NS-verfolgungsbedingter Verlust sei daher zu bejahen. Die Kommission empfahl im März 2013 die Rückgabe an die Flechtheim-Erben. Das Bild wurde daraufhin an sie restituiert.

Roswitha Neu-Kock
Köln

Oskar Kokoschka
Portait of Tilla Durieux

In 1946 the portrait was acquired with the Haubrich Collection by the Wallraf-Richartz-Museum, Cologne. When the museums of Cologne were being reorganized in 1976, the painting was transferred to the Museum Ludwig (Inventory number: ML 76/2753).[1]

---

[6] Das hochrechteckige Etikett auf dem Keilrahmen des Bildes ist im oberen Teil überklebt. Dahinter befindet sich die Anschrift der Galerie Flechtheim, wie der Vergleich mit anderen, vollständigen Galerieetiketten erkennen lässt. Der untere, sichtbar gebliebene Teil zeigt drei bei Flechtheim-Etiketten gebräuchliche, mit den Großbuchstaben B, D und E gekennzeichnete Rubriken, die handschriftlich mit Zahlen (B: 14173, E: 4323) ergänzt wurden. Im freien Feld darunter sind ebenfalls handschriftlich Künstlername und Bildtitel eingetragen.

[7] Schreiben von Alex Vömel an Kurt Poensgen, 21.10.1933: Universitätsarchiv Basel, Nachlass Christoph Bernoulli, Privatkorrespondenz.

[8] Historisches Archiv der Stadt Köln, Best. 1369, Nr. 30: Nachlass Jos. Haubrich, 1. Da der vollständige Bestand seit dem Archiveinsturz 2009 nicht mehr zugänglich ist, standen für die Fallprüfung nur Einzelkopien und die Karteikarte Haubrichs im Archiv des Museums Luwig zur Verfügung.

[1] Evelyn Weiss, Katalog der Gemälde des 20. Jahrhunderts, die älteren Generationen bis 1915 im Wallraf-Richartz-Museum – mit Teilen der Sammlung Ludwig – und im Kunstgewerbemuseum, Köln 1970, pp. 106–107. Siegfried Gohr (ed.), Museum Ludwig Köln. Gemälde, Skulpturen, Environments vom Expressionismus bis zur Gegenwart. Bestandskatalog, München 1986, p. 127. Johann Winkler/

The painting is unsigned and undated, but according to Kokoschka's own statements, it was painted in 1910 for Paul Cassirer, who was about to marry Tilla Durieux. The young painter had just turned his attention to this genre and Cassirer wanted to foster him. During the portrait sittings, however, the actress and Kokoschka quarrelled, resulting in Kokoschka departing and leaving behind the painting, unfinished and unpaid for, as well as his painting utensils, as he later complained in his memoirs.[2] Incidentally, she herself mentioned the portrait and a later drawing in her memoirs, implying her dissatisfaction.[3]

In the case of such animosity, it is no wonder that the painting soon changed hands. In the 1918 Kokoschka monograph published by Paul Westheim, Alfred Flechtheim of Düsseldorf was named as the new owner.[4] Whether it came to be in his possession due to his personal relationship with the actress (or with Paul Cassirer), whether it was acquired due to his collector's curiosity or his interest as an art dealer, whether he bought it, was given it or had taken it on commission, can no longer be determined. Kokoschka was not one of his contract artists and was only rarely exhibited at his galleries. However, he exhibited the Durieux portrait several times and allowed reproductions. Neither allegations nor inconsistencies to its ownership were made. References regarding a potential saleability of the work are non-existent.

1927 at the latest, the picture was in the possession of the art collector Hermann Lange in Krefeld. He loaned it out to the Kunsthaus Zurich for a Kokoschka exhibition.[5] Due to the destruction of all documentation of the Lange collection during the Second World War, the circumstances of the change of ownership can no longer be clarified. That the painting was for sale during the course of the 1920s is evidenced by a Flechtheim Gallery numbered label on the reverse side.[6] When Lange was asked to loan it to the Kunsthalle Mannheim once more in 1931, the painting was again in Flechtheim's hands. He loaned it out for the Kunsthalle and allowed himself to be listed as the owner in the exhibition catalogue.

At this time Flechtheim, as was also the case with many of his colleagues, had fallen into financial difficulties due to the world economic crisis and its massive effects on the art trade, which deteriorated steadily up until 1933. He deposited works of art with the city of Düsseldorf and his Düsseldorf banker as collateral. After Flechtheim had left Germany, Alex Vömel promised in writing that he would clear the debts by selling the collateral deposits.[7] In 1934, he sold the painting at a reduced price to the Cologne collector Dr. Josef

---

Katharina Erling, Oskar Kokoschka. Die Gemälde 1906–1929, Salzburg 1995, pp. 32–34 (no. 54). Julia Friedrich (ed.), Meisterwerke der Moderne – Die Sammlung Haubrich im Museum Ludwig, Köln 2012, pp. 130, 224.

[2] Oskar Kokoschka, Mein Leben, München 1971, pp. 115–116.

[3] Tilla Durieux, Eine Tür steht offen. Erinnerungen, o. O. 1954, p. 260.

[4] Paul Westheim, Oskar Kokoschka. Das Werk Oskar Kokoschkas in 62 Abbildungen, Potsdam – Berlin 1918, No. 52 (image list).

[5] Ausst.-Kat. (Exh. Cat.). no. 19 and Exhibition Files 1927 at the Kunsthaus Zurich Archive.

[6] The rectangular label on the reverse side of the picture is pasted over on the upper section. Behind this is the address of the Galerie Flechtheim, as can be seen by comparing with other undestroyed gallery labels. Below are three lines, signed with B, D and E and with handwritten numbers (B: 14173, E: 4323). Below that are the artist's name and the title of the painting, both handwritten, too.

[7] Alex Vömel's letter to Kurt Poensgen, 21. 10. 1933: University Library Basel, Bequest Christoph Bernoulli, Private correspondence.

Haubrich.[8] Whether he transferred the revenue to the creditor, as agreed, was not ascertainable.

Several unclear facts in the history of the picture remain unclear. These include the circumstances of the sale. The Berlin „Limbach Commission" determined, that this cannot be completely clarified anymore. In the absence of concrete proof it is to be assumed that Alfred Flechtheim was forced to sell his paintings due to his situation of persecution. A Nazi persecution conditional loss is to be answered with a yes. In March 2013 the commission recommended a return of the work to the Flechtheim heirs. The painting has since been restituted.

Roswitha Neu-Kock
Cologne

---

[8] Historic Archive of the City of Cologne, Inv. 1369, No. 30: Bequest Jos. Haubrich, 1. Because the complete inventory is no longer accessible since the collapse of the archive in 2009, only individual copies, as well as the Haubrich index card set in the Museum Ludwig could be checked.

10.

André Masson
Stillleben mit Krügen (Still Life with Pitchers)
(ursprünglich/originally: Morceaux de pain)
1923
Öl auf Leinwand (Oil on Canvas)
38,5 × 46,5 cm
Nationalgalerie, Staatliche Museen zu Berlin
erworben durch das Land Berlin
Inv. Nr. B 788

Provenienz
- seit 1923/1924 Galerie Simon (Daniel-Henry Kahnweiler), Paris
- seit etwa 1925 Galerie Flechtheim, Düsseldorf, in Kommission von D.-H. Kahnweiler
- vermutlich vor Herbst 1928 bis 1964 Adolf und Betty Fischer, Düsseldorf
- 1964 bis 8. 12. 1965 Betty Fischer, Düsseldorf
- 1965 Galerie Grosshennig, Düsseldorf, in Kommission von Betty Fischer, Düsseldorf
- 24. 11. 1965 Ankauf von der Galerie Grosshennig für die Galerie des 20. Jahrhunderts, Berlin
- Seit 1968 als Dauerleihgabe des Landes Berlin in der Nationalgalerie, Staatliche Museen zu Berlin

Im Katalog seiner „Ausstellung deutscher und französischer Meisterwerke des 20. Jahrhunderts" 1965 untertitelte der Düsseldorfer Galerist Wilhelm Grosshennig das zum Verkauf stehende Stillleben von André Masson mit den Worten: „Ehemals Galerie Flechtheim, Düsseldorf; starke Arbeit der kubistischen Zeit". Mit diesem Gütesiegel erwarb Adolf Jannasch das Bild im selben Jahr für die von ihm geleitete Galerie des 20. Jahrhunderts in West-Berlin.

Die Rückseite des Gemäldes birgt zahlreiche Provenienz-Schlüssel. Bei der zweifach vorhandenen Bezeichnung „D 7398" handelt es sich um eine jener Nummern, mit denen Alfred Flechtheim seine Handelsware markierte. Hierbei steht das „D" für den Galeriestandort Düsseldorf, während die mit 7 beginnende Zahl den Zugang im Jahr 1925 indiziert. Die rückseitige Nummer „PH 10552" hingegen wurde von dem Kunsthändler Daniel-Henry Kahnweiler angebracht, der Masson über seine Pariser Galerie Simon vertrat und förderte. Das im Pariser Comité André Masson erhaltene „Cahier d'archives", ein von der Galerie Simon für Masson zusammengestelltes Fotoalbum seiner dort gehandelten Werke, führt das Stillleben mit der genannten „PH"-Nummer (Photonummer) auf. Da Flechtheim als Liebhaber des französischen Kubismus zu den engsten Handelspartnern Kahnweilers gehörte, deutet die Nummer darauf hin, dass er das Bild 1925 als Kommissionsware von ihm übernahm. Der schwach erkennbare Bleistift-Schriftzug „Fischer" auf dem Keilrahmen wiederum verweist auf einen privaten Vorbesitzer.

Viele Spuren mussten zusammengeführt werden, bis eindeutig war, dass es sich hierbei um das Düsseldorfer Sammlerehepaar Adolf und Betty Fischer handelt. Adolf Fischer

(1881–1964, Inhaber einer Sanitärfirma) ist im Maecenas 1930 als Sammler moderner Kunst verzeichnet. Er besaß u. a. Werke von Klee, Campendonk, Heckel, Nolde, Barlach, Sintenis und Feininger. Ein in Privatbesitz erhaltener Teilnachlass zur Sammlung Fischer belegt, dass er bereits in den 1920er Jahren zur Kundschaft Flechtheims zählte und eng befreundet war mit Alex Vömel.

Im Herbst 1928 zeigte Flechtheim in Düsseldorf das Masson-Gemälde auf der Ausstellung „Lebende ausländische Kunst aus rheinischem Privatbesitz" (Nr. 101). Im Katalogvorwort wird Adolf Fischer als ein Leihgeber erwähnt. Inwieweit es sich hierbei um einen Beleg dafür handelt, dass Fischer das Werk 1928 bereits in seinem Besitz hatte, muss offenbleiben. Sicher ist, dass es bis zum Verkauf durch Grosshennig 1965 im Besitz des Ehepaars Fischer verblieb.

Christina Thomson
Staatliche Museen zu Berlin – Preußischer Kulturbesitz

André Masson
Still Life with Pitchers

Provenance
– From 1923/1924 Galerie Simon (Daniel-Henry Kahnweiler), Paris
– From around 1925 Flechtheim Gallery, Düsseldorf, on commission from D.-H. Kahnweiler
– Probably before autumn 1928 to 1964 Adolf and Betty Fischer, Düsseldorf
– 1964 to 8/12/1965 Betty Fischer, Düsseldorf
– 1965 Grosshennig Gallery, Düsseldorf, on commission from Betty Fischer, Düsseldorf
– 24/11/1965 purchased by the Grosshennig Gallery for the Galerie des 20. Jahrhunderts [Gallery of the 20th Century], Berlin
– Since 1968 on permanent loan from Land Berlin to the National Gallery, National Museums in Berlin

In the catalogue for his 1965 "Exhibition of 20th Century German and French Masterpieces", the Düsseldorf gallery owner Wilhelm Grosshennig subtitled the still life by André Masson, which was for sale, with the words: "Formerly of the Flechtheim Gallery, Düsseldorf; strong work from the Cubist period". With this seal of quality, Adolf Jannasch acquired the picture in the same year for the Galerie des 20. Jahrhunderts in West Berlin, which he directed.

The back of the painting holds many clues to its provenance. The number "D 7398", which appears twice on the piece, is one of the numbers Flechtheim used to mark his merchandise. Here the "D" stands for the gallery in Düsseldorf, while the number beginning with 7 indicates that it was received in 1925. The number "PH 10552" on the reverse, on the other hand, was attached by the art dealer Daniel-Henry Kahnweiler, who represented and promoted Masson through his Galerie Simon in Paris. The "Cahier d'archives" kept by the Comité André Masson in Paris, a photo album compiled by the Galerie Simon for Masson showing his works traded there, identifies the still life with the aforementioned "PH" number (photo number). Because Flechtheim, as a lover of French Cubism, was one of Kahnweilers closest business partners, the number indicates that he took the work on commission in 1925. The barely legible name "Fischer", written in pencil on the stretcher frame, in turn refers to a previous private owner.

Many clues had to be connected until it became clear that this referred to the Düsseldorf collectors and married couple, Adolf and Betty Fischer. Adolf Fischer (1881–1964, proprietor of a plumbing business) is listed in Maecenas 1930 (a German index of art collectors of that period) as a collector of modern art. He owned works by Klee, Campendonk, Heckel, Nolde, Barlach, Sintenis and Feininger, among others. Part of the Fisher estate in private ownership proves that he was already one of Flechtheim's clients in the 1920s and was a close friend of Alex Vömel.

In the autumn of 1928, Flechtheim showed the Masson painting in Düsseldorf in the exhibition "Lebende ausländische Kunst aus rheinischem Privatbesitz" ("Living Foreign Art in Private Ownership in the Rhineland") (no. 101). In the catalogue preface, Adolf Fischer is mentioned as a lender. The question as to whether this proves that Fischer already had the work in his possession in 1928 remains open. It is, however, certain that it remained in the possession of the Fischers until it was sold by Grosshennig in 1965.

Christina Thomson
National Museums in Berlin – Prussian Cultural Heritage Foundation

11.

Max Pechstein
Blumenstillleben (Still Life with Flowers)
1918
Bezeichnet unten links (signed bottom left):
HM Pechstein 1918
Leinwand (Canvas)
70 × 80 cm
Stiftung Museum Kunstpalast Düsseldorf
Inv. Nr. 5182

Das Ölgemälde „Blumenstillleben" von Max Pechstein entstand im Jahr 1918. Auf einem in den Raum hineinragenden Tisch sind eine Fruchtschale mit Obst, dahinter eine blaue hortensienartige Topfpflanze sowie rechts daneben eine Blumenvase mit Amaryllis platziert. Ein über die linke Tischseite drapiertes rotes Tuch lockert das Ensemble auf und leitet gleichzeitig in den nicht weiter ausgearbeiteten Hintergrund über.[1] Max Pechstein war Mitglied der Künstlergemeinschaft „Brücke" und der „Berliner Sezession". Seine Kunstwerke zeichnen sich gegenüber denen anderer Expressionisten (wie E. L. Kirchner oder E. Heckel) durch ihre realistische und weniger Formen verändernde Darstellungsweise aus, wie es auch in diesem Stillleben zum Tragen kommt. Dieses Ölgemälde wurde im Jahr 1921 durch den Museumsverein Düsseldorf für 10 000 Mark von der Galerie Alfred Flechtheim, Düsseldorf, erworben und dann später vom Kunstmuseum Düsseldorf (heute Stiftung Museum Kunstpalast, Düsseldorf, Inv. Nr. 5182) übernommen.[2] Der Künstler Max Pechstein war häufig in der Galerie Flechtheim vertreten und fertigte zudem regelmäßig Graphik-Beiträge für die ab 1921 von Alfred Flechtheim herausgegebene Zeitschrift „Der Querschnitt". Pechstein zählte auch zu den Gratulanten anlässlich Flechtheims 50. Geburtstag am 1. April 1928, und am 31. Dezember 1931 zeigen Fotos die beiden wiederum an Pechsteins 50. Geburtstag im Atelier des Künstlers.[3] 1933 wurde Max Pechstein von seinem Lehramt entbunden und erhielt 1937 mit der Entlassung aus der Preußischen Akademie Ausstellungsverbot. Zahlreiche seiner Werke wurden als „entartete

---

[1] Ähnliches Stillleben „Blumen, Flasche und Spiegel", 1918, Öl auf Leinwand, H 68,5 × B 79,5 cm, Städtische Museen Zwickau (Inv.-Nr. 2008/7/K1), siehe Aya Soika, Max Pechstein. Das Werkverzeichnis der Ölgemälde, 1, 1905–1918, München 2011, S. 592, Nr. 1918/16, Farbabbildung.
[2] Ausstellung Kunsthalle Bern, Paula Modersohn und die Maler der Brücke, Bern 1948, 3. Juli–15. August 1948, Nr. 153, Abbildung (Stillleben); Kunstsammlungen der Stadt Düsseldorf: Kunst des zwanzigsten Jahrhunderts, Düsseldorf 1953, Nr. 64, Abbildung; Lothar-Günther Buchheim, Die Künstlergemeinschaft Brücke, Gemälde, Zeichnungen, Graphik, Plastik, Dokumente, Feldafing 1956, s/w Abbildung 344, 311 (dort um 1914); Kunstmuseum Düsseldorf, Die Gemälde des 20. Jahrhunderts, Malerei, 3, Teil 1, Düsseldorf 1977, S. 112, Nr. 469, s/w Abbildung (Blumenstillleben); Gerhard Leistner, Nachgewiesene Museumsverkäufe durch die Galerie Flechtheim, in: Ausstellungs-Katalog Düsseldorf 1987, S. 129; Soika, Max Pechstein (Anm. 1), S. 592, Nr. 1918/17 (Blumenstillleben), Farbabbildung.
[3] Siehe Soika, Max Pechstein (Anm. 1), S. 106f.

Kunst" beschlagnahmt, darunter auch Arbeiten im Kunstmuseum Düsseldorf. Nicht jedoch davon betroffen war das „Blumenstillleben"[4], das womöglich aufgrund seiner unbedenklichen Darstellung im Museum verbleiben konnte.

Katja Terlau
Stiftung Museum Kunstpalast, Düsseldorf

Max Pechstein
Still Life with Flowers

The oil painting "Blumenstillleben" ("Still Life with Flowers") by Max Pechstein was painted in 1918. The artist signed the almost square painting (height 70 cm × width 80 cm) in the bottom left with the inscription "HM Pechstein 1918". On a table, which protrudes into the room, there is a bowl with fruit, behind it a blue hydrangea-like pot plant and a flower vase with amaryllis placed beside it to the right. A red cloth draped over the left side of the table breaks up the ensemble and at the same time leads into the background that has not been further elaborated.[1] Max Pechstein was a member of the "Brücke" ("Bridge") association of artists and of the "Berliner Sezession" ("Berlin Secession"). His works of art are distinguished from the other expressionists (such as E. L. Kirchner or E. Heckel) by their realistic and less form-changing representative style, as is also to be seen in this still life. This oil painting was purchased by the Düsseldorf Museum Association in 1921 for 10 000 Marks from the Alfred Flechtheim Gallery in Düsseldorf and then taken over by Kunstmuseum Düsseldorf (now Stiftung Museum Kunstpalast, Düsseldorf, Inv. No. 5182).[2] The artist Max Pechstein was frequently exhibited at the Flechtheim galleries and also contributed graphics on a regular basis to the periodical, "Der Querschnitt" published by Alfred Flechtheim from 1921. Pechstein was also one of the guests at Flechtheim's 50th birthday on the 1st of April 1928 and, on the 31st of December 1931, photos show both men in turn at Pechstein's 50th birthday at the artist's studio[3]. Max Pechstein was released from his teaching position in 1933 and in 1937 was forbidden to exhibit after being dismissed from the Prussian Academy. Many of his works were confiscated as "de-

---

[4] Max Pechstein, Blumenstillleben (Still Life with Flowers).

[1] A similar still life, Blumen, Flasche und Spiegel, 1918, oil on canvas, height 68.5 x width 79.5 cm, Städtische Museen Zwickau (Inv. No. 2008/7/K1), see Aya Soika, Max Pechstein. Das Werkverzeichnis der Ölgemälde. Catalogue raisonné of the Oil Paintings, 1, 1905–1918, Munich 2011, 592, no. 1918/16, colour image.

[2] Kunsthalle Bern Exhibition, Paula Modersohn und die Maler der Brücke, Bern 1948, 3rd of July–15th of August 1948, no. 153, image (still life); Kunstsammlungen der Stadt Düsseldorf: Kunst des zwanzigsten Jahrhunderts, Düsseldorf 1953, no. 64, image; Lothar-Günther Buchheim, Die Künstlergemeinschaft Brücke, Gemälde, Zeichnungen, Graphik, Plastik, Dokumente, Feldafing 1956, b/w image 344, 311 (there in about 1914); Kunstmuseum Düsseldorf, Die Gemälde des 20. Jahrhunderts, Malerei, 3, Teil 1, Düsseldorf 1977, 112, no. 469, b/w image (Blumenstillleben); Gerhard Leistner, Proven Museum Sales through the Flechtheim Gallery, in: Ausstellungskatalog Düsseldorf, 1987, p. 129; Soika, Max Pechstein (as in footnote 1), p. 592, no. 1918/17 (Blumenstillleben), colour image.

[3] See Soika, Max Pechstein (as in footnote 1), pp. 106–107.

generate" art, including those at the Kunstmuseum Düsseldorf. However, Blumenstilllleben[4] was not confiscated, probably because of its innocuous presentation, and could stay at the museum.

Katja Terlau
Stiftung Museum Kunstpalast, Düsseldorf

---

[4] Max Pechstein, Blumenstillleben (Still Life with Flowers).

12.

Pablo Picasso
Arlequin, les mains croisées (Harlequin with Crossed Hands)
1923
Öl/Leinwand (Oil/Canvas)
129 x 96 cm
Museum Ludwig Köln
Inv. Nr. ML 1434

Das auffallend große Gemälde[1] ist 1978 von Irene und Peter Ludwig bei der Galerie Beyeler in Basel erworben worden. Als Vorbesitzer benannte die Galerie Wright S. Ludington in Santa Barbara (USA), Jacques Seligmann, New York, und die Sammlung Gourgaud in Paris.[2]

Die Picasso-Ausstellung des Kunsthauses Zürich 2010, eine Retrospektive auf die 1932 im selben Haus durchgeführte erste museale Einzelausstellung von Werken Picassos, löste Nachforschungen aus, die diese Provenienzangaben richtig stellen konnten.[3] Der „Harlekin" gehörte 1932 zu den Exponaten, war aber nicht von Gourgaud oder Seligmann, sondern von Alfred Flechtheim eingeliefert worden. In der Korrespondenz mit dem Direktor des Kunsthauses Zürich bezeichnete Flechtheim das Werk als seinen Besitz und bot es während der Ausstellung zum Verkauf an.[4]

Wann und auf welchem Wege das Bild zu Flechtheim gekommen war, konnte bis jetzt nicht ganz geklärt werden. Es gehört zu einer vierteiligen Serie, die Picasso im Frühjahr 1923 in kurzem Abstand gemalt hatte.[5] Im Herbst desselben Jahres erwarb sein Händler Paul Rosenberg drei Versionen und stellte sie in Paris und New York aus.[6] Die vierte Version blieb unbekannt, bis sie 1929 erstmals in der Zeitschrift „Apollo" abgebildet wurde. Im folgenden Jahr stellte sie Flechtheim im Rahmen seiner Ausstellung „Matisse – Braque – Picasso. 60 Werke aus deutschem Besitz" in seiner Berliner Galerie aus.[7] Der Ausstellungskatalog enthielt keinen Besitzervermerk.

---

[1] Christian Zervos, Pablo Picasso, Vol. 5: œuvres de 1923 à 1925, Paris 1952, Nr. 135. Siegfried Gohr (Hrsg.), Museum Ludwig Köln. Gemälde, Skulpturen, Environments vom Expressionismus bis zur Gegenwart. Bestandskatalog, München 1986, S. 201; Ottfried Dascher, „Es ist etwas Wahnsinniges mit der Kunst". Alfred Flechtheim – Sammler, Kunsthändler, Verleger, Wädenswil 2011, S. 435.

[2] Museum Ludwig Köln, Bildakte ML 1434.

[3] Picasso. Die erste Museumsausstellung 1932, Ausst.-Kat. Kunsthaus Zürich 2010, S. 232.

[4] Kunsthaus Zürich, Archiv, 2001-002-053 (Ausstellung); 10.30.30.61 (Korrespondenz Ausstellung), hier bes. Brief vom 29.8.1932. „Picasso". Ausst.-Kat. Kunsthaus Zürich 1932, Nr. 133. Die gewünschten Angaben wurden nicht in den Katalog übernommen, aber vom Direktor handschriftlich in einem Katalogexemplar vermerkt, das sich in den Ausstellungsakten im Kunsthaus-Archiv befindet, vgl. Ausst.-Kat. Zürich 2010, Abb. S. 204. Die Rückseite des Bildes weist kein Flechtheim-Label auf.

[5] Zervos, Picasso, Vol. 5, Nr. 17 (Le peintre Savado en Arlequin/Rosenberg: Arlequin Fond foncé), Nr. 23 (Arlequin assis/Rosenberg: Arlequin profil), Nr. 37 (Arlequin assis/Rosenberg: Arlequin clair) sowie Nr. 135 (Arlequin les mains croisées/Flechtheim: Pierrot; Harlekin mit Dreispitz).

[6] Christian Geelhaar, Picasso. Wegbereiter und Förderer seines Aufstiegs 1899–1939, Zürich 1993, S. 144f.

[7] Kat. Nr. 50.

1932 stellte Flechtheim den „Harlekin" zusammen mit mehreren anderen Werken dem Kunsthaus Zürich für die Picasso-Ausstellung zur Verfügung. Nach Ausstellungsschluss gingen alle unverkauften Objekte nach Berlin zurück.[8] Im Frühjahr 1933 verließ Flechtheim Deutschland. Seine Suche nach einem geschäftlichen Neuanfang im Ausland führte schließlich zu einer Kooperation mit der Mayor Gallery in London. Dort lieferte er am 19. Januar 1934 den "Harlekin" ein[9], fand aber trotz mehrfacher Ausstellungen und Presseerwähnungen keinen Käufer. Da der amerikanische Markt günstiger zu sein schien, wurde das Gemälde am 18. September 1936 an die Firma Jacques Seligmann in New York geschickt. In der Folgezeit entspann sich darüber ein reger Briefwechsel zwischen Seligmann und seinen Mitarbeitern sowie Flechtheim und seinem ehemaligen Geschäftspartner Gustav Kahnweiler.[10] Erst dieser Briefwechsel ließ erkennen, dass das Bild nicht Flechtheim, sondern einem Konsortium aus zunächst vier, später drei Personen gehörte.[11] Flechtheim besaß eine Beteiligung von 25%. In den Briefen fanden sich zwar keine konkreten Hinweise auf interne Vereinbarungen unter den Konsortiumsmitgliedern, doch ist zu vermuten, dass Flechtheim mit dem Bildverkauf betraut war und er gegenüber potenziellen Kaufinteressenten als alleiniger Ansprechpartner auftreten konnte.

Nach dem Tod Flechtheims 1937 bot Seligmann das Bild weiterhin auf dem Markt an, konnte es aber erst 1943 an Wright S. Ludington vermitteln.[12] Die beabsichtigte sofortige Überweisung des Einnahmeanteils an Flechtheims Erben bzw. den Flechtheim Estate scheiterte, da infolge der Kriegswirren kein Kontakt zur zuständigen Anwaltskanzlei in London zustande kam. Erst die Überweisung des Betrages an den Flechtheim Estate 1946 brachte die Verkaufsgeschichte des „Arlequin, les mains croisées" zum Abschluss.[13]

Roswitha Neu-Kock
Köln

---

[8] Kunsthaus Zürich, Archiv (wie Anm. 4).

[9] Mayor Gallery, London, Archiv, „Stockbook" [1934?], Nr. 641.

[10] Archives of American Art, Washington D.C. (http://www.aaa.si.edu), Jacques Seligmann papers, General Correspondence: Flechtheim, Alfred (and Estate), 1932–1946 (Box 37, Folder 16). Ebd., General Correspondence: Gustav Kahnweiler 1937–1953 (Box 53, Folder 17).

[11] Ebd., Jacques Seligmann papers, General Correspondence: Flechtheim, Alfred (and Estate), 1932–1946. Schreiben von Firma Seligmann an Flechtheim Estate London, 2.7.1937. Die Existenz des Konsortiums erklärt das Fehlen eines Flechtheim-Labels auf der Bildrückseite. Zum Konsortium gehörten ursprünglich Seligmann, Flechtheim, G. Kahnweiler und die Galerie Reinhardt, New York. Durch Seligmanns Übernahme des 25%igen Anteils der Galerie Reinhardt (1939) verkleinerte sich das Konsortium auf drei Personen.

[12] Ebd., Jacques Seligmann papers, Collectors: Ludington, Wright S. (Box 194, Folder 19).

[13] Ebd., Jacques Seligmann papers, General Correspondence: Flechtheim, Alfred (1932–1946), März bis Mai 1946.

Pablo Picasso
Harlequin with Crossed Hands

The large-scale painting[1] was acquired in 1978 by Irene and Peter Ludwig at Galerie Beyeler in Basel. According to the information provided by the gallery it formerly belonged to Wright Ludington, Santa Barbara (USA), to Jacques Seligmann, New York and to the Gourgaud Collection in Paris[2].

The Picasso exhibition 2010 at the Kunsthaus Zurich, a retrospective on the first ever Picasso museum exhibition in 1932 in the same museum, initiated research, which amended this provenance more precisely.[3] In 1932, the "Arlequin" was part of the exhibition, but was not supplied by Seligmann or Gourgaud, but by Alfred Flechtheim. In his correspondence with the director of the Kunsthaus Zurich Flechtheim identified himself as the owner and offered the picture for sale.[4]

When and how the painting came to Flechtheim, is unknown until today. It belongs to a group of four versions, which were painted by Picasso in quick succession in spring 1923.[5] Three of them were sold in autumn of the same year to Picasso's art dealer Paul Rosenberg and exhibited in Paris and New York.[6] The fourth version initially remained unknown, until it was first reproduced in 1929 in the "Apollo"-periodical. In the following year, Flechtheim presented it at the exhibition "Picasso – Braque – Matisse. 60 Werke aus deutschem Besitz (60 objects from German Owners)" at his gallery in Berlin, but there was no sign of a Flechtheim ownership in the exhibition catalogue.[7]

Together with several other works, Flechtheim in 1932 sent "Arlequin" to the Kunsthaus Zurich. At the end of the exhibition all unsold objects were sent back to Berlin.[8] In Spring 1933 Flechtheim left Germany. On his search for a new beginning he finally started a cooperation with the Mayor Gallery in London. On 19/01/1934 he delivered "Arlequin" to the gallery[9], but no potential buyer was found despite multiple exhibitions and press references. As the American market seemed to offer better sale conditions, the painting was sent to Jacques Seligmann & Co., New York on the 18/09/1936. An intensive correspondence between Seligmann and his staff, Flechtheim and his former partner

---

[1] Christian Zervos, Pablo Picasso, vol. 5: oeuvres de 1923 à 1925, Paris 1952, No. 135. Siegfried Gohr (ed.), Museum Ludwig Köln. Gemälde, Skulpturen, Environments vom Expressionismus bis zur Gegenwart. Bestandskatalog, München 1986, p. 201; Ottfried Dascher, „Es ist etwas Wahnsinniges mit der Kunst". Alfred Flechtheim – Sammler, Kunsthändler, Verleger, Wädenswil 2011, p. 435.

[2] Cologne, Museum Ludwig, ML 1434 files.

[3] Picasso. Die erste Museumsausstellung 1932, Kunsthaus Zurich Exhibition 2010, cat. p. 232.

[4] Zurich, Kunsthaus, Archive, Inv. 2001-002-053 (Exhibition); Inv. 10. 30. 30. 61 (Correspondence Exhibition), esp. letter of 29/8/1932. "Picasso". Exh.-Cat. Kunsthaus Zurich 1932, No. 133. The indications were not printed in the catalogue, but added by a handwritten note to one example of the catalogue which is now in the Kunsthaus Archive, cf. Exh.-Cat. Zurich 2010 (s. footnote 3), ill. p. 204. The back of the painting has no label of the Flechtheim Gallery.

[5] Zervos, Picasso, vol. 5, no. 17 (Le peintre Savado en Arlequin/Rosenberg: Arlequin Fond foncé), no. 23 (Arlequin assis/Rosenberg: Arlequin profil), no. 37 (Arlequin assis/Rosenberg: Arlequin clair) and no. 135 (Arlequin les mains croisées/Flechtheim: Pierrot; Harlekin mit Dreispitz).

[6] Christian Geelhaar, Picasso. Wegbereiter und Förderer seines Aufstiegs 1899–1939, Zurich 1993, pp. 144/145.

[7] Cat. no. 50.

[8] Zurich, Kunsthaus, Archive (see note 4).

[9] London, Mayor Gallery, Archive, „Stockbook" [1934?], no. 641.

Gustav Kahnweiler ensued.[10] On examination of these letters, it became clear that the painting did not belong solely to Alfred Flechtheim, but to a syndicate of owners, initially four and then later three.[11] Flechtheim had a 25% share. The letters contain no reference to any special arrangement between the stakeholders, but a pragmatic agreement can be supposed, which allowed Flechtheim to act as a main contact person for clients.

After the death of Flechtheim, Seligmann continued to offer the painting to the art market, but only sold it in 1943 to Wright S. Ludington.[12] The immediate transfer of the appropriate share to the Flechtheim heirs or the Flechtheim Estate failed, due to the turmoils of war making it impossible to contact the lawyers in London. The history of the "Arlequin les mains croisées" finally concludes with the transfer of the sum to the Flechtheim Estate in 1946.[13]

Roswitha Neu-Kock
Cologne

---

[10] Archives of American Art, Washington D.C. (http://www.aaa.si.edu), Jacques Seligmann papers, General Correspondence: Flechtheim, Alfred (and Estate), 1932–1946 (box 37, folder 16). Ibid., General Correspondence: Gustav Kahnweiler 1937–1953 (box 53, folder 17).

[11] Ibid., Jacques Seligmann Papers, General Correspondence: Flechtheim, Alfred (and Estate), 1932–1946. Letter from Firma Seligmann to Flechtheim Estate London, 2.7.1937. The existence of the syndicate is probably the reason for the lacking Flechtheim Gallery label on the picture's back. The syndicate members primarily were Seligmann, Flechtheim, G. Kahnweiler and the Reinhardt Gallery, New York. After the purchase of the 25% part of the Reinhardt Gallery by Seligmann (1939) the syndicate were reduced to three persons.

[12] Ibid., Jacques Seligmann papers, Collectors: Ludington, Wright S. (box 194, folder 19).

[13] Ibid., Jacques Seligmann papers, General Correspondence: Flechtheim, Alfred (1932–1946), März bis Mai 1946.

13.

Renée Sintenis
Selbstbildnis (Self-Portrait)
1926
Stucco
33 × 16,5 × 22 cm
Kunsthalle Bremen – Der Kunstverein in Bremen
Inv. Nr. 306 – 1926/3
Geschenk des Galerievereins 1926
(Gift from the Galerieverein 1926)

Renée Sintenis schuf sieben plastische Selbstbildnisse.[1] Das Werk von 1926, von dem die Kunsthalle Bremen ein Exemplar in rötlichem Stucco besitzt, ist der einzige vollrunde Kopf.[2] Mit modischem Kurzhaarschnitt und ausgeprägten Wangenknochen zeigt sich die Künstlerin als androgynes Wesen von herber Schönheit. Aus dem Gesicht spricht Scheu, der Blick scheint nach innen gerichtet, und die flackernd-schrundige Oberfläche deutet Sensibilität an: So vereint dieser Kopf Innerlichkeit und Zeitgeist.

Renée Sintenis war damals eine höchst erfolgreiche Künstlerin. Als sportbegeisterte junge Frau chauffierte sie ihren eigenen Studebaker und verkehrte in der Berliner Gesellschaft.[3] Zu ihren Freunden gehörten Dichter wie Joachim Ringelnatz und Gottfried Benn[4], und neben der jungen Kunstszene war sie auch mit etablierten Meistern wie Max Liebermann und Max Slevogt bekannt. Ihr Entdecker und Galerist Alfred Flechtheim hielt die mondäne Gestalt für eine unverzichtbare „Ingredienz" eines gelungenen Festes.[5]

Die Kunsthalle Bremen erwarb das „Selbstbildnis" von Sintenis gleich im Entstehungsjahr. Im Inventarbuch ist die Herkunft nicht verzeichnet, doch im „Querschnitt" warb Flechtheim, der auch Alleinvertreter der Künstlerin war, mit dem Verkauf an das Museum.[6] Zugleich schenkte er der Kunsthalle Bremen Sintenis' Bildnis des Schauspielers Paul Graetz, so dass der Grundstein für einen Sammlungsschwerpunkt gelegt wurde.[7] Das Geschenk zeugt von einer Verbundenheit zwischen der Galerie und dem Museum, die sich

---

[1] Vgl. Britta Buhlmann, Renée Sintenis. Werkmonographie der Skulpturen, Darmstadt 1987, S. 19-26.

[2] Vgl. ebd., S. 134, Nr. 5. Siehe auch Ursula Heiderich, Katalog der Skulpturen in der Kunsthalle Bremen, Bremen 1993, S. 443, und Dorothee Hansen in: Die Kunsthalle Bremen und Alfred Flechtheim. Erwerbungen 1914 bis 1979, Ausst.-Kat. Kunsthalle Bremen 2013, S. 78f., Nr. 32.

[3] Vgl. Ursel Berger, Renée Sintenis in der Kunst ihrer Zeit, in: Renée Sintenis. Plastiken, Zeichnungen, Druckgraphik, Ausst.-Kat. Kolbe Museum, Berlin/Kulturgeschichtliches Museum Osnabrück/Ostdeutsche Galerie Regensburg/Museen der Stadt Hanau/Leopold-Hoesch-Museum, Düren 1984, S. 9–22, hier S. 18.

[4] Vgl. Buhlmann, Renée Sintenis, S. 4, Anm. 13.

[5] Alfred Flechtheim in: Der Querschnitt 4 (1924), S. 183f. Siehe auch Ottfried Dascher, Alfred Flechtheim. Sammler, Kunsthändler, Verleger, Wädenswil 2011, S. 180.

[6] Der Querschnitt 6 (1926), H. 9, wieder abgedruckt in: Alfred Flechtheim. Sammler. Kunsthändler. Verleger, Ausst.-Kat. Kunstmuseum Düsseldorf/Westfälisches Landesmuseum Münster 1987–1988, S. 132. Zur Alleinvertretung vgl. Buhlmann, Renée Sintenis, S. 263.

[7] Vgl. Ausst.-Kat. Bremen 2013 (wie Anm. 2), S. 82f., Nr. 34.

an insgesamt mehr als 31 Erwerbungen ablesen lässt.[8] Von Renée Sintenis erwarb die Kunsthalle in den folgenden Jahren die Skulptur „Fußballspieler", die Porträtbüste des Schriftstellers Hans Siemsen und mindestens sechs Radierungen.[9]

Die Ankäufe folgten dem Rhythmus von Flechtheims wichtigsten Ausstellungen der Künstlerin. Daran erkennt man, dass Emil Waldmann, der Direktor der Kunsthalle Bremen (1914–1945), die Galerie kontinuierlich beobachtete: Er berichtete 1921 und 1922 in Briefen an den Vorstand des Kunstvereins von seinen Besuchen bei Flechtheim[10] und besprach 1926 und 1930 dessen Ausstellungen.[11] Doch der Kontakt war noch enger. So steuerte Waldmann 1928 einen Katalogtext über den Künstler Leo von König bei[12], vor allem aber entlieh er regelmäßig Werke aus der Galerie Flechtheim für Bremer Ausstellungen.[13]

Waldmann stand zwar den aktuellen künstlerischen Tendenzen aufgeschlossen gegenüber, doch er war vor allem ein Kenner der Kunst des 19. Jahrhunderts. So verwundert es nicht, dass er sich im Galerieprogramm Flechtheims weniger für den Kubismus und Fauvismus interessierte als für deutsche Künstler wie Rudolf Grossmann oder Hans Purrmann, die impressionistische Tendenzen modern weiterentwickelten. In diesem Sinne schätzte Waldmann auch Renée Sintenis, deren Skulpturen mit den lebendig bewegten Oberflächen in der Tradition von Rodin stehen: „Wenn es impressionistische Plastik gibt, so ward sie unter den Händen dieser Frau zu stilvoller Tatsache."[14]

Dorothee Hansen
Kunsthalle Bremen

[8] Vgl. Dorothee Hansen, Die Kunsthalle Bremen und Alfred Flechtheim – Beziehungen 1911–1932, in: Ausst.-Kat. Bremen 2013 (wie Anm. 2), S. 8–17.
[9] Fußballspieler; Hans Siemsen; vier Radierungen männlicher Akte aus der Serie Das Tigerschiff; Selbstbildnis; Spielende Hunde, vgl. Ausst.-Kat. Bremen 2013 (wie Anm. 2), S. 80f. u. 84–93, Nr. 33 u. 35–41. Möglicherweise wurden noch zahlreiche weitere Erwerbungen von der Galerie Flechtheim getätigt, die aus dem Inventarbuch der Kunsthalle nicht unmittelbar ersichtlich sind und nur durch Indizien erschlossen werden können.
[10] Vgl. Archiv der Kunsthalle Bremen, Briefe von Emil Waldmann an Dr. Franz Boner, 24. 11. 1920 und 31. 1. 1922.
[11] Emil Waldmann, Berliner Kunstausstellungen, in: Bremer Nachrichten, 29. 3. 1926, und ders., Berliner Kunstausstellungen, in: Bremer Nachrichten, 23. 10. 1930.
[12] Ders., Leo Freiherr von König, in: Leo von König, Ausst.-Kat. Galerie Alfred Flechtheim, Berlin 1929, o. S.
[13] Flechtheim lieferte 30 Werke im Juni 1920; 109 Werke im Januar 1921; 38 Werke 1924; 59 Werke 1925; 13 Werke 1927. Es handelte sich vorwiegend um Arbeiten auf Papier. Bereits 1914, unter dem Direktorat Gustav Pauli, hatte Flechtheim 30 Bilder für die Internationale Ausstellung in der Kunsthalle Bremen geliefert. Vgl. dazu Hansen, Die Kunsthalle Bremen (wie Anm. 8), S. 8–17.
[14] Emil Waldmann, Die Kunst des Realismus und des Impressionismus im 19. Jahrhundert, Berlin 1927, S. 174.

Renée Sintenis
Self-Portrait

Renée Sintenis created seven sculptural self-portraits.[1] The 1926 piece, of which Kunsthalle Bremen possesses a copy in red stucco, is the only fully rounded head sculpture.[2] With a fashionable short haircut and prominent cheekbones, the artist depicts herself as an androgynous creature of austere beauty. The face is reserved, her gaze appears to be inward looking and the shimmering, crackled surface suggests sensitivity: Because of this, the head unifies inwardness and zeitgeist.

Renée Sintenis was a very successful artist in her day. As a young woman with a passion for sport, she drove her own Studebaker and moved within Berlin society.[3] Her friends included poets such as Joachim Ringelnatz and Gottfried Benn[4] and, in addition to the young art scene, she was also acquainted with established masters such as Max Liebermann and Max Slevogt. Her discoverer and gallerist Alfred Flechtheim considered this fashionable figure to be an indispensable "ingredient" for a successful party.[5]

Kunsthalle Bremen immediately acquired the "Self-Portrait" by Sintenis in the year in which it was sculpted. Its provenance is not indicated in the inventory book but Flechtheim, who was also the artist's exclusive representative, advertised the sale to the museum in "Querschnitt".[6] At the same time, he made a gift of Sintenis' portrait of the actor Paul Graetz to Kunsthalle Bremen, so that the cornerstone was laid for the focal point of a collection.[7] The gift is evidence of close ties between the gallery and the museum, which are clearly to be seen from a total of 31 acquisitions.[8] In the following years, the Kunsthalle acquired the sculpture "Fußballspieler" ("Football Player"), the portrait bust of the writer Hans Siemsen and at least six etchings from Renée Sintenis.[9]

The purchases followed the rhythm of Flechtheim's most important exhibitions of the artist. This confirms that Emil Waldmann, Director of Kunsthalle Bremen (1914–1945),

---

[1] Cf. Britta Buhlmann, Renée Sintenis. Werkmonographie der Skulpturen, Darmstadt 1987, pp. 19–26.

[2] Cf. ibid., no. 5, p. 134. See also Ursula Heiderich, Katalog der Skulpturen in der Kunsthalle Bremen, Bremen 1993, p. 443, and Dorothee Hansen, Die Kunsthalle Bremen und Alfred Flechtheim. Erwerbungen 1914 bis 1979, Exhibition Cat. Kunsthalle Bremen 2013, pp. 78–79, no. 32.

[3] Cf. Ursel Berger, Renée Sintenis in der Kunst ihrer Zeit, in: Renée Sintenis. Plastiken, Zeichnungen, Druckgraphik, Exhibition Cat. Kolbe Museum, Berlin/Kulturgeschichtliches Museum Osnabrück/Ostdeutsche Galerie Regensburg/Museen der Stadt Hanau/Leopold-Hoesch-Museum, Düren 1984, pp. 9–22, here p. 18.

[4] Cf. Buhlmann, Renée Sintenis, p. 4, footnote 13.

[5] Alfred Flechtheim in: Der Querschnitt 4 (1924), pp. 183–184, see also Ottfried Dascher, Alfred Flechtheim. Sammler, Kunsthändler, Verleger, Wädenswil 2011, p. 180.

[6] Der Querschnitt 6 (1926), no. 9, reprinted in: Alfred Flechtheim. Sammler. Kunsthändler. Verleger, Exhibition Cat. Kunstmuseum Düsseldorf/Westfälisches Landesmuseum Münster 1987–1988, p. 132. On the artist's exclusive representation cf. Buhlmann, Renée Sintenis, p. 263.

[7] Cf. Exhibition Cat. Kunsthalle Bremen 2013 (as in footnote 2), pp. 82–83, no. 34.

[8] Cf. Dorothee Hansen, Die Kunsthalle Bremen und Alfred Flechtheim – Beziehungen 1911–1932, in: Exhibition Cat. Kunsthalle Bremen 2013 (as in footnote 2), pp. 8–17.

[9] Fußballspieler; Hans Siemsen; four etchings of male nudes from the series Das Tigerschiff; Selbstbildnis; Spielende Hunde, Exhibition Cat. Kunsthalle Bremen 2013, pp. 80–81, 84–93, no. 33, 35–41. It is possible that many more acquisitions were made from the Flechtheim Gallery, that are not directly evident from the inventory book of the Kunsthalle Bremen and can only be inferred on the basis of circumstantial evidence.

followed what was happening at the gallery on an on-going basis: In 1921 and 1922, he reported on his visits to Flechtheim in letters to the Board of Directors of the Kunstverein[10] and discussed his exhibitions in 1926 and 1930.[11] Indeed, this contact was closer than that. For example, Waldmann contributed a catalogue text on the artist Leo von König in 1928[12], and above all, regularly borrowed works from the Flechtheim galleries for exhibitions in Bremen.[13]

Even though Waldmann was open-minded about the artistic tendencies of the time, he was above all a connoisseur of 19th-century art. It is therefore not surprising that he himself was less interested in the Cubism and Fauvism on the Flechtheim gallery programme than he was in German artists such as Rudolf Grossmann or Hans Purrmann, who further developed Impressionist tendencies in a modern style. In this sense, Waldmannn also appreciated Renée Sintenis, whose sculptures with their vibrant, animated surfaces were in the tradition of Rodin: "If there is such a thing as Impressionist sculpture, it became a stylish reality in the hands of this woman".[14]

Dorothee Hansen
Kunsthalle Bremen

---

[10] Cf. Archive of the Kunsthalle Bremen, letters from Emil Waldmann to Dr. Franz Boner dated 24nd of November 1920 and 31th of January 1922.

[11] Emil Waldmann, Berliner Kunstausstellungen, in: Bremer Nachrichten, 29th of March 1926, and id., Berliner Kunstausstellungen, in: Bremer Nachrichten, 23rd of October 1930.

[12] Id., Leo Freiherr von König, in: Leo von König, Exhibition Cat. Galerie Alfred Flechtheim, Berlin 1929, no. 6.

[13] Flechtheim delivered 30 works in June 1920; 109 works in January 1921; 38 works in 1924; 59 works in 1925; 13 works in 1927. These were predominantly works on paper. As early as 1914, Flechtheim had delivered 30 paintings and works on paper to the Kunsthalle under the directorship of Gustav Pauli for the Internationale Ausstellung. Cf. Hansen, Die Kunsthalle Bremen (as in footnote 8), pp. 8–17.

[14] Emil Waldmann, Die Kunst des Realismus und des Impressionismus im 19. Jahrhundert, Berlin 1927, p. 174.

14.

Unbekannte Werkstatt (Unknown Workshop)
Figurenfries (Figural Frieze)
Nordwest-Neuirland, Südküste, Papua-Neuguinea
(North-West New Ireland, South Coast, Papua New Guinea)
19. Jh., frühes 20. Jh.
Holz (Wood)
40 × 122 × 13 cm
Skulptur (Sculpture)
Museum Rietberg Zürich
RME 441

Diese symmetrische, flache Schnitzerei mit einer ausgesprochenen Frontalwirkung diente den Malanggan-Feiern. Für dieses Ritual zu Ehren Verstorbener gaben die Hinterbliebenen reich verzierte Skulpturen in Auftrag. Nach den Feierlichkeiten wurden die Figuren entsorgt, verbrannt oder verkauft. Viele dieser Figuren aus den ehemaligen Kolonien gelangten in den 1920er Jahren nach Europa. Der Fries zeigt einen großen Vogel mit mächtig ausgebreiteten Schwingen, in dessen Zentrum eine weibliche Figur mit erhobenen Armen und breit gegrätschten Beinen steht. Diese Position zeigt die Körperhaltung einer gebärenden Frau. Wahrscheinlich wurde dieser Fries in Gedenken an eine bei der Geburt verstorbene Frau gestaltet.

In der Galerie, in der Wohnung und in den Zeitschriften „Querschnitt" und „Omnibus" von Alfred Flechtheim wurden immer wieder Kunstwerke von außereuropäischen Kulturen aus Afrika, Amerika, Asien und Ozeanien gezeigt resp. reproduziert. In seiner Wohnung standen eine Kultfigur aus der Südsee auf dem Büchertisch, sowie Masken und Figuren auf den Bücherregalen; über dem Türrahmen befanden sich weitere Schnitzereien und an der Wand eine Bronzemaske aus Benin. Alfred Flechtheim lebte ganz offenbar inmitten der außereuropäischen Kunstwerke. In seinen Galerien stellte er zwischen 1914 und 1932 vereinzelt immer wieder Kunst aus dem asiatischen, afrikanischen, amerikanischen und pazifischen Raum aus. Eine sehr umfangreiche Einzelausstellung widmete er 1926 den Plastiken aus der Südsee, wo auch dieser Figurenfries zu sehen war.

Die Präsenz der außereuropäischen Kunst verdankte Flechtheim unter anderem dem bedeutenden Sammler und Bankier Eduard von der Heydt, dessen Leidenschaft insbesondere dieser Kunst galt. Die beiden kannten sich bereits seit dem Ersten Weltkrieg. Von der Heydt ließ zahlreiche seiner Werke im „Querschnitt" und im „Omnibus" abbilden und motivierte Flechtheim, die außereuropäische Kunst in sein Galerieprogramm aufzunehmen – so auch bei der Ausstellung mit den Südsee-Plastiken. Die Objekte hatte Eduard von der Heydt beim Ethnographica-Händler J. F. G. Umlauff in Hamburg erworben, der sie wiederum über Forscher, Wissenschaftler, Händler und Sammler direkt aus der Südsee importierte. Der Kunsthistoriker Carl Einstein erfasste sie wissenschaftlich und beschrieb sie für den Flechtheim-Katalog. Flechtheim stellte die Stücke aus und vermittelte sie, doch war von der Heydt stets ihr Eigentümer; er hatte sie drei Monate vor Ausstellungseröffnung – am 22. Februar 1926 – erworben, allerdings gingen die Objekte als „Flechtheimsche Sammlung" in die Geschichte ein. Da Eduard von der Heydt seine

Sammlung außereuropäischer Kunst der Stadt Zürich geschenkt hat, sind die Objekte heute Teil des Kunstmuseums für außereuropäische Kulturen des Museums Rietberg Zürich.

Das Fallbeispiel zeigt Flechtheim als Galerist für außereuropäische Kunst, wobei die Forschung hier erst in den Anfängen steckt.

Esther Tisa Francini
Museum Rietberg Zürich

Unknown workshop
Figural Frieze

This symmetrical, flat carving with a pronounced frontal effect was for Malanggan ceremonies. The bereaved commissioned richly decorated sculptures for this ritual to honour the dead. After the ceremonies, the figures were disposed of, burned or sold. Many of these figures from the former colonies arrived in Europe in the 1920s.

The frieze shows a large bird with its powerful wings outspread, in the centre of which stands a female figure with raised arms and straddled legs. This position depicts the posture of a woman giving birth. This frieze was probably carved in remembrance of a woman who died in childbirth.

In Flechtheim's gallery, in his home and in the periodicals "Querschnitt" and "Omnibus", works of art by non-European cultures from Africa, America, Asia and Oceania were regularly shown and reproduced. In his home, there was a cult figure from the South Sea on the book table, as well as masks and figures on the bookshelves. There were other carvings above the doorway and a bronze mask from Benin on the wall. Alfred Flechtheim clearly lived amidst these non-European works of art in his home. Between 1914 and 1932, he would occasionally exhibit art from Asia, Africa, America and the Pacific Region at his galleries. In 1926, he dedicated an extensive solo exhibition to sculptures from the South Sea, where this figural frieze was also shown.

Flechtheim owed the presence of non-European art, among others, to the important collector and banker Eduard von der Heydt, who was particularly passionate about this art. They had known each other since the First World War.

Von der Heydt allowed many of his works to be reproduced in "Querschnitt" and "Omnibus" and motivated Flechtheim to include non-European art in his gallery programme, such as the exhibition of South Sea sculptures. Eduard von der Heydt acquired the pieces from the ethnographica dealer J. F. G. Umlauff in Hamburg who on the other hand imported it directly from explorers, scientists, dealers and collectors in the South Sea.

The art historian Carl Einstein recorded them from an academic perspective and described them for the Flechtheim catalogue, while Flechtheim exhibited the pieces and mediated them, but their owner was always von der Heydt. He had acquired them three months before the exhibition opening on the 22nd of February 1926 but the objects came to be remembered as a "collection by Flechtheim".

Eduard von der Heydt then donated his collection of non-European art to the city of Zurich, so that these pieces are today part of the art museum of non-European cultures, at the Museum Rietberg, Zurich.

The case study shows Flechtheim as a dealer of non-European art. The research in this area has only just started.

Esther Tisa Francini
Museum Rietberg Zurich

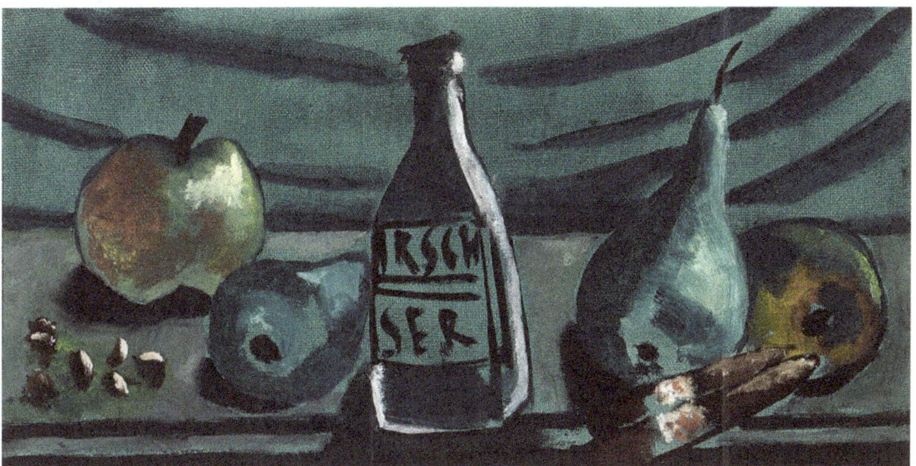

Werk 1: Max Beckmann: Stillleben mit Kirschwasserflasche (Grünes Stillleben), Kunsthalle Bremen – Der Kunstverein in Bremen

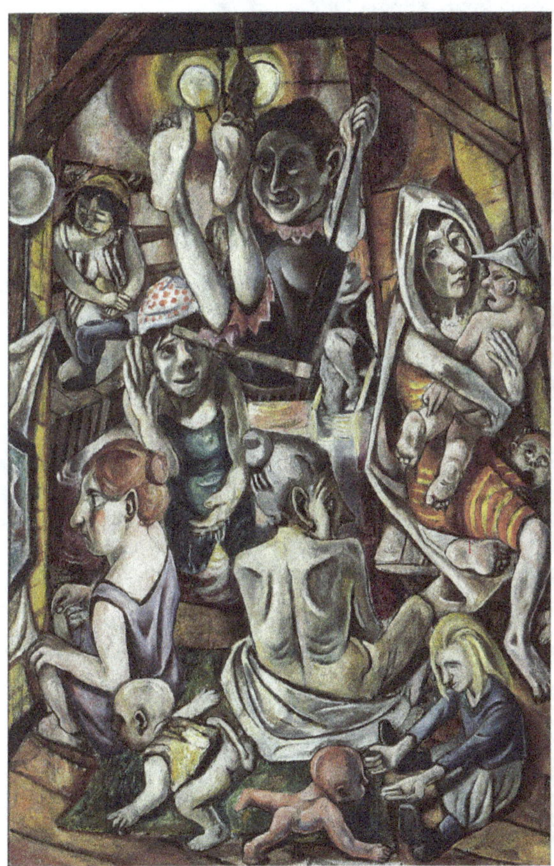

Werk 2: Max Beckmann: Frauenbad, Nationalgalerie, Staatliche Museen zu Berlin

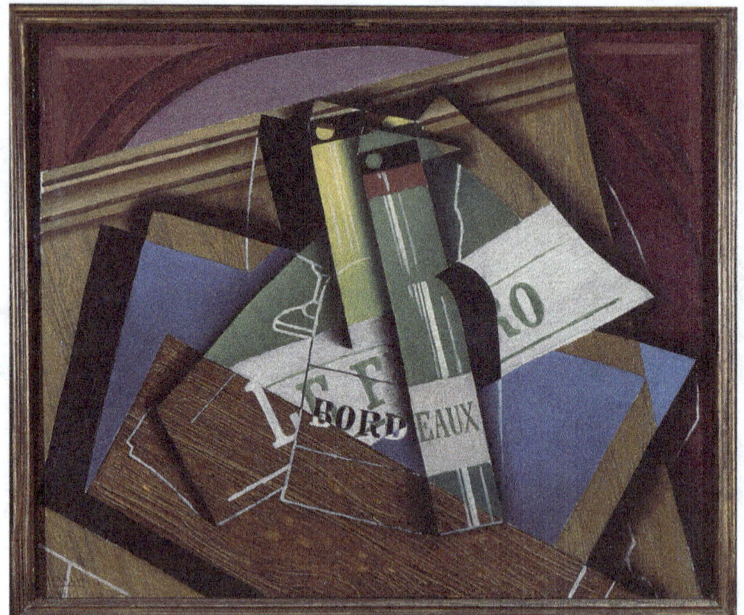

Werk 3: Juan Gris: Bordeauxflasche, Bayerische Staatsgemäldesammlungen

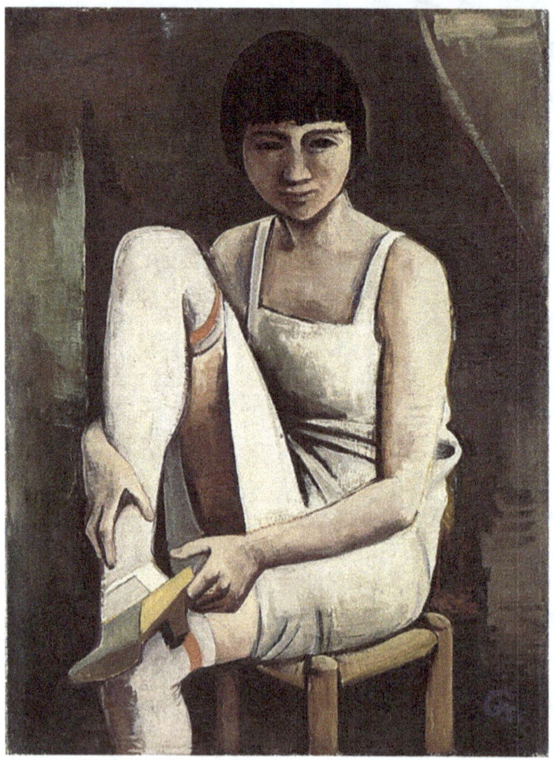

Werk 4: Karl Hofer: Martha, Staatliche Kunsthalle Karlsruhe

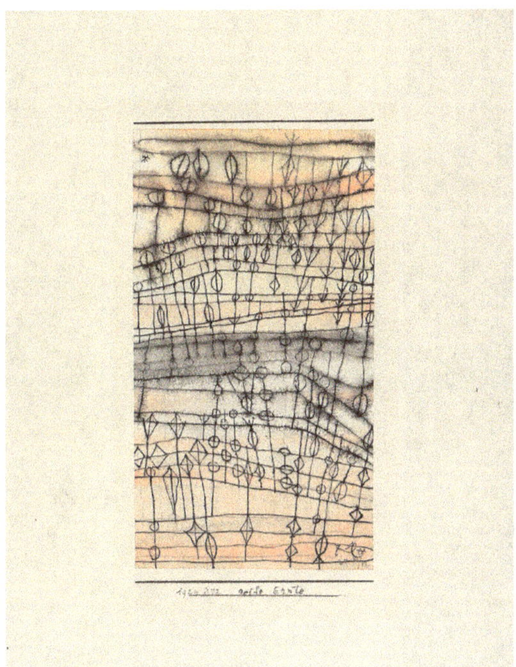

Werk 5: Paul Klee: Reife Ernte, Kunstbesitz der Landeshauptstadt Hannover, Sprengel Museum Hannover

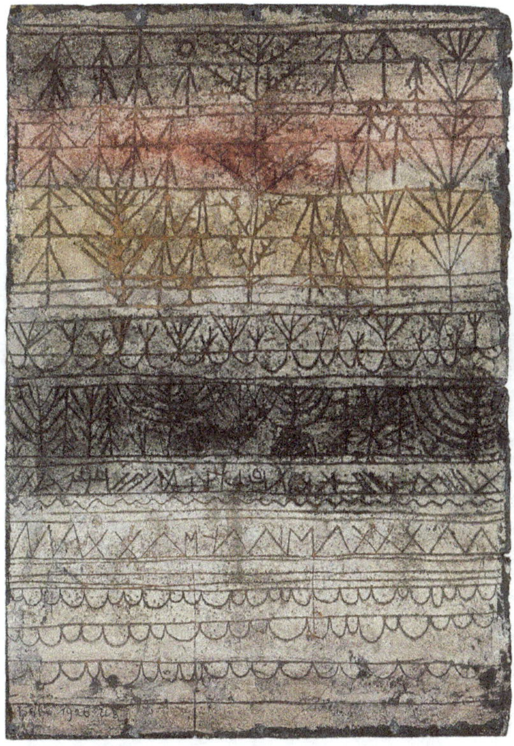

Werk 6: Paul Klee: Jungwaldtafel, Staatsgalerie Stuttgart

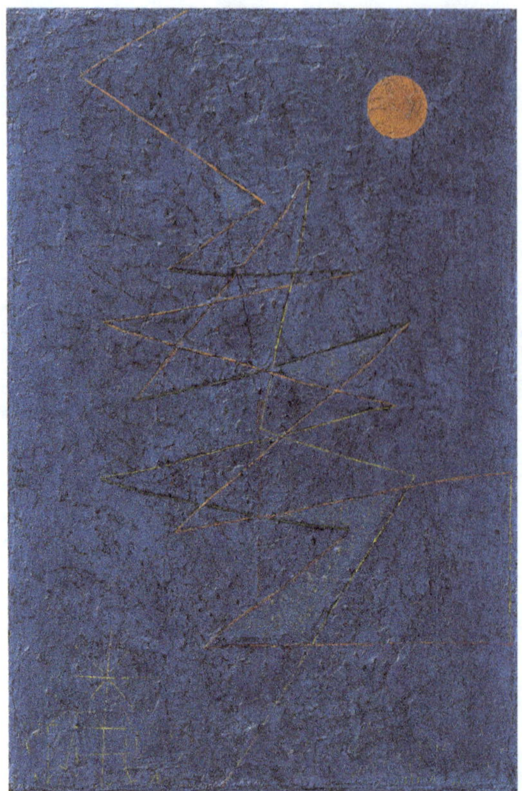

Werk 7: Paul Klee: Bunter Blitz, Stiftung Kunstsammlung Nordrhein-Westfalen, Düsseldorf

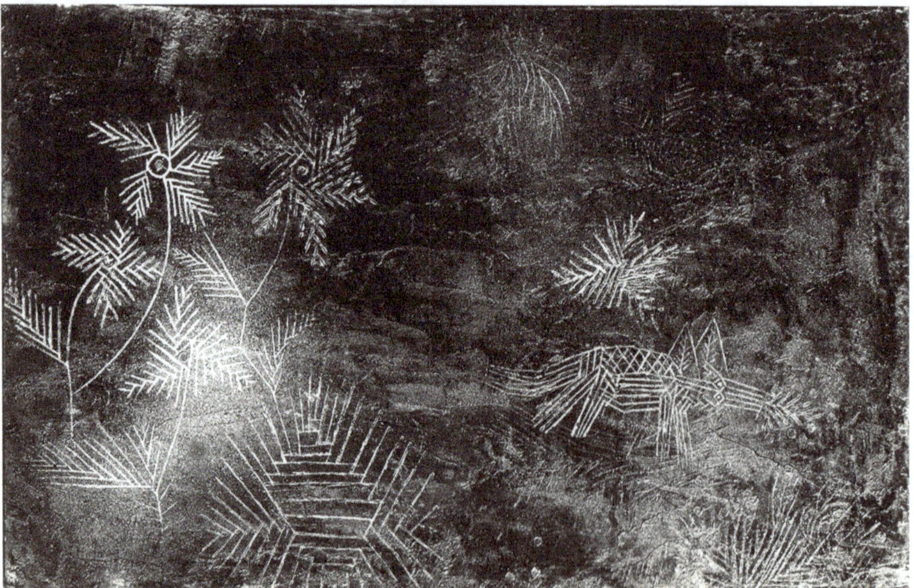

Werk 8: Paul Klee: Blumenfresser, Kriegsverlust der Nationalgalerie Berlin

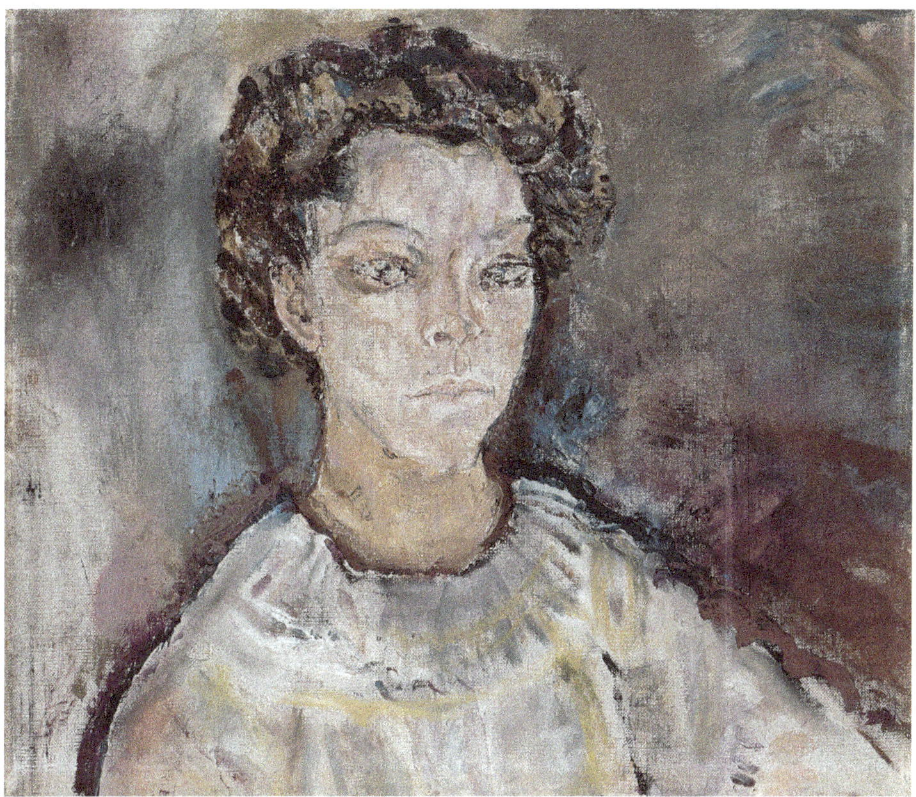

Werk 9: Oskar Kokoschka: Tilla Durieux, Privatbesitz USA

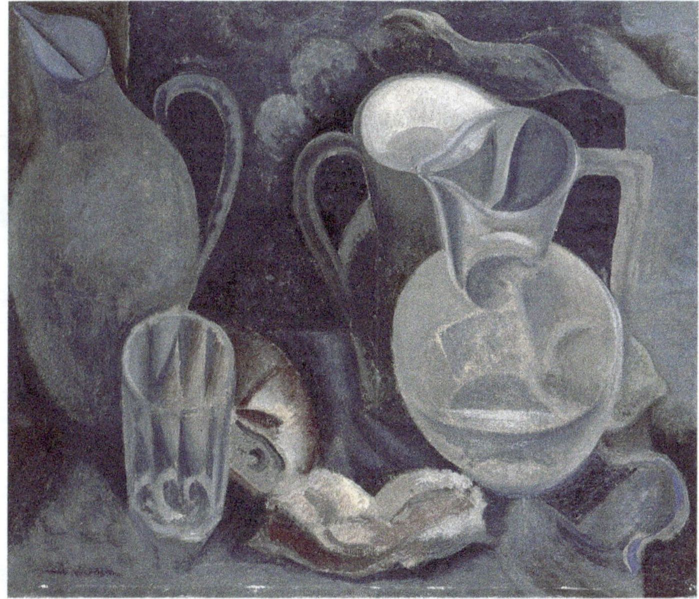

Werk 10: André Masson: Stillleben mit Krügen, Nationalgalerie, Staatliche Museen zu Berlin

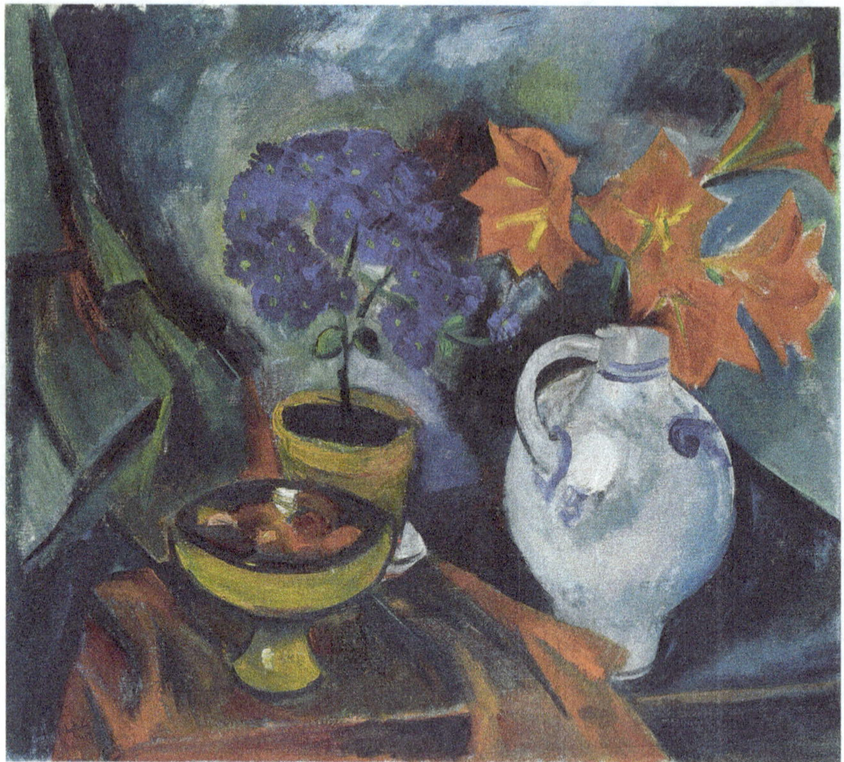

Werk 11: Max Pechstein: Blumenstillleben, Stiftung Museum Kunstpalast Düsseldorf

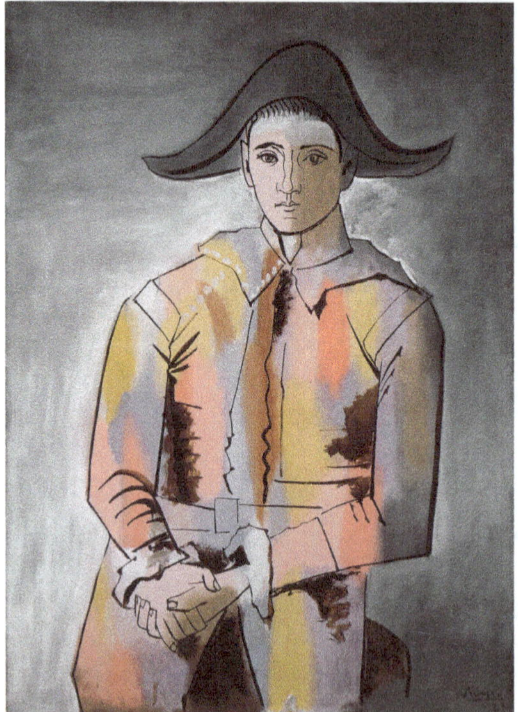

Werk 12: Pablo Picasso: Arlequin, les mains croisées, Museum Ludwig Köln

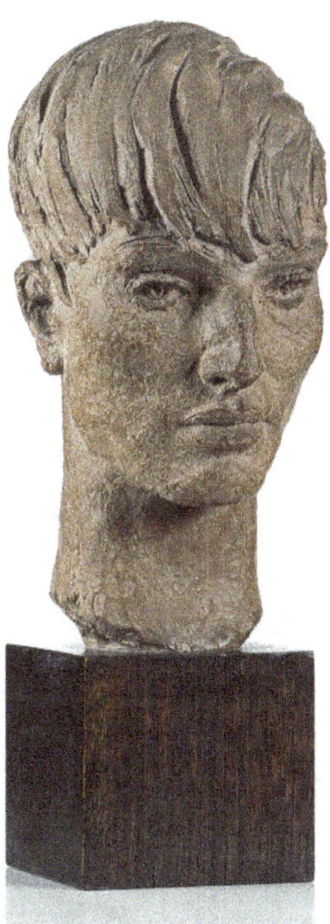

Werk 13: Renée Sintenis: Selbstbildnis, Kunsthalle Bremen – Der Kunstverein in Bremen

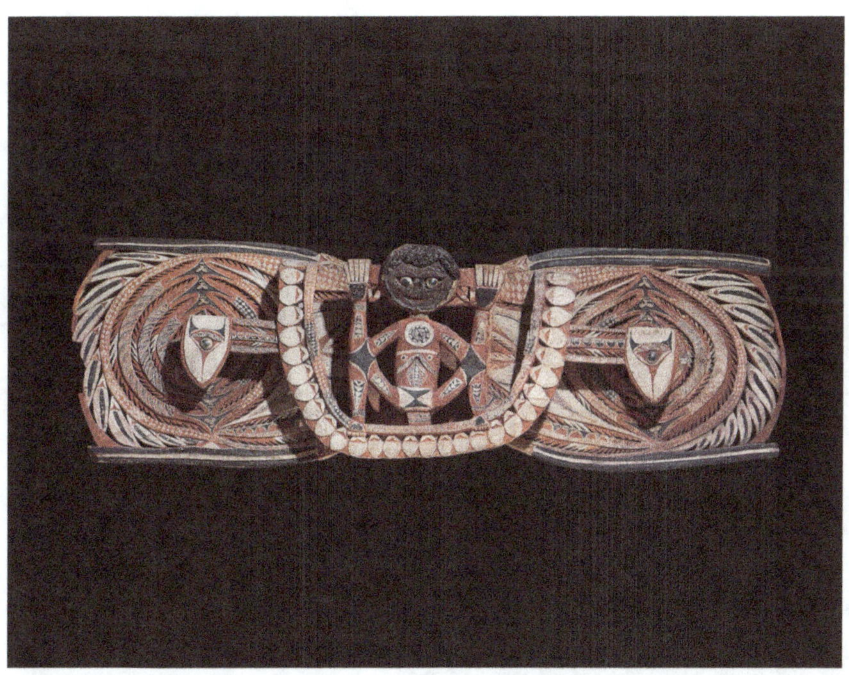

Werk 14: Unbekannte Werkstatt: Figurenfries, Museum Rietberg Zürich

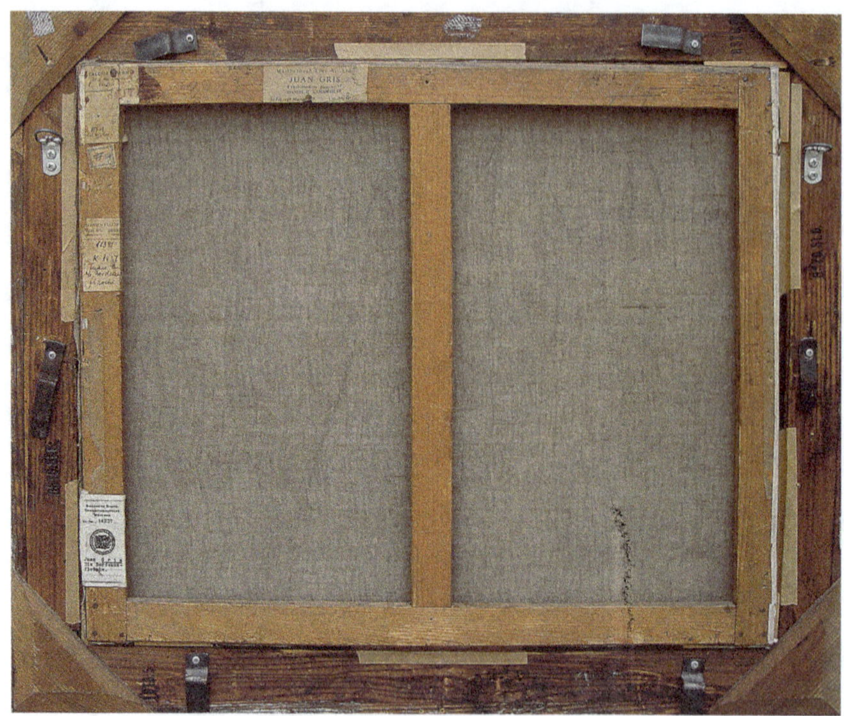

Rückseite des Gemäldes von Juan Gris: Die Bordeauxflasche, Bayerische Staatsgemäldesammlungen (s. oben S. 197–203 und 240)

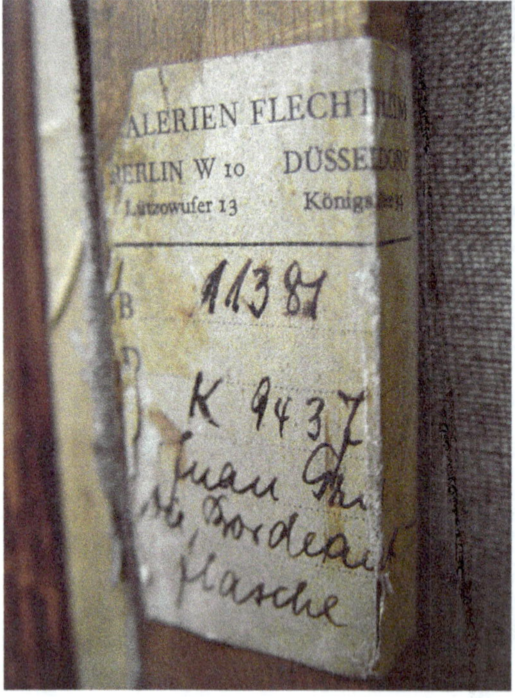

Etikett der Galerien Flechtheim auf der linken Seite des Keilrahmens

Anhang

Anhang I

Vorbemerkung der Herausgeber: Der Diskurs über die Restitution von Kunst- und Kulturgütern ist in erheblichem Maße von den rechtlichen Vorgaben geprägt, die den Prozess der Wiedergutmachung, also vor allem die Rückerstattung und Entschädigung, geformt haben und nach wie vor formen. Auch wenn aktuelle Empfehlungen für die Rückgabe von Kunst- und Kulturgütern keine rechtlich-binden-de Wirkung mehr haben, so beziehen sie sich doch auf Regelungen der Wiedergutmachungsgesetzge-bung. In seinem Beitrag: Verantwortung wahrnehmen. NS-Raubkunst – Eine Herausforderung an Museen, Bibliotheken und Archive, bearb. v. Andrea Baresel-Brand, hrsg. von der Koordinierungs-stelle für Kulturgutverluste Magdeburg, Magdeburg 2009, S. 101–116, analysiert Harald König die Genese der Wiedergutmachungsgesetzgebung und ihre heutige Bedeutung. Die Herausgeber haben sich daher entschieden, den Artikel Harald Königs in den vorliegenden Sammelband aufzunehmen.

Harald König

Fragen der Restitution in Deutschland: Rechtliche Grundlagen der Restitution seit 1945

Die Schaffung rechtlicher Grundlagen für die Rückerstattung oder Restitution des im Rahmen der nationalsozialistischen Verfolgung entzogenen Vermögens in Deutschland kann sicherlich mit Recht als ein moralischer, politischer und im Wesentlichen juristi-scher Vorgang charakterisiert werden.[1] Die Entwicklung, die Rechtsetzung, Rechtspre-chung und die Verwaltungspraxis im Bereich der Wiedergutmachung genommen haben, eröffnet darüber hinaus der historischen Forschung Einblicke in die Faktoren, die auf den Prozess der Wiedergutmachung einwirken. In diesem Zusammenhang werden neben den politischen Machtverhältnissen, den gesellschaftlichen Normen oder mentalen Prä-gungen auch die jeweils vorherrschende Sicht auf die Vergangenheit im Wandel der Zeit genannt.[2] Gleichwohl haben Gesetzgebung, Verwaltung und Justiz in der ihnen übertra-genen Auseinandersetzung mit der Vergangenheit maßgeblich dazu beigetragen, rechtli-che Grundprinzipien zu etablieren, die sich im Wandel der Zeit als beständig erwiesen.

Bereits im Jahre 1943 sprachen die Alliierten in der sog. Londoner Erklärung eine ge-nerelle Ächtung der Enteignungen aus, die in den besetzten oder von Deutschland (bzw. den Achsenmächten) kontrollierten Gebieten durchgeführt worden waren. Mit dieser Er-klärung[3] kündigten die Alliierten zugleich an, dass entsprechende Übertragungsakte für nichtig erklärt werden. Bedeutsam ist hier die Klarstellung, dass es unerheblich ist, ob Übertragungen oder Rechtsgeschäfte „die Form offener Plünderung und nackten Raubes angenommen haben, oder aber Rechtsgeschäfte in scheinbar gesetzlicher Form waren,

---

[1] Walter Schwarz, Bundesministerium der Finanzen (Hrsg.): Rückerstattung nach den Gesetzen der alliierten Mächte, München 1974, 1.

[2] Vgl. Hans Günter Hockerts: Wiedergutmachung. Ein umstrittener Begriff und ein weites Feld, in: ders. und Christiane Kuller (Hrsg.), Nach der Verfolgung. Wiedergutmachung nationalsozialisti-schen Unrechts in Deutschland?, Göttingen 2003, 9.

[3] Alliierte Erklärung über die in den vom Feinde besetzten oder unter seiner Kontrolle stehenden Gebieten begangenen Enteignungshandlungen vom 5. Januar 1943, Amtsblatt des Kontrollrats, Er-gänzungsblatt Nr. 1, 3.

selbst wenn sie vorgaben, dass sie freiwillig erfolgt seien". Diese Klarstellung wurde u. a. deshalb für erforderlich gehalten, da das bis dahin bestehende Völkerrecht in Gestalt des IV. Haager Abkommens und der Haager Landkriegsordnung (HLKO)[4] indirekte und erschleierte Wegnahmen von Kulturgütern nicht erfasste.[5] Zeitgleich wurden erste Konzepte für eine Regelung der jüdischen Wiedergutmachungsansprüche erarbeitet.[6]

Nachdem mit der Kontrollratsproklamation Nr. 2 vom 20. September 1945[7] und mit dem Inkrafttreten des Militärregierungsgesetzes Nr. 52[8] die Sicherstellung, Sperre und Kontrolle des entzogenen Vermögens eingeleitet war, wurde die Restitution von Kulturgütern zunächst nach Maßgabe entsprechender Anweisungen der Alliierten eingeleitet.[9] In den US Military Regulations wurden Richtlinien des Kontrollrats für die Rückerstattung umgesetzt und die Grundlagen und das Verfahren der Restitution gelegt. Die Restitution von Kunstdenkmälern, Kunstwerken und Archivalien behandeln die in der amerikanischen Besatzungszone geltenden Military Government Regulations (Title 18) vom 1. 6. 1946.[10] Vorrangig erstreckten sich diese Regelungen auf den Bereich der sogenannten äußeren Restitution, wonach die Rückgabe von Kulturgütern, welche im besetzten Ausland entzogen worden waren, an die Regierung des betroffenen Staates erfolgte. Die in den Bestimmungen enthaltene Begriffbestimmung für „looted cultural objects" umfasste allerdings auch Objekte, die innerhalb Deutschlands entzogen wurden.[11]

In ihrer Restitutionspraxis entwickelten die Alliierten schließlich eine Ausnahme von der Restitutionspflicht für die Fälle, in denen Gegenstände aufgrund „normaler Handelsbeziehungen" erworben wurden.[12] Bei Kunstwerken galt diese Ausnahme allerdings nicht, da davon ausgegangen wurde, dass die Verbringung von Kunstwerken aus den besetzten Gebieten immer mehr oder weniger unter Zwang erfolgt sei.[13] Bei aus den besetzten Gebieten stammenden Objekten wurde also vermutet, dass sie zwangsweise entfernt worden sind (Beweislastumkehr).[14]

Unbeschadet der alliierten Bemühungen um eine Rückerstattung des den Verfolgten entzogenen Vermögens, waren in Einzelfällen bereits in dieser Zeit (auch) die deutschen Gerichte mit der Frage der Rückerstattung von Verfolgtenvermögen befasst. Mehrere zivilgerichtliche Entscheidungen dokumentieren diese frühen Auseinandersetzungen.[15]

---

[4] Ordnung der Gesetze und Gebräuche des Landkrieges vom 18. Oktober 1907, RGBl. 1910, Nr. 2, 132ff.

[5] Emanuel C. Hofacker: Rückführung illegal verbrachter italienischer Kulturgüter nach dem Ende des 2. Weltkriegs, Berlin 2004, 51.

[6] Schwarz, Rückerstattung, 13ff.

[7] Amtsblatt des Kontrollrats in Deutschland Nr. 1, 8ff.

[8] Amtsblatt der Militärregierung Deutschlands – Kontrollgebiet der zwölften Armeegruppe Nr. 1, 26f.

[9] Einen Überblick über die verschiedenen Regelungen, einschließlich den Richtlinien des Kontrollrats für die Rückerstattung vom 21. Januar, 8. März und 17. April 1946, bietet: Gustav von Schmoller/ Hedwig Maier/Achim Tobler: Handbuch des Besatzungsrechts, Tübingen 1957, § 52, 4ff.

[10] Germany 1947–1949. The Story in Documents, Department of State Publications 3556, Washington, US Government Printing Office, 1955, 618ff.

[11] Siehe hierzu Erich Kaufmann: Die völkerrechtlichen Grundlagen und Grenzen der Restitutionen, AÖR (75) 1949, 1, 7ff.

[12] Schmoller/Maier/Tobler, Handbuch, § 52, 10.

[13] Schmoller/Maier/Tobler, Handbuch, § 52, 17.

[14] Schmoller/Maier/Tobler, Handbuch, § 52, 15.

[15] Vgl. KG Berlin SJZ 1947, 258; AG Wiesbaden Urt. vom 13. 11. 1945, SJZ 1946, 36; LG Hagen, MDR 1947, 29.

Den Gerichten standen allerdings zu diesem Zeitpunkt in erster Linie nur die (rechtlichen) Instrumente des Zivilrechtes zur Verfügung, um die Frage nach der Rechtmäßigkeit der in der Zeit des Nationalsozialismus eingetretenen Vermögensverluste zu beurteilen und Herausgabeansprüche zuzusprechen.

In einer Entscheidung des Amtsgerichts Wiesbaden vom 13. 11. 1945, heißt es demgemäß: „Man wird also in den Fällen, in denen jemand aufgrund öffentlicher Versteigerung jüdisches Vermögen erworben hat, annehmen müssen, dass der Erwerber Eigentümer geworden ist, es sei denn, dass er gewusst hat, dass es sich um jüdisches Vermögen handelte und der veräußernde Staat nicht Eigentümer ist.“[16] Das Landgericht Hagen entschied im März 1947, dass eine im Rahmen einer sog. „Arisierung" vorgenommene Veräußerung nicht wegen einer widerrechtlichen Drohung angefochten werden könne. Zwar unterläge es keinem Zweifel, dass die entsprechenden Gesetze des NS-Staates gegen die Grundlage einer gesitteten Rechtsordnung verstießen; gleichwohl seien derartige Gesetze des nationalsozialistischen Staates nur für die Zukunft aufgehoben.[17] Demgegenüber meinte das Kammergericht, eine unter Verfolgungsdruck vorgenommene Veräußerung könne wegen widerrechtlicher Drohung angefochten werden, da die „abgegebenen Willenserklärungen bereits durch den bestehenden Kollektivzwang entscheidend mitbeeinflußt worden sind".[18] In der Fachliteratur wurde diese Entscheidung als ein Versuch zur zeitgemäßen Fortentwicklung des § 123 BGB charakterisiert; dennoch zeige die Entscheidung, dass „die Bestimmungen des bürgerlichen Rechtes nicht mehr ausreichen, dass hier vielmehr neues Recht entweder durch den Richter oder durch den Gesetzgeber geschaffen werden muss".[19] Auch in späteren Darstellungen wurde darauf hingewiesen, dass die zivilrechtlichen Bestimmungen nicht auf den Kollektivzwang gegenüber einer ganzen Bevölkerungsgruppe angewandt werden können; denn nur dort, „wo der andere Vertragsteil selbst drohend und pressend auftritt, [...] liegt ein Delikt vor. Wo dies fehlt, entsteht ein neuer Tatbestand – so neu, wie die vom Nationalsozialismus geschaffene Lage. [...] Die Verfasser des BGB hätten diese Frage nicht verstanden, denn niemals dämmerte ihnen der Gedanke, dass es dereinst einen vom Staat geschaffenen Kollektivzwang würde geben können. [...] die Wirklichkeit des totalen Unrechtsstaates [konnte nicht] in rechtsstaatliche Konzeptionen eingezwängt werden. Es waren zwei einander fremde Welten.“[20] Auch das Landgericht Hagen hatte in der o. g. Entscheidung ausgeführt: „Wo z. B. Rassegesetze Zustände hervorgerufen haben, die als unsittlich und nicht billigenswert anzusehen sind, muss dem durch neue Gesetze abgeholfen werden." Die Entscheidung des Kammergerichts wurde durch einen Befehl der Alliierten Kommandantur Berlin aufgehoben.[21] Ein weiterer Befehl der Alliierten Kommandantur vom 28. 7. 1947 ordnete an, dass ohne vorherige schriftliche Genehmigung kein deutsches Gericht über das – der Kontrolle durch die Alliierten unterliegende – entzogene Vermögen Zuständigkeit beanspruchen kann und jedes Urteil in derartigen Prozessen nichtig ist.[22] Die Kommentarliteratur zu den

---

[16] AG Wiesbaden, Urt. vom 13. 11. 1945, SJZ 1946, 36.
[17] LG Hagen, MDR 1947, S. 29; nachfolgend: Oberster Gerichtshof in Zivilsachen, Urt. Vom 9. 5. 1949, vgl. MDR 1949, 469.
[18] KG SJZ 1947, 258.
[19] W. Roemer: Urteilsanmerkung, SJZ 1947, 261.
[20] Schwarz, Rückerstattung, 98.
[21] Vgl. Walter Petrich, Kommentar zum Rückerstattungs-Gesetz, Militärregierungsgesetz Nr. 59 vom 12. Mai 1949 – Britische Zone, Paderborn 1949, 7.
[22] BK/O (47) 172 vom 28. Juli 1947, Official Bulletin of the Allied Kommandatura Berlin, 1947, 12.

Rückerstattungsgesetzen maß diesen Entscheidungen der deutschen Gerichte „nur noch rechtsgeschichtliche Bedeutung"[23] bei.

Nach umfangreichen Vorarbeiten und dem Scheitern der Bemühungen, eine für die Besatzungszonen in Deutschland einheitliche Regelung der Rückerstattung entzogener Vermögenswerte zu schaffen, trat am 10. November 1947 das Gesetz Nr. 59 – Rückerstattung feststellbarer Vermögensgegenstände – der Militärregierung Deutschland – Amerikanisches Kontrollgebiet – in Kraft.[24] Rückerstattungsgesetze für die übrigen westlichen Besatzungszonen folgten. Den Zweck des amerikanischen Gesetzes formuliert Artikel 1 in der Weise, dass die Rückerstattung feststellbarer Vermögensgegenstände an die Verfolgten des NS-Regimes im „größtmöglichen Umfange beschleunigt" bewirkt werden soll. Das neben dem Beschleunigungsgrundsatz genannte Ziel, in möglichst großem Umfang die Rückerstattung zu bewirken, bezog sich allerdings nur auf die tatsächlich vom Gesetz erfassten Fälle.[25]

Die Grundgedanken des für die US-Zone erlassenen Rückerstattungsgesetzes fasste seinerzeit der Leiter der Wiedergutmachungsabteilung im Justizministerium Stuttgart – wie folgt – zusammen:

> „Vermögensobjekte, die 1933–1945 widerechtlich ‚entzogen' wurden, sind zurückzuerstatten, und zwar von dem, der sie heute innehat, an den, dem sie entzogen wurden, oder wenn er nicht mehr lebt, an seine Erben. [...] Es muss auch zurückerstattet werden, was nicht durch Konfiskation oder formlosen Gewaltakt, sondern äußerlich gesehen durch Vertrag entzogen wurde. Das ist selbstverständlich für ‚Verträge', die etwa ein staatlich bestellter Treuhänder namens eines Juden abschloss, ebenso für die Verträge, zu deren Abschluss durch die verhafteten Juden man 1938/39 Notare eigens ins Lager Dachau kommen ließ. Aber der Grundsatz muss auch für die große Masse der Verträge gelten, die Juden abschlossen, als sie zwar noch scheinbar freiwillig handelten, aber, wie jedermann wusste, in Wahrheit schon unter dem Kollektivdruck einer rechtlosen Verfolgung, einer immer deutlicher sich ankündigenden Austreibung und Ausraubung standen. Es sind also kurz gesagt, im Grundsatz auch alle vertraglichen arisierten Objekte zurückzuerstatten. Diese Rückerstattungspflicht besteht unabhängig von dem seinerzeitigen Verhalten des ‚Ariseurs'."[26]

Ein gutgläubiger Eigentumserwerb war somit selbst bei öffentlich versteigerten Sachen ausgeschlossen.

Die besonderen Schwierigkeiten, denen die Betroffenen bei dem Nachweis der im Zuge der Verfolgungsmaßnahmen erlittenen Vermögensverluste ausgesetzt waren, wurden in den Rückerstattungsgesetzen berücksichtigt. So ordnete das für die amerikanische Besatzungszone erlassene Rückerstattungsgesetz[27] (am. REG) in Art. 49 Abs. 2 an: „Die Wiedergutmachungsbehörden haben die Lage, in die der Berechtigte durch Verfolgungsmaßnahmen [...] geraten ist, bei der Ermittlung des Sachverhalts weitgehend zu berücksichtigen."

Der Beweisnot der Betroffenen wurde u. a. durch die Verpflichtung zur Durchführung der erforderlichen Ermittlungen von Amts wegen und durch die Zulassung von eidesstattlichen Versicherungen als Mittel der Glaubhaftmachung begegnet. Diese Regelung be-

---

[23] Walter Petrich: Kommentar zum Rückerstattungsgesetz – Militärgesetz Nr. 59 vom 12. Mai 1949 – Britische Zone, Paderborn 1949, 7.

[24] Amtsbl. Der Militärregierung Deutschland – Amerikanisches Kontrollgebiet – Ausgabe G, 1.

[25] Egon Kubuschok/Rudolf Weisstein: Rückerstattungsrecht der brit. und amerik. Zone, München/Berlin 1950, BZ 1 AZ 1, 3. m. w. N.; Walter Petrich: Kommentar zum Rückerstattungsgesetz – Militärgesetz Nr. 59 vom 12. Mai 1949 – Britische Zone, Paderborn 1949, 19.

[26] Otto Küster: Das Rückerstattungsgesetz für die US-Zone, BB 1947, 361, 362.

[27] Amtsbl. Der Militärregierung Deutschland – Amerikanisches Kontrollgebiet – Ausgabe G, 1.

rechtigte die Rückerstattungsbehörden und -gerichte allerdings nicht, sich mit Vermutungen zu begnügen.[28]

Für die rechtsgeschäftliche Veräußerung oder Aufgabe eines Vermögenswertes sahen die Rückerstattungsgesetze und die Alliierte Rückerstattungsanordnung für Berlin (REAO)[29] darüber hinaus vor, dass die Ursächlichkeit der nationalsozialistischen Verfolgung für den durch die genannten Rechtsgeschäfte eingetretenen Vermögensverlust vermutet wurde und nur durch im Gesetz näher benannte Nachweise widerlegt werden konnte. Diese Bestimmung der REAO (Art. 3 Abs. 2 und 3) ist auch in den vermögensrechtlichen Verfahren zur Wiedergutmachung des NS-Unrechts im Beitrittsgebiet anzuwenden (§ 1 Abs. 6 VermG). In Anwendung dieser Vorschriften wird allerdings nur die Verfolgungsbedingtheit des Vermögensverlustes vermutet.[30] Die Vermutungsregel erstreckt sich nicht auf die Feststellung des schädigenden Ereignisses selbst.[31] Die gesetzliche Fiktion setzt den Eintritt eines tatsächlichen Eigentumsverlustes bzw. Vermögensverlustes voraus. Der Eigentumsverlust wird nicht fingiert.[32] Für den Nachweis des konkreten Verlustaktes, d. h. der rechtsgeschäftlichen Veräußerung oder Aufgabe des Vermögenswertes gilt vielmehr die allgemeine Beweisregel, wonach die Unerweislichkeit von Tatsachen, aus denen eine Partei für sie günstige Rechtsfolgen herleitet, zu ihren Lasten geht.[33]

Den derzeitigen Besitzer (oder Verfügungsberechtigten) treffen Darlegungs- und Beweispflichten in den vermögens- bzw. rückerstattungsrechtlichen Verfahren (erst) dann, wenn der Anwendungsbereich der Vermutungsregel des REAO eröffnet ist, also das zum Vermögensverlust führende Rechtsgeschäft (durch den Antragsteller) nachgewiesen wurde. In diesem Falle kann die gesetzliche Vermutung zugunsten der Verfolgungsbedingtheit des Rechtsgeschäfts nur widerlegt werden, wenn der Nachweis erbracht werden kann, dass der Veräußerer einen angemessenen Kaufpreis erhalten hat und über ihn frei verfügen konnte. Bei Veräußerungen in der Zeit vom 15. 9. 1935 bis zum 8. 5. 1945 müsste zusätzlich nachgewiesen sein, dass das Rechtsgeschäft seinem wesentlichen Inhalt nach auch ohne die Herrschaft des Nationalsozialismus abgeschlossen worden wäre oder dass der Erwerber in besonderer Weise und mit wesentlichem Erfolg den Schutz der Vermögensinteressen des Berechtigten oder seines Rechtsvorgängers wahrgenommen hat, z. B. durch Mitwirkung bei einer Vermögensübertragung ins Ausland. Allerdings können diese Widerlegungsregelungen des Art. 3 Abs. 2 und 3 REAO erst geprüft werden, wenn der Verlustakt und die Verlustumstände hinreichend konkret festgestellt sind.[34] Die Notwendigkeit der genauen Bestimmung des Verlustvorgangs und der Verlustumstände ergibt sich aus den Widerlegungsregeln.[35] Erst mit Kenntnis der Höhe des Kaufpreises ist ermittelbar, ob dieser angemessen war. Erst mit Kenntnis der Zahlungsmodalitäten (z. B. Barzahlung oder aber Überweisung auf ein Sperrkonto) lässt sich klären, ob über den Kaufpreis frei verfügt werden konnte. Die konkrete Feststellung des Verkaufsdatums[36] entscheidet darüber, ob die (gesetzliche) Vermutungsregel für Frühverkäufe vor dem 15. 9. 1935 oder

---

[28] ORG Nürnberg RzW 1956, 322.
[29] Verordnungsblatt für Groß-Berlin 1949, Teil I, 221.
[30] VG Berlin, Urteil vom 2. 9. 2005, Az. 31 A 185.03.
[31] VG Dresden, Urteil vom 18. 11. 2004, Az. 7 K 1056/01.
[32] VG Greifswald RÜ BARoV 1998, Nr. 1, 3–12.
[33] BVerwG ZOV 2006, 384.
[34] BVerwG ZOV 2006, 384.
[35] VG Berlin, Urteil vom 2. 9. 2005, Az. 31 A 185.03.
[36] Vgl. BVerwG VIZ 2004, 486.

die verschärfte Vermutung für Spätverkäufe eingreift. Schließlich muss die Person des Erwerbers bekannt sein, um der Frage nachgehen zu können, ob dieser sich ggf. erfolgreich um den Schutz der Vermögensinteressen des Berechtigten bemüht hat. Vor diesem Hintergrund gelangt das Verwaltungsgericht Dresden zu dem Schluss, dass eine Anwendung der Vermutungsregel in Fällen, in denen keine genauen Tatsachen bekannt sind, regelmäßig dazu führen müsste, dass die gesetzlich vorgesehene Widerlegungsmöglichkeit der Vermutungsregel mangels bekannter Tatsachen nicht wahrgenommen werden könnte. Dies würde zu einer Ungleichbehandlung gegenüber den Fallgestaltungen, denen Rechtsgeschäfte, wie zum Beispiel Veräußerungen, zugrunde liegen, führen. Die Vermutungsregel ist für klar definierte Fallkonstellationen vorgesehen, so dass sie im Umkehrschluss in anderen als den geregelten Fällen nicht zur Anwendung gelangt.[37]

Über die gesetzlich geregelten Beweiserleichterungen hinaus wurde vereinzelt auch der Anscheinsbeweis in vermögensrechtlichen Verfahren zugelassen.[38] Erforderlich hierfür ist ein Erfahrungssatz, der die volle Überzeugung des Gerichts von einem bestimmten Geschehensablauf auch dann zu begründen vermag, wenn nicht alle Einzelheiten des Sachverhaltsgeschehens ermittelt werden können. Besteht die ernstliche und nahe liegende Möglichkeit eines vom typischen Sachverhalt abweichenden Geschehens- oder Ursachenverlaufs, greift die durch den Anscheinsbeweis bewirkte Beweiserleichterung nicht.[39] Von einem Anscheinsbeweis für einen Zwangsverkauf ging das Bundesverwaltungsgericht z. B. aus, wenn im Sommer 1938 Bürger jüdischer Herkunft in engem zeitlichen Zusammenhang mit ihrer Auswanderung aus Deutschland Grundstücke veräußerten.[40] Dem Anscheinsbeweis liegt in diesem Falle die historische Erfahrungstatsache zugrunde, dass Veräußerungen ab dieser Zeit in der Regel nicht „freiwillig" erfolgten, sondern dem zunehmenden staatlichen Verfolgungsdruck geschuldet waren, der eine – in materieller Hinsicht durch Verkäufe abzusichernde – Emigration immer dringlicher werden ließ.[41] Die Gerichte sind i. ü. nicht gehindert, Indizien zu berücksichtigen. So kann etwa anhand bestimmter Indizien auf die Begleichung des Kaufpreises[42] oder auch auf dessen Angemessenheit geschlossen werden.[43]

Die alliierten Rückerstattungsgesetze trafen darüber hinaus weitreichende Regelungen für ein Problem, dass die Geschichte in diesem Ausmaß bisher nicht kannte, nämlich das Problem des erbenlosen Eigentums, d. h. des Nachlasses von Personen, deren Erben ausnahmslos umgekommen waren.[44] Mit der Schaffung der Nachfolgeorganisationen wurde sichergestellt, dass dieses (erbenlose) Verfolgtenvermögen nicht in der Hand des deutschen Fiskus verblieb; die einschlägigen Vorschriften des bürgerlichen Rechts über das Fiskalerbrecht wurden durch spezialgesetzliche Regelungen in den Rückerstattungsgesetzen ersetzt.[45] Die Geltendmachung der Rückerstattungsansprüche war allerdings abhängig von der fristgemäßen Anmeldung der Ansprüche. Es handelte sich bei diesen Fristen

---

[37] VG Dresden RÜ BARoV 2006, Nr. 2, 41.
[38] Vgl. BVerwG ZOV 1998, 447.
[39] BVerwG ZOV 1997, 46.
[40] BVerwG ZOV 1997, 46; ZOV 2001, 51, 53.
[41] BVerwG ZOV 1998, S. 46; vgl. auch Urteil des VG Dresden vom 15. 3. 2001, Az. 6 K 2843/97.
[42] BVerwG VIZ 2004, 486.
[43] BVerwG VIZ 2004, 486; VG Dresden, Urteil vom 27. 3. 2003, Az. 1 K 677/99.
[44] Walter Schwarz (Hrsg.), Bundesministerium der Finanzen: Das Bundesrückerstattungsgesetz, München 1981, 725.
[45] Ebenda.

um Ausschlussfristen, d. h. die Versäumung der Antragsfrist führte zum Untergang des Rückerstattungsanspruches, also zum totalen Rechtsverlust. Eine Wiedereinsetzung in den vorigen Stand war auch bei unverschuldeter Säumnis nicht möglich.[46] Im Jahre 1953 befasste sich der Bundesgerichtshof mit den sich aus dieser Fristenregelung ergebenden Konsequenzen. Der BGH entschied, dass die Rückerstattungsgesetze die auf Verfolgungsmaßnahmen beruhenden Entziehungsfälle abschließend regeln und damit Rückforderungen nach dem allgemeinen bürgerlichen Recht ausgeschlossen sind. Die im Vergleich zu der 30-jährigen Verjährungsfrist des bürgerlichen Rechts sehr kurz bemessenen Anmeldefristen der Rückerstattungsgesetze fänden ihre Rechtfertigung darin, dass „im Interesse einer baldigen Beruhigung des Wirtschaftslebens die durch die Rückerstattung neuerdings veranlassten Vermögensverschiebungen innerhalb einer angemessenen Frist zum Abschluss zu bringen" seien.[47] Auch aus diesem Grunde wäre es mit dem Gesetzeszweck unvereinbar, wenn Rückerstattungsansprüche nach allgemeinen Grundsätzen, d. h. nach den Regeln des Zivilrechts geltend gemacht werden könnten.[48] Zivilrechtliche Ansprüche sind somit selbst dann ausgeschlossen, wenn die Anmeldefristen für die Rückerstattung versäumt wurden.[49]

Die Wiedergutmachung im Bereich der verfolgungsbedingt entzogenen Vermögenswerte fand ihren Ausgangspunkt in den alliierten Rückerstattungsgesetzen, welche nach dem Inkrafttreten des Grundgesetzes durch weitere Vorschriften des bundesdeutschen Gesetzgebers ergänzt wurden. Hierzu zählt u. a. das Bundesgesetz zur Regelung der rückerstattungsrechtlichen Geldverbindlichkeiten des Deutschen Reichs und gleichgestellter Rechtsträger (Bundesrückerstattungsgesetz – BRüG). Dieses Gesetz regelte die nach den alliierten Rückerstattungsgesetzen nicht durchsetzbaren, auf einen Geldbetrag oder Schadensersatz gerichteten Ansprüche gegen das Deutsche Reich und legte zugleich fest, dass diese Ansprüche durch die Bundesrepublik Deutschland zu erfüllen waren. Die Verpflichtung, die Geldverbindlichkeiten des Deutschen Reichs und gleichgestellter Rechtsträger zu regeln, war die Bundesrepublik Deutschland u. a. in dem am 26. 5. 1952 unterzeichneten Vertrag zur Regelung der aus Krieg und Besetzung entstandenen Fragen – Überleitungsvertrag[50] – eingegangen.

Der Gesetzgeber ging davon aus, dass er bei der Regelung der Frage, ob und in welchem Umfang der Bund für Reichsverbindlichkeiten in Anspruch genommen werden kann, grundsätzlich frei sei.[51] Das Bundesverfassungsgericht bestätigte später, dass eine Pflicht zur Wiedergutmachung von Unrecht einer nicht an das Grundgesetz gebundenen Staatsgewalt nicht aus einzelnen Grundrechten hergeleitet werden könne; dies gelte insbesondere auch für die Wiedergutmachung von Vermögensschäden, welche einer früheren deutschen Staatsgewalt zuzurechnen seien.[52] Allerdings hätte ein völliges Ausbleiben wiedergutmachungsrechtlicher Regelungen dem Sozialstaatsprinzip des Art. 20 Abs. 1 GG widersprochen, da hiernach zumindest die Pflicht zu einer Lastenverteilung nach Maßgabe einer gesetzlichen Regelung bestand. Obgleich dem Gesetzgeber bei der Ausgestaltung sowohl der Art wie des Umfanges der Wiedergutmachung ein besonders weiter

---

[46] Schwarz, Rückerstattung, 265 f.
[47] BGH NJW 1953, 1909 f.
[48] Ebenda.; vgl. auch BGHZ 9, 34–53.
[49] BVerwGE 98, 261; ORG Berlin, RzW 1958, 96; BGHZ 10, 340, 343; OLG München, RzW 1957, 97.
[50] BGBl. II 1955, 405.
[51] BT Drucks. II 2677, 15.
[52] BVerfGE 102, 254.

Regelungs- und Gestaltungsspielraum eröffnet ist, müssen fundamentale Elemente des Rechtsstaates (Rechtsstaatsprinzip) gewahrt bleiben und der allgemeine Gleichheitssatz des Art. 3 Abs. 1 GG beachtet werden.[53]

Einer Überleitung der alliierten Rückerstattungsgesetze und des Bundesrückerstattungsgesetzes auf das Beitrittsgebiet bedurfte es im Zuge der Wiedervereinigung im Jahre 1990 nicht, da das Gesetz zur Regelung offener Vermögensfragen (Vermögensgesetz – VermG) mit seinem § 1 Abs. 6 die Rückerstattung im Beitrittsgebiet übernahm.[54] Mit dem am 29. September 1990 in Kraft getretenen Gesetz zur Regelung offener Vermögensfragen wurde der Tatsache Rechnung getragen, „dass es in der sowjetischen Besatzungszone ebenso wie später in der DDR und im sowjetischen Sektor Berlins bis zum Erlass des Vermögensgesetzes keine Wiedergutmachungsgesetzgebung gegeben hat, die den in den westlichen Besatzungszonen geltenden Wiedergutmachungsgesetzen gleichwertig gewesen wäre".[55] Deshalb konnte § 1 Abs. 6 VermG „auch nicht an bereits bestehende Rückübertragungsansprüche anknüpfen, sondern hat solche konstitutiv begründet".[56] Bei der Auslegung des § 1 Abs. 6 Vermögensgesetz ist nach Ansicht des Bundesverwaltungsgerichts der „Rückgriff auf die alte rückerstattungsrechtliche Rechtsprechung geboten".[57] Die Anspruchsberechtigten sollten so gestellt werden, als hätten sie in der sowjetischen Besatzungszone und späteren DDR Wiedergutmachung „wie im Westen" erhalten.[58] Bei dem Vermögensgesetz handelt es sich um ein Gesetz der Volkskammer der DDR. Mit seiner Transformation in partielles Bundesrecht nutzte der Gesetzgeber mit den Worten des Bundesverwaltungsgerichts „die sich durch die Wiedervereinigung bietende Gelegenheit zur abschließenden Generalbereinigung"[59] der offenen Vermögensfragen, zu denen nicht nur Vermögensfragen zählten, die sich mit der deutschen Teilung ergeben hatten, sondern auch solche, die sich bereits zuvor gestellt hatten aber infolge der Teilung ungelöst geblieben waren.[60] Mit der Transformation des Vermögensgesetzes in partielles Bundesrecht war die abschließende Regelung der Wiedergutmachung für ganz Deutschland beabsichtigt.[61] Vor diesem Hintergrund kann u. U. auch eine analoge Anwendung des Vermögensgesetzes geboten sein, um eine ggf. bestehende Regelungslücke im Wiedergutmachungsprogramm zu schließen.[62] Nach dem Vermögensgesetz gilt die Conference on Jewish Material Claims Against Germany als Berechtigte für das erbenlose bzw. nicht beanspruchte (jüdische) Vermögen. Auch im Anwendungsbereich des Vermögensgesetzes können Ansprüche auf die Rückgabe des in der NS-Zeit entzogenen Vermögens nur nach Maßgabe dieses Gesetzes durchgesetzt werden, zivilrechtliche Ansprüche sind insoweit ausgeschlossen.[63] Der gesetzgeberische Zweck des Abbaus von Investitionshemmnissen und des baldigen Abschlusses der anhängigen Verfahren rechtfertigte nach einer Entscheidung des Bundesverfassungsgerichts auch im Vermögensrecht die Einführung

---

[53] BVerfGE 102, 254.
[54] BVerwGE 98, 261 ff.
[55] Ebenda.
[56] Ebenda.
[57] BVerwG ZOV 2004, 47; BVerwGE 114, 68.
[58] BVerfGE 102, 254, 343.
[59] BVerwGE 122, 286 ff.
[60] Ebenda.
[61] Ebenda.
[62] Vgl. BVerwGE 122, 286–293.
[63] OLG Dresden VIZ 2000, 413–416.

einer Ausschlussfrist, die im Übrigen auch der Rechtssicherheit und Rechtsklarheit dient.[64]

Mit der Nachholung der Wiedergutmachung für NS-Unrecht im Beitrittsgebiet durch das Vermögensgesetz stellte sich die Frage, ob auf die Beweisnot der Antragsteller insbesondere mit Blick auf den seit dem Vermögensverlust verstrichenen Zeitraum in besonderer Weise, d. h. über die bereits in den Rückerstattungsgesetzen vorgesehenen Beweiserleichterungen hinaus, reagiert werden müsse. Nach Ansicht des Bundesverwaltungsgerichts sind keine Besonderheiten erkennbar, wonach für das Beitrittsgebiet eine abweichende Regelung hätte getroffen werden müssen. Das Gericht führt hierzu aus: „Das seinerzeit verübte Unrecht ist dasselbe, gleichgültig in welchem Teil des Deutschen Reiches es geschehen ist, und auch die Interessenlage der jeweiligen Erwerber ist vergleichbar mit Ausnahme des Umstandes, dass die gebotene Wiedergutmachung im Herrschaftsbereich der sowjetischen Besatzungsmacht nicht stattgefunden hat und daher erst mit jahrzehntelanger Verzögerung gewährt werden kann. Dieser Zeitablauf allein gebietet jedoch keine Schaffung günstigerer Beweisregeln für die Erwerber oder ihre Rechtsnachfolger im Beitrittsgebiet; denn die Beweisnot der seinerzeit Verfolgten oder deren Rechtsnachfolger, die Grund für die alliierte Vermutungsregel war, ist – generell gesehen – durch den Zeitablauf in derselben Weise gewachsen wie die der Erwerber.“[65]

Gesicherte Angaben zum Umfang der im Rahmen der nationalsozialistischen Verfolgungsmaßnahmen entzogenen oder im Rahmen der Kriegshandlungen nach Deutschland verbrachten Kunst- und Kulturgüter liegen nicht vor. Bei Kriegsende wurden allerdings allein in der amerikanischen Besatzungszone mehr als 1000 Depots ausfindig gemacht, in denen Kulturgüter aus den ehemals besetzten Gebieten aber auch zum Schutz vor Bombenangriffen ausgelagerte deutsche Kunstschätze aufbewahrt wurden.[66] Zum Umfang der bis zum 30. Juni 1962 von alliierten und deutschen Stellen veranlassten Rückerstattung von (entzogenen) Kulturgütern äußerte sich im Jahre 1969 der damalige Bundesschatzminister in einem Bericht an den deutschen Bundestag.[67] Danach wurden bis zu dem genannten Zeitpunkt rund 1 Million Kunstgegenstände an in- und ausländische Rückerstattungsberechtigte herausgegeben.

Mit der Verabschiedung der Washingtoner Prinzipien zur Rückgabe verfolgungsbedingt entzogener Kulturgüter wurde dem Umstand Rechnung getragen, dass trotz der bestehenden gesetzlichen Regelungen eine vollständige Rückgabe der entzogenen Kunst- und Kulturgüter nicht erreicht wurde. Die Washingtoner Prinzipien berücksichtigen allerdings auch, dass der Gesetzgeber mit dem dargestellten Wiedergutmachungsprogramm eine abschließende gesetzliche Regelung der Wiedergutmachung für ganz Deutschland hatte schaffen wollen. Bei den auf der Washingtoner Konferenz über Vermögenswerte aus der Zeit des Holocaust verabschiedeten Prinzipien handelt es sich um eine rechtlich nicht bindende Erklärung[68] der Teilnehmerstaaten. Die Prinzipien sind eine Absichtserklärung in Gestalt eines Programmsatzes und können keine individuellen Rückgabeansprüche

---

[64] BVerfG VIZ 1999, 146–147.
[65] BVerwG ZOV 1995, 145.
[66] Vgl. Antwort der Bundesregierung auf die kleine Anfrage der Abgeordneten Ulla Jelpke und der Gruppe der PDS, BT-Drucks. 13/8111 vom 27. 6. 1997.
[67] BT-Drucks. V/4537 1.
[68] Vgl. VG Berlin ZOV 2007, 195–199.

begründen.[69] Die öffentlichen Einrichtungen haben daher bei der Umsetzung der Washingtoner Prinzipien den Vorrang des Vermögensgesetzes zu beachten. Eine auf die Washingtoner Prinzipien gestützte Rückgabeforderung muss daher bei einer wirksamen vermögensrechtlichen Anmeldung unberücksichtigt bleiben, soweit es nicht zwischen den Beteiligten zu einer gütlichen Einigung kommt.[70] Wegen des Ablaufes der Anmeldefristen nach dem Vermögensgesetz und der fehlenden rechtlichen Durchsetzbarkeit der Washingtoner Prinzipien wird – allerdings vornehmlich in der Fachliteratur[71] – der Frage nach einer zivilrechtlichen Durchsetzbarkeit von Herausgabeansprüchen wieder Aufmerksamkeit geschenkt. Im Zusammenhang mit der Diskussion um die Schuldrechtsmodernisierung warf auch der Bundesrat die Frage auf, ob und in welcher Weise die Verjährung von Herausgabeansprüchen in Bezug auf NS-verfolgungsbedingt entzogenes und kriegsbedingt verlagertes Kulturgut einer Sonderregelung bedarf.[72] In einem Verfahren vor dem Landgericht München im Jahre 1993, in welchem über einen zivilrechtlichen Herausgabeanspruch an einem in der Zeit des Nationalsozialismus als „entartet" eingezogenen Kunstwerk gestritten wurde, scheiterte der Anspruch u. a. an der eingetretenen Verjährung.[73]

Im Rahmen einer vergleichenden Betrachtung zwischen den Washingtoner Prinzipien und dem gesetzlichen Rückerstattungsprogramm sind m. E. folgende Aspekte hervorzuheben:
- Die Washingtoner Prinzipien wenden sich an die Träger öffentlicher Einrichtungen und begründen nur insoweit eine Selbstverpflichtung. Private Eigentümer von Kunstwerken sind ausgenommen. Wird beispielsweise wegen der Entziehung eines Werkes in der Zeit des Nationalsozialismus die Eigentümerstellung des heutigen Besitzers bestritten, kann dies ggf. einen Unterlassensanspruch auslösen. Im Jahre 2005 entschied der Bundesgerichtshof, dass gerade in Kunstkreisen eine derartige Äußerung geeignet ist, den Betroffenen in seinem Eigentumsrecht nachhaltig zu beeinträchtigen.[74]
- Darüber hinaus wurden mit den Washingtoner Prinzipien weder für die Provenienzforschung noch für die anzustrebende faire und gerechte Lösung im Einzelfall Fristen gesetzt. Vielmehr sollen – so bringt es auch die Gemeinsame Erklärung aus dem Jahre 1999 zum Ausdruck – ungeachtet der abgelaufenen Fristen zur Geltendmachung von Restitutionsansprüchen verfolgungsbedingt entzogene Werke zurückgegeben werden. Damit wird der Einzelfallgerechtigkeit gegenüber dem Bedürfnis nach Rechtssicherheit und Rechtsfrieden Vorrang eingeräumt.
- Trotz der erklärten Absicht, den Washingtoner Prinzipien keine bindende Wirkung beizumessen, können die Prinzipien im Einzelfall mittelbar von rechtlicher Relevanz

---

[69] Burkhard Messerschmidt, VIZ 2001, S. 289, 290; Tono Eitel: „Nazi Gold" und andere „Holocaust Vermögenswerte" – Zu den beiden Konsultations-Konferenzen von London (2. bis 4. 12. 1997) und Washington (30. 11. bis 3. 12. 1998) in, Volker Epping/Horst Fischer/Wolff Heintschel von Heinegg (Hrsg.): Brücken bauen und begehen, Festschrift für Knut Ipsen zum 65. Geburtstag, München 2000, 70.

[70] § 3 Abs. 3 VermG, vgl. ferner: Handreichung des Bundesbeauftragten für Kultur und Medien, Nov. 2007, 76ff., abrufbar unter: www.lostart.de.

[71] Vgl. Sabine Rudolph: Restitution von Kunstwerken aus jüdischem Besitz, Berlin 2007, 115ff. m. w. N.

[72] Bundesrat Pressemitteilung 255/2001.

[73] LG München IPRax 1995, 43.

[74] BGH NJW 2006, 689–690.

sein. Insbesondere können die Washingtoner Prinzipien und die Gemeinsame Erklärung dort Wirkung entfalten, wo die gesetzlichen Regelungen den handelnden Behörden einen Entscheidungsspielraum lassen. Das Verwaltungsgericht Berlin hat hierauf im Zusammenhang mit den Regelungen zum Schutz deutschen Kulturgutes gegen Abwanderung hingewiesen. Im Einzelnen führt das Gericht aus: „Während Kulturgut, das die Schutzvoraussetzungen erfüllt, nach dem Wortlaut des Gesetzes einzutragen ist, ohne dass der zuständigen Behörde hierüber ein Ermessen eingeräumt wäre, besteht im Anwendungsbereich des Kulturgutschutzgesetzes ein solcher Entscheidungsspielraum bei der Entscheidung des Beauftragten der Bundesregierung für Angelegenheiten der Kultur und der Medien über die Genehmigung der Ausfuhr nach §§ 1 Abs. 4, 5 Kulturgutschutzgesetz. Bei der Abwägung der Umstände des Einzelfalls ist zu berücksichtigen, dass schützenswertes Kulturgut den ursprünglichen Eigentümern von den Nationalsozialisten in menschenrechtswidriger Weise entzogen wurde. Besonders vor diesem Hintergrund dürfte auch wirtschaftlichen Interessen der Nachkommen, an die das entzogene Kulturgut restituiert wurde, gegenüber den Belangen des deutschen Kulturbesitzes Gewicht zukommen."[75]
- Gerade der Umstand, dass sich die Washingtoner Prinzipien an die Träger öffentlicher Einrichtungen wenden, richtet den Blick auf die Frage nach dem Umgang mit dem sog. Erbenlosen Vermögen. Weder die Washingtoner Konferenz über Vermögenswerte aus der Zeit des Holocaust noch das Vilnius Forum im Oktober 2000 haben zu einer endgültigen Klärung dieser Frage geführt.

Zusammenfassend lässt sich feststellen, dass die Washingtoner Prinzipien und die Gemeinsame Erklärung darauf abzielen, das gesetzgeberische Rückerstattungsprogramm zu vervollständigen. Bei Kunst- und Kulturgütern handelt sich nicht um ungeregelt gebliebene oder gar vergessene Vermögenswerte. Allein wegen des Ablaufes der Anmeldefristen soll die Rückgabe entzogener Kulturgüter nicht ausgeschlossen sein. Der Einzelfallgerechtigkeit soll gegenüber der Rechtssicherheit Vorrang eingeräumt werden. Der Vertreter der deutschen Delegation auf dem Vilnius Forum im Oktober 2000 brachte dies mit folgenden Worten zum Ausdruck:

"The Federal Republic of Germany is aware of its historical and moral responsibility to achieve clarification swiftly yet cautiously, in order to administer justice in each individual case to those who are the genuine claimants."[76]

---

[75] VG Berlin ZOV 2007, 195–199.
[76] Presentation of the official delegation of Germany at the Vilnius Forum, 3–5 October 2000, verfügbar unter: http://www.lootedart.com.

Anhang II

Vorbemerkung der Herausgeber: Markus H. Stötzel ist Rechtsanwalt und anwaltlicher Bevollmächtigter von Mitgliedern der Familie Flechtheim. Er hat zur intensiven Debatte um die Restitution von Bildern aus der Provenienz Alfred Flechtheim maßgeblich beigetragen. Er bewertet dabei einzelne Sachverhalte und Personen – v. a. hinsichtlich der Übernahme der Galerieräume und der Liquidation der Galerie – eindeutig. Diese Interpretation widerspricht den Ergebnissen einiger Artikel in diesem Sammelband. Die Herausgeber haben daher entschieden, Markus Stötzels Aufsatz, erschienen in der Zeitschrift Kunst und Recht, Journal für Kunstrecht, Urheberrecht und Kulturpolitik (KUR), Heft 3/4, 2010, S. 102–120, hier mit Genehmigung des Autors in unveränderter Form erneut abzudrucken, um diese zum Teil konträre Position im vorliegenden Sammelband vertreten zu wissen.

Markus H. Stötzel
Ein jüdisches Kunsthändlerschicksal

Der verfolgungsbedingte Eigentumsverlust der Kunstsammlung Alfred Flechtheim

Der ursprünglich aus einer Münsteraner Kaufmannsfamilie stammende Alfred Flechtheim (1878-1937) war in der Zeit vor Beginn des Ersten Weltkrieges bis zur Machtergreifung der Nationalsozialisten einer der führenden Kunsthändler und Verleger Deutschlands und zugleich eine der schillerndsten Persönlichkeiten der Berliner Gesellschaft in den „Roaring Twenties". Mit seinen Galerien in Düsseldorf und am Berliner Lützowufer, bekannt geworden vor allem durch sein Eintreten für die sog. Kubisten, darunter Picasso, Braque, Gris und Léger, entwickelte Flechtheim sich zu einem international geachteten Förderer insbesondere all jener deutschen und ausländischen Künstler, die später, nach der Zäsur des Januar 1933, als „entartet" galten und aus den Galerien, Privatsammlungen und Museen verbannt wurden. Mit Flechtheims Namen untrennbar verbunden sind dabei auch Maler wie beispielsweise Paul Klee oder Max Beckmann, denen er nachhaltig zu ihrem Durchbruch und späteren Erfolg verhalf. Flechtheim selbst war in den Augen vieler, die ihn kannten, mehr Sammler denn Händler und besaß eine ausgesucht exklusive Sammlung, die – mit einem Schwerpunkt auf „seinen Franzosen" – einen repräsentativen Querschnitt über 25 Jahre intensivster Befassung, ein Leben mit und für die Kunst darstellte. Der umfängliche Beitrag ist – vor dem Hintergrund aktuell laufender Provenienzforschung zu Flechtheim auch in deutschen Museen – das Ergebnis einer langjährigen Befassung des Autors mit dem Thema Alfred Flechtheim und geht dessen persönlichem Schicksal wie auch dem seiner Kunstsammlung im Detail nach.

I. Die Ausgangssituation

Der Kunsthändler, Kunstkritiker und Kunstmäzen, Publizist und Verleger Alfred Flechtheim (1878-1937) war ein vielseitiger und reger Geist, der in der Tradition eines Paul Cassirer (gest. 1926) und gemeinsam mit dem Publizisten Carl Einstein zu den bedeutendsten Vermittlern französischer Kunst in Deutschland gehörte – Flechtheim als „Praktiker", der deutschen Museen wie Privatsammlern Bilder verschaffte, Einstein mit seiner in mehrfachen Auflagen erschienenen „Kunst des 20. Jahrhunderts" als kunsttheoretischer Propagandist. Flechtheim und Einstein ebneten insbesondere dem Kubismus und seinen Vertretern wie Maillol, Braque, Gris und Picasso den Weg nach Deutschland.[1]

Es gehört zu Flechtheims unbestrittenen Verdiensten, dass er neben den Etablierten auch junge, einem breiten Publikum anfangs noch unbekannte Künstler zu protegieren versuchte. Dazu gehörten beispielsweise de Fiori, Laurencin, Levy, Sintenis, Waetjen, Beckmann, Baumeister und nicht zuletzt Paul Klee. Flechtheim förderte *seine* Künstler nicht nur, indem er ihnen vielbeachtete Ausstellungen widmete und ihre Werke an Museen und Sammler verkaufte, sondern er verschaffte ihnen darüber hinaus auch Beziehungen und Aufträge, indem er sie einem kunst- und kulturinteressierten Publikum auf privater Ebene bekannt machte. Zu diesem Zweck inszenierte der Kunsthändler sowohl in seiner Berliner Privatwohnung als auch in seinen Galerieräumen zahlreiche Soiréen, Kostüm- und Maskenbälle, Geburtstagsfeste, zu denen nicht nur *seine* Künstler geladen waren, sondern auch Schauspieler, Theaterleute, Schriftsteller, Journalisten, Showstars, Bankiers, Museumsdirektoren und die von Flechtheim äußerst geschätzten Sportler, namentlich die Boxlegende Max Schmeling.[2]

Flechtheim setzte daneben auch Akzente mit seiner Sammlung außereuropäischer Plastik (Südsee-Stammeskunst), eine Sammlung, die „qualitativ und quantitativ nahezu nicht zu übertreffen war".[3]

Der Ruhm Alfred Flechtheims in der Weimarer Republik gründete sich jedoch nicht nur auf dessen Galerie und auf dessen Privatsammlung. „Mit der bereits 1921 ins Leben gerufenen Zeitschrift Der „*Querschnitt*" und den beiden Jahrgängen der Zeitschrift „*Omnibus*" (1931/32) war Flechtheim auch Erfinder eines neuen Zeitschriftentyps, in dem sich Kunst, Literatur, Sport, Theater, mondänes Leben zwanglos miteinander mischten. Der freigeistige, manchmal auch snobistische ‚Hoppla'-Ton machte diese Blätter zu einer völlig neuen Stimme im Kulturleben, in der sich die Epoche wiedererkannte. Joyce und Hemingway standen hier neben Picasso, Klee und Tairoff neben Schwergewichtsboxern, Naturvölker-Impressionen und Einblicken in die Freikörperkultur. Der „*Querschnitt*" sollte sich mit seinem vergleichsweise seltenen Anfangsbuchstaben querlegen im Alphabet der flink vertriebenen Gazetten und tat dies mit durchschlagendem Erfolg. Zum 50. Geburtstag Flechtheims am 1. April 1928 erschien als Festschrift in kleiner Auflage eine „*Querschnitt*"-Sondernummer mit Huldigungen von Hemingway bis Ringelnatz, von Cocteau bis Pierre Renoir. Max Schmeling schrieb: „Wenn ich Maler wäre, möchte ich in Flechtheims Stall sein."[4]

Am 1. April 1878 in Münster in die Familie eines der führenden deutschen Getreidehändler geboren, ergriff er, dem Wunsche des Vaters entsprechend, ebenfalls diesen Beruf, auf den er sich auf der Handelsschule in Rolle bei Genf und in der kaufmännischen Lehre bei Louis Dreyfus & Cie. in Paris vorbereitete. Für diese Firma war er in England und Russland tätig.

---

[1] *Flacke-Knoch* Carl Einstein und Alfred Flechtheim – Vermutungen zu einer Wirkungsgeschichte, Wallraf-Richartz-Jahrbuch, Bd. XLVIII/XLIX, 1988, S. 473–484.
[2] Kunstmuseum Düsseldorf/Westfälisches Landesmuseum (Hg.): Alfred Flechtheim – Sammler. Kunsthändler. Verleger. Münster, 1987, S. 93.
[3] *Lloyd* Alfred Flechtheim, ein Sammler außereuropäischer Kunst, in: Kunstmuseum Düsseldorf/ Westfälisches Landesmuseum (Fn. 2), S. 33.
[4] *v. Wiese* Die Kunst des Kunsthändlers, in: Die Zeit, 6. 3. 1987 Nr. 11.

Seine Liebe jedoch galt der Kunst. Bereits 1906 lieh er Kunstwerke aus seiner Sammlung in die dort gezeigte „Ausstellung von Kunstwerken aus Düsseldorfer Privatbesitz".

1909 wurde er Mitbegründer des Düsseldorfer „Sonderbundes" und Schatzmeister dieser Vereinigung.[5] Noch als „Amateur-Sammler" und hauptberuflich Getreidehändler organisierte Flechtheim zusammen mit mehreren rheinischen Museen die vielbeachtete Sonderbundausstellung des Jahres 1912 in Köln, zu der er selbst Leihgaben aus seiner Sammlung beisteuerte (darunter zwei Gemälde von van Gogh, drei Gemälde von Paul Cézanne und fünf Gemälde von Picasso). Flechtheim war von dem Erfolg der Ausstellung so begeistert, dass er fortan mit Bildern statt mit Getreide handelte.

Zu Weihnachten 1913 eröffnete er in Düsseldorf seine erste Galerie und zeigte neben rheinischen Künstlern vor allem moderne französische Kunst.

Als im Sommer 1914 der Erste Weltkrieg begann, wurde Flechtheim als Kavallerieoffizier eingezogen, seine Galerie musste, da führungslos, geschlossen werden. Doch bereits Ostern 1919, ein halbes Jahr nach Ende des Krieges, öffnete seine neue Galerie im ersten Stock des Bankhauses B. Simons & Co.. Filialen in Köln, Frankfurt und Wien kamen bald hinzu. In der Frankfurter Filiale wirkte der Bruder des Pariser Kunsthändlers Daniel-Henry Kahnweiler, Gustav Kahnweiler, als Geschäftsführer, in der Kölner Filiale war zunächst Alex Vömel tätig.

Da die Situation im damals französisch besetzten Rheinland für Flechtheim als dekoriertem Kriegsteilnehmer problematisch war, setzte er Vömel in jener Zeit in der Düsseldorfer Galerie als Geschäftsführer ein, während er sich selbst nach Berlin wandte und am 1. Oktober 1921 die „Galerie Alfred Flechtheim" am Lützowufer 13 an Berlins Kunstmeile eröffnete.

In den darauffolgenden Jahren von 1919 bis 1933, also in weniger als anderthalb Jahrzehnten, organisierte Flechtheim mit rastloser Energie ungefähr 150 Ausstellungen, nicht nur in Deutschland, sondern in ganz Europa.

II. Unter dem Hakenkreuz

Der 30. Januar 1933 bedeutete auch für Alfred Flechtheim eine einschneidende, schicksalhafte und existentielle Zäsur.

Das, was sich schon latent mit Parteiprogramm von 1920, Putschversuch vom November 1923 und Mitregierung in Thüringen seit 1930 angekündigt hatte, hatte nun in einer „legalen Revolution" gesiegt.

Am 31. Januar 1933, einen Tag nach der Ernennung Hitlers zum Reichskanzler, schrieb die *„Jüdische Rundschau"*: „Eine uns feindliche Macht hat die Regierungsgewalt übernommen."[6] Keinen Juden, auch nicht Alfred Flechtheim, ließ die antisemitische „Volksstimmung", wie er sie auch in seinem gesellschaftlichen Umfeld erlebte, unberührt.

Doch Flechtheim stand nicht nur als getaufter Jude im Visier der Nazis, sondern zugleich auch als Propagandist einer modernen Kunst, die von den Nazis als „widernatürlich", als dem deutschen Wesen und Empfinden nicht entsprechend, als „entartet"

---

[5] *Jentsch* Alfred Flechtheim und George Grosz – Zwei deutsche Schicksale, 2008, S. 8.
[6] Limberg/Rübsaat (Hrsg.), „Sie durften nicht mehr Deutsche sein" – Jüdischer Alltag in Selbstzeugnissen 1933–1938, 2003, S. 9.

charakterisiert und in einem beispiellosen Feldzug aus den deutschen Museen verbannt wurde.

Als einer der wichtigsten Kunsthändler in Deutschland, als eine „Institution" der Weimarer Republik, als Vermittler der französisch dominierten Moderne, als „Erfinder" einer der führenden kosmopolitischen Zeitschriften der zwanziger Jahre und als Jude mit der Physiognomie einer „*Stürmer*"-Karikatur, war Flechtheim für die Nationalsozialisten damit die ideale Symbolfigur der „Systemzeit", schreibt Peter Springer.[7]

Dabei darf nicht vergessen werden, dass die Nationalsozialisten schon Monate und Jahre vor dem 30. Januar 1933 gegen Alfred Flechtheim gehetzt hatten. „Der Völkische Beobachter hat inzwischen einen rüden Artikel gegen den ‚Juden Flechtheim' betreffs einer Ausstellung in Venedig gebracht, wie denn überhaupt seit dem Wahlergebnis jeder Jude einen verängstigten Eindruck macht", schrieb Flechtheims langjährige Vertraute, Freundin der Familie und Kundin der Galerie Thea Sternheim am 19. September 1930 in ihr Tagebuch.[8]

In ihrem Sprachrohr, dem in München erscheinenden „*Illustrierten Beobachter*", verwendete die Braune Presse auf dem Titelblatt in einer antisemitischen Fotomontage zur „jüdischen Weltverschwörung" offensichtlich das Portrait Flechtheims.[9] Alfred Flechtheim war für die Nazis der personifizierte „Kulturbolschewismus", seine publizistische und kunsthändlerische Tätigkeit wurde diffamiert als „freche jüdisch-negerische Besudelung der deutschen Volksseele" durch den „Getreidejuden aus Odessa", wie ihn später der nationalsozialistische Kunstmaler Wolfgang Willrich titulierte.[10]

Mit der Machtergreifung der Nationalsozialisten begann die „Gleichschaltung" aller Bereiche des gesellschaftlichen Lebens im Sinne des NS-Regimes. Auch für den Kunsthandel kam die Zeit der Kontrolle und der staatlichen Steuerung, verkörpert und ausgeübt durch die bereits 1933 von Propagandaminister Goebbels gegründete Reichskulturkammer. Die Überwachung der Zwangsmitglieder war eine totale, Kunsthändler jüdischer Herkunft wurden bereits im Laufe der frühen 1930er Jahre ausgeschlossen oder konnten gar nicht erst Mitglied werden – beides kam einem Berufsverbot gleich. Die zwangsweise Arisierung, mehr aber noch die Liquidierung der Masse der jüdischen Kunsthandlungen, für den Fall, dass sich kein „arischer" Interessent und Erwerber fand, führte zur Verschleuderung der oft bedeutenden Warenbestände.

Ferner sahen sich jüdische Kunsthändler nach dem Machtantritt Hitlers 1933 „mit den Aktionen des sog. ‚Kampfbundes für deutsche Kultur' unter der Leitung Alfred Rosenbergs konfrontiert. So störte der ‚Kampfbund' ab 1933 gezielt verschiedene Auktionen jüdischer Kunsthändler und trieb damit einige von ihnen in den Ruin."[11]

Für den 11. März 1933 hatte Alfred Flechtheim gemeinsam mit den Galerien Hugo Helbing (München) und Georg Paffrath (Düsseldorf) eine Versteigerung von Gemälden und Skulpturen Alter und Neuer Meister aus Museums- und Privatbesitz geplant. Nach den Dokumenten, die Ralph Jentsch, der Verwalter des Nachlasses von George Grosz, in Düs-

---

[7] *Springer* Alfred Flechtheim: Ein Kunsthändler neuen Typs, in: Junge (Hrsg.), Avantgarde und Publikum. Zur Rezeption avantgardistischer Kunst in Deutschland 1905–1933, 1992.

[8] *Sternheim* Tagebücher 1903–1971, Bd. 2, 2002, S. 297.

[9] 7. Jg., Folge 50, 10. 12. 1932.

[10] *Willrich* Säuberung des Kunsttempels – Eine kunstpolitische Kampfschrift zur Gesundung deutscher Kunst im Geiste nordischer Art, München/Berlin 1937, S. 62 und passim.

[11] *Francini/Heuss/Kreis* Fluchtgut – Raubgut. Der Transfer von Kulturgütern in und über die Schweiz 1933–1945 und die Frage der Restitution, Zürich, Chronos 2001, S. 41.

seldorfer Archiven aufgefunden hat, wurde diese Versteigerung vom Polizeipräsidenten von Düsseldorf verboten, und zwar mit der Begründung, dass sich unter den 218 Gemälden 32 befänden, welche die russische Handelsvertretung in Berlin eingeliefert habe. Abgesehen davon, dass es sich hierbei vielleicht um Sachen handeln könnte, die sich die russische Handelskammer während der Revolutionszeit angeeignet hatte, würden die „Versteigerungen aus russischem Besitz unzweifelhaft zu einer schweren Schädigung des deutschen Kunsthandels" führen. Im Grunde genommen ging es dem Polizeipräsidenten aber weniger um die russischen Einlieferungen als vielmehr um „die Schädigung des Kunsthandels und die Not der deutschen Künstler [...], die allein schon durch die heutigen von den hiesigen Kunstauktionshäusern veranstalteten Versteigerungen inländischer Kunstgegenstände hervorgerufen wird."[12] Mit „deutschen Künstlern" waren natürlich nicht diejenigen Künstler der sog. „Verfallskunst" gemeint und „die Kunstauktionshäuser" waren Synonym für „jüdische Geschäftemacher" (Hugo Helbing war ebenfalls Jude).

Francini/Heuss/Kreis[13] sind der Auffassung, dass die Auktion am 11. März 1933 zunächst durchgeführt wurde, dann aber in ihrem Verlauf gewaltsam unterbrochen wurde. Für den Kunsthändler Walter Feilchenfeldt, der bei dieser Auktion ebenfalls anwesend gewesen sein soll, sollen diese Vorkommnisse Anlass dafür gewesen sein, noch im selben Jahr nach Holland zu emigrieren.

Anja Heuss hat diesbezüglich ein Handexemplar des Auktionskatalogs aus dem Eigentum von Dr. Eduard Plietzsch (Kunstbibliothek Köln, Y. Helbing 1933[14]) ermittelt, das handschriftlich bei Losnummer 141 vermerkt: „Versteigerung durch die Nationalsozialisten unterbrochen".[15] Um welche Veranstaltung es sich hierbei gehandelt hat, teilt sie indes leider nicht mit.

Wahrscheinlich ist, dass in diesem Zusammenhang – etwas unscharf differenzierend – auf zwei verschiedene Veranstaltungen der Galerie Flechtheim in Düsseldorf Bezug genommen wird:

Ab dem 13. – und nicht am 11. – März 1933 sollte eine Ausstellung der Sammlung Paul Multhaupt in der Galerie Flechtheim – hier ohne Beteiligung von Helbing bzw. Paffrath – stattfinden, deren Eröffnung für Sonntag, den 12. März 1933 in den Räumen der Galerie in der Königsallee 34 geplant gewesen war. Paul Multhaupt, von 1909 bis 1931 Vorstandsvorsitzender der Schloemann AG Düsseldorf, hatte eine bemerkenswerte Sammlung von Werken u. a. von Heckel, Beckmann, Nolde, Klee, Chagall, Campendonk, Räderscheidt, Vlaminck und Kirchner zusammengetragen und sich unter ungeklärten Umständen am 16. Januar 1933 das Leben genommen. Aus der Ankündigung zur Ausstellung ist nicht ersichtlich, dass es sich hierbei um eine Verkaufsausstellung oder gar eine Versteigerung gehandelt haben könnte, aber offenbar wurde diese Veranstaltung nicht zu Ende geführt.

Die gezeigten Werke der Sammlung Multhaupt gelangten unter fragwürdigen Umständen in verschiedene andere Sammlungen, darunter die von Josef Haubrich in Köln, oder

---

[12] Schreiben des Polizeipräsidenten Düsseldorf an den Regierungspräsidenten, 9. 3. 1933, freundlicherweise von Ralph Jentsch zur Verfügung gestellt.

[13] *Francini/Heuss/Kreis* (Fn. 11), S. 4.

[14] Der Kunstbibliothek in Köln ist das von *Heuss* erwähnte Exemplar nicht bekannt, auch werden dort dergleichen Signaturen nicht verwendet, E-Mail-Mitteilung an Verfasser vom 31. 10. 2008.

[15] *Heuss* Der Kunsthandel im Deutschen Reich, in: Bertz/Dorrmann (Hrsg.), Raub und Restitution. Kulturgut aus jüdischem Besitz von 1933 bis heute. Begleitbuch zur Ausstellung im Jüdischen Museum Berlin 2008/2009, Göttingen, 2008, S. 75–81 (S. 78f.).

gelten laut Pascal Räderscheidt, dem jüngsten Sohn des Malers Anton Räderscheidt, einem der bedeutendsten Vertreter der Neuen Sachlichkeit, bis heute als verschollen.[16]

Der langjährige Geschäftsführer von Flechtheims Düsseldorfer Galerie, Alex Vömel, beschrieb jedenfalls am 15. März 1933 seinem Freund Christoph Bernoulli in Basel die Wirkung, welche die Übergriffe der Nationalsozialisten bei Flechtheim hinterlassen hatten: „A. F. ist regelrecht zusammengebrochen (zum Glück war er am Auktionstag nicht in Düsseldorf). Er fragt jetzt zwanzig Mal am Tag dasselbe, bekommt ebenso oft dieselbe Antwort; er rechnet zwanzig Mal eine Zahlenkolonne zusammen, bekommt ebenso oft eine andere Zahl dabei heraus."[17]

Am 1. April 1933 – am Geburtstag Alfred Flechtheims – erschien in der Düsseldorfer *„Volksparole"* unter dem Titel „Abgetakeltes Mäzenatentum" ein Hetzartikel, in dem dessen Autor den damaligen Direktor der Kunstakademie Düsseldorf, Walter Kaesbach, als „kulturbolschewistischen Jesuiten-Zögling aus Gladbach, gänzlich unbegabt, willensschwach, Kunst-Hysteriker" bezeichnete, der Maler Paul Klee als „typischer galizischer Jude" tituliert und schließlich das „Geschäftsprinzip des Juden Flechtheim" als „betrügerische Täuschung des deutschen Publikums und der deutschen Museen" verunglimpft wurde.

Am Schluss des Artikels heißt es unmissverständlich: „Flechtheim ist finanziell erledigt. Der Taumel, der Schwindel der Kunst-Revolution ist vorbei. Seine Bilder lagern unverkäuflich im Keller. Seine Firma ging jetzt eben in Konkurs. Es gilt, den ganzen Kunst-Schwindel in Konkurs zu bringen. Das System Flechtheim-Waetzold-Kaesbach ist auszurotten."[18]

Solche und ähnliche Hasstiraden brachten jedoch letztlich nur das zum Ausdruck, was die Nationalsozialisten ohnehin in die Tat umsetzten: So handelte es sich bei Prof. Wilhelm Waetzoldt (1880–1945) um den damaligen Generaldirektor der Staatlichen Museen zu Berlin, der noch 1933 seines Amtes enthoben wurde. Walter Kaesbach (1879–1961) wurde ebenfalls bereits 1933 aus dem Amt des Direktors der Kunstakademie Düsseldorf entlassen.

Am 4. April 1933 wurde in der Kunsthalle Mannheim die Ausstellung „Kulturbolschewistische Bilder" eröffnet. Schon der Titel dieser Ausstellung war Programm und Ausdruck der dahinterstehenden Absicht und des anvisierten Ziels: Die Weimarer Republik als Brutstätte degenerierter Kunst darzustellen, überwunden durch den „revolutionären Neubeginn", durch den Sieg der neuen Machthaber. Das Partei-Organ *„Hakenkreuzbanner"* kommentierte dementsprechend die Ausstellung am 3. April 1933 vorab wie folgt: „Beim Durchgehen der Schau wird dem deutschen Menschen erst so recht bewusst, dass es Juden und jüdische Kunsthandlungen (Flechtheim, Cassirer, Dr. Tannenbaum) waren, die einem [...] für die Kunsthalle als ungeeignet zu bezeichnenden Dr. Hartlaub ‚Werke' aufschwatzten, die Afterkunst darstellen und die Ästhetik eines gesunden Menschen in Harnisch bringen müssen."[19]

---

[16] Vgl. www.raederscheidt.com (mwH).

[17] Brief Alex Vömel an Christoph Bernoulli v. 15. 3. 1933 (Archiv Bernoulli, Universitätsbibliothek Basel).

[18] *Hendrik* Abgetakeltes Mäzenatentum. Wie Flechtheim und Kaesbach deutsche Kunst machten, in: „Volksparole" vom 1. 4. 1933, reproduziert in: Kunstmuseum Düsseldorf/Westfälisches Landesmuseum (Fn. 2), S. 196.

[19] Zitiert nach *Zuschlag* Die Ausstellung „Kulturbolschewistische Bilder" in Mannheim 1933 – Inszenierung und Presseberichterstellung, in: Blume/Scholz (Hrsg.), Überbrückt. Ästhetische Moderne und Nationalsozialismus, 1999, S. 227.

Im *„Manifest des Deutschen Künstlerbundes"* vom 10. Juni 1933, veröffentlicht im *„Völki-schen Beobachter"* vom 12. Juni 1933, erklärten die Hitler-treuen Münchner Künstler Flecht-heim zum „künstlerischen Schrittmacher der zersetzenden kommunistischen Revolution". „Solche Leute wie er" seien „nicht nur eine ernsthafte Gefahr für die deutsche Kunst, sondern eine noch größere Gefahr für den Bestand des nationalsozialistischen Staates überhaupt [...]. Es wäre tragisch, wenn gerade die bildende Kunst, die große und edle Passion unseres Führers, das Einfallstor für die Keime der Zersetzung und der Ausgangs-punkt auch für die politische Unterhöhlung der geistigen Welt Adolf Hitlers würde."

„Jeden Tag Verbote von Zeitungen, Tote und Verwundete bei Überfällen, niedrige Be-schimpfungen von Andersdenkenden, Lügen und Verleumdungen. Ausschluß von Koll-witz, Mann, Wagner aus der Akademie. Allgemeine Verödung des Rundfunks und aller künstlerischen Dinge. Alles ist ‚jüdisch', ‚marxistisch', ‚undeutsch'. Eine Welle von stin-kendem Schmutz überflutet das Land. Man kann nicht mehr atmen. Es ist fürchterlich!!", notiert der Berliner Galerist Karl Nierendorf – der kein Jude ist – in diesen Tagen des Jahres 1933 in seinem Tagebuch.[20]

Die hasserfüllten Verunglimpfungen der Person Alfred Flechtheims in der Presse ab 1930, insbesondere aber in den Frühlingstagen des Jahres 1933, die in ihrer Wortwahl nichts anderes als ein kaum verhohlener Aufruf zur wirtschaftlichen wie auch physischen Vernichtung dieses Mannes darstellten, die widerwärtige Vorführung seiner Person in Aus-stellungen und Proklamationen, der gewaltsame Abbruch der Versteigerung im März 1933, die zwangsweise Pensionierung (und spätere Entlassung) sämtlicher jüdischer Museums-beamten im April 1933[21], mit denen Flechtheim lange Jahre zusammengearbeitet hatte, die Hausdurchsuchung in der Dessauer Wohnung eines seiner wichtigsten Künstler, Paul Klee, und dessen fristlose Beurlaubung als Professor der Düsseldorfer Akademie am 21. Ap-ril 1933, die überstürzte Flucht seines Freundes und Künstlers George Grosz bereits im Januar 1933 – all diese Ereignisse hatten Flechtheim klargemacht, was die Stunde geschla-gen hatte – sofortige Flucht aus Deutschland. Nach den Boykott-Tagen des April 1933 flohen rund 37 000 Juden ins Ausland[22] und zu ihnen gehörte auch Alfred Flechtheim.

III. Flucht aus Deutschland

Es waren die typischen raschen, kompromisslosen, ja zum Teil panischen Handlungen der Flüchtenden, wie sie in vielen Biographien von Zeitzeugen und Betroffenen beschrie-ben werden. In der sich körperlich fühlbar ausbreitenden Angst bedurfte es mitunter nur eines vergleichsweise geringen Anlasses, um alles Materielle stehen und liegen zu lassen und der Heimat – die sie nicht mehr war – den Rücken zu kehren.

Die folgenden vier Jahre im Leben Flechtheims – von seiner Flucht aus Deutschland im Sommer 1933 bis zu seinem Tod in London am 9. März 1937 – vermitteln den Eindruck von einer Hetzjagd quer durch Europa. Nirgends findet er Halt, nirgends wirkliche Un-terstützung.

---

[20] Zitiert nach *Walter-Ris* Kunstleidenschaft im Dienst der Moderne, ZIP, Zürich 2003, S. 197.
[21] So veröffentlicht in der Zeitschrift Deutsche Museums-Nachrichten, 4. Jg. Heft 8, 1./2. 6. 1933.
[22] *Wasserstein* Britische Regierungen und die deutsche Emigration 1933–1945, in: Hirschfeld (Hrsg.), Exil in Großbritannien: Zur Emigration aus dem nationalsozialistischen Deutschland, 1983, S. 44–61 (47).

In Deutschland kann der ehemals so bedeutende Kunsthändler weder auf Freunde, noch ihm langjährig verbundene Geschäftspartner, geschweige denn auf seine engen Mitarbeiter zählen.

Sein Geschäftsführer in Düsseldorf, Alex Vömel, „Stahlhelmer" und bald Mitglied der SA und NSDAP, nutzte die sich ihm bietende Gelegenheit und riss die Galerie und deren Bestände an sich.

Alex Vömel war im Jahre 1921 als Mitarbeiter in die Galerie Alfred Flechtheim, Düsseldorf, eingetreten, hatte am 3. Oktober 1923 bereits Prokura erhalten und war am 21. März 1927 zum Geschäftsführer[23] der Düsseldorfer Dependance bestellt worden.

Schon Ende März 1933, also noch bevor er am 4. Mai 1933 offiziell sein Amt als Geschäftsführer der Galerie Alfred Flechtheim GmbH niederlegte, versandte er bereits Postkarten an die Kunden und Geschäftspartner der Galerie seines Arbeitgebers mit folgendem Wortlaut: „Düsseldorf, im März 1933, Königsallee 34, I. Ich habe die Ehre, Ihnen mitzuteilen, dass ich unter der Firma Alex Vömel in den bisherigen Räumen der Galerie Flechtheim in Düsseldorf eine Kunsthandlung errichtet habe. Alex Vömel."[24]

Dass es sich hierbei tatsächlich nicht lediglich um eine in der Rückbetrachtung fehlinterpretierte, missgedeutete „freundliche Übernahme" gehandelt hat, sondern um einen Vorgang, der völlig zu Recht mit dem Begriff „Arisierung" belegt wird[25], zeigt eine Gesamtschau dessen, was sich in jenen Märztagen und danach in Düsseldorf und andernorts abspielte.

In diesem Zusammenhang hat sich mit dem bereits zitierten Brief Vömels an den Kunsthändler Christoph Bernoulli vom 15. März 1933 aus der in Basel aufbewahrten Geschäftskorrespondenz Bernoulli ein einzigartiges, ebenso aufschlussreiches wie im Übrigen bemerkenswertes Dokument erhalten, das für sich spricht, wenn Vömel darin schreibt:

> „[Mein g]uter, lieber Christoph,
>
> Ich danke Dir von Herzen für deinen Brief! [Nach] Basel käme ich gern ein paar Tage oder ich möchte mit Dir wandern [und] saufen oder Dir in langen Sätzen sagen, wie glücklich mich inten[sive] Gedanken an Dich machen. Ich arbeite aber 14 Stunden.
>
> Wir treffen [gros]se Änderungen, wenn sie vorbei sein werden und in einigen Tagen die [Düss]eldorfer Galerie A. F. Galerie Alex Vömel heissen wird, dann will ich [ein] par (sic!) Tage nach 'Drove' fahren und mich des Frühlings freuen und dann [werde] ich von da meinen guten Ford wieder mit nach hier bringen.
>
> Ein [gros]ser Hausputz wird in Deutschland gehalten, dem kann keiner entgehen. [Viele] trifft es, uns hat es hart getroffen, als die Nationalsozialistisch[e] [Anor]dnung uns verbot, die Auktion, welche famos eingesetzt hatte, weiter[zufü]hren. Doch nun bin ich froh und habe wieder Mut und glaube, dass es [so kom]men musste.

---

[23] Ottfried Dascher hat Vömel gelegentlich auch als „Teilhaber" Flechtheims bezeichnet (zuletzt bei einem am 14. 6. 2010 in Berlin gehaltenen Vortrag zur Situation Flechtheims im Jahre 1933 anlässlich einer Tagung des Moses Mendelssohn Zentrums und der Stiftung Brandenburger Tor: „Sammler, Mäzene und Kunsthändler als Wegbereiter der Moderne in Berlin 1880–1933" [14.–16. 6. 2010]), ohne dies jedoch bislang zu belegen. Ausweislich der überlieferten Handelsregisterakten der Kunsthandlung Alfred Flechtheim GmbH war Vömel niemals Gesellschafter des Unternehmens.
[24] *Jentsch* (Fn. 5), S. 15.
[25] *Francini/Heuss/Kreis* (Fn. 11), S. 318.

> *Den Cranach, den wir Beide liebten, haben wir nach [Engl]and verkauft für 9 Mille. Gott sei Dank, dass dieses und noch etwas [and]eres, alles in Allem über 20 Mille glückte. Leid tun mir die Juden, [die] sich als Menschen zweiter Klasse fühlen müssen – A. F. ist regel[rech]t zusammengebrochen(zum Glück war er am Auktionstag nicht in [Düss]eldorf). Er fragt jetzt zwanzig Mal am Tag dasselbe, bekommt eben[soo]ft dieselbe Antwort, er rechnet zwanzig Mal eine Zahlenkolonne zu-[sammen], bekommt ebenso oft eine andere Zahl dabei heraus. Leb wohl und schreib mir wieder.*
>
> *Es leben unsere Söhne, es lebe die Zu[kunf]t, es lebe unsere Freundschaft, mein lieber guter Christoph. (…)*
> *Alex"[26]*

Ein an Heuchelei und Zynismus kaum zu überbietender Abgesang auf Flechtheim, gepaart mit kaum verhohlener Freude über die Aussicht, die Flechtheimsche Galerie zu übernehmen.

Und natürlich hatte Alex Vömel nicht bloß nur die Räumlichkeiten, den Telefonanschluss, die Einrichtung und Ausstattung der Galerie Flechtheim übernommen, sondern auch den Bilderstock der Düsseldorfer Dependance. Es handelte sich hierbei jedoch nicht nur um Kommissionsware, sondern auch um Eigentum der Kunsthandlung, der GmbH, ebenso wie auch um Eigentum von Alfred Flechtheim persönlich. Dazu teilen beispielsweise *Francini/ Heuss/Kreis* Folgendes mit:

> *„Alex Vömel sah sich aufgrund der Boykottmaßnahmen und der negativen Presse bei der ‚Arisierung‘ der Galerie Flechtheim einem größeren Schuldenberg gegenüber und versuchte, die Gläubiger durch ‚Naturalien‘, das heißt durch die Verpfändung von Kunstwerken aus dem Warenlager und der Privatsammlung Flechtheims, zu befriedigen. Es ist belegt, dass die Galerie Flechtheim in Düsseldorf dem Eigentümer des Hauses, der Bank Simons & Co., Geld schuldete.[27] Der Inhaber der Bank, Dr. Kurt Poensgen, erhielt als Pfand für seinen Kredit mehrere Bronzen und Gemälde, die Vömel vorzugsweise in die Schweiz verkaufen wollte. Es handelte sich um die Plastiken ‚Stehende Frau‘ (Steinplastik) von Georg Kolbe, ‚Tänzerin‘ (Bronze) von Degas, ‚Selbstporträt‘ (Bronzerelief) von Paul Gauguin, ‚Beatrice‘ (Bronzekopf) von Picasso, ‚Venuskopf‘ (Bronze) und ‚Abwehrende‘ (Bronze) von Aristide Maillol, um das Portrait der Tilla Durieux in Öl von Kokoschka und drei Ölgemälde von Jules Pascin. In der von Vömel ausgestellten Quittung vom 21. Oktober 1933 bestätigte dieser auch, dass er eine Büste Renoirs von Maillol bereits in die Schweiz verkauft habe. "[28]*

Jentsch erwähnt als Beispiel den im Jahre 1932 zunächst gescheiterten Ankauf einer Barlach-Figur aus dem Besitz Flechtheims durch das Düsseldorfer Kunstmuseum. Im Jahr darauf, 1933, erwarb das Museum die Skulptur dann von Vömel zur Hälfte des ursprünglich angesetzten Preises – die veränderte Situation weidlich ausnutzend.[29]

Während bereits das Landgericht Berlin in dem seinerzeit – 1953/54 – von Flechtheims Alleinerben, seinem Neffen Heinz Alfred Hulisch bezüglich der Ende 1941 von der Gestapo Berlin nach dem Freitod von Flechtheims Witwe Betty beschlagnahmten Kunstwerke

---

[26] S. Fn. 17.
[27] Die genannten Autoren bleiben allerdings den Beleg hierfür schuldig.
[28] *Francini/Heuss/Kreis* (Fn. 11), S. 318f.
[29] *Jentsch* (Fn. 5), S. 33ff.

geführten Entschädigungsverfahren unmissverständlich auch den Tatbestand der von den Nazis „erzwungenen Auflösung seiner Galerie" feststellte und judizierte[30] und weswegen die auf die rassische Verfolgung Flechtheims durch das NS-Regime zurückgehenden Vermögensverluste durch Beschlagnahmung, Unterschlagung oder auch durch Notverkäufe aufgrund wirtschaftlicher Existenzvernichtung folglich bereits seit 1954 ein rechtskräftig ausgeurteiltes und gerichtsfest belegbares Faktum sind, gab es demgegenüber – bis heute – immer wieder Versuche, dieses unzweideutige Urteil eines deutschen Gerichts entweder zu ignorieren oder mittels geschichtsklitternder Spekulation zu relativieren und zu verharmlosen.

Die dubiose Rolle, die Vömel bei der Arisierung der Galerie spielte, wird insbesondere durch die auffälligen Gedächtnislücken, die er später zu diesem Thema vorgab zu haben, als auch durch falsche Aussagen unterstrichen, die er verschiedentlich äußerte. Während er in einem Beitrag unter dem Titel „Alfred Flechtheim, Kunsthändler und Verleger", abgedruckt im 5. Band von *„Imprimatur"*, dem Jahrbuch für Bücherfreunde für das Jahr 1967, auf mehreren Seiten ausführlich den Aufstieg von Alfred Flechtheim und dessen Galerien in Düsseldorf und Berlin sowie die zahlreichen Ausstellungsaktivitäten beschrieb, fielen seine Erinnerungen an das Jahr 1933 jedoch auffallend knapp und sehr unscharf aus: „Flechtheim hatte rechtzeitig seine Galerie aufgelöst, um mitsamt seinem Kunstbesitz nach London zu übersiedeln. Über Flechtheims Tätigkeit in London vermag ich nichts aus eigenem Wissen zu sagen."[31] Nicht genug, dass Vömel wider besseres Wissen behauptete, Flechtheim hätte seine Galerie freiwillig aufgelöst und seinen gesamten Kunstbesitz nach London transferieren können, er vergaß auch mitzuteilen, dass er es gewesen war, der die Galerie arisiert und sich die Düsseldorfer Galeriebestände angeeignet hatte. Stattdessen schrieb er weiter: „Eine Weiterführung der Galerie war ab 1933 nicht mehr möglich; sie wurde aufgelöst; sowohl in Berlin als auch in Düsseldorf. Ich gründete eine neue Firma." (aaO)

Es grenzt ein weiteres Mal an Ignoranz und Zynismus, wenn er hinzufügte: „Alfred Flechtheim siedelte nach England über, wo ihm bald große Erfolge beschieden wurden."[32]

Bezeichnend in diesem Zusammenhang auch die Ausführungen von Berthold Glauerdt in seinem Vorwort zur Ausstellung der Galerie Vömel 1987 „Der Querschnitt – Ein Schlüssel zur Galerie Vömel", wenn dieser, ein rheinischer Kunstsammler und Freund der Familie Vömel – vermutlich wider besseres Wissen – davon schreibt, dass Flechtheim bereits 1932 seinen „eigenen Galerie-Bestand ins Ausland gebracht habe."[33]

Nach dem Krieg hatte Vömel sogar versucht, eine Entschädigung zu erhalten für angebliche Schäden an Eigentum und Vermögen sowie für Schäden im beruflichen Fortkommen, die er mit einer in späteren Jahren gegen seine Galerie gerichtete Aktion der Nationalsozialisten begründete. Vömel hatte, obgleich nicht zu den von den Nationalsozialisten privilegierten Händlern für „entartete Kunst" gehörend, dergleichen Werke in seiner Galerie angeboten. Die Sache verlief dann aber im Sande und Vömel erhielt dabei

---

[30] Rückerstattungssache Henry Alfred Hulton (Heinz Alfred Hulisch) ./. Deutsches Reich, Landgericht Berlin, Beschluss vom 19. 5. 1954 – Az. (145. WGK.) 1 WGA 2791/50 [209/53]), rechtskräftig seit 18. 10. 1954.

[31] Zitiert nach *Jentsch* (Fn. 5), S. 45.

[32] *Jentsch* (Fn. 5) S. 46.

[33] „Der Querschnitt – Ein Schlüssel zur Galerie Vömel", Ausstellungskatalog, S. 5.

zunächst beschlagnahmte Werke zurück, nachdem die NSDAP-Gauleitung Düsseldorf die politische Zuverlässigkeit Vömels bestätigt hatte. Folgerichtig lehnte das Amt für Wiedergutmachung in Düsseldorf den Antrag als unbegründet ab, weil Vömel nicht unter der Verfolgung durch das NS-Regime gelitten habe, sondern vielmehr Mitglied der NSDAP gewesen und geblieben sei.[34]

Auch Flechtheims Mitarbeiter Curt Valentin in Berlin nutzte die Gunst der Stunde. Wenige Wochen nach Schließung und beginnender Liquidation der Galerie durch den offiziell als Generalbevollmächtigten fungierenden Wirtschaftsprüfer Alfred E. Schulte zog Valentin, nunmehr selbständig bzw. unter dem Dach der Buchholz Galerie tätig, im November 1933 zahlreiche Künstler, die Flechtheim unter Vertrag hatte, an sich, darunter Georg Kolbe, Gerhard Marcks und Renée Sintenis. „Weder bei Vömel in Düsseldorf noch bei Valentin in Berlin ist fürderhin von Flechtheim die Rede, noch werden von ihnen Versuche unternommen, den Kunsthändler und Galeristen in irgendeiner Form bei Geschäften zu berücksichtigen."[35]

Der Maler Oskar Schlemmer, ein Freund Flechtheims, wirft ein weiteres kurzes Schlaglicht auf die Situation in Berlin, als er unter dem 2. April 1933 an den gemeinsamen Freund Willi Baumeister schreibt: „Flechtheim hat alles abgehängt. Zeigt nur Interessenten, die er kennt und die sich in ein Buch eintragen, die an der Wand gestapelten Bilder."[36]

Zwar schreibt Ottfried Dascher davon, dass Flechtheim die Unterstützung des Pariser Kunsthändlers Kahnweiler genossen habe[37], doch es muss bezweifelt werden, dass Kahnweilers Unterstützung nachhaltig gewesen ist und dieser in größerem Umfang etwas zugunsten Flechtheims bewirkte. Es erscheint vielmehr so, dass sein Verhalten dem verfolgten Juden und Kollegen, aber auch Konkurrenten gegenüber – jedenfalls, was die Zeit nach Januar 1933 anbelangt – recht reserviert gewesen war. In seiner als Interview mit Francis Cremieux gestalteten Autobiografie „Meine Maler – Meine Galerien" erwähnt Kahnweiler Flechtheim nur ein einziges Mal: „Mit der Galerie Alfred Flechtheim zum Beispiel stand ich jahrelang in Verbindung – d. h. so lange es dieses Unternehmen gab."[38]

Zu denken gibt in diesem Zusammenhang auch eine Notiz im Tagebuch von Thea Sternheim: „Was Paul Rosenberg und vor allem Kahnweiler anlässlich des Verkaufs meines Gauguins und des blauen Picasso an Rapazität geleistet haben und das ausgerechnet in einer Zeit, in der der Kampf gegen Hitler am Kulminationspunkt angelangt war, die beiden gegen den gemeinsamen Feind zu kämpfen vorgaben, gehört zweifellos zu den schmutzigsten Erfahrungen meines Lebens."[39]

Auch Flechtheims ehemaliger Geschäftsführer und Bruder von Daniel-Henry Kahnweiler, Gustav Kahnweiler, der ebenfalls 1933 aus Deutschland emigrierte, wusste später angeblich kaum etwas von Flechtheims Londoner Zeit. Zwar wandte er sich 1935/36

---

[34] *Jentsch* (Fn. 5), S. 48.

[35] *Jentsch* (Fn. 5), S. 48.

[36] Hüneke (Hrsg.), Oskar Schlemmer, Idealist der Form. Briefe, Tagebücher, Schriften, 1990, S. 273.

[37] *Dascher* Die Ausgrenzung und Ausplünderung von Juden. Der Fall der Kunsthandlung und des Kunsthändlers Alfred Flechtheim, in: Abelshauser/Hesse/Plumpe (Hrsg.), Wirtschaftsordnung, Staat und Unternehmen. Neue Forschungen zur Wirtschaftsgeschichte des Nationalsozialismus, Klartext, 2003, S. 125 ff.

[38] *Kahnweiler* Meine Maler – Meine Galerien, 1961, S. 76.

[39] *Sternheim* (Fn. 8) , S. 591.

ebenfalls nach England, sah jedoch Flechtheim nur ein oder zweimal. Was mit Flechtheims Nachlass geschah, war ihm „vollkommen unbekannt"; er hatte „keine Ahnung, was er (Flechtheim) aus Deutschland retten konnte".[40]

Auch bei den Museen, denen Flechtheim nicht nur zum Erwerb von erstrangigen Kunstwerken verholfen hatte, sondern denen er auch immer wieder Kunstwerke schenkte, war der ehemals so gefragte Kunsthändler nunmehr zu einer Persona non grata geworden, an deren Existenz man sich nicht einmal mehr erinnern wollte. *Jentsch*[41] erwähnt diesbezüglich die Vermittlung eines van Gogh („Les Amoureux") aus dem Besitz von Thea Sternheim an die Nationalgalerie Berlin für einen Preis von 100 000 RM durch Flechtheim. 1933 stellte die Nationalgalerie die vereinbarten Teilzahlungen kurzerhand ein und blieb der Verkäuferin einen Betrag von 60 000 RM schuldig. Es ist davon auszugehen, dass auch andere Museen in Deutschland die Gelegenheit benutzt haben, Verpflichtungen an den jüdischen Kunsthändler Flechtheim, der sich seither – abgesehen von wenigen, für ihn gefahrvollen Besuchen in Deutschland – im Ausland aufhielt, nach 1933 nicht mehr zu begleichen.

Alfred Barr vom Museum of Modern Art in New York, der das Zustandekommen der großen Ausstellung „Modern German Painting and Sculpture" (1931) in seinem Museum im Wesentlichen Alfred Flechtheim zu verdanken hatte, war weit davon entfernt, Flechtheim in seiner Not zu unterstützen. Er sah in Flechtheim nicht mehr den großen Kunstvermittler von einst, sondern nur noch den Händler mit kommerziellen Interessen, dem mit Vorsicht zu begegnen sei, wie ein Brief an den englischen Sammler Douglas Cooper vom 2. Februar 1937 belegt.[42]

Dass Flechtheim nach und aufgrund seiner Emigration 1933 nicht nur die Unterstützung früherer Freunde, Weggefährten und Geschäftspartner verlor, sondern dass seine offenkundige Notlage sogar scham- und bedenkenlos ausgenutzt wurde, sei in diesem Zusammenhang nur an wenigen Beispielen belegt:

So schrieb Flechtheim im August 1935 an jenen Alfred Hamilton Barr Jr., Gründungsdirektor des Museum of Modern Art (MoMA) in New York, dass er alles bis auf eine Lehmbruck-Skulptur verloren habe.[43] Einer sich daran anschließenden und darauf beziehenden Korrespondenz Barrs mit einer amerikanischen Sammlerin lässt sich entnehmen, dass Barr die verzweifelte Situation Flechtheims nur zu gut kannte und sich diese offenbar zunutze machen wollte, denn er ließ seine Briefpartnerin wissen, dass er glaube, die Lehmbruck-Skulptur von Flechtheim, dem „verzweifelten Flüchtling" („desparate refugee"), für unter 2000 US-Dollar erwerben zu können, „because of his distress in fleeing the Nazis" („...wegen dessen Notlage infolge seiner Flucht vor den Nazis").[44]

Flechtheims langjähriger Geschäftspartner und Kollege Israel Ber Neumann (1887–1961), mit dem er gemeinsam Ende der Zwanziger Jahre als Händler und Repräsentant Max Beckmanns tätig gewesen war, scheint sich wenig kollegial verhalten zu haben. Flechtheim hatte ihm im Frühjahr 1932 die Beckmann-Gemälde aus seiner Privatsammlung zum Kauf angeboten und offenbar bereits 1932 zum Besitz überlassen[45], aber noch

---

[40] Interview mit Gustav Kahnweiler, London, November 1986, in: Kunstmuseum Düsseldorf/Westfälisches Landesmuseum (Fn. 2), S. 24.

[41] *Jentsch* (Fn. 5), S. 17.

[42] *Jentsch* (Fn. 5), S. 17.

[43] Brief Flechtheim an Barr vom 8. 8. 1935 (Archiv des Museum of Modern Art, New York).

[44] Brief Barr an Mrs. Stanley Resor v. 24. 10. 1935 (Archiv des Museum of Modern Art, New York).

[45] Brief Flechtheim an I. B. Neumann v. 14. 3. 1932 (Archiv des Museum of Modern Art, New York).

im Sommer 1933 hatte Neumann den Kaufpreis nicht bezahlt und es scheint fraglich, ob Flechtheim je den Kaufpreis dafür erhielt.[46]

Auch Douglas Cooper, den Flechtheim während seiner Londoner Jahre durch Fredy Mayor von der Mayor Gallery kennengelernt hatte, scheint bei der Frage nach dem Verbleib von Werken aus der Privatsammlung Flechtheims eine nicht unbedeutende Rolle gespielt zu haben. Tatsache ist, dass Cooper in den Jahren 1934 und 1935 nachweislich mindestens sieben Werke aus der Privatsammlung Flechtheims, darunter vier Werke von Picasso sowie je eines von Juan Gris, Paul Klee und Fernand Léger für Bruchteile des tatsächlichen Wertes erwarb und an sich brachte.[47]

Nach einem kurzen Zwischenaufenthalt in Zürich, jener Stadt, in der Ende Mai 1933 seine Emigration ihren Anfang nahm, reiste Flechtheim im Spätsommer 1933 weiter nach Paris, später London, pendelte aber in den Jahren zwischen 1933 und Anfang 1937 beständig zwischen Frankreich und England hin und her. Belegt ist, dass er sich zunächst im Oktober 1933 in Paris aufhielt, wo er aus gegebenem Anlass mit Daniel-Henry Kahnweiler und Paul Klee zusammentraf.

IV. Flechtheim und Klee – das Ende einer erfolgreichen Zusammenarbeit

Zwischen Klee und Flechtheim hatten seit der Wiedereröffnung der Galerie Flechtheim in Düsseldorf im Jahre 1919 bis zu ihrer erzwungenen Schließung enge geschäftliche Kontakte und eine intensive Zusammenarbeit bestanden, die für beide Seiten äußerst einträglich gewesen war.

Insbesondere war beiden mit der Ausstellung Klees bei Flechtheim in Berlin zu Ostern des Jahres 1928 ein außergewöhnlicher, nicht zuletzt auch beträchtlicher finanzieller Erfolg beschieden gewesen, denn seinerzeit wurden mehr als ein Drittel der insgesamt angebotenen 48 Gemälde verkauft. Infolgedessen intensivierte Klee seine Zusammenarbeit mit Flechtheim, dessen Ausstellungsaktivitäten und weitreichenden Kontakte dem Künstler in Belgien, England, Frankreich und in den USA neue Absatzmärkte und -möglichkeiten verschafften.

Weitere Ausstellungen folgten, so beispielsweise diejenige anlässlich des 50. Geburtstages von Paul Klee im darauffolgenden Jahr, zu der Alfred Flechtheim unter anderem auch acht Werke aus seinem Privatbesitz beisteuerte, und die Ausstellung des Jahres 1931 im Kunstverein für die Rheinlande und Westfalen in Düsseldorf, gleichfalls von Flechtheim organisiert, in welcher 85 Ölgemälde, 144 Aquarelle sowie diverse Zeichnungen und Grafiken von Klee gezeigt wurden.

Diese erfolgreiche Zusammenarbeit, die sich im Übrigen auch in einem stetigen Zuwachs von Klee-Werken in Flechtheims Privatsammlung niederschlug, fand ihr jähes Ende mit der Arisierung der Düsseldorfer Galerie im März/April 1933, der im Novem-

---

[46] Postkarte Flechtheim an George Grosz aus dem Sommer 1933: „ … Grüße deine l(iebe) Frau u. Neumann bitte. Er soll mir die Beckmanns bezahlen, wenigstens etwas, ich habe keine Geld." (Grosz Korrespondenzen, Harvard College Libraries, Houghton Library Collections, Stiftung von Peter und Martin Grosz 1981). Anm: Ein Teil der Gemälde Flechtheims gelangte bereits 1932/33 in den Besitz des Münchner Kunsthändlers Günther Franke, mit Neumann bis Mitte 1932 geschäftlich verbunden, der die Gemälde als Teil seiner Sammlung 1974 dem Freistaat Bayern schenkweise überließ.
[47] *Kosinski* in: "Picasso, Braque, Gris, Léger – Douglas Cooper collecting Cubism", Katalog zur Ausstellung des Museum of Fine Arts, Houston, Texas (14.10.–30.12.1990), S. 8ff. (10) mwN.

ber 1933 beginnenden Liquidation der Berliner Galerie und der damit einhergehenden Emigration Flechtheims. Auch Klee wanderte bereits im Herbst des Jahres 1933 in die Schweiz aus, weswegen er gezwungen war, nach neuen Vertriebswegen für seine Kunstwerke zu suchen.

Durch Vermittlung des Schweizer Sammlers Hermann Rupf nahm Klee noch im Sommer und Herbst des Jahres 1933 Kontakt zum Pariser Kunsthändler Daniel-Henry Kahnweiler auf. Am 23. Oktober 1933 kam es zu einem Treffen zwischen Klee und Kahnweiler in dessen „Galerie Simon" in Paris, bei welchem auch Flechtheim zugegen war, der, wie Kahnweiler wenige Tage später an Hermann Rupf schrieb, „psychisch stark gezeichnet"[48] gewesen sei.

Bereits tags darauf, am 24. Oktober 1933, schloss Klee im Beisein von Flechtheim und mit dessen offenbarer Einwilligung[49] – Flechtheim hatte dem Wechsel Klees zu Kahnweiler unter den gegebenen Umständen nichts entgegenzusetzen gehabt – einen Generalvertretungsvertrag mit Kahnweiler. Dieser Vertrag sollte allerdings erst zum 10. Februar 1934 in Kraft treten, was vermutlich in Zusammenhang mit einer von Flechtheim seinerzeit noch für den Januar 1934 geplanten und durchgeführten Ausstellung Klees in der Londoner Mayor Gallery stand und was zu rechtlichen Komplikationen hätte führen können, wäre der Klee-Kahnweiler-Vertrag bereits ab Oktober 1933 in Vollzug gesetzt worden.[50]

Die getroffenen Vereinbarungen bestätigte Kahnweiler noch am selben Tag in einem Brief an Paul Klee: „Ich bestätige Ihnen unsere heutige Unterredung, deren Ergebnis das folgende ist: Sie übertragen der Galerie Simon die Vertretung Ihrer Werke. […] Zu diesem Zwecke werden Sie der Galerie Simon eine größere Anzahl Ihrer Werke in Kommission geben. […] Es wird Ihnen völlig freistehen, in Ihrem Atelier an Liebhaber aller Länder zu verkaufen, sowie an Schweizer Händler. Dagegen verpflichten Sie sich, Händler anderer Länder an die Galerie Simon zu verweisen. Sie verpflichten sich, außerhalb der Schweiz keine Ausstellungen zu veranstalten, dh. zu solchen keine Bilder usw. zu leihen, sondern dies der Galerie Simon zu überlassen. […] Die bei Alex Vömel in Düsseldorf und bei Galka Scheyer in Hollywood befindlichen Werke sind bis auf Weiteres von obigen Bedingungen ausgeschlossen".[51]

Nachdem Klee am 27. Oktober 1933 nach Bern zurückgekehrt war, forderte er diverse Museen und Händler auf, seine dort befindlichen Leihgaben bzw. Kommissionsware zurückzugeben. Dies betraf namentlich folgende Kunsthandlungen: Galerie Alfred Flechtheim GmbH (Berlin), Galerie Ferdinand Möller (Berlin), Galerie Rudolf Probst – Neue Kunst Fides (Dresden) und Galerie Vavin-Raspail (Paris).[52] Klees Werke bei der Galerie Flechtheim in Berlin standen laut Flechtheims ehemaligem dortigem Mitarbeiter Curt Valentin schon versandbereit beim Spediteur und Klee veranlasste Valentin, sie an die Galerie Simon in Paris zu senden.[53]

All dies belegt, dass etwa die in der Düsseldorfer Galerie von Alfred Flechtheim – welche, im März 1933 arisiert, seither als „Galerie Alex Vömel" firmierend – befindlichen

---

[48] Kunstmuseum Düsseldorf/Westfälisches Landesmuseum (Fn. 2), S. 88.
[49] Vgl. Karte von Paul Klee an seine Frau Lily, Paris 26. 10. 1933, in: Kunstmuseum Düsseldorf/Westfälisches Landesmuseum (Fn. 2), S. 88.
[50] Kunstmuseum Düsseldorf/Westfälisches Landesmuseum (Fn. 2), S. 88.
[51] Kunstmuseum Düsseldorf/Westfälisches Landesmuseum (Fn. 2), S. 88.
[52] Kunstmuseum Düsseldorf/Westfälisches Landesmuseum (Fn. 2), S. 89.
[53] Kunstmuseum Düsseldorf/Westfälisches Landesmuseum (Fn. 2), S. 89.

Klee-Werke nicht an Kahnweiler bzw. seine Pariser Galerie übergeben wurden, sondern dass diese Werke vielmehr zu jenem Klee-Bestand gehörten, der von den Vereinbarungen des Generalvertretungsvertrages zwischen Klee und Kahnweiler ausdrücklich ausgenommen worden war.

Es dürfte sich dabei vielleicht zu einem geringen Teil (auch) um Kommissionsware, wahrscheinlich aber größtenteils um Arbeiten Klees aus der privaten Sammlung Alfred Flechtheims gehandelt haben, welche – gelagert und ausgestellt in Düsseldorf – bei der Arisierung der Galerie auf Vömel „übergegangen" waren, was die Annahme eines NS-verfolgungsbedingten Eigentumsverlusts Flechtheims diesbezüglich ohne weiteres belegt und rechtfertigt.

Es ist darüber hinaus auch mehr als fraglich, ob Flechtheim im Übrigen danach auch an den ihm verabredungsgemäß zustehenden Verkaufsprovisionen und -erlösen bezüglich der in den Händen Vömels befindlichen Kommissionen überhaupt noch partizipierte. Zwar soll Vömel angeblich noch bis Ende 1933 bzw. Anfang 1934 mit Flechtheim in Kontakt gestanden haben, denn für die schon erwähnte Ausstellung in der Mayor Gallery überließ Klee der Galerie Alex Vömel 8 Tafelbilder und 11 farbige Blätter aus seinem Besitz, die Vömel mit 20 weiteren Bildern aus seinem, besser gesagt, die er aus dem Bestand der früheren Galerie Flechtheim in die Ausstellung nach London sandte und wo Flechtheim sie als verantwortlicher Organisator der Ausstellung vermutlich gezeigt hat[54], andererseits ist von fortbestehenden Kontakten und Korrespondenzen zwischen Vömel und Flechtheim zwischen 1933 und 1937 bislang nichts weiter bekannt.

In diesem Zusammenhang ist auch ein weiterer Umstand bemerkenswert:

Einem Brief Klees vom 17. November 1933 an Rosi Hulisch, Nichte von Flechtheims Frau Betty, ist Folgendes zu entnehmen: „Herr Vömel hat eine Collection nach London [an die Mayor Gallery] gesandt zur Wiedereinfuhr. Das wird als Material f. Deutschland vorläufig genügen, nebst den Arbeiten die er sonst noch behält."[55]

Rosi Hulisch war damals – 1933 – bereits seit vielen Jahren Mitarbeiterin der Galerie gewesen. Neun Jahre später, im November 1942, und wie bereits Betty Flechtheim ein Jahr zuvor, hat sie in Berlin, gemeinsam mit ihrer Mutter Clara, angesichts ihrer bevorstehenden Deportation Selbstmord verübt.

Das oben zitierte Schreiben ist jedenfalls ein weiterer, eindeutiger Beleg dafür, dass Vömel in Düsseldorf nach wie vor über Arbeiten Klees verfügte, deren Rückgabe an den Künstler oder an Kahnweiler explizit ausgeschlossen war und bei denen es sich mithin nicht lediglich um Kommissionsware gehandelt hat.

Auch den nachstehend geschilderten Ereignissen um Kahnweiler und Valentin (Buchholz Gallery) kommt in diesem Zusammenhang noch eine besondere Bedeutung zu:

Interessant ist dabei zunächst eine briefliche Äußerung Kahnweilers gegenüber einem seiner Geschäftspartner namens André Dezarrois vom 10. Februar 1934, also dem Datum des offiziellen Beginns seiner Tätigkeit als Generalvertreter Klees. Kahnweiler schrieb: „Klee, der Deutschland verlassen hat und in Bern lebt, hat mir soeben seine Generalvertretung in geschäftlichen und Ausstellungsangelegenheiten etc. überlassen. Ich habe also von nun an eine große Zahl seiner Gemälde und Aquarelle in unserer Galerie."[56] Zudem,

---

[54] Kunstmuseum Düsseldorf/Westfälisches Landesmuseum (Fn. 2), S. 90.
[55] Kunstmuseum Düsseldorf/Westfälisches Landesmuseum (Fn. 2), S. 89.
[56] Peters (Hrsg.), Die Sammlung Kahnweiler. Von Gris, Braque, Leger und Klee bis Picasso, 1994, S. 160.

so Kahnweiler weiter, sei er im Besitz einer Serie von Zeichnungen, die ‚unerlaubterweise‘ in seine Hände gelangt seien und die nicht verkauft werden dürften.[57]

Des Weiteren muss derzeit auch die Frage danach offenbleiben, ob eine vermutlich im Herbst des Jahres 1933 zwischen Kahnweiler und Flechtheim getroffene Vereinbarung tatsächlich jemals existierte und umgesetzt wurde, die Kahnweiler in einem Brief an Hermann Rupf von Ende Oktober 1933 wie folgt beschrieb: „Flechtheim gibt mir alle Klees, die er hatte, und wird von mir, mit Einverständnis von Klee, an dem Geschäfte beteiligt.“[58]

Schließlich sind vor dem Hintergrund, dass Klee infolge des mit Kahnweiler geschlossenen Vertrages unter anderem auch die in Abwicklung befindliche Berliner Dependance der Galerie Flechtheim zur Rückgabe seiner Werke aufgefordert hatte, auch noch folgende Sachverhalte von Belang:

Curt Valentin, Flechtheims ehemaliger Mitarbeiter, der nach Flechtheims Emigration in der Buch- und Kunsthandlung von Karl Buchholz untergekommen und dort bis 1937 tätig war, bis auch er Deutschland verlassen musste, zeigte während dieser Zeit „in einem großen Zimmer über der Buchhandlung vielbesuchte Ausstellungen verfemter Kunst, unter anderem auch Bilder von Klee“[59], ohne dass bis heute geklärt ist, welcher Provenienz die dort zwischen 1933 und 1937 offenbar gezeigten Arbeiten Klees waren.

Tatsache ist jedenfalls, dass Valentin nach seiner Emigration in die USA und nach Gründung der Buchholz Gallery in New York, dort vom 23. März bis 23. April 1938 mit Kahnweilers Genehmigung eine offizielle Klee-Ausstellung veranstaltete, zu der nicht nur etwa ein Viertel der gezeigten Bilder durch Alex Vömel geliefert wurde[60], sondern darüber hinaus auch ein Teil der Exponate aus dem Besitz Valentins bzw. der Buchholz Gallery stammte, was begründeten Anlass zu der Vermutung gibt, dass – ein gutes Jahr nach Flechtheims überraschendem Tod am 9. März 1937 – offensichtlich etliche der anlässlich dieser Ausstellung gezeigten Werke aus arisiertem und/oder auf anderem Wege abhanden gekommenem, ehemaligen Flechtheim-Besitz stammten.

Denn Curt Valentin hatte es offenbar vermocht, sich aus dem ehemaligen Berliner Bestand der Galerie eine nicht unerhebliche Anzahl von Werken Klees anzueignen, wie dies ein im Paul Klee-Archiv aufbewahrter Brief Valentins an Lily Klee vom 26. Februar 1938 eindeutig belegt. Danach verfügte Valentin zu jener Zeit über etwa 25 Ölbilder und 40 Aquarelle, darunter auch solche aus „Privatbesitz“. Soweit sich somit darunter höchstwahrscheinlich auch Werke aus Flechtheims privatem Sammlungsbestand oder aus dem Bestand der Berliner Galerie Flechtheim befunden haben dürften, so handelt es sich auch diesbezüglich um solche Eigentumsverluste Flechtheims, die letztendlich unzweifelhaft als NS-verfolgungsbedingte Vermögensverluste zu klassifizieren sind.

Noch 1949, vier Jahre nach Kriegsende, befinden sich offenbar Werke aus übernommenem ehemaligen Flechtheim-Besitz in der Galerie Vömel. Paul Strecker (1898-1950), ein mit den Flechtheims auch privat befreundeter bekannter rheinischer Maler und Bühnenbildner berichtet in seinem Tagebuch von einem Besuch in Düsseldorf: „5.VII [49] [...] Düsseldorf: [...] Danach bei Vömel: Immer noch die alten, sehr verblaßten Flechtheim'schen Braques und Picassos[,] die Dank schlechter Aufmachung gar nicht

---

[57] Peters (Fn. 56), S. 160.
[58] Kunstmuseum Düsseldorf/Westfälisches Landesmuseum (Fn. 2), S. 89.
[59] *Haftmann* Verfemte Kunst. Bildende Künstler der inneren und äußeren Emigration in der Zeit des Nationalsozialismus, 1986, S. 28.
[60] Kunstmuseum Düsseldorf/Westfälisches Landesmuseum (Fn. 2), S. 90.

wirken. Ich sehe die Wichtigkeit der Rahmen für neue Bilder. Eigentlich kann man nur noch die genagelte Holzleiste ertragen (…)."[61]

V. Die Liquidierung der Berliner Galerie

Das – soweit bislang bekannt – erste offizielle Dokument, das den Abwickler der Berliner Galerie, den Berliner Wirtschaftsprüfer Alfred E. Schulte als „Generalbevollmächtigten" sowohl der Galerie Alfred Flechtheim als auch Alfred Flechtheims persönlich ausweist, ist ein Einschreiben an George Grosz vom 18. November 1933. Schulte teilte darin mit, dass die Galerie geschlossen und er mit der Auflösung des Unternehmens befasst sei, und dass er versuche, den „unvermeidlichen Konkurs" zu verhüten, indem er bemüht sei, die notwendigen Barmittel zur Befriedigung der bevorrechtigten Forderungen zu beschaffen.

Grosz würde, so Schulte, wie er anhand der Bücher festgestellt habe, der Galerie noch einen Betrag von 16 255,00 RM schulden, die er nunmehr zurückzahlen möge, insgesamt oder jedenfalls in größeren Teilzahlungen. Im Übrigen solle er, Grosz, nicht den Einwand machen, dass die Galerie noch Kunstwerke von ihm in Kommission zum Verkauf habe; denn diese Kunst sei zur Zeit absolut unverkäuflich.[62]

Es gibt bislang keinen konkreten Hinweis darauf, wie Alfred E. Schulte zu der Rolle als Abwickler der Galerie gekommen ist[63] – ein vom Amtsgericht bestellter Konkursverwalter war er jedenfalls nicht. Aufzeichnungen Schultes über dessen Tätigkeit sind bislang gleichfalls noch nicht aufgefunden worden, aber die Spuren seiner Tätigkeit finden sich in den Archiven der Adressaten seiner Briefe, so u. a. bei George Grosz (im Archiv der Houghton Library der Harvard University) und Paul Klee (Klee-Gesellschaft, Bern). Zweifellos hatte Schulte bei der Übernahme der Galerie im November 1933 den gesamten Galeriebestand und auch den Bestand der Privatsammlung Flechtheims in Besitz genommen, wobei anzumerken ist, dass sich Schulte offensichtlich nicht die Mühe gemacht hatte, die beiden Bestände auseinanderzuhalten, wenn er etwa schrieb, dass in seinem beabsichtigten Liquidationsvergleich „alle vorhandenen Werte zur Verfügung der Gläubiger" stünden.[64]

Der Umstand, dass die Galerie ein jüdisches Unternehmen war, dessen Goodwill – wie im Dritten Reich üblich – nichts wert war, sowie der Umstand, dass der Galeriebestand ganz überwiegend aus dem bestand, was die Nazis als „entartete" Kunst gebrandmarkt und auf den Index gesetzt hatten, was nur noch in den Hinterstuben weniger Galerien heimlich gehandelt wurde und für den es praktisch keine institutionellen und privaten Abnehmer im Deutschen Reich mehr gab, ließ die Abwicklung der Galerie Alfred Flechtheim von vornherein zu einer defizitären Angelegenheit werden. Dennoch sind die „Abrechnungen", die Schulte den angeblichen Gläubigern übermittelte, weder in tatsächlicher noch in rechtlicher Hinsicht nachvollziehbar. Da waren zum einen die sog. „Groß-Gläubiger", die auf ihre Forderungen – deren Umfang Schulte vorsorglich erst gar

---

[61] Paul Strecker-Archiv Nr. 10 (Tagebuch Nr. 10), Archiv der Akademie der Künste, Berlin.

[62] *Jentsch* (Fn. 5), S. 50f.

[63] Ottfried Dascher spricht von Kontakten und Treffen zwischen den Flechtheims und Schulte in Paris im Sommer 1933, ohne dies jedoch bislang näher zu konkretisieren und zu belegen (s. o. Fn. 23).

[64] Schreiben Alfred E. Schulte vom 1. 2. 1934: „An die Gläubiger der Galerie Alfred Flechtheim G.m.b.H., bzw. Herrn Alfred Flechtheim. Betr.: Zahlungseinstellung und Liquidations-Vergleich", freundlicherweise von Ralph Jentsch zur Verfügung gestellt.

nicht beziffert hatte – angeblich verzichtet hätten, wie Schulte berichtet, „bzw. sich mit den, m.E. unanfechtbaren Sicherungen zufriedengeben, so dass sie darüber hinaus Forderungen an die Masse nicht stellen".[65] Welcher Art diese Sicherungen waren, darüber schwieg sich Schulte gleichfalls aus. Diese Groß-Gläubiger, denen „die Masse", also Galerie und Alfred Flechtheim persönlich, nach Schultes Darstellung schätzungsweise 120 000 RM geschuldet haben sollen, hätten sich, Schulte zufolge, ebenfalls zu einem Verzicht bereit erklärt.[66]

Schließlich soll es laut Schulte weitere „vorberechtigte Forderungen" in Höhe von 4500 RM, und „sonstige Forderungen" in Höhe von 20 000 RM und nicht bezifferbare „nicht vorberechtigte Forderungen" gegeben haben.[67]

Wann genau Alfred E. Schulte seine Tätigkeit als Generalbevollmächtigter des Unternehmens offiziell abschloss, ist nicht bekannt. Tatsache ist, dass er noch 1934 und 1935 als Vertreter der Galerie verschiedentlich in Erscheinung trat und dass seine langjährige Sekretärin Margarete Reif, Ehefrau des späteren FDP-Bundestagsabgeordneten Hans Reif, noch bis Ende 1941 engen Kontakt mit Betty Flechtheim hielt. Einem der wenigen noch existenten Dokumente aus jener Zeit, hier einem zum Handelsregister eingereichten Protokoll einer Gesellschafterversammlung der Galerie Flechtheim GmbH vom 25. April 1935, ist dabei Folgendes zu entnehmen: „Es erschien der Geschäftsführer und alleinige Gesellschafter, Herr Alfred Flechtheim. Das Gesellschaftskapital beträgt RM 500,–. Die Bilanz per 31. September 1934 wurde vorgelegt und genehmigt. Im vergangenen Jahre wurde durch den Wirtschaftsprüfer, Herrn Alfred E. Schulte, der aussergerichtliche Vergleich durchgeführt."[68]

Nach dem Verbleib der Privatsammlung Flechtheims, der, soweit nicht in Berlin oder Düsseldorf zurückgeblieben, auf unterschiedlichen Wegen nach London, Paris und andernorts gelangte, dort unter Wert und aus schierer finanzieller Not veräußert oder unter anderen Umständen weggegeben wurde, oder der bei Flechtheims Ehefrau und späterer Witwe Betty in Berlin deponiert und nach deren Selbstmord im November 1941 von der Gestapo konfisziert wurde, wird intensiv geforscht.

Das Unternehmen, die Kunsthandlung Galerie Alfred Flechtheim GmbH wurde dem Handelsregister beim Amtsgericht Berlin am 18. Januar 1936 durch Rosi Hulisch als „aufgelöst" gemeldet und galt offiziell ab dem 23. Februar 1937 als „erloschen".

VI. Rastlos durch Europa

Am 13. Juli 1933 schrieb Thea Sternheim in Paris in ihr Tagebuch: „Gegen elf erscheint Flechtheim, der gestern von Berlin kam […]. Am meisten entsetzt mich die Flechtheim besitzende sinnlose Angst. Im völlig leeren Lokal blickt er bei den harmlosen Gesprächen nach rechts und links, sich zu vergewissern, dass keiner uns belauscht. Nach Italien und

---

[65] S. Fn. 64.

[66] S. Fn. 64.

[67] S. Fn. 64.

[68] Ottfried Dascher weist in diesem Zusammenhang zu Recht darauf hin, dass allein die nachweislich noch bis mindestens 1934 in Flechtheims Besitz befindlichen Werke seiner Privatsammlung, allen voran die auch im Jahre 1933 noch wertstabilen Arbeiten Picassos, darunter etliche Hauptwerke, ein Mehrfaches an Wert dessen darstellten, was die angebliche oder tatsächlich bestehende Schuldenlast Flechtheims anbetrifft (s. o. Fn. 23).

Russland nun also auch Deutschland dem Schauder der Diktatur ausgeliefert."[69] Am 15. Juli 1933 traf Alfred Flechtheim den nach Paris emigrierten Harry Graf Kessler.[70]

Es ist verständlich, dass Flechtheim nach seiner Flucht sein erster Weg nach Frankreich führte. Sein Engagement für die französische Moderne hatte ihm nicht nur Kontakte zu seinen Künstlern, sondern auch zu Händlern und Museen verschafft. Doch es schien sich ihm im ersten Anlauf keine Perspektive für eine neue Zukunft eröffnet zu haben, denn Anfang September 1933 reiste Flechtheim für kurze Zeit zurück nach Berlin. Im Tagebuch von Thea Sternheim, die zu jener Zeit in Berlin weilte, ist unter dem 8. September 1933 folgende Notiz eingetragen:

> *„Mittagessen bei Flechtheim. Die unglücklichen Leute sind gerade dabei, das ihnen von Hitler bescherte Geschick in seiner ganzen Bitterkeit auszukosten. Flechtheim total ruiniert, die Frau um ihren Besitz zitternd. Ich werfe gleich meinen ganzen Elan in die Situation, um ihnen zu helfen. [...] Um die für Flechtheims so schmerzlichen Feststellungen zu erleichtern, schlage ich einen Ausflug ins Freie vor. Von Wannsee nach Gatow, mit dem Omnibus heim. Plötzlich vergesse ich die eigenen Nöte vor der Freude über meine sichtbar aufputschende Wirkung. Den Mutlosen Vertrauen einflößen, heißt das nicht gleichzeitig den Arm des Henkers schwächen? Krieg den Infamen!"*[71]

Am 12. September 1933 fuhr Thea Sternheim zur Galerie Flechtheim, um „dem völlig Zusammengebrochenen Trost zu sprechen. Welche tragischen Schicksale alle diese vom Fatum betroffenen Juden, die mit allen Fasern ihres Herzens an Deutschland hängen und härter als in ihrem Selbsterhaltungstrieb in ihrer Liebe zu dem unwürdigsten aller Vaterlande getroffen werden."[72]

Aber bald kehrte Flechtheim nach Paris zurück. Thea Sternheim notierte am 29. September 1933 in ihrem Tagebuch: „Plötzlich klopft's an die Tür: Flechtheim, der von Berlin kommt! In der endlosen Kette der von Hitler zerstörten Existenzen ein durch Erbarmungswürdigkeit besonders klägliches Glied."[73]

Einige Tage später schrieb sie: „Flechtheim mehr Klagemauer als Menschenwesen, durch das finanzielle Kataklysma total entwurzelt."[74]

Spätestens Mitte Oktober kam auch Alfred Flechtheims Frau Betty nach Paris. „Wir fahren also zu fünft nach Meudon: Poissonnier, Paul Strecker, Flechtheims und ich", notierte Thea Sternheim am 15. Oktober 1933 in ihr Tagebuch.[75]

Am 24. Oktober 1933 traf Flechtheim bei Kahnweiler auf Paul Klee, wo er – wie bereits geschildert – dem Abschluss des Generalvertretungsvertrages Klee-Kahnweiler beiwohnt.

Am 8. November 1933 weilte er noch immer in Paris, was durch einen Brief an Harry Graf Kessler belegt ist. Er bat darin um Leihgaben eines van Gogh und eines Cézanne für eine zusammen mit Paul Rosenberg für 1934 in New York geplante Ausstellung französischer Kunst des 19. Jahrhunderts[76], zu der es jedoch nie kam.

---

[69] *Sternheim* (Fn. 8), Bd. 2, S. 522.
[70] Pfeiffer-Belli (Hrsg.), Harry Graf Kessler: Tagebücher, 2003, S. 772.
[71] *Sternheim* (Fn. 8), Bd. 2, S. 532.
[72] *Sternheim* (Fn. 8), Bd. 2, S. 533
[73] *Sternheim* (Fn. 8), Bd. 2, S. 538
[74] *Sternheim* (Fn. 8), Bd. 2, S. 540.
[75] *Sternheim* (Fn. 8), Bd. 2, S. 542.
[76] Kunstmuseum Düsseldorf/Westfälisches Landesmuseum (Fn. 2), S. 197.

Alfred Flechtheims Hoffnung, in Paris Fuß fassen zu können, erfüllte sich nicht. Vermutlich im November 1933, noch von Paris aus, kam er mit Hoyland Mayor überein, im Januar 1934 in dessen Galerie in London eine Klee-Ausstellung zu organisieren.[77]

Den Jahreswechsel 1933/34 verbrachte er offenbar allein in Zürich. Es wird vermutet, dass Flechtheim zu jener Zeit wegen der Vorbereitung seiner Klee-Ausstellung in der Schweiz war; tatsächlich versuchte er auch, Kunstwerke zu verkaufen bzw. zu deponieren, so etwa im Kunsthaus Zürich ein Stillleben von Fernand Léger, welches er dort hinterlegte.[78]

Betty Flechtheim blieb derweil in Paris, wie dem Tagebucheintrag von Thea Sternheim am 29. Dezember 1933 zu entnehmen ist: „Mit Mops, Betty Flechtheim und einer jungen Engländerin in den Jean Renoirfilm ,Madame Bovary,. […] Abendessen mit Betty bei Weber. Dann lädt sie bis elf Uhr im Café de l'Universe ihre Sorgen auf mich ab. In der Tat verdüstert sich ihre Einzellage tagtäglich. Auch sie ist nur ein Hitleropfer, einer der unzähligen Sündenböcke, die sinnlos geopfert werden. Die schwarze Walpurgisnacht 1933."[79]

Am 16. Januar 1934 wurde die Klee-Ausstellung in der Londoner Mayor Gallery eröffnet und es ist anzunehmen, dass Flechtheim bereits vor der Eröffnung mit der organisatorischen Vorbereitung befasst und deswegen in London anwesend war.

Während Flechtheim sich bereits am 7. Februar 1934 wieder gemeinsam mit Ehefrau Betty in Paris aufhielt[80], reiste er Ende Februar 1934 zurück nach London und organisierte seine zweite Ausstellung in der Mayor Gallery unter dem Titel „20th Century Classics" mit 35 Werken von Max Ernst, Chirico, Matisse, Rouault, Laurencin, Hofer, Derain, Klee, Chagall und Utrillo.[81] Auch noch einen Monat später, am 5. März 1934, hielt er sich in London auf, von wo er Kahnweiler in Paris mitteilte, dass er eine geplante Gris-Ausstellung auf Herbst verschieben und statt dessen Picasso-Zeichnungen und Aquarelle zeigen wolle.[82]

Obgleich Alfred Flechtheim zu diesem Zeitpunkt bereits seit mehreren Monaten mit der Mayor Gallery zusammenarbeitete, für sie insbesondere Verkaufsausstellungen gestaltete und Leihgaben herbeischaffte, gab es dem Anschein nach offenbar erst im April 1934 erste Hinweise auf eine vertraglichen Fixierung dieser Kooperation. Ein Schreiben Kahnweilers (Galerie Simon) an Flechtheim, Paris, vom 3. April 1934, lautete wie folgt:

> *„Lieber Herr Flechtheim,*
> *wir berufen uns auf die Unterredungen, die wir mit Ihnen und Herrn F. Mayor aus London geführt haben. Wir bestätigen Ihnen, dass wir, die Mayor Gallery und wir, gewillt sind, Ihnen die nötigen Mittel für Ihr Leben außerhalb Deutschlands zur Verfügung zu stellen, sei es für hier [Paris] oder London, die Reisekosten usw., im Hinblick auf die Unternehmungen, die wir mit dieser Galerie organisieren könnten, Ausstellungen, Verkäufe, Öffentlichkeitsarbeit, Kommissionsgeschäfte usw., um die Sie sich kümmern werden und an denen Sie beteiligt werden durch Kommissionen, die Ihnen gezahlt werden und die Ihren Gewinn darstellen, abzüglich nur der*

---

[77] Kunstmuseum Düsseldorf/Westfälisches Landesmuseum (Fn. 2), S. 90.
[78] Kunstmuseum Düsseldorf/Westfälisches Landesmuseum (Fn. 2), S. 197.
[79] *Sternheim* (Fn. 8), Bd. 2, S. 555.
[80] *Sternheim* (Fn. 8), Bd. 2, S. 563: (…„Gegen Abend zu Flechtheims ins Hotel Osborne"…).
[81] Kunstmuseum Düsseldorf/Westfälisches Landesmuseum (Fn. 2), S. 198.
[82] Kunstmuseum Düsseldorf/Westfälisches Landesmuseum (Fn. 2), S. 198.

Transportkosten etc.. Dies [gilt] für sechs Monate, wenn es die Umstände erfordern mit Ver-
längerung bis 1. Dezember oder Januar. Es versteht sich von selbst, dass Sie im Gegenzug Ihre
Erfahrung, Ihre Verbindungen usw. gänzlich in den Dienst unserer beiden Häuser stellen. Wir
wissen noch nicht, ob wir auch moderne deutsche Meister verkaufen können werden, wie Sie es
wünschen, aber wir werden versuchen, dass es gelingt.
Wir stehen zu Ihren Diensten und verbleiben mit freundlichen Grüßen,
unterzeichnet von André Simon und Cie.
[Einverständniserklärung der Mayor Gallery Ltd.]
The Mayor Gallery Ltd.
London, 6. April 1934"[83]

Die Tatsache, dass dieses Schreiben sehr aufgesetzt, auf Außenwirkung bedacht wirkt
und gerade der Verweis auf die mögliche Veräußerung auch von Werken moderner deutscher Meister wie auch die Betonung der finanziellen Absicherung Flechtheims im Ausland geben Anlass zu der Vermutung, dass dieses Schriftstück nicht wirklich eine vertragliche Vereinbarung der drei Parteien Kahnweiler, Mayor und Flechtheim wiedergibt,
sondern dass es sich vielmehr um ein Affidavit, um eine Art Bürgschafts- oder Patronats-
erklärung handelt, die Flechtheims Auslandstätigkeit den deutschen Behörden gegenüber unverdächtig und unproblematisch erscheinen lassen sollte. Es sollte offenbar deutlich werden, dass er nicht irgendwelcher Unterhalts- oder Unterstützungszahlungen aus
Deutschland bedurfte (die im Rahmen der strengen Devisenbewirtschaftung ohnehin
schwierig zu realisieren waren), und er würde auch noch etwas für die modernen deutschen Künstler tun, was auch immer ein eventuell damit konfrontierter NS-Beamte darunter hätte verstehen mögen.

Am 20. Juni 1934 teilte Flechtheim Kahnweiler mit, er müsse „Sonntag nach Deutschland".[84]

Den Grund für diese Reise lässt eine Karte von Betty Flechtheim erahnen, die am
22. Juni 1934 bei Thea Sternheim eintraf und die sie, Sternheim, wie folgt kommentierte:
„Zur Illustrierung der Leiden der Juden in Deutschland diese Karte Betty Flechtheims aus
Berlin: ,… meine Reise habe mit kurzer Unterbrechung sofort fortgesetzt, denn die
Krankheit' (will heißen: die Sachlage) ,hat sich verschlimmert. Du kannst Dir nicht vor-
stellen, welche Nachrichten kommen; die Ärzte wollen eine große Operation machen,
viel schneiden.' (will heißen: von dem mir sequestrierten Geld fortnehmen.) ,Wir sprachen noch andere Kapazitäten; momentan sieht es trostlos aus. Richte mich auf längere
Dauer ein, bin sehr traurig. Ob wir ohne Renés Kommen' (will heißen: Flechtheims Kommen) ,alles erledigen können, ist fraglich; versuche es natürlich. Es wird sehr langwierig,
so dass alle Sommerpläne aufgeben muss. Was aus unserem großen Jungen ,(will sagen:
Flechtheim)' werden soll, solange allein, darf nicht denken…'."[85]

Alfred Flechtheim blieb offenbar noch bis Anfang Juli 1934 in Berlin, möglicherweise
auch deshalb, um den Umzug seiner Ehefrau von der großen, repräsentativen, aber
teuren Wohnung in der Bleibtreustraße in eine kleinere Wohnung in der Düsseldorfer
Str. 44/45 zu organisieren und zu bewerkstelligen.

---

[83] Kunstmuseum Düsseldorf/Westfälisches Landesmuseum (Fn. 2), S. 59.
[84] Kunstmuseum Düsseldorf/Westfälisches Landesmuseum (Fn. 2), S. 198.
[85] *Sternheim* (Fn. 8), Bd. 2, S. 587.

Das Jahr 1934 war eine Zeit der kurzen, allgemeinen Beruhigung nach den Boykotten und Berufsverboten, nach den Verhaftungen, Folterungen und Vertreibungen des Jahres 1933. Da die NS-Machthaber, den Gesetzen des Marktes folgend, gezwungen waren, innenpolitisch Rücksichten auf einen harmonischen und ungestörten Wirtschaftsablauf zu nehmen und außenpolitisch die Isolation der Wirtschaft zu verhindern, erlagen in jener Zeit viele Juden der Illusion, dass sich ihre Situation auf ein für sie erträgliches Maß beruhigt zu haben schien. Ein Trugschluss, wie nur wenige Jahre später das weitere Leben und der Tod von Betty Flechtheim und ihrer Familie zeigten.

Am 12. Juli 1934 kehrte Flechtheim nach London zurück, um einer Braque-Ausstellung in der Mayor Gallery beizuwohnen, die höchstwahrscheinlich auf seine Initiative hin zustande gekommen war.[86]

Im August 1934 verbrachte Alfred Flechtheim einen Monat gemeinsam mit seiner Frau Betty in der Bretagne, um von dort erneut nach Deutschland zu reisen. Betty Flechtheim scheint allerdings vor ihm nach Berlin abgereist zu sein, denn am 23. August 1934 war er allein zu Gast bei Thea Sternheim in Equihen[87], von wo aus er am 26. August 1934 nach Paris reiste[88], um einen Tag später Kahnweiler mitzuteilen, er sei „…im Begriffe, gen Germany zu dampfen".[89]

In dieser Zeit bat Flechtheim Kahnweiler erneut um einige von ihm selbst offenbar bereits vorformulierte Briefe, so etwa einen mit dem Datum 10. September 1934, der Alfred Flechtheim wegen „Geschäften mit deutscher Kunst etc." nach Paris rief[90], wo er sich am 26. September 1934 erneut mit Thea Sternheim traf: „Zur Stadt, Mittagessen mit Klaus u. dem gestern aus Berlin wiedergekehrten Flechtheim in einem Restaurant am Rond Point. Fragt man Flechtheim nach seinen Eindrücken in Deutschland, antwortet er: ‚Man merkt nicht viel. Den, der keine Politik macht, lässt man ganz ruhig leben.' Fragt man weiter: ‚Was wird im Theater gespielt?' sagt er: ‚Ins Theater wagt man sich als Jude nicht hinein.' Das gleiche gälte vom Kino. Auch Bekannte sähe man nicht, um ‚nicht gesehen zu werden'. Nach einer Stunde jedoch vom Essen erhitzt, rückt er bereits mit dem wirklichen Sachverhalt der schaurigen schwelenden Situation heraus. Erstaunlich bleibt nur der Elan, mit welcher Selbstverständlichkeit sich der kapitalistische Jude diesem Ghettodasein anpasst."[91]

Mit Schreiben vom 5. Oktober 1934 kündigte Flechtheim seine Rückkehr in London an.[92] Die in der Mayor Gallery von Ende September bis Oktober 1934 stattfindende Picasso-Ausstellung, zu der auch Kahnweiler Leihgaben lieferte, brachte für die beiden Händler allerdings wiederum nicht den erhofften Erfolg und Kahnweiler verlor offenbar sein „Vertrauen in die Londoner Möglichkeiten".[93]

Am 14. Oktober 1934 schrieb Flechtheim aus London an Kahnweiler und kündigte eine weitere Berlin-Reise an. Er bat ihn darum, mit Datum 26. Oktober 1934 einen Brief nach Berlin zu schreiben, in dem er, Kahnweiler, Flechtheim wieder nach Paris rufen sollte mit der Begründung, dass er „Amerikaner, die nicht nach Berlin wollen oder können,

---

86 Kunstmuseum Düsseldorf/Westfälisches Landesmuseum (Fn. 2), S. 199.
87 *Sternheim* (Fn. 8), Bd. 2, S. 606.
88 *Sternheim* (Fn. 8), Bd. 2, S. 606.
89 Kunstmuseum Düsseldorf/Westfälisches Landesmuseum (Fn. 2), S. 199.
90 Kunstmuseum Düsseldorf/Westfälisches Landesmuseum (Fn. 2), S. 199.
91 *Sternheim* (Fn. 8), Bd. 2, S. 606.
92 Kunstmuseum Düsseldorf/Westfälisches Landesmuseum (Fn. 2), S. 200.
93 Kunstmuseum Düsseldorf/Westfälisches Landesmuseum (Fn. 2), S. 200.

für deutsche Kunst, in Deutschland befindliche Kunst", interessieren sollte.[94] Damit ließ Flechtheim sich wiederum ein Affidavit für die deutschen Behörden fertigen, das ihm die ungehinderte Rückreise nach Frankreich ermöglichen sollte, indem er in Aussicht stellte, für das Deutsche Reich Devisen einnehmen zu können.

Weihnachten 1934 verbrachte Flechtheim in London, den Jahreswechsel 1934/35 in Paris.[95] „Neujahr kommt Flechtheim mit einer Flasche Champagner an. Die seltsame Verwandlung, die mit Flechtheim vorgegangen ist: Ohne die durch Ernüchterung regelnde Wirkung seiner Frau steigert er sich in einen gesellschaftlichen Optimismus hinein", schrieb Thea Sternheim am 1. Januar 1935 in ihr Tagebuch.[96]

Sowohl Ende Januar als auch im April 1935 reiste Flechtheim erneut nach Deutschland. Mit einem Schreiben vom 30. April 1935 schrieb er aus Brüssel an Kahnweiler: „Soeben wieder aus den Klauen des Löwen."[97] Zugleich bat er Kahnweiler wiederum um ein Schreiben, welches, auf den 19. Juni 1935 vordatiert, folgenden Text haben sollte:

„Lieber M(onsieur) Fl(echtheim),

Sie werden inzwischen unsere Freunde, die Direktoren der Mayor Gallery, mit denen wir diesen Vormittag (Morgen) telefoniert haben, gesehen (getroffen) haben. Sie werden Ihnen gesagt haben, dass wir unsere Vereinbarung verlängern, die zum Ende des Monats endet, für weitere sechs Monate bis zum Ende des Jahres, überzeugt, dass die Früchte Ihrer Bemühungen in den kommenden Monaten reifen. Wir bitten Sie, entweder der Mayor Gallery oder uns zu bestätigen, dass Sie damit einverstanden sind. Da unsere Direktzahlungen an die Hotels, Eisenbahnschalter, Cook Agentur usw. beginnen, uns zu viel Arbeit zu machen, vor allem, da Sie seit ihrer Rückkehr von Berlin Mitte Mai das Hotel gewechselt haben, wollen wir nunmehr nicht mehr direkt an die Hotels usw. zahlen, sondern wir wünschen vielmehr, Ihnen 12 Pfund pro Woche bar zur Verfügung zu stellen. Sie verpflichten sich, uns regelmäßig wissen zu lassen, was Sie ausgegeben haben und an die Mayor Galerie zurückzugeben, was Sie vielleicht zu viel erhalten haben. Ihre Einnahmen aus Ausstellungen usw. werden wie gewöhnlich durch die Mayor Gallery direkt an Ihr Haus in Berlin übermittelt.

M. Mayor erzählte uns am Telefon, dass Sie die Absicht haben, zum Ende des Monats erneut nach Berlin zurückzukehren. Wir hoffen, dass Sie nicht so lange bleiben wie im Frühjahr, denn, wie Sie wissen, kommen während der Feierlichkeiten des Königs bis August viele von unseren alten befreundeten Kunden durch London. Man spricht von Frau Harriman, Herrn Goodyear, Dr. Barnes und von den Direktoren des „Musée moderne" in New York, welche von großem Interesse für Sie und uns sind. Da sie ja nach Berlin gehen, finden Sie dort vielleicht chinesische Objekte – Gemälde, Bronzen, dann Porzellan/Keramiken aus der T'ang Epoche – in deutschen Sammlungen oder Geschäften, die zum Verkauf stehen und die man im Herbst und Winter in London bei der großen chinesischen Ausstellung im Burlington Haus ausstellen könnte. Wir sind überzeugt, dass nicht nur die modernen Gemälde, sondern vor allem die Objekte aus dem fernen Osten, die englischen und alle ausländischen Sammler, die zu dieser Ausstellung nach London kommen werden, interessieren.

Gruß, M(onsieur Kahnweiler)."[98]

---

[94] Kunstmuseum Düsseldorf/Westfälisches Landesmuseum (Fn. 2), S. 200.
[95] Kunstmuseum Düsseldorf/Westfälisches Landesmuseum (Fn. 2), S. 200.
[96] *Sternheim* (Fn. 8), Bd. 2, S. 621.
[97] Kunstmuseum Düsseldorf/Westfälisches Landesmuseum (Fn. 2), S. 204.
[98] Kunstmuseum Düsseldorf/Westfälisches Landesmuseum (Fn. 2), S. 204.

Dieses Schreiben, welches natürlich für die Augen englischer und deutscher Beamten bestimmt war, sollte wohl zum einen die Einwanderungsbehörde in England davon überzeugen, dass Flechtheim ein geregeltes Einkommen hatte und nicht die Gefahr bestand, dass er dem Steuerzahler zur Last fallen würde, zum anderen dem deutschen Fiskus zum wiederholten Male die Gewissheit vermitteln, dass Flechtheim Devisen nach Deutschland bringen würde. Die Aktivitäten Flechtheims in jener Zeit waren tatsächlich eine Wanderung auf sehr schmalem Grat, denn schließlich war es für die deutschen Behörden leicht nachprüfbar, ob „dem Hause Flechtheim", welches ja recht eigentlich nicht mehr existierte, von der Mayor Gallery tatsächlich Devisen zuflossen, die übrigens ohnehin zwingend der Reichsbank anzubieten gewesen wären.

Interessant ist in diesem Zusammenhang die Feststellung, dass sich die Mayor Gallery von Flechtheim bereits seit Frühjahr 1935 mehr und mehr zurückgezogen hatte und damit weitere Einkünfte Flechtheims aus Ausstellungen obsolet geworden waren.

Ein Grund für die mehr oder minder offensichtliche Trennung dürfte in der Erfolglosigkeit der Ausstellungen moderner Kunst gelegen haben, jedenfalls, was die Verkaufszahlen anbelangt. Flechtheim fand in dieser Zeit offenbar in Geoffrey Agnew von der Leicester Gallery einen jungen Förderer, denn dort gestaltete er bereits im Mai 1935 eine Ausstellung mit Werken von Léger und Togores.[99]

Am 30. September 1935 berichtete Flechtheim aus Rom an Kahnweiler: „Fahre morgen nach Berlin. Betti bleibt noch ein paar Tage in Florenz. Unsere Hochzeitsreise war anstrengend, lehrreich und schön." Zugleich bat er Kahnweiler einen Luftpostbrief nach Berlin zu schicken mit dem Inhalt, Flechtheim solle unverzüglich nach Brüssel und London kommen. Die Karte schloss mit den Worten: „O dieses verfluchte..." (Deutschland).[100]

Über dieses „verfluchte Deutschland" war im Frühjahr 1935 eine neue antisemitische Welle gerollt, die ihren Gipfelpunkt im Herbst 1935 mit dem Erlass der „Nürnberger Gesetze" erreicht hatte. Durch dieses Gesetz und mithilfe der später dazu ergangenen insgesamt dreizehn Durchführungsverordnungen wurden den deutschen Juden sämtliche staatsbürgerlichen Rechte genommen. „Reichsbürger" und damit alleinige Träger der vollen politischen Rechte waren danach nur Staatsbürger „deutschen oder artverwandten Bluts", die durch ihr Verhalten bewiesen, dass sie gewillt und geeignet seien, in Treue dem deutschen Volk und Reich zu dienen. Damit waren die Juden vogelfrei und im Namen des Gesetzes der Willkür der NS-Machthaber ausgeliefert.

Flechtheim muss nun endgültig klar geworden sein, dass es für ihn keine Brücke mehr zurück nach Deutschland gab. Hatte er bisher verzweifelt versucht, im Ausland als Deutscher zu gelten, der seinen Geschäften nachgeht, um sich nicht der Gefahr auszusetzen, mit dem Status eines „offiziellen" Emigranten eine Arbeitserlaubnis beantragen zu müssen und verwehrt zu bekommen, so bemühte er sich nun um die französische Staatsbürgerschaft.

Zur selben Zeit, am 4. Dezember 1935, erschien in der *„Westfälischen Landeszeitung"* (Dortmund) ein übler Hetzartikel unter dem Titel: „Kulturbolschewismus am Pranger". Vordergründig war dieser Artikel gegen Alex Vömel gerichtet, zielte aber nochmals auf das „System Flechtheim". Anlass für diesen Artikel war gewesen, dass Vömel, „der Mann, der sich als Nationalsozialist gebärdet, und sich zum Handlanger des jüdischen Kunst-

---

[99] Kunstmuseum Düsseldorf/Westfälisches Landesmuseum (Fn. 2), S. 204.
[100] Kunstmuseum Düsseldorf/Westfälisches Landesmuseum (Fn. 2), S. 206.

papstes Flechtheim hergibt", für den 25. November 1935 eine Ausstellung mit Bildern von Derain, Ensor, Hofer, Laurencin, Liebermann, Macke, Marc u. a. angekündigt hatte, was den „Bestrebungen der Bewegung und des Staates nach endgültiger kultureller Säuberung von allen jüdischen und jüdisch-versippten Kulturgütern", angeführt von den NS-Propagandisten um Alfred Rosenberg, natürlich zuwiderlief. Doch es ging dem Verfasser des Artikels „H. B.", der seinen Klarnamen nicht preisgab, nicht um die „Enttarnung" des Alex Vömel, sondern vielmehr um eine Abrechnung mit „dem Flechtheimschen Kampf gegen die deutsche Kunst" und der Vorbereitung der Aktion, die unter dem Begriff „Entartete Kunst" wenig später die Kunstwerke der Avantgardisten wie der jüdischen Künstler aus den Museen verbannte und viele unwiederbringlich zerstörte.

Zwar habe dem „verhängnisvollen Treiben" der modernen Künstler und dem „weit gefährlicheren ihrer geistigen Verführer", der jüdischen Händler, der Januar 1933 ein Ende gesetzt. „Sofern die jüdischen Händler nicht das Weite suchten, krochen sie in die Mauselöcher und warteten ab"; doch in den folgenden Jahren sei „das Spinnennetz, das so jäh zerrissen war" wieder geflickt worden, „und das Verdienen konnte wieder losgehen."

Aus der Ausstellung in der Galerie Alex Vömel spräche „nicht mehr der glatte, verbindliche Herr mit dem SA-Abzeichen und dem fließenden Hitlergruß, sondern hier spricht Herr Alfred Flechtheim, Getreidehändler aus Odessa."[101]

Sich zu entschließen, um die französische Staatsbürgerschaft nachzusuchen, dürfte für Alfred Flechtheim, dem durchaus deutschnational gesinnten Juden, kein leichter Schritt, sondern die „ultima ratio" gewesen sein. Zwar liebte er die französische Kunst, hatte sie seit Jahrzehnten in Deutschland propagiert, er fühlte sich trotz allem aber natürlich als Deutscher. Die Wurzeln des inzwischen knapp 60jährigen Mannes lagen am Rhein und in Berlin, wo seine Familie lebte, wo er seine Erfolge feierte und wo er „DER Flechtheim" gewesen war.

In Paris notierte Thea Sternheim am 23. Februar 1936: „Dann kommt Flechtheim. Wie immer, wenn Flechtheim einen schweren Schritt vorhat (u. ist die Tatsache in 2 Stunden nach Deutschland reisen zu müssen nicht an sich schwer genug) ist er sanft u. nett, unterdrückt eine sonst jede Verständigung auslöschende Kessheit."[102]

Worauf Thea Sternheim sich hierbei bezog, war, dass Flechtheim gleich zwei schwere Schritte gehen musste: er musste nicht nur nach Deutschland reisen, was für ihn jedes Mal ein sehr hohes Risiko bedeutete, sondern er musste auch nach Deutschland reisen, um sich von seiner Ehefrau Betty – wenngleich auch nur formal – scheiden zu lassen. Flechtheim glaubte wohl, die französische Staatsbürgerschaft leichter erlangen zu können, wenn er nicht mit einer in Deutschland lebenden Frau verheiratet war. Die Scheidung war deswegen für das Ehepaar Flechtheim nur eine formelle Sache. Diese Vermutung bestätigt ein Brief Bettys an Thea Sternheim, den sie nur wenige Tage nach der Scheidung schrieb: „Ich bin für Alfred glücklich, dass er jetzt mit ganz anderen Gefühlen an seine Sachen herangeht, für mich bleibt es hart. Denn, liebste Stoisy, wir haben uns gerne gehabt u. ich hoffe auch, dass unser Zusammensein u. Leben so bleiben wird."[103]

Warum Betty Flechtheim ihrem Mann nicht nach Frankreich bzw. nach England folgte, als sie noch die Gelegenheit dazu gehabt hätte, mag viele Gründe gehabt haben, die heu-

---

[101] Kunstmuseum Düsseldorf/Westfälisches Landesmuseum (Fn. 2), S. 206.
[102] *Sternheim* (Fn. 8), Bd. 2, S. 690.
[103] *Sternheim* (Fn. 8), Bd. 5, S. 297, Fn. 2520, Eintrag vom 1. 3. 1936.

te nicht mehr im Einzelnen nachzuvollziehen sind. Tatsache ist aber, dass Betty Flechtheim, die einer vermögenden Familie entstammte, im Falle ihrer Auswanderung aus Deutschland erhebliche Summen an „Reichsfluchtsteuer" hätte zahlen müssen.

Sie hatte von ihren Eltern ein nicht unbeträchtliches Vermögen geerbt, das jedoch nicht „flüssig" war. Es bestand aus vier Mietshäusern in Dortmund, über die sie nicht frei verfügen konnte, weil sie sich in einer Erbengemeinschaft mit ihren Schwestern Clara Hulisch und Jettchen Windmüller befand. Ein Verkauf war also nur gemeinsam möglich. Für die Witwe Clara Hulisch und ihre Tochter Rosi stellte dieser Besitz die einzige Einnahmequelle dar, von der die beiden leben mussten und von der sie sich nicht trennen wollten. So blieb das Schicksal der Betty Flechtheim mit dem ihrer Schwestern unheilvoll verknüpft.

Von März bis Oktober 1936 pendelte Alfred Flechtheim wieder zwischen Paris und London, organisierte im April/Mai eine Ausstellung für die Galerie Thos. Agnew & Sons in London[104] und besuchte am 10. April 1936 mit Thea Sternheim das Pantheon in Paris, „wo man vor einem geladenen u. vorsichtig gesiebten Publikum den von Jean Renoir für die kommunistische Partei gedrehten Propagandafilm zeigt. Da atmet man freilich auf. Da weht frische Luft, da sträubt man sich nicht, sondern lässt sich hinreißen", notierte Thea Sternheim in ihr Tagebuch.[105] Am 25. Mai 1936 besuchte Thea Sternheim eine Matisse-Ausstellung in Paris: „Auch Flechtheim, der mit weißer Nelke im Knopfloch bereits den fitten Engländer markiert, ist anwesend."[106] Im Oktober 1936 war Flechtheim an einer Ausstellung von französischen Meistern des 19. Jahrhunderts in den New Burlington Galleries in London mit insgesamt 123 Leihgaben aus bekannten Privatsammlungen beteiligt.[107]

Ende Oktober 1936 weilte Thea Sternheim in London und traf dort auch erneut mit Flechtheim zusammen. Am 25. Oktober 1936 schrieb sie in ihr Tagebuch: „Am Bahnhof erwartet mich mit einem wegen eines Blutschwärens verbundenen Kopf Flechtheim."[108] Drei Tage später, am 28. Oktober, traf sie Flechtheim zum Abendessen. Dies scheint das letzte Treffen der beiden Freunde, die sich seit mehr als 30 Jahren gekannt hatten, gewesen zu sein.[109]

Im Winter 1936/37 stürzte Alfred Flechtheim bei Glatteis, die Wunde entzündete sich und schließlich mußte ihm ein Bein amputiert werden. Thea Steinheim erfuhr dies aus einem Brief von Betty: „Diese furchtbare Mitteilung von der in London angekommenen Betty Flechtheim versetzt mir doch einen Schock: ‚Am Sonnabend bekam ich eine Nachricht, dass plötzlich in Alfreds Befinden eine Verschlechterung eingetreten u. flog sofort nach hier. Es ist eine schwere Sepsis am rechten Bein; ich habe noch 2 Spezialisten, Dr. Tanner u. Dr. Dickson Wright zugezogen; ihr Urteil war: Einzige Rettung durch Amputation des Beines. [...] Dass es mit Flechtheim, besonders seit der Katastrophe mit Hitler nicht gut gehen konnte [...], lag für den Zuschauer auf der Hand. [...] Als die Umstände den besänftigenden Einfluss seiner Frau ausschalteten, sah ich ihn immer tiefer in die Verwirrung versinken."[110]

---

[104] Kunstmuseum Düsseldorf/Westfälisches Landesmuseum (Fn. 2), S. 207.
[105] *Sternheim* (Fn. 8), Bd. 2, S. 700.
[106] *Sternheim* (Fn. 8), Bd. 2, S. 711.
[107] Kunstmuseum Düsseldorf/Westfälisches Landesmuseum (Fn. 2), S. 207.
[108] *Sternheim* (Fn. 8), Bd. 2, S. 738.
[109] *Sternheim* (Fn. 8), Bd. 2, S. 741.
[110] *Sternheim* (Fn. 8), Bd. 3, S. 24.

Die Operation war nicht erfolgreich. Am 9. März 1937 starb Alfred Flechtheim in London und wurde zwei Tage später auf dem Friedhof von Golders Green in London, in „der Stadt, die er hasste"[111], zu Grabe getragen.

In der „*Times*", Ausgabe vom 10. März 1937, war auf Seite 16 der folgende Nachruf auf Alfred Flechtheim abgedruckt:

> „*Mr. Alfred Flechtheim, der früher einer der führenden Kunsthändler und Kritiker in Deutschland war, starb gestern in einem Londoner Pflegeheim. Er wohnte seit mehr als zwei Jahren in London und half im vergangenen Jahr, die Frankreich-Ausstellung in den New Burlington Galleries zu organisieren.*
>
> *Flechtheim wurde 1877 [richtig: 1878] in Münster, Westfalen, geboren und wurde der Kopf eines der bekanntesten Kunsthandelsgeschäfte in Berlin. Er wurde als einer der intelligentesten und kritischsten Händler geachtet, der die Werke von später berühmten Malern in Deutschland bekannt machte, unter ihnen Picasso, Matisse, Rousseau (der Zöllner) und andere. Seine eigene Bildersammlung war beträchtlich und daraus steuerte er Werke für verschiedene Leihausstellungen in London bei.*
>
> *Flechtheim war ein auffällig aussehender Mann, mit typisch jüdischem Auftreten, ein lebhafter und unterhaltsamer Gefährte, voller Geschichten über seine Erfahrungen, die er in seinem Geschäft und auch während des Krieges, wo er in einem Reiterregiment diente, machte. Er war Teil des „Verbrüderungs"-Ereignisses zwischen den Kampflinien an einem Sektor der Westfront, Weihnachten 1914. Es wurde sich auch eine andere Begebenheit erzählt, als sein Regiment eine kleine französische Stadt übernehmen sollte. Als er mitbekam, dass der Bürgermeister sich für Kunst interessierte, verwickelte er sich in eine Diskussion mit ihm, sah sich die Bilder der Stadt an und vergaß gänzlich den Krieg.*"

VII. Die Privatsammlung Alfred Flechtheims und ihr ungewisses Schicksal

Alfred Flechtheim hat neben – oder gerade wegen – seiner Tätigkeit als Galerist und Kunsthändler natürlich auch privat Kunst gesammelt. Dass diese Sammlung keinesfalls unbedeutend gewesen ist, lässt sich bereits anhand zweier Zitate aus den Tagebuchnotizen der Freundin Thea Sternheim belegen:

> „*Mittagessen bei Flechtheim. Obwohl ich ohne jede Beziehung zu Betty Flechtheim bin, rührt mich ihr außerordentlich herzlicher Empfang. Sie zeigt mir ihre mit modernen Bildern vollgehangene Wohnung.*"[112] Thea Sternheim war nicht gerade verzückt von Flechtheims Sammlung, wie sie in ihr Tagebuch am 23. Februar 1931 notierte: „*Zum Mittagessen bei Flechtheim. Düstere graue Picassobilder, die beiden Juan Gris, dazwischen obszöne Götzen und allerlei Tand.*"[113]

Die ersten Kunstwerke hatte Flechtheim bereits um 1905 erworben, 1910 kaufte er in Paris Werke von Braque, Derain und Vlaminck und natürlich von Picasso, dem seine große Liebe galt.[114] 1919 schrieb Flechtheim an Paul Klee: „In meiner Privatsammlung

---

[111] *Sternheim* (Fn. 8), Bd. 3, S. 26.
[112] *Sternheim* (Fn. 8), 3. 10. 1928, Bd. 2, S. 186.
[113] *Sternheim* (Fn. 8), Bd. 2, S. 329.
[114] *Dascher* Über das Sammeln moderner Kunst in Dortmund, in: Utermann (Hrsg.), Wieder Sehen, Werke aus einer Dortmunder Privatsammlung, Dortmund 1997.

liegt meine Stärke in Picasso, dessen wärmster Vorkämpfer ich vom Anfange in Deutschland gewesen bin. Ich sammle alles, was in Picassos Kreis gehört, von Cezanne über Seurat, Rousseau (bis) Braque etc..“[115]

Zu der vielbeachteten Picasso-Ausstellung, die im Kunsthaus Zürich vom 11. September bis 30. Oktober 1932 stattfand und die des großen Erfolgs wegen bis zum 13. November 1932 verlängert wurde, lieh Alfred Flechtheim aus seiner Privatsammlung bzw. aus dem Eigentum seiner Galerie zwanzig Werke des Künstlers. Es handelte sich dabei im Einzelnen um:

- Katalog Nr. 4: „Nu assis“, 1901, Öl
- Katalog Nr. 8: „Tete de jeune fille“, 1901, Öl
- Katalog Nr. 52: „La femme aux poires“, 1909, Öl
- Katalog Nr. 57: „L'Arlésienne“, 1910, Öl
- Katalog Nr. 63: „Les oiseaux morte“, 1912, Öl
- Katalog Nr. 67: „Le Poète“, 1911, Öl
- Katalog Nr. 81: „Bouteille de Bass, as de trèfle, pipe“, 1914, Gouache und Klebetechnik
- Katalog Nr. 84: „La Cheminée“, 1914, Öl und Klebetechnik
- Katalog Nr. 109: „La Maternité“, 1921, Öl
- Katalog Nr. 133: „Arlequin assis“, 1923, Öl
- Katalog Nr. 276: „Ex Libris Guillaume Apollinaire“, 1905, Aquarell
- Katalog Nr. 280: „Alice“, 1905, Rohrfeder
- Katalog Nr. 285: „Tête“, 1908, Öl und Gouache
- Katalog Nr. 286: „L'Offrande“, 1908, Öl und Gouache
- Katalog Nr. 287: „Horta“, 1909, Aquarell
- Katalog Nr. 288: „Tête d'homme“, 1911, Kohle
- Katalog Nr. 302: „Le panier“, 1920, Gouache
- Katalog Nr. 321: „Le Journal“, 1921, Gouache
- Katalog Nr. 329: „Les deux fenêtres“, 1923, Aquarell.

„Der Rekrut“ von 1901, Kreidezeichnung, wurde von Flechtheim zwar geliefert, aber nicht ausgestellt.

Einige Gemälde von Picasso hat Flechtheim mit an Sicherheit grenzender Wahrscheinlichkeit nach England transferieren können; denn er schrieb noch im November 1936 an den befreundeten Kunsthändler C. M. de Hauke: „Danke für Ihren freundlichen Brief, für den Katalog und für M. Wertheim, den ich gestern gesehen habe [...]. Er hat meine Picassos von 1908, 1912, 1913 gesehen, die ihm nicht gefallen und leider auch nicht interessieren. Unser Harlekin mit Dreispitz, ist er bei Ihnen? Ich habe einen Freund hier, Herrn Peter Watson, der nach Amerika kommt und dem ich Ihre Adresse gegeben habe. Sagen Sie ihm, er möge mit mir verhandeln, wenn er kommt.“[116]

Des Weiteren gehörte Flechtheim auch zu den Leihgebern einer Georges Braque gewidmeten Ausstellung, die vom 9. April bis 14. Mai 1933 in der Kunsthalle Basel stattfand. Auch befanden sich nachweislich bedeutende Arbeiten von van Gogh und Cezanne sowie

---

[115] Schreiben an Paul Klee, 3. 6. 1919, in: Kunstmuseum Düsseldorf/Westfälisches Landesmuseum (Fn. 2), S. 69.
[116] The Museum of Modern Art, New York, Museum Collection Files, Department of Painting & Sculpture. Dieses Schreiben wurde freundlicherweise von Ralph Jentsch zur Verfügung gestellt.

von Renoir, Maillol, Matisse, Léger und solche des Spaniers Juan Gris in seiner Sammlung.

Zu der vom 2. bis 26. April 1933 in Zürich veranstalteten Ausstellung „Juan Gris" lieh Alfred Flechtheim beispielsweise die nachstehend aufgeführten, im Übrigen als „unverkäuflich" gekennzeichneten Werke des von ihm so verehrten Künstlers, dem er bereits 1930 eine eigene Ausstellung in seiner Berliner Galerie gewidmet hatte:

- Katalog Nr. 2: „Ex Libris Willi Geiger", 1907, Tuschzeichnung
- Katalog Nr. 7: „D'après Cézanne", 1916, Bleistiftzeichnung
- Katalog Nr. 36: „Violon et encrier", 1913, Öl auf Leinwand
- Katalog Nr. 44: „La Bouteille de Bordeaux", 1913, Öl und Papiercollage auf Leinwand
- Katalog Nr. 55: „Journal et Compotier", 1915, Öl auf Leinwand
- Katalog Nr. 104: „Guitare, Compotier et Papier a Musique", 1921, Öl auf Leinwand
- Katalog Nr. 122: „Violon et Compotier", 1924, Öl auf Leinwand
- Katalog Nr. 125: „L'Homme a la Pipe", 1925, Öl auf Leinwand
- Katalog Nr. 137: „Femme a la Mandoline", 1925, Öl auf Leinwand.

Direkt im Anschluss an die Gris-Ausstellung – vom 30. April bis 25. Mai 1933 – zeigte das Kunsthaus Zürich eine Ausstellung mit Werken von Fernand Léger, zu der Alfred Flechtheim fünf unverkäufliche Ölgemälde beisteuerte, und zwar:

- Katalog Nr. 56: „Composition" (auch „Les Noces"), 1910-1911
- Katalog Nr. 62: „Nature Morte Aux Cylindres Colores", 1913-1914
- Katalog Nr. 72: „Nature Morte", 1918
- Katalog Nr. 104: „Composition", 1924
- Katalog Nr. 110: „Les Pipes", 1925.

Unter den deutschen Künstlern, die Flechtheim seinerzeit vertreten und ausgestellt hatte – wie beispielsweise Beckmann, Hofer, Grosz, Barlach, Kandinsky, Munch, Schlemmer, Kokoschka und Baumeister –, nahm Paul Klee eine Sonderstellung ein und war schon früh mit mehreren Werken auch in Flechtheims Privatsammlung vertreten. „Ich halte Sie […], offen gestanden, für einen der wenigen interessanten deutschen Künstler", schrieb er am 3. Juni 1919 an den von ihm hoch geschätzten Künstler.[117]

Durch Flechtheims Hände gingen im Laufe der Jahre weit über 500 Werke von Klee, wie viele davon seinem Privat- bzw. Galeriebesitz zuzuordnen sind, bedarf noch intensiver Nachforschungen.

Weiter nannte er eine große Sammlung außereuropäischer Kunst („Südsee-Stammeskunst" aus Melanesien, Papua Neuguinea) sein Eigen. Mit dieser Sammlung gestaltete er 1926 drei Ausstellungen, im Mai in der Berliner Galerie Flechtheim, im Juni im Kunsthaus Zürich und im August in seiner Düsseldorfer Galerie. Nach dem Katalog der Ausstellung, zu dem kein Geringerer als Carl Einstein das Vorwort verfasst hatte, wurden 184 Exponate präsentiert, unter anderem Ahnenfiguren, Brustschmuck, Masken, Trommeln und Speere. Es liegt im Bereich des Möglichen, dass ein Berliner Kunsthändler – Ernst Fritzsche – 1934 diese repräsentative Sammlung – von wem auch immer – erworben

---

[117] Kunstmuseum Düsseldorf/Westfälisches Landesmuseum (Fn. 2), S. 69.

hat.[118] Tatsache ist, dass sich ein großer Teil der ehemaligen Stammeskunst-Sammlung Flechtheims heute im Museum Rietberg in Zürich und andernorts befindet.

Noch Mitte März des Jahres 1933 scheint Flechtheims private Sammlung moderner Kunst unversehrt gewesen zu sein, und zwar so, wie sie die erhalten gebliebenen Fotografien der Wohnung des Ehepaares Flechtheims aus dem Jahre 1930 zeigen.[119]

Thea Sternheim notierte zu jener Zeit in ihrem Tagebuch:

> *„Mittagessen mit Mahaut und Klaus bei Betty Flechtheim. Ich gebe meiner Verwunderung Ausdruck, Flechtheims Picassos noch vollzählig vorzufinden und dringe in Betty, die Bilder noch heute u. ohne Flechtheims Rückkehr abzuwarten, in die Schweiz abgehen zu lassen. Wie wundert mich in dieser sich abspielenden Tragödie immer wieder die Vertrauensseligkeit des vom nationalen Mob so scharf aufs Korn genommenen deutschen Juden, der seine Hoffnung auf Recht und Gesittung nicht aufgibt.“[120]*

Tatsache ist, dass sich beide Bestände – die Privatsammlung wie auch der galerieeigene Bestand – in kürzester Zeit nach 1933 auflösten. Die Gründe hierfür sind eindeutig: Ohne die Herrschaft des Nationalsozialismus hätte Flechtheim weder seine Galerien noch seine Privatsammlung verloren. Und es ist offensichtlich, dass diese immensen Verluste auf sehr unterschiedliche Art und Weise erfolgten: durch Verkauf, um den Lebensunterhalt zu bestreiten, durch Wegnahme im Rahmen der Arisierung der Düsseldorfer und der Auflösung der Berliner Galerie, durch Verschleuderung, durch Betrug, Unterschlagung und Veruntreuung sowie durch Beschlagnahme in Berlin nach dem Freitod von Betty Flechtheim.

---

[118] Siehe Weltkunst, VIII. Jg., Nr. 13 (1. 4. 1934), Artikel „Südsee-Kunst".
[119] Berliner Lebenswelten der zwanziger Jahre. Bilder einer untergegangenen Kultur. Photographiert von Marta Huth, Frankfurt 1996, S. 46–49.
[120] *Sternheim* (Fn. 8), 16. 03. 1933, Bd. 2, S. 489.

Anhang III: Dokumente

Der Dokumentenanhang enthält einige wichtige Quellen zu Alfred Flechtheim, die in verschiedenen Aufsätzen des Sammelbandes zitiert oder erwähnt werden.

1. *„Im Schatten Jehovas", Antisemitisches Pamphlet, Fotomontage aus dem Illustrierten Beobachter, Dezember 1932; Bildarchiv Preußischer Kulturbesitz, Nr. 30003823.*
Alfred Flechtheim diente dem Antisemitismus bereits vor 1933 als Feindbild. Der Illustrierte Beobachter war eine nationalsozialistische Wochenzeitschrift.

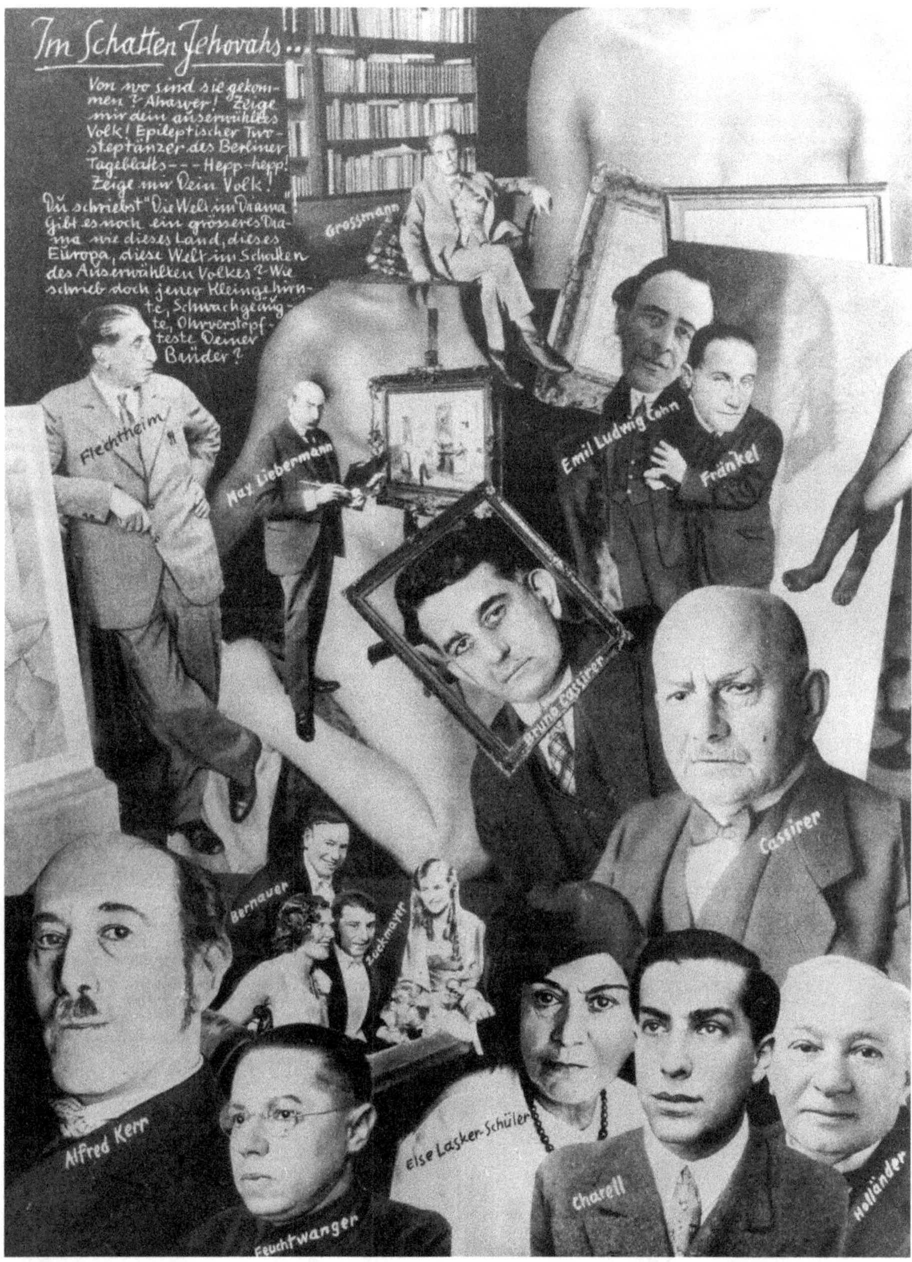

2. Brief von Alexander Vömel an Christoph Bernoulli, 15. 3. 1933; Universitätsbibliothek Basel, Sign. NL 322: B I 377, 1.
Alexander Vömel übernahm 1933 die Düsseldorfer Galerieräume Alfred Flechtheims. Seine Rolle bei der wirtschaftlichen Verfolgung Flechtheims wird nach wie vor kontrovers diskutiert. Das Haus von Christoph Bernoulli (1897–1981) in Basel diente zeitweise als Zwischenlager für Fluchtgut.

Düsseldorf 15.III.33

Mein guter lieber Christoph,

ich danke Dir von Herzen für Deinen Brief !
Nach Basel käme ich gern ein par Tage oder ich möchte mit Dir wandern
oder saufen oder Dir in langen Sätzen sagen,wie glücklich mich inten=
sive Gedanken an Dich machen. Jch arbeite aber 14 Stunden . Wir treffen
grosse Aenderungen;wenn sie vorbei sein werden und in einigen Tagen die
düsseldorfer Galerie A.F. Galerie Alex Vömel heissen wird,dann will ich
ein par Tage nach Drove fahren und mich des Frühlings freuen und dann
will ich von da meinen guten Ford wieder mit nach hier bringen. Ein
grosser Hausputz wird in Deutschland gehalten;dem kann keiner entgehen.
Jeden trifft es;uns hat es hart getroffen,als die Nationalsozialistische
Abordnung uns verbot , die Auktion,welche famos eingesetzt hatte,weiter=
zuführen. Doch nun bin ich froh und habe wieder Mut und glaube,dass es
so kommen musste. - Den Cranach,den wir Beide liebten, haben wir nach
Holland verkauft für 9 Mille. Gott sei Dank,dass dieses und noch etwas
Weiteres,alles in Allem über 20 Mille glückte. Leid tun mir die Juden,
die sich als Menschen zweiter Klasse fühlen müssen - A.F. ist regel=
recht zusammengebrochen (zum Glück war er am Auktionstag nicht in
Düsseldorf) . Er fragt jetzt zwanzig Mal am Tag dasselbe,bekommt eben=
so oft dieselbe Antwort;er rechnet zwanzig Mal eine Zahlenkolonne zu =
sammen,bekommt ebenso oft eine andere Zahl dabei heraus.

Leb wohl und schreib mir wieder.

Es leben unsere Söhne,es lebe die Zu =
kunft,es lebe unsere Freundschaft,mein lieber guter Christoph

Grüsse Alice ; sie wird jetzt braun
verbrannt zurückkommen und so aussehen wie am 30.März vor einem Jahr,
als sie ins Fürstenzimmer kam,geliebter Zwilling.

Dein Alex.

3. Brief von Alfred Schulte an George Grosz, 18. 11. 1933; George Grosz Papers, MS Ger 206 (116), Houghton Library, Harvard University, Cambridge.
Der Wirtschaftsprüfer Alfred Schulte (1892–1972) regelte als Bevollmächtigter die Auflösung der Galerien Alfred Flechtheims. Neben Alex Vömel gehört er zu den umstrittensten Figuren im Umfeld des verfolgten Kunsthändlers.

ALFRED E. SCHULTE
Diplom-Kaufmann
Wirtschaftsprüfer
Steuersachverständiger

BERLIN NW 40,
Hindersinstr. 4, am Reichstag
Fernruf: A 1 Jäger Nr. 4295
Postscheckkonto: Berlin 105964

den 18.11.33

Einschreiben.

Herrn George G r o s z
Art Students League

40 East, 49 th Street
New - York

<u>Betr.: Galerie Alfred Flechtheim G.m.b.H.</u>

Sehr geehrter Herr Grosz!

Als Generalbevollmächtigter der Galerie Alfred Flechtheim G.m.b.H. Düsseldorf/Berlin und des Herrn Alfred Flechtheim darf ich Ihnen ergebenst folgendes mitteilen:

Die Galerie Flechtheim ist geschlossen. Ich bin zur Zeit mit der Auflösung des Unternehmens befasst. Ich versuche, den an sich unvermeidlichen Konkurs zu verhüten, indem ich versuche die notwendigsten Barmittel zur Befriedigung der vorberechtigten Forderungen zu beschaffen.

Wie ich in den Büchern der Galerie festgestellt habe schulden Sie der Galerie noch einen Betrag von RM 16.255,--. Ich muss Sie bitten auf dem schnellsten Wege diese Schuld zu begleichen, weil ich das Geld dringend gebrauche. Sollten Sie aber, was ich allerdings nicht annehme, nicht in der Lage sein den ganzen Betrag umgehend zu bezahlen, so muss ich grössere Teilzahlungen verlangen und bestimmte Vorschläge, in welcher Zeit Sie den Restbetrag bezahlen wollen.

Ich bitte Sie meine Ausführungen mit dem nötigen Ernst behandeln zu wollen. Würde es mir nämlich nicht gelingen die Angelegenheit Flechtheim unter der Hand zu erledigen, so würde ein Konkurs unvermeidlich sein. Der Konkursverwalter würde aber ohne jeden Zweifel rücksichtslos die Forderungen an dortiger Stelle eintreiben lassen.

Ich möchte Ihnen natürlich diese Unannehmlichkeit ersparen. Ich bitte Sie, mir nicht den Einwand zu machen, dass die Galerie von Ihnen noch Kunst in Kommission zum Verkauf hat. Wie Sie wissen, ist diese Kunst zur Zeit absolut unverkäuflich. Ich muss unter allen Umständen Bargeld von Ihnen haben. Ich sehe Ihrer umgehenden Rückäusserung entgegen.

Mit deutschem Gruss!

4. Brief von Alfred Flechtheim an George Grosz, 15. 4. 1934; George Grosz Papers, MS Ger 206 (116), Houghton Library, Harvard University, Cambridge.
Der verfolgte Kunsthändler geht in dem Brief auf die Liquidation seiner Galerien in Deutschland ein. Er beschreibt zudem die erheblichen Schwierigkeiten, seiner beruflichen Tätigkeit in der Emigration weiter nachzukommen.

Brief von Alfred Flechtheim an George Grosz, 15. 4. 1934 (Transkription)
George Grosz papers, MS Ger 206 (116), Houghton Library, Harvard University
[4 Seiten, | Seitenwechsel]

TÉLÉPHONE	TÉLÉGRAMMES
OPÉRA 69-80	OSBORNESO_PARIS_111
(3 LIGNES GROUPÉES)	MÊME MAISON
	HOTEL SAINTE-ANNE_PARIS

OSBORNE HOTEL
4 ET 6, RUE SAINT-ROCHE
TUILERIES
PARIS

15 April [*1934*]

Mein l.[*ieber*] George Großz, jetzt bin ich so zieml.[*ich*] über ½ Jahr draußen. Meine deutschen Galerien sind finanziell völlig zusam[*m*]engebrochen & nur mit Mühe & viel Aufregung ist es meinem Liquidator gelungen, einen Concurs zu vermeiden. Meine Gläubiger bekommen 20%!

Es ist ihm gelungen, mich vor voelligem Concurs zu retten. |

Meine saemtl.[*ichen*] Bilder habe ich meiner Masse zugeführt. Ich verkaufe sie für Rechnung der Gläubiger in London, wo ich jetzt 2 Monate weilte & hoffe irgendwie festen Fuß zu fassen.

Deine Aquarelle, die Du mir als Sicherheit ließest, sind in London unverkauft. Die Geschäfte gehen auch in England schlecht. (<u>schlechter aber hier.</u>) Ich will sie aber denn. [*och*] ausstellen lassen & als Bruttopreis pro Blatt ca 100 M. feststellen | hoffend, so viel zu bekommen, obwohl bei der Pfund Abwertung das für England schon viel ist. Zeichnungen die Hälfte.

Ich habe die Preise mit Billiet & Masereel (B. ist M's Händler)[1] überlegt & sie M's Preisen entsprechend aufgebaut.

Noch schwerer, als mit den Aquarellen, ist es mit den Oelbildern, die Du mir gleichfalls als Sicherheit übereignetest. Sie lagen fast ein Jahr in der Galerie Pierre, die mich im[*m*]er vertröstete. Aber dann weder sie, noch die Galerie Simon wollten sich damit bemühen. Geschäftsgang zu schlecht. Nicht allein hier, sondern auf dem ganzen Continent. Jetzt habe ich sie bei Billiet deponirt. Anbei dessen Liste & Preise. Vielleicht verkauft er was. Hoffnungen hat aber weder er, noch ich. |

Wie es aber bei mir speziell! hier aussieht, kannst Du aus diesen & zwischen diesen Zeilen lesen.

Ist es Dir nicht möglich, mir jetzt eine Contozahlung an meine Adresse hier (Hotel Osborne) zu leisten, oder monatlich mir 100, 200 Dollar zu senden? Trotz der schrecklichen Lage, in der ich mich befinde, schrieb ich Dir nie, belästigte Dich nicht. Heute tue ich es, weil Not am Mann! Heute bin ich dazu gezwungen! – In Deutschland ist alles aus für mich & in fremden Land ohne Geld in diesen Zeiten! Du kannst Dir denken, wie meine Frau & ich leiden.

Grüße Eva herzlichst von uns. Hoffentlich geht es Euch nach Wunsch.

herzl. Alffl.

---

[1] Die Galerie Joseph Billiet in Paris vertrat Künstler wie George Grosz, Frans Masereel, Willy Eisenschitz oder Henri Le Fauconnier. Frans Masereel (1889–1972) war ein belgischer Grafiker und Maler.

5. Artikel von Paul Westheim: Alfred Flechtheim gestorben; Pariser Tageszeitung, Nr. 273, 11. 3. 1937, S. 4.
Der Kunstkritiker Paul Westheim (1886–1963) war wie Flechtheim im Jahr 1933 aus Deutschland geflohen.

Pariser Tageszeitung

Alfred Flechtheim gestorben

Aus London kommt die Nachricht, dass Alfred Flechtheim gestorben ist. Er hatte eine Furunkulose. Sepsis trat ein. Man musste ihm ein Bein amputieren. Die Operation konnte das Ende nicht mehr hindern.

Flechtheim, er ist nicht ganz 60 geworden, hatte gerade in London sich neu aufgebaut. Mitbeteiligt an einer Galerie, stand er wieder aktiv mitten drin im Kunstleben. Seine Ausstellungen fanden lebhafteste Beachtung bei ernsthaften Kunstfreunden Londons.

Alfred Flechtheim war mehr als ein Kunsthändler, er war innerhalb des Zeittheaters, das mitanzusehen wir die Ehre haben, ein Mann, der immer im Vordergrund stand, ein Typ, den alle Welt kannte, von dem alle Welt redete. Einer, der selbst sehr viel und sehr witzig mitredete.

Rheinländer, aus wohlhabender Familie, war er aus dem Getreidehandel, in den die Familie ihn gesteckt hatte, ausgesprungen. Er hat es oft und gern erzählt, wie der Getreidehandel den jungen Mann, der kubistische Picassos kaufte, statt sich für die Hafer- oder Maisnotiz cif Antwerpen zu interessieren, für verrückt hielt. Es war nun mal so, was im alten Dôme, das damals vor dem Krieg noch nicht der international berühmte Fremdentreffpunkt war, sondern eine verräucherte Bude, in der um und nach Mitternacht die ernsthaftesten Kunstgespräche der Epoche geführt wurden, was im Dôme Pascin, Levy, Purrmann, Goetz, Kisling, Picasso, Marie Laurencin und wer weiss wer sagten, interessierte ihn mehr als die ganze Produktenbörse. Es hat ihm Spass gemacht, von den seriösen Leuten auch weiterhin öfters noch für so verrückt gehalten zu werden. Gerade das nämlich, diese Passion für Künstler, für Kunstmenschen, für Bilder war das Echte an ihm.

Er fing als passionierter Sammler an. Während des Krieges wurde im Haus der Berliner Sezession seine erste Sammlung versteigert. Von dem „Zuaven" des van Gogh angefangen, war alles da, was in Deutschland und Frankreich was galt. Die Rheinländer de Peerdt, Nauen, Rohlfs, Lehmbruck hatte Flechtheim vereint mit den jungen Franzosen Picasso, Braque, Derain, Rousseau, Laurencin, Léger usw. Als Rheinländer sah er seine Aufgabe darin, die Deutschen und die Franzosen künstlerisch zusammenzubringen. Dass er damit in einem immer nationalistischer werdenden Deutschland, das über den eigenen Horizont nicht heraussehen will, einer der bestgehasstesten Menschen werden musste, versteht sich von selbst.

Er begründete zusammen mit dem feinfühligen Kunstgelehrten Albert Dreyfus den „Querschnitt". Eine der geistreichsten Zeitschriften, die wir je gehabt haben; dass sie nachher von Wedderkop zu einem der snobistischsten Magazine gemacht wurde, ist eine Sache für sich. Flechtheim, der in Düsseldorf seine Galerie gegründet hatte, siedelte vor etwa 12 Jahren nach Berlin über. Unermüdlich veranstaltete er Ausstellungen, unermüdlich startete er Künstler: Fiori, Levy, die Sintenis, Belling. Für wen hat er sich nicht eingesetzt? Und wem, ohne daran erinnern zu wollen, er selbst hat's auch nie getan, hat er nicht Vorschüsse gezahlt? Es war ständig Betrieb um ihn herum. Nach dem Tod von Paul Cassirer hatte er den Ehrgeiz, dem Berliner Kunstleben neue Impulse zu geben. Freilich, es lag schon in der Agonie, das durch die Krawallpolitik eingeschüchterte Bürgertum hatte sich schon mit der Parole abgefunden: „Kunst interessiert nicht mehr."

Flechtheim liess sich davon nicht entmutigen. Gerade jetzt gab er seinen Ausstellungen Gesicht und Gewicht. Er zeigte Hofer, Beckmann, Grosz, Klee, Barlach, er zeigte in Berlin noch einmal, ehe es geistig abgesperrt wurde, die Degas-Plastiken, Renoir, Utrillo, Rousseau' und immer wieder Picasso, Braque, Derain, Léger. Als er seinen Laden am Lützow-Ufer zugemacht hatte, da war in Berlin zwar noch viel Kunstgerede, aber von einem Kunsthandel, der das sicherste Anzeichen dafür ist, dass die Leute, die Kunst, die gemacht wird, auch haben, auch besitzen wollen, ist keine Rede mehr.

P. W.

6. Brief von Betty Flechtheim an Paul Westheim, 16. 3. 1937; Sonderarchiv Moskau, Fond 602.
Nach dem Tod Alfred Flechtheims im Jahr 1937 bedankt sich seine Frau Betti bei dem Kunstkritiker Paul West-
heim, der den Nachruf für die Pariser Tageszeitung (Dokument 5) geschrieben hatte.

London 16. März

Sehr geehrter Herr Westheim, vor meiner Rückreise nach Deutschland drängt es mich, Ihnen für den schönen Nachruf zu danken, den Sie meinem geliebten Mann gewidmet. Sie malten Herr Westheim, andere Worte und gaben eine so lebendige Schilderung, daß ich mich auch ergriffen fühlte. Seien Sie herzlichst bedankt. Vielleicht kann ich nochmals nach Paris kommen, dann werde Sie besuchen und mehr Worte des Dankes finden. Seien Sie meiner Dankbarkeit versichert, bestens grüßt Ihre Betti Flechtheim

7. Brief der Kanzlei Herbert Oppenheimer, Nathan, Van Dyck & Mackay an das Pariser Antiquariat Jacques Seligman & Fils, 19. 4. 1937; Archives of American Art, Smithsonian Institution, Washington, Jacques Seligmann and Co. Records, 1904–1978, bulk 1913–1974.
Eine Londoner Rechtsanwaltskanzlei war mit dem Nachlass von Alfred Flechtheim befasst.

Hm

TELEGRAMS: CLIENT, LONDON.
TELEPHONE: METROPOLITAN 1401.
PRIVATE BRANCH EXCHANGE.

HERBERT OPPENHEIMER, NATHAN, VANDYK & MACKAY,

SOLICITORS.

HERBERT OPPENHEIMER.
H. L. NATHAN
ARTHUR VANDYK.
R. W. G. MACKAY.
FRED: T. SMITH.
LESLIE CORK.
J. L. MAGNUS.
W. E. WOLFF.

IN REPLY
PLEASE
QUOTE
Se/8

1 & 2, Finsbury Square,
London, E.C.2.

19th April 19 37.

Dear Sirs,

We have been instructed in the estate of the late Mr. Alfred Flechtheim and are engaged in collecting particulars of the property which he left. We gather from his correspondence with you of September last that at that time he owned jointly with yourselves and with the firm of Reinhardt a picture by Picasso, called "Arlequin."

We should be obliged if you would let us know whether Mr. Flechtheim was still a part owner of this picture at the date of his death (March 9th, 1937) and, if so, what was his share in it and in what country the picture was at that date.

We should also be obliged if you would inform us of any other works of art that you know of in which Mr. Flechtheim had some interest.

Yours faithfully,

Messrs. Jacques Seligman & Fils,
9, Rue de la Paix,
PARIS.

Verzeichnis der Autorinnen und Autoren

Frank Bajohr, PD, Dr., wissenschaftlicher Leiter des Zentrums für Holocaust-Studien am Institut für Zeitgeschichte, München – Berlin; veröffentlichte u. a.: „Arisierung" in Hamburg. Die Verdrängung der jüdischen Unternehmer 1933–1945, Hamburg ²1998; Parvenüs und Profiteure. Korruption in der NS-Zeit, Frankfurt a. M. 2001.

Andrea Bambi, Dr., Oberkonservatorin an den Bayerischen Staatsgemäldesammlungen, Leiterin des Referats für Provenienzforschung, Kulturgüterausfuhr für Bayern und Referentin für das Olaf Gulbransson Museum in Tegernsee; veröffentlichte u. a.: Provenienzforschung an den bayerischen Staatsgemäldesammlungen. Ein Zwischenbericht, in: Die Verantwortung dauert an. Beiträge deutscher Institutionen zum Umgang mit NS-verfolgungsbedingt entzogenem Kulturgut, hrsg. von der Koordinierungsstelle Magdeburg, bearb. von Andrea Baresel-Brand, Magdeburg 2010, S. 259–276; Michael Berolzheimer's Art Collection, in: Michael Berolzheimer. His Life and Legacy 1866–1942, München 2014, S. 155–163.

Annette Baumann, Dr., wissenschaftliche Mitarbeiterin, Provenienzforschung zum Kunstbesitz der Landeshauptstadt Hannover; veröffentlichte u. a.: Provenienzforschung zum Kunstbesitz der Landeshaupstadt Hannover – Sammlungsbestände moderner Kunst im Sprengel Museum und dem Niedersächsischen Landesmuseum Hannover, in: Ulrich Krempel/Wilhelm Krull/Adelheid Wessler (Hrsg.), Erblickt, verpackt und mitgenommen – Herkunft der Dinge im Museum. Provenienzforschung im Spiegel der Zeit, Hannover 2012, S. 49–72; Albert David 1942. Die Enteignung einer Goldmünzensammlung und ihre Erwerbung für die städtische Kunstsammlung, in: Museum August Kestner, Landeshauptstadt Hannover (Hrsg.), Bürgerschätze. Sammeln für Hannover – 125 Jahre Museum August Kestner, Hannover 2013, S. 103–114.

Ottfried Dascher, Prof., Dr., Ltd. Staatsarchivdirektor i. R. des Nordrhein-Westfälischen Hauptstaatsarchivs Düsseldorf, Honorarprofessor an der Ruhr-Universität Bochum (1980); veröffentlichte u. a.: Die Kabinettsprotokolle der Landesregierung Nordrhein-Westfalen 1954–1962, hrsg. zusammen mit Kurt Düwell (1995–1999); im Auftrag der Gesellschaft für Rheinische Geschichtskunde zusammen mit Kurt Düwell gutachtliche Begleitung der „Lageberichte Rheinischer Gestapostellen", Bd. 1 (1934), Düsseldorf 2012, Bd. 2/1–2 (1935), Düsseldorf 2014–2015; „Es ist was Wahnsinniges mit der Kunst". Alfred Flechtheim. Sammler, Kunsthändler und Verleger. Mit einer CD-ROM, Wädenswil (Schweiz) 2011, ²2013.

Anja Deutsch, M.A., Mitarbeiterin der Abteilung Dokumentation Obersalzberg im Institut für Zeitgeschichte, München – Berlin; veröffentlichte u. a.: zusammen mit Anne Bechstedt und Daniela Stöppel: Der Verlag F. Bruckmann im Nationalsozialismus, in: Ruth Heftrig/Olaf Peters/Barbara Schellewald (Hrsg.), Kunstgeschichte im „Dritten Reich". Theorien, Methoden, Praktiken, Berlin 2008, S. 280–311.

Axel Drecoll, Dr., Leiter der Abteilung Dokumentation Obersalzberg im Institut für Zeitgeschichte, München – Berlin; veröffentlichte u. a.: Der Fiskus als Verfolger. Die steuerliche Diskriminierung der Juden in Bayern 1933–1941/42, München 2009; Der Auftakt der Industriellenprozesse: Der Fall 5 gegen die Manager des Flick-Konzerns, in: Kim C. Priemel/Alexa Stiller (Hrsg.), NMT. Die Nürnberger Militärtribunale zwischen Geschichte, Gerechtigkeit und Rechtschöpfung, Hamburg 2013, S. 376–404.

Constantin Goschler, Dr., Professor für Zeitgeschichte an der Ruhr-Universität Bochum, veröffentlichte u. a.: Schuld und Schulden. Die Politik der Wiedergutmachung für NS-Verfolgte seit 1945, Göttingen 2005, ²2008; zusammen mit Rüdiger Graf: Europäische Zeitgeschichte seit 1945, Berlin 2010.

Dorothee Hansen, Dr., Kunsthistorikerin, seit Februar 1995 Kustodin für die Gemälde des 14. bis 19. Jahrhunderts an der Kunsthalle Bremen, seit 2008 außerdem stellvertretende Direktorin; veröffentlichte u. a.: Das Bild des Ordenslehrers und die Allegorie des Wissens. Ein gemaltes Programm der Augustiner im 14. Jahrhundert in Italien", Berlin 1995.

Uwe Hartmann, Dr., Deutsches Zentrum Kulturgutverluste, veröffentlichte u. a.: „Sammlertum und Kunstgutwanderung". Provenienzforschung als eine neue wissenschaftliche Disziplin?, in: Die Verantwortung dauert an. Beiträge deutscher Institutionen zum Umgang mit NS-verfolgungsbedingt entzogenem Kulturgut, hrsg. von der Koordinierungsstelle Magdeburg, bearb. von Andrea Baresel-Brand, Magdeburg 2010, S. 351–404; Unter schwierigsten Umständen. Die Museen und ihre Mitarbeiter im „Kriegseinsatz", in: Zwischen Politik und Kunst. Die Staatlichen Museen zu Berlin in der Zeit des Nationalsozialismus, für das Zentralarchiv – Staatliche Museen zu Berlin hrsg. von Jörn Grabowski und Petra Winter, Köln/Weimar/Wien 2013, S. 129–150.

Anja Heuß, Dr., Historikerin, seit 2009 als Provenienzforscherin für die Staatsgalerie Stuttgart und das Landesmuseum Württemberg tätig; veröffentlichte u. a.: Kunst- und Kulturgutraub. Eine vergleichende Studie zur Besatzungspolitik der Nationalsozialisten in Frankreich und der Sowjetunion, Heidelberg 2000; zusammen mit Esther Tisa Francini und Georg Kreis: Fluchtgut – Raubgut. Der Transfer von Kulturgütern in und über die Schweiz 1933–1945 und die Frage der Restitution, Zürich 2001.

Julian Heynen, Dr., Künstlerischer Leiter für besondere Aufgaben/Artistic Director at Large bei der Stiftung Kunstsammlung Nordrhein-Westfalen, Düsseldorf.

Kai Hohenfeld, Dr., Kunsthistoriker, Lehrbeauftragter am Seminar für Kunst und Kunstwissenschaften in Dortmund und am Institut für Kunstgeschichte in Bern; veröffentlichte u. a.: Alfred Flechtheim und die Vermittlung moderner Künstlergrafik – Beispiele aus dem Bestand der Kunsthalle Bremen, in: Die Kunsthalle Bremen und Alfred Flechtheim. Erwerbungen 1914 bis 1979, Ausst.-Kat. Kunsthalle Bremen 2013–2014, Bremen 2013, S. 18–27; Die Picasso-Connection. Der Kunsthändler Michael Hertz und die Picasso-Bestände der Kunsthalle Bremen, in: Sylvette, Sylvette, Sylvette. Picasso und das Modell, hrsg. von Christoph Grunenberg/Astrid Becker, redaktionelle Assistenz Kai Hohenfeld, Ausst.-Kat. Kunsthalle Bremen 2014, München/London/New York 2014, S. 242–249.

Gesa Jeuthe, Dr., Kunsthistorikerin, seit 2013 wissenschaftliche Mitarbeiterin der Universität Hamburg in einem Forschungsprojekt zum Kunsthandel im Nationalsozialismus; veröffentlichte u. a.: „…der arme Vincent!" Van Goghs Selbstbildnis von 1888 und die „Verwertung" der „entarteten" Kunst, in: Uwe Fleckner (Hrsg.), Das verfemte Meisterwerk. Schicksalswege moderner Kunst im „Dritten Reich", Berlin 2009, S. 445–462; Kunstwerte im Wandel. Die Preisentwicklung der deutschen Moderne im nationalen und internationalen Kunstmarkt 1925 bis 1955, Berlin 2011.

Isgard Kracht, M.A., Kunsthistorikerin, Provenienzforscherin; promoviert an der Universität Koblenz-Landau über die Rezeption des Expressionismus im NS-Staat am Beispiel von Ernst Barlach, Franz Marc und Emil Nolde; veröffentlichte u. a.: Im Einsatz für die deutsche Kunst. Hildebrand Gurlitt und Ernst Barlach, in: Werke und Werte. Über das Handeln und Sammeln von Kunst im Nationalsozialismus, hrsg. von Maike Steinkamp und Ute Haug, Berlin 2010, S. 41–59; Ansichten eines Unpolitischen? Emil Noldes Verhältnis zum Nationalsozialismus, in: Emil Nolde. Farben heiß und heilig, Ausst.Kat. Stiftung Moritzburg, Kunstmuseum des Landes Sachsen-Anhalt, Halle 2013, S. 193–198.

Wiebke Krohn, M.A., Historikerin, arbeitet im Auftrag der Kommission für Provenienzforschung der Republik Österreich am Museum moderner Kunst Stiftung Ludwig Wien, zudem Mitarbeiterin des Archivs der Israelitischen Kultusgemeinde Wien; veröffentlichte u. a.: Reste der Masse Adria im Jüdischen Museum Wien, in: Eva Blimlinger/Monika Mayer (Hrsg.), Kunst sammeln, Kunst handeln. Beiträge des Internationalen Symposiums in Wien, Wien/Köln/Weimar 2012, S. 289–301; „Eine Gemengelage, die auch die moderne Provenienzforschung nicht auflösen kann". Besitzverhältnisse in der Sammlung und den Galerien Alfred Flechtheims, in: Eva Blimlinger/Heinz Schödl (Hrsg.), Die Praxis des Sammelns. Personen und Institutionen im Fokus der Provenienzforschung, Wien/Köln/Weimar 2014, S. 221–240.

Johannes Nathan, Dr., Kunsthistoriker, seit 2001 Geschäftsführer der Nathan Fine Art (bis 2005 Galerie Nathan), Berlin und Zürich, Gastdozent an den Universitäten Leipzig, Köln, Zürich und Berlin (TU); veröffentlichte u. a.: Cultural Clearings: The Object Transformed by the Art Market. – Section 10 of: CIHA 2012 Nürnberg, Bd. 2, ed. with Federico Freschi, Nürnberg 2013, S. 705–757; Glanz, Verfemung und Exil. Als die Werke Liebermanns in die Schweiz wanderten, in: Max Liebermann und die Schweiz. Meisterwerke aus Schweizer Sammlungen (Ausst.-Kat.), für das Museum Oskar Reinhart, Winterthur, hrsg. von Marc Fehlmann,Winterthur 2014, S. 60–73.

Roswitha Neu-Kock, Dr., Kunsthistorikerin, 2007–2012 Provenienzforscherin beim Museumsreferat im Dezernat für Kunst und Kultur der Stadt Köln; veröffentlichte u. a.: Provenienzrecherche in Köln, in: Die Verantwortung dauert an – Beiträge deutscher Institutionen zum Umgang mit NS-verfolgungsbedingt entzogenem Kulturgut, hrsg. von der Koordinierungsstelle Magdeburg, bearb. von Andrea Baresel-Brand, Magdeburg 2010, S. 205–214; Alfred Flechtheim, Alexander Vömel und die Verhältnisse in Düsseldorf, in: Eva Blimlinger/Monika Mayer (Hrsg.), Kunst sammeln, Kunst handeln. Beiträge des Internationalen Symposiums in Wien, Wien/Köln/Weimar 2012, S. 155–165.

Victoria Reed, Ph.D., Sadler Curator for Provenance am Museum of Fine Arts, Boston; veröffentlichte u. a.: The Eugene Garbáty Collection of European Art, in: Collections: A Journal for Museum and Archives Professionals 10, no. 3 (Summer, 2014), S. 321–330; Ardelia Hall: From Museum of Fine Arts to Monuments Woman, in: International Journal of Cultural Property 21 (2014), S. 79–93.

Tessa Friederike Rosebrock, Dr., Kunsthistorikerin und Provenienzforscherin an der Staatlichen Kunsthalle Karlsruhe; veröffentlichte u. a.: Kurt Martin und das Musée des Beaux-Arts de Strasbourg. Museums- und Ausstellungspolitik im „Dritten Reich" und in der unmittelbaren Nachkriegszeit, Berlin 2012; Zwischen ideologischem und baulichem Zusammenbruch. Die Kunsthalle im Nationalsozialismus, in: Bauen und Zeigen. Aus Geschichte und Gegenwart der Kunsthalle Karlsruhe, hrsg. von Pia Müller-Tamm, Regine Heß und die Staatliche Kunsthalle Karlsruhe, Bielefeld 2014, S. 234–255; Provenienz lückenlos erschlossen. Zur Herkunft eines Goya-Porträts in der Staatlichen Kunsthalle Karlsruhe, in: Jahrbuch der Staatlichen Museen in Baden-Württemberg, Jg. 50, 2013/2014 (Themenband Provenienzforschung), bearb. v. Tessa Rosebrock u. Dorit Schäfer, Berlin/ München 2015, S. 13–34.

Katja Terlau, Dr., Kunsthistorikerin (Provenienzforschung), Lehrbeauftragte an der Universität zu Köln; veröffentlichte u. a.: Das Wallraf-Richartz-Museum in der Zeit 1933–1945, in: Museen im Zwielicht – die eigene Geschichte. Tagungsband Köln und Hamburg, hrsg. von der Koordinierungsstelle für Kulturgutverluste, bearbeitet von Ulf Häder unter Mitwirkung von Katja Terlau und Ute Haug, Bd. 2, Magdeburg 2002, S. 21–39; Hildebrand Gurlitt and the Art Trade during the Nazi Period, in: Vitalizing Memory. International Perspectives on Provenance Reasearch, American Association of Museums, Washington 2005, S. 165–171.

Christina Thomson, Dr., Kunsthistorikerin, seit 2003 wissenschaftliche Mitarbeiterin für Ausstellungen, Publikationen und Forschungsprojekte der Staatlichen Museen zu Berlin (insbesondere der Nationalgalerie) und andere kulturelle Einrichtungen, 2010–2013 Provenienzforschung für das Land Berlin und die Stiftung Preußischer Kulturbesitz zum Bestand der ehemaligen Galerie des 20. Jahrhunderts; veröffentlichte u. a.: Contextualising the Continental: The Work of German Émigré Architects in Britain, 1933–45, University of Warwick, England, 1999.

Esther Tisa Francini, Historikerin, seit 2013 Leitung Schriftenarchiv und Provenienzforschung am Museum Rietberg Zürich; veröffentlichte u. a.: Die Rezeption der Kunst aus der Südsee in der Zwischenkriegszeit: Eduard von der Heydt und Alfred Flechtheim, in: Eva Blimlinger/Monika Mayer (Hrsg.), Kunst sammeln, Kunst handeln. Beiträge des Internationalen Symposiums in Wien, Wien/Köln/Weimar 2012, S. 183–196; „Ein Füllhorn künstlerischer Schätze" – Die Sammlung außereuropäischer Kunst von Eduard von der Heydt, in: Eberhard Illner (Hrsg.), Eduard von der Heydt. Kunstsammler, Bankier, Mäzen, München/London/New York 2013, S. 136–199.

Vanessa Voigt, Dr., Kunsthistorikerin und Provenienzforscherin für Museen und öffentliche Institutionen in Deutschland und Österreich; veröffentlichte u. a.: Kunsthändler und Sammler der Moderne im Nationalsozialismus. Die Sammlung Sprengel 1934 bis 1945,

Berlin 2007; zusammen mit Horst Keßler: Die Beschlagnahmung jüdischer Kunstsammlungen 1938/1939 in München. Ein Forschungsprojekt der Staatlichen und Städtischen Museen in München zum Schicksal jüdischer Kunstsammler und Kunsthändler, in: Eva Blimlinger/Monika Mayer (Hrsg.), Kunst sammeln, Kunst handeln. Beiträge des Internationalen Symposiums in Wien, Wien/Köln/Weimar 2012, S. 37–50.

Petra Winter, Dr., Stellvertretende Leiterin des Zentralarchivs der Staatlichen Museen zu Berlin und wissenschaftliche Mitarbeiterin für Provenienzforschung; veröffentlichte u. a.: „Zwillingsmuseen" im geteilten Berlin. Zur Nachkriegsgeschichte der Staatlichen Museen zu Berlin 1945 bis 1958, Berlin 2008; Zwischen Politik und Kunst. Die Staatlichen Museen zu Berlin in der Zeit des Nationalsozialismus, für das Zentralarchiv – Staatliche Museen zu Berlin hrsg. von Jörn Grabowski und Petra Winter, Köln 2013.